한국
공영 방송의
정체성

컬처룩 미디어 총서 002

한국 공영 방송의 정체성

조항제 지음

culture Look

조항제는 현재 부산대학교 신문방송학과 교수이다. 서울대학교 언론정보학과를 졸업하고 같은 학교 대학원에서 석사 및 박사 학위를 받았다. 한국콘텐츠진흥원 선임 및 책임연구원, 미국 텍사스대학교 방문 교수 등을 지냈다. 책으로는 《한국의 민주화와 미디어 권력》, 《한국 방송의 역사와 전망》, 《한국 방송의 이론과 역사》, 《관점이 있는 한국 방송의 사회문화사》(공저), 《한국의 텔레비전 드라마: 역사와 경계》(공저) 등이 있다.

컬처룩 미디어 총서 002
한국 공영 방송의 정체성

지은이 조항제
펴낸이 이리라

편집 이여진 한나래
디자인 에디토리얼 렌즈

2014년 12월 30일 1판 1쇄 펴냄
2015년 9월 20일 1판 2쇄 펴냄

펴낸곳 컬처룩
등록 2010. 2. 26 제2011–000149호
주소 121–898 서울시 마포구 동교로 27길 12 씨티빌딩 302호
전화 070.7019.2468 | 팩스 070.8257.7019 | culturelook@naver.com
www.culturelook.net

ISBN 979–11–85521–18–3 94300
ISBN 979–11–85521–06–0 94300 (세트)

* 이 도서의 국립중앙도서관 출판예정도서목록(CIP)은 서지정보유통지원시스템 홈페이지(http://seoji.nl.go.kr)와 국가자료공동목록시스템(http://www.nl.go.kr/kolisnet)에서 이용하실 수 있습니다. (CIP제어번호: CIP2014036093)

* 이 저서는 2010년 정부(교육부)의 재원으로 한국연구재단의 지원을 받아 수행된 연구임(NRF-2010-812-B00079)

* 2015 대한민국 학술원 우수 학술 도서

culturelook

차례

III부 한국 공영 방송의 공시적 정체성

일러두기

· 한글 전용을 원칙으로 하되, 필요한 경우 원어나 한자를 병기하였다.
· 한글 맞춤법은 '한글 맞춤법' 및 '표준어 규정'(1988), '표준어 모음'(1990)을 적용하였다.
· 외국의 인명, 지명 등은 국립국어원의 외래어 표기법을 따랐으며, 관례로 굳어진 경우는 예외를 두었다.
· 사용된 기호는 다음과 같다.

방송 프로그램, 신문 및 잡지 등 정기 간행물, 영화: 〈 〉

책(단행본): 《 》

한국 공영 방송의 역사가 40년이 넘었다. 인간으로 치면 장년으로 그야말로 성숙기라 할 만한데, 정작 현실의 KBS나 MBC를 두고 그렇게 생각하는 사람은 별로 없는 듯하다. 그런 판단의 가장 강력한 근거가 수신료의 정체停滯다. 한국의 텔레비전 수신료는 1980년에 정해진 2500원이란 액수가 34년 동안 단 한 차례도 인상된 적이 없다. 편파성이 문제가 된 시청료거부운동의 영향이 유효하기 때문이지만, 민주화의 연륜이 제법 되고 정권 또한 한 번 교체된 다음인데도 여태껏 변화가 없는 건 아무래도 좀 심한 것 같다.

내가 보기에 수신료를 둘러싼 갈등에는 상반되어 보이는 두 가지 현상이 동전의 양면을 이룬다. 한 면은 한국의 공영 방송이 지난 연대 동안 큰 발전이 없이 수신료 거부를 일으켰던 권위주의 시절의 이른바 '1980년 체제'를 벗어나지 못했다는 것이다. 보기에 따라서는 민주주의도, 인권도, 자유도, 사회 정의도, 심지어는 경제도 공영 방송의 우울한 형편과 큰 차이가 없을 것이다. 다른 한 면은 이렇게 수신료와 공영 방송이 연계되는 것 자체가 결코 낮지 않은 하나의 '경지'를 보여 준다는 점이다. 수신료나 공영 방송을 두고 전 사회적 차원에서 이토록 고민하고 매번 투쟁하는 나라는 과문한 탓이겠지만 내가 알기로는 없다. 그런 면에서 한국의 공영 방송은 어쩌면 지금 한국이라는 나라의 앞으로 나아가는 것처럼 보이면서도 사실은 제자리에서조차 힘겨워하는 말 그대로의 '답보'의 상태를 보여 주는 바로미터라 해도 과언이 아니다.

내가 이런 공영 방송에 관심을 둔 지는 오래되었다. 1994년에 나온 학위논문에서 1970년대의 한국 텔레비전을 분석했고 그 시절인 1973년에 KBS가 공영화의 첫 단추라 할 수 있는 공사화를 했으니 학문적 인연은 20년 전으로 거슬러 올라가는 셈이다. 이후에도 꾸준하게 관심을 두어서 이념이건 역사건 프로그램이건 거의 매년 공영 방송에 대한 글을 발표했다. 방송학에서는 흔치 않은 규범적 실체인 공영 방송은 민주주의나 자유주의, 공론장, 다원주의, 헤게모니 같은 내가 관심 있어 하는 거시적이고 비판적인 주제들과 밀접한 관련을 맺는다.

이렇게 단골 주제였던 공영 방송이지만, 좀 더 긴 호흡으로 말하고 싶은 바를 충분히 하고 싶다는 의욕 내지는 열정을 불러일으킨 계기는 역설적이게도 이명박과 박근혜의 지난 보수 정부의 7년 남짓한 시간이었다. 이 동안에 공영 방송은 그야말로 '주변화,' 보기에 따라 '고사枯死'시킨다고 표현해도 크게 과언이 아닌 길을 걸었다. 종편을 등장시켜 시장 질서를 교란하고 방송을 정치화한 것은 종편도 해마다 수백억 원씩 손실을 보고 있으니 자업자득이라 치자. MBC는 내부가 너무 많이 파괴되어 이제는 설사 외부가 도움을 준다 해도 정말 이전의 상태를 복원할 수 있을까 하는 의구심을 낳을 지경이다. KBS 역시 지난 세월호 사건 이후에 사장 퇴진이 보여 주듯이 실망과 희망이 교차하고 있다.

SBS가 등장한 지난 1990년대 이후 한국의 방송 시장은 제한된 수용 능력에 수많은 미디어들이 진입해 그야말로 북새통을 이루고 있다. 기술의 발전이 진입 장벽을 현저하게 낮춘 탓이지만, 무분별한 도입과 원칙 없는 운용이 양적 확장만을 끊임없이 부추긴 결과이기도 하다. 이런 가운데 전통적 주자인 공영 방송이 과거의 지위를 유지할 수 있기를 바란다면 그야말로 어불성설일 것이다. 그러나 다른 나라의 사례를 보면 비단 한국 같지만은 않다. 불과 3～4% 차이로 선거의 승자가 모든 권력을 독점하는 한국에서는 공영 방송이 이렇게 시장에서 위축당하면서도 정치적으로는 더 뜨거운 감시의 대상이 되고 있다. 문제는 정치에 있는데 어려움은 방송이 겪는 것이다.

그러나 작용이 있으면 반작용도 있는 법이라서 공영 방송 또한 아주 희망이 없지는 않다. 이럴 때 수신료는 반전의 계기가 될 수 있다. 한국에서 수신료는 공영 방송이 스스로 주변을 설득하고 감동시킬 때, 얻을 수 있는 '충분조건'의 재원이다. 그러므로 수신료는 실제 돈보다 받기 위한 준비가 훨씬 더 중요하다. 공정성 논란을 종식시키고 수신료를 도약의 발판으로 삼을 수 있다면, 지금까지는 성숙을 위한 '진통'에 그치는 것이다. 나는 감히 '이런 성숙의 기회가 열려 있다'고, 아니 '이런 기회를 열어야 한다'고 공영 방송의 종사원과 시청자, 그리고 특히 지금까지 공영 방송을 지금의 이 모양 이 꼴로 만든 정치권력에게 힘주어 말하고 싶다.

끝으로 책의 제목에 쓴 '정체성正體性'에 단서를 달아두고자 한다. 정체성에 대한 일반적인 이해가 가진 본질주의적 측면 때문이다. 정체성은 '변하지 않은 본질'이 아니며 오히려 늘 역동적으로 구성되고 해석되는 것이다. 이 책에서 쓴 정체성 역시 그러하다. 한국의 공영 방송은 역사적으로 형성된, 다른 방송과 구분되는 지금의 정체성을 지니지만, 이 정체성은 계속 변하고 있다.

이 책을 만들면서 나는 수많은 사람의 도움을 받았다. 후배인 정준희 박사는 영국 유학의 경험에 오랫동안 공영 방송을 연구해 온 내공으로 수많은 내 의문을 해결해 주고 자료에서도 큰 도움을 주었다. 그와 나눈 이메일은 워낙 많아서 일일이 헤아리기도 힘들 정도였다. 이준웅·이상기 교수, 심영섭·

정수영·홍종윤 박사 등도 귀찮으리만큼 반복된 질문에 자신의 판단을 기꺼이 내주었다. 신태섭 교수, KBS의 엄민형 국장, 최선욱 박사, 홍기호 노조 부위원장, MBC의 최문순 전 사장, 민언련의 김유진 전 국장은 역사의 현장에서 직접 체험한 점들을 나와 공유해 주었다. 이 책이 조금이라도 잘된 점이 있다면 이 분들의 덕택이라고 말하고 싶다. 나는 이 책을 쓰면서 일부 내 주장을 조언도 받고 검증도 받을 겸 〈방송문화연구〉(23-1호, 24-2호), 〈언론정보연구〉(51-1호) 등 몇 군데의 저널에 발표하기도 했다. 당시 심사를 해 주고 조언을 아끼지 않은 여러 동학들에게 감사하다는 말씀을 전하고자 한다. 나름대로 최선을 다했지만 이 정도에 머문 점을 죄송스럽게 생각한다. 이 책을 쓰는 도중에 언론정보학회 회장직을 맡게 되었다. 김세은·송현주 교수를 비롯한 여러 이사들의 헌신적인 도움이 없었다면 이 책은 훨씬 나중에나 빛을 보게 되었을지 모른다. 늘 격려와 비판을 아끼지 않으시는 부산대학교의 선배·동료 교수들, 지금도 아들의 일이라면 노심초사하며 기도하시는 부모님과 남편의 부재를 원망치 않고 늘 지원해 주는 아내 정혜인, 훌륭하게 커준 정래와 영은에게도 감사한다. 연구재단은 저술 지원을 통해 지난 5년간의 작업을 도와주었다. 돈이 안 되지만 오랜 인연으로 성심껏 책을 만들어 준 이리라 사장과 난삽한 원고를 깔끔하게 정리해 주고 무리한 일정을 훌륭하게 소화해 준 편집팀에게도 이 자리를 빌려 고마움을 전하고자 한다. 물론 이 책의 잘못된 점은 모두 나의 탓이다. 독자 여러분의 질정을 기대한다.

조항제

한국
공영 방송의
정체성

I부

한국 공영 방송의 정체성

1장 서론

1. 한국 공영 방송의 정체성

한국 방송에서 이해관계자들 사이에 가장 큰 합의가 있다면, 그것은 아마도 '공영 방송'일 것이다. 1980년 당시 집권 세력에 의해 가장 전형적인 권위주의 방식으로 (전일적) 도입이 결정된 제도가 이토록 깊은 사회적 합의를 얻은 데는 여러 이유가 있겠으나 제도 자체가 지닌 장점을 빼놓을 수는 없을 것이다. 주지하다시피 공영 제도는 유럽 방송의 가장 큰 특징 중 하나로 1980년대 중반까지만 해도 깨어지기 어려운 '구조'를 형성했다. 물론 지금은 이를 형성한 주변의 여러 환경 조건들의 와해로 상당한 어려움에 직면해 있지만 (Tracey, 1998), 적어도 최근까지의 보고에 따르면 공영 방송은 여전히 각국의 중추 미디어로서의 면모를 잃지 않고 있다(Debrett, 2009).

그렇다면 공영 방송의 미래는 밝다고 할 수 있는가? 공영 방송의 이념은 균열이 시작된 1980년대 중반 이후에도 여전히 흔들리지 않는 아성을 쌓아 놓은 것일까? 불리해지는 주변 환경이 공영 방송에 미치는 영향은 생각보다 그렇게 크지 않은 것일까? 만약 이 환경 변화에 대응해 공영 방송이 변했다면, 어떤 변화가 그렇게 주효했을까? 아니면 구래의 이념이나 전통 자체가 여전히 힘을 가지는 것일까? 또 만약 그렇다면, 그래서 이념의 힘이 그처럼 강했다면 왜 새롭게 민주화한 여러 국가들(특히 동구권이나 아시아권 등)에서는 그러한 힘이 생기지 않는 것일까? 같은 맥락에서 똑같이 후발로 민주화한 한국 사회에서는 왜 그렇게 공영 방송이 마치 가치를 판단하는 '메타가치meta-value'인 민주주의에 비견될 만큼 잘 정착될 수 있었던 것일까? 유럽 사회와는 전혀 다른 발전 경로를 걸어온 한국 사회가 유독 이런 공영 이념을 잘 수용했던 이유는 무엇일까? 한국에서 공영 방송은 상대적으로 수가 많고, 그 이념이나 체제는 종사원(특히 노동조합)에 의해 큰 지지를 받고 있는데, 이런 특징은 공영 방송의 미래에 어떤 영향을 미칠 것인가? 그리고 앞으로 그 영향은 약화될 것인가, 아니면 강화될 것인가? 그러나 공영 방송에 대한 높은 지지에도 불구하고 공영 방송의 가장 전형적인 재원으로 볼 수 있는 수신료는 1980년 이래로 수십 년간 정체되어 있다. 이런 정체의 이유는 무엇일까? 왜 수없이 비판을 받으면서 한국의 공영 방송들은 광고료에 대한 의존도를 줄이지 못하는 걸까? 혹시 이들 사이에 어떤 모종의 결합 관계가 있는 것은 아닐까? 만약 있다면, 한국 공영 방송의 미래는 이런 결합 관계를 어떻게 할 것인가?

이 책은 바로 이러한 문제들을 연구의 중심으로 삼고, 비교 역사적 접근 방법을 토대로 이에 대한 해답을 모색하려는 노력의 산물이다. 사실 공영 방송이 나름의 위기에 접한 1980년대 이래로 당사자인 공영 방송을 비롯해 급변하는 방송 환경의 문제는 수없이 다루어 온 해묵은 주제다. 또 현실에서도 다양한 대처 방식을 낳아 이미 어느 정도는 해결점에 도달한 것이기도 하다. 한국에서 공영 방송에 대한 합의가 확고해진 이유 중 하나도 이렇게 주변 나라들에서 공영 방송을 강화(적어도 유지)시키려는 노력이 계속 이어졌기 때문이다.

그러나 그렇다고 해서 지금의 시대 변화와 공영 방송의 이념이 '조화롭다'고 주장하는 연구는 쉽게 찾아보기 어렵다. 오히려 최근의 한 비교 연구(Curran et al., 2009)에 따르면 공영 방송의 입지는 매우 모순적이다. 이 연구는 공영 방송을 가진 나라들의 시청자들이 지닌 정치 지식이 그렇지 않은 나라들의 시청자에 비해 훨씬 높다는 점은 보여 주었지만, 바로 그 공영 방송의 시청이 '의도치 않게inadvertently' 이루어졌다는 매우 심각한 부연을 달았다. 디지털화가 될수록 크게 줄어들 편승 시청과 정치 지식 사이의 이런 긍정적 관계는 공영 방송의 필요성과 구시대성을 아울러 보여 주는 중요한 대목이다. 이런 모순을 극복하는 방법에 어떤 보편적 비결이 있지는 않을 것이다. 공영이란 이념의 설정 과정과 실제의 공영 방송 조직이나 제도가 갖는 각 나라별 공통성과 특수성, 그리고 시도에서의 성공과 실패 — 특히, 영국과 미국, 유럽의 북부와 남부 등 — 가 보여 주듯이 모순 역시 전반적인 변화의 추세와 나라별 사정이 절충된 다양한 유형의 해결책을 낳을 것이기 때문이다.

지금까지 확인된 나름의 '컨센서스'는, "방송의 공적 서비스의 필요성은 여전하거나 어쩌면 더 커졌다. 그러나 주변 환경이 달라졌으므로 지금까지의 공영 방송의 소유·경영·조직·프로그램 장르·생산 방식 등의 구체적인 수단은 재고할 필요가 있다"는 것이고, 그렇다면 이 역시 어떤 특정한 계기나 조치보다는 무언가 더 근본적 환경, 그러니까 포괄적인 의미의 문화적 조건이나 시청자들이 공영 방송에 기대하는 "비공식적 또는 일상적 규범informal norms expectations"(Hallin & Mancini, 2004, p.33)이 지금에 들어 더 중요해졌다는 생각을 뒷받침한다. 이를테면 '공영 방송이니까' 또는 '왜 공영 방송에서?'라는 반응이 보여 주는 대다수 시청자의 암묵적 인식 또는 비판이 공영 방송에는 그 어떤 재정적 지원보다 더 큰 힘이 된다는 것이다. 여기에서 한국의 공영 방송의 조건이나 규범은 어떠한지에 대한 의문이 생겨난다. 말하자면 '한국적 공영 방송의 정체성'이라는 게 무엇인지에 대한 탐구가 요구된다는 것이다.

그러나 공영 방송에 대한 기존 연구들이 이런 필요에 부응했는지는 의문이다. 최근 들어 이전 시대의 '일회용'을 뛰어넘는 많은 연구들이 발표되고 있는 것이 사실이지만, 대부분이 정부의 (규제) 정책 차원에서 공영 방송이 중요하다는 당위론(달리 말해 민영화의 부당성)에 머물고, 주제도 재원(수신료)이나 프로그램(주로 공익적 가치의 유무, 그의 평가) 등에 집중되어 이러한 정체성의 분석에 필요한 비교 역사론적 관점이 시도되지 못했기 때문이다. 영역 면에서도 좁게는 생산 형태나 조직 구조(특히, 노동조합), 프로그램의 문화적 역할 등을, 넓게는 공영 문화의 형성 과정, 방송 문화의 성격 등의 문제 등을 포괄하지 못하고 있다. 그 결과 공영 방송에 대한 연구는 '매양 그 연구가 그 연구'라는 비판에 직면해 있다.[1]

또 그간 많은 연구들은 전문화라는 명목 아래 공영 방송의 면모 전반을 다루는 '총체성'은 확보하지 못했다. 이를테면, 역사 연구, 비교 연구, 문화 연구 등을 모두 아울러 공영 방송의 한국적 정체성을 밝힐 수 있는 나름의 집대성, 호흡이 길고 심층적 분석이 가능한 '책'이 없었다는 뜻이다.[2] 이 점에서 접근 방식(인류학적 방법ethnography)이나 문제의식(시장화의 내부화 과정)은 차이가 있지만, 10년이 넘는 BBC의 버트/다이크 시대를 치밀하게 추적한 본(Born, 2004)의 연구는 시사하는 바가 크다.

1 아마도 이는 주로 '업계'가 연구 재원의 출처였다는 점과도 깊은 관련이 있을 것이다. 좀 더 학술적이면서 긴 호흡의 연구를 방송사가 필요로 할 리는 그렇게 없는 것이다.

2 아마도 강형철(2004)의 책은 이의 가장 예외적인 경우일 것이다. 그러나 이 책은 공영 방송의 각 영역에 대한 포괄적 설명 방식을 택함으로써 한국적 정체성에 대한 탐구보다는 공영 방송 일반의 특성에 대한 해설에 더 많이 치중했다. 물론 그 이유는 공영 방송이란 제목을 내세운 최초의 학술서이기 때문일 것이다.

2. 서술의 관점: 국가–시장–시민사회

앞서 언급한 대로 방송 역사의 서술에서 먼저 필요한 것은 시기 구분이나 서술의 우선순위, 강조점이 반영되는 관점의 설정이다. 이 관점은 '보편적인 것'을 앞세워 선험적으로 정하기보다는 개별 나라 또는 사회의 사정을 반영하는 '특수한 것'을 집약하고 이를 다시 '보편적인 것'과 절충하는 과정에서 찾는 것이 바람직하다. 이러한 관점은 사회를 구성하는 기본 얼개 또는 변인의 성격과 그 얼개 사이의 관계에 대한 파악을 통해 추출된다.

1) **국가**

한국의 방송 역사에서 가장 중요한 변인을 찾는다면 단연 '국가'다. 단기적으로는 유신 체제–권위주의 체제나 '박정희 정권 20년'이라고 할 때의 '체제 regime'나 '정권'으로, 일반적 의미로는 통치 기구로서의 '정부'나 부문 권력으로서의 '정치권력'으로 바꿔 쓸 수도 있는 이 국가는, 정책으로 구체화되어 나타나면서 한국의 방송을 지금의 모양새로 만든 최고의 변인으로 볼 수 있다. 이 점은 서구와 나머지 세계(특히 제3세계) 사이의 가장 큰 차이점이기도 하지만, 한국처럼 식민과 분단–전쟁, 오랜 권위주의를 거치고 이제 막 민주주의로의 이행과 공고화 과정 속에 있는 사회에서는 다른 제3세계와도 사뭇 다른 수준을 보인다.

이를 단적으로 예증하는 것은 1980년 5공 때의 '언론 통폐합'이다. 국가 권력이 나서 민간 소유의 신문·방송을 강제적으로 폐지·통합한 조치인 언론 통폐합은 다른 나라에서는 유사 사례를 찾기 힘든,[3] 그야말로 초법적 의미의 '통치 행위'[4]다. 이런 역사를 가진 한국에서 국가 변인은 정치나 경제사에서도 그렇지만 방송사에서도 가장 먼저, 그리고 가장 큰 비중으로 다뤄져야 하는 것이다.

일반적으로 국가는 '민주'주의 정체polity를 표방하는 한, 공공 이익과 공동체적 가치를 추구하고 법적-합리적 규제를 수행한다. 다양한 이념과 이익이 자유롭게 표출되는 각축장이면서 토론과 합의가 추구되는 공론장public sphere이 되기도 한다. 물론 '자본'주의 체제로 일정한 계급 지배를 내장할 수도 있고, 특히 권위주의-파시즘의 형태를 취하면 일반적인 민주 체제와는 비교할 수 없을 만큼 권력이 집중되면서 국민 또한 통제된다. 공영 방송은 이런 국가들과 이중적이면서 모순된 관계를 맺는데, 국가(정부)로부터의 자유를 자신의 필수적 존재 조건으로 주장하면서도 스스로는 국가의 '피조물creature'임을 부정하지 못하기 때문이다(Curran & Seaton, 2010). 그런 면에서 공영 방송은 일정하게 국가의 성격에 종속적이다.

공영 방송에서 이를 예증하는 것은 핵심적 기능인 '공적 서비스public service'다. 공적 서비스는 "방송사가 사회에 가치 있게 보이는 프로그램을 제작하게 할 목적으로 정치가 미디어 시장에 개입하는 개입의 형식"(Moe & Syvertsen, 2009, p.4)이다. 역시 공영 방송은 사회적 가치나 정치적 개입을 빼놓고는 생각하기 어려운 것이다. 그런 면에서 국가는 방송 또는 미디어 전반과 통상적인 '규제자'나 '후원자'에서부터 다소 예외적인 '구조 조정자'에 이르기까지 다양하게 개입한다. 표 1은 이런 국가가 미디어에 개입하는 형태를 성격별로 분류한 것이다(Murdock & Golding, 2005; Garnham, 1990; Freiberg, 1985).

3 내가 아는 바로는 국가가 나서 민간 방송의 소유를 바꾸려 한 정책은 1970년 멕시코의 에체베리아Echeverría 정부의 방송 국유화 정책 정도뿐이다. 그러나 이 정책 역시 방송의 저항(당시 멕시코의 상업 방송들은 3사가 합병으로 자신을 거대화시킴으로써 이에 저항했다)으로 실패에 그쳤다(Mahan, 1985).

4 고도의 정치성을 띤 국가 행위의 의미로 여기서는 불가역의 성격을 강조했다. 바로 그러한 행위들이 쌓여진 것이 '역사'라는 점에서 국가는 한국의 방송 역사 서술에서 가장 높은 우선순위를 받는다.

표 1. 국가의 언론 지배의 형태, 내용, 목적

형태	내용	목적
규제자	• 소유와 가격 규제, 세제 등을 통한 산업 구조 개입 • 표현의 영역과 관련된 프로그램 내용의 규제(검열, 압수 등 포함)	• 규제의 용이성 • 활동 공간의 한계 규정(대항 가치의 규제, 지배 규칙의 강화)
후원자	• 공공 광고, 보조금 등을 통한 직접 재정 지원 • 특혜 등을 통한 간접 지원	• 전략 산업의 육성 • 동의에 의한 규제
정보 생산자	• 공식 통계, 발표, 공간公刊물 발행 등	• 홍보 가치의 전파
이용자(고객)	• 통제와 명령을 위한 테크놀로지의 이용자(군, 경찰)	• 전략 산업의 육성, 국내 자본의 재구조화
미디어 운영자	• 국(공)영 미디어 기업의 운영(미디어 시장 구조에의 개입)	• 홍보 가치의 전파
구조 조정자	• 미디어 산업의 구조 개편	• 통제의 용이성, 전략 산업의 육성

한국 방송에서 국가가 최고의 변인이 되는 가장 직접적인 이유는 지난 한국 정치가 그만큼 변화가 많았고 그런 정치에 방송이 깊게 영향 받았으며 지금에 이르러서도 민주주의가 추구하는 자율과 분권이 방송뿐만 아니라 사회 전체에서도 보장되지 않고 있기 때문이다.

2) 시장

시장 역시 국가 못지않게 방송을 움직이는 중요한 기제다. 시장 부분에서 먼저 살펴볼 필요가 있는 것은 용어 또는 개념상의 문제다. 시장은 국가–시장–시민사회의 삼분할론에서 '자본'이나 '경제'와 자주 호환되는데, 각각은 함의에서 조금 차이가 있다. 먼저 경제는 정치나 (시민) 사회와 상대되는 영역적 개념이다. 자본은 체제가 자본주의인 한 대부분의 경제적 거래가 결국 자본에 의해 지배될 것이라는 역관계의 함의를 가진다. 그것이 시장이든 경제든 본질은 자본으로 귀결된다는 것이다. 이에 비해 시장 개념은 다소 다원주의적인 것으로, 거래가 구성원 사이의 관계로 이루어지는 한 일대일의 금전적 교환이라 해도 결과가 어느 정도 열려 있다고 본다.[5] 특히 문화 상품을 거래하는 문화 시장에서 자본이 지닌 권력은 일반 거래와는 다르다.[6]

이 입장에서 볼 때, 시장과 자본을 동일시하는 것은 다분히 결정론적이고 문화의 특수성을 무시하는 환원론의 오류에 빠지는 것이다. 물론 체제의 성격상 자본이 구조적 특권을 갖는 것은 분명하다. 그러나 자본의 지배는 국가의 개입, 문화-중재자[7]의 개입, 소비자의 주체적 선택, 시민사회의 저항, 전통이나 민속 문화와 같은 기존의 아비투스 등의 다양한 요인들을 극복한 다음의 결과다. 사회 구성을 국가나 시민사회로 분할하는 것도 사실은 이런 비환원론적 결정을 수용한 것이다. 시장은 특혜적 권력을 가진 자본이 지배를

5 이 삼자 관계는 코헨과 아라토(Cohen & Arato, 1992)가 재구성한 하버마스적 삼분할론에서는 국가-경제-시민사회로, 유럽 미디어의 발전 과정을 연관된 배후의 권력에 주목해서 분석한 갈퉁(Galtung, 1999)에 의해서는 국가-자본-시민사회로, 이를 원용한 하멜링크와 노르덴스트렝(Hamelink & Nordenstreng, 2007)에 의해서는 국가-시장-시민사회로 변용·제시되었다. 내가 하멜링크 등의 구분을 따라 자본을 시장으로 바꾼 것은(하멜링크 등은 따로 이유를 밝혀 놓지는 않았다) 시장이 자본/생산에 의해 완벽하게 지배된다고 보지 않기 때문이며(예컨대, Hall, 1973/2003), 경쟁·소비가 빚어내는 시장 현상의 다양한 측면을 포착하기 위함이다. 더구나 미디어 시장에서는 공영 방송처럼 사기업적 축적 논리로부터 상대적으로 자유로운 인자가 차지하는 비중이 높으므로 이 같은 변용의 이유가 충분하다고 할 수 있다.

6 이를테면, "상업 방송에서는 돈을 벌기 위해 프로그램을 만들지만 공영 방송에서는 프로그램을 만들기 위해 돈을 번다"(Bill Cotton; Krauss, 1998, p.663에서 재인용)고 할 때 거래는 시장적으로 이루어지지만 결과가 꼭 자본 지배로 끝나지는 않는다. 물론 이런 이론(마르크스주의적 정치경제학)이 있기는 하다. 그러나 이는 논쟁적인 것이며, 입증하는 사례에 못지않게 반증하는 사례 또한 많다.

7 예컨대 부르디외(Bourdieu, 1984)는 문화 시장에서 중요하게 역할을 하는 이로 중재자를 꼽았다. 물론 구체적으로 이 중재자가 누구냐에 대해서는 이견이 있다.

관철시키는 단순한 영역이 아닌 것이다. 이 점에서는 경제 역시 정치나 사회와 분리되어 작동하는 특유의 논리가 있는 점은 충분히 강조되지만 이런 문화·방송 내부의 세부적 갈등·결합 관계들을 모두 주목하기에는 불충분한 개념이다. 그런 면에서 자본이나 경제보다는 시장이 더 적절할 수 있다.

방송에서 시장은 한정된 재원 및 대중의 시간을 놓고 벌어지는 시청률 경쟁을 비롯한 '화폐의 논리'로, 소유 규제·허가·M&A·광고 등에 대한 각종 정책에 영향을 받으며 경기 동향 등에 민감하게 반응한다. 시장은 국가와 달리 '외부적'·'사건적'이지 않고, 눈에 보이지 않게 '내부적'이며 '구조적'이다. 또 시간대에서 보면 단기적이지 않고 중장기적이다. 광고가 개입하는 미디어 분야에서 시장은 이중적 성격을 띠는데, 돈이 오가지 않는 명목상의 거래인 미디어 기업과 소비자 사이와 실제 돈이 오가는 미디어 기업과 일반 기업(광고주) 사이의 거래가 그것이다. 거래의 성격에서 미디어 기업은 구매자인 광고주보다 약자의 처지에 있지만, 상대적으로 독(과)점의 위치에 있는 미디어 기업은 오히려 반대다. 이를 표현하는 '판매자 시장buyer's market'은 텔레비전이 대중화의 기틀을 닦은 1970년대 이래 한국 방송과 광고주 사이의 관계를 단적으로 지칭한다.

특히 한국 방송 시장은 1980년에 도입된 '관리 시장governed market' 제도[8]로 인해 다른 나라에 비해 시장 영역의 비중이 상대적으로 크지 않다. 이에 따라 오일쇼크 때나 IMF 외환 위기(이하 IMF 위기), 2000년대 중반의 금융 위기 같은 비상 시기가 아니면 적어도 특정 광고주의 영향은 부각되지 않는다. 영국의 문화학자 레이먼드 윌리엄스(Williams, 1968)가 말한 공적 방송의 바람직한 재원의 요건인 '기능 없음functionless'의 요소를 광고는 어느 정도 갖춘 셈이

8 한국방송광고공사의 독점적 영업권을 말한다. 1981년 이래 한국의 지상파 방송들은 직접 광고 시간을 팔 수 없으므로 광고 역시 프로그램과 직접 관련을 맺지 않았다.

다.[9] 물론 이 말은 방송이 경제적 거래에 직접적으로 노출되지는 않았다는 의미이지 광고를 하는 KBS 2TV의 상업성 같은 구조적 영향까지 무시할 수 있다는 뜻은 아니다. 요컨대 방송 광고가 활성화되기 시작한 1960년대 이래 한국 방송은 끊임없는 외압에 시달리는 와중에서도 경제의 비약적 성장에 힘입어 나름대로의 대중성과 꾸준한 (자본) 축적 커브를 유지할 수 있었다.

광고주와의 관계가 그 정도에 그친다면 이제 방송 경제에서 중요한 것은 오히려 돈이 오가지 않는 미디어 기업과 소비자(시청자) 사이의 거래다. 미디어 기업은 더 많은 시청자를 얻기 위해 치열한 경쟁에 돌입하며 경제가 극심한 불황이 아닌 한, 광고는 이 결과에 따라 자연스럽게 얻어지는 '전리품'이다. 적어도 한국의 지상파 방송은 미디어가 다변화된 2000년대 중반에 이르기까지 과점적 판매자의 지위를 크게 벗어나지 않았다. 그러나 한정된 시청자를 사이에 두고 벌어지는 치열한 시청률 경쟁은 실제 방송사의 상품인 프로그램에 상당한 영향을 미친다. 특히 앞서 언급한 대로 1970년대 중반 이후의 한국 방송에서 광고는 거의 '기능 없는 재원'이었음에도 불구하고 시청률 경쟁의 정도가 상대적으로 다른 방송에 비해 높으면 높았지 낮지 않았다.[10] 물론 이에는 꼭 경제적인 이유만 있지는 않았다. 다른 목적으로 경쟁을 조장하는 외부의 영향 또한 완전히 배제할 수 없었기 때문이다. 대체로 한국 방송에서 지적되는 대표적인 병리 현상들, 예를 들어 편성·프로그램의 다수주의 majoritarianism의 지배 — 특정 장르의 우세, 무분별한 모방과 획일화, 소수 취향의 무시, 질 저하 등 — 는 시청률 경쟁을 빼놓고는 원인을 설명할 수 없다.

9 윌리엄스는 방송의 재원이 문화의 창달(프로그램의 제작) 외에 따로 요구하는 반대급부(이게 '기능'이다)가 없어야 바람직하다고 주장했다. 그런 면에서 수신료는 이런 조건을 갖춘 바람직한 재원이지만, 광고료 역시 한국처럼 관리 시장에서는 이런 기능이 크게 줄어든다.

10 예컨대 방송 현업인 출신이면서 나중에 정책(방송위원회 위원장)까지 담당한 바 있는 강대인(2003)은 시청률 경쟁이 시대를 초월한 한국 방송의 가장 큰 특징이었다고 주장한다.

'시장화'는 이러한 시장과 경쟁, 그리고 기업이 가진 이윤 논리를 우선하거나 증가시키는 경향 또는 정책적 개입으로 정의할 수 있다.[11] '상업주의'는 이런 시장 행위 가운데서도 당장의 생존과 이윤에 집착함으로써 형성되는 문화적 조류다.[12] '대중화'는 다수주의와 시장화에 "신에 대한 경외, 군주에 대한 복종, 귀족제와 군대 및 전문직에 대한 존경, 나이가 지닌 지혜에 대한 인정 등에 반대"(Curran, 2002, p.16)되는 반엘리트주의로서의 포퓰리즘 또는 문화적 민주주의가 포함된 것이다. 그러므로 규범적 측면에서 본다면 대중화는 시장화나 상업주의에 비해 상당히 중립적인 것이라고 할 수 있다.

3) 시민사회

다음으로는 국가와 시장에 영향을 미치는 시민의 자율적 활동 영역으로서의 시민사회다. 시민사회 역시 한국 방송에서 중요한 비중을 차지한다. 1980년대 중반에 있었던 KBS시청료거부운동은 다른 나라에서는 유례를 찾기 어려운 국민적 방송·체제 저항 운동이다. 이런 시청자의 적극적 행동으로 대표되는 시민사회는 방송사 내부의 노동조합과 일정한 교감 및 연대를 가지면서 다양한 방송 감시 활동을 펼치는데, 일반 시민은 일상적으로 활동하기 어렵

11 영국의 미디어 정치경제학자 머독과 골딩은 시장화를 다음과 같이 정의한다. "모든 형태의 문화적 기업의 성과를 판단할 때 적용되는 기준으로 사기업적 행위의 자유를 증가시키고 기업적 목적 및 조직적 절차를 제도화시키게끔 고안된 정책적 개입." 이런 시장화의 경향은 '민영화,' '자유화,' '기업화,' '허가권의 발급에서 경매로 전환,' '규제 체제의 재조정' 등의 다섯 가지의 기본적 차원을 가진다(Murdock & Golding, 1999, pp.118~120).

12 자본과 시장을 구분하려는 취지(주 5, 6 참조)를 반영해 상업주의를 기업의 시장 행위 전체와 동일시하지 않고 '일부'로 본 것이다. 상업주의와 좀 더 큰 의미의 시장 지향 행위를 구분하려는 이상기(2011)의 발상도 같은 맥락이라고 생각한다.

고 상대적으로 정보력이나 전문성도 낮기 때문에 전문 단체와 노조의 선도적 움직임에 많은 영향을 받는다. 노동조합은 기업 내부의 인자로 간주해 시장 속에 포함시켜도 되지만 한국의 경우에 방송 노동조합은 주로 표현의 자유나 권력 비판과 관련된 정치적 활동에 주력하므로 시민사회 영역에 포함시킬 수 있다.

특히 이렇게 사회 구성 단위로 사용될 때의 시민사회 개념은 두 가지 측면을 함께 가지는데, 하나는 현실을 분석하는 이론적 도구라는 점에서 '분석적·설명적'인 것이고, 다른 하나는 특정한 형태로 이상적 모델을 제시하고 이를 지향해 나간다는 점에서 '규범적·실천적'인 것이다. 이러한 이중성은 시민사회 이론이 국가의 권력·지배 논리와 경제의 화폐·물신 논리를 비판하고 새로운 규범적 이상을 제시한다는 목적에 비추어 보면 불가피한 것이다(정태석, 2007). 방송의 역사를 통해 통시적 정체성을 파악해 보고자 하는 이 책 역시 한편으로는 방송 정책의 각종 의사 결정에 시민사회의 참여가 어느 정도 이루어졌는지, 이 과정이 어떤 경로를 통해 가능했는지를 기술하고 판단하지만, 다른 한편으로는 더 많은 시민적 참여를 목표한다는 점에서 양 측면을 공유한다.[13]

대체로 방송에서 시민사회의 활동은 표 2에서 보는 바대로 크게 여덟 가지 방향으로 전개될 수 있다(Hackett & Carroll, 2006). 이 표의 목적은 원래 '민주적 미디어 행동주의democratic media activism'의 여러 유형을 분류하려는 데 있지만, 미디어 영역에 관계된 시민사회의 동향을 분석하는 데에도 유용하

13 특히 '사회－책임－공론장－도덕적·적극적 시민'과 '개인－욕구－시장－이기적·수동적 소비자'는 미디어 정책에서 여러 대립의 원천이 되는 대조적 이분화이나 사실 이 둘은 같은 대상을 다른 관점으로 바라보는 것이다. 따라서 분석적인 차원에서는 이 둘 사이가 어떻게 연계되느냐가 중요하며(Couldry, Livingstone, & Markham, 2007), 때로 위상적 개념으로 쓰일 경우 시민사회는 이러한 시민/소비자 사이의 갈등과 투쟁, 타협과 연대가 이루어지는 복합적인 자리다.

표 2. 미디어와 시민사회가 맺는 관계의 유형

구분	생활 세계의 변화	체계의 변화
미디어 영역	L1: 대안적·독립적 미디어, 액세스채널 운동	L2: 미디어 모니터(압력의 목적), 사회운동의 PR
	S1: 국가의 문화 지원, 보호 정책	S2: 퍼블릭 저널리즘, 전문직협회, 공영 방송, 노동조합
환경적 조건 영역	L3: 문화 방해culture jamming, 비공식적 교육·모니터, 미디어 계몽 캠페인	L4: 법제도 청원운동, 소비자운동, 언론개혁운동
	S3: 공식적 교육	S4: 의회·정당 내 정책 집단, 청문회, 진보적 소조직

L: 생활 세계로부터의 운동, S: 체계로부터의 운동.
출처: Hackett & Carroll(2006, p.56)을 축약함.

다. 이 표의 두 축은 하버마스의 '체계system'와 '생활 세계lifeworld'와 '미디어'와 (미디어 주변의) '환경적 조건'의 활동 영역 구분이다. 이를 2 × 2로 하여 네 가지로 분류하고 이 각각을 힘이 나오는 원천별(체계/생활 세계; S와 L로 표시)로 다시 둘로 나누어 8개의 항으로 만들었다. 이 표에서의 생활 세계는 앞서 본 시민사회 개념과 통하는 바가 많다.

표 2에서 볼 때, 먼저 L1의 유형은 '대안적·독립적 미디어,' '시민 채널,' '액세스 채널' 등처럼 시청자와 시민사회가 직접 프로그램에 관여해 제작과 방송의 권리를 행사하거나 특수하게 혜택을 부여받아(백미숙·홍종윤·윤석민, 2007) 생활 세계의 변화를 목표한다. 최근 미디어가 다양해지고 손쉬워지면서 양적으로도 크게 확장되었다. 시청자의 미디어 활동 중 가장 기본이라 할 수 있는 모니터는 다양한 목적으로 여러 영역에서 이루어지는데, 특히 L2 유형은 기존 미디어의 논조를 바꾸려 압력을 행사하는 '감시'의 차원이다. S1은 국가가 나서 문화를 육성하고 공동체 미디어를 육성하는 영역이어서 국가

와 시민사회 사이에 일정한 협력이 바탕이 된다. S2는 미디어 체계의 변화를 위해 공영 방송이나 전문직협회, 노동조합 같은 미디어 내부에서 이루어지는 노력의 유형이다. S2는 현대 미디어의 전문성이나 대규모화를 생각하면 미디어에 영향을 미칠 수 있는 가장 유력한 형태일 것이다.

환경 조건을 변화시키기 위해 이루어지는 노력은 수용자 교육에 중점을 두면서 기존 미디어를 '방해'하는 운동을 전개하거나 수용자의 미디어 리터러시를 향상시키려 하는 L3과 제도 측면에서 언론의 권리와 자유, 거버넌스에 주목하는 L4 유형이 있다. 후자는 목적적 단체를 조직하거나 시민 사이의 연대를 통해 주로 법제적 청원운동이나 소비자운동, 언론개혁운동 등을 전개한다. 시청료거부운동은 앞서 본 감시(L1)와 청원을 통해 당시의 공영 방송을 비판하고 변화시키려고 했던 시민사회의 노력이다. 생활 세계의 자발성과 연대성을 통해 체제를 개혁하려 하는 이 유형은 아마도 시민사회와 체계가 맺는 가장 고전적이면서 바람직한 관계일 것이다. 이외에도 S3은 공식적 교육 기관을 통해 일반 시청자들이 미디어에 대한 성찰적이면서 비판적인 시선을 갖는 노력이고, S4는 체계 내에서, 즉 의회나 정당 내에서 정책 집단을 조직하거나 청문회, 진보적 소조직caucus 등을 통해 제도를 변화시키려는 움직임을 가리킨다.

4) 국가, 시장, 시민사회 사이의 관계

국가, 시장, 시민사회는 다양한 형태로 서로 관계를 맺는다. 예를 들어 국가와 시장은 새로운 미디어를 도입해 시장을 창출·형성하고 경쟁 구도를 조성해 새로운 투자를 도모하거나 공영 방송 같은 공적 제도를 도입하고 민족-국가 문화를 육성·보호하며 소유나 광고 등에 대한 각종 규제 제도를 확립하는 과정 등에서 긴밀한 관계를 맺는다. 이 관계에서 양자는 국가적(또는 민족적) 정체성의 유지가 명분인 정책 메시지의 우선적 소비, 경쟁을 원활히 하면서 투자를 독려하는 독점의 규제, 준조세적 재원인 (공영 방송의) 수신료의 징수, 상업 방송의 수입과 직결되는 광고량·요금·방식의 규제 등을 둘러싸고 일정한 갈등 관계에 놓인다. '국가의 규(통)제'와 '시장의 자유화'는 이런 양자의 갈등을 집약적으로 표현한 말이지만, 국가가 나서 경제 발전을 견인했던 제3세계의 경우에는 국가와 (미성숙) 시장 사이에 긴밀한 결합 관계가 형성되기도 한다.

시장과 시민사회는 주로 문화의 질, 문화의 민주화·다양화와 관련된 부분에서 관계를 맺는다. 시장이 시청자 다수 및 광고주의 현재적 '욕구'(시청률)에 치중한다면, 시민사회는 경제 외적 가치, 예를 들어 문화의 질이나 소수자의 취향을 중시한다. 이 점에서 양자 사이는 일정한 결합과 갈등의 관계에 놓인다. 경제적 차별이 없이 일인일표一人一票(민주주의)가 일불필표一弗一票(시장)가 될 수 있는 때가 결합의 예라면,[14] 갈등의 예는 '특권적 시장'이 주변부 소수를 억압하고 문화의 질적 저하나 획일화를 조장할 때다. 때로 시민사회는 시장 내부에서 횡포나 불합리에 대해 자신의 주장을 관철하기 위한 집단적 노력(소비자운동)을 경주하기도 한다.

국가와 시민사회 사이에서는 주로 정치적 메시지의 성격이나 공공 영역의 창출·유지, 문화의 질·다양화와 관련된 정책 등의 이슈들이 제기된다. 집권당이나 특권 계급 등에 우호적인 메시지 생산·통제 구조, 공영 방송의 정치적·경제적 독립성, 소수자의 정책적 보호의 필요성 등에서 국가와 시민사회는 자주 갈등한다. 특히 '권위주의 국가'와 '저항적 시민사회'는 이 점에서

14 예컨대 광주민주항쟁의 실상을 밝힌 다큐멘터리 〈광주는 말한다〉가 시청률에서 70.5%를 기록해 가히 폭발적인 반응을 보였고, 공정성에서는 시청자 1600명을 대상으로 실시한 전화 조사 결과에서 64%가 '아주 공정' 또는 '공정'했다고 응답했던 경우다(《동아일보》, 1989. 3. 9, 16면).

표 3. 국가, 시장, 시민사회의 구성 인자 및 구체적인 내용

구분	구성 인자	구체적인 내용
국가	대통령, 의회, 정당 등	• 새로운 미디어의 도입 • 민족 – 국가 문화의 보호·육성 • 공영 방송의 도입·육성 • 경쟁의 보호(독점의 배제) • 소유나 광고에 대한 규제 제도의 확립
시장	일반 기업(광고주), 미디어 기업, 소비자, 중개인 등	• 시장의 창출·형성 • 새로운 테크놀로지의 개발·도입 • (재)투자 규모의 결정, 새로운 시장의 개척 • 시청률 경쟁(문화의 다수주의화·획일화) • 소비자 주권의 확대
시민사회	시민단체, 노동조합 등	• 표현의 자유 주창 • 민주적 권리의 보호, 민주적 노사 관계의 확립 • 권력의 감시 • 문화적 질의 고급화 • 문화의 다원화, 소수자 문화의 보호

대표적인 갈등의 축이다. 이처럼 민주화, 다원화, 자유화, 내셔널리즘 등의 가치를 두고 삼자는 다양하게 결합·갈등한다.

이론적으로는 하버마스 등의 이른바 삼분할론에 연원을 두는 이러한 국가–시장–시민사회는 미디어 영역의 분석에서도 자주 응용되어 왔는데, 특히 최근에는 '반시민적 경제주의'(신자유주의)(Dahlgren, 2009)를 견제하고 시민권과 민주주의를 복권하려는 움직임과 밀접한 관련을 맺는다. 삼분할론의 지향점은 시민사회를 통해 경제의 미디어 지배를 막고 이를 부추기는 이면의 정치권력 논리도 제어하는 데 있다. 삼자 사이의 균형은 주로 미디어 자신, 특히 언론인의 전문직주의(이는 삼분할에서는 시민사회에 포함된다)에 의해서 이루어지므로 이런 미디어까지 하나의 축으로 독립시키면 때로 사분할이 되기도 한다.

이런 삼분할 또는 사분할론은 최근 등장한 거버넌스론governance과도 밀

접한 연관이 있다. 거버넌스는 경제학·국제정치학에서 처음 사용되었는데, 나중에는 시민사회와 시민운동의 역할에 관한 논의로도 확장되었다. 핵심은 통치가 기존 거번먼트government의 일원적 형태가 아니라 국제기구나 시장, 시민사회, 자기 규제로 다양화되어간다는 것이다. 그런 면에서 '협치'는 거버넌스의 잘 어울리는 번역어다. 이런 거버넌스는 미디어 영역에도 응용되어 미디어 체제 전체를 구성하는 공식적·비공식적, 국가적·초국적, 집중적·분산적, 내부적·외부적 메커니즘 전체를 통칭하면서, 미디어 기업 내부에서 작동하는 전문직주의까지 포괄한다(Puppis, 2010).[15] 미디어의 책무성accountability 차원에서 거버넌스론을 전개한 맥퀘일 등(Bardoel & d'Haenens, 2004; McQuail, 2003)이 제시한 책무의 네 가지 유형인 정치, 시장, 시민사회, 전문직주의 등은 앞서 언급한 사분할과 거의 일치한다. 공영 방송에서 거버넌스는 방송의 운영과 책무를 구성하는 제도·비제도적 총체이며, 좁게는 경영위원회와 집행위원회(사장)을 비롯한 지배 구조를 가리킨다. 공영 방송의 지배 구조에는 유형에 따라 차이가 많지만 정치와 시장, 시민사회, 전문직주의가 모두 응축되어 들어간다.

지난 한국의 방송 역사는 '국가의 지배 논리'·'정치의 권력 논리'·'거버넌스의 (정치) 독점 논리'에 의해 좌우되었으며, 민주화된 이후에는 테크놀로지의 혁신에 의해 조장된 '경제주의'·'상업적 대중주의'가 기왕의 권력 논리와 결합하는 방향으로 전개되고 있다. 이 과정에서 시청자운동을 중심으로 하는 시민사회는 상대적으로 위축되지 않을 수 없었고, 시민사회와 친화적인 공영 방송과 방송 내부의 노력(방송인의 전문직주의, 이와 필수적으로 연관되는 직능조합·노동조합 등) 역시 강화되기보다는 약화되는 길을 걷고 있다. 이 점에서 지

15 미디어학자들에게 거버넌스는 "다양한 유형의 네트워크와 협력 관계를 가진 자기 규제와 조정에 기초한 시민 중심적"(Hamelink & Nordenstreng, 2007, p.230)인 것으로 정의된다.

난 역사를 상기시키는 노력은 이러한 삼자 사이의 균형적 발전을 도모하고자 하는 이론 차원에서의 대응이라고 볼 수 있다.

이외에 방송을 영향을 미치는 변인은 내부적이며 미시적인 것들인데, 한편으로는 조직과 인사, 노동처럼 '하드웨어'적인 것이 있고, 다른 한편으로는 편성에서 각종 장르의 배치나 특정 장르의 우세, 특정 시간대의 개발 또는 비중 변화, 장르·포맷이나 프로그램에서 혼합이나 새로운 형태의 개발 같은 '소프트웨어'적인 것이 있다. 예를 들어 한국 방송에서 방송사별로 형성된 조직 문화, 팀제·부제 등의 조직 변화, 외주 제작 같은 제작원의 다원화 등은 전자에 해당하며, 〈아씨〉, 〈여로〉 같은 일일 연속극, 1980년대의 〈TV 문학관〉 같은 'TV용 영화'나 미니 시리즈, 1990년대의 〈여명의 눈동자〉나 〈모래시계〉 같은 사회 드라마들, 〈이산가족을 찾습니다〉나 〈인간시대〉 같은 휴먼 다큐멘터리, 〈뉴스파노라마〉나 〈PD수첩〉 같은 현장·심층 뉴스물처럼 우리 한국 방송사에서 신기원을 이룬 프로그램은 후자에 해당한다. 이런 계기들 역시 역사 서술의 중요한 대상이다.

역사는 이러한 거시적·미시적 계기들의 교직으로 이루어지며, 이 연구 역시 마찬가지다. 서술의 순서는 대체로 거시에서 미시로 이동하며, 정책과 산업, 편성·프로그램, 시청자 등을 큰 축으로 하여 정책에서는 정책 의도와 대상 사이의 관계에 주목하면서 미시적 계기들도 소화하고, 시장에서는 조직 문제와 시청자 동향 등도 다루어 역시 거시와 미시 사이의 관계를 추적하며, 편성·프로그램에서는 편성과 프로그램 사이의 관계에 주목하면서 산업적 계기들과도 연결시킨다. 시청자 부분에서는 시민사회의 방송에 대한 각종 움직임에 대해 서술하면서 시청자운동이 조직화되는 1980년대 이후에는 방송 전체에 영향을 미친 운동의 사건적 계기에도 집중한다. 이렇게 하면 거시와 미시, 구조와 사건을 어느 한쪽에 치우치지 않고 골고루 서술하면서 그들 사이의 관계 또한 주목할 수 있다. 이를 집약시키면 표 4와 같다.

표 4. 한국의 공영 방송에 대한 역사적 접근에서 거시적 변동과 미시적 변동의 내용

영역	변동의 단위	내용
거시적	정책(체제) 산업(시장) 시청자(시민사회)	• 체제의 변화(역사적 사건), 법의 개정, 새로운 미디어의 도입 • 시장 구조의 변화, 경제 구조의 동향, 새로운 시장의 개척 • 시민사회의 동향, 시청자운동의 흐름
미시적	조직 (인사, 노동 과정)	• 조직 문화의 형성 과정 • 조직의 대규모 확대·개편(팀제 등) • 새로운 조직의 신설 및 제도화 • 노동조합의 활성화 과정 • 아웃소싱(외주)의 도입 및 확대 • 노동(제작) 과정의 변화
	편성·프로그램	• 장르별 우선순위의 변화 • 새로운 시간대의 개발(아침 시간대, 심야 시간대) • 새로운 장르/프로그램의 도입 및 대중화 • 새로운 포맷의 도입 및 대중화(뉴스) • 프로그램의 국제화(새로운 시장의 창출) • 혼성 장르의 등장

2장 시기 구분과 비교 방법

1. 시기 구분

공영 방송의 통시적 정체성을 분석하는데 있어 먼저 살펴봐야 할 것은 전체 방송사의 서술 체계다. 공영 방송 역시 이런 전체 방송의 일환이기 때문이다. 그러나 한국의 경우에는 방송사 일반에 대한 연구가 매우 일천하다. 학계에서 인정받는 통사는 아직 없고 KBS 중심의 사사(會社史)가 통사 역할을 하지만 많은 단점과 한계가 있다. 그나마도 최근 15년분은 발간되지 않았다.[16] 이런 이유로 방송사에서 전체적으로 결정되어야 하는 문제들까지 이 책은 해결하면서 가야 하는 부담이 있다. 그중 하나가 시기 구분으로, 이 책에서는 먼저 전체 한국 방송사를 나누고 이를 공영 방송에 집중시켜 다시 구분하는 두

16 KBS는 사사를 세 번에 걸쳐 발간했는데, 1977년에 50년사(공식적인 이름은 《한국방송사》였다), 1987년에 60년사, 1997년 70년사를 냈다. 주기로 볼 때는 2007년에 80년사가 나왔어야 했지만 뚜렷한 이유 없이 내지 않았다.

단계를 거쳐야만 한다.

1) 방송 역사의 시기 구분[17]

역사 서술에서 시기를 구분할 때 먼저 염두에 두는 것은 관점이나 변인에 따른 기준이다. 이를 질적 구분이라 한다면, 다음에는 방송에 상대적으로 더 큰 영향을 미친 역사적 계기를 추출해 상호 비교하는 양적 과정이다. 앞서 살펴본 대로 한국 방송에서 국가의 영향은 압도적인 것으로 지금까지 방송을 포함해 언론 역사에 대한 대부분의 연구들은 정치사적 기준으로 시기를 나누었다.[18] 이 연구들에 따르면, 한국의 방송이 크게 변화 — 새로운 미디어나 채널의 도입, 관련 제도·법령의 개폐, 방송 유관 기구의 변화 등 — 하게 되는 시점은 대체로 정치권력 구조의 변화, 곧 정권의 변동과 매우 밀접하게 연관되어 있다. 심지어는 같은 통치자가 일종의 '궁정 쿠데타'를 통해 권력 구조를 바꾼 제4공화국(유신 체제)에서도 방송 영역에서의 변화는 있었다. 특히 이 점은 같은 언론인 신문과도 대비되는 것이다.[19]

그러나 이러한 정치권력의 변화에 따른 전기 외에도 시장 측면이나 (방송) 미디어 내부의 변화 또한 한국의 방송사에서는 중요한 의미를 갖는다. 즉 TV 미디어의 도입, 첫 민영 라디오 방송의 시작, 첫 방송 주무 법인 방송법의 제

17 이 부분은 조항제(2012a)의 시기 구분 논의를 보완했다.

18 대표적인 것으로 김해식(1994)의 연구를 들 수 있다. 이 책은 국가, 자본, 언론 자본, 제국주의 등의 변인별로 한국의 언론 역사를 고찰하는데, 각 시기는 제3공화국부터 제6공화국에 이르는 정체별로 되어 있다.

19 예를 들면 MBC TV를 도입한 1969년이나 KBS를 공사화시킨 1973년, 상업 방송이 재도입된 1990년, 통합방송법이 통과된 2000년 등은 신문의 변화와는 관계없는 해다. 신문과 방송이 연동되었던 1980년이나 1987년에는 그만큼 언론 전체에 큰 변화가 야기되었다.

정, 새로운 TV(MBC)의 등장과 본격적인 시청률 경쟁 시대의 개막, 경제개발 5개년계획의 성공과 경부고속도로의 개통, 당시로서는 뉴 미디어인 텔레비전을 대중화시킨 일련의 드라마 성공, SBS 등장에 따른 (후기) 공민영 혼합 제도의 시작, 케이블 TV의 도입에 따른 최초의 다미디어·다채널 시대의 개막, 방송인을 대량 해직시키고 방송 시장에서도 본격적인 생존 경쟁이 도래했음을 알린 IMF 위기, 방송 관련 주무 기구를 통신과 '융합'하고 대통령 직속으로 만든 방송통신위원회의 출범 등은 정권의 변동과 다소의 시차를 가진다.

여기에 시민사회 영역에서 나타난 변화의 계기도 포함될 수 있다. 대표적인 예가 1980년대 중반부터 전국적으로 확산된 KBS시청료거부운동과 같은 맥락에서의 KBS안보기운동이다. 이전과 이후를 크게 다르게 만든 역사적 계기들이 지난 한국 방송에는 많이 있지만 이 역시 빠져서는 안 되는 것이다. 이 운동으로 한국 방송에는 시청자가 스스로 주창하는 감시와 주권 행위가 생겨나기 시작했으며, 민주화 이후에도 공영 제도의 골격이 유지되었다.

물론 넓게 보아 방송 내부의 것 일부를 제외하면 정치권력과 동떨어진 것은 거의 없다고 해도 과언은 아니다. 대부분의 단절적 계기들이 권력체(정부·여당)가 아니면 달성될 수 없는 법의 개폐와 직결되고, 그간의 한국 경제의 관치官治적 성격을 감안해 보면 경제적인 측면에서도 아주 순수하게 시장적인 것은 찾아보기 어렵기 때문이다. 시민사회의 저항조차도 이에 대한 대응 차원에서 이루어진 것이므로 정치권력과 무관하다고 할 수 없다. 오일쇼크나 금융 위기 같은 것은 국외에서 벌어진 일이 국내에 영향을 미친 것으로 정치권력과 연관을 맺지 않는 몇 안 되는 계기다. SBS나 케이블 TV, 위성 방송 같은 뉴 미디어의 도입도 이전의 KBS TV나 언론 통폐합만큼 직접적이지는 않으나(바꿔 말해 약간의 시차를 두기는 하나) 사안 자체는 정치권력의 지극한 관심을 받아온 산물임에 틀림없다. 물론 그렇다 하더라도 이 시차가 가지는 의미는 작지 않다고 볼 수 있다.

우선 시차는 대부분 1987년 이후에 나타난다는 점이 중요하다. 민주화에 따라 절차가 강화되면서 이전의 '정권 변화 → 방송 변화'라는 동시적 도식이 다소 지체되거나 일정하게 변형된 것이다. 이 도식은 국민으로부터 위임을 받지 않은 정권이 자신의 정치적 목적을 달성하기 위해 돌이키기 어려운 단절적 조치를 취했다는 의미를 담고 있다. 따라서 일반적으로 민주적 법령이 취해야 하는 절차적 순서를 따르지 않았다. 국민의 입장에서 엄격하게 보면 무효화될 여지조차 있었다는 것이다. 그러나 민주화 이후의 과정은 조금 다르다. 보기에 따라 편파나 다수의 전횡이 없지는 않았지만(특히 민주화 초기), 대체로 법적 절차가 준수되어 적어도 이전의 권위주의 같은 모습은 탈피하는 것이다. 시차는 대체로 이를 반영한다. 정권 측의 의도가 야당이나 시민사회의 반대·비판에 부딪히면서 일정한 변형을 가져왔고 시차는 이러한 반대－절충－변형의 기간으로부터 비롯되었다는 것이다. 물론 그 과정이 반드시 바람직한 결과를 가져왔다는 뜻은 아니다. 이전과는 다른 나름의 절차를 밟았고(그래서 시차가 생겼으며), 그 과정 자체가 존중받을 가치가 있다는 말이다. 따라서 이 지점에 이르게 되면, 정권적 측면보다는 다른 측면의 변화, 예를 들어 다미디어·다채널 시대를 연 케이블 TV의 등장(미디어 내부의 변화)이나 시장이 방송을 움직이는 본격적인 변인으로 등장하게 되는 IMF 위기(경제적 측면의 변화)가 더 중요하게 되는 것이다.

이 점과 관련해 1990년대 이후의 여러 변화 가운데서 가장 큰 것으로 첫 다채널 플랫폼으로서 케이블 TV가 이끈 국민의 시청 패턴 변화를 꼽고자 한다. 이에 비견할 만한 것으로는 다음을 들 수 있다.

- 시장을 다시 전면화시킨 계기인 SBS의 도입(1990)
- IMF 경제 위기(1998)
- 시청자 권리를 명문화한 통합방송법의 제정(2000)

- 통합 미디어인 인터넷의 보편화(2000년대 이후)
- 위성 방송·DMB·IPTV 같은 후속 다채널·이동 플랫폼의 도입(2000년대)
- 종합 편성 채널(신문 기업의 방송 진출)을 대거 등장시킨 미디어법의 개정(2009)

이 중에서 SBS는 제대로 된 공영 방송을 정착시켜야 한다는 당시의 시대적 과제에 역행해 시장 경쟁을 점화시킨 경우다. 그러나 이후 SBS가 지상파 방송의 공공적 틀에 묶여 상업 방송의 대표 주자로서보다는 오히려 선발(공영) 방송들과 같은 행보를 많이 취했고, 시청률 경쟁을 자극한 정도로서도 최초의 유료 방송인 뒤의 케이블 TV나 초유의 경제적 위기인 IMF 때보다 결코 크다고 하기 어렵다.[20] 야당 집권의 산물인 통합방송법의 경우는 법이 선언적인 명문화에만 그쳤다는 비판이 많아 새로운 시대가 열렸다고 볼 수 없다. 달리 말해 시청자 권리가 다른 것에 밀려 제대로 실현되지 않았다는 것이다. 다음으로 인터넷이 주도한 변화는 당연히 이전과 이후를 다르게 하는 큰 것이지만 미디어계 전체에 해당되어서 방송에만 국한된 변화로 보기 어렵다는 측면이 있다. 위성 방송 등의 등장은 케이블 TV에 비해 시기 면에서도 뒤처지고 지금의 성세도 케이블 TV에 미치지 못한다. 종편을 도입한 2008년의 미디어법 개정은 영향이 아직 미지수다.

IMF 위기는 시장이 미치는 영향을 중시하는 정치경제학적 접근에서 주목하는 계기로 앞서 언급한 대로 방송 현장에서는 시청률 경쟁을 비롯한 시

20 원용진(1998)은 SBS의 출범 이후를 포섭적 시장자유주의 시대로 보면서 SBS의 등장을 주요한 전기로 보지만 지금 시점에서 보면 IMF 위기나 유료화 현상에 미치지 못하는 변화다. 물론 이 포섭과 시장화의 경향이 이 시기 이후의 대세적 특징이 된 점은 꼭 기억할 필요가 있다.

장 행위의 변화로 나타난다. 만약 한국 경제 초유의 위기였던 이때 이후 한국 방송에서 시청률 경쟁의 정도가 크게 달라졌다면, 보는 관점에 따라서는 이를 부각시켜야 할 것이다. 격화된 시청률 경쟁은 통상 제작 조직이나 고용 구조에 영향을 미치고, 심각한 노동 통제를 야기하며, 프로그램의 성격에도 심대한 변화를 몰고 오기 때문이다. 1980년대 이후 공영 방송의 본산인 유럽에서 심각한 병폐로 대두된 프로그램의 질적 저하dumbing down 문제는 이런 경쟁의 산물로 볼 수 있다. IMF 위기를 맞아 당시 집권한 김대중 정부가 구사했던 시장 위주 정책에 대해 정치·사회학계 일부에서는 '신자유주의의 보편화'로 보면서 민주화가 된 해인 1987년과 같은 무게의 변화를 부여해 '1998년 체제'로 부르기도 한다[21](손호철, 2009). IMF 이후 한국에서는 신자유주의가 사회를 움직이는 주축 논리가 되었다는 뜻이다.

그러나 방송의 경우에는 사정이 조금 다르다. 한국 방송이 수없이 많은 변화를 겪었음에도 여일한 것이 있다면 앞서도 언급한 대로 시청률 경쟁이다. 한국처럼 경제가 꾸준하게 성장해서 방송사들이 나눠 먹을 파이가 적어도 1970년대 중반 이후에는 충분했다. 대부분의 방송이 국·공영 형태로 시장의 압력이 그렇게 직접적이지 않았던 나라에서 이처럼 시청률 경쟁이 치열했던 이유는 여러 가지로 짚어질 수 있지만, 그 사실만큼은 누구도 부정하기 어려운 것이다. 특히 전일적 공영제와 관리 시장 제도가 실시되었던 1980년대에도 시청률 경쟁이 치열했음은 이 경쟁이 단순히 경제적 차원의 것이 아니었음을 알게 해 준다.[22] 따라서 IMF 위기는 이러한 시청률 경쟁을 더 높은

21 '1987년 체제'의 입장에서 이에 대한 비판은 김종엽 엮음(2009)을 참조하라.

22 이 점의 단적인 예는 5공의 엄혹한 권위주의 체제에서 벌어진, 사실상 모/자 기업 간인 KBS와 MBC 사이의 스포츠 중계권 경쟁일 것이다(조항제 엮음, 2000에는 이 양상을 보도한 당시 신문 기사가 전재되어 있다). 당시로서도 체제가 직접 나서 '교통정리'를 하지 않으면 안 되었던 이런 경쟁은 한국 방송의 '어떤 단면,' 곧 대중－권력의 추구 양상을 잘 보여 준다.

정도로 격화시켰을 뿐이지 없던 것을 있게 만든 것은 아니다. 물론 이 시기 이후 1960년대부터 꾸준하게 한국 방송을 뒷받침했던 광고비의 성장이 처음으로 지체·저하되기 시작했고, 채널·미디어가 수없이 증가하면서 경쟁이 극심해졌다는 점은 충분히 수긍할 만한 큰 변화다. 한국 방송이 시장의 생존 경쟁에 직접 노출되기 시작한 계기를 꼽는다면 아마도 IMF 위기 때일 것이다. 그러나 지상파 방송의 경우, IMF 이후에도 여전히 관리 시장 구조가 유지되었고, 특별하게 경영이 위기에 처한 적이 없으며, '우세 사업자'라는 상대적 시장 지위에서도 큰 변동이 없는 점 등은 아직은 이를 역사적 시기 구분의 계기로 볼만하지 않다는 점을 예증한다.

최초의 다채널·유료 방송으로 출범한 케이블 TV는 곧이어 터진 IMF 위기로 인해 연착륙에 많은 어려움을 겪었으나 15년이 지난 지금에 이르러서는 '국민적 플랫폼'이라는 별칭에 조금도 손색이 없는 경지로 성장했다. 물론 성장 과정에서 수많은 상업적 편법이 동원되었고, 지금도 가장 상업적인 홈쇼핑 채널들이 공영 방송의 채널들을 포위한 기형적 채널 레퍼토리를 가지며, 콘텐츠 부분에서는 출범 초기부터 지상파 방송의 재방송과 수입 프로그램에 대부분을 의존해 '국민적'이라는 긍정적 수식어를 사용하기에 많은 손색이 있는 것 또한 사실이다. 그러나 불과 몇 개의 채널로만 선택을 제한했던 희소성 차원의 '방송'을 풍요의 다채널로 대체한 '미디어'라는 점은 케이블 TV의 큰 공헌이다. 특히 시청자의 완전히 달라진 시청 패턴으로 볼 때, 케이블 TV는 텔레비전에 대한 인식을 바꾼 계기임에 틀림없다.

그러나 이 점을 인정한다 하더라도 케이블 TV의 도입 시점(1995)을 역사적 단절의 계기로 보기는 어렵다. 초기의 케이블 TV가 보급률이 높지 않아서 도입 때부터 다미디어·다채널 시대로 분리해 서술하기 어렵고, 다채널 효과는 최초의 야당 집권·인터넷의 폭발적 보급과 결합해 주로 2000년대 들어 나타나며, 처음의 제도적·산업적 얼개 역시 많은 변화를 거쳐 지금은 거의 완전히 바뀌었다는 점 등 때문이다.[23] 물론 시기 구분은 대체로 사회 변화를 비가역적으로 만든 단초적 계기에 주목한다. 그러나 실패한 첫 TV인 HLKZ TV와 성공한 나중의 TV인 KBS TV의 극명한 대조에서 볼 수 있듯이 다미디어·다채널 시대, 또는 멀티미디어 시대는 케이블 TV가 초기의 실패를 딛고 나름대로 궤도에 오른 2000년대가 좀 더 적절한 시기일 수 있다.[24] 이런 이유로 케이블 TV가 중요하기는 하지만 시기 구분의 시점은 2000년 이후가 적절하지 않을까 한다.

앞서의 시기 구분에서도 계기의 경중에 대한 평가는 논란의 대상이 될 법하다. 특히 MBC TV의 가세로 인해 이른바 '3국 체제'가 성립된 1969년을 정치적인 면에서는 엄청난 변화(주지하는 바대로 사실상의 영구 집권제인 '유신 체제')를 몰고 온 1973년보다 더 중시한 것이 그러하다. 이는 1973년이 방송 자체에 미친 영향은 그렇게 크지 않다고 보기 때문인데, 1973년은 방송 측면에

23 이 점과 관련해서는 케이블 TV의 도입 시점을 중시했던 초고에 대해 익명의 심사위원이 제기한 다음의 비판 겸 제안을 받아들였다. "1995년 케이블 TV 출범은 곧 이은 IMF로 인해 다채널의 성과가 산업화, 사회화되지 못했다. 다채널 경쟁 시대의 본격화는 오히려 그 이후의 (규제 완화 등) 제도 보완을 통해서 이루어졌다. 2000년 방송법은 1998년 정권 교체 이후 실질적인 민주화의 성과물이며 이 법에 근거해서 보다 많은 다채널 위성 방송이 합법화되었다. 시청자 권익 강화를 통해 방송사 중심에서 시청자 중심의 방송으로 변화해 가는 계기가 되기도 했다. 디지털 방송도 그 이후 본격화되었다. 모바일 방송과 방통 융합형 방송의 출현도 무시할 수 없다. 오히려 2000년 이후에 더 크고 많은 변화들이 있었다." 국민의 시청 패턴 변화와 이의 첫 계기가 된 케이블 TV를 중시하는 이 글의 논지와 2000년 이후의 정치적·기술적 변화에 주목하는 이 비판은, 시기 구분이 가지는 단순성에 대한 오해와 2000년 방송법의 의의에 대한 다소의 과장을 제외하면, 변화의 중심에 케이블 TV가 있다는 점에서 큰 차이가 있지는 않다. 다만 시점에서는, 케이블 TV의 도입 시점인 1995년보다는 IMF, 야당 집권 등의 변화가 집적된 그의 2000년이 좀 더 적실성이 있다고 판단했다(조항제·박홍원, 2011).

24 케이블 TV는 대체로 중계 유선과의 갈등이 해소되고 홈쇼핑을 중심으로 하는 재정 플랜이 완성된 2003년노쯤에 성숙 단계에 도달한 것으로 보인다. '임계점critical mass'은 전체적으로 요금 계획이 재정비된 1999년 정도다. IMF가 없었다면 좀 더 빨랐을 것이다.

서는 KBS의 공사화 정도에 그쳤다. 물론 이 또한 오랜 숙원을 이룬 것이고, 공영 제도의 첫 단추를 끼웠다는 점에서 중요한 변화임이 분명하다. 그러나 이 점만을 놓고 본다면, 나중(5공)의 전일적 공영제의 실시보다는 작은 것이다. 한국 방송에서 공영 방송과 제도가 중요하기는 하지만, 그 전기는 1973년보다는 1980년이 되어야 적절하다는 말이다. 또 공사화의 체제 변화가 방송 자체에 미치는 여파도 그렇게 크지 않았는데, 이유는 당시가 유신 체제이었으므로 소유 구조가 완전히 사영私營인 TBC를 포함해 모든 방송이 정부의 영향권을 벗어날 수 없었기 때문이다. 그러므로 1969년과 1980년 사이에 나타난 한국 방송의 역사적 특징은 정치적인 측면보다는 경제적·문화적인 측면, 즉 텔레비전의 상업적·대중적 미디어로서의 성장에 있다고 보는 것이 더 정확할 듯하다.

이 점을 간접적으로 증명해 주는 것은 1976년에 있었던 이른바 '시간대 편성지침'의 실패다. 방송의 각 시간대마다 특정 유형의 프로그램·장르를 지정해 편성하도록 한 이 지침은 특히 가장 대중적인 8시대에 정책 시간대를 강제해 시청을 유도했다. 정치적인 면에서 표현의 자유를 극도로 억압한 긴급조치[25]와 무려 440곡의 가요를 금지시킨 '윤리적 문화 조치' 등이 연전에 이미 취해졌던 터였으므로 '불온한 것'이 아니라 '대중적인 것'을 대상으로 한 것이었다. 그러나 이 지침은 성공하지 못했다. 지침 이후 평일 시간대의 시청률은 크게 떨어졌고, 주말 연속극 같은 편성 장르를 개발한 상업 방송인 TBC의 시청률은 오히려 더 올라갔으며, 강제된 프로그램의 성격 또한 상업

25 특히 긴급조치 9호는 유신헌법의 부정·반대·왜곡·비방·개정 및 폐기의 주장이나 청원·선동 또는 이를 보도하는 행위를 일절 금지하고 위반자는 영장 없이 체포한다는 내용이었다. 긴급조치 9호는 10·26사태 직후 폐기될 때까지 무려 4년 이상이나 지속되면서 국민의 기본권을 여지없이 짓밟고 800여 명에 달하는 지식인·청년 학생 구속자를 낳았다.

적인 방향으로 변질되어 갔기 때문이다(조항제, 1994; 정순일·장한성, 2000). 그러니까 방송의 입장에서 볼 때, 이 지침은 기왕의 협소했던 표현의 영역을 더 협소하게 만드는 효과는 있었지만 1969년 이후에 만들어진 방송의 기본적인 틀, 즉 대중적·상업적인 틀까지 부정할 수는 없었다.

지금까지의 논의를 토대로 해방 이후 한국 방송사 서술의 시기 구분의 계기를 요약하면 다음과 같다. 첫째 시기는 해방 이후부터 1961년 제2공화국까지다. 이 시기는 도시를 중심으로 서서히 확산되어 가던 일제하의 방송이 해방과 국유화, 정부 수립과 전쟁, 재건을 거치면서 서서히 국민적 인식을 확립해 가는 초창기다. 국유화의 여파로 방송에 대한 근대적 행정이 지체되어 주무 법은 여전히 없었고, 어렵사리 시작한 첫 상업 텔레비전 방송인 HLKZ TV는 인프라의 미비로 실패했다. 이 시기에 출범해 성공적으로 정착한 기독교방송과 부산문화방송은 민간도 방송할 수 있다는 가능성을 남겼지만, 아직은 '종교'(선교)와 '지방'이라는 한계 내였다. 동아방송같이 이전과는 사뭇 다른 배경과 논리를 가진 방송도 이 시기의 말미에 허가를 얻었지만 활동 측면에서는 다음 시기에 속하는 것으로 보아야 한다. 당시 방송의 전형은 정권의 마지막까지 위에서 내려온 것을 그대로 전달해야 했던 '앵무새 방송' KBS이며, 이 시기의 이러한 유산은 이어지는 연대에도 정부와의 관계를 한국 방송의 가장 뿌리 깊은 특징으로 자리 잡게 한다.

둘째, 다음의 제3공화국이 가져온 변화는 방송법의 제정 같은 방송에 대한 근대적 정비와 KBS TV 및 나중에 KBS 2TV가 된 TBC 등의 성공적인 도입이다. 이러한 최초의 법제는 제2공화국 때 점화된 방송 중립화 논의, 동아방송이나 문화방송 같은 민간 방송의 허가 및 활성화에 힘입은 바 크다(박용규, 2005). 방송 정책은 초기에는 주로 라디오에 초점을 두었으나 점차 텔레비전으로 중심이 옮겨가게 된다. 물론 이 근대적 정비는 기존의 정부 지배의 틀을 결코 해치지 않는 범위 내에서 이루어져 '발전과 종속'이 하나의 맥락으

표 5. 한국 방송사의 시기 구분

시기(소)	정치(부)	경제	미디어	법 개정	시기(대)
1945~1948	미군정기		• 미국식 방송 방식의 전수		도입기
1948~1960	제1공화국	• 원조 경제 (전후)	• 방송의 국영화 • 부산문화방송 출범(최초의 순수 상업 방송) • HLKZ TV의 출범 및 실패		
1960~1961	제2공화국		• 방송민주화(중립화)운동		
1961~1963	제3공화국	• 차관 도입	• KBS TV 출범 • 방송법 제정	○	정착기
1963~1969		• 경제 개발 시작	• TBC(R/TV) 출범(경쟁 체제 확립)	○	
1969~1972	제3공화국	• 2차 경제 개발 5개년 계획 완수 (1967~1971) • 경부고속도로 완성(1971)	• MBC TV 출범(3사 체제의 확립) • 일일극 〈아씨〉의 성공		동원적 대중화기
1973~1980	제4공화국 (유신 체제)	• 오일쇼크	• KBS의 공사화 • TV 수상기 보급 대수 100만 대 돌파(라디오 → 텔레비전) • 3사의 치열한 시청률 경쟁	○	
1980~1987	제5공화국	• 3저 호황	• 전일적 공영제 실시(언론 통폐합) • 한국방송광고공사 출범 • 텔레비전의 컬러화 • KBS시청료거부운동	○	억압적 공영 방송기

<table>
<tr><td>1987~
1995</td><td>제6공화국
문민 정부</td><td></td><td>• 방송의 민주화·자유화
• MBC 소유의 변화
• 방송 노조의 탄생, 파업
• SBS 등장</td><td>○</td><td rowspan="3">민주화·
자유화기</td></tr>
<tr><td>1995~
1997</td><td>문민 정부</td><td></td><td>• 다미디어 다채널 시대 개막
(케이블 TV, 지역 민방의 도입)</td><td>○</td></tr>
<tr><td>1998~
2000</td><td rowspan="2">야당 정부</td><td>• IMF 위기</td><td></td><td></td></tr>
<tr><td>2000~
2007</td><td>• 광고비 성장률
저하</td><td>• 통합방송법의 제정
• 위성 방송, IPTV 등 도입
• 인터넷의 보편화</td><td>○</td><td rowspan="3">경쟁·
시장기</td></tr>
<tr><td>2007~
2011</td><td>보수 정부
의 재집권</td><td>• 금융 위기</td><td>• 방송통신위원회 출범
• 미디어법 개정</td><td>○</td></tr>
<tr><td>2011~
현재</td><td></td><td></td><td>• 종합 편성 채널 출범</td><td></td></tr>
</table>

출처: 조항제(2012a).

로 묶이게 되는 계기를 제공했다.

셋째, 초기 한국 텔레비전의 기본 틀은 1969년 MBC TV의 출범에 따른 3국 경쟁 체제로 볼 수 있다. 이 틀은 나중의 KBS의 공사화(1973)와 1TV의 광고 재개(1980)로 인해 더욱 공고하게 되며 시청률 경쟁을 한국 방송의 변하지 않는 중심 논리로 만든다. 일일극, 멜로드라마 같은 한국 방송의 인기 품목이 텔레비전의 대중화를 앞당길 수 있었던 것도 이 틀을 통해서이며, 급기야 강도 높은 외부의 개입을 불러들인 이유도 이 틀이 좀처럼 깨지기 힘든 견고성을 지녔기 때문이다. 물론 개입에도 불구하고 이 틀의 본질은 결코 바뀌지 않았다. 이유는 외부 역시 이 틀이 가진 대중성을 도구화하려 했을 뿐, 성격 자체를 근본적으로 바꾸려 하지는 않았기 때문이다. KBS의 공사화는 미군정기가 계기를 제공해 제1공화국이 이어받은 방송의 국영화 이래 KBS 조직에서 나타난 최초의 큰 변화라 할 수 있다. 이 변화의 의의는, 예를 들어 이때부터 KBS의 기자가 기자로서의 '자격'(기자협회 가입)을 인정받은 데서 충분히 짐작할 수 있다. 이전에 KBS 기자는 공무원이었으므로 온전한 기자가 될 수 없었던 것이다. 공사화는 제도로서의 공영이나 정치적 측면에서의 중립화와는 매우 동떨어진 것이지만, 시민사회가 지속적으로 주장해 온 조직 측면에서의 '국유·공영화'와는 연장선에 있었다. 물론 본문에 자세하게 나오지만 공사화는 당시의 초법적 체제(유신 체제)와 불가분의 관계에 있었다.

넷째, 1980년은 모든 계기들에 앞서 한국의 방송을 이전과 이후로 가르는 가장 중요한 분수령이다. 주지하는 바대로 이 해 이후, TBC가 KBS에 편입되었고(언론 통폐합), 방송광고공사를 통해 시장이 관리되면서 제도로서의 공영 방송이 처음 시작되었기 때문이다. TBC는 한국 사회의 성공한 첫 상업 텔레비전으로 수많은 혁신을 시도했고 그만큼의 비난도 같이 들었지만, 국가의 '통치 행위'에 의해 결국 좌초되었다. 5공의 억압적 공영 체제가 부정된 1987년 이후에도 공영과 관리 시장 체제는 '가역可逆'의 범위를 넘어 아직까지 유지되고 있다. 최근 들어서는 종합 편성 채널이 무더기로 늘고, 민영 미디어렙도 등장할 예정이어서 체제가 깨어질 조짐이 뚜렷해 보이지만 적어도 지금 시기까지 '1980년 체제'는 유지되고 있다고 해도 과언이 아니다.[26] 그런 면에서 앞서의 '경쟁 체제'와 이 '공영 체제'는 한국 방송 체제의 매우 모순적

26 '유지'되었다고 썼지만 역사적 유산이 일정하게 남아 있다는 뜻이지 지금의 체제를 그렇게 부를 수 있다는 뜻은 결코 아니다. 그런 면에서 '1987년'과 '2000년'은 1980년 체제를 바꾼 또 다른 역사적 계기다. 흔히 KBS, MBC 등 지상파 체제의 여전한 시장 지배력을 비판하고 수신료의 정체로 증명되는 불충분한 공영 방송을 비판하기 위해 이 용어를 쓰는 측도 있지만, 그러나 이런 사고는 민주화를 통해 일정하게 갈등이 내장·발현되는 역동적인 '1987년 체제'의 성격을 일부라도 가진 지금의 공영 방송을 무시하는 것이다. 요컨대 '1980년 체제'는 유산의 일부만 남아 있다.

인, 동전의 앞뒷면이다.

다섯째, 지난 한국의 역사에서 또 하나의 단절의 시기를 고른다면 두말할 것 없이 1987년일 것이다. 1987년은 30년 가깝게 유지되어 오던 군부 권위주의 체제가 청산된 해이며 한국 사회에서 처음으로 민주화와 자유화가 시작된 해다. 흔히 불리는 '1987년 체제'는 이러한 계기를 중시한 이름으로 민주주의로의 이행기가 어느 정도 끝난 지금까지도 여전히 이 체제가 유효함을 보여 준다. 방송에서도 이 해는 민주화의 원년으로 기록될 만하다. 비록 개정된 방송법이 이전 체제의 억압성을 완전히 탈피하지 못하는 한계를 보였지만, 방송 노동조합의 결성으로 외화된 민주화의 열기는 이 이후에도 정책·인사를 비롯한 방송의 각종 의사 결정에 중요한 하나의 준거로 자리 잡았기 때문이다.

노조의 결성과 방송의 민주화에 결정적 계기가 된 것은 1985년부터 전국적으로 확산된 KBS시청료거부운동이었다. 편파 방송으로 일관하는 KBS에 '시청하지 않으니 시청료를 낼 수 없다'고 맞선 이 국민적 저항 운동은 지금까지도 시청료(이 운동으로 인해 '수신료'로 이름이 바뀐다)를 1980년 수준으로 머무르게 만든 이유가 될 정도로 한국 방송에 큰 영향을 미쳤다. 이러한 시청료거부운동과 방송노동조합의 결성, 1990년대 들어 활성화된 각급의 시청자운동, 시청자의 권리를 법으로 인정한 2000년대 통합 방송법 등은 한국 방송의 역사에서 민주화가 꾸준하게 진행되어 온 하나의 중요한 흐름이라는 점을 확인시켜 준다.

여섯째, 2000년 이후는 야당이 처음으로 집권하는 정치적 사건이 있기는 했지만, 새로운 미디어의 도입을 통한 경쟁 조성과 탈규제화라는 전체적인 정책 기조가 그대로 유지되었다는 점에서 '구조적인 것,' 곧 시장화 경향이 중시된다. 정치적인 면에서 시장화가 논란의 대상이 된 첫 사례는 1990년 SBS의 도입 때다. 방송 노조와 시민사회(시청자운동) 측이 반대를 했지만 당시 정부는 세계적 추세를 거론하며 상업 방송을 출범시켰다. 이어서 케이블 TV와 지역 민방, 2000년대 들어 다시 위성 방송과 DMB, IPTV 등이 새로 방송을 시작하면서 '선택과 지불'을 기조로 하는 완연한 유료·다채널 시대가 열렸다. 여기에 IMF, 금융 위기, 광고비의 성장 둔화 등이 겹치면서 시장 압력은 기존의 수준을 훨씬 뛰어넘는 변인으로 등장했다. 이전 시대의 민주화 흐름은 이러한 시장화 경향과 만나면서 새로운 국면을 경험하지 않으면 안 되었다.

이렇게 볼 때, 한국 방송은 '근대적 정비와 국가의 지배,' '국가화와 대중화,' '민주화와 시장화,' '공영 방송과 시장 경쟁' 등의 이중성 또는 양가성을 역사적 궤적의 특징으로 삼는다. 서구의 방송이 비교적 일찍 이중성을 절충·제도화시켰던 데 비해, 한국 방송은 지배적으로 보이는 '외연'적 특징과 모순되는 '내포'를 마치 켤레처럼 같이 품으면서 갈등을 잠복시키고 미봉시켰다. 이는 방송의 특징이기도 했지만, 더 크게는 한국적 근대의 특징이기도 했다.[27]

2) 공영 방송 역사의 시기 구분

앞서 시기 구분에서 사실 대부분 공영 방송에 대해서도 논의했다. 한국 방송 역사의 대부분이 KBS와 MBC의 것이기 때문이다. TBC와 SBS도 있지만 TBC는 KBS 2TV의 전신이라는 점에서 KBS와 무관하지 않고 SBS 역시 규제를 많이 받는 지상파 방송의 일원으로 시장에서는 양 공영 방송과 같은

27 하나가 발전하는데, 그로 인해 말미암은 다른 하나가 도움이 되면 발전이 가속되는데, 만약 그 하나가 방해가 된다면 기존 상태에서 발전이 정체되는 것을 지적한 것이다. 예컨대 사회가 민주화되고 언론이 자유화되었을 때, 자유롭고 평등한 공론장이 형성되면 민주-자유가 더욱 박차를 받겠지만, 반대, 즉 시장이 독점화되면서 특정 이념이나 주장이 권력을 갖게 되면 대중의 주권과 시장의 결정이 갈등하면서 답보하게 되는 것이다.

집단으로 자주 간주된다는 점에서 큰 차이가 있지는 않았다.

그러나 이 책이 공영 방송을 중심으로 하므로 이에 대한 집약적 시기 구분은 반드시 필요하다. 우선 공영 방송이 1973년의 공사화로 도입된 점은 재확인될 필요가 있다. 이 공사화는 주지하다시피 조직의 변환일 뿐 제도로서의 공영이 아니었고, 그런 면에서 당연히 진정한 공영 방송과는 동떨어진 것이었다. 그러나 그런 식으로 따지면 1980년도의 제도화도 TBC를 통폐합하는 등 조치만 대대적인 것이었을 뿐 내실은 국영에서 별반 바뀐 게 없는 것이라서 공영 방송의 도입 시기는 더 나중의 연대로 내려가야 한다. 만약 공영 방송의 정의를 엄격하게 해서 BBC 같은 모델에 더 가깝게 한다면, 정치적으로 공정하지도 경제적으로 비상업적이지도 않은 한국은 아직 공영 방송을 도입조차 못한 것이 된다.

또 만약 1980년의 제도화가 중요하다면 1973년의 공사화도 중요하다. 1980년의 시도는 1973년이 있으므로 가능한 것이었기 때문이다. 미군정이 계기를 제공한 1948년의 국영화 이후, 시민사회의 일각에서 끊임없이 공영화에 관한 논의가 제기되었고, 특히 4·19 당시에는 법제화의 문턱에까지 갔으며, 방송법이 제정된 1960년대 이후에는 주무 부처의 장관들도 이 필요성을 적어도 말로는 인정했다. 이념의 측면에서는 공영화의 정당성이 방송 내외나 국가·시민사회를 막론하고 확립되어 있었다는 것이다. 그러므로 아무리 유신 체제이고, 공영 방송의 원래 정체성正體性[28]에는 턱없이 못 미친다 하더라도 1973년의 공사화는 도입기, 이전의 논의 단계는 전사前史로 다루는 것

28 물론 공영 방송의 틀을 너무 정형화시키는 게 바람직한 것은 아닐 것이다. 주지하다시피 본산인 유럽에서도 공영 방송은 안티인 상업 방송이 생겨나면서 뒤늦게 이념이나 정체성에 대한 추구가 시작되었기 때문이다. 그러나 '공영' 방송의 역사와 정체성을 재귀해서 살펴보는 사후post-hoc 연구의 성격이 강한 이 책은 공영 방송을 어느 정도는 형태화시키지 않을 수 없다. 그런 면에서 이념 추구성이 강한 BBC는 적당한 준거가 된다.

이 적절할 것이다.

다음으로는 TBC를 폭력적으로 통합시키면서 시도한 1980년의 제도화기인데, 이 시기 역시 공영 방송의 본래적 모습과는 관계없이 공영 방송의 역사로 포함시켜야 한다. 물론 심하게 왜곡된 형태였지만 한국의 방송 역사는 이를 통해 공영 방송의 역사가 된다. 이 시기에 벌어진 KBS시청료거부운동은 공영 방송에서 또 하나의 이정표가 되는데, 앞서 말한 바대로 이 운동은 공영 방송을 부정하기보다는 오히려 공영 방송을 강하게 긍정하는, 왜곡 없이 '제대로 하라'는 요구를 했기 때문이다.

그런 면에서 민주화 이후에 공영 방송은 명목적 이념에서는 큰 변화가 없는 채 실천에 비중이 실리게 된다. 따라서 이때는 이전의 허울뿐인 제도화에 이은 재확립기로 부를 수 있다. 이전이 공영 방송을 제도적 수준에서 악용했다면, 이제는 정말 이념을 실천하고자 한 때였다는 것이다. 대체로 이 시기에 시민사회(주로 노동조합과 시청자운동 등)는 1987년의 방송법이 진정한 공영 방송의 터울이 되기에는 미흡했다고 보고, 노조가 중심이 되어 방송의 실질로 볼 수 있는 '사람'의 측면, 즉 사장이나 국장의 인사 투쟁에 주력하게 된다.

1990년에는 앞서 본 대로 방송법이 개정되면서 새로운 상업 방송(SBS)이 등장한다. SBS는 초기부터 시청률 경쟁을 자극해 복점하의 공영 방송에 상당한 영향을 미쳤지만 이미 시청률 경쟁은 오래전에 체화된 터여서 질적 변화까지 도모한 것은 아니었다. 공영 방송의 입장에서는 1994년 수신료의 안정화로 1TV의 광고가 중단될 수 있었고, 1997년에는 처음으로 야당이 집권함으로써 상대적으로 정치적 자율성이 증대된 것이 이 못지않게 컸다. 그런 의미에서 1990년대 역시 재확립이라는 표현이 어울리는 것으로 보인다. 1990년대 중반에 다미디어·다채널 시대의 효시가 된 케이블 TV가 출범했지만, 시장성에서 압도적 우위에 있던 공영 방송은 유료 채널의 전반적인 시청률이 높아지는 2000년대 중반까지는 크게 지위를 위협받지는 않았다.

표 6. 한국 공영 방송 역사의 시기 구분

시기	한국 방송사의 시기 구분	공영 방송(KBS)의 변화	공영 방송 역사의 시기 구분
1945~1961	도입기	• 방송의 국영화 • 방송의 도구화/비판 • 방송의 중립화 논의	전사前史
1961~1969	정착기	• 방송법 제정(근대적 방송 관리의 시작) • 경쟁 체제의 성립 • 국영 방송 공영화의 요구	
1969~1980	동원적 대중화기	• 3국 경쟁 체제의 성립 • KBS의 공사화 • TV 수상기 보급의 급격한 증가 • 국가(유신 체제)의 편성 개입	도입기
1980~1987	억압적 공영 방송기	• 전일적 공영 제도 도입 • 한국방송광고공사 출범 • 텔레비전의 컬러화 • KBS시청료거부운동	억압적 제도화기
1987~2000	민주화·자유화기	• 노동조합의 출범과 파업 투쟁의 전개 • SBS 등장(시청률 경쟁) • 수신료의 정상화 • 케이블 TV 등장(다미디어 다채널 시대의 개막) • 야당 집권으로 정치적 자율성 증대	재확립기
2000~현재	경쟁·시장기	• 통합방송법 제정(시청자 권리 확립) • KBS 사장을 둘러싼 파쟁 • 유료 방송 본격화, 종합 편성 채널 출범 • 방송위원회의 위상 변화(독립적 위원회에서 방송통신위원회로)	성숙·진통기

2000년대는 위성 방송, IPTV 등의 다채널 플랫폼이 속속 도입되고 유료 채널의 시청률이 올라가기 시작하면서 본격적인 경쟁이 열리는 시대다. 또 케이블 TV같이 먼저 출발한 플랫폼이 가입 가구 1000만을 돌파해 이른바 '국민적'인 미디어가 된 시대이기도 하다. 그러나 이들 미디어는 대부분 자체 콘텐츠보다는 공영 방송을 비롯한 지상파 방송의 재방송에 대한 의존도가 높아 이들 사이에 분쟁이 잠복된 때다. 또 이 시기에는 2003년 서동구 사장의 7일 만의 사퇴, 2008년 정연주 사장의 불법 해임과 반대 투쟁, 2009년과 2012년 김인규 사장의 퇴진 투쟁, 2014년 길환영 사장의 퇴진 등이 벌어져 공영 방송이 좀 더 높은 단계로 도약하기 위한 진통이 상당히 컸다. 이런 면에서 여전히 재확립의 기간임에 틀림없지만 1990년대와 2000년대의 차이, 특히 훨씬 더 경쟁적인 시장의 차이를 감안해 따로 성숙·진통기라는 이름을 붙였다. 연조로 보면 40년이 넘는 장년이라 그저 '성숙'의 자리로 매김할 수도 있지만, 그러기에는 아직 제도적·국민적 위상이 낮고 진통 또한 여전히 진행형이라는 측면에서다.

필자가 보기에는 BBC조차도 지금껏 분쟁에 휘말리는 것처럼 공영 방송은 늘 공적 토론의 대상이 될 수밖에 없고 오히려 그 자체가 장점인 방송이다. 또 크게 보아 '공공성publicness'이라는 것의 본질이 '국가'와 '시장' 사이에서 일정한 자율의 투쟁을 벌여 얻게 되는 산물인 점에 비추어 볼 때, 성숙한 공영 방송이든 그렇지 않은 신생 방송이든 분쟁이 있고 없고의 자체는 그리 중요하지 않다. 문제는 분쟁의 성격이다. 2000년대 공영 방송을 놓고 벌어진 여러 파쟁, 특히 사장의 인사를 둘러싸고 벌어진 중도 퇴진이나 불법 해임, 두 번에 걸친 수신료 인상의 실패 등은 제도화의 수준이나 합의의 수준이 아직은 현저히 낮다는 점을 보여 준다고 보기 때문이다. 이런 점에서 여전히 공영 방송은 '과도기'이며 이를 잘 넘어서야지만 성숙의 단계에 도달할 수 있다.

2. 비교방법론의 문제

비교는 스카치폴과 소머스(Skocpol & Somers, 1980)가 분류한 세 가지 방법, '이론의 유사 증명parallel demonstration'과 '맥락의 대조,' '거시 인과 분석'을 대상에 따라 다각적으로 혼용, 분석하는 방법을 택하고자 한다. 먼저 국가(정부·정치 등) 부분에서는 '정치적 후견주의political clientelism'와 '민주적 코포라티즘democratic corporatism'을 기본적 이론틀로, 중위적·경험적 수준에서는 '공영방송의 유형화'와 '정치적 독립'을 준거로 하여 이론의 유사 증명 방식으로 비교한다. BBC와 따로 일대일로 비교하는 공정성 분석은 맥락의 대조와 유사하다.

정치적 후견주의는 멕시코와 스페인 등을 주요 사례로 하여 신생 민주주의 또는 탈권위주의 국가들에 광범위하게 적용할 수 있게 개발된 것이다. 이탈리아의 공영 방송 RAI의 로티차치오네Lottizzazione는 후견주의와 다원주의를 공존시키는 특유의 방식이지만, 베를루스코니의 세 번의 집권 이후에는 로티차치오네와 다수당의 지배가 동거한다는 평까지 나온다(Hibberd, 2007). 2000년대 이후 RAI에 대한 보수 정부의 보복적 공격은 최근의 한국과 유사한 측면이 많다. 스페인의 RTVE(Radio Televisón Española)와 그리스의 ERT는 서로 다른 방향에서 최근 급격한 변화가 있었던 방송들로 따로 살펴볼 필요성이 있다. 비교 방식은 거시적 인과 분석에 가깝다.

이와 달리 민주적 코포라티즘은 독일, 네덜란드 등의 중북부 유럽을 중심으로 하는 사회 구성 체제로 계급이나 지역·종교·민족 등 시민사회 내의 다양한 균열cleavages에서 생겨난 공동체들이 일정한 자율의 바탕 속에서 협의와 타협, 그리고 합의를 통해 사회를 운영하는 것이다. 이 체제에서 미디어는 일정한 자율성을 보장 받으며 공영 방송 또한 제도화된 참여를 통해 비교적 이념에 가깝게 운영된다.

후견주의와 코포라티즘은 미디어 체제 또는 공영 방송의 유형화와도 긴밀히 연관된다. 잘 알려진 핼린과 만치니(Hallin & Mancini, 2004)의 '자유주의,' '민주적 코포라티즘,' '극화된polarized 다원주의' 체제 등의 세 유형은 이에 어울리며, 여기에서 빠진 유럽 외 지역은 다른 유형화(Hanretty, 2007)로 보충될 필요가 있다. 이런 유형적 특성에 따라 같은 범주의 공영 방송이라도 환경요인에 차이가 있고 행동반경이나 문화화 정도도 달라진다. 한레티의 연구(Hanretty, 2009a)는 사장의 재임 기간과 교체 시점을 정치적 독립을 가늠하는 바로미터로 삼아 전형적인 이론의 유사 증명 방식으로 각 나라의 공영 방송을 비교한 것인데, 여기에 대입시킨 영국 BBC 사장과 한국 KBS 사장의 특성은 한국의 현주소를 파악하는 데 유용하다. 한국에서 이른바 '낙하산' 사장 문제는 숱한 파업을 야기할 정도로 민감한 사안인데, 궁극적인 원인은 역시 방송이 가진 아직도 여전한 대중성 때문이다.[29]

해당 사회의 특성에 기인해 세밀하게 전후 정황을 살펴봐야 할 필요가 큰 공정성에서는 따로 영국 BBC의 길리건-허튼 스캔들과 한국의 '역편파' 논쟁, '탄핵 보도'와 〈PD수첩〉 등을 맥락의 대조 방식으로 비교 분석한다. 스캔들 이후 초유로 경영위원장과 사장이 동반 퇴진한 BBC와는 특히 논쟁 이후의 처리 과정이나 결과 등이 매우 달라 비교의 의미가 크다. 주지하는 바대로 BBC는 공영 방송의 '첫 단추'이기도 하면서 각종 정책과 변화에서 모범적 선례를 보여 뭇 공영 방송이 모두 본받고 싶어 하는 방송이지만, 다수제 정치 체제majoritarianism나 특유의 대중성 면에서 한국 방송과 닮은 점도 있

29 전통적인 신문이나 최근 시청률이 조금 오른 종편, 적극적 활용이 돋보이는 인터넷, SNS 등이 있다고는 하지만 역시 당분간은 이 구도가 변하지 않을 것으로 보인다. 특히 20%에 육박하는 KBS 1TV 9시 뉴스의 높은 시청률은 집권 의지가 있는 정치 세력에게는 쉽게 놓기 어려운 권력 도구다.

다(조항제, 2014). 맥락의 대조는 총체성을 추구하는 만큼 많은 지면과 자료가 필요하므로 이 책에서는 설명 가설에 집중하는 방식을 택할 수밖에 없다.

시장 부분에서는 앞서의 후견주의나 코포라티즘 같은 유력한 이론 체계가 없으므로 현상 중심으로 비교하는 거시적 인과 분석을 따른다. 논의의 출발점은 1980년 책정 이래 단 한 차례도 인상하지 못한 수신료다. 한 세대가 넘는 기간 동안 수신료가 정체停滯된 사실은 전 세계에서도 유례가 없는 일로 한국 공영 방송의 문제를 집약시킨다.

분석의 순서는, 먼저 수신료의 정치 경제적인 조건을 분석해서 일정한 공통성을 추출한다. 이는 '수신료–공영 방송'을 추구하고자 하는 사회의 일반적인 목표가 될 수 있다. 다음으로 같은 조건에서라도 어떤 사회에서는 수신료가 유지되고 또 유지되지 않는지의 이유를 분석한다. 최근 들어 수신료는 공영 방송의 모범 지역으로 볼 수 있는 스칸디나비아(핀란드)에서조차 국고로 바뀔 만큼 위기에 처해 있다. 또 유럽 외에서는 모범적 공영 방송으로 볼 수 있는 캐나다나 오스트레일리아, 뉴질랜드 등의 영연방 국가들이 일찌감치 수신료를 포기했다. 위기를 극복한 일본이 오히려 예외가 될 정도다. 아직 수신료 재원을 유지하는 나라들조차도 상당한 갈등이 내재된, 위태로운 균형점을 걷고 있다(Robinson, Raven, & Low, 2005). 다른 한편으로 프랑스와 스페인은 기존의 광고를 국고로 바꾸었다. 재원의 공공성을 강화한 것이지만 경제 위기에 따른 긴축 재정으로 오히려 공영 방송의 활동 영역은 위축되었다. 이런 최근 동향의 '통제된 비교'는 21세기 들어 도래한 미디어의 범람이 공영 방송에 어떤 악영향을 끼쳤는지를 알게 해 준다.

한국에서 수신료가 정체된 이유는 공영 방송을 도구화시키는 5공 체제에 반대해 전 국민적으로 벌어진 '시청료거부운동' 때문이다. 이 운동이 진정된 이후에도 여러 요인이 중첩·복합되면서 수신료의 인상을 막는 한국식 '부정적 연합negative alliances'[30]이 형성되었다. 이에 대한 비교 분석(거시 인과 분석)이 따로 필요한 이유는 수신료의 의미를 공영 방송의 전반적 위기 속에 놓을 필요성 때문이다. 한국에서는 공영 방송의 정치적 가치, 곧 독립성과 시민사회와의 친화성이 단임-대통령제라는 정치 체제의 논리와 어울리지 않았다. 부정적 연합의 핵심은 아직도 이루지 못한 공영 방송의 공정성·중립성에 있는 것이다. 그러나 반대편에서 보면 수신료가 공영 방송에서 유효한 재원이 되는 나라 역시 최근의 추세에 비추어 그렇게 많지 않다. 오히려 한국처럼 '후후발late-late 민주주의 국가'에서는 찾기 힘든 예라고 하는 게 더 맞을 것이다. 그러니까 공영 방송은 수신료라는 어울리는 재원이 있지만 방송 자신과 주변 환경의 상당한 노력이 기울여지지 않으면 받기 어려우며, 수신료보다 중요한 것은 바로 이렇게 수신료가 가능한 공영 방송으로서의 자격과 준비 태세다.

수신료 같은 공공 재원의 정체는 자연히 광고에 대한 의존도를 높였고 한국 텔레비전은 상업주의의 멍에를 처음부터 지지 않으면 안 되었다. 서구에서도 조건이 열악했던 다수의 나라들은 상업주의를 피하지 못했다. 특히 1980년대 중반 이후 탈규제의 바람이 거세게 불면서 이제 상업주의는 일부 선진 민주주의에서도 '선택 사항'이 아니게 되었다. 맥킨지(McKinsey & Company, 1999)가 방송 문화의 건전도와 시청점유율을 축으로 삼은 2 × 2의 유형화는 비교적 많이 쓰이는 것으로 '건전하면서도 대중성도 높은' 공영 방송의 모범을 제시한다. 일정한 지식 체계를 갖춘 이론으로 보기는 어렵지만 공영 방송의 딜레마를 보여 주는 데는 이보다 더 적절한 것이 없다. 서구와의

30 노르웨이의 학자인 시버트센(Syvertsen, 1991)이 주장한 것이다. 이 연합은 공영 방송 체제 속의 내부 인자들이 체제 자체에는 동의하지 않으면서도 보다 큰 적(방송의 사적 소유와 시장 집중)에 대항하기 위해 체제를 유지하고자 연합하는 현상을 말한다. 주로 중북부 유럽을 무대로 한 이 입론은 제대로 된 공영 방송을 경험하지 못한 한국 사회에서는 다른 형태로 나타난다. 수신료 문제는 이 중 하나가 된다.

현상적 유사성이 '유사 증명' 방식으로 개관되면서 영국과 독일, 홍콩의 사례 등이 비교의 가치를 위해 검토된다. 이제 공영 방송은 지금 같은 초경쟁 시대를 맞아 기존의 가치인 사회적 필요를 대중의 욕구와 결합시키지 않으면 안 되고, 성가를 높인 전통적 장르들은 혁신시켜 공영 방송의 미래로 볼 수 있는 '디지털 커먼스digital commons'로 나아가야 할 기로에 직면해 있다.

시민사회에서는 노동조합과 시청자운동이 주 대상이다. 한국 공영 방송의 가장 큰 특징 중 하나는 앞서의 시청료거부운동에서 본 대로 시민사회가 높은 참여와 관심을 보여 준다는 점이다. 특히 방송 노조는 일반적인 노조와 달리 구성원의 이익이나 복지보다는 정치 부분에 깊은 관심을 기울였다. 민주화 이후 허울뿐이었던 공영 방송이 폐기되지 않고 재확립된 이유가 바로 노조와 시청자운동이 공영 방송을 지지했기 때문이다. 그러므로 앞서 본 정치적 후견주의의 성행을 막는 가장 큰 버팀목은 한국에서는 전문직주의-노조와 시민사회-시청자운동의 정치적 저항이었다.

시민사회는 미디어 전체에서도 그렇고 공영 방송에서도 두말할 나위 없이 중요하지만 의외로 사회운동 일반에 관한 것[31]을 제외하면, 특정하게 이론화된 것은 없다. 기왕의 시청자는 개념적 측면에서 '시민'에 가까운 존재로 보인다. 그러나 시장화가 가속되면서 방송의 패러다임이 전환되었다는 최근의 진단(Van Cuilenberg & McQuail, 2003)에 따르면 '시민-소비자'의 혼합적 형태로 바뀌었다. 물론 한국처럼 시민적 과제조차 산적한 곳에서 '시민-소비자'는 단절적 단계론이 되기보다는 오히려 모순을 중첩시키는 '이중적 난관'을 보여 주기에 더 적절하다.

시청자운동의 양상은 앞서 본 해켓과 캐롤의 연구(Hackett & Carroll, 2006)

31 이를테면, '신사회운동 이론new social movement theory'이나 '정치 과정적 접근(자원 동원 이론)' 같은 것을 말한다(Dahlgren, 2009).

가 시도한 유형화가 비교 분석에 도움을 준다. 영국은 모범적 공영 방송과 활발한 시청자운동이 공존하는 나라로 방송 참여가 반드시 시청자운동이란 이름으로 특정하게 이루어지지는 않는 다른 코포라티즘 나라들과 대조를 이룬다.[32] 영국의 시청자운동은 좌/우파, 엘리트/대중을 모두 망라하고 참여 또한 적어도 '협의consultation' 수준에서는 제도적으로 보장되므로 비교의 가치에 값한다. 한국과 같은 후견주의 국가들 가운데는 이런 시청자운동을 보고하는 나라가 거의 없다.

한편 노동조합의 활동은 복지보다는 주로 공영 방송의 자율성이나 비판의 자유 같은 정치적 목표를 위해 활동해 왔다. 유사 사례가 선진 민주주의에서는 거의 발견되지 않는데, 아마도 이유는 이런 과제들이 이미 대부분 해결되었기 때문일 것이다. 특히 노사가 함께 '미디어 공동체'를 만드는 영국이나 다양한 형태로 개인 언론인의 권리를 존중하고 보장하는 독일은 이의 모범적 예가 된다. 최근 미국이나 캐나다에서는 산업에서의 융합에 발맞춰 노동에서도 연대의 움직임이 나타나고 있다. 캐나다의 CBC(Canadian Broadcasting Company)는 13개의 노동조합들이 서로 연대해 사측의 노동 유연화 조치나 국가의 쿼터 정책 완화에 맞서 성공을 거두었다(Coles, 2006; Mosco & McKercher, 2006). 이 사례는 한국과는 큰 차이가 있으나 운동의 필요성이나 연대의 가능성 등을 부각시키는 장점이 있다.

32 일반적인 사회체제론에서 영국은 코포라티즘 국가로 분류되지 않지만 커런(Curran, 1996; Curran & Leys, 2000)은 영국도 자유주의liberal의 수식어를 붙인 코포라티즘의 약한 형태로 본다.

II부

한국 공영 방송의 통시적 정체성

3장 전사前史

1. 방송의 국영화·도구화

1945년 해방이 되면서 미군정이 실시되었다. 미군정이 방송에서 한 첫 번째 일은 당시 군정(국가)의 기구로 방송을 편입시키는 일이었다. 일제 때만 해도 방송은 비록 엄혹한 통제하에 있었지만 일본의 NHK를 따라 소유는 민간 단체(조선방송협회)에서 했다.[33] 그러나 미군정은 1946년 이를 공보국 산하의 방송과로 편입시켰다. 당시의 정국이 신탁통치를 두고 찬반으로 나뉘어 극도로 대립하고 있었으므로 통제의 편의가 이유였던 것으로 보인다. 라디오가 그렇게 많이 보급되어 있지 않았지만, 적어도 서울·경기 지역에서는 이미 어느 정도 '대중' 미디어로 발돋움했기 때문이다.[34] 2차 세계 대전 이후 미군정이 실

33 당시의 조직도를 보면 조선방송협회에 회장이 있고 그 산하에 중앙방송국과 10개 지방국이 있었으며 방송 제작은 주로 중앙방송국 밑의 방송과에서 담당했다(한국방송공사, 1977).

34 각종 통계가 일치하지는 않지만, 대체로 해방을 전후해 한반도 전체의 청취자가 30만 명에

시된 곳은 연합정까지 합쳐 크게 세 나라인데, 이 중 이렇게 방송을 국영화한 곳은 한국뿐이다. 독일에서는 잘 알려진 대로 영국, 러시아 등과 같이 진주해 연방 방송인 ARD를 만들어 방송의 중앙 집중을 막았으며, 단독으로 진주한 일본에서는 NHK를 그대로 두는 대신 자유화라는 명목으로 여러 민영(상업) 방송을 허용했다(Luther & Boyd, 1997).

이러한 미군정의 조치는 상당히 중요한데, 1948년 독립 정부가 수립되면서도 방송이 민간 기구로 돌아가지 않고 그대로 국영화되었기 때문이다. 당시 이유로 든 것은 두 가지였는데, 하나는 국력 집중을 위한 계몽 활동에 필요하다는 것이었고, 다른 하나는 실질적 문제인 경제적 자립성이었다. 특히 두 번째는 상당한 근거가 있었다. 일제하에서도 방송은 총독부가 보조금을 줘야 할 정도로 재정난을 겪었고(박용규, 2000a), 해방 후에는 청취료를 30배나 인상할 정도로 어려움이 가중되었기 때문이다(한국방송공사, 1977). 특히 미군정의 방송 예산은 일제 때의 0.25%에 불과할 정도로 적었다(김민환, 1991).

그러나 이런 국영화는 안정된 재정 기반에서 국민 계몽에 힘을 모으는 미디어가 아니라 권위주의의 지배 아래 관료적·종속적 체질을 그대로 닮은 '거구기擧口機'[35]로 귀결되고 말았다(〈동아일보〉, 1960. 4. 28). 이승만 정권은 정치적 기반을 확대하고 반대 세력에 대한 비판을 강화하는 목적으로 방송을 국영화시켰던 것이다(박용규, 2000b). 제1공화국 내내 방송은 "정부 시책을 친절

육박했고(조선총독부 통계연보의 통계; 박용규, 2000a 참조), 미군정 통계로는 남한의 라디오 대수가 29만 대에 가깝게 보급되었다고 하지만(Summation No. 20의 통계; 김민환, 1991), 1948년의 《조선연감》에서는 이보다 상당히 적은 18만 5700대 정도로 나온다(《조선연감》의 통계; 한국방송공사, 1977). 1970년대까지 다룬 김영희(2003)의 연구로 미루어 《조선연감》의 통계가 비교적 정확한 것으로 보인다. 이에 따르면, 18만여 대 중 63%인 11만 8000대가 서울과 경기도에 집중되어 있었다.

35 거수기와 같은 뜻으로 방송(라디오)이 말을 위주로 하므로 '손手'을 '입口'으로 바꾼 것이다.

히 보도할 뿐만 아니라 국민이 절대적으로 정부를 지지하도록 계몽, 선전하는 데"(한국방송공사, 1977, p.170) 집중했다. 이미 1948년에 발표된 정부의 '언론 정책 7개항'부터 "정부를 모략하는 기사," "자극적인 논조나 보도로써 민심에 악영향을 끼치는 기사"를 금지시켜 조짐을 보였고, 1955년에는 개헌을 앞두고 KBS의 상위 조직이 종래의 공보처에서 대통령 직속하의 공보실로 바뀌는 등 도구화가 진행되었다. 이런 이유로 미군정 시기부터 발표된 보도나 제작에 대한 몇 가지 규칙들[36]은 의도나 내용과는 관계없이 방송의 전문화를 진작시키는 계기가 될 수 없었다. 다만 미군정이 가르쳐준 미국식 방송 일부가 제작의 선진적 기법으로 남았을 뿐이다(한국방송공사, 1977 참조).

전쟁이 끝나고 대부분의 방송망이 복구되는 1950년대 중반부터 방송에도 나름의 전기가 시작되는데, 출발은 1956년의 최초의 성인 대상 연속극인 〈청실홍실〉이었다(이에 대해서는 조항제, 2008). 이 드라마는 상당한 인기를 모아 1957년 2월 10일자 〈한국일보〉는 이를 "청실홍실 붐"으로 불렀다. 수신기 역시 비록 수입 부품을 조립한 것이기는 하지만 1959년부터 대량 생산이 가능해져 1961년에는 도시 중심이기는 해도 가구당 보급률이 인구의 반에 가까운 49.5%로 늘어났다(김영희, 2003). 아직 뉴스는 '국영'의 한계에 묶여 있었지만 방송은 서서히 전 국토를 포괄하는 대중 미디어로 성장하고 있었다.

이 시기는 방송이 국영화·도구화되면서, 다른 한편으로는 미국식 방송 기법과 상업 방송에 적응하기 시작하던 때였다. 한국 방송의 전 시대를 통틀어 이 도구화와 상업화가 하나의 특징이 되었음에 비추어 볼 때, 이 시기가

36 대표적인 예가 나중의 방송법이나 방송 윤리 기준의 기초가 된 1958년의 '방송의 일반적 기준에 관한 내규'다. 이는 1947년 미군정기 때의 '공지 사항 및 보도를 위한 방송 규칙,' 1948년 정부 수립 후의 '언론 정책 금지 7개항' 이후에 발표된 나름의 집대성인데, 이미 조직적·재정적으로는 도구화가 깊숙이 진행되어 있어 큰 의미를 갖기는 어려운 것이었다.

가진 중요성은 새삼 확인된다. 특히 독일과 일본에 비해 한국에서 펼쳤던 미군의 정책은 좋은 영향보다는 좋지 않은 영향을 더 많이 미쳤다. 이는 이후의 권위주의 체제가 방송을 지배하는 하나의 선례가 되었다.

2. 방송법의 제정

5·16 이후 처음으로 방송에 대한 전반적인 국가 관리의 근간이 되는 법이 제정되었다. 시작은 1961년에 제정된 전파관리법이었다. 이 법을 통해 비로소 방송국이 포함된 무선국의 개설이 체신부장관의 허가 사항이 되었다. 4·19 때부터 꾸준히 논의되어 왔던 방송법은 방송국의 관리를 놓고 공보부와 체신부 사이에 이견이 생겨 난항을 겪다가 체신부가 '무선국을 허가'하면, 공보부가 '방송국의 신고'를 받는 절충형으로 이 문제를 미봉함으로써 1963년에 제정될 수 있었다.

이 법은 1조와 3조에서 포괄적으로 방송의 자유를 보장하고, 이를 감시할 수 있는 제도로 법적 자율 기구인 방송윤리위원회(2장)와 조사 권한을 가진 공보부를 두었다(19조와 20조). 시행령에서는 방송 편성을 크게 보도, 교육, 교양, 오락, 광고 및 기타 방송 등 다섯 가지로 분류하고 각 장르당 방송의 주간 시간 비율을 정해 놓았다. 법안으로만 볼 때 방송은 내용에서는 자유를 원칙으로 하고 자율 기구에 사후 심의를 하게 했으며 정부의 개입은 조사나 월례 보고, 장르당 시간 비중 등에서 비교적 최소한으로 했음을 알 수 있다.

그러나 이 법은 1963년 언론윤리위원회법 파동으로 방송윤리위 규정이 실효를 잃게 되면서 법체계에 구멍이 뚫려 공보부의 권한만 가중되는 결과적인 어리석음을 범하게 되었다. 또 준수해야 하는 장르당 방송 시간 비중도 분류 자체가 애매하고 비율도 느슨해서 큰 의미를 지니지 못했다. 이 분류는

BBC가 처음 적용한 것으로 보이며 이를 NHK와 일제 때의 경성방송국이 받아들인 것이 계속 이어진 것으로 보인다[37](박기성, 2006).

또 이 법은 방송과 관련된 재허가의 문제에서도 큰 문제를 안고 있었다. 이 법제하에서 체신부가 방송국의 편성 내용을 이유로 허가를 취소하거나 재허가를 거부할 경우 위헌의 소지가 있었던 것이다. 체신부는 방송국에 대하여 언론 기관으로 사업 면허를 주는 것이 아니라 전파 할당상 무선국으로 허가하는 것이기 때문이다(서규석, 1968). 이 점은 나중에 방송법이 개정되어 재허가에서 방송법과 전파관리법이 연계되기 이전까지는 법규상으로는 사실상 재허가의 취소가 불가능했다는 점을 잘 보여 준다.

이러한 법제는 민영 방송의 설립과 관련된 국가의 방송 관리의 시발점이었다. 제1공화국 때만 하더라도 방송이란 정부가 직접 관리하는 국영 방송과 선교를 목적으로 하는 특수 방송인 기독교방송밖에 없었기 때문에 방송 일반에 관한 법의 필요성이 그렇게 크지 않았다. 그러나 일본 방송의 월경에 대비해 허가한 부산문화방송이 4·19 당시 국영 방송과 차별화된 모습을 보여 주면서 방송에도 언론적·민간적 자율성이 필요하다는 인식이 확산되었고(이 대표적 예가 나중에 나오는 방송중립화법안일 것이다), 서울 일원을 대상으로 한 민영 상업 방송도 허가되기 시작하면서 전파·방송에 대한 법적 '가닥 잡기'가 불가피하게 되었다. 이 점은 방송이 국가 독점의 형태를 벗어나 다양화되면서 누릴 수 있는 자율성에 대한 국가적 관리가 필요하게 되었다는 점과 같은 의미였다.

37 그러나 이런 장르별 비율은 장르 혼합이나 파괴가 성행하고, 오락이 과반을 넘는 상업화 현상이 보편화된 훨씬 나중까지 중요했다(김수정, 2007).

3. 텔레비전의 도입과 실패/성공

한국에서 처음으로 텔레비전이 도입된 때는 1956년이었다. 기술자 출신인 황태영이 미국인 조셉 밀러, RCA 등과 합작으로 한국RCA배급주식회사(KORCAD)를 만들어 HLKZ TV를 개국했다. 출력이 0.1kw밖에 되지 않아 '종로텔레비전'으로 불리는 소규모였고, 수상기 보급 수준은 불과 300여 대, 재원 전부를 광고에 의존하는 상업방송이었다. 1940년대 후반부터 미국에서 텔레비전이 대중화되기 시작했고, 제3세계에는 1950년대 후반과 1960년대 초반에 주로 도입된 점을 감안하면 국토 전체에 걸쳐 전화戰禍를 겪은 나라치고는 매우 이른 시기였다(Katz & Wedell, 1977 참조).

그러나 당시의 수상기 보급 수준이 단적으로 보여 주듯이 텔레비전의 인프라는 매우 미비했고, 새로운 미디어에 대한 국가의 인식 또한 일천해 임박한 선거에 대한 선전 효과만을 노렸을 뿐 아무런 정책적 뒷받침이 없는 가운데 원래의 목표인 수상기 보급조차 여의치 않자 이 방송은 곧바로 재정난에 빠졌다. 이를 당시 〈한국일보〉의 장기영이 인수해 대한방송주식회사(DBC)로 개편했으나 재정난은 풀리지 않았다. 1959년에는 화재마저 났고, 보험금의 재투자가 이루어지지 않으면서 HLKZ TV는 결국 실패로 끝나고 말았다(장영민, 2013).

1961년의 KBS TV 역시 이런 기본적인 조건은 크게 바뀌지 않은 상태에서 5·16 이후 마치 군사 작전처럼 3개월 만에 도입되었다. 그러나 이때만 해도 라디오 방송망이 완전히 복구되어 방송이 완전한 대중 미디어로 자리를 잡았고, 불충분했지만 텔레비전도 이미 경험했으며, 동아방송이나 문화방송 같은 민간 방송 또한 허가를 얻으면서 법(방송법)에 대한 논의도 시작되는 등 방송의 새 시대가 마련된 때였다. 정부 역시 텔레비전을 재출범시키면서 외상 구매로 수상기를 보급시키는 등 이전 정부와는 비할 수 없을 정도로 적극적이었다. 물론 이전의 실패 경험을 학습한 결과였다. 비록 짧지만 HLKZ TV에서 텔레비전을 경험한 인력도 있었다.

그러나 이는 그야말로 최소 조건에 불과했다. KBS TV는 국영이었지만 재원이 충분치 않아 특별회계법까지 제정하면서 시청료와 광고를 받지 않으면 안 되었고, 1964년에는 한 해 동안 시청료를 두 배로 올려야 했다(한국방송공사, 1977). 기존의 라디오는 계속해서 국고로 운영되었으므로 한국의 방송은 텔레비전과 라디오가 각각 다른 회계로 운영되게 되었다.[38] 이를 통해 한국 텔레비전은 미국식 상업 방송으로의 출범, 국영이었지만 광고를 수용하게 되면서 얻게 된 모순적 상업성, 뒤이어 출범한 상업 방송인 TBC TV와의 경쟁 등을 통해 대중성을 강박으로 느끼면서 성장할 수밖에 없었다.

여러 가지로 열악했던 초기 텔레비전의 편성은 주로 외부에 만들어진 것을 안방에 '중계'해 주는 것이었다. 국내외에서 만들어진 영화와 문화적 냉전 차원에서 미국이 거의 무상으로 배급하는 뉴스릴과 픽션 등이 주요 품목이었다(한국방송공사, 1977; 강명구 외, 2007). TBC와 경쟁이 시작되면서 기왕의 라디오 대본을 활용한 드라마들이 제작되어 인기를 모으기 시작했고, 뉴스를 비롯한 다른 장르들도 연륜을 더하면서 서서히 꼴을 갖추기 시작했다.

처음에는 3만 4000대 수준이었던 텔레비전 수상기 보급대수는 국내 생산이 안 되고, 수입 또한 사치품 제한에 막히면서 1965년까지 오히려 3만 1000대로 줄어들었다(다음 장의 표 7 참조). 조립 수상기가 등장한 1966년이 되면서 드디어 대수가 증가하기 시작해 1968년에 비로소 10만 대를 넘었다. 1969년에 전자산업육성법이 제정되고 MBC가 새로 출범해 3국 경쟁이 시작되면서 라디오를 앞서기 시작했고, 1970년에는 TBC의 일일극인 〈아씨〉

38 이는 1973년 공사화가 되면서 비로소 합쳐지게 된다.

가 공전의 히트를 기록함으로써 기하급수적으로 보급, 화려한 텔레비전의 시대를 열게 되었다.

4장 도입기

1. 유신 체제와 KBS의 공사화

1) 유신 체제의 등장

(1) 유신 체제와 국민총화

유신 체제의 성격과 등장 이유에 대해서는 그간 많은 연구가 있었다. 어떤 연구는 유신 체제를 당시의 국내외적 위기와 연결시켜 위기 관리 체제로 보기도 하고(정일준, 2006; 김정주, 2007), 어떤 연구는 좀 더 행위적 측면에 집중해 최고 권력자의 영구 집권을 위한 마키아벨리적 결단으로 보기도 한다(임혁백, 2004). 위기의 인식에서도 당시에 내세운 체제의 명분을 중시해 국외적 도전을 앞세우는 것도 있고, 재야 세력이나 1960년대의 산업화가 몰고 온 내적 모순이 중요하게 작용했다고 보는 '관료적 권위주의' 주장도 있다(그림 1 참조). 어느 입장이든 일정한 이론적·경험적 논거를 가지므로 유신 체제의 규명이 본 주제가 아닌 이 책에서 이에 대한 가부나 타당성을 판단할 수는 없다. 그

그림 1. 유신 체제 수립의 설명 방식

구분		국가 안보 위기	
		있다	없다
사회적 위기 (경제 위기와 정치 위기)	있다	안팎의 도전	주로 내부로부터의 도전 (관료적 권위주의)
	없다	주로 외부로부터의 도전 (박정희의 공식 입장)	위기는 없다 (박정희 개인의 권력욕)

출처: 정일준(2006, p.155).

러나 어떤 현상이든 구조와 행위가 일정하게 결합해서 나타난 산물인 점을 감안하면, 어느 한쪽의 극단적 선택은 일면적인 것이 될 수밖에 없다. 이렇게 보면 유신 체제는 국내·외적, 또는 정치·경제·사회적 위기에 대응해(또는 위기를 이용해) 정치 사회를 안정시키고 경제적 능률을 극대화하며, 국력을 조직화하기 위해 영구 집권을 도모한 초헌법적 체제였다고 할 수 있다.

유신 체제의 동인이나 성격으로 미루어 볼 때, 방송 측면에서 중요한 것은 역시 국내적 위기다. 1969년의 3선 개헌으로 출발해 1970년의 전태일 분신, 1971년의 광주대단지 봉기, 대통령 선거, 7월의 사법 파동, 같은 해 말의 위수령, 국가비상사태 선포, 국가보위에 관한 특별조치법 제정, 1972년의 7·4남북공동성명, 사채를 동결한 8·3긴급조치 등으로 이어지는 숨 가쁜 위기와 조치들은 결국 유신 체제로 종결되기 때문이다. '이번이 마지막'이라고 거듭 강조하면서 수많은 부정 불법 관권 선거를 자행했음에도 불구하고 7대 대통령 선거에서 박정희 후보는 총투표의 51.2%(유효 투표의 53.2%)를 획득하는 데 그쳤다. 43.6%(유효 투표의 45.3%)를 얻은 야당의 김대중 후보를 이기기는 했으나 경상도 지역의 표 차이가 전체 표 차이보다 많은 사실상 패배인 승리였다. 특히 이른바 '여촌야도與村野都' 현상이 두드러져 김대중 후보는 전체 도시 표의 51.5%, 서울에서는 58%의 득표율을 보여 박 후보 측 39%(도시 전체)

를 현저한 차이로 눌렀다. 이러한 '신승'으로 박정희는 유신 체제같이 선거가 없는 영구 집권 체제를 구상해야 했다(임혁백, 2004, 2005).

그러나 유신의 치명적 문제는 역시 민주주의를 표방한 체제로서 정당성이 없었다는 점이었다. 당시 박정희는 '한국적 민주주의'를 내세웠는데, 이는 사실상 정치적 민주주의를 더 이상 하지 않겠다고 선언하면서 그 자리에 '총력안보'나 '국민총화,' '국력배양' 등 같은 행정적 능률을 채워 넣은 것이었다(강정인, 2011). 유신 체제의 또 하나의 축은 새마을운동을 통해서 전형적인 예를 찾아볼 수 있는 '비정치적' 국민 동원이었다(황병주, 2011). 박정희는 새마을운동에서 "지도자를 중심으로 굳게 단결할 것과 부락 공동 사업을 주민의 총의를 모아서 결정할 것을 당부하면서 새마을운동이…… 한국적 민주주의의 실천 도장임을 거듭 언급했다"(강정인, 2011, p.313에서 재인용). 그러나 행정 능률과 반半강제적 동원으로는 체제의 정당성을 대신할 수 없었다.

(2) 유신 체제와 방송

유신 체제에 가장 필요했던 것은 능률이나 조직을 제때 동원할 수 있는 국민의 '정신 교육'이었다. 그런 면에서 국영 방송은 적격인 미디어였다. 신문도 있었지만 여야로 갈려 있었고 상대적으로 여당지는 야당지에 비해 세가 약했으며 더구나 민간 기구여서 정부와의 커뮤니케이션이 원활하지 못했다. 이에 비해 방송은 다양한 이점이 있었다.

먼저 시청각 미디어인 방송은 신문에 비해 경제나 교육 수준이 낮은 층에도 소구력이 강했다. KBS는 국가가 직접 운영하므로 언론적 자율성을 최소화시킬 수 있어 필요한 조치가 아주 쉬웠다. 보급률도 신문에 비할 바가 아니었다. 방송은 이미 라디오의 경우 1970년대 초반에 포화 상태에 도달해 있었고,[39] 텔레비전 또한 앞서 언급한 대로 1966년 최초로 국내 조립 수상기가 선을 보인 이후, 1969년 전자산업육성법이 제정되면서 급격하게 생산량이 늘

표 7. 텔레비전 수상기 보급 현황(1963~1979)

연도	보급		분포율 (%)				비고
	등록 대수	세대당 보급률(%)	서울	지방	도시	농촌	
1963	34,774	0.7	100	–	100	–	
1964	32,402	0.6	100	–	100	–	
1965	31,701	0.6	100	–	100	–	
1966	43,634	0.8	100	–	100	–	국내 TV 조립 개시
1967	73,224	1.3	88.8	11.2	100	–	
1968	118,262	2.1	75.0	25.0	100	–	
1969	223,965	3.9	67.0	33.0	100	–	
1970	379,564	6.4	63.7	36.3	94.5	5.5	
1971	616,392	10.2	59.7	40.3	92.0	8.0	
1972	905,363	14.7	56.2	43.8	90.1	9.9	
1973	1,282,122	20.7	49.3	51.7	86.7	13.3	KBS 공사화
1974	1,618,617	26.0	43.6	56.4	82.5	17.5	난시청 해소 사업
1975	2,061,072	30.4	40.3	54.7	77.3	22.7	
1976	2,809,131	41.1	35.3	64.7	71.7	28.3	시간대 편성지침
1977	3,804,535	55.7	32.5	67.5	69.7	30.3	
1978	5,135,496	70.7	29.5	70.1	66.6	33.4	
1979	5,696,256	78.5	26.6	73.4	63.3	36.7	

자료: 보급은 문화공보부(1979, p.215), 분포율은 한국방송공사(1987, p.752).

어나 유신 체제가 선포된 1973년에는 이미 100만 대가 넘는 기하급수적 보급을 보였다. 또 그해에는 서울과 지방의 보급률이 처음으로 역전이 되어 텔레비전의 전국 네트워크가 위력을 발휘하기 시작했다(표 7 참조).

방송을 이용하기 위해 사실 정부는 1960년대부터 많은 노력을 기울였다. 당시 정부의 기록 문서들을 보면 텔레비전에 관한 것은 대부분 농촌·지방의 수상기 보급(나중에는 난시청 사업)에 관한 것이다. 가능한 싼 값으로 수상기를 대량 보급시키면, 정치적 목적을 달성하는 데 유리했고, 전사 산업도 육성하면서 국영 방송의 경제적 효과(시청료)도 거두는 일석삼조의 효과를 노릴 수 있기 때문이다.

그러나 문제는 텔레비전을 KBS가 독점하지 못하는 데 있었다. 서울·부산으로 커버리지가 국한되기는 했지만 이미 상업 방송인 TBC가 있었고, 1969년에는 같은 여권 방송이기는 했어도 어쨌든 경쟁자임에는 틀림없는 MBC까지 생기면서 KBS는 정치적 목적 이전에 국민 대중에 가까이 갈 수 있어야 하는 문제에 직면했다. 공영화는 이런 필요 때문에서라도 꾸준하게 제기되었다. 물론 논의는 이미 1960년대부터 있어 왔던 것이다. 시민사회는 시민사회대로 정치적 중립성의 필요 때문에 국영화가 되던 1948년부터 방송 체제의 개편을 요구했고, 방송은 방송대로 조직 내부의 결함 때문에 이 문제에 부분적이지만 호응해 온 것이다.

방송 내부는 정치적 측면이 강조된 시민사회의 요구와는 차원이 다른 대안 — 예컨대, 방송을 외청外廳으로 만드는 안 — 을 원했지만 목적이나 추진 방향은 비슷한 부분이 많았다. 방송이 조직의 성격을 합리화하고 전문 인력을 확보해서 민영 방송과의 경쟁에서 승리해야 했다면, 시민사회는 정치적 중

39 라디오는 1973년에 약 490만 대가 보급되었고 유선 방송 스피커까지 합치면 500만 대에 가까웠다(김영희, 2003).

립을 위해 관료 조직으로부터 탈피와 방송 스스로의 자각이 필요했으므로 꼭 공사화가 아니더라도 조직 개편의 큰 원칙에는 찬성하고 있었다.

1971년에 방송국장으로 당시 최창봉 동아방송 부장을 스카우트한 것도 같은 맥락의 일이다. 이런저런 이유로 조직 개편이 어렵게 되자 일단 사람부터 바꾸어 부분적인 쇄신을 꾀한 것이다. 이미 이때 '광주대단지 봉기,' '위수령,' '국가보위에 관한 특별조치법' 등의 위기가 터지면서 체제로서는 대 국민 커뮤니케이션의 정비가 시급했다. 유신 체제가 되면서는 비상 국무회의를 통해 방송법을 개정하고 한국방송공사법을 제정하는 등 방송 관계법 전반을 다시 조율했다. KBS가 공사화된 점과 유신 체제의 등장은, 공사화가 어떤 형태를 띠건 그래도 민간화라는 점에서 통제의 시각에서 보면 다소 모순되는 것처럼 보이지만, (뒤에 상술되듯이) 오히려 유신 체제이기 때문에 가능했다는 시각도 얼마든지 가능하다. 그런 면에서 유신 체제의 등장과 그에 따른 방송 관계법의 제개정은 방송을 유신 체제의 국민총화 이념에 맞게 개편한 시도로 볼 수 있다.

2) KBS의 공사화

(1) 방송법의 개정

기존 방송법이 정상적인 법 제정의 절차를 따르지 않은 문제(국가재건최고회의 통과)를 안고 있었던 것과 마찬가지로 당시의 개정 역시 정식 국회가 아닌 비상 국무회의를 통해 이루어졌다.[40] 개정 내용은 기존의 법체계를 전면적으로 부정하지는 않은 가운데서 방송사의 표현 활동 전반을 제약하려 한 특징을

40 한국의 방송 관련법은 대부분 민주화 이전에는 정상적으로 국회를 통과한 경우가 없다. 이는 방송과 국가의 권위주의적 지배 사이의 관련성을 증언해 주는 실례다.

가진다. 즉 의무 편성 비율의 변화, 방송윤리위원회의 법정 기구화, 재허가 유보 조항의 강화 등이 그것인데, 이는 같은 맥락에서 이루어진 KBS의 공사화와 맞물려 방송을 감시하는 국가 체계의 근간을 이루게 된다.

의무 편성 비율의 변화 처음 일본(기원은 영국)의 사례를 모방해 시행령 수준에서 정한 프로그램 편성의 의무적 비율을 당초의 분류에서 교육 방송 범주를 없애고 교양 방송을 10% 상향 조정했다. 이는 물론 그간의 방송이 너무 오락적 경향에 치우쳐 사회적 책임을 게을리했다고 평가한 정책 당국의 규제 차원의 조치였다. 교양의 정치적 범위가 유신 체제라는 한계에 갇혀 있던 측면을 감안해 보면, 체제 홍보 프로그램을 증가시키라는 압력의 간접적 표현이기도 했다.

그러나 이 규제는 앞서 언급한 대로 프로그램의 성격을 설정하는 것이 기본적으로 어렵고, 기준조차도 "……를 목적으로 하는 방송"이어서 얼마든지 자의적 분류가 가능했다는 법의 실효성 문제가 있다. 목적이라는 것은 사실상 개별 방송자의 기준일 수밖에 없기 때문이다. 그러나 그럼에도 불구하고 치열한 시청률 경쟁으로 인해 각 민방사들은 종종 시행령에 규정된 편

표 8. 법령상에 나타난 의무적 프로그램 편성 비율의 변화

구분	방송법 제정(1963)	방송법 개정(1973)	언론기본법, 방송법 (1980~이후)
보도 방송	10% 이상	10% 이상	10% 이상
교양 방송	20% 이상 (교육 방송 포함)	30% 이상	40% 이상
교육 방송		분류 없어짐	
오락 방송	20% 이상	20% 이상	20% 이상

광고 방송, 기타 방송 제외.

성 비율조차 지키기 어려웠다. 방송법의 개정 이후에도 프로그램에 대한 각종 법외적 조치가 잇달았던 저변에는 이러한 사정이 깔려 있다.

재허가 유보 조항의 강화 처음 방송법에서는 전파관리법의 허가 유효 기간(12조)과 연계된 법 개념이 존재하지 않았다. 앞서 언급한, 언론윤리위원회 파동으로 법적 실효를 잃어버린 방송윤리위원회 조항이나 기타 벌칙 조항에서도 허가 여부는 방송사를 제재하는 수단으로 간주되지 않았다. 전파관리법에서의 무선국의 허가 여부는 순전히 기술적인 측면, 그러니까 전파 보안적 측면에서만 고려된 것이다.

개별 방송사에게는 가장 큰 제재인 재허가 유보가 정책 차원에서 공식적으로 거론되기 시작한 시기는 1972년도 대통령의 연두순시 보고 때다. 윤주영 당시 문공부장관이 방송의 공공성을 보장하기 위해 전파의 효율적 사용과 민방의 육성에 노력하며, 신설 상업 방송국을 일체 불허하고, 부실 방송국의 재허가를 유보하며, 이를 위해 민방의 재허가 합의 기준을 제정하겠다고 발표한 것이다(《기자협회보》, 1972. 1. 21). 이 보고는 이에 덧붙여 전국의 민간 방송 46개국 중 27개국의 경영 실태와 방송 내용을 조사 분석, 평가한 결과에 따라 주의·경고·도발 등으로 행정 조치하고 전파관리법에 의해 3년마다 실시되는 재허가 시에 이를 반영하기로 했다고 밝혔다.[41]

이 재허가 유보는 방송의 편성적 측면보다는 경영적 측면을 강조한 것이지만 실제로 많은 방송사가 부실 상태에 있었음에도 가시적 조치가 취해

41 그러나 이 시책은 상당한 법적 무리를 안고 있어 만약 이를 통해 방송사의 재허가를 취소할 경우 사실상 위헌의 소지가 있었다. 이외에 전파관리법 제67조의 허가 취소 사유에서도 방송사의 편성 내용을 이유로 방송사의 재허가를 유보할 수 있다는 조항이 없고, 방송법 3조에서도 편성에서는 "특별한 규정이 없는 한 누구든지 어떠한 간섭이나 규제를 가하지 못한다"는 조항이 있다.

지지 않았고 재허가 기준도 제정되지 않음으로써 처음의 방침은 그저 '엄포'로 끝났다. 신설 방송국의 일체 불허 방침도 마산문화텔레비전(실제 소유주 박종규)이 1972년 10월 5일 개국함으로써 지켜지지 않았다.[42] 다만 이 시기에는 TBC의 AFKN 마이크로웨이브를 이용한 서울–부산 동시 방송만 규제되었을 뿐이다[43](중앙일보사, 1985, pp.787~788).

그로부터 1년이 지나 제정된 방송법은 구체적인 프로그램 내용의 제재 사항으로 체신부장관에게 재허가를 유보하게 하는 문공부장관의 '요구'(6조 ⑤항)를 삽입함으로써 마침내 재허가가 방송사 제재의 수단으로 등장하게 되었다. 구방송법에서는 정책 당국의 암묵적 감독으로 제한되어 있었던 것을 개정에서는 공식화한 것이다.

'자율적' 법정 기구의 설치: 방송윤리위원회 1973년의 방송법 개정은 이전에는 자율 단체로 활동하던 방송윤리위원회를 '법정 자율' 기구화하였다. 따라서 방송윤리위의 위상은 크게 달라졌는데, 우선 위원 구성 방식이 달라졌다. 구 방송윤리위의 위원 구성은 방송 대표가 과반이 넘어 방송 측의 비중이 큰 구조였는데, 새로운 방송윤리위에서는 방송 대표의 몫이 전체 15명 중에서 불과 2명밖에 안 되었다. 규제의 의지가 위원 구성에도 반영된 것

42 물론 이는 밀실 행정 탓에 확인은 어렵지만 실제 허가 시기와 개국 시기 사이의 차이 때문일 수도 있다.

43 규제의 명분은 전파의 군사적 이용 문제였지만, 실제는 TBC의 확장을 차단하기 위해서였다. MBC의 지방 방송망 확장 이후 신규 방송은 억제한다는 게 당시의 기본 방침이었다. 텔레비전은 서울과 부산, 라디오는 서울과 전라도 일부에 국한되어 있었던 TBC는 MBC 같은 전국 네트워크를 위해 끊임없이 노력했으나 뜻을 이루지 못했고, 같은 처지의 동아방송 라디오도 마찬가지였다. 이 점은 5공에서 TBC의 후신인 KBS 2TV가 급속하게 전국망을 달성했다는 점에서도 쉽게 정치적 사정을 엿볼 수 있다.

이다.

법적 강제력도 크게 강화되었다. 규정에 저촉된 방송국 및 관계자를 징계할 수 있는 요구와 이를 방송국이 준수해야 하는 의무(제6조 ①, ②항), 문공부장관의 이행 요구 명령(④항), 이 요구 명령을 위반한 경우 다시 체신부장관에게 문공부장관이 방송사의 재허가 유보를 요구하는(⑤항) 등의 규정을 신설했고, ④항을 위반했을 경우에는 벌금형[44]에 처하도록 했다. 이전에는 윤리위의 지적을 받더라도 이를 시정하는 것은 방송사의 양식과 성의에 일임했다. 꼭 하지 않아도 되었다는 것이다(조항제, 1994).

그러나 이처럼 큰 변화가 있었음에도 불구하고 운영 재원이 달라지지 않은 점은 다소 의외다. 여전히 방송사(회원)의 부담으로 되어 있는 것이다. 당시의 윤택했던 방송 재정을 충분히 이용하자는 뜻이지만, 피규제 측이 규제 측의 비용을 부담하는 것은 논리적으로는 앞뒤가 맞지 않는다. 윤리 규정에서는 프로그램을 보다 구체적으로 분류하고 시대적 사명과 사회적 책임의 자각을 강조한 점 정도가 달라졌으며, 보도 부분에서 그간의 각종 선거 등에서 꾸준히 문제되어 온 공정 방송의 문제가 언급조차 되지 않았다는 점이 법정기구로 변화시킨 방송법 개정의 정치적 성격을 읽게 해 준다(조항제, 1994).

법정 기구화한 방송윤리위가 방송 프로그램을 대하는 방식은 지극히 정치적이었다. 마치 이후 5공 때의 왜곡·편파 보도의 원형 같은 다음의 인용은 당시 방송윤리위가 어떤 태도로 심의에 임했는지를 웅변해 준다(방송윤리위 사무국장; 최인규, 1976, pp.166~167).

44 그러나 당국이 1970년대 내내 방송에 대해 불만을 토로하고 실제로 프로그램 규제에 대해 많은 조치들을 발표했지만 재허가 유보나 벌금형 같은 무거운 징계가 한 번도 부과되지는 않았다는 점도 기억할 필요가 있다. 이는 (나중에 살펴볼) 시간대 편성지침을 비롯한 법외적 조치들로 위법 상황의 처벌을 대체한 것으로 해석할 수 있다(조항제, 1994).

> "어떤 의미에서 사실 보도는 한계를 지닌다고 할 수 있다. 이를테면 국가 사회 질서를 어지럽히거나 발전에 저해 요인이 되는 보도는 피해야 하며 또한 경우에 따라서 사회의 부정적인 요소는 의도적으로 은폐해야 하고, 이와 반대로 밝은 부면은 강조 부각해 줌으로써 사회를 긍정적으로 이끌어 주어야 하는 것이다…… 그리고 보도의 정치 편향성을 지양하고 교육 문화 예술 부면이나 미담 등 보다 광범위한 취재 선택이 바람직하다."

따라서 이러한 심의는 당시 여권 고위층과 가까웠던 MBC 사장에 의해서도 "명목상 자율 규제하는 형식으로 실시되지만 실은 권력에 의한 방송의 자기 검열을 강제화한 것"(이환의, 1976, p.86)으로 평가받았다. 이미 방송윤리위의 민간적 자율성은 심각하게 훼손되어가고 있었던 것이다. 방송윤리위의 심의는 주무 부서의 감독 기능과 강화된 자체 심의를 합쳐 '3원 통제'를 형성하였다. 주무 부서는 방송국으로부터 월례 활동과 심의 결과를, 방송윤리위원회로부터는 조치와 결정 사항을 보고 받고, 스스로도 여러 조치 등을 통해 방송국의 활동을 감시하였던 것이다.

광고량 제한: 시장 개입 방송법 개정 이전에는 본 방송과 광고 방송을 구별해야 한다는 규정(방송법 제 15조) 외에 광고에 대한 규정이 존재하지 않았다. 다만 1963년 1월부터 국영인 KBS TV가 광고 방송을 하게 되자 이에 대비하는 사무규정이 제정되었을 뿐이었다. 1962년 2월 각령으로 제정된 '국영텔레비전방송사업 운영에 관한 임시조치법 시행령'과 1963년 6월의 '국영텔레비전방송국 유료광고방송 사무요강'(신인섭, 1986 참조)은 텔레비전 광고의 내용에 대한 일부 포괄적인 규제 조항과 $\frac{10}{100}$의 광고 방송 시간의 상한 규정(사무요강 제4조)을 두었다. 1967년 1월에는 방송윤리위원회에서 '광고 방송 세칙'을 제정했는데, 이 세칙은 위의 '사무요강'을 기준으로 광고량을 프

로그램의 $\frac{10}{100}$으로 규정하고 스폿 광고, 중간 광고 등의 기준을 설정하였다. 이러한 규정들은 법적 구속력도 없었고, 당시의 방송 광고 시장이 수요가 크게 부족한 '구매자 시장buyer's market'이었으므로 자율적 준수를 전혀 기대할 수 없는 요식적인 것에 불과했다.

1973년 방송법의 개정은 이 같은 광고 방송의 시간과 회수를 대통령령으로 정하였다(15조 ②항). 첫 시행령은 '방송 광고 세칙'에 비해 프로그램 광고와 스폿의 양을 대폭 줄였고 중간 광고는 아예 금지하였다. 이후에도 이 규정은 두 번 더 개정되었다. 이 중에서도 1974년의 개정은 아침 방송의 중단으로 운영난에 처할 수 있는(실제로 운영난에 처하지는 않았다) 방송사에 스폿의 시간과 건수를 늘려주면서 주무 당국의 재량으로 광고 시간을 조정할 수 있게 한 조치다. 1976년에 개정된 세 번째의 경우, 당초에는 프로그램 광고를 줄이고 스폿 광고는 완전히 없애도록 '협조 요청'으로 먼저 종용한 것을 스폿에의 재정 의존도가 작지 않은 두 상업 방송이 난색을 표명하자 프로그램 광고와 스폿의 일부만을 줄이는 데 합의한 것이다(문시형, 1976; 〈기자협회보〉, 1976. 11. 1).

이러한 광고 조정은 명분은 광고가 너무 많아 텔레비전 시청이 짜증난다는 일반 시청자들의 불만을 해소하기 위한 것이었으나 실제는 자본 축적으로 대변되는 당시 민영 상업 방송의 기업적 생리의 규제에 일차적 초점이 맞추어진 것으로 보인다. 특히 1974년의 개정은 운영의 재원을 전적으로 광고료에 의존하는 상업 방송에게는 주무 당국이 재원 전체를 좌우할 수 있게 한 것과 마찬가지였다. 그러나 이는 수요는 커져가는 데 반해 공급은 감소시킴으로써 광고 거래 질서상의 비리와 기존 광고의 문제점을 심화시키는 연속적 부작용을 가져왔다. 따라서 광고 규제는 당시의 시장 조건을 고려하지 못한 채 단기적 효과만을 목표한 미봉책에 그쳤다.

(2) 한국방송공사법의 제정

국영 KBS의 공사화 논의는 시민사회나 야당 측에서는 자주 제기된 것이지만 당국자의 입장에서 비교적 책임 있게 거론된 처음은 1969년 6월 신범식 문공부장관의 기자회견 때였다(《기자협회보》, 1969. 6. 6). 당시 신 장관은 "국영 KBS 방송의 관청식 경영의 모순을 제거하고 공공 기업으로서 '프로'의 질적 향상과 경영의 쇄신을 위해 1970년까지 방송공사를 발족시킬 구상이며 방송공사 설치안은 현재 연구 중이고 이번 예산 국회 이전에 국내 여론을 참작하여 관계 법령을 마련, 1970년부터 실천에 옮길 방침"이라고 밝혔다(《조선일보》, 1969. 7. 17).[45]

그러나 이 구상은 결국 철회되고 만다. 표면적으로는 보급된 텔레비전 수상기 대수가 모자라 시청료만으로 독립 채산이 불가능하다는 예산상의 문제였지만(《동아일보》, 1969. 12. 9), 근본적 이유는 KBS에 대한 정부의 통제력 약화 때문으로 추측된다(이길범, 1971). 공사화에 대한 강력한 반대 의견이 정부–여당 쪽에서 나왔고(《조선일보》, 1969. 12. 6), 많은 반대 의견을 무릅쓰고 3선 개헌을 추진한 당시 사정으로 미루어 이 점이 보다 설득력 있는 것으로 보인다. 같은 해에 KBS가 광고를 중단한 점 때문에 예산 문제도 있었을 법하기는 하나 이 광고 중단은 오히려 가까운 미래에 재원(시청료 수입)이 안정될 것이라는 확신에서 나온 만큼 아무래도 정치적인 이유에 더 무게가 실린다.[46] 그러나

45 이유로 밝힌 것은 "방송의 현재 경영 체제가 총예산이 약 13억 원이며 KBS TV 시청료에 의한 수입이 5억 원, 나머지 8억 원은 국고에서 부담하고 있는 실정으로 운영, 제작, 인원 확보 등에서 커다란 난관에 부딪혀 있기 때문에 이를 개선해 보려는 것"이라고 말했다. 여기에 더해 2실 1원 7국 25부의 기구로 사장, 부사장을 비롯해 4명으로 이사회를 구성한다는 매우 구체적인 조직안까지 발표한다(《조선일보》, 1969. 7. 17).

46 광고 중단은 공사화 의견이 나오기 전인 5월 1일에 이미 발표되었고, 이로 인한 결손 재정은 같은 해 시청료가 200원에서 300원으로 50% 인상됨으로써 해결되었다.

인력-조직 문제는 여전히 남아 있었으므로 기존의 공무원 외에 따로 전문적 임무를 수행하는 별정직을 임시방편으로 신설하였다. 이로써 1969년에는 한 명도 없던 별정직이 1971년에는 276명으로 늘어나게 되었다.

1971년의 대통령 선거가 끝나자 KBS의 편파성에 대한 비판은 다시 거세졌고 공사화의 당위성도 같이 높아졌다. 수상기 보급 대수가 90만 대에 육박하자 이제는 정부도 더 이상 버티기 어렵게 되었다(이길범, 1971). 1971년도 문공부장관의 공사화 검토 발언(국회문공위속기록, 1971. 9. 29)은 이러한 상황을 배경으로 한 것이다. 그러나 이 역시 주된 이유는 국영 KBS의 운영의 난관과 조직의 파행 때문이라고 보아야 한다. 정권이 그대로 유지된 상태에서 KBS 운영의 기본 지침은 하나도 변한 게 없었기 때문이다.

그러나 대외적 발언과 달리 처음부터 목표가 공사화는 아니었다. KBS의 변화는 조직의 모순을 첨예하게 느끼고 있었던 내부에서부터 먼저 준비되었는데, 당시 정리된 주요 방침[47]으로 미루어 가장 큰 목표는 전문적 방송 조직으로의 개편이었다. 이를 위해 정부조직법이나 방송관서설치법 등 기존 법의 개정 없이 직제 개정만으로 가능한 것으로 '중앙 방송국'을 첫째 안으로, 현행법의 개정을 전제로 외국外局을 신설하는 '방송총국'을 둘째 안으로 하여 후자로 의견을 모았다. 그러나 '정책 단위'[48]가 반대해 다시 현행 정부조직

47 큰 방침은 '전문적 방송 체제로의 조직 개편,' '편성 담당 부서의 독립,' '중앙 방송국의 지방 방송국 관할' 등의 세 가지였고, 세부 방침으로는 '편성 및 운행 담당 기구의 신설,' '방송 제작 지원 기구의 단일화,' '장기 개발을 위한 기술 전담 부서의 신설 강화,' '연수 기구의 신설,' '기획·조사·연구 조사 등의 기능 강화,' '지역 단위 지방·중앙 방송국제의 검토' 등이었다(중앙방송국, 1973, p.43). 편성·제작·조사 같은 전문성과 관할·단일화·독립 같은 합리성이 기조를 이루고 있음을 알 수 있다.

48 당시 편찬된 연감(중앙방송국, 1973)에 있던 표현으로 아마도 법 개정을 해야 하는 정치 측(국회)의 개입이었을 것으로 짐작된다.

법 내에서의 개편안으로 선회하였다. 이로 보면 공사화는 처음에는 아예 거론조차 되지 않았음을 알 수 있다.

1972년 9월에 방송 센터용 차관 동의안이 국회에서 통과되고 KBS의 발전적인 육성 방안이 다시 논의되면서 외청으로의 독립 문제도 재검토되었고, 외청안은 유신 이후인 1972년 11월 다시 공사안으로 발전하였다(중앙방송국, 1973, pp.43~44). 그러나 공사 안으로 바뀌기까지의 구체적인 경위는 아직 밝혀지지 않았다.[49] 1972년 12월 30일 비상 국무회의를 통해 한국방송공사법이 제정되었고, 이듬해 1월 15일 공사 설립위원회가 구성되었다. 그리고 사장으로는 당시 문공부차관이고 공사 설립위원의 한 사람이었던 홍경모가 내정되었다. 창립은 당초 1973년 가을경에 할 예정이었으나 국회가 개원하기 전인 3월 3일 서둘러 하였다.

배경 당초 신범식 장관이 공사화를 언급할 때에 가장 중요하게 거론한 것은 KBS의 '관청식' 경영의 문제점이었다. 인사·예산의 결정권이 전혀 없었고 제작보다는 행정, 전문성보다는 관료적 타성이 강했으므로 조직의 효율이 형편없이 낮았기 때문이다(한국방송공사, 1977). 각각 특별 회계(TV)와 일반 회계(라디오)로 나뉜 이원적 예산 운영, 하나의 네트워크이면서도 중앙과 지방국 사이에 계통적 관리 체계가 없는 비능률적 조직 운영 역시 하루빨리 개선해야 하는 것이었다(중앙방송국, 1973).

49 당시 방송국장이었던 최창봉(2010)은 언론 출신이었던 장관(윤주영)과 자신을 비롯한 방송 출신들의 일관된 생각 — 후술되지만, KBS의 공사(영)화는 시민사회 내부에서는 일종의 합의였다 — 을 박 대통령이 전격 수용한 결과로 공사화 과정을 서술한다. 당시 여권 내에 상당한 반대 세력이 있었고, 지금과는 비교할 수 없지만 당시로서도 엄청나게 높았던 방송의 정치적 위상으로 미루어 박 대통령의 재가가 없이는 공사화가 불가능했음을 감안할 때, 이 진술이 틀린 것은 아닐 것이다.

기구 사이의 위계에서도 난맥상을 드러냈다. 중앙방송국은 문화공보부의 내국의 하나인데, 상위 기구인 문화공보부장관의 참모 격인 방송관리국장은 2급 갑에 속하는 이사관이고 중앙방송국장은 이사관 급보다 1급 높은 별정직 1급 공무원이다. 따라서 실질적으로 중앙방송국은 문화공보부 내의 외청과 같은 기구로 있었다(문시형, 1971). 전문성의 확보를 위한 인력 관리 역시 위험 수위에 도달했다. 1970년 이래 별정직을 신설하면서 일부 전문직을 소화했지만 아직도 정규 직원이나 조금도 다름없이 주요한 업무를 분담한 임시 직원의 비중이 라디오부와 TV부를 비롯해 아나운서실, 기술부 등 각 실무 부서에서 무려 49.1%에 달했다(한국방송공사, 1977).

결국 KBS는 편파성에 대한 국민의 불만보다는 이러한 내부 모순과 적폐 때문에라도 어떤 형태로든 변화되지 않을 수 없었다. 그 대안이 공사화였던 것은 국민적 불만을 일정하게 해소하면서 경영 면에서도 자체의 수지가 가능하다는 자신감 때문이었던 것으로 보인다. 당시는 이미 TV 수상기 보급 대수가 90만 대 선을 넘어서 100만 대 돌파를 목전에 두고 있었다(앞에서의 표 7 참조). 따라서 1973년의 예상 시청료 수입이 1972년도의 예산을 훨씬 뛰어넘는 27억에 달해 내부의 경영 효율성이나 전문성을 보장할 수 있는 기업 체제만 확립된다면 개별 방송사로서는 가장 큰 영향력을 행사할 수 있었다.[50] 게다가 이듬해인 1974년에 KBS는 시청료를 200원 인상하기까지 하면서 공사의 재정적 안정을 도모했다.

또 1971년에 당시로서는 어마어마한 48억 원 이상이 소요되는 방송 센터 안이 가결되어 추진에 들어간 점도 공사화에 간접적으로 영향을 미쳤을

50 당시 〈대한일보〉(1972. 2. 13)는 "돈 공세에 고전 못 면할 민방"이라는 부제로 KBS가 예산이 크게 늘어나 탤런트 스카우트와 집중적인 제작비 투입으로 금전 공세를 펴고 있다는 비판성 보도를 내보냈다. 이미 이 시절부터 KBS와 민방의 예산 차이는 없어진 셈이다.

것으로 보인다. 외청이든 총국이든 이제 정부로서는 이렇게 거대한 방송 조직을 계속 안고 있는 게 큰 부담이 되었을 것이란 뜻이다. 당시 방송 센터는 3년 거취 8년 상환의 장기간 투자로 계획이 수립되었고, 이 가운데는 앞서 언급한 750만 달러에 달하는 차관도 포함되어 있었다(중앙방송국, 1973, p.45).

결과 1973년 3월 3일 서둘러 출범한 한국방송공사는 국영 방송의 민간화·기업화라는 깃임에는 틀림없었지만 제도상의 공영화와는 동떨어진 것이었다. 공영 방송이라면 필수적인 공적으로 선임된 자율적 의사 결정기관이 없었고(서규석, 1973), 인사의 독립성을 위한 장치도 전혀 마련되지 못했다. 이외에도 출자, 운영, 예산 등 재원 및 경영 활동의 모든 측면에서 정부(문화공보부)의 감독과 규제를 받게 되어 있었다(표 9 참조). 회계 역시 정부 투자기관 예산회계법을 따르도록 명시했다.[51] 따라서 편성과 프로그램 제작 일부, 하위직 인사 정도를 제외하고는 자율성이 전혀 없는, 국가가 대리인을 통해 운영하는 일반 공기업과 차이가 없었다.

특히 사장 인사는 공사의 초기 인적 구성을 결정하는 데 중요한 역할을 했다. 당초 공사화에 대해 찬성하지 않았던 내부 관료들(약 70명)은 공사에 남아 방송을 계속 하기보다는 문공부로 돌아가 공무원 신분을 유지하기를 원했다. 그러나 사장으로 문공부차관이 앉게 되면서 기존 간부진이 그대로 자리를 지키게 되었고, 기존의 관료 구조는 공사에도 그대로 온존되었다(최창봉, 2010). 공사법의 골격이나 이후의 공사에 대한 여러 정치적 개입을 고려해 볼

51 공사의 재정을 담당하는 시청료는 공사에 등록되는 수상기를 기준으로 부과했고 체납 시에는 세무서의 국세징수법 처분 예에 따르도록 했다. 사실상 정부–KBS가 자의적으로 수신료를 운용할 수 있도록 한 것이다. 시청료(수신료)가 국민적 결정의 절차(국회의 논의)를 따르도록 한 결정은 2000년 방송법 때 가서야 비로소 이루어졌다.

표 9. 한국방송공사에 대한 정부의 개입 형태

구분		개입 형태	방송공사법
인원	사장	문공부장관의 제청으로 대통령 임명	9조
	부사장, 이사	사장의 추천으로 문공부장관 임명	9조
	감사	문공부장관이 (재무부장관과 협의하여) 임명	9조
	임원의 겸직	문공부장관의 승인	13조
	신분과 책임	국가 공무원(헌법 기타 법률의 적용 시)	15조
출자	출자	국가	4조
	자본금 납입 시기와 방법	국무회의 심의를 거쳐 대통령이 결정	4조
	사채 발행 및 장기 차입	문공부장관이 승인(경제기획원장관, 재무부장관과 협의)	22, 23조
운영	업무	문공부장관이 감독	9조
	해외 방송 및 특수 선전 비용	국가가 일부 보조	25조
	지방 사무소 설치	문공부장관이 승인	3조
	사업 계획의 작성과 변경	문공부장관이 승인	18조
	방송 실적 보고	문공부장관에게 월간 실적표 제출	방송법 시행령 13조
	사전 심의 결과	문공부장관에게 보고	방송법 10조
	대외 방송	방송 실시 전 문공부장관에게 제출, 승인	방송법 시행령 11조
	시청료	국세 규정 준용	21조
예산	예산 및 회계 업무	정부 투자 기관 예산회계법	19조
	회계 및 자산 상황	문공부장관이 감사	27조
	결산 승인	문공부장관이 승인	시행령 21조

출처: 조항제(1994, p.84).

때 사장의 임명은 다분히 '기획적'인 것이었고, 관료 구조의 온존과 내부의 이원화는 사실상 예정되어 있는 셈이나 다름없었다.[52]

물론 조직의 민간화라는 측면에서 변화의 가능성이 상당했던 점도 경시할 수 없다. 그러나 전체적으로 볼 때, KBS의 변화는 정부의 통제력을 줄이지 않는 가운데 조직 내부의 효율화, 전문화를 통해 시청자에 대한 '공영' 방송의 영향력 강화, 곧 국가 이념의 홍보와 텔레비전의 대중성을 결합한다는 당초의 목표에서 크게 벗어나지 않았다. 따라서 KBS의 공사화는 방송의 사회적 운용에 대한 제도적 인식과는 성격이 다른 '국영 기업의 민영화'와 크게 다를 바 없었다. 일부 경영의 기업화에는 충실했지만 운영 전반에 대한 국가의 지배가 여전했던 것은 이러한 맥락에 기인했다.

그러면 여기에서 '하필이면 왜 굳이 유신 체제 때 공사화되었을까'라는 질문에 종합적으로 답할 필요가 있다. 필자의 생각은 유신 체제가 오히려 KBS의 공사화를 돕는 안전판의 구실을 했다는 것이다. 만약 통제력이 상대적으로 약한 기존 체제가 그대로 유지되었다면, 아무리 방송 센터가 거대했다 해도 방송청의 신설 정도에 머물지 않았을까 한다. 당시 부사장이 된 최창봉(2010)은 방송공사안이 "정상적인 국회에서 토의되었더라면 아마도 오히려 공화당의 반대로 무산되거나 몇 해 뒤로 미루어졌을 수도 있었을 것이다"(p.470)라고 하면서 비상 국무회의이기 때문에 오히려 가결되었다고 주장한 적이 있다. 실패에 그친 1969년 때에 비추어 볼 때, 이 점이 크게 틀리지는 않

52 이 점을 우연적인 요소로 보기 어렵다는 뜻이다. 만약 사장으로 민간인이 왔다면 아무래도 많은 공무원이 자리를 떠나면서 시민사회의 바람대로 KBS의 재구조화로 이어졌을 가능성이 조금은 있었기 때문이다. 물론 당시가 유신 체제였으므로 이런 가능성이 정치적 표현의 자유로 확대될 수 있는 정도는 아니다. 그러나 방송 조직이 가지는 유연성이나 전문성은 크게 제고되었을 것이고 정치적 가능성도 약간은 생겨났을 것이다. 이 점으로 미루어 당시 체제는 차관을 사장으로 앉힘으로써 법적 측면에서 뿐만 아니라 인적 측면에서도 통제의 고삐를 늦추지 않았다.

을 것이다. 그러나 무소불위의 유신 체제 아래에서라면 방송의 민간화를 그렇게 겁낼 필요가 없다. 또 이왕 변화한다면 좀 더 탄력적인(그러니까 경쟁력이 있는) 형태가 되는 것이 좋을 수 있다는 게 공사화가 결정된 이유일 것이다. 물론 그런 유신 체제에서도 약간이라도 방송의 일탈을 막기 위해 앞서 본 대로 다양한 법적·인적 장치를 설치했다. 결국 이런 허울뿐인 공영 때문에 '공영방송'으로서의 KBS는 스스로의 이념을 정립할 수 없었고, 조직 내부도 심각하게 이원화되지 않을 수 없었던 것이다.

(3) 국가의 법외적 편성 개입

텔레비전을 포함한 방송 프로그램에 일종의 지침 격의 법외적 조치가 가해지기 시작한 것은 1971년 윤주영 당시 문공부장관이 취임 후 가진 첫 기자회견부터였다. 이 회견에서 장관은 국민의 건전한 윤리관의 확립을 위해 방송 프로그램의 정화가 불가피하다며 방송이 지켜야 할 11개 지침을 발표하였다. 그리고 1971년 12월 6일 비상사태를 선포하면서 MBC의 시사·가십 프로그램 〈오발탄〉, 〈신문고〉, 〈신판 암행어사〉 등을 방송 중지시켰고, 1972년 10월 유신 선포 이후에는 역시 같은 MBC의 〈뉴스 레이다〉를 폐지시켰다(이환의, 1976, p.87).

1972년의 10월 유신은 다른 부문 또한 마찬가지였지만 방송계에도 한파를 몰고 오는 중요한 계기였다. 10월 유신 이후 방송 프로그램에는 '자율적인 조치'를 통해 각 장르별로 세부적인 규제가 가해졌다. 대부분 "…… 하지 말 것" 형태의 부작위로 되어 있지만, '해야 하는 것'의 강제도 적지 않았다. 유신 체제의 출범을 알리는 10·17 구국 선언이 있자 방송인들은 10월 18일 '비상방송회'를 결성하고 모두 유신 방송에 나서야만 했다(한국방송공사, 1977). 1972년 10월 17일부터 11월 21일까지 한 달 남짓 동안 문공부에서 모니터한 통계에 따르면 각 텔레비전의 유신 관련 프로그램 수는 좌담 138회, 스폿 드

표 10. 1970년대 방송에 대한 정책 당국의 주요 조치

연도	형식	주요 조치
1971	기자회견	방송사 신설 억제 조치
1972	발표	부실 방송국의 재허가 유보 조치, '유신 규제' 발표
1973	법령 개정	방송법 개정, 국영 방송의 공사화
1974	'자율 조치' 및 시달	방송정화실천요강 제정, 편성 기본 방향 시달
1975	통보	긴급조치 세부 규정 통보
1976	통보, 법 개정	정책 시간대 설치, 시간대 편성지침 발표, 광고량 축소
1977	발표	코미디 프로그램 제한, 자체 심의 강화
1979	법령 개정	전파관리법 시행령의 개정

출처: 조항제(1994, p.143).

라마 461회, 단독 해설 50회 등 무려 678회에 이르렀다(한국방송회관, 1973).

이후에도 이러한 지침의 하달과 프로그램 규제는 이어졌다. 1973년 다시 문공부장관의 담화가 발표되었고, 1974년 5월에는 방송 정화 및 언론 부조리를 자율적으로 제거하겠다는 '방송정화실천요강'이 제정되기도 하였다. 같은 해 6월에는 긴급조치의 후속으로 방송 내용의 사전 심의 강화 조치가 발표되었다. 이외에도 많은 지침들이 재경 각 방송사 편성 책임자들의 모임인 새마을방송협의회[53] 월례 회의를 통해 비공식적으로 하달되었다.

이러한 지침들의 기본적인 특징은 편성을 포함한 텔레비전의 전 장르에 걸쳐 표현의 한계를 정하고 반드시 따라야 하는 이념적 가치를 지정했다는

53 이 단체는 1974년 이전에는 새마을 방송의 효과적인 수행을 위해 만들어진 방송사와 당국의 협의체 기구였다. 창립 시기는 1973년 8월 14일로 기왕에 있었던 KBS의 새마을방송본부에 민방까지 참여시킨 것이다[당시 국장이었던 최창봉(2010)에 따르면 새마을 방송은 1971년 KBS에 돌아온 즈음 자신이 구상했다고 한다](조항제, 1994).

점에 있다. 이러한 조치들을 요약해 보면 표 10과 같다. 특기할 만한 것은 정치적·사회적 사안을 주로 다루는 보도나 교양 프로그램에 못지않게 오락 프로그램을 겨냥해서 내린 조치들이 많다는 점이다. 이 점은 이러한 조치들이 한편으로는 1975년 긴급조치 이후 국민적 설득력이 현저하게 떨어지고 있었던 체제가 전방위적으로 방송을 관리하려 했으며, 다른 한편으로는 결국 상업성까지를 포함한 모든 방송의 자율성을 박탈하려 했던 시도였다는 점을 말해준다. 나중에 다시 나오지만 당시 개입의 정화는 시간대별로 특정 유형의 프로그램을 강제한 '시간대 편성지침'이었다.

2. 시장

1) 1970년대의 방송 시장

1970년대의 방송 시장은 대체로 1974년을 중심으로 양분되는데, 직전만 하더라도 광고주 중심의 '구매자 시장'이 남아 있었다면 이후부터는 방송 우위의 '판매자 시장seller's market'의 모습이 완연해지기 때문이다. 이 시기에 수상기는 100만 대를 넘었고 불과 2년만인 1975년에 200만 대에 도달한다(표 7 참조). 이 변화를 보여 주는 상징적인 단면은 1973년의 오일쇼크 이후 아침 방송이 금지되었을 당시에 오히려 텔레비전이 전년 대비로 226.1%, 라디오가 280.5%라는 경이적인 성장률을 이룩한 것이다(조항제, 1994). 방송은 이 여세를 몰아 1977년에는 답보하고 있던 신문을 넘어 최고의 광고 미디어로 발돋움하게 된다(제일기획, 1979).

그러나 방송사들로서도 마냥 여유가 있지만은 않았다. 우선 컬러화가 목전에 도달해 있었으므로 축적의 고삐를 늦출 수 없었다. 나중에 다시 나오지만, 이미 전 세계는 컬러화가 표준이 되어서 아예 흑백 장비는 생산조차 안 되었다. 규제 역시 호황을 계속해서 누릴만한 조건이 아니었다. 금지된 아침 방송을 포함해 방송 시간이 제한되어 있었고, 시간당 광고량이 또한 그러했다. 1977년에는 그나마도 일부가 줄었다. 그렇다고 광고비를 계속해서 인상할 수도 없었다.[54] 일일극이나 쇼·코미디 등을 중심으로 치열하게 벌어진 '3국 경쟁'은 이런 사정의 산물이었다. 특히 경쟁은 서울·부산으로 커버리지가 묶여 있어 시장 행위에 제한을 받았던 TBC가 주도해 광고 경쟁에서 직접적인 라이벌이었던 MBC는 말할 것도 없고 시청료로 운영되어 상대적으로 거리가 있던 KBS까지도 대열에 끌어넣었다. 그러나 호황을 누리면서도 치열한 경쟁 속에 있었던 방송은 질까지 겸비하지는 못해 신문이나 광고주, 당국으로부터는 지속적인 불만의 대상이 되었다. 이런 불만은 급기야 '시간대 편성 지침'의 빌미가 되었고, 마침내 TBC는 통폐합의 희생양까지 되고 말았다.

수상기 보급이 원활해지면서 시청료에 의존했던 KBS의 경제 사정도 매우 좋아졌다. 1975년부터 1980년까지 KBS의 시청료 수익의 평균 증가율이 44.4%에 달할 정도였다(한국방송공사, 1984).[55] 수상기 대수의 증가로 납부 대상이 계속 늘어났고 시청료 또한 KBS의 필요에 의해 자의적으로 인상할 수 있었기 때문이다.[56] 이에 따라 방송 센터도 순조롭게 건설되었고 (직접) 제작비 역시 평균 40.1%라는 고율로 인상시킬 수 있었으며 1976년에는 큰돈은 아

54 당시 방송의 명목적인 광고비 인상은 집중적으로 광고주들의 불만을 사서 방송사들은 제작비를 통한 편법을 사용했다(조항제, 1994).

55 다만 후반부로 가면 당기순이익이 마이너스가 되는데, 이는 난시청 사업과 교육방송의 자본금 불입 때문에 발생한 것(한국방송공사, 1984)이므로 오히려 미래를 위한 투자였다. 이 때문에 1980년에는 시청료를 800원으로 33.3% 인상했다.

56 시청료는 1969년의 300원을 1979년에는 600원으로 만들어 100% 인상할 수 있었다(표 17 참조).

니었지만 서울신문의 증자분도 흡수할 수 있었다. 1979년에는 등한시했던 교육방송에도 20억 이상을 투자했다(조항제, 1994).

2) KBS의 조직·인력의 변화

공사화 이후 KBS 조직에 있어 가장 큰 변화는 다음과 같이 요약할 수 있다. 첫째, 기존의 업무부와 총무과가 국으로 승격하여 경영총국을 구성하고, 보도 기구 또한 확충됨으로써 이제 비로소 보도-제작-경영을 모두 갖춘 정상적인 방송 조직이 되었다는 점이다. 특히 경영은 과거의 공무원 조직에서는 사실상 아무런 역할이 없었던 것이지만, 새로 민간 조직이 되고 이전에 '일반 회계'(라디오; 국고)와 '특수 회계'(텔레비전; 시청료)로 따로 운영되던 것이 통합되어 단일 회계(기업 회계)가 되면서 자연히 기능이 늘어나게 되었다. 같은 해 8월에는 경영총국의 경영기획실과 방송총국의 기획심의실을 폐지 또는 축소하고, 그 기능을 신설된 사장의 참모 조직인 기획관리실로 이관하여 사장-경영의 권한을 강화시켰다.

보도 기구의 확충도 공사화의 결실이라 할 만하다. 이전에 KBS의 보도 기구는 편성과의 한 계係에 불과했다. 중앙방송국을 발족할 1968년 당시에야 비로소 보도부가 독립하면서 라디오와 텔레비전의 보도 기능이 일원화되었으며 하부 기관으로 보도과, 방송과, 국제과를 둘 수 있었다. 1970년 조직 개편 시에는 보도과가 없어지고 보도부 차장 밑에 정치반, 경제반, 문화반, 편집반, 전국뉴스반, 보도 제작반, 카메라반, 외신반, 자료반 등 10개 반을 두었고, 1970년 9월에는 다시 보도부의 국제과가 라디오부로 넘어가면서 보도부는 차장 1인과 10개 반만을 거느린 소부서로 전락하였다. 그러나 공사화가 되면서 보도부는 3총국 중 하나인 방송총국 밑의 한 국으로 편집과 취재 두 부국장과 7개 부서를 거느린 큰 조직체로 발돋움하였다(한국방송공사, 1977,

pp.370~371, 442). 인원 면에서도 보도계 시절에는 20명 내외의 보잘 것 없는 수준이었으나 보도부로 승격될 때에는 50명 내외로 증원되었고 다시 공사 발족 당시에는 117명(본사 78명, 지방 39명)으로 대폭 늘어났다(p.483). 공무원을 벗으면서 한국기자협회에도 가입이 되어 KBS 기자가 기자로서의 '공민권'을 얻은 것도 공사화의 효과였다(1973년 6월 13일에 가입했다).

둘째, 불과 2년 사이에 인원이 2배 가까이 늘어 비로소 방송의 여러 기능을 빠짐없이 수행할 수 있게 되었고, 임시 직원이 정규직이 됨으로써 조직 내 위화감이 대부분 해소된 점을 들 수 있다. 1968년 중앙방송국이 신설된 당시부터 전문 요원의 확충 문제는 시급했고 1970년 이래 별정직을 통해 일부 필요를 흡수하기는 했지만, 공사화 이전만 하더라도 정규 직원과 다름없이 주요한 업무를 하는 임시 직원이 앞서 잠시 언급한 대로 전 부서에 걸쳐 반수에 달했다. 특히 방송의 주요 직종인 기자에서 임시직은 과반이 넘는 59.1%이었고, PD 역시 47.6%이나 되었으며, 무대 및 미술요원은 전체 59명에서 정규직이 오히려 2명밖에 안 되었다(중앙방송국, 1973).

공사화가 되면서 이러한 임시직은 정규직이 되었고, 새로운 인원도 대폭 확충되어 표 11에서 보는 바와 같이 공사화 이후인 1974년이 되면 정규직만 465명에서 1577명이 될 만큼 조직의 안정성이 크게 증대되었다. 같은 해 〈중앙일보〉까지 합친 TBC의 인원이 1334명(중앙일보사, 1985, p.534)에 불과했음에 비해 볼 때, TBC에는 매우 적은 지방국(부산)의 수를 감안하더라도 KBS의 인원이 얼마나 많이 증가했는지 쉽게 알 수 있다.

셋째, 전체적인 조직 운용이 기존의 경직성을 탈피해 상당히 탄력적인 것이 되었다. 직제, 인사, 보수, 방송 제작비 지급 규정 등 제반 규정이 새로 제정되거나 정비되었고, 직제는 방송 제작의 주간主幹 중심으로 개편하였으며(문화공보부, 1979, p.201), 인력 관리에서는 기존의 공무원식 직급별 정원제를 보완하는 단일 호봉제를 실시하였다. 1974년에는 보수 규정을 다시 개정해 10%

표 11. 공사화 이후 KBS 구성원의 성격 변화

단위: 명(%)

구분	1972. 12	1974. 2
임원	–	6(0.002)
정규직	465(38.7)	1,577(68.8)
기능직	56(4.7)	139(0.6)
임시직	681(57.2)	–
고용원	–	548(23.8)
촉탁	–	30(1.3)
계	1,202(100)	2,300(100)

출처: 조항제(1994, p.131).

를 인상하고 급식비, 상여금을 상향 조정하는 등 사기업에 준해 보수를 인상하였다[57](한국방송공사, 1977, pp.458~459). 또한 신입 사원 모집도 공채로 실시하고 처음으로 본격적인 연수도 실시하였다.

넷째, 신설되는 방송 센터와 관련해 계속적인 투자를 할 수 있는 조직적 틀이 공사화를 통해 마련되었다. 예산이 경직되고 관료주의가 팽배한 방송 '국' 당시만 하더라도, 방송 장비가 제대로 관리되거나 수시로 새로운 장비로 교체되지 않았다. 1972년의 라디오 주요 장비 및 노후 현황을 보면 전체 장비 가운데서 10년 이상 된 기자재가 전체의 72.2%를 차지했다. 그리고 3년 이하의 최신 장비로는 방송 기자재 중 가장 간단한 종류인 휴대용 녹음기와 마

57 급료에 있어서도 KBS는 부장급의 경우, 민방의 36.7% 정도이며 가장 차이가 적은 신입 사원의 경우에도 71.1% 정도에 불과했다(중앙방송국, 1973, p.487). 여기에 민방에만 있는 연 300~400%에 이르는 상여금을 더하면 이 차이는 더 커질 수밖에 없다. 이러한 조건에서 우수한 제작 인력을 확보하기란 무망한 일이 아닐 수 없었다.

이크가 거의 전부였다(중앙방송국, 1973). 1961년에 KBS TV를 처음 개국시켜 놓고 10년 만에 다시 돌아온 최창봉(2010)의 기억에 따르면 "TV 조정실에는 …… 먼지가 앉아 있고, 스튜디오의 카메라 테이블에 발자국이 나 있는 등 관리 상태가 아주 좋지 않았다"(p.404). 그러던 것이 공사화 이후가 되면, 방송센터 건립이 원활히 진행되면서 새로운 장비나 시설 등이 순조롭게 투자·도입된다. 1976년 홍 사장이 재임되고 이 해 말에 센터가 완공되자 1977년에는 드디어 초보적이었지만 세 방송사 중에서 처음으로 프로듀서 시스템을 위한 대대적인 조직 개편에 착수하기도 하는 것이다(정순일, 1977).[58]

3) **편성·프로그램의 변화**

(1) 1973년의 편성

KBS가 공사화된 1973년 당시 민영 상업 방송의 전반적인 편성 특징은 크게 다음과 같은 네 가지로 요약될 수 있다(신문평론 편집부, 1973). 첫째는 기업 존립을 위해 최소한으로만 법에 적응하는 편성을 하고, 둘째, 법망을 피하기 위해 교양 방송이라는 분류 밑에 오락물을 다양화하며, 셋째, 오락물의 대부분은 대부분 스폿 광고를 많이 넣을 수 있는 짧은 (시간) 단위인 일일극과 홈·코미디를 주류로 하고, 넷째, 광고 규제에 대응해 프로그램을 미니로 만드는 경향을 계속하는 등의 상업적 포맷의 추구로 요약할 수 있다.

58 아마도 공사화가 가져온 가장 큰 결실로 볼 수도 있는 이 프로듀서 중심 제작 조직으로의 개편은 2004년의 팀제를 방불케 하는 것으로 KBS의 야심찬 시도였다. 당시 이 개편으로 KBS는 미니시리즈의 선구로 볼 수 있는 5부작 드라마 〈강〉, 드라마 〈뿌리〉처럼 일주일을 터서 편성한 〈6·25〉 같은 사회적 호평을 받은 드라마 등을 제작할 수 있었다. 이 개편은 1979년 사장이 바뀌고 1980년 직제가 다시 개편되면서 옛날로 돌아가게 되는데, 가장 큰 이유는 '무엇을 위한 제작인가'에서 무엇, 곧 목적의 설정이 KBS 스스로는 불가능했기 때문이다(조항제, 1994).

그림 2. 텔레비전 3사의 편성 동향(1973년 8월, 일일극 중심)

구분		KBS	TBC	MBC
7시	30분~			
			연속극	
		연속극		연속극
			연속극	
8시	30분~			연속극
		연속극		연속극
9시	30분~		연속극	연속극
			연속극	연속극
		연속극	연속극	연속극
10시	30분 ~	연속극		

출처: 신문평론 편집부(1973, p.85).

이러한 편성은 그림 2에서 보는 바와 같이 치열한 청취율 경쟁을 벌였던 과거 1960년대 라디오 시대를 방불케 하는 것으로, 공전의 대 히트를 기록한 1970년 TBC의 〈아씨〉 이후, KBS의 〈여로〉, MBC의 〈새엄마〉 등이 연이어 인기를 모으자 세 방송이 앞다투어 일일극을 경쟁적으로 편성하면서 나타난 일종의 '붐' 현상이다. 이렇게 일일극이 성행한 데에는 프로그램 중간에 광고를 넣을 수 없게 한 법 개정도 큰 역할을 했다. 광고를 못 넣게 되자 상대적으로 긴 시간(50분)의 외화가 프라임 타임대에서 사라졌고 그 빈자리를 일일극 같은 미니 프로그램들이 채웠기 때문이다. 또 당시 MBC가 1973년 들어 초기의 미숙을 어느 정도 극복하고 시청률 경쟁에 본격적으로 뛰어들면서 오히려 TBC보다 더 많은 6개의 일일극 띠를 깔았던 점도 주효했다.[59]

그림 2에서 보면 KBS 역시 TBC나 MBC 만큼은 아니라 해도 4개의 일

일극 띠를 깔면서 이 경쟁의 대열에 동참하는 모습이다. 사실 광고가 없는 KBS로 볼 때, 다른 상업 방송들처럼 그렇게 민감할 필요는 없었다. 그러나 전체적인 편성을 이들이 주도하는 만큼 일일극 붐을 마냥 무시하기도 어려웠다. 공사화를 단행한 목적도 이런 상업성에서나마 나름의 역할을 수행하면서 가능하다면 이런 경향을 변화시켜 달라는 것이었지만, 미처 공무원의 때를 벗지 못한 KBS로서는 애당초 불가능한 노릇이었다. 뒤에 다시 나오지만 KBS는 일일극 위주의 편성을 극복하지 못했고, 오히려 이른바 시책 프로그램들, 예를 들어 반공물인 〈실화극장〉이나 체제 홍보 프로그램인 〈팔도강산〉 등을 일일극 붐에 편승시키는 데 그쳤다.

(2) 공사화 이후의 편성: 두 가지 패턴[60]

공사화 이후 KBS의 편성 유형은 크게 두 가지로 나눌 수 있다. 첫째는 정부 시책의 홍보 미디어로서 충실한 편성이다(I유형). 둘째는 미디어 가치를 높이기 위해 대중성을 의식한 편성이다(II유형). 둘째의 경우는 프라임 타임대에서는 상업 방송과 거의 차이가 나지 않을 정도로 유사하게 편성한다. 1976년 시간대 편성지침이 발표되면서 세 방송이 모두 사실상 같은 편성을 하기 전까지는 이 두 유형의 교차가 KBS의 편성 포맷을 가늠하였다.

이 두 유형에서 '교화－직접화'로 부를 수 있는 I유형은 1974년 춘하계 개편 시의 편성표, '대중화－간접화'의 II유형은 1975년 같은 때의 편성표다. II유형의 경우, 일일극 세 띠(멜로드라마 두 개와 멜로를 가미한 홍보 드라마 〈꽃피는 팔

59 당시 경쟁에서 앞서 달리던 TBC는 1973년 들어 MBC가 자리를 잡자 시청률에서 상당히 고전을 해 그해에만 6번을 개편했다(중앙일보사, 1985).

60 이 장은 나의 학위 논문(조항제, 1994)을 축약·수정한 것으로 세부적인 출처는 생략했다. 이 '두 가지 패턴'에 대한 처음의 아이디어는 당시 KBS에 근무했던 정순일 선생이 제공했다.

도강산〉)를 중심으로 프라임 타임대가 드라마(〈실화극장〉 포함), 외화, 공개 가족 오락 프로그램으로 구성되어 있다. 반면 I유형에서는 정책 홍보성 프로그램의 띠가 무려 5개가 깔리고 일일극은 〈실화극장〉과 〈꽃피는 팔도강산〉 등으로만 축소되어 멜로드라마는 사실상 하나도 없다. 특히 9시 40분에 띠로 깔린 〈오늘의 국정〉 같은 프로그램은 정부 각 부처의 대변인들이 직접 출연해 해당 부처의 대민 홍보를 하는 프로그램이었다.

II유형에서는 뉴스조차 10시대로 밀어 프라임 타임대에서는 10분 단위의 캠페인 드라마와 〈새마을 수첩〉을 제외하고는 사회 교양 프로그램을 찾아 볼 수 없다. 50분짜리 단위의 프로그램(주간 드라마, 외화)이 프라임 타임대에 편성된 것을 제외하면 민방의 편성과 크게 다를 바 없으며, 새마을 방송조차(주간) 고정 프로그램이 6개 정도로 줄어든다. 드라마의 시간량은 오히려 민방보다 많고, 프라임 타임대에서는 TBC보다 105분이나 더 많이 편성되었다. 이와 더불어 외화의 편성 시간도 많아 전체 방송 시간의 20.9%나 차지했다.

I유형에서는 장르만 달리한 채 목적성을 지닌 프로그램들이 띠로 대부분의 방송 시간을 차지하고 일일극 또한 전부 정책 홍보성이어서 '정부의 목소리'라 해도 과언이 아니다. 이 유형에서는 새마을에 관한 고정 프로그램이 I유형의 3배에 이르는 18개가 편성된다. 이렇게 볼 때 II유형은 민방과 차별성이 없이 사실상 민방과의 경쟁에 본격적으로 가담하는 셈이며, I유형의 경우에는 이런 경쟁은 없으나 시청자의 외면으로 아예 KBS가 존재의 이유 자체를 잃어버리게 되는 경우다. II유형은 민방과의 차별성이 없어지는 '저질 오락 경쟁' 때문에 I유형은 미디어 가치의 저하 때문에 이 두 유형 모두 내외적 비판에 시달리게 된다.

그러나 그렇다고 해서 이 두 상반된 유형의 궁극적 목표가 서로 달랐던 것으로 보기는 어렵다. 결국은 둘 다 정부 홍보의 효과적 관철에 있었던 것이다. 당시의 여러 정황으로 미루어 방송 스스로 목적을 확립하거나 정부로부터 독립되기는 불가능했기 때문이다. 따라서 I, II유형의 차이는 수단적인 것에 불과했다. I유형은 말할 것도 없고, II유형의 경우에도 상향된 미디어 가치는 다른 목적 곧 시책 홍보를 위해서만 의미를 지녔다. 따라서 KBS는 아예 노골적으로 정부의 홍보 수단으로 전락하거나(I유형) 아니면 시장 관계에 포섭되어 시청률 경쟁을 더욱 격화시킴으로써(II유형) 공신력을 떨어뜨렸을 뿐이다.[61]

이러한 관점에서 드라마 〈꽃피는 팔도강산〉과 〈실화극장〉은 각각 발전의 전시 효과와 반공 의식을 표상하면서도 민방의 다른 오락 프로그램에 못지않은 시청률을 기록했다는 점에서 하나의 모범이 되었다. 모두 다섯 차례나 영화화되고 첫 영화는 1967년 대통령 선거를 앞두고 공화당 정치 자금의 일부로 제작된 〈팔도강산〉(《중앙일보》, 1992. 8. 7)은 1974년에는 텔레비전 드라마로 제작되어 엄청난 시청률을 기록해 방송사상 처음으로 종합 재방송을 하였고 프로그램의 말미에는 파리 현지 촬영까지 감행했다. 1960년대부터 인기를 모았던 〈실화극장〉 역시 초기의 시청률에는 못 미쳤지만 1974년 이후에는 일일극으로까지 되어 오랫동안 장수하였다.

(3) 시간대 편성지침의 발표

모든 텔레비전이 시간대별로 같은 유형의 프로그램을 편성해야 하는 '시간대

61 그럼에도 불구하고 어느 쪽이 더 '방송적'이었는지는 다소 빤한 질문이다. 역시 방송인들은 이른바 '주목의 가치'에 더 집중했을 것이기 때문이다. 당시 부사장이었던 최창봉은 아마도 방송 쪽을 대변했을 텐데, 그는 공사화 이후 몇 달에 걸쳐 제안회의와 기획회의를 통해 만들어진 첫 번째 편성표를 문공부차관 출신의 당시 사장이 직접 T자를 들고 고치는 것을 우연히 보고 크게 실망했다고 회고했다(최창봉, 2010). 따라서 당시 KBS 내부 역시 크게 두 유형으로 나뉘었고, 정권 내부에서도 I과 II를 지지하는 세력 사이에 내분이 있었을 가능성이 높다.

편성지침'[62]은 마치 유신헌법과 긴급조치의 관계처럼 방송법의 개정, KBS의 공사화, 프로그램에 대한 각종 법 외적 규제 등 통제 일변도로 이루어진 유신 체제의 방송 정책이 사실상 실패로 끝났다는 것을 자인한 것이나 다름없는 조치다.

아마도 전 세계를 통틀어 방송 조치 중에서 가장 철저한 것 중 하나로 인정받을 만한 이 지침은 1976년대 초에 있었던 이른바 '정책 시간대'[63]의 신설로 출발했다. 모든 방송이 같은 시간(8시 20분)에 같은 유형의 프로그램(정책 홍보)을 편성해 강제로 시청시킨다는 발상이었다. 이에 따라 각 방송들은 월요일에는 반공, 화요일 청소년 선도, 수요일 새마을, 목요일 국방, 금요일 경제 등으로 구색을 다양화했지만, 의도는 모두 같았다. 시간대 편성지침은 이를 전 시간대로 확대해 각 시간대마다 특정 프로그램 유형을 편성하도록 강제한 것이다. 구체적으로 이 지침은 종전의 10시 뉴스를 9시로 옮기고, 오락은 뉴스 시간 이후로 하며, 어린이 프로그램을 대폭 강화하고, 7~8시 때는 사회 교양 프로그램으로 편성하며, 일일극은 2편 이내로 축소하는 것을 골자로 하고 있다. 그림 3은 이러한 편성을 도식화한 것이다.

이 조치는 사실상 방송사의 편성권을 박탈하는 행위나 다름없었다(최창봉, 1976). 목표는 시청자들이 가장 많이 모이는 프라임 타임대(특히, 8~9시대)에 있었다. 이전에도 교양 비율을 맞추기 위해 심야 시간대에는 이 지침이 의도하는 형태의 정책·홍보 시간대가 있었던 것이나 마찬가지였기 때문이다. 기존의 법적 통제로는 프라임 타임대를 제어할 수 없었으므로 아예 편성지침을

62 당시 MBC의 이환의 사장이 당국자에게 타진해 본 바로 이 지침의 목적은 "지금까지 우리나라 방송 편성이 저질인 오락 치중이었기 때문에 이를 시정하고 모든 국내 방송 매체를 국민 교육 매체화하려는 데 있다"(이환의, 1976, p.111에서 재인용)고 했다.

63 한국방송공사(1977, p.555)에서는 "공동 정책 홍보대"로 기술했다.

그림 3. 1976년 4월 15일 이후 텔레비전의 주간 기본 편성지침(평일)

PM 6	어린이 시간
	보도 시간
7 25	가족 시간
25	정책 시간
8	정책 드라마
50	캠페인 시간
	보도 시간
9 30	
10	오락 시간
25 11 30	보도 시간

출처: 이환의(1976, p.110).

내려 상업 방송도 국민 동원의 촉진제로 바꾸고자 한 것이다. 결국 상업 방송에서는 교양 프로그램이 차지하는 비중이 늘어나고 오락 프로그램이 대폭 줄어들게 된다(문화방송, 1982).

그러나 그렇다고 해서 이 지침이 꼭 성공했다고 볼 수는 없다. 지침 이후에 오히려 시청률 면에서는 당국이 가장 꺼리던 TBC가 더 선전하는 결과가 나타났기 때문이다. 당시의 시청률 조사(제일기획 조사; 정순일·장한성, 2000)에 따르면, 1976년 이후에 평일의 시청은 주말에 비해 현저히 줄었으며 MBC의 〈묘기대행진〉, 〈타잔〉, 〈수사반장〉 등의 일부 프로그램 외에는 TBC가 거의 모든 프로그램에서 시청률의 우위를 보이는 것으로 나타났다. 시간대 편성지침의 실시 이후 TBC의 시청률은 24.8%(1976. 2)에서 40.2%(1977. 1)로 대폭 늘어났다.[64] 주간 2회 편성의 한국식 드라마 포맷이 생겨난 것도 이 지침의 부수 효과다. 워낙 평일의 편성이 제한을 받자 TBC가 1976년에 당시 토요 연속극이던 〈결혼행진곡〉을 일요일로 연장, 주말 '연속'극으로 만들어 대

히트를 친 것이다. 이에 편승해 주중 드라마들도 월화 또는 수목으로 연장되어 주간 2회 포맷이 보편화되었다. 이로써 텔레비전을 '국민 교육의 매체'로 만든다는 방침은 오히려 조금이라도 더 재미있는 상업 방송의 인기를 높이고 새로운 상업적 포맷이 개발되는 등의 역효과를 내고 말았다.

3. 시민사회

1) 공영 방송에 대한 논의: 해방 이후~1970년대

1948년의 국영화 이후 시민사회가 제기한 한국 방송의 가장 큰 문제는 역시 정치적 불공정성이었다. 많은 비판과 반발에도 불구하고, 당국이 국영화를 계속 추진한 명분은 재정 문제였다. 일제하 때 방송은 비록 자율성은 없었으나 민간 기구(조선방송협회)와 청취료로 운영되어 외양에서는 공영의 형태를 취하고 있었다. 해방이 되자 그런 방송을 미군정은 공보국 내의 한 기구로 재편해서 국영으로 바꾸었고, 제1공화국은 이를 그대로 이어받고자 했다. 당시의 치안이나 경제 수준으로 미루어 청취료가 충분한 재원이 되기 어렵고,[65] 안정된 국고만이 이를 해결할 수 있다는 게 가장 큰 이유였다(한국방송공사, 1987, pp.133~134). 물론 그 이면에는 미군정 때와 같이 방송의 장악이 가져오는 정치적 이익에 대한 계산이 따로 존재했다.[66]

64 TBC가 이화여대에 의뢰해 실시한 자체 조사라 신빙성이 그렇게 높지는 않지만 같은 조사의 연도별 비교이므로 나름의 의미를 가진다고 할 수 있다(중앙일보사, 1985, p.785).

65 공식적으로 청취료를 받지 않게 된 것은 청취료 징수 비용이 청취료를 상회하는 전쟁 때였다(박용규, 2000b 참조).

66 국영화 과정의 정치성에 대해서는 박용규(2000b)를 참조할 수 있다.

자유당 정부의 독재에 항거해 일어난 4·19혁명 당시 KBS가 보여 준 행태는 이런 국영화의 정치적 의도를 충분히 보여 주었다. 4·19의 끓어오른 민심에 KBS는 정부가 주는 대로 입만 여는 '거구기擧口機'에 불과했고, 필요한 보도는 하지 않은 채 음악만 내보냈던 '배임'의 도구에 불과했다(《동아일보》, 1960. 4. 28). 물론 당시의 집권층에는 반대의 역할로 비춰졌을 것이다. 이러한 KBS에 대해 수많은 비판이 쏟아졌고, 뒤늦게 KBS는 아나운서들이 중심이 되어 방송의 '중립화' 선언을 하고 비교적 사태를 충실히 보도하려 애썼다. 그러나 이들의 노력은 뒤로 이어지지 못했다. 민주당 정부가 중립화를 제도화하는 데 실패했고, 5·16 이후에나 마련된 법(방송법)은 오히려 기존 질서를 강화하는 데 그쳤기 때문이다(박용규, 2005).

민주당 정부 시절 방송 제도의 개편 논의는 이종남 의원이 제출한 '방송관리법안'을 중심으로 진행되었는데, 이에 대한 사회 각계의 의견은 주로 '미흡하다'는 쪽이었다. 당시 많은 방송 전문가들은 방송을 진정으로 중립화시키기 위해서는 일본의 NHK나 영국의 BBC처럼 국가가 소유하지만 운영은 민간('방송협회' 같은)이 맡는 '국유공영國有公營' 또는 '반관반민半官半民'의 공적 방송이 필요하다는 데 합의했다.[67] 그러나 역시 이런 공영 조직의 난관은 방송을 중립적인 것으로 방임해야 하는 정부의 '선한' 의도와 현실적인 문제인 재정의 자립성에 있었다. 물론 양자 중에서 더 큰 것은 정부였다. 만약 정부가 정말 방송을 중립화시킬 의도가 있다면 국영이라도 마다할 이유가 없고,

67 당시의 유일한 방송 관련 전문 잡지였던 〈방송〉의 1960년 여름호에는 여러 신문에 실린 다양한 논자들의 주장이 재수록되어 있어 공영 방송에 대한 사회적 합의를 엿볼 수 있다(조항제 엮음, 2000 참조). 이외에도 〈조선일보〉 1960년 6월 1일자에는 설문식으로 한운사, 이청기, 최창봉, 김은우, 송영호 등의 의견이, 1960년 12월 26일자에는 최창봉과 한운사의 대담이 실려 있다. 이들은 당시 대부분의 논의 구조에 중복해서 참여하며 주로 현행의 국영보다는 반관반민의 공영이나 민영을 주장했다.

공영이 되더라도 재정 자립이 어렵다면 결국 공영의 의의도 살리기 어렵게 되기 때문이다. 따라서 정부 문제만 해결된다면 국영–국고가 굳이 문제될 이유도 없는 것이다.

당시 KBS의 직원이었던 서규석(1960)의 의견은 이를 여실히 반영한다. 서규석은 반관반민 성격의 특수법인론을 '이상'으로 보면서 당분간 국영으로서 존속시키는 외에 별다른 대안이 없다고 주장했다. 그리고 비록 국영 방송이 악용될 소지가 많지만, 정부만이 언론의 자유를 침해하는 것도 아니고 정부의 성격에 따라서는 국영이 반드시 중립화와 상반되지 않으며, 오히려 공영이라도 재원이 빈약해 정부의 보조를 받지 않을 수 없게 된다면 사실상 중립화는 불가능하다는 것이다. 물론 서규석은 국영이 가진 단점에 대한 최소한의 자구책, 즉 방송을 일반 행정 기구에서 특별관청으로 만들고, 방송에 종사하는 공무원의 직종을 신설하도록 주문했다. 이러한 서규석의 주장은 이상론에 대비되는 당시의 '현실론'을 잘 보여 주며(이는 개인이라기보다는 당시 KBS 조직의 의견일 가능성이 높다), 이후의 전개 과정에 비추어 볼 때 5·16 이후의 실제의 법이나 KBS의 운영에 상당히 반영된다.

주장의 실효 여부를 떠나 기본적으로 방송이 시민사회의 토론 대상이 되는 데 의의가 있는 이러한 논의들은, 그러나 이후의 실제적 법 제정으로는 이어지지 않음으로써 단절의 경험을 남기게 된다. 즉 이후에는 첫 방송법 제정(1963)이나 개정(1973), 한국방송공사법의 제정(1973) 등 방송에 관한 주요 법적 결정이 모두 정상적인 절차(국회)가 아닌 곳에서 이루어지고 법안에 관한 논의 역시 국민적 의사를 수렴하려는 노력이 모두 결여된 채 밀실에서 진행되는 것이다.

이의 원인이자 결과는 지극한 방송의 '도구화' 또는 정치 지배였다. 제1공화국부터 제4공화국인 유신 체제까지 4·19 직후의 잠깐 기간을 제외하곤 방송은 계속 정치적 편파성의 문제를 일으켰으며, 이는 숙원이었던 특수법인체를 달성한 1973년의 KBS의 공사화에 이르기까지 역사적 고비마다 쉼 없이 반복되었다. 이때마다 정부와 KBS 측의 대안은 공사화 이전에는 주로 공사화였고, 공사화가 되고 난 이후에는 오히려 표현의 자유를 더욱 제한하는 긴급조치나 편성의 자유를 박탈하는 시간대 편성지침같이 아예 크거나 좀 더 세밀한 차원의 억압이었다(당시는 유신 체제였다). 정권이 바뀌어서는 아예 국가와 동일시된 전일적 공영제가 되었다.

그래도 민주적 절차가 어느 정도 유효했던 1960년대에는 야당과 신문이 국영 KBS의 편파성과 공무원 조직으로서의 관료주의나 비효율성을 비판하면서 공영화를 하나의 대안으로 제기하고 이를 법제화하려는 구체적인 움직임까지 보였다(당시 민중당; 〈조선일보〉, 1966. 11. 16). 예를 들어 〈조선일보〉 1967년 3월 4일자는 "아무리 국영 방송이라고 해도 그것이 집권당의 단순한 선전 도구로 독점되거나 편당적으로 운영된다는 것은 본질상 있을 수 없는 일이다. 왜냐하면 민주 국가는 여당만의 국가가 아니요, 여당도 포함한 전 국민의 정치 역량의 반영으로 존립하는 것이요, 따라서 이들 국민의 견해는 공평하고 균등하게 국민 앞에 피력될 수 있는 계기가 있어야 하기 때문"이라고 하면서 국영 방송이라 하여 이를 고칠 수 없다면 방송협회를 설립하여 운영(곧 방송의 공영화)해야 한다고 주장한다.

이러한 시민사회의 주장은 1968년 서울중앙방송국, 서울텔레비전방송국, 서울국제방송국 등이 통합되고 이를 효율적으로 관할할 수 있는 새로운 조직안('방송청')이 내부적으로도 나오면서 다시 한 번 반복된다(예를 들어 〈동아일보〉, 1968. 5. 14). 이때는 주로 기존 조직의 문제점을 비판하면서 예의 국유공영을 권고하지만, 달라진 점은 이전까지 민간화를 피해 왔던 명분인 재정상의 문제가 더 이상 설득력을 갖지 못하게 되었다는 것이다.

3선 개헌의 와중인 1969년에 주무 부처의 장관이 바뀌면서 방송공사안은 다시 논의된다. 앞서도 언급한 대로 책임 있는 당국자가 제기하기로는 이

때가 처음이었다. 그러나 이 안도 역시 철회되고 만다. 신문들은 그 이유가 정치적인 것에 있다고 짐작하면서도 공사화의 결과가 어쩌면 '반쪽만의 것'에 그칠 수도 있다는 우려도 같이 하고 있다. 예컨대 〈동아일보〉는 "관영 방송을 공사화한 후에도 방송이 중립성을 유지하지 못한다면 공사화가 …… 기구의 팽창과 인원의 증가만을 가져올 뿐 사실상 무의미한 것이 되고 말 것"(1969. 12. 9, 사설)이라고 지적한다. 재정 면에서 공사화의 필요조건이 충족된 이 시점에 도달하게 되면 시민사회는 정치성 문제를 더욱 민감하게 제기하고, 정치권은 정치권대로 공사화가 자칫 가져올 수 있는 위험성에 촉각을 곤두세우기 시작하는 것이다.

1971년 대통령 선거는 이런 여권의 생각에 KBS가 호응한 결정판이 되었다. 당시 KBS는 "특정인의 이름만 언급이 되지 않을 뿐 특정 정당의 지지 설득과 아무것도 다를 바 없는 구호를 으레 듣게 되고 선거전의 유세 보도가 공정하지 않다는 것쯤 양식 있는 사람이면 모두 느낄 수 있는"(〈동아일보〉, 1971. 4. 9) 노골적인 수준으로 편파적인 보도를 일삼았다. "집권 여당 후보와 그 연설자들의 보도에는 후보자의 인물과 청중 수를 언제나 클로즈업시키는 반면 신민당 후보와 그 연설자들의 경우는 으레 텅텅 빈 신민당 당사 간판만을 비치고 있는 경우를 무수히 보여 주는"가 하면, 살아있는 사람인 박 대통령의 어록이 버젓이 보도되고, 심지어는 코미디 프로그램에서도 노골적으로 야당 후보가 비방되었다(조향록, 1971). 따라서 이에 대한 내외의 비판은 선거에서 당시 김대중 신민당 후보에 박 대통령이 고전했던 만큼이나 사뭇 강력했다. 공사화를 촉구하는 주장(〈조선일보〉, 1971. 7. 16) 역시 다시 등장할 수밖에 없었다.

그러나 앞서 언급한 대로 당시 문공부가 만든 안은 공사화에서 후퇴한 방송청 또는 방송총국안이다. 이 안은 방송의 중립성에는 관심이 없지만, 조직의 모순이나 난점은 해결해야 하겠다는 KBS 내부의 공무원적 발상을 반영한 것이다. 그러나 의외로 결론은 공사화가 되었다. 물론 이 공사화는 "한국적인 사회 구조 특히 정치 구조상으로 볼 때 정치권력에서 방송이 완전히 탈피될 수 있다는 전망은 매우 희박하다고 보는" 현실론에서 최소한 "방송공사의 장은 국회의 인준을 받아 취임"(문시형, 1971, pp.59~60)하도록 바라는 것마저 거부한 말 그대로 허울뿐인 민간화였다.

2) 비체제적 저항과 국가/시민사회

공사화 이후의 KBS는 유신 체제를 이루는 여러 지배의 기제들, 예를 들어 정치·표현의 자유를 극단적으로 억압하는 긴급조치를 축으로 방송 주무 부처인 문화공보부와 국내의 치안을 담당하는 중앙정보부·내무부 등에 의해 둘러싸인 형국에서 방송을 운영해야 했다. 따라서 KBS의 활동 반경은 이미 매우 협소하게 정해져 있었다.

그러나 당시만 해도 방송, 특히 공영 방송이 "체제의 반대 세력에게도 접근이 보장되는 계급 타협의 산물 또는 민주주의적 정치定置의 일부분"(Curran, 1998, p.185)일 수 있다는 인식은 미약했다. 저항 세력이 투쟁의 대상으로 삼았던 언론은 이전부터 정치에 민감했던 신문이어서 1971년의 〈동아일보〉 화형식을 필두로 신문이 집중적으로 비판받았고 신문 스스로도 이에 호응해 일반 기자들이 중심이 된 '언론자유수호선언'을 쏟아 냈다.[68] 신문 기자들이 집단행동을 할 때 방송 기자들도 가세했고, 동아·조선 투쟁 때는 (동아) 방송인도 함께 했지만 상대적으로 방송은 비판의 중심에서 떨어져 있었다. 따라서 체제에 대한 저항 세력이 KBS나 방송을 직접 목적으로 삼는 행위는 하지

68 1970년대의 언론운동에 대해서는 이부영(1983)을 참조할 수 있다. 엄혹한 시대였지만 많은 신문의 젊은 기자들이 언론자유수호선언에 동참했다.

않았다.[69]

오히려 이런 '유신 체제-KBS공사'에 대한 반대는 좀 더 잠재적이고 간접적인 측면으로 볼 수 있는 다음의 두 가지에서 나타났다. 하나는 KBS 내부에서 나타난 직접적인 '설교 방송'에 대한 반대의 움직임이다. 앞서 살펴본 대로 KBS의 편성 패턴은 크게 두 가지였다. 그중에서도 '대중화-간접화'는 방송인들의 생각이 반영된 것으로 '교화-직접화'와 대립했다. 이는 비록 '허울뿐인 공영' 또는 '국영적 공영'을 수용하지 않을 수 없지만, 한계 내에서라도 방송의 자율성을 지키기 위해 노력하는 경우다. 그런 이들에게 시간대 편성지침은 방송에 그나마 남은 편성권마저 박탈하는 극단적인 조치였다(최창봉, 1976).

다른 하나는 방송의 상업화에 대한 반대를 들 수 있다. 앞서 여러 번 언급했다시피 당시 텔레비전 방송들은 이른바 '3국 경쟁'을 치열하게 전개했다. 특히 경쟁은 상대적으로 제작비가 적게 들고 시청률은 높았던 일일 드라마가 중심이 되어 벌어졌는데, 저변이 취약한 가운데 양산이 되었으므로 질까지 겸비할 수는 없었다. 지식인, 남성, 유림, 청년, 신문 등이 중심이 된 일일극의 저속성·퇴폐성 비판은 이에 연유했으며, 비판은 일일극을 넘어 텔레비전 전체에 대한 부정으로 확대되었다(조항제, 2011). 물론 다른 한편에는 진실을 외면하고 사실을 왜곡하는 뉴스에 대한 비판도 있었다.[70] 그러나 그런 움직임은 상대적으로 적었고 일일극과 상업성 비판이 두드러졌다. 이때의 상업성 비판은 일종의 국민 여론이 되어 당장에는 5공의 방송 개입을 정당화하는 데 도움을 주기도 했지만, 나중에는 허울뿐인 공영 방송에 대한 국민적 저항을 낳

69 KBS에 대한 최초의 사례는 물론 1980년대 중반에 벌어진 KBS시청료거부운동이다.

70 당시 TBC는 YH여공들의 신민당사 농성 사건을 상당한 시간을 투여해 보도하기도 했다. 이 때문에 사장이 문공부에 불려가고 보도국장이 자리에서 해임되었다(조항제, 2012d).

기도 해 한국의 방송 역사에 지대한 영향을 미쳤다.

4. 유신 체제와 KBS의 성공 / 실패

식민지와 해방, 분단과 전쟁을 거친 한국 사회에서 가장 큰 문제는 '빈곤'과 '권위주의'였다. 양자만을 놓고 본다면, 적어도 방송에서는 권위주의가 빈곤보다 훨씬 더 해결하기 어려웠던 것으로 보인다. 이유는 해방을 기산점으로 해도 60년이 넘는 한국의 방송 역사에서 가장 중요한 변인이 민주화 이후에도 여전히 '국가'(정부·정치)이고, 가장 중요한 제도가 그 국가로부터의 독립을 핵심 이념으로 하는 공영 방송이었기 때문이다. 이는 권위주의–정치권력의 문제가 한국 방송에서 얼마나 뿌리 깊은 것인가를 알게 해 주는 단적인 척도다.[71]

그런 면에서 국가 권력이 가장 강했다고 볼 수 있는 이 시기에 공영 방송의 첫 단추가 되는 공사화가 이루어졌고, 이게 다시 제5공화국의 (역시 허울에 불과하지만) 대대적 제도화로 이어졌으며, 민주화 이후에도 없어지지 않고 합의된 방송 이념이 된 점은 매우 아이러니컬하다. 유사한 도정을 걸은 많은 제3세계 나라들 중에서 사실 이렇게 공영 방송의 이념을 지배 모델로 가진 나라가 거의 없다는 점에서 한국 방송은 전 세계 공영 방송 중에서도 희귀한 예에 속한다.[72]

71 그런 면에서 방송의 국영화를 처음 시도한 미군정과 이를 이어받은 제1공화국은 새삼 한국 방송 제도의 잘못 끼운 '첫 단추'였다.

72 비유럽권·비영어권 나라에서 한국처럼 지역 방송이나 교육 방송이 아닌 주축(네트워크) 방송을 공영 방송으로 하여 이렇게 오랫동안 이념적·실천적 씨름을 하고 있는 나라는 사실상 없다고 해도 과언이 아니다. 이 이유에 대해 생각해 볼 때 먼저 떠오르는 것은 역시 가까운 일본의 영향이다. 수신료 운영과 비상업주의, 독립적 방송인 일본의 NHK는 초기 한국의 방송인들

그러나 그럼에도 불구하고 공영 방송이 지금까지 갈등과 진통을 계속하고 있다는 점 또한 쉽게 이해가 가는 일은 아니다. 역사는 권력을 유지시키는데 방송을 수단으로 삼는 '도구화instrumentalization'와 이의 이면에 놓인 '정치적 후견주의'(Hallin & Papathanassopoulos, 2001)를 극복하지 않으면 공영 방송의 정착이 요원하다고 가르친다. 또 제도가 제도답게 운용되지 않는다면 (나중의) 5공의 공영 방송과 시청료거부운동의 관계처럼 방송뿐만 아니라 체제 전체가 위기에 빠질 수도 있다고 한다.

오랫동안 이념으로는 탈도구화와 중립화를, 조직에서는 공영화와 반관반민화를 외쳐왔던 한국 방송계는 주로 신문 지상을 통해 이런 의견을 개진해왔지만, 사실 핵심은 조직의 단순 변환이 아닌 방송의 정치적 중립에 있었다. 그러나 1960년대 후반부터 등장하기 시작한 체제와 방송 내부의 개혁안은 이런 중립이나 자율화가 아니라 조직의 효율화, 인력 관리의 정상화가 목표였다. 적어도 반半은 민간화시켜야 하는 공영에 대해서는 방송을 완전히 지배할 수 있는데서 오는 현실적인 이권을 감안해 여권 내부에서 반대가 많았기 때문이다.

그런 면에서 유신 체제가 공사화를 단행한 것은 '양가적ambivalent'이다. 이 양가적이란 해석은 대체로 다음과 같은 맥락에서 나온다. 첫째, 정치, 경제, 사회 모든 측면에서 국가와 최고 통치자가 아무런 도전 없이 무소불위의 위력을 발휘하는 체제에서 외청이냐 공사이냐 하는 선택은 상당히 지엽적인 것이라는 점이다. 공사화로 인해 나타날 수 있는 위협은 유신 체제라는 안전판이 대부분 해결해 주므로 이왕이면 조직 개편의 위력(곧 방송 조직으로서의 경쟁력)이 좀 더 나타날 수 있는 대안을 모색했다고 보는 게 더 사실에 부합하는

에게 가장 바람직한 방송 조직의 전형이었다.

것이다. 물론 그렇다고 해서 법이나 조직·인선이 일반적 공사 운영의 수준에서 이루어진 것은 아니다. 공사의 자율성을 전혀 인정하지 않았던 법이나 현직 주무 부서의 차관이 옮겨온 사장, 방송윤리위원회의 법제화는 또 다른 통제 장치였다. 이런 장치를 통해 대부분의 공무원이 방송에 남았고 관료적 통제는 거의 달라지지 않았으며 당시 방송 출신의 국장이 나름대로 꿈꾸었던 제대로 된 방송이나 사장의 상像은 사라지게 되었다.

둘째, 그럼에도 불구하고 공사화가 전혀 의미를 갖지 못하는 것은 아니라는데 양가성이 있다. 한국에서 제도적·조직적 개편과 이를 둘러싼 환경 사이의 유리遊離는 바로 이 공사화와 이후 5공 때의 공영 제도화를 대표적인 사례로 볼 수 있는데, 유신 체제 때의 공사화는 전문직주의의 시초가 된 인력관리의 정상화, 1975년의 대중적 편성, 1977년의 제작 체제(선진적인 프로듀서 시스템) 개편 등의 의의가 있기는 하지만, 다음 때의 언론 통폐합을 통한 전일적 제도화에는 미치지 못하는 비교적 단순한 조직 변환에 가까운 것이다. 그러나 바로 이 제도화에 단초를 제공했고 KBS를 그래도 제대로 된 제작 센터를 갖춘 방송 조직으로 발전시킬 수 있었다는 점은 결코 경시할 수 없는 변화다. 이런 KBS가 있었기에 TBC를 통폐합할 수 있었고, 아무리 허울뿐이라 해도 공영 제도 또한 주창할 수 있었기 때문이다.

1973년의 방송 관련법의 제개정은 국영 방송이었던 KBS를 공사화하는데 의의가 있었다. 방송법의 일부도 개정했지만 이는 이전에 좌초되었던 언론윤리위원회법을 방송 영역의 것만 살리는 수준에서 보수補修하는데 그쳤다. KBS 역시 공사화는 했지만 자율성은 최소화시켜 실질적인 변화는 크지 않았다. 다만 1980년의 대대적 제도 개편에 단초를 제공하는 의의는 이후의 역사 과정에 비추어 결코 작다할 수 없다. 이런 방송에 대한 당시 시민사회의 감시는 신문에 비해 부차적이었고, 주로는 상업성이 짙은 오락 장르에 집중되었다. 그러나 텔레비전 수상기의 보급이 포화에 이르고 방송 저널리즘 또한 꾸준히 발전하면서 점차 방송은 안방 매체의 총아로 자리 잡았고, 이를 정치적으로 활용하고자 하는 권위주의 체제의 의도가 알려지면서 방송에 대한 관심도 점차 증가하기 시작했다.

5장 억압적 제도화기

1. 5공 체제의 성립

1980년 제5공화국 체제는 유신 체제의 돌연한 붕괴로부터 비롯되었다. 무소불위의 1인 종신 집권 체제였던 유신 체제는 핵심적 하위 권력 분파(중앙정보부–경호실) 간의 알력 심화에서 야기된 10·26사건으로 인해 역사적 종언을 맞았다. 직접적 계기는 10·26이 제공했지만 이미 유신 체제는 여러 측면에서 위기를 맞고 있었다. 1978년 총선에서의 야당의 승리, 김영삼 당시 신민당 총재의 제명에 대한 국민의 반발, 박정희 정권에 대한 미국의 불신과 불안감 고조 등이 정치에서의 위기였다면, 경제적 측면에서는 2차 오일쇼크에 의해 촉발된 불황 심화가, 사회적 측면에서는 YH여공 사태 등의 노동운동의 고양에 이어 위수령을 촉발시켰던 부산·마산의 시민 항쟁 등이 10·26사건을 추동하였던 것으로 볼 수 있다(손호철, 1995).

모든 권력을 집중시켰던 유신 체제가 무너지자 민주화가 시작되었고 개헌 논의 또한 활발해졌지만, 본격적인 '서울의 봄'은 1980년 2월 29일 김대중을 비롯한 재야인사 678명에 대한 사면 복권 조치가 발표되면서부터였다. 그러나 당시는 이미 또 다른 독재 권력의 등장 가능성이 예고된 이후이기도 했다. 10·26사건이 유신 체제 내부의 권력 투쟁이라는 양상으로 전개됨으로써 나타난 필연적인 결과였다. 유신 체제의 붕괴가 워낙 돌발적이었으므로 10·26 직후는 어느 세력도 국가 권력의 핵심을 장악하지 못한 공백의 상태였다. 기존의 권력이 내부가 균열되면서 붕괴한 것이므로 어느 분파도 쉽게 움직일 수 없었고, 반反유신 연합 세력 역시 집권을 위한 준비가 전혀 되어 있지 않은 상태에서 예기치 않은 상황을 맞았다. 이와 같은 교착 상태를 깨뜨린 것이 신군부의 쿠데타였다(손호철, 1995).

신군부의 쿠데타는 두 단계의 과정을 거쳐 완성된 것이었는데, 첫 번째 단계가 기존 권력 분파 내에서 헤게모니를 쥔 12·12사태였고, 두 번째가 이른바 'K-공작 계획'(K는 King의 약어)이라고 불렸던 언론대책반의 언론 장악이었다(국방부과거사진상규명위원회, 2007). 12·12가 '기동전'에 따른 고전적인 무력 책략이라면 언론은 의식 차원에서 사람들을 공략하는 '진지전war of position'의 일환이었다. 당시 보안사(이상재)의 언론대책반은 계엄사의 언론검열단을 사실상 지휘하면서 5월 17일 광주민주항쟁을 맞아 비상계엄이 전국으로 확대된 것을 기화로 본격적인 언론 정지 작업에 들어갔다. 언론대책반을 통해 각종 보도지침(계엄), 언론인 강제 해직(8월), 언론 통폐합과 언론기본법(11월) 등으로 이어지는 일련의 조치들이 취해졌다. 최근 진실화해위원회에서 밝혀진 바에 따르면 이미 이런 계획은 3월경부터 입안되었고 4월에는 이미 언론 통폐합을 위한 각종 준비 조사가 이루어졌다(〈미디어스〉, 2010. 1. 7).

광주민주항쟁이 진압되면서 신군부는 각축하던 구 정치 세력과 민중운동을 일거에 침묵시키고 정치 현장의 전면에 등장, '서울의 봄'을 급속히 냉각시켰다. 그리고 누구도 저항할 수 없는 물리력과 오랫동안 단련되어 온 일사불란한 자체 응집력, 나아가 해외 독점 자본과 미국의 공공연한 지원 내지

'묵인'을 바탕으로 고도의 추진력을 발휘함으로써 붕괴된 공개적 독재 체제를 빠르게 복원시켰다(손호철, 1995).

2. 5공 체제와 언론-방송 정책

1) 언론 통폐합

(1) 배경 및 경위

언론인의 강제 해직 이후 신문협회와 방송협회는 자율이라는 미명 아래 1980년 11월 14일 '건전 언론 육성과 창달을 위한 결의문'을 발표하고 일부 언론의 통폐합을 결의하였다. 특히 이 통폐합은 방송에서 더욱 큰 폭으로 이루어져, 신문에 집중된 언론인 강제 해직에 비해 다분히 방송의 개편을 목표한 인상을 주었다. 표 12는 언론 통폐합 시 이루어진 방송 개편의 구체적 내역과 일람을 요약한 것이다.

방송 측면에서 통폐합의 가장 큰 특징은 우선 KBS를 중심으로 한 전일적 공영 방송의 실시였다. 이를 위해 상업 방송인 TBC와 TBC의 일부 지역 방송망이 KBS에 강제적으로 흡수되었으며,[73] MBC의 의사 결정도 KBS를 통해 이루어질 수 있게끔 지분이 조정되어 KBS가 MBC의 지배 주주가 되었다(MBC 주식의 70%; KBS, 30%; 정수장학회). 가맹사 형태로 각 지역에 산재해

73 이 흡수의 원칙 중 하나는 언론기본법에 명문화되는 겸영 금지의 원칙이다. 이를 통해 TBC-중앙일보, MBC-경향신문 · 부산일보, 각 MBC 가맹사-지역 신문 등의 겸영 기업들은 해체되어야 했다. 물론 개별 기업이 자율적으로 신문이나 방송이냐를 선택할 수 있는 권한은 전혀 없었고 이 원칙에 저촉되지 않는 기업들조차 방송의 지분을 내놓아야 했다.

표 12. 언론 통폐합 시 이루어진 방송사 개편의 구체적 내역과 일람

방송사	대표	개국일	소재지	통합 조정 내용
한국방송공사	이원홍	1973. 3. 3	서울	• 문화방송의 소유 주식 65%를 인수함 • 텔레비전: 제1TV, 제2TV, 제3TV • 라디오: 제1방송, 제2방송, 제3방송, 제4방송 • FM 방송: 제1FM, 제2FM, 부산FM, 대구FM • 사회 교육 방송: 제1방송, 제2방송 • 해외 방송: 9개국어 → 12개국어 방송
문화방송	이진희	1961. 12. 2	서울	지방 21개 방송사(지방국 5, 가맹국 16)의 소유 주식 51%를 계열화시킴
동양방송	홍두표	1964. 5. 9	서울	KBS에 흡수·통합
동아방송	최호	1963. 4. 25	서울	KBS에 흡수·통합
전일방송	김종태	1971. 4. 24	광주	KBS에 흡수·통합
서해방송	문영배	1969. 10. 2	군산	KBS에 흡수·통합
기독교방송	김관석	1954. 12. 15	서울	종교 방송만 전담
한국FM	이무일	1971. 4. 25	대구	KBS에 흡수·통합

출처: 문화방송(1992, p.379); 한국방송공사(1987, p.659).

있던 MBC의 지방 방송망은 서울 MBC가 지분의 51% 이상을 소유하는 형태로 일괄 재편되었다. 이로써 지방 MBC를 포함한 모든 방송의 의사 결정이 KBS로 일원화되었다. 1960년대와 1970년대에 걸쳐 유지되었던 공(국)민영혼합제가 소유권 측면에서는 완전한 유럽식 공영 독점 제도로 탈바꿈된 것이다. 이로써 KBS는 TV 3개 채널과 라디오 7개 채널(네트워크 기준)을 소유한 거대 방송 그룹이 되었다. MBC의 경우에는 서울 MBC가 각 지방 MBC의 주식을 50% 이상 가짐으로써 사실상 모든 지역사를 소유·통제Owned & Operated할 수 있게 되었다. 이런 과정을 통해 방송에 그나마 있었던 독립적 로컬 방송은 모두 없어지고 통제의 편의를 위한 중앙 집중식 네트워크가 전

체를 지배하게 되었다.

(2) 과정

청문회와 이후에 공개된 당시의 일부 자료, 그리고 당사자들의 회고[74] 등을 통해 밝혀진 바와 같이 이 통폐합은 일정한 시나리오하에 해당 언론 기관의 의사를 전혀 고려하지 않은 채 폭력적으로 이루어진 것이다. 이 점은 TBC의 이양 과정에서도 잘 드러나는데, 당시 KBS와 TBC의 의견 불일치로 TBC 자산의 평가를 의뢰받았던 한국감정원은 잠재력과 영업권은 무시한 채[75] 방송 자산만 이관하는 방식으로 평가(280억), 장부가액의 30%에 불과한 양도 차액만을 남겼다(중앙일보사, 1985, p.548). 이렇게 볼 때, MBC의 지방 방송망의 재편도 TBC의 흡수 과정과 크게 다를 바 없었을 것이다.

언론 통폐합은 발상에서 5공 고유의 것이 아니었다는 점도 기억할 필요가 있다. 즉 언론 통폐합의 기본 아이디어는 이미 유신 말기에 나왔다는 것이다. 당시 체제는 긴급조치 9호의 해제를 구상하면서 언론의 통제를 강화하기 위해 방송 구조를 개편하는 방안을 갖고 있었다(선경식, 1988). 역사적으로 볼 때, 이 안은 1970년대에 여권 일각에서 간혹 나온 바 있는 KBS를 중심으로

74 가장 가까운 거리에서 본 회고로 당시 보안사의 언론대책반에 참여했던 김기철(1991)을 들 수 있다. 김기철은 언론 통폐합을 주도했던 세력이 세 건의 문건에 기초해 통폐합을 추진했다고 회고했는데, 이 문건은 언론학자가 작성한 것으로 보이는 '언론 정화를 위한 정책 건의,' 언론계 실정에 밝은 언론인이 작성한 것으로 추정되는 '언론 시책 방안: 정화 대책과 육성책 중심,' 그리고 보안사에서 작성했을 것으로 짐작되는 '언론 정화 대책' 등이었다. 특히 '언론 정화를 위한 정책 건의'는 상업적 시청률 경쟁에 매몰된 당시의 공민영 혼합 방송 구조를 독일식 공영 제도로 개편할 것을 주장해 실제 통폐합의 내용과 거의 유사하다고 했다.

75 물론 국민의 재산인 전파에 과연 '영업권'이 있을 수 있는가에는 의문의 여지가 있다. 그러나 20년 동안 초기의 온갖 어려움을 무릅쓰고 나름의 성세를 이룩한 TBC 측에게 이러한 불평을 제기할 만한 이유는 충분히 있다고 생각된다.

한 미디어 복합체안을 현실화시킨 것이기도 하다(조항제, 1994). 이는 언론기본법이 표방했던 공영 이념이 결국 방송 지배를 덧칠하는 데 동원한 허울에 불과했음을 잘 보여 준다.

(3) 결과

언론 통폐합의 성격은 대체로 다음과 같은 것으로 평가될 수 있다. 첫째, 언론 통폐합은 공영 방송의 정체성이나 국민적 합의의 기반이 거의 없는 가운데서 당시 정권을 잡은 일부 세력에 의해 목적의식적으로 시도되었다. 따라서 공영 제도 역시 보다 지배가 용이한 형태, 또는 '자발적으로 협조'하는 언론(《한국일보》, 1988. 10. 25)으로의 재편을 합리화하는 명분 역할에 머물렀다. 따라서 이후에도 공영 방송의 정체성은 확립되지 못하고 계속된 의문과 비판 속에 있어야 했다.

당시 방송위원회가 개진한 공영 방송의 정의는 다음 인용에서 볼 수 있듯이 다분히 '교과서'적인 것이었으나 현실과는 너무나 동떨어진 '화석' 같은 것에 불과했다.[76] 이윤을 추구하지 않는 소유 형태 정도를 제외하고는 그 어느 것도 당시의 공영 방송에 맞지 않았기 때문이다.[77]

76 그러나 바로 이 공영이라는 이름 때문에 방송에 대한 비판이 더 확실한 근거를 얻고 국민적 저항으로도 확대되었으며, 또 당시에 엄청나게 퍼부은 공영 이념에 대한 홍보가 이후 공영 방송을 지키기 위한 국민적 노력의 발단이 되었다는 점은 역사가 발전한다는 명제를 새삼 확인시켜 주었다.

77 5공이 공영 방송 개념에서 얼마나 자가당착 또는 견강부회를 했는지는 당시 정무비서관이었던 이수정(1983, p.8)의 다음과 같은 언명에서도 잘 드러난다. "공정성과 다양성은 가치로부터 자유로운 '올림픽적 중립성'을 의미할 수 없다. 방송이 진리와 비진리 중간의 중립성, 정의와 불의의 사이, 자유와 예속의 중간, 자애와 잔인·관용과 편협·진실과 허위의 중간 위치에 설 수는 없는 것이다. 방송도 결국 국민의 생명력을 담고 있는 헌정의 신념과 기본적 윤리, 국가 이익으로부터 이탈할 수 없는 것이다." 헌정과 윤리, 국가 이익을 모두 통합한 '자신'(5공)만이 진리와 정의,

"경영 형태상으로는 공공 방송이라고도 부르며 …… 일반론적으로 말할 때 방송을 면허받는 사업체가 정치·경제·사상 등 특정한 힘에 의해 지배되지 않도록 제도나 재정적으로 보장되고 영리를 목적으로 하지 않으며, 특정한 시청자만을 대상으로 하지 않아야 하는 반면에 소수minority의 이익도 배려해야 하는 것 등이 공영 방송의 요건이다"(방송위원회; 최창섭, 1985, pp.105~106에서 재인용).

둘째, 활발한 수상기 보급에 힘입어 축적의 가파른 상승 커브를 그리고 있었던 상업 방송과 방송 광고 시장의 기반이 완전히 사라지게 되었다. 그리고 이 점은 열세이기는 하였지만 계속 성장하고 있었던 시장적 계기의 현저한 하락을 의미하는 것이기도 하였다. 물론 공영제의 실시 이후에도 구 상업 채널(TBC)의 인력을 중심으로 상업적 편성·제작 패턴은 여전했으나 이는 이미 공영이라는 이념하에 짓눌려진, 그래서 기업적 활력을 잃어버린 잔재에 불과했고 이미 지배 전략에 깊숙이 편입되어 버린 것이었다.

셋째, 공영 이념이 허울뿐이라는 것을 보여 주는 또 하나의 치명적인 예는 언론 통폐합을 통해 만들어진 KBS의 일원화 체제가 KBS의 국민적 대표성을 전혀 확인하려 하지 않았다는 점이다. 대부분의 공영 제도는 방송에 거버넌스로 통칭되는 다양한 형태의 국민적 대의·규제 기구를 두는데, 당시 KBS에는 그러한 기구나 형식이 존재하지 않았다. 이의 중요성은 한국의 방송 역사에서 방송위원회나 KBS이사회의 구성을 둘러싸고 수없이 벌어진 논란과 갈등만 보아도 쉽게 알 수 있다. 당시 한국방송공사법은 1970년대와 마찬가지로 정책 당국의 손에 KBS의 모든 권리를 맡기고 있다. 결국 언론인 강

자유 등을 독점하는 것이다.

제 해직 사건이 방송의 시민사회적 또는 비판적 자율성을 박탈하려 한 것이었다면, 언론 통폐합과 뒤에 나오는 언론기본법은 사기업적 자율성을 허용하지 않음으로써 국가적·공적 영역[78]에 방송을 복속시킨 것으로 볼 수 있다.

2) 언론기본법의 제정: 국가적 공공성의 법제화

(1) 배경

언론기본법은 언론은 지배하기 위한 인적·물적 정지 작업이 끝난 1980년 12월 26일에 이전의 다른 방송 대상 법과 마찬가지로 국민적 합의 기관(정상적인 국회)이 아닌 국가보위입법회의를 통과하면서 법제화되었다. 이 법은 이전에 취해진 언론 통폐합의 결과를 사후적으로 추인한 성격이 강했다. 즉 언론 통폐합이 외형적으로는 '자율적 결의'로 이루어졌다면 언론기본법은 이렇게 바뀐 구조에 명분을 제공하고 이 구조를 계속 유지하는 데 필요한 법적 '안전판'의 역할을 수행했다고 볼 수 있다. 따라서 언론기본법의 골격은 이미 강제 해직 사건이 시작되기 이전부터 대체적인 구상이 이루어진 것으로 보아야 한다.[79]

언론기본법의 가장 큰 특징은 이전에는 개별법으로 통제하던 언론 기업을 '공적 책임'을 중심으로 하나로 묶은 '기본적' 포괄성을 지녔다는 점에 있다. 물론 이 '공적 책임'은 다분히 국가적·정치권력적 유권 해석의 좁은 자장磁場 안에 있는 종속적인 것이었다. 언론의 자유조차도 이 책임–자장 내에서

78 따라서 여기에 사용된 공적 영역은 국가에 의해 사실상 '식민화colonization'된 것으로 부를 수 있다. 이 시기의 방송은 문공부라는 국가의 공식적 계선 기구와도 크게 구별되지 않게 되는데, 이는 방송사 사장이 임기를 끝내고 장관이 되는 메커니즘에서도 쉽게 엿볼 수 있다.

79 이 점을 가장 웅변하는 것이 통폐합 당시 명분으로 내세웠던 주요 항목들 — 언론의 가치로서의 공익성과 상업성을 배제한 공공성, 언론인의 사실과 선문성 제고, 언론 심의 기능의 활성화 등 — 이 모두 언론기본법으로 성문화되었다는 점이다.

가 아니면 발휘될 수 없는 한정 가치에 불과했다. 이로 보아 결국 언론기본법은 언론을 이전의 사적인, 또는 시민사회적인 영역에서 공적인 영역으로 이전시켜 반半국가적 기구로 바꾼 것이다.

(2) 내용

언론기본법은 전체 법의 이념을 제시하는 제1장 총칙에서 언론의 자유와 함께 언론의 공적 책임을 명시했다. 언론의 자유(제2조)에서는 ①항에서 국민의 자유로운 표현권을 언급하면서 정보원으로부터의 알 권리까지 명시했고, ④항에서는 법률에 의하여 언론의 자유 일부가 제한받을 수 있다는 유보 조항을 달았다. 언론의 공적 책임을 다루는 제3조에서는 민주적 기본 질서의 존중과 민주적 여론 형성에 기여함을 의무로 하고, 명예훼손·공중도덕이나 사회 윤리의 침해, 공공질서를 문란케 하는 행위 등을 금지했다. 각 매체를 개별로 살핀 부분에서도 방송은 공공성을 준수할 것을 다시 한 번 강조했다(제31조). 이 점은 제도적 의미의 공영 방송을 의식한 것으로 보이는데, 특히 ②항에서는 방송 보도가 공정하고 객관적이어야 한다는 점을 명시해 나중에 편파성으로 비판받는 빌미를 만들었다.

이 법의 이념상 특징은 헌법이 보장하는 언론의 자유가 공적 책임하에 놓여 있다는 점을 분명히 하면서 언론의 행위 및 권리를 제어 또는 유보하려 했다는 점이다. 즉 이 법은 언론의 행위 한계를 보다 구체적으로 설정해 언론을 감시할 수 있는 권한을 법적으로 보장하고자 했다. 자유보다는 책임이 먼저라는 점을 원칙으로 설정한 것이다. 그리고 공영 제도를 의식해 몇 가지 의무를 명문화했다. 그러나 이 조항들은 이후 방송에 대한 여러 논쟁과 국민적 저항을 불러일으키는 자기모순으로 작용해 체제가 스스로 법을 지키지 못하는 아이러니를 보여 준다.

또 언론기본법은 언론사를 소유할 수 있는 기업(법인)과 그 종사원의 범위를 매우 엄격하게 제한했다. 우선 특징적인 것은 언론 기업의 집중화를 막기 위해 겸영을 금지시켰다는 점이다(제12조). 이는 TBC를 KBS에 흡수시키고 〈경향신문〉을 MBC와 분리시킨 언론 통폐합을 법적으로 추인하면서 일반 원칙화한 것이며 언론 기업의 집중을 금지시킨 독일법의 조항을 따른 것이다. 그러나 법률로 설립된 특수 법인의 경우는 예외로 하여 KBS가 MBC의 지배 주주가 되거나 〈서울신문〉이나 연합통신의 소유에 관계하는 것은 그대로 인정하였다. 이 점은 KBS를 통한 집중은 표현의 자유를 제한하지 않는 특수한 것으로 보는 것이지만, 다른 언론 기업을 소유하지 못하는 일반적 공영 방송의 원칙을 어긴 점은 분명하다.

제13조는 언론 기업의 가족 경영을 금지한 것으로 언론이 일부 가계의 사익에 의해 좌우되는 것을 막기 위한 조항이다. 그러나 이 역시 족벌 체제로 운영되고 있던 대부분의 신문이 예외가 됨으로써 신규 기업에나 적용되는 유명무실한 조항이 되었다. 제15조, 제16조, 제17조 등은 언론인(더 구체적으로는 언론 기업의 종사원)의 자격을 제한한 것이다. 언론인의 윤리를 따로 떼어 법 조항으로 명문화했으며, 사회안전법에 의해 저촉된 경우(제16조)는 매우 넓은 범위에서 자격 제한을 두었다.

제18조와 제19조는 언론인의 연수와 복지에 관한 조항인데, 특히 후자인, "언론인에게 사회적 지위와 품위를 유지할 수 있도록 상당한 보수를 지급하여야 한다"는 법적으로 규정되어야 하는 사항인지 의문인 것이다. 그러나 언론 통폐합 이후 살아남은 언론 기업들이 일정한 독점 효과를 누리면서 종사원들에 대한 대우 또한 크게 높인 점을 감안하면 이 조항은 '성공적'이었다고 할 수 있다. 이는 언론에 국가의 지원(세제상의 특혜나 재정상의 지원)을 할 수 있다는 조항(제4조) 및 방송 광고를 통한 대행 수수료의 조성(방송광고공사법)과 더불어 국가의 특혜적 지원을 법적으로 보장한 것이다.

편성에 대해서는 언론기본법도 구방송법과 마찬가지로 자유를 명문화했지만, 이는 총칙에 의해 제한받는 매우 왜소한 형태였다. 이 점을 잘 보여 주는 것은 구방송법이 방송의 자유라는 큰 주제어에서 편성을 언급하는데 비해 언론기본법은 방송 '순서' 편성의 자유로 다루어 편성 개념을 좁은 의미로 사용하고 있다는 점이다. 그리고 언론기본법은 교양 또는 교육(이는 교육방송의 부활로 다시 첨가되었다), 보도 및 오락 내용을 조화롭게 편성할 것(제41조 ②항)을 의무화하고 시행령에서는 기존의 프로그램 분류를 그대로 따르면서 교양 방송의 비율을 10% 높여 놓았다. 이는 1973년의 방송법 개정 시와 마찬가지로 방송의 상업성을 경계한 것이지만 이미 체제 개편이 이루어진 다음이라 실제적 의미가 크지는 않았다.

(3) 방송위원회의 신설

언론기본법은 방송 운영에 관한 기본적인 사항을 심의하는 방송위원회를 두었다. 이 위원회는, 방송의 운용·편성에 따른 기본적인 사항, 방송 종류에 따른 광고 방송의 허용 여부, 방송 광고 수익으로 수행할 공익 사업의 기본 사항에 관한 사항, 각 방송국 및 방송 종류 상호 간의 관계·공동 사업 및 협조에 관한 사항, 방송에 관한 조사·연구 및 발전에 관한 사항, 방송심의위원회의 운영에 관한 사항, 방송의 기본 정책에 관한 사항으로서 문화공보부장관이 요구한 사항 등을 심의했다. 위원회의 구성은 대통령과 국회의장, 대법원장이 각 3인을 추천하여 9인으로 하며 위원장과 부위원장은 위원 중에서 호선하게 했다.

방송위원회 역시 나름으로는 유럽식 공영 방송 제도를 따른 것으로 방송에 관한 결정이 정치권력이나 시장, 방송사의 사적 이해로부터 독립되어 이루어져야 한다는 규범을 실천하기 위한 절차 중 하나였다. 그러나 이 위원회는 '결정'해야 하는 방송이 사실상 독립된 법을 가진 KBS 하나뿐이었고(MBC는 KBS가 소유한 것이다),[80] 지엽적이고 실행적인 일부를 제외하고는 대부분의 사항들이 이미 결정되어 있는 것이었다. 또 위원 구성도 외형적으로는 권력의 분립 구조를 반영한 것이지만 실질적으로는 정부의 전횡으로 이루어져 두고두고 나쁜 선례로 남았다. 다만 방송위원회는 이후의 제도 논의 과정에서 방송 정책의 독립성·민간성과 관련해 하나의 실체적 기준점을 제공하는 의의는 있었다.[81]

이외에도 사후 심의를 위해 방송심의위원회의 운영을 하게 했는데, 이는 이전의 방송윤리위원회를 계승한 것으로 위원 구성이나 심의 규정 등이 거의 흡사했다. 큰 차이점은 이전의 방송윤리위원회에는 있었던 방송국의 재허가를 유보시킬 수 있는 요구권[82]이 심의위에서는 삭제되었다는 점이다. 아마도 이유는 특별히 이러한 규정이 필요 없을 정도로 방송이 구조화되어 있기 때문인 것으로 보인다.

언론기본법은 그 자체의 법적 의미보다는 이전에 취해진 구조 개편의 조치들을 추인했다는 상황적 의미를 훨씬 더 크게 가진다. 이 법이 표방했던 이념이나 일부 조치들은 방송 지배의 명분이나 허울 외에 거의 다른 쓰임이 없었기 때문이다. 외국을 본떠 도입한 언론의 선진적 권리들 — 정보청구권이나 취재원 보호를 위한 진술 거부권 등 — 은 이보다 훨씬 더 심각하게 작동하는 여러 다른 강제 때문에 한낱 '장식용'에 그치고 말았다. 국가보위입법회의에서 통과되어 국민적 합의를 얻지 못한 또 하나의 전형적인 예가 된 언론기본법은 방송이 국가 권력에 종속된 것을 정당화하고 방송 스스로는 자율

80 기독교방송 정도가 더 있을 뿐인데, 이는 이미 종교 방송으로 완전히 축소시켰다.

81 2000년 통합 방송법 때까지 방송 정책의 핵심은 방송위원회가 정부로부터 독립해 얼마만큼의 정책 권한을 행사할 수 있느냐에 있었다.

82 보다 구체적으로는 윤리 규정을 위반한 방송에 대해 위원회가 징계 등을 할 수 있고 이 명령을 위반한 방송에 대해서는 주무 부처(문화공보부) 장관이 체신부장관에게 해당 방송의 재허가를 유보하도록 요구할 수 있는 권한(방송법 제6조 ⑤항)을 말한다.

성을 갖지 못한다는 것을 과시하는 전형적인 방송(언론) 억압법이었다.

3) 논조 및 편성에의 개입

5공의 가장 엄혹했던 통제 방식은 기사의 내용에 사전에 간섭하고 개입한 '보도지침'이었다. 보도지침은 정권에 불리한 여러 사안에 대해 주로 '불가'의 형태로 명령하거나 필요에 따라 내용이나 형태, 방향을 구체적으로 지시·유도했다. 심지어는 특파원의 외신 보고에까지 지침을 내렸다(민주언론운동협의회 편, 1988). 보도지침은 1986년 용기 있는 한 기자에 의해 처음으로 외부에 알려졌지만, 사실 완전히 새로운 것은 아니다. 이전의 유신 체제에서도 중앙정보부가 비공식적으로 보도를 통제했기 때문이다(《미디어오늘》, 1996. 1. 3). 5공의 보도지침은 중앙정보부를 문화공보부의 홍보조정실로 바꾸어 공식적 체제로 전환한 것이다. 특히 보도지침은 방송에 신경을 써 신문은 문공부에서 일괄적으로 한 반면, 방송은 안기부와 문공부가 직접 개별적으로 하달했다. MBC노동조합에 따르면 보도지침은 신문과 달리 방송에서는 한 치의 오차도 없이 지켜졌다[83](《언론노보》, 48호, 1990. 2. 7).

5공의 또 하나의 통제 방식은 인사권에 의한 '원격' 통제 방식이었다. 이 점은 KBS 사장의 임명으로부터 출발하였다. KBS가 MBC, 연합통신, 〈서울신문〉 등의 대주주였으므로 KBS 사장의 임명은 나머지 세 기관의 장을 임명하는 것과 같았다. 이 통제의 성격을 가장 잘 보여 주는 예는 KBS, MBC 사장이 승진 코스로서 주무 부서(문공부)의 장관이 되는 것이다.[84] 그러

83 KBS 역시 마찬가지이어서 KBS노동조합은 반성의 의미로 이때의 일방적 정권 홍보의 내용을 나중에 "권언유착의 실상"이란 제목의 책자로 따로 펴내기도 했다(KBS노동조합, 1989).
84 이원홍(KBS), 이진희, 이웅희(MBC) 등을 말한다. 5공의 문공부장관은 이들 외에는 유신

므로 당시의 방송사는 사실상 정부의 외청 조직과 다르지 않았다. 과거 국영 방송 시절 방송 관서(중앙방송국)의 장이 그 윗자리인 문공부장관으로 임명되는 것과 마찬가지였기 때문이다. 그리고 광고공사 사장의 임명은 방송 재원을 사실상 결정하는 효과가 있었다. 형식적이기는 하였지만 5공의 방송 기구 중 그나마 유일하게 삼권 분립을 반영해 국민적 대표성을 인정받은 방송위원회는 거의 실권이 없었다.

4) 시장 구조에 대한 개입

(1) 시장의 관리: 방송광고공사의 설립

5공이 가져온 또 다른 큰 변화는 방송 시장을 '관리 시장'[85]으로 바꾸었다는 점일 것이다. 5공 세력은 방송 구조를 공영 방송 제도로 재편하고, 방송광고공사만이 유일하게 방송 광고를 대행할 수 있는 관리 체제로 만들었다. 광고공사의 설립 목적은 공식적으로는 방송 광고의 대행을 통해 얻어진 수수료로 언론 공익에 관한 사항 등을 지원하는 데 있었으며, 따라서 방송 광고료의 결정, 방송 광고대행사의 결정, 대행 수수료의 결정 등 방송 광고의 제반 사항을 관할했다. 공사의 업무와 사업 계획은 문화공보부가 감독(한국방송 광고공사법, 제6조)하고 임원도 장관이 임명하게 하여 시장의 동향을 통제할 수 있게 하였다. 방송사의 영업권을 완전히 국가로 이관하고 그 자금의 사용까지 국가가 독점한 것이다.

이 공사의 의미는 대체로 다음과 같이 짚어질 수 있다. 첫째는 앞서 언급

체제 때 비서관, 차관을 했던 초대 이광표밖에 없다.

85 용어는 커런(Curran, 1991)에서 빌려왔다. 커런은 유럽의 여러 나라별로 시장의 성격을 말하면서 국가가 시장을 통제할 때 이 용어를 사용했다.

한 바대로 광고 시장을 관리 체제로 바꾸어 시장 기능을 대폭 축소시켰다는 점이다. 이로써 수상기의 활발한 보급에 힘입어 원활한 축적을 보였던 1970년대의 사기업적 활력과 자율성은 상당히 약화되게 되었다. 이는 우선 광고료 인상의 조정으로 나타났다. 1973년 수상기 보급 100만 대를 넘어서면서 가파른 인상 커브를 그렸던 방송 광고료는 1980년대에 들어서는 10년 동안 방송망을 크게 확충한 KBS 2TV가 141.9%가 인상된 것을 비롯해 총광고비 대비로 연평균 62.5%(TV, 라디오는 30.8%)의 안정적인 성장을 이룩했다(한국방송광고공사, 1991). 이 수치는 GNP의 성장에 비해서는 3.8% 높은 것이나 1970년대의 기대치에 비하면 상당히 낮은 것이었다. 그런 면에서 방송 광고 시장은 '관리'된 면모를 보였다.

둘째, 공사를 통해 조성된 '공익 자금'의 정권 사익적 사용私用과 관련된 여러 잡음과 오해의 문제였다. 당초 이 자금은 "언론의 공익 사업, 언론인의 복지 증진, 언론인의 연수, 방송위원회 등 방송 관련 위원회의 경비"(언론기본법 제4, 5조)를 위하여 쓰게 되어 있어 언론인과 관련된 사용이 주목적이었다. 1987년 민주화 이후의 개정 시에는 물의를 빚던 언론인의 연수와 복지 증진 등이 삭제되고 문화 예술 진흥 사업이 추가되었다. 자금의 조성 측면에서의 정당성은 인정하면서 용도에 대해서만 수정을 한 셈이다.

본래 이 자금을 조성한 이유는 사실상 '매수'에 가까운 언론인의 복지를 국가적 차원에서 보장하겠다는 것이다. 이는 사실 역사적으로 따져 보면 1970년대 방송의 초과 이익을 여권계 신문으로 나누어 〈경향신문〉(MBC), 〈서울신문〉(KBS)을 합병한 것과 크게 다르지 않은 함의를 지닌다. 당시는 이를 개별 방송사의 수준으로 했으나 1980년대에는 아예 세금에 가까운 수준에서 국가적으로 조성해 버린 것이다. 이 점은 컬러텔레비전 준비를 명분으로 상업성에 치중하면서 국익에는 다소 수동적이었던 1970년대의 방송 구조에서 아예 초과 이윤의 근거를 없애버리고, 이를 언론인 집단의 복지적 차원으로 돌려 이전의 타율적 강압 구조를 자율적 동원 구조로 바꾸려 했었다는 의도로 이해할 수 있다. 따라서 이 자금은 목적 없는 자금이 늘 그랬듯이 주무 부서가 전횡하면서 배분과 사용에서 물의를 빚어왔다.[86]

(2) KBS의 운영 및 조직

광고 방송의 재개 TV에서는 TBC, 라디오에서는 TBC와 동아방송 등을 흡수하여 텔레비전 3개 채널, 라디오 10개 채널을 거느리게 된 KBS는 기존의 수신료(시청료)만으로는 더 이상 운영이 어렵게 되었다. 따라서 상업 방송이었던 일부 채널부터 광고 방송을 재개(또는 유지)하게 되었다. 민영방송(MBC)을 육성한다는 명목하에 광고 방송을 중단한 지 11년 만에 KBS에 다시 광고가 도입된 것이다. 그러나 기존의 광고 수요를 일정하게 수용하지 않으면 안 되었던 2TV를 비롯한 전 상업 채널들은 그렇다 하더라도 1TV까지 광고를 재개한 점은 많은 물의를 불러일으켰다. 특히 1TV의 광고가 그래도 공영 방송에 가까운 처음의 블록 방식에서 상업 방송과 같은 스폰서 광고로 바뀌면서부터는 이러한 비판의 목소리가 더욱 높아졌다.

이 의미는 대체로 다음과 같이 볼 수 있다. 첫째, 시청률을 의식하지 않을 수 없는 스폰서 프로그램들이 이전의 상업 방송인 TBC와 큰 차이 없는 짙은 오락성을 보여 줌으로써 공영 방송의 의미를 무색케 했다는 점을 들 수 있다. 관리 시장에서는 광고주가 프로그램에 직접적인 영향을 주기 어려우므로 비단 광고 도입 때문만은 아니었겠으나 공영제가 실시되고 난 이후에도 KBS는 2TV를 중심으로 자신의 자회사나 다름없는 MBC와 치열한 시청률

86 이를 지적한 대표적인 것으로 1989년 감사원의 감사 보고서(〈동아일보〉, 1991. 2. 8)를 들 수 있는데, 이 감사 보고서는 공익 자금이 감독 기관인 문공부가 자신의 예산인 것처럼 편의에 따라 관리와 운용을 지시해왔다는 사실을 지적했다.

표 13. KBS의 수신료와 광고 수익의 비율

연도	수신료 수익(%)	광고료 수익(%)	비고
1981	603(60)	396(40)	컬러텔레비전으로 수신료 인상
1982	777(55)	639(45)	
1983	989(50)	1,001(50)	
1984	1,149(46)	1,368(54)	
1985	1,080(44)	1,365(56)	시청료거부운동 확산, 흑백 수상기 면제
1986	966(39)	1,487(61)	
1987	919(35)	1,696(65)	
1988	790(27)	2,153(73)	
1989	1,040(28)	2,630(72)	통합 공과금 제도 운용
1990	1,230(29)	3,033(71)	
1991	1,497(31)	3,301(69)	
1992	1,692(32)	3,502(68)	
1993	2,022(35)	3,678(65)	
1994	2,171(34)	4,246(66)	
1995	3,609(43)	4,858(57)	수신료의 전기료 병산 효과

출처: 남궁협(1995, p.126).

경쟁을 벌였다. 원인의 일단은 아무래도 광고 재원의 유지 또는 확대였을 것으로 보인다.

둘째는 KBS 재정의 광고 의존도가 계속 높아지면서 등장하게 된 공영방송의 정체성 문제였다. 특히 컬러 수상기가 원활하게 보급되면서 흑백 수상기의 수신료를 면제시켜준 1984년 이후부터는 수신료 대 광고료의 비중이 역전되었고 시청료거부운동이 본격화되기 시작한 1985년부터 1987년 사이에는 수신료 수익의 비중이 계속 내려가 급기야 1988년에는 27%로 떨어졌다(표 13 참조). 그러나 광고 재원으로 수신료를 메움으로써 KBS는 시청료거부운동의 직접적 영향으로부터 비켜갈 수 있었다. 결국 이 점은 KBS가 국민들로부터 '독립'해 광고 시장의 사실상의 관리자인 국가 권력에 종속된 존재라는 점을 더욱 더 명확하게 확인시켜 준 경우가 되고 말았다. 물론 반대급부, 그러니까 KBS에 대한 국가 권력의 정권 안보적 차원의 잦은 개입이나 스폰서의 간접적 영향 등으로 인한 프로그램의 상업성 같은, 스스로의 정체성에 걸림돌이 되는 일종의 자기모순은 감내하지 않으면 안 되었다.

셋째, 광고 재개의 긍정적 측면으로 아시안게임과 올림픽 특수를 포함한 텔레비전 광고 수입은 통폐합과 컬러텔레비전 실시 이후 크게 확대된 KBS의 재정을 훌륭하게 감당해 주었으며 대규모의 차관이 도입된 대대적인 난시청 해소 사업이나 방송망 확장도 자체 재원으로 마무리할 수 있게 해 주었다. 물론 광고의 이런 편의성은 KBS가 가진 공영 방송으로서의 정체성은 약화시키는 '양날의 칼'로 작용했다.

관료화·비대화된 인력 구조 언론 통폐합과 언론기본법으로 이루어진 방송의 '국가화'는 '공적 책무'의 일방적 부과 외에 공적 조직이 지닌 관료주의 또한 온존·강화시켰다. 대통령이 임명한 사장을 정점으로 세워진 명령의 일방향적 하달 체계는 중간이나 일선 현장 인력이 가져야 하는 자율성을 억압했다. 민간 방송적 활력을 일부라도 유지시킬 수 있었던 MBC에 비해 국영 방송의 타성이 여전했던 KBS에서 이 문제는 더욱 두드러졌다.

여기에 KBS를 마치 자신의 사기업처럼 여긴 권력의 '특채' 압력은 인력 구조를 크게 악화시켰다. 5공 기간 동안 KBS는 무려 1115명에 달하는 특채자를 뽑았다. 전체 채용자 2699명의 42.8%를 차지하는 대규모였다. 특채 인력의 대다수는 전문성이 떨어지는 기능직이나 업무직·청경직이었으나 일반직의 경우도 20%나 되며 일정한 경력자를 채용했을 경우로 보이는 전문직은 거의 100%에 가까운 117명이었다(이중현, 1988). 이러한 특채는 전체 인력 계획에 반하는 경우가 많아 자칫 유휴 인력이 되기 쉽고 사적 커넥션에 의존해 조직 내 파벌을 조성할 가능성이 높다. 특채가 공채를 보완하는 것이 아니라 오히려 해치는 것이다.[87]

이렇게 무분별한 채용으로 인한 KBS 인력의 비대화는 언론인의 '복지'를 약속한 언론기본법, 1988년의 단일호봉제 이후 크게 높아진 인력 비용 등과 맞물려 기업 운영의 경직성을 초래했다. 1990년에는 효율화를 앞세워 법을 개정하려는 시도에 빌미를 제공하였고 이후에도 감량 경영이라는 매우 어려운 숙제를 안게 했다.

(3) 서비스의 확대: 아침 방송의 실시

1970년대에는 전력 사정(1973년 오일쇼크) 때문에 중단되었던 아침 방송이 1981년 5월에 재개되었다. 이 재개는 당시의 (공영)제도 개편과 맞물려 단순히 확충이나 복원 외에 몇 가지 부가적 의미를 갖는다. 이전부터 방송 시간은 주로 전력 사정 같은 경제적 판단에 의해 좌우되었다. 1967년에 처음으로 시작된 아침 방송이 그해 11월에 중단될 때도 그랬고, 1969년에 재개되었다가 다시 1973년에 전면 폐지될 때에도 이유는 같았다. 물론 이의 이면에는 70%를 저녁 프로그램의 재방송으로 만들었던 상업 방송의 초기 저열성低劣性이 있었다.

그러나 이런 역사는 텔레비전을 늘 '휴식' 시간으로 몰아넣는 의도치 않

87 대학 학도호국단(당시 자율적 학생회 대신 있었던 관제 단체였다)의 간부 출신을 특채했던 관행도 있었는데, 1985년에 폐지된 이 제도로 매년 시행되던 공채가 중단되기도 하였다(강동순, 2006). 이런 무분별로 "KBS에는 어느 날 슬그머니 낯모르는 얼굴이 새 식구로 들어오는 경우가 허다했다. 그가 어떤 절차를 통해 무엇 때문에 입사하게 되었다는 등의 공식적인 설명은 일체 없었다. …… 그것은 공개 채용 조직 문화의 근간을 뒤흔드는 것이기에 불만이 팽배했다"(강동순, 2006, p.107).

은 효과를 낳게 된다. 즉 텔레비전은 오직 여가용이고 소비적이며 오락용 미디어가 되는 것이다. 오랫동안 텔레비전 편성의 실무를 담당해 왔던 오명환(1993)이 만약 한국도 일본처럼 종일 방송이 실시되었다면 텔레비전이 오락 외에도 교양이나 정보 미디어로서의 가능성을 더 일찍 개발할 수 있었으리라고 보는 것도 이런 이유 때문이다. 일본(NHK)의 예에 비추어 보면, 확실히 아침 방송이나 낮 방송은 저녁 방송과 달랐다.

그런 면에서 NHK를 모델로 삼은 공영 방송의 편성과 아침 방송의 재개는 나름대로 상승 효과를 불러올 수 있는 조합이었다. 당시 아침 방송에 대한 모니터 내용(방송위원회사무국, 1981)을 봐도 이전과는 확실히 달라졌음을 알 수 있다. 우선 KBS 1TV와 MBC를 기준으로 재방송이 거의 없고 드라마도 멜로물이기는 하지만 두 편에 불과하며 대부분이 뉴스 같은 정보 프로그램과 주부 대상의 교양 프로그램, 어린이 프로그램 등이다. 2TV는 재방송이 55% 정도 되었지만 교양물이 대부분이었다. 물론 이에 대해서도 "아침 TV 방송을 취소하고 저녁 방송 시간을 앞당기거나 밤 방송 시간을 한 시간쯤 연장하는 것이 바람직하다"(《조선일보》, 1981. 5. 24)는 볼멘 주장이 없었던 것은 아니지만, 당시 신문이 텔레비전에 가진 비판 일변도의 사고방식에 비추어 볼 때는 확실히 '주문 위주'의 유연한 충고가 대부분임을 알 수 있다(《동아일보》, 1981. 5. 25).[88]

이때 이후 아침 방송의 존재 자체에 대한 비판은 거의 없어진 것으로 미루어 아침 방송 재개는 성공한 것으로 보인다. 물론 전력 문제도 텔레비전의

88 사실 신문의 텔레비전 비판은 여러 맥락과 이유가 있지만, 광고 미디어로서 서로 견제하는 사익적 측면도 배제할 수 없다. 한국 텔레비전의 급속한 성장의 이면에는 1970년대 신문이 유신체제에 의해 지면이나 광고료 등에서 탄압받았던 측면도 있었다. 이로 인해 때 이른 1977년에 방송과 신문의 광고비 비중이 역전되기도 했다(조항제, 2003b 참조).

방송 시간과 연계될 정도로 악화되지 않았다. 그러나 개별 프로그램에 대한 평가는 이와 달라 이때부터도 아침 드라마는 '아침'이라는 시간과 어울리지 않았다는 지적이 많았다. 그러나 이 역시 대상이 주부로 제한된 드라마이어서 상대적으로 이전 시대(1970년대)만큼 비판의 강도가 세지는 않았다.[89]

5) 컬러텔레비전의 실시

컬러텔레비전에 대한 관심은 1971년 KBS의 방송 센터 건립 계획으로부터 비롯된다. 이미 전 세계적으로 흑백텔레비전의 장비가 거의 생산되지 않은 마당에 방송 센터는 컬러 기재로 건설할 수밖에 없었기 때문이다. 이후 1973년 말 상공부의 컬러 수상기 시판 방침이 알려지자 다시 컬러 논의가 업계의 요구로 재개되었지만 당시 대통령의 개인적 판단과 문공부 측의 입장은 실시 불가로 일관되어 있었다. 이유는 주로 계급 격차의 위화감을 조성할 수 있다는 이데올로기적인 것이었다(조항제, 1994).

1970년대에 이미 장비나 기자재 구매 등에서는 '불가피하게' 기반 시설을 마련해 왔지만 이데올로기적인 이유 때문에 실시가 보류되었던 컬러 방송은 5공 신군부 세력의 1단계 언론 장악이 마무리된 1980년 12월 1일에 시험 방송이 실시되었다. 이 시험 방송이 기대보다 성공적이어서 본 방송은 당초의 1981년 1월 1일보다 10일 정도 앞당겨진 12월 22일부터 시작되었다. 정부가 컬러 방송의 허가를 결정한 시점에 이미 양사가 모두 50% 이상의 준비가 끝난 상태였고 실제로 방송을 시작한 즈음에는 거의 완전한 시설과 장비를 가지고 컬러 방송에 임할 수 있었기 때문이다(한국방송공사, 1987, p.677).

89 이 시기 아침 드라마의 발전 과정이나 의미에 대해서는 오명환(1994)을 참조할 수 있다.

표 14. 컬러텔레비전 수상기의 보급 추이(1981~1992)

단위: 100만 대

연도	가구수	등록 대수	증가율(%)	보급율(%)
1981	8,147	1,198	–	14.7
1982	8,418	2,299	91.9	27.3
1983	8,762	3,173	38.0	36.2
1984	9,104	4,179	31.7	45.9
1985	9,575	4,774	14.2	49.9
1986	9,859	4,925	3.2	50.0
1987	10,162	5,390	9.4	53.0
1988	10,590	6,019	11.7	56.8
1989	11,083	6,385	6.1	57.6
1990	11,383	7,438	16.5	65.3
1991	12,507	8,344	12.2	66.7
1992	13,064	9,181	10.0	70.3

출처: 한국방송공사(1984, p.82), 한국방송공사(1993, p.96).

이같이 컬러텔레비전으로의 전환은 비교적 순조롭게 진행되었다. 외국의 예를 보더라도 흑백 방송에서 컬러 방송으로 전환하는 초기에는 전체 프로그램의 10% 내외의 컬러화로부터 시작해 전면 컬러화까지는 대부분 몇 해의 시간이 걸렸지만 한국의 텔레비전 방송은 컬러 방송을 처음 시작할 때부터 거의 100%에 가까웠을 정도로 빠른 것이었다(최창섭, 1985).

컬러텔레비전 방송이 가져온 변화는 대략 다음과 같이 요약할 수 있다. 컬러텔레비전을 주도한 것은 하드웨어 전자업계였고, 정부 부처 중에서는 이의 이해관계를 대변했던 상공부 측이었다. 방송사 측도 대체로 1980년을 전후한 시점 정도에서 컬러텔레비전이 실시되리라고 예상했고, 개별 방송사에 따라 다소 차이가 있기는 했지만 제작·송출의 기술적인 차원에서의 준비는 대체로 되어 있는 편이었다. 그러나 결정 자체는 언론 통폐합 등의 엄청난 변화 이후에 전격적으로 이루어졌으며 따로 이에 대한 예고나 준비가 있었던 것은 아니어서 이면의 정치성 여부를 의심받았다.

전격적 컬러화는 여러 측면에서 졸속 또한 드러냈는데, 두드러진 것은 화면에 담길 스튜디오 장치와 미술이었다. 지금까지 흑백에 의존해왔던 것이 갑자기 컬러로 바뀌면서 장치와 소도구들이 제대로 된 자연색을 내지 못했다. 그러나 당장 방송은 해야 했으므로 할 수 없이 제작진은 스튜디오를 떠나 자연(색)을 찾을 수밖에 없었다. 갑자기 야외 촬영이 많이 늘어나게 된 이유였다(한국방송공사, 1987, p.678). 색이 들어가면서 눈에 띄게 화려해진 화면의 선정성을 여과하는 문제도 심각했다. 호화롭고 다채로워진 점은 어쩔 수 없다 하더라도 쇼프로그램 등의 현란한 무대와 의상, 그리고 변화무쌍한 컬러 조명은 아직껏 이를 경험한 적이 없는 제작진에게 '안방 문화'의 특성과 관련한 새로운 숙제를 안겨 주었다.

그러나 이러한 기술적 문제보다도 더 심각한 것은 색의 효과와 맞물려 방송사들이 경쟁적으로 펼친 이벤트 및 프로그램의 대형화와 이의 이면에 깔린 정치적 의도였다. '국풍 81' 같은 관제적 문화 행사에서 극명하게 드러난 바대로 컬러화는 시점의 적정성이나 산업적 필요성 이전에 5공의 방송 정책에 '색깔'을 입히기 위한 필요가 1차적이었으며 결국은 체제의 인위적 정당성 창출 작업의 하나가 되었다.

6) 방송망 확장 사업의 추진: 방송의 국가적 매체화

언론 통폐합 이후 방송이 공적 도구가 된 다음에는 방송망 확장 사업이 대대적으로 추진되었다. 공영 방송의 보편성 이념대로 모든 국민이 방송 서비스를 받을 수 있게끔 방송 영역을 대폭 확장한 것이다. 채널별로 볼 때 가장 괄목할 만한 확장은 KBS 2TV(이전의 TBC)였다. 1981년 때만 하더라도 서울과 부산 일원에 국한되어 있어 인구비로 56.7%에 머물렀던 KBS 2는 1차 방송망 확장 사업이 끝난 1986년이 되면 89.3%로 크게 늘어나게 된다. MBC도 60.0%에서 91.5%로 무려 31.5%까지 가시청 인구를 늘렸다(황현탁, 1995). 이와 같은 대대적인 방송망 확충 사업, 곧 방송의 국가화 사업은 차관 도입과 순조로운 광고비 성장으로 비교적 용이하게 진행되었다. 이로써 방송의 국가적 매체화는 완성될 수 있었지만, 다른 차원에서 공영 방송의 이념은 지속적으로 훼손되어 방송의 내부적 모순은 커져가고 있었다.

3. 시장

1) 순조로운 자본 축적: KBS-MBC의 '안락한 복점'

1981년 들어 텔레비전 수상기 보급률이 전체 가구 대비 80%를 넘어서고(라디오의 경우는 사실상 100%), 광고 설득력이 높은 컬러 방송도 새로이 실시되면서 방송 시장은 이전의 '판매자 시장seller's market'의 성격을 더욱 심화시켰다. 여기에 KBS 1TV마저 광고를 재개함으로써 시장이 팽창될 수 있는 여력마저 커졌다. 영업권의 관리적 독점(한국방송광고공사)을 통한 가격 통제는 이런 조건에서 시행되었다.

1980년대 한국 경제의 실질 성장률은 8.4%였고, 1981년에서 1990년까지의 GNP 성장률은 365%였다. 같은 시기에 총광고비는 628% 성장하여, 광고 시장은 GNP 대비로 1.7배가 넘게 확대되었다. 이 기간에 TV 광고비는 625%, 라디오는 308% 증가했다(한국방송광고공사, 1991, p.14, 16). 이는 신문과 잡지의 각각 689%와 902% 성장에 비해서는 낮은 수치이나, 신문과 잡지의 수가 1980년대 말에 들어 폭발적으로 증가했다는 점을 감안하면, 방송의 성장률이 상대적으로 훨씬 높았음을 알 수 있다.

1980년부터 1990년까지의 방송 매체 광고비의 구성 추이인 표 15를 보면, 방송 광고비는 1970년대에 비해 다소 떨어지기는 하였지만 10~40%의 고성장률을 기록하는 안정기를 구가하고 있다. 또 1970년대 중반에 이미 선발 매체였던 신문을 따라잡기도 했던 방송 광고비의 비중은 1988년까지 근소하나마 계속 우위를 지켰다. 이 점은 앞서 살펴본 대로 광고 가용량이 늘어난 데서 기인하는 바 컸다. 그러나 1989년이 되면 신문 시장의 제도적 장벽이

표 15. 방송 매체 광고비 구성 추이(1980~1990)

단위: 100만 원

구분	텔레비전			라디오			구성비 합계
	광고비	전년비 (%)	전체 광고 내 구성비 (%)	광고비	전년비 (%)	전체 광고 내 구성비 (%)	
1980	82,007	130.0	36.3	34,404	114.0	15.2	51.5
1981	95,671	116.7	36.3	30,929	89.9	11.7	48.0
1982	136,843	143.0	38.5	30,812	99.6	8.7	47.2
1983	192,954	141.0	41.1	35,577	115.5	7.6	48.7
1984	253,640	131.5	43.8	42,708	120.0	7.4	51.2
1985	266,980	105.3	43.1	42,749	100.1	6.9	50.0
1986	298,925	112.0	44.1	44,274	103.6	6.5	50.6
1987	353,482	118.3	44.9	47,134	106.5	6.0	50.9
1988	444,762	125.8	43.4	51,536	109.3	5.0	48.4
1989	525,991	118.3	40.9	62,602	121.5	4.9	45.8
1990	598,191	113.7	36.0	95,318	152.3	5.7	41.7

출처: 유재천(1992).

풀리고 상대적으로 방송 광고 요금의 인상은 지체되면서 신문 광고비의 비중이 훨씬 높아져 1991년도에는 신문 광고와 방송 광고의 점유율의 차이가 무려 10% 이상으로 벌어지기도 하였다.

이렇게 완비된 시장 기반은 광고를 하는 두 방송에게 '안락한 복점 comfortable duopoly 체제'[90]를 구축시켜 주었다. 1981년부터 1990년까지 KBS와 MBC의 매출 추이를 나타낸 그림 4를 보면 대체로 두 방송사의 성장과 감소가 거의 같은 추이로 움직이고 있음을 잘 보여 준다. 이 점은 두 방송사가 거의 시장 경쟁이 없이 100%에 가까운 시간 판매에, 같은 광고료와 같은 영업 관행에 의존했기 때문이다. KBS의 엄청난 초기 성장률은 KBS 2의 편입과 KBS 1의 광고 재개 등에 이유가 있는 것으로 보인다. 1985년도에 양 방송사가 모두 가장 낮은 성장률을 보이는 것은 당시의 경기 침체 때문일 것이다. 1986년부터 1989년 사이는 양 방송사가 거의 똑같은 비율로 성장하고 있어 두 방송사가 일정한 수입을 둘러싸고 상호 의존적이면서 동시에 경쟁적인 관계 속에 있으며, 일정한 담합을 통해 공동 이윤의 극대화를 모색하는 전형적인 복점의 상황 속에 있음을 잘 보여 준다.

90 '안락한 복점'은 신자유주의 대처 정부가 채널 4 이전의 영국 방송 구조를 비아냥하기 위해 만든 일종의 슬로건으로 1985년에 구성된 피콕위원회의 보고서에서 나온 말이다(HMSO, 1986). 이 시기의 영국 방송 시장은 BBC와 ITV가 재원까지 서로 하나는 수신료, 하나는 광고료식으로 분할해서 독점했다. 재원 경쟁에서 비롯된 방송의 질 저하를 경계한 때문이지만 양 방송에게는 그야말로 '안락한' 환경을 제공한 것이다. 이에 비추어 보면 1980년대 한국의 그것은 KBS와 MBC가 경쟁은 하지만 경쟁의 결과가 비용이나 실적에 아무런 영향을 미치지 않는 말 그대로의 '안락한 복점 체제'였다.

그림 4. KBS, MBC 광고 매출액의 성장률 추이(1981~1990)

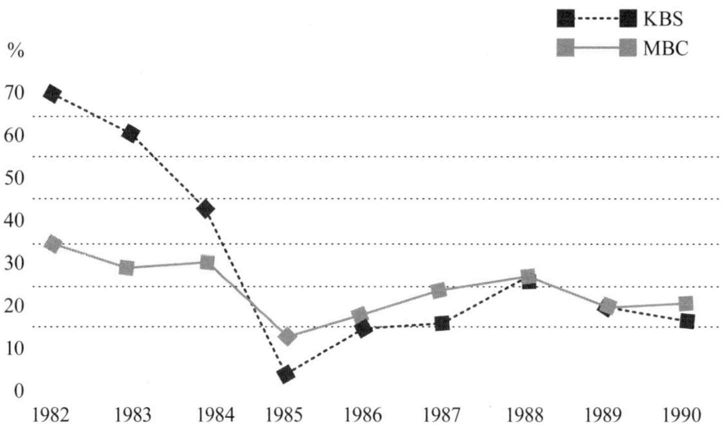

출처: 한국방송광고공사(1991).

2) 편성 이념의 혼란과 홍보 도구화

(1) 이념의 혼란

준비 없이 시작된 공영 방송은 많은 혼란을 불러일으켰다. KBS 1TV의 광고 재개도 이러한 혼란을 부채질했다. “제1TV는 전 국민을 대상으로 하는 국내 기간 방송으로서 보도와 교양 방송에 주력하고, 제2TV는 전국의 도시권을 중심으로 생활인을 위한 다양한 정보와 건전한 오락 방송에 비중을 두고 제1TV의 기능을 보완”(한국방송공사, 1987, p.683)한다는 이념을 내세웠으나 1981년 한 해 동안 KBS 1TV는 7회, 2TV는 무려 8회, 3TV는 4회에 달하는 빈번한 개편을 하였다(한국방송공사, 1987, p.683).

이러한 잦은 개편은 애초부터 공영적 편성 이념이 구체적인 프로그램 아이디어로 뒷받침되지 못했을 뿐만 아니라 방송사 내부에서조차 뚜렷한 공감대가 없었음을 잘 보여 주는 실례다. 당시의 기록에 따르면, 시행착오를 거치고 난 1982년에 와서야 "편성이 자리를 굳히고 발전하기 위한 보완과 마무리 단계"(한국방송공사, 1987, p.684)를 보여 준다.

1982년의 편성의 특징(한국방송공사, 1987)은, 대형 생방송의 개발과 정착, 드라마의 대형화, 스포츠 프로그램의 확충, 해외 기획 취재 다변화 등이다. 이 중 대형 생방송은 캠페인이나 자축 형식의 미디어 이벤트의 개발과 보편화를, 드라마의 대형화는 격주로 방송되던 〈TV 문학관〉 등을 매주 편성해 방송 횟수를 늘리고 3시간짜리 드라마를 방송하는 것이었다. 스포츠는 야구를 시작으로 붐을 일으킨 프로스포츠의 열기를 텔레비전으로 연결시키려는 의도였다. 해외 기획 취재의 경우는 공영 이념에 어울리는 다큐멘터리의 개발을 꾀하면서 나타난 특징이라 할 수 있다.

이 가운데에서 1983년 방송된 〈이산가족을 찾습니다〉는 6·25 특집으로 편성돼 장장 138일 453시간 45분이라는 최장 생방송 기록을 수립하며 세계의 이목을 KBS에 집중시켰다. 신청한 10만 952명 중 1만 189명의 가족이 상봉했는데, 이는 한국 방송 역사상 가장 감동적이고 획기적인 프로그램으로 평가되면서 국제적인 상을 포함해 방송 내외의 수많은 상찬을 받았다(한국방송공사, 1987, p.693). 이에 자극 받은 MBC는 조직을 개편해 교양제작국을 신설하기도 했다.

(2) 중복·대응 편성

이 시기에 가장 보편화된 것은 공민영 혼합 시기였던 1970년대보다 더욱 높아진 중복·대응 편성 경향이었다. 1965년부터 1988년까지 텔레비전 채널 간 전체 중복률(한진만, 1989)을 보면 텔레비전이 두 개밖에 없었던 1960년대를 제외하면, 빈도수에서는 시간대 편성지침이 있었던 1976년부터 1980년 사이의 중복률(24.5%)보다 1981년부터의 중복률(24.7%)이 오히려 더 컸음을 보여 준다.

이 점은 KBS, MBC가 모두 공영 방송을 표방했고 KBS 2TV가 1TV와 차별화하면서 이전 TBC의 상업적 경향을 크게 바꾸지 않았던 데 기인한다. 즉 MBC의 경우 대부분의 프로그램이 KBS 1(주로 뉴스·교양 프로그램 등)이나 KBS 2(오락 프로그램)와 중복되는 것이다. 여기에 양 방송사의 9시 뉴스가 고정되어 이전과 이후 시간대의 프로그램 유형이 유사해진 점도 작용했다. 물론 이 점에는 양 방송사의 자존심을 건 치열한 경쟁이 있었다.[91]

이런 과당 경쟁 또한 5공적 공영의 치명적 상처가 되었다. 온전한 공영 이념이 정착하지 못한 가운데서 벌어지는 경쟁은 이전의 상업적 경쟁의 행태를 답습할 수밖에 없었기 때문이다. 이 점은 결국 연륜이 쌓이고 제도가 바뀌면서도 크게 달라지지 않은 한국 방송의 중요한 관행적 특징으로 자리 잡게 된다.

(3) 뉴스의 양적 확장과 홍보 도구화

공영제가 실시되면서 가장 크게 변화된 장르 중 하나는 보도 프로그램, 곧 뉴스였다. 이 점은 먼저 양적인 면에서 쉽게 확인된다. 예컨대 MBC의 경우 개국 2년차가 되는 1971년에는 보도 프로그램의 비중이 전체 편성의 9.6% 정도에 그쳤지만, 비상시국인 유신 체제 당시에는 갑자기 6.3%나 증가했고 다시 정상이 되어서는 12.9~14.6% 정도로 유지되었다. 그러나 공영제가 실시된 1982년이 되면 다시 17.5%로 급증했고, 1986년에는 여기에서 무려 7.6%가 더 늘어 뉴스는 이제 전체의 $\frac{1}{4}$이 넘는 25.1%를 차지하게 되었다(표 16 참조).

91 문화방송(1992, p.476)은 비교적 솔직하게 당시의 상황을 기술하고 있다. "관민방 TV 3사 때의 견제와 평형은 사라지고 남은 양대 TV는 공영 방송으로서 쌍벽을 이루는 구도로 전환되었다. 초창기에는 한 치의 양보도 없이 적대적인 과당 경쟁은 극에 달했다."

표 16. MBC의 보도 프로그램 비율의 추이(춘하계 개편 중심)(1971~1986)

연도	보도 프로그램(%)	증감(%)	비고
1971	9.6		유신 체제 이전
1973	15.9	+6.3	유신 체제 이후, 방송법 개정
1975	13.6	−2.3	시간대 편성지침 이전
1977	12.9	−0.7	시간대 편성지침 이후
1979	14.6	+1.7	5공, 언론기본법 이전
1982	17.5	+1.9	5공, 언론기본법 이후
1986	25.1	+7.6	

출처: 조항제(2003b, p.181).

1980년 이후의 특성은 KBS를 통해서 잘 알 수 있는데, 1TV의 경우 1981년 때만 해도 24.6% 수준이던 뉴스의 편성량은 이듬해에는 35.1%로 크게 늘었고, 오락성이 강했던 2TV는 같은 기간 동안에 다소 낮았던 17.2%에서 22.1%로 소폭 증가했다가 4년 뒤인 1986년에는 25.9%로 급증했다. 이 해에 1TV는 34.3%로 오히려 약간 줄었다(한국방송공사, 1997).

이런 역사적 추이는 방송이 대규모화되고 보도의 노하우 또한 쌓이면서 정보 제공이라는 본연의 기능에 충실해졌다는 발전적 측면을 보여 준다. 그러나 다른 한편으로는 허울뿐인 공영제를 통해 방송을 사실상 정치적 도구로 만든 국가의 의도 또한 같이 작용한 결과다. 뉴스의 비중이 유신 체제 이후 갑자기 증가하는 점, 5공 체제 이후 뉴스 시간이 계속해서 늘어나 전체 $\frac{1}{4}$이 되는 점은 체제 변화와 방송 사이가 결코 무관하지 않다는 점을 방증한다.

뉴스는 양에 비례해 질도 높아졌다. 1980년대 들어서는 취재 기자 등이 전화로 기사를 송고하거나 보이스 리포트로 하는 초보적인 단계를 벗어나

비로소 ENG 카메라를 활용한 뉴스 제작 방식이 정착되었다. 특히 1980년 9월 개편에서 NHK를 모방해 만든 KBS TV의 〈뉴스 파노라마〉는 전량이 ENG로 처리된 프로그램이었다. 1980년 초에 3대밖에 없던 ENG는 11월에 6대로 늘었고 통합 이후 다시 2대가 추가됨으로써 메인 뉴스인 〈9시 뉴스〉는 기자 출연을 제외하고 주요 뉴스를 모두 사운드 필름 또는 ENG로 커버했으며 명실 공히 '텔레비전' 뉴스로서 성장했다(한국방송공사, 1987). 또한 사건 보도의 현장성을 최대한으로 살리기 위해 취재 기자와 카메라 기자가 반드시 한 팀을 이루어 출동해서 리포트와 효과음을 삽입하고 관계자의 인터뷰 등을 담는 등 모든 뉴스를 현장 제작하는 방식으로 바꾸었다.

MBC TV는 〈뉴스데스크〉, 〈레이다 11〉, 〈뉴스의 눈〉, 〈뉴스센타〉, 〈뉴스쇼〉 등 모든 와이드 보도 프로그램에 각기 개성이 다른 앵커를 고정해서 뉴스의 퍼스낼리티화를 본격적으로 시도했다(문화방송, 1992). 그리고 이때부터 메인 뉴스의 시간이 9시로 고정되었다. 1970년대의 경우만 하더라도 KBS의 메인 뉴스가 10시대에 편성되기도 하는 등 시간대가 반드시 정해지지 않았고, TBC의 경우 앞의 스포츠 중계('고교 야구') 등이 길어지면 이에 따라 뉴스도 불가피하게 순연되는 등의 수시 변동도 있었다. 그러나 1980년대 들어서면서 뉴스는 양 방송이 모두 완벽하게 9시가 되었고, 시간도 엄격하게 지켜졌다.

이 같은 뉴스 프로그램의 양·질적 변화는 정보 매체로서의 텔레비전의 위상을 보다 확고히 했다. 그러나 당시의 뉴스는 이른바 '땡전全 뉴스'와 '보도지침'으로 대표되는 5공의 인위적 정당성 창출 작업과 결코 분리될 수 없었다. 시청자들은 컬러화와 현장화로 현실 재생력이 크게 높아진 뉴스 화면에 이목이 끌렸지만, 익숙해지면서부터는 점차 5공 권력의 정치적 의도를 변별해 내기 시작했다.

(4) 대형 프로그램의 등장

1970년대의 상업적 편성은 프로그램을 경량화 하여 시간대를 마치 라디오처럼 잘게 '썰어 놓은' 패턴을 따랐다. 이는 중간 광고가 없고 스폿이 시간당으로 제약되어 있어 프로그램 길이가 길면 길수록 광고 수익이 떨어졌기 때문이다. 그래서 당시 편성 부서에 있었던 한 방송인은 이러한 광고 제한이 "마치 프로그램 길이를 20분 단위로 자르게 하는 것과 마찬가지 조치"(김우룡, 1976. p.24)라고 비판했다. 수시로 재정난에 시달려야 했던 당시의 상업 방송으로서는 대형 프로그램이 지닌 높은 제작비도 큰 난관이었을 것이다.

그러나 1980년대 들어 양 방송사가 모두 관리된 시장 아래 공영 방송임을 표방하고 나서면서는 대형 프로그램을 경쟁적으로 제작·편성할 수 있었다. 특히 1984년 추동계 개편에서 MBC가 1970년대 이래 최고의 인기 품목이던 일일 연속극을 전격 폐지하자 이제 1시간(광고 제외하면 50분)은 어린이 프로그램을 제외하고는 프로그램의 기본 단위가 되었다. 물론 이의 이면에는 미디어 이벤트를 통한 국민 분위기의 조작, 상업적·선정적 경향을 통한 국민 의식의 이완처럼 정치권력이 텔레비전에 기대한 바가 자리했다.

프로그램의 대형화를 선도한 대표적인 예는 캠페인성이 강했던 텔레비전 이벤트와 드라마였다. 특히 KBS의 〈TV 문학관〉은 이전에는 계기 특집극용에 그쳤던 'TV 영화'를 본격화시킨 시발점이 되었다. 드라마 분야에서 1980년대는 1970년대와 비해 다음처럼 크게 달라졌다.

첫째, 단기 시리즈·단막극 형식의 특집물이 대폭 증가되었다. 특히 구 TBC의 인력을 받아들여 이전에 비해 제작진이 크게 늘어난 KBS는 1981년의 경우, 100분 이상 2~3시간의 특집이 25편, 120분물 〈TV 문학관〉이 27편, 도합 52편으로 매주 1편 이상 꼴로 특집 드라마를 방송했다(한국방송공사, 1987).

두 번째, 첫 번째의 연장선에서 〈TV 문학관〉, 〈베스트셀러 극장〉 같은 형식의 'TV 영화' 장르의 개척이다. 이전의 100분 드라마를 발전시킨 KBS의 〈TV 문학관〉은 1980년 12월 18일 〈을화〉를 시작으로 국내 명작 소설과 오리지널 극본을 텔레비전 드라마로 제작하였다. 처음에는 격주로 방송하던 것을 1982년부터 주간으로 바꾸어 횟수를 늘렸다. '문학과 영상의 조화로운 만남'을 슬로건으로 하여 출발한 MBC의 〈베스트셀러 극장〉도 같은 형식의 'TV 영화'로 텔레비전 드라마의 내용과 제작 등 각 부문의 질 향상에 영향을 미쳐 이를 한 차원 높이는 전환점이 되었다(문화방송, 1992, pp.507~509). 특히 〈베스트셀러 극장〉은 영화식 제작 기법의 활용[92]으로 이전의 TV에서 볼 수 없었던 깊이 있는 영상 창출에 성공했으며, 연출 주도의 장인 정신을 일깨웠다(문화방송, 1992).

셋째, 일일극처럼 졸속으로 제작되는 형태를 탈피하고 장기간 준비해 품질과 인기를 함께 노리는 기획물이 등장하기 시작했다는 점을 들 수 있다. MBC의 경우, 〈동토의 왕국〉, 〈동의보감〉, 〈여명의 눈동자〉 등이 1년 이상의 기획과 제작 기간을 걸쳐 제작·방송되었다. 그리고 1년여의 기획 끝에 출발한 〈조선왕조 500년〉은 매주 편성으로 장장 7년 6개월에 걸쳐 방송되어 대하드라마의 모범을 보여 주었다.

네 번째가 새로운 드라마 포맷으로서의 미니시리즈의 정착이다. MBC가 제작비가 많이 들면서도 단회로 끝나는 〈베스트셀러 극장〉을 종료하면서 이 소재를 단기 시리즈로 연결시킬 구상을 먼저 했다. 처음에는 4회, 6회, 8회 등으로 짧게 기획해 비교적 미니 시리즈의 특성에 맞았으나 이후에

92 방송사 인력만으로는 매주 방송 분량을 감당할 수 없었기 때문에 영화 감독을 특채하였고, 전문 편집인 및 동시 녹음팀을 고용하였으며, 마치 영화처럼 프로그램마다 내용에 맞게 작곡한 음악을 사용하여 시청자들의 인기를 모았다. 이렇게 드라마의 품질과 외형에 많은 변화를 가져온 〈베스트셀러 극장〉은 6년여에 걸쳐 방송되었다(문화방송, 1992).

는 장편 소설을 각색하는 등 16회, 24회 등으로 길어져 미디엄 시리즈로 바뀌었다.

그러나 이 같은 변화는 이를 뒷받침하는 제작이나 편성 관행의 변화까지로 이어지지는 못했다. 우선 1970년대 일일극의 변형으로 주간 2회 시리얼 연속극이 시도된 후 주중으로도 확장, 월화, 수목, 주말 등의 주간극의 기본 포맷으로 완전히 굳어졌다. 서구와 같은 스타일의 주간 에피소드식 시리즈는 시도는 여러 번 되었으나 성공하지 못했다. 또 이런 연속극 관행은 전작제全作制와 같은 제작의 기본 형식의 정착을 방해해 그날 찍어 그날 방송하는 후진적 '즉작제'가 성행되도록 했다.

(5) 다큐멘터리 영역의 본격화

공영제가 실시되고 난 이후 가장 크게 변화된 장르는 다큐멘터리였다. 1970년대만 하더라도 민방에서 다큐멘터리를 비롯한 교양 프로그램은 드라마, 쇼, 코미디 등의 오락이 아닌 교육적 목적의 프로그램 정도로 애매한 위치에 있었다. 법상에 규정된 비율을 맞추기 위한 '구색 갖추기'나 '저질 시비를 막는 방패막이' 구실에 그쳤다고 해도 크게 지나치지 않았다(문화방송, 1992, p.512). 공영 방송인 KBS는 그래도 좀 나은 편이었으나 다른 방송과 차별화될 수 있을 만큼 내실을 확보한 것은 아니었다.

그러나 1980년대 들어 제도가 바뀌고, ENG 카메라의 보편화와 조직('교양')의 신설·확대 등으로 제작상의 편의가 커지면서 다큐멘터리의 양은 크게 늘어나게 된다. 특히 정치성은 상대적으로 낮고 대중성은 높은 휴먼 다큐멘터리는 1985년에서 1991년까지 7년 동안 제작된 편수가 이전 모두를 합친 총 편수의 2배를 훨씬 넘어설 정도로 많이 제작되었다(김균 · 전규찬, 2003). 당시 〈사람과 사람〉(KBS), 〈인간시대〉(MBC)는 평범한 사람들의 이야기가 얼마든지 대중에게 감동을 줄 수 있고, 상당한 정치성도 가질 수 있다는 점을 보여 주었다. 결국 이 역시 제도(공영)가 가진 나름의 잠재성이 체제의 억압성과 갈등할 수 있음을 보여 주는 또 하나의 예가 되었다.

4. 시민사회: 시청료거부운동

1) 배경

1986년 1월 20일 'KBSTV시청료거부기독교범국민운동본부'가 출범함으로써 이전까지 간헐적으로 표출되던 KBS에 대한 거부감이 전 국민적으로 표면화되었다. 이후에 이 운동은 야당(당시 신민당), 천주교 등의 타 종교 단체, 사회단체, 여성 단체 등으로 지지를 넓혔으며 도시뿐 아니라 농촌에 이르기까지 폭넓게 확산되어갔다.

라디오의 청취료는 전쟁 이후 보급 실태가 파악되기 어려워지면서 없어졌지만, 텔레비전의 시청료는 '국영TV 방송사업운영에 관한 임시조치법'에 의거해 탄생 즈음(1963년)부터 있어 왔다. 당시 방송 재정이 워낙 취약했으므로 1964년에는 두 번이나 인상되었다. 1963년부터 1994년까지의 시청료 추이를 집약한 표 17을 보면 컬러텔레비전이 도입되기 이전에 시청료는 1963년의 100원에서 1980년 800원으로 8배, 연평균 47% 정도 인상되었고, 컬러텔레비전이 시작된 지 3년 후인 1984년에는 흑백텔레비전 시청료는 면제되었으며 1981년 컬러텔레비전 시청료가 2500원으로 책정된 이후에는 한 번도 인상된 적이 없다. 그러나 이때 책정된 2500원은 흑백의 3배에 달하는 큰돈이어서 당시 컬러텔레비전의 시청자들은 새로운 수상기 가격 외에 높아진 시청료를 물어야 했다.

표 17. 수신료(시청료)의 역사적 전개 추이

연도	흑백/컬러	수신료 (월/원)	시행일	비고
1963	흑백텔레비전	100	1963. 1. 1	유료 광고 방송도 개시
1964	흑백텔레비전	150	1964. 2. 1	1964년 두 차례 인상 (한국방송공사, 1977, p.537)
	흑백텔레비전	200	1964. 7. 1	
1969	흑백텔레비전	300	1969. 5. 1	KBS의 광고 방송 중지 (MBC의 개국)
1974	흑백텔레비전	500	1974. 7. 1	
1979	흑백텔레비전	600	1979. 2. 1	
1980	흑백텔레비전	800	1980. 1. 1	
1981	흑백텔레비전	800(유지)	1981. 4. 1	흑백과 컬러 분리·별도 징수
	컬러텔레비전	2,500(신설)	1981. 4. 1	
1984	컬러텔레비전	2,500	1984. 12. 1	흑백 TV 시청료 면제
1986	컬러텔레비전	2,500	1986. 7. 1	선납 시 할인, 영세민 면제, 보유 대수가 아닌 세대별 징수, 난시청 지역 감면
1994	컬러텔레비전	2,500	1994. 10. 1	전기료와 동시 징수

물론 이 운동 이전에도 시청료에는 많은 문제가 있었다. 인상이 잦았지만 왜 그런지 이유는 밝히지 않아 징수원과 국민 사이에 마찰이 빈번했으며, 이에 따라 징수 비용도 과다하게 들었다. 공영임을 자처하는 KBS가 광고도 하므로 명분도 약했다. 특히 1969년에 광고를 중단했던 1TV마저 광고를 재개하는 바람에 정당성은 더욱 떨어졌다.

뒤에 다시 자세히 살펴보지만 시청료는 단순히 재원의 의미만을 갖는 것이 아니다. 공영 방송은 국가나 자본으로부터 독립될 수 있기 위해 국민의 직접적이고 공평한 부담인 시청료에 의해 운영된다. 시청료는 공영 방송이 국민과 연결되어 있음을 증명하는 직접적 고리이자 매개인 것이다(Picard, 2005). 따라서 시청자가 시청료의 납부를 정치적 이유를 들어 거부하는 운동은 방송과의 고리를 스스로 끊고 상대방을 더 이상 인정하지 않겠다는 행위이어서 '공영 방송'으로서 KBS의 정당성은 심각하게 훼손되었고 당시의 정치권력도 큰 타격을 받았다.

2) 전개 과정

시청료거부운동의 확산은 당시 KBS의 재정에 심각한 영향을 미쳤다. KBS 재정의 대부분이 시청료 수익이었던 1970년대만 하더라도 수상기 보급이 순조로웠고, 문제는 있었지만 수납률 또한 90%를 넘어 컬러텔레비전 투자를 충분히 감당해 낼 수 있었다(한국방송공사, 1983). 대체로 1970년대 후반부터 총액은 여전히 상승하는 가운데서도 수납률은 다소 떨어지는데,[93] 이유는 수상기 보급이 사실상 포화가 되면서 시청료 지불 능력이 약한 사회 하층까지 납부 대상이 내려갔기 때문이다.

그러나 시청료거부운동이 활발해지고 1984년부터 흑백 수상기의 시청료가 면제되면서 시청료의 비중은 크게 줄어들기 시작했다. 앞서 제시한 통계인 표 13으로 보면, 시청료 대 광고의 비율이 50 대 50을 보인 1983년 이후 시청료의 비중은 1988년의 27%로까지 격감한다. 시청료의 절대액도 1984년 대비로 84.1%(1986), 80%(1987), 69%(1988)로 계속 감소한다. 이런 추이가 가장 심한 광주방송총국의 경우 시청료거부운동이 시작될 무렵에는 목표액 대비 69.2% 정도를 징수하던 것이 1988년에는 무려 30.3%까지 반

93 수납률은 1977년 91.3%에서 1980년 85.4%까지 떨어지지만, 수익은 약 194억 7000만 원에서 521억 2000만 원으로 167.7% 증가한다(한국방송공사, 1983).

이상 떨어져 버렸다(광주방송총국, 1992, p.228).

이 운동이 이렇게 확산된 이유는 운동에 참여하는 것이 구체적이고 온건하며 경제적 수익도 있었기 때문이다. 그러나 확실했던 것은 언론의 민주화 실현이라는 정치적 대의명분에 대한 폭넓은 지지층이 존재했다는 점이다. 당시 한국방송공사(1987, pp.793~794)는 범국민운동본부의 집행위원장 금영균 목사의 인터뷰 내용(《동아일보》, 1985. 4. 4)을 인용해 시청료 납부의 거부 이유를 다음과 같은 세 가지로 밝히고 있다. 첫째, 공정성을 상실한 편파 보도로 국민이 알고자 하는 정보를 왜곡한다는 점, 둘째는 광고비를 간접 부담하게 한다는 점, 셋째는 언론기본법에 규정된 시간보다 훨씬 많은 시간을 저질·퇴폐화된 오락 프로그램으로 채워 국민의식을 병들게 한다는 점이다.

이에 대해 KBS(한국방송공사, 1987, p.794)는 그해 6월, 방송자문위원회의 운영을 활성화하고 전국시청자회의 등을 개최하며 시청료 제도와 광고 운영을 개선하겠다는 요지의 대책을 발표했다. 당시의 '보도지침' 일부에서도 밝혀진 바와 같이 정책 측도 시청료를 '텔레비전세,' 즉 면허세로 변화시키는 대책을 강구하고 있었다(김기태, 2004). 이의 실질적 목적은 물론 미납부 시 강제 행위를 하겠다는 데 있었다.

그러나 시청료거부운동은 5공 체제 전반에 대한 뿌리 깊은 불만을 방송을 대상으로 표시한 것이다. 따라서 시청료나 광고 제도 일부의 손질에 머무른 KBS 수준의 미봉책으로는 진정시킬 수 없었다. 시청료거부운동이 제2기에 접어들면서 전반적인 사회민주화운동과 병행하여 전반적인 언론민주화운동으로 발전한 것은 시청료가 가진 의미에 비추어 볼 때 자연스러운 것이었다. 결국 이 운동은 1987년 6월의 범국민적 투쟁으로 모이게 되었다. 이 운동의 시기별 추이는 표 18과 같다.

표 18. 시청료거부운동의 시기 구분

<table>
<tr><th>성장 과정</th><th colspan="2">시기별 운동의 특성</th><th>비고</th></tr>
<tr><td rowspan="2">제1기
(1985. 8
~1986. 4)</td><td colspan="2">전기: 산발적 활동기(1985. 8~1986. 1)</td><td>편파 · 왜곡 보도에 대한 누적된 불만이 산발적으로 제기되기 시작함</td></tr>
<tr><td colspan="2">후기: 공식 조직 활동기(1986. 1~1986. 4)</td><td>1986. 1. 20: 공식적 운동 조직 결성('KBSTV시청료거부기독교범국민본부')</td></tr>
<tr><td rowspan="4">제2기
(1986. 4
~1988.12)</td><td rowspan="2">전기: 사회 민주화 운동 병행기(1986. 4~1987. 6. 29)</td><td>전기: 대국민적 확산기(1986. 4~1986. 9)</td><td>1986. 4. 2: 신문(《동아일보》) 보도 이후 급속도로 운동 확산됨</td></tr>
<tr><td>후기: 운동 세력 연대 활동기(1986. 9~1987. 6. 29)</td><td>1986. 9. 26: 범야권 연대 운동 기구 결성
1987. 6. 29: 민주화 선언 발표</td></tr>
<tr><td rowspan="2">후기: 언론 민주화 추진기(1987. 7~1988. 12)</td><td>전기: 공정 선거 보도 감시 활동기(1987. 6. 30~1988. 4)</td><td>1986. 12. 16: 대통령 선거 보도 감시 활동
1988. 4. 26: 국회의원 총선 보도 감시 활동</td></tr>
<tr><td>후기: 언론 민주화 추진기(1988. 4~1988. 12)</td><td>1986. 9. 26: 범야권 연대 운동 기구 결성
1987. 6. 29: 민주화 선언 발표</td></tr>
<tr><td>제3기
(1989. 1
~1994)</td><td colspan="2">운동 방향 재정립기</td><td>운동의 종료 선언이나 구체적인 운동 방행의 제시 없이 형식적으로만 존재하는 상황임</td></tr>
</table>

출처: 김기태(2004, p.137)에서 일부 추가.

3) 영향 및 결과

시청료거부운동의 목표는 방송 민주화와 사회·정치 민주화였다. 이 둘은 불가분의 관계였다. 왜냐하면 결국 방송 민주화, 언론 민주화의 가장 큰 걸림돌이 '보도지침'을 비롯해 지속적으로 작용하는 외압이었고, 이는 전반적인 사회 · 정치 민주화가 아니면 사라지기 어려운 것이었기 때문이다. 그래서 왜곡 ·

편파 보도나 광고 행위, 저질·퇴폐 방송의 중단과 같은 시청료거부운동의 목표는 민주화를 압박하기 위한 수단적 의미가 강했다. 시청료거부운동은 '조세 저항'[94] 같은 것으로 치부될 단순한 세금 차원의 문제가 아니라 KBS의 편파성을 용인하지 않겠다는 정치적 의사 표현이었고, 공영 방송을 도구화하는 5공 체제 전반에 대한 사실상의 국민적 거부 운동이었던 것이다.

1990년 이후 이 운동은 민주화운동의 열기가 전반적으로 식고 시청료의 이름도 면허세적 의미를 띤 '수신료'로 바뀌면서 막을 내리게 되었다. 그러나 이후의 시청자운동 역시 다양한 주체들에 의해 다양한 방향으로 전개되고 있고, 수신료 또한 그때의 영향으로 지금까지 단 한 차례도 인상된 적이 없어 시청료거부운동은 여전히 진행 중이라고 볼 수 있다. 어떤 면에서는 KBS를 중심으로 하는 한국 공영 방송 체제에서 시청자의 주권이 확립되고, 편파성이나 저질성이 더 이상 정치적 의제가 되지 않을 만큼 공영 방송에 대한 국민적 신뢰가 쌓인 때가 되어서야 비로소 진정으로 시청료거부운동이 끝나는 것이 아닌가 한다.

94 물론 이 점이 전혀 없지 않았다는 점도 생각해야 할 것이다. 특히 단시일 내에 쉽게 파급될 수 있었던 점은 조세 저항의 특징이기도 하다. 그러나 시청료는 단순히 조세적 성격만을 갖지 않으므로 다른 측면도 아울러 보아야 한다.

6장 재확립기

1. 한국의 민주화: '1987년 체제'의 성립

한국의 민주화의 성격에 대해서는 다양한 주장과 평가가 존재하지만, 특히 정치적 행위자들의 역학 관계를 어떻게 파악하느냐에 따라서는 두 가지 관점이 있다.[95] 첫째는 제5공화국을 구성했던 권위주의 권력 블록의 균열과 그에 따른 타협의 결과물로 민주화를 보는 '전략 선택 이론' 또는 '타협론'이다(임혁백, 1994). 1984년의 유화 조치 이후로 시민사회의 자율적 사회운동이 성장하기 시작하고, 이듬해 2·12총선에서 사실상 야당이 승리함으로써 정부의

95 이갑윤·문용직(1995)은 타협론과 민주대연합론 등의 두 가지로 나눈다. 반면 손호철(1996)은 전략 선택 이론, 사회운동론, 조절 이론, 세계체제론 등의 네 가지를 드는데 이 중 전략 선택 이론은 이갑윤·문용직의 타협론과, 사회운동론은 민주대연합론과 유사하다. 손호철의 분류 중 조절 이론과 세계체제론은 축적 체제의 변화와 경제 위기를 민주화의 동인으로 삼는 보다 거시적인 접근이므로 이 책에서 살펴보고자 하는 단기적·정치적 변화의 분석에는 어울리지 않아 생략했다.

정당성 관리 체제가 급격하게 무너지기 시작했다. 대학가의 반정부 시위는 점차 규모와 강도가 커졌고 급기야는 박종철의 고문치사 사건에 뒤이어 6월 항쟁까지 터지면서, 지배 블록 내부에서도 직선을 수용하자는 온건론이 대두되었다. 이는 민정당 노태우 대표의 6·29선언으로 나타났고, 결국 지배 계급에 의해 주도되는 개혁인 '수동 혁명passive revolution'으로 민주화가 이룩되었다는 해석이다.

반면에 6월 항쟁을 아래로부터의 민주화 열기에 토대를 둔 '사회운동론'으로 보는 관점이 있다(성경륭, 1995). 사회운동론은 6·29선언 자체가 지배 엘리트의 선택이 아니라 국민들의 민주화 요구가 지배 세력을 일정하게 강제한 결과로 본다. 사회운동론은 전략 선택 이론이 말하는 지배 블록 내 강경파와 온건파의 분열, 온건파의 민주화 과정 주도, 그들 사이의 타협 등이 전혀 없었다고 주장한다. '민주대연합론'은 이런 사회운동론의 연장선에서 민주화의 설명에만 그치지 않고 이후의 과정, 즉 7~9월의 노동자투쟁으로 중산층이 이 연합으로부터 탈퇴하고 대선에서 양 김 씨가 분열해 결국 기존 지배 블록의 후보가 승리함으로써 민주화가 더 이상 진전되지 못한 한국 민주화의 '제한된' 성격까지 밝힌다.

전자의 타협론이 민주화에서 엘리트의 역할과 정치적 행위자의 전략적 선택을 중요시하는 반면, 후자의 사회운동론이나 민주대연합론은 대중의 역할과 역사적·구조적 측면을 강조한다(이갑윤·문용직, 1995). 그러나 양자에서 공통되는 것은 1987년의 민주화가 6월 항쟁과 직선제 개헌의 수용으로 시작되었으며, 한국 정치사에서 비로소 민주주의가 확립되는 계기로 보았다는 점이다. 뒤이은 7·8월의 노동자대투쟁이 시민사회 전반의 급속한 양·질적 성장을 가져왔으나 12월 대선에서 구체제가 재집권함으로써 결국 민주화는 더 이상 진전되지 못하게 된 것이다.[96]

1980년대 내내 아니 이전의 유신 체제부터 민주화는 시대의 화두였다.

그러나 민주화 주장은 주로 정치 과정에서 '직선제 대통령 선거'와 같은 절차적 차원으로 한정되었으며, 한국 사회에 산적한 여러 모순의 극복으로까지 발전하지는 못했다. 민주대연합(또는 '도전연합'; 성경륭, 1995)의 분열과 대선 실패가 제한된 민주화의 가장 중요한 원인이었지만, 당시의 민주화 인식 자체가 아직은 최소한의 정당성 요구에 머무르는 낮은 수준이었기 때문이기도 했다는 것이다(이갑윤 · 문용직, 1995).

한국의 민주화 도정은 1987년 이후에도 여러 변화를 겪었다. 이듬해 4월 총선은 대선 패배로 심각한 후유증을 앓고 있던 야권에게 반전의 기회를 주었다. 역사상 처음으로 이른바 '여소야대' 국회가 구성되면서 야권이 다시 정치적 영향력을 확대하기 시작한 것이다. 다양한 민주화 요구들이 통로를 되찾았고 정부 여당은 수세에 몰렸다. 그러나 1990년 1월의 이른바 '3당 합당'은 정치 질서를 재차 뒤바꾸어 놓았고, 이로써 지배 블록은 아래로부터의 민주화 요구를 이념적으로도 통제할 수 있는 보수 네트워크를 구축하게 되었다.[97]

요약하면, 한국 민주화의 특징은 가깝게는 유신 체제 이래 십수 년을 이어져왔던 권위주의 체제의 종식과 직선제 개헌을 통한 절차적 민주주의의 확보이며, 한국 사회의 기존 질서를 급진적으로 개혁했다기보다는 정치적 권위의 정당성 확보 방식을 형식적으로 개선한 것이라고 할 수 있다. 이

96 당시 인권 변호사 조영래는 "민주를 잃었고 민주화를 얻었다"는 수사적 표현을 하기도 했다(조영래, 1991).

97 1990년 1월 22일, 여당인 민정당이 야당인 통일민주당 · 신민주공화당과 합당하여 민주자유당(민자당)이 탄생했다. 민정당은 야권의 분열로 대선에서는 승리했지만, 이듬해의 총선에서는 지역에 기반한 3개 야당에 패배해 사상 처음으로 여소야대의 국회가 되었다. 3당 합당은 한편으로는 지배 블록의 이념적 색채를 더욱 '보수적'인 것으로 만들었고, 다른 한편으로는 야권의 분열과 호남 지역의 정치적 고립을 낳았다(강원택, 2012). 이후 민자당은 신한국당, 한나라당, 새누리당으로 당명은 여러 차례 바뀌었지만 계급적 · 정치적 본질은 그대로 유지되었다.

점에서 실질적 민주주의의 발전과 성숙은 지연되었거나 부분적으로 좌절되었다. 그러나 민주화라는 시대적 요구 속에서 급속도로 성장한 시민사회가 3당 합당으로 대표되는 지배 블록을 끊임없이 비판·견제하기 시작하면서 다양한 형태의 사회적 갈등이 생성되는 역동적 시기인 '1987년 체제'(김종엽 엮음, 2009)가 성립되었다. 이에 따라 방송 영역에서도 법과 제도의 개선뿐만 아니라 방송 민주화의 실질적 내용을 둘러싸고 여러 방식으로 갈등이 표출되었다.

2. 공영 방송의 재확립과 방송 관련법 개정

초기 1987년 체제는 방송 구조를 개편한 법 개(제)정과 관련하여 크게 세 국면으로 나누어 볼 수 있다(조항제 외, 2013). 첫 번째 국면은 1987년 6월 항쟁과 6·29선언을 거쳐 그해 12월에 있었던 제13대 대통령 선거까지의 약 6개월의 시기다. 이 시기의 정치·사회적 요구의 핵심은 민주화이고, 방송에서도 지난 권위주의 체제의 청산이 중심이 된 다양한 주장들이 제기된다. 이 시기에는 6월 항쟁의 영향으로 이른바 민주대연합을 형성한 체제(국회) 내의 야당 세력과 항쟁을 주도한 시민사회의 정치 집단들이 정치적 주도권을 행사했다. 그러나 이런 주도권의 행사와는 별개로 방송 관련법의 구체적인 제·개정에서는 다수였던 여당이 자신의 뜻대로 법제 변화를 마무리했다. 야당과 시민사회는 의지는 강했으나 이를 법과 제도로 구체화시키는 데는 미숙했다.

두 번째 국면은 대선 이후 제6공화국의 첫 번째 정부인 노태우 정부가 들어서고 1988년 4월 총선을 거쳐서 1990년 1월 3당 합당으로 민자당이 탄생하기까지의 13개월의 시기다. 이 시기에는 여소야대 정치 지형과 이른바 '청문회 정국' 속에서 백가쟁명식으로 여러 개선안이 모색된다. 하지만 만발

표 19. 1987년 이후의 국면 변화와 방송 관련법 제·개정

국면	정치적 행위자의 역학 관계		주요 방송 관련법 제·개정
	정치적 주도권	방송 관련법 제·개정에서의 주도권	
1국면: 6월 항쟁에서 13대 대선까지	민주대연합 (야당과 시민사회)	여당 (수적 우위)	• 언론기본법 철폐 • 새 방송법 제정 • 한국방송공사법 개정
2국면: 4월 총선과 청문회 정국	야당이 의제 선점 (여소야대)	여야의 균형	• 방송문화진흥회법 (MBC) 제정
3국면: 1990년 3당 합당 이후	정부 여당	정부 여당	• 방송법 개정 (상업 방송 허용)

출처: 조항제 외(2013).

했던 논의에 비해 정작 변화는 KBS가 소유하던 MBC 주식을 신설 공익 법인인 방송문화진흥회에 넘기는 방식으로 처리한 방송문화진흥회법 제정뿐이었다.

마지막 세 번째 국면은 3당 합당에서부터 1992년 제14대 대선까지의 시기라고 볼 수 있다. 3당 합당을 통해 정국 주도권을 쥐게 된 여당은 방송 구조 개편에 본격적으로 나서게 된다. 그 결과물이 민영 상업 방송의 허용을 골자로 하는 1990년의 방송법 개정이었다. 이 시기에는 정치적으로 정부 여당이 거의 완전하게 주도권을 행사했으며, 방송사 노조를 비롯해 시민사회의 저항이 있었으나 힘의 열세를 뒤집지 못했다.

앞의 두 국면에서의 변화는 방송 민주화의 흐름에서 나온 결과물이라고 할 수 있다. 불충분하기는 했지만 재·개정의 방향이 그래도 공영 방송의 형식적 자율성을 신장시키는 효과를 가져왔다. 그러나 1987년 체제의 성격이 3당 합당이라는 전기轉機를 통해 크게 변화하는 지점에서 이루어진 세

번째의 변화는 달랐다. 이때의 개정은 민영 상업 방송을 신설하면서 방송 환경의 변화라는 이유를 달았다. 이러한 명분 변화는 주목할 만하다. 관점이 마치 패러다임의 변화처럼 기왕의 정치성에서 경제성으로 바뀌었기 때문이다. 그러나 과연 경제성이 합당한 이유와 근거를 가졌는지, 정치성 문제는 충분하게 해결된 것인지, 경제성과 정치성의 관계는 어떠한지는 전혀 합의된 바 없어 사회적 갈등과 논란이 치열하게 전개되었다. 이 과정에서 기존의 공영 방송의 복점 구도가 해체되고 지상파 3사 중심의 방송 질서가 성립되었고, 시장 경쟁이라는 새로운 방송 환경이 본격적으로 모습을 드러내기 시작했다.

1) 방송법의 제정

1987년 10월 말에 직선제 개헌안이 확정되었고, 11월에는 언론기본법이 폐지되고 정기간행물등록법과 방송법이 새로 제정되었으며, 한국방송공사법이 또한 개정되었다. 숨 가쁜 일정이었다. 이 과정에서 야당인 민주당은 방송법 대신에 '공정 방송 관리를 위한 임시 조치 법률안'을 제시했다. 대통령 선거가 임박한 정치 일정을 감안할 때, 방송의 공정성과 중립성을 보장할 수 있는 입법이 빠른 시일 안에는 불가능하다는 이유였다. 그러나 야당의 반발에도 불구하고 새로운 방송법이 제정되었다.

(1) 언론기본법의 폐지와 공영 방송 제도의 유지

새 방송법을 조문만으로 보면 방송위원회에 대한 조항이나 일부 독소 조항의 폐지 외에는 크게 달라진 것이 없다.[98] 또 그나마 방송위원회 부분도 당시에는 불충분한 개혁으로 많은 비판을 받았던 것이다. 이 점은 상식적으로는 잘 이해되지 않는다. 왜냐하면 민주화는 5공 체제를 부정한 것이고, 방송은

5공 체제에서 매우 핵심적인 위치를 차지했기 때문이다.

이의 이유는 다음과 같은 세 가지로 설명할 수 있다. 먼저 첫째는 5공 체제와 민주화 세력 사이에 적어도 원칙적인 측면에서 방송의 공공성에 관한 최소한의 공감대, 그러니까 공영 방송 제도에 대해서만큼은 합의가 있었기 때문이다. KBS시청료거부운동이나 같은 시기의 방송 노동조합운동의 이념성에서 출발하는 이런 합의는 KBS와 MBC에게 공정성이나 비상업성을 요구하면서, 공영 방송을 부정하기보다는 오히려 공영 방송의 진정한 실천 또는 재확립을 주창했다. 따라서 언론기본법에서 방송의 공공성과 관련된 이념적 조문들은 민주화 이후에도 그대로 유효할 수밖에 없었다. 광고주의 부당한 영향력을 사전에 차단하는 방송광고공사를 통한 관리 시장, 여론 시장의 독점을 제어하는 언론 기업의 겸영 금지 조항, (나중에 다시 나오지만) MBC의 '공영적' 상업 방송의 어정쩡한 위상도 다음 해로 유보된 채 그대로 유지되었다.

다음으로는, 민주화에 불철저할 수밖에 없었던, '1987년 체제'의 기득권적 타협성 때문이다. 특히 이념적 부분에서는 합의를 했더라도 실제적 권력 부분인 방송위원회에서는 야당 측의 지분이 좀 더 큰 방향으로 갈 수도 있었지만, 당시 국회를 차지하던 다수의 여당 의원들은 기존 조항을 바꾸려들지 않았다. 이에 대해서는 야당이나 민주화 세력 역시 방송의 정치성에 대한 인식이 불철저해 삼권 분립이 가지는 형식적 논리를 부정하지 못했다.[99] 결국 대통령과 사법부 등이 가지는 사실상의 정부 지분을 그대로 인정해 버렸다.

셋째는 방송의 공공적 이념의 맥락에서 상업성에 대한 경계를 들 수 있

98 언론기본법에서 가장 문제시되었던 독소 조항들, 예를 들어 정기간행물과 방송 모두에 적용되는 제6조의 언론청구권과 제7조의 위법 표현물의 압수 및 제8조의 취재원 보호에 관한 조항 등은 언론기본법과 함께 모두 폐지되었다.

99 물론 여기에는 정치적 결정에 모든 이익을 집중시키는 권력적 심성도 작용했을 가능성이 높다. 당시 야권은 대통령 선거에 진다는 생각을 거의 하지 않았다.

다. 여기에는 특히 이전의 소유를 회복하려 하는 TBC의 문제가 잠복되어 있었다. 만약 이러한 이념이 조금이라도 다른 방향, 예컨대 민영 상업 방송에 우호적인 쪽으로 변화되었다면 언론 통폐합이 완전히 부정되면서 삼성 측이 TBC를 회수할 수 있었을지도 알 수 없던 노릇이기 때문이다.[100]

(2) 방송위원회의 강화

새 방송법에서 가장 크게 변화된 부분은 과거의 언론기본법에서는 단순 심의 기구였고 공영 제도의 '장식'에 불과했던 방송위원회의 위상과 권한이 확대된 점이다. 새 방송법은 방송위원회를 다룬 제3장에서 위원회의 설치 목적을 방송의 공적 책임 및 공정성과 공공성의 유지라고 규정했다. 이는 과거의 언론기본법이 방송 운영에 관한 기본 사항의 심의 역할에 한정한 것에 비해 상당히 발전한 것이다.

또 새 방송법은 실질적인 직무의 측면에서도 위원회를 강화했다. 방송위원의 수를 9인에서 12인으로 확대하고, 이전까지는 모두 비상임이었던 위원도 6명까지 상임위원을 둘 수 있도록 했다. 또 특별법에 의해 설립된 방송사(공영 방송)의 이사 추천권과 결산 공표권도 부여했다. 방송법이 제정된 시점에서 특별법에 의한 방송 법인은 KBS뿐이었으나, 당시 KBS가 MBC의 대주주[101]이었으므로 사실상 방송위원회가 모든 공영 방송의 이사 추천권을 갖게

100 실제 1990년 중앙일보 측은 TBC(지금의 KBS 2TV)의 원상회복 청구 소송을 제기했다. 그러나 1994년 열린 항소심에서도 패배했다. TBC의 포기 각서를 제출할 당시 강박 상태에 있다고 보기 어렵고 손해배상 청구 소송의 시효 3년이 지났다는 것이다(〈동아일보〉, 1994. 11. 19). 물론 시효 내에 소송을 제기했다고 하더라도 원상 복구는 어려웠을 것으로 보이지만, 어쨌든 이 문제는 상존해 있었다.

101 이듬해에 곧바로 방송문화진흥회로 옮겨졌으므로 실질적으로 KBS를 통해 권한이 행사된 적은 없지만 당시의 법적 논리로는 그러했다.

된 것과 마찬가지였다. 이는 공영 방송의 사장 선임권이 주무 부처 장관으로부터 방송위원회가 추천한 이사회로 넘어오는 것이며(한국방송공사법의 전면 개정과 함께), 따라서 제대로만 된다면 이전까지의 공영 방송의 지배 구조를 완전히 바꿀 수 있는 주목할 만한 내용이었다.

심의 제도에서도 변화가 있었다. 언론기본법에서 방송위원회는 방송 운영에 관한 기본 사항을 심의하는 역할을 가진 기구였고, 방송 프로그램의 심의 기능은 별도의 위원회(방송심의위원회)에 부여되어 있었다. 또 언론기본법은 방송 심의 규정은 문공부장관이 승인하도록 정한 반면에 새 방송법은 방송심의위원회의 위원 구성과 심의 규정 등의 규칙제정권을 방송위원회가 행사할 수 있도록 했다. 이로써 방송위원회는 방송에 대한 감독 기구의 역할과 함께 규칙제정권을 보유한 준입법 기구의 위상을 갖게 되었다.

이처럼 새 방송법이 공영 방송의 감독권을 이전의 행정 부서(문공부)가 아니라 보다 민간적이고 중립적인 방송위원회로 넘긴 점은 분명히 진전이었다. 그러나 이 효과는 그렇게 크게 나타나지 못했다. 이유는 방송위원회의 인적 구성이 이전과 거의 똑같았기 때문이다. 따라서 기구의 변환은 있었지만 실제 정책은 이전의 '1980년 체제'를 답습하고 말았다.

제5공화국 체제에서, 그리고 6월 항쟁의 와중에서 빈번하게 우리 방송의 문제로 지적된 것은 저널리즘의 편파성이었다. 공영 방송의 뉴스 보도가 권력을 비판하고 감시하는 제 역할을 하기는커녕 거꾸로 정치권력의 '애완견'으로 전락해 편파적 보도를 일삼은 것이 무엇보다도 방송(시청료)을 거부하는 운동의 큰 원인이었다. 따라서 국민들은 민주화에 따라 방송 저널리즘 또한 제자리 찾기를 원했다. 그런데 공정한 보도를 법과 제도로 보장할 수 있는 방법은 대체로 단순하다. 즉 공영 방송에 가해지는 정치권력과 행정 부서의 간섭과 통제를 없애고 최대한 자율성을 보장해 주면 되는 것이다. 그러나 공영 방송에도 역시 거버넌스는 있어야 하고 마찬가지로 통제 장치도 필요한데 문제는 '어떤 사람이 이를 하느냐'고, 또 이들을 '어떻게 선임하느냐'다. 법적 형식만으로 볼 때, 그런 일을 할 수 있는 곳은 '선출된 권력'인 대통령과 국회밖에 없고, 사법부는 삼권 분립의 한 축으로 지분을 맡게 되는 것이다.

그러나 이런 사고방식이야말로 선거의 결과에 모든 것을 거는 정치 논리로 쉽게 회귀해 버려서 대선에서 야당이 패배하자 결국 변한 게 거의 없게 되었다. 만약 좀 더 변화를 원했다면 정치는 일부만 결정하고 나머지는 다른 영역이 결정하는 근본적인 '다원 체제'를 모색했어야 하는데,[102] 그렇지 못한 결과는 결국 강화된 위원회에 의회 몫의 야당 측 1~2명만이 압도적 수적 열세 속에 참여하는 정도에 그친 것이다. 그런 면에서 새 방송법은 진일보한 것임에는 분명했으나 방송 민주화의 결과물로는 미흡한 것이었다.

2) 한국방송공사법의 개정: 지배 구조와 '시청료' 제도의 변화

새 방송법 제정과 함께 한국방송공사법도 전면 개정되었다. 유신 때에 제정된 이후 두 번째의 전면 개정이었다. 첫 번째는 1985년에 KBS에도 적용되는 정부투자기관관리기본법이 제정되면서 이루어졌다. 반면에 1987년의 개정은 KBS만을 대상으로 하는 최초의 전면 개정이었다.

개정 내용의 핵심은 모두 세 가지로 꼽을 수 있다. 첫째, KBS 경영진의 선임 방식이 변화했다. 1972년에 법이 제정되고 이듬해 KBS가 공사로 전환한 이후 당시까지 KBS 사장의 실질적인 선임권은 주무 부처인 문공부장관이 행사해왔다. 문공부장관이 KBS 사장을 제청하고, 이를 대통령이 임명하

102 당시 이 점을 알았더라도 그런 방안이 과연 실현 가능했을까 하는 물음이 생긴다. 이에 대한 대답은 물론 부정적이다. 그러나 선발 민주주의의 역사는 이런 재귀再歸의 노력이 꾸준히 쌓여야만 해결의 가능성이 생긴다고 가르친다.

는 방식이었다. 1985년에는 정부투자기관관리기본법에 의해 이사장 제도가 신설되는 등의 일부 변화가 있었으나 경영진 선임 방식의 내용은 같았다. 여전히 문공부장관이 제청하고 대통령이 임명하는 방식이었다. 그러나 1987년의 개정은 문공부장관이 아닌 KBS이사회가 사장의 선임권을 행사하도록 바꾸었다. KBS이사회가 KBS 사장을 제청하고 이를 대통령이 임명하도록 한 것이다. 그리고 KBS이사회는 방송위원회가 추천하여 대통령이 임명하는 12인의 이사로 구성되도록 했다. 이러한 법 개정으로 KBS는 정부투자기관관리기본법의 적용 대상에서 완전히 제외되었고, 경영진 선임에서도 문공부장관이 아닌 방송위원회의 영향력하에 놓이게 되었다.[103]

둘째, 1987년의 개정은 KBS의 최고 의결 기구로 이사회를 두도록 했다. 이를 통해 KBS는 의결 기구와 집행 기구가 분리되었다. 이전까지는 집행 기구와 의결 기구의 분리 없이 KBS 사장을 정점으로 하여 부사장(정부투자기관관리기본법에서는 이사장)과 이사 3인이 최고 경영진을 구성하는 방식이었으나, 법 개정으로 KBS 사장은 부사장과 본부장들을 포함하는 집행 기구의 장이 되었고, 방송위원회가 추천하는 12인의 이사로 구성된 이사회가 최고 의결 기구가 되었다.

셋째, 한국방송공사법 개정과 새 방송법 제정으로 'KBS 시청료'의 명칭

103 반드시 제도 변화의 효과 때문은 아니지만 이전과 전혀 다른 이력을 가졌던 서영훈은 절차 또한 다르게 사장이 되었다. 서영훈은 KBS가 맞은 최초의 비관료·비청와대 출신 사장으로, 대통령의 추천이나 정부의 내정 없이 KBS이사회에서 자유로운 경선으로 선출되었다. '최초의 민선·적법 사장'인 셈이다. 당시 서영훈에 KBS 사장을 권한 사람은 법에 따라 강원룡 방송위원장이었는데, 강원룡은 나름의 몇 가지 인선 원칙을 가지고 여당뿐만 아니라 야당에도 사전 양해를 구했다(〈한국일보〉, 2004. 5. 6). 적십자사(사무총장)와 홍사단(이사장) 출신인 서영훈은 강원룡이 보기에 이 기준에 가장 잘 어울리는 사람이었다(같이 이북 출신이라는 친연도 작용했을 것으로 보인다).

이 '텔레비전방송 수신료'로 바뀌었고, 수신료의 결정 및 징수에 관한 업무 권한이 KBS로부터 방송위원회로 이관되었다. 시청료가 수신료로 바뀌고 징수권이 방송위원회로 옮겨진 데에는 KBS시청료거부운동이 큰 영향을 미쳤다.[104] 그러나 (후술하겠지만) 방송위원회가 수신료 징수권 등 관련 업무를 관장하는 것은 정책·규제 기구인 위원회의 성격에 어울리지 않는다는 지적이 제기되었고, 결국 1990년의 방송법 개정을 통해서 다시 수신료 업무는 KBS의 소관으로 돌아가게 된다.

3) 방송문화진흥회법 제정: 공영 방송 복점 체제의 유지

(1) 방송 제도 논의의 정치화

1987년에 제정된 방송법은 임시적 성격이 강했다. 수적인 열세로 관철되지는 못했지만 당시 야당이었던 민주당은 임박한 선거를 위해 임시안('공정방송관리를 위한 임시조치법률안')까지 내놓을 정도였다. 결국 대선에서 민정당이 승리해 구체제의 상당 부분이 유지되었지만, 이듬해 총선에서는 패배해 여소야대 정국이 열림으로써 방송관계법의 논의도 자못 활발해졌다. 특히 MBC 문제는 이 해 말까지 KBS가 가진 지분이 해결되어야 하는 시한까지 있었다. 이로써 법을 제정해야 하는 국회를 비롯해 방송 관련 기관이 총동원되어 각종 세미나와 공청회 등이 개최되었다. 대체로 이 시기의 논의는 이전이나 이후의 법 개정과 관련해 큰 결정이 있지는 않아(다음에 살펴볼 방문진법 정도다) 과도기적 의미를 지니지만 다음과 같은 의의는 있었던 것으로 보인다.

첫째, 논의의 내용 자체보다는 당시의 정치적 변화들과 연동되어 구체제

104 KBS시청료거부운동에 대해서는 3장의 관련 내용을 참조하라.

를 유지하려는 여권과 시민사회를 포함한 야권의 미래적 정책 방향이 결정되는 의의가 있었다. 야권의 경우에는 현재의 상태에서 노동조합이 일으킨 방송의 내부 변화를 계속 지원·추동함으로써 기존의 공영 체제를 재확립하는 쪽으로 가닥을 잡았다. 이와 관련해 1987년에 서둘러서 제·개정한 방송 관련법은 미흡하기는 했어도 실제 운용 과정에서는 상당한 성과 — 예컨대 KBS의 서영훈 사장의 경우처럼 — 를 거둬 만족감을 주었을 것으로 보인다. 반대로 여권의 경우에는 불안정성이 높아져 어떻게든 '제자리'로 돌려놓아야 하는 필요성이 커졌다. 이쯤에서 여권은 처음에는 반대했던 민영화안 곧 새로운 상업 방송의 도입을 다시 적극적으로 검토했을 가능성이 높다. 당시 다수의 논자가 공민영혼합제를 주장한 점도 도움을 주었을 것으로 짐작된다(신문과방송 편집부, 1988). 한국 최초의 민간 방송 정책 연구 기구인 '방송제도연구위원회'(이하 방제연)가 설립·운용된 것도 이런 정치적 밑그림에서 나온 안이었을 것이다.[105]

둘째, 다양한 논의들이 백가쟁명식으로 쏟아져 나와 오히려 혼란을 조장했다는 점이 방제연을 구성하게 만드는 요인이 되었을 것이다. 특히 당시는 방송과 관련된 사회적 논의가 오랫동안 단절된 이후였으므로 "다양한 의견이 제시되고 있지만 도대체 어느 쪽으로 어떻게 가자는 것인지 일반 시청

105 당시 여권의 사고를 추론해 보면, 대체로 다음의 방향이었을 것으로 짐작된다. 첫째는 충격을 몰고 온 이른바 '역편파 방송'이 다시 있어서는 안 되고, 이를 막기 위해서는 정책과 인사, 심의(곧 사후 제재)에서 공보처와 방송위원회, 방송사 사장으로 이루어지는 삼각 통제가 필요하다. 지금의 난관을 초래한 이유는 일차적으로 잘못된 인사 때문이므로 다음은 믿을만한 인물로 속전속결한다. 이제 인사는 어떤 제도 개편에서도 결코 양보하지 않는다. 둘째, 방송 노동(조합)의 활동은 억제되어야 한다. 상업 방송의 도입을 이용한 시장 통제와 사장의 인사 통제를 최대한 활용한다. KBS는 분할해 규모를 줄인다. 셋째, 민영 방송의 논조는 허가의 선별과 방송위원회를 통해 통제한다. 광고공사는 경제적 통제를 위해 대기한다. 이 '매뉴얼'은 주무 기관의 이름과 사람만 바뀌었을 뿐 지금까지도 통용되고 있는 게 아닌가 한다.

자들이나 국민들이 가늠하기가 굉장히 어려웠다"(정중헌; 관훈저널 편집부, 1988, p.239; 문장은 인용 문맥에 맞게 일부 수정). 이런 혼란상은 자연히 영국의 유명한 '위원회' 같은 민관 협의의 정책 기구의 필요성을 자극했다. 그러나 이런 기구를 어떻게 운용해야 하는지에 대한 합의는 전혀 없었고, 악용될 소지에 대한 경계 역시 마찬가지였다.

셋째, 1988년의 상황에 대한 정치권의 인식이 좀 더 첨예해지면서 방송 정책의 핵심이 정치적인 것, 곧 허가와 인사, 심의에 집중되기 시작했다는 점을 들 수 있다. 방송위원회의 구성을 비롯해 KBS, MBC 등 공영 방송의 사장에 대한 대통령의 인사권, 새로운 방송에 대한 행정부(공보처)의 방송인허가권, 방송의 내용에 대한 규제적 심의권 등이 그것이다. 이에 따라 방송에서 제기될 수 있는 다른 여러 문제들, 예를 들어 채널의 특성화, 중앙 집중성의 완화 곧 (반대로) 로컬리즘의 진흥, 독립 제작사를 육성시키는 제작원의 다양화 등은 핵심에서 밀려나게 되었다.

(2) 방송문화진흥회법 제정

새 방송법은 부칙에서 경과 조치로 기존에 KBS가 가진 다른 방송 법인(MBC)의 주식이나 지분을 1988년 12월 31일까지 처분하도록 규정했다. 이에 따라 1988년 12월에 방송문화진흥회법(이하 방문진법)이 제정되었다. 1980년의 전일적 공영화 조치의 일환으로 KBS가 MBC의 주식 70%를 소유하도록 했던 것이 이로써 폐지되었고 MBC는 '독립'되었다.

앞에서 서술한 대로 1988년에는 공영 방송의 복점 체제의 변화에 대한 다양한 논의와 모색이 있었다. 민영 상업 방송을 허용하여 공민영 혼합제를 만들자는 주장이 다수에 의해 제기되었고, 초기에는 KBS 2TV와 MBC의 민영화 방안이 나오기도 했다. 그러나 KBS 2TV의 민영화는 언론 통폐합 이전의 원상, 곧 TBC와 관련되어 재벌의 방송 소유 문제가 다시 제기되는 난점이 있어 후반으로 갈수록 점차 사라졌고, 방송법 부칙의 경과 조항으로 인해 MBC의 위상 변화만이 합의에 이를 수 있었다.

방문진의 신설은 공영 방송 체제를 지속적으로 유지·발전시켜야 한다는 입장과 민영 상업 방송을 허용하되 상업주의의 폐해는 막기 위해 '공익적 민영 방송'을 만들어야 한다는 입장의 타협점으로 볼 수 있다. MBC 내부에서도 경영진이 내놓은 특별법에 의한 공익 재단 설립을 근간으로 하는 주식회사안과 민주화추진위원회가 제안한 국민개주제[106]·사원지주제 방식의 안 등이 있었지만 성안된 것은 전자에 가까웠다.[107] 중요했던 노조는 어느 특정 안을 지지하기보다는 소유 형태와 관계없이 정치권력과 독점 자본의 영향력을 배제하는 제도를 마련해야 한다(신문과방송 편집부, 1988a)는 다소 추상적인 입장이었다.

방문진법은 소유(지배 주주)는 방송문화진흥회라는 공익 법인으로 하면서도 민영 방송의 의의를 살릴 수 있도록 회사의 형태는 주식회사로, 그리고 재원은 광고에 의존하는 상업적 형태를 띠도록 했다. 또 이 법은 방문진의 운영으로 10인 이내로 구성되는 이사회를 두었으며, 이사회는 4인은 국회가, 6인은 방송위원회가 추천하여 방송위원장이 위촉하도록 했다. 이사회의 가장 큰 권한은 서울 MBC의 사장을 뽑는 것이었다.

그러나 이런 법 개정은 많은 문제를 낳았다. 가장 큰 것으로 방문진과 MBC의 관계를 모호하게 만들어서 두고두고 MBC의 책무성과 관련해 방문

106 소득이 일정 수준 이하인 국민만 청약해서 주주가 될 수 있는 제도를 말한다. 이 안은 당시 국민주로 만들어진 〈한겨레신문〉의 영향을 받았다.

107 전자의 안은 이사회 구성에서 정치적 독립성이 확보되기 어렵다는 문제가 있었고, 후자의 안은 대주주가 없는 상황에서 회사의 경영을 노조가 과도하게 지배할 우려가 있고 공익성 때문에 영리 추구가 제한을 받는다면 주식 공모 과정에서 실패할 우려가 있다는 지적이 있었다. 결론은 전자로 되었고, 문제점 역시 그대로 맞았다.

진이 무엇을 할 수 있고 해야 되느냐 하는 혼란을 일으켰으며, 문제가 되기로는 사장을 결정할 수 있는 이사회의 정치적 구성이 가장 첨예했다. 이사를 임명하는 방송위원회가 결국은 집권당의 영향권 내에 있었기 때문이다. 이 역시 지금까지 후련한 해결 방안을 찾지 못한 채 난제의 하나로 남아 있다.

4) 1990년 방송법 개정과 민영 상업 방송의 신설: 시장 경쟁 체제의 도입

(1) 배경 및 전개 과정

1990년의 방송 구조 개편 및 방송법 개정에 대해 정책 당국은 현행 공영 방송 구조가 1980년 방송통폐합의 산물이므로 1990년대 사회의 체질에 맞는 방송 구조로 개편하겠다는 취지를 밝혔다. 1987년의 방송법 제정이 구질서 청산의 기치를 높이하면서도 기존의 공영제를 그대로 유지한 데 비해 그로부터 3년이 지난 1990년에는 새로운 시대를 언급하면서 공민영혼합제를 다시 도입한 것이다.

이 구조 개편은 앞서 언급한 대로 방제연을 설립해 본격적으로 제도 연구를 한 이후에 나온 결론이었으므로 더욱 주목을 끌었다. 그러나 방제연(1990)이 최종적으로 내놓은 여러 제안에서 정부가 법 개정에 직접 반영한 것은 의외로 몇 개 안 되어서[108] 이 위원회가 단순히 명분을 제공하는 선에 머물렀다는 논란을 불러일으키기도 하였다. 가장 핵심적인 민방의 도입에서도 방제연은 다수안, 소수안이 아닌 1안과 2안으로 제시했을 뿐인데, 정부는 민방

108 개정안이 방제연 보고서에서 받아들인 것은 오직 민방의 신설 하나뿐으로 방제연이 제안한 다른 사안들, 예를 들어 정부의 방송 행정 주도 배제, 방송광고공사의 폐지, 방송위원회에 면허권 부여 및 방송 정책 기능 강화, 방송 심의의 자율화, MBC의 위상 변화, KBS의 운영 방식 변화 등(방송제도연구위원회, 1990)은 거의 무시되었다. 이 점 때문에 한국 최초의 제도연구위원회인 방제연은 정부가 민방을 도입하려는 의도에 들러리를 선 것일 뿐이라는 비판을 면치 못했다.

을 신설하는 1안을 다수안으로 견강부회해 마치 다수안이기 때문에 받아들인 것처럼 여론을 호도했다(김정기 · 최병렬, 1990).

구조 개편의 골격은, KBS 채널의 특성화로 국가 기간 공영 방송으로의 기능 강화, 민영 방송 허용으로 방송 전파의 독과점 해소와 채널 간 다양성 보장, 선의의 경쟁을 통한 방송 발전 도모, 교육방송은 KBS에서 분리 · 독립시키고 활동은 교육 및 직업 교육에 국한, 방송 사업의 수익은 반드시 사회 공익으로 환원, 방송의 자율성과 공정성 보장 등이었다. 이러한 민영 상업 방송의 재도입에 대해 정부 측이 거론한 이유는 방송 환경의 새로운 변화였다. 즉 위성 방송 · 종합 유선 방송 등 뉴 미디어의 발전으로 이른바 다미디어 · 다채널 시대가 열려 전파의 개방이 필연적이며, 일본의 위성 방송의 침투에 대응하기 위해 채널을 증설하는 것이 필요하고, KBS · MBC 양 방송사의 독점으로 인한 폐해가 크고, 방송의 탈규제deregulation가 선진국의 일반적 추세라는 점 등이었다.

이러한 법 개정에 대해 야당과 방송 3사의 노조, 시민단체 등은 강력하게 반대하였다. 처음부터 이들은 방송제도연구위원회의 다수 안이 새로운 상업 방송의 설립으로 귀착될 것으로 예측하면서 재벌 소유의 방송이 가져올 수 있는 폐해를 우려했다. 특히 4월의 KBS 파업의 후유증이 채 가시지 않은 상태여서 KBS의 분리와 '경영 효율화'가 담긴 구조 개편은 더욱 큰 반발을 불러일으켰다. 그러나 구조 개편을 담은 방송법의 개정안은 그해 8월 여당 의원들만 참석한 가운데 이른바 '날치기'로 통과되었다.

(2) 개정의 핵심

1990년의 방송법 개정의 핵심은 크게 세 가지였다. 첫째는 민영 방송의 도입을 통한 공민영 혼합제의 시도였다. 이전의 방송법이 제6조 ①항, ②항에서 특별법에 의해서 설립된 법인 등으로 제한했던 방송 경영은 대통령령이 정하는 대기업과 그 계열 기업 및 그와 특수한 관계에 있는 자, 곧 재벌을 제외한 민간인에게 허용되었다. 지배 주주의 지분 수를 $\frac{30}{100}$을 초과하여 소유할 수 없게 한 제한 조항이 부가되어 독점적 운영은 방지하도록 했다. 이로써 1980년 언론 통폐합으로 시작된 전일적 공영제는 10년 만에 공민영혼합제로 바뀌게 되었다.

둘째, 방송위원회의 권한을 대폭 축소했다. 당초 이 개정안에 대해 공보처가 내세운 명분은 방송위원회의 강화였지만 실제 법안은 이와 정반대로 나타났다. 이전의 방송법은 방송위원회가 방송의 운용·편성에 관한 기본 정책을 심의할 수 있도록 하였고, 정부가 독점하고 있던 KBS, MBC 등의 특별 법인의 사장에 대한 인사권도 방송위원회로 분산시켜 놓았다. 그러나 개정된 방송법은 방송위원회 대신 정부 기구(공보처)의 권한을 강화하였다. 방송위원회의 가장 큰 기능을 "방송의 내용이 공정성과 공공성을 지니고 있는지의 여부에 대한 심의·결정"(제17조 ②항) 정도로 국한시켰고, 정책에 대한 권한도 과거의 언론기본법의 수준 정도로 격하시켜버렸다. 수신료 징수 주체도 명목적이지만 방송위원회에서 KBS로 바꾸었다. 그리고 상대적으로 공보처의 권한은 훨씬 높여 놓았다. 법령으로 성문화되어 있는 것은 기존의 재허가(추천)권에, 신설 조항인 외화의 수입 추천권(제40조 ②항) 정도이지만 방송위원회의 권한으로 언급되지 않은 방송 운용에 대한 제반 결정권을 모조리 공보처가 갖게 된 것이다.

셋째는 방송사에 대한 표현 규제의 강화였다. 1990년의 개정은 제5조 이념 부분에서 "계층 간·지역 간 갈등을 조장해서는 안 된다"(제5조 ④항)는 조항을 삽입하는 등 방송의 사회적 책임 부분을 보다 구체적으로 열거하여 표현의 범위를 대폭 제한했다. 또 방송위원회의 권한은 축소했지만 심의 기능은 강화했다.

넷째, KBS의 기구 축소와 경영 합리화를 강조하였다. 한국방송공사법

제21조 ③항의 국가가 필요로 하는 방송의 실시에서 교육방송을 제외하여 교육방송 분리의 근거를 마련하였다. 그리고 KBS이사회의 임무로 "적정하고 효율적인" 운영을 삽입하고(한국방송공사법 제8조), 이사회에 경영 평가를 하게 하는 등 효율화를 강조하였다. 이외에도 "국내에서 당해 방송국이 아닌 자가 제작하는 방송 순서"의 의무 비율을 신설하여 방송 외주의 근거를 마련, 방송 제작원을 다양화했으며 방송자문위원회를 시청자위원회로 개편하고 공익 자금 사용의 정당성을 확보하기 위해 공익자금관리위원회를 신설하는 등의 개정을 하였다.

(3) 평가: 방송 지배책의 일환

이러한 구조 개편은 크게 세 가지 차원에서 평가할 수 있다. 먼저 살펴볼 것은 이 법이 나온 배경과 실질적 효과다. 즉 당시의 조건이나 상황이 얼마나 민영 상업 방송을 필요로 했는가 하는 측면이고 이 방송이 실질적으로 어떤 영향을 몰고 왔나 하는 점이다. 1989년은 〈어머니의 노래〉나 3부작 〈5공 특집〉이 나오면서 제대로 된 공영 방송이 가지는 실질적인 위력을 잘 보여 준 해였다. 반대로 5공 체제의 구지배층이 느꼈던 위기감 또한 상당했다. 당시 민정당의 박희태 대변인은 "우리가 믿고 사랑하던 KBS가 어떻게 그런 프로그램을 방영할 수 있는지 실망스럽다"고 개탄하는 성명을 발표하기도 했다(강준만, 2007, p.582). 여기에 MBC는 한 술 더 떠 두 명의 사장을 거부하고, 1988년에 이어 또 다시 파업에 돌입해 3개 국장 추천제를 쟁취했다. 이듬해인 1990년에는 KBS에 감사원의 표적 감사가 실시되면서 정부의 내정 없이 임명된 서영훈 사장이 퇴임하고 이에 항의하는 노동조합이 무려 36일간 제작을 거부(사실상 파업이다)하는 이른바 4월 투쟁이 벌어졌다. 이 법은 이런 가운데 등장한 것으로 어떤 형태로든 적어도 노동조합을 필두로 한 방송의 자율성을 제한시키기 위해 마련된 법이라는 말이다.

둘째는 법 개정의 과정과 절차의 문제다. 방제연의 구성에서부터 정부의 '방송 구조 개편안' 제출까지의 이슈의 변화를 시기별로 분석한 박선희(1994)에 따르면, 정부 측의 상업 방송 신설 방침은 방제연의 연구 결과와 관계없이 전제되어 있었던 것이라는 추론이 가능하다. 상업 방송은 방제연의 구성 때부터 다른 어떤 이슈보다 먼저 중심적으로 제기되었고, 방제연은 들러리에 불과했던 것이다. 종래에는 야당이나 방송 노동조합, 시청자 단체 등의 격렬한 반대에도 불구하고 '날치기' 통과됨으로써 절차 문제까지 심각해졌다.

셋째는 구조 개편안과 개정 내용의 문제다. 이는 앞서 언급한 바 있는 당국 측의 주장을 되짚어 보면 쉽게 알 수 있다. 우선 다미디어·다채널 시대를 향한 방송 환경의 변화가 꾸준히 계속되어 왔다는 점은 맞다. 위성 방송을 시작한 NHK와 아시아 전역을 대상으로 하는 STAR-TV 등의 전파 월경도 점점 보편화된 추세가 되었다. 따라서 '전파의 개방' 주장 역시 부분적으로 인정될 수 있는 측면이 있다.[109] 그리고 새로운 상업 방송 주체의 선정 과정에서 끊임없이 논란이 제기되기는 하였지만 재벌 참여가 불허된 것도 국민 정서상 적절한 조치였다. 방송사에 대한 의무 외주 등을 통한 프로그램 제작 산업(주로 독립 제작사)의 육성도 영국 사례를 기계적으로 모방한 것이기는 하지만 방송의 제작원을 다양화시킨 의의가 있었다.[110] KBS의 특성화의 핵심으로 국가 기간 공영 방송으로서의 기능 강화는, 이후 수신료 문제가 해결되고 1TV가 '공익·고급 문화 채널'로 정착되면서 역시 어느 정도는 달성한 것처럼 보인다. KBS에 취해진 경영 효율화 조치 등도 5공 이후 권부로 성장하면

109 물론 지금 시점에 이르러 보면, 전파의 월경은 큰 문제가 될 수 없다. 언어적·문화적 장벽 때문에 월경 방송의 소구력은 매우 미미했던 것이다. 그러나 당시의 담론에서 이런 월경은 그렇게 쉽게 무시될 수 없었다. 어느 정도는 그때의 마인드로 이해해야 한다는 뜻이다.

110 물론 이 정책이 성공했느냐 여부는 (후술되지만) 별개로 판단되어야 할 문제다.

서 무분별한 확장 정책을 펼쳤던 KBS의 편의주의를 어느 정도 경계한 효과가 있었다.

그러나 방송위원회의 위상을 약화시키고 정부의 권력을 확대시킨 조치는 당초의 탈규제 이념에도 맞지 않는 것이어서 '방송 재지배의 음모'[111]라는 의심을 충분히 살 수 있는 것이었다. 또 제작 저변이 미흡한 가운데서 새로이 도입된 상업 방송은 (다음에 다시 자세하게 논의되지만) 내세우는 의의 못지않게 많은 폐해 또한 낳았음을 부인하기 어렵다. KBS에서 분리된 교육방송도 제자리를 찾지 못한 채 표류를 거듭하다가 훨씬 나중에야 정상화되었다.[112] 표현의 자유 규제는 상업 방송의 선정성 때문에 의의가 전혀 없었던 것은 아니지만, 이전의 〈어머니의 노래〉나 〈5공 특집〉, 드라마 〈땅〉이나 다큐멘터리 〈한국전쟁〉 등으로 표면화된 이른바 '역편파' 방송 논란에서 주로 발휘되어 방송인들의 민주화 의지를 크게 거슬렀다.

결론적으로 볼 때, 1990년의 구조 개편과 법 개정은 내세웠던 명분과는 동떨어진 이면의 '의도'가 크게 작용한 결과를 보여 주었다. 나중에 밝혀진 정부의 입장으로 미루어 이 법은 방송을 다시금 지배하겠다는 전체적인 계획 중 하나, 곧 경쟁을 조성해 노동을 통제하겠다는 궁극적인 목적을 갖고 있었다.

111 특히 문화공보부가 문화부와 공보처로 분리된 1990년의 정부 직제 개편에서도 정부 홍보 기능을 담당하는 정치성이 강한 부서인 공보처가 방송 기능을 맡게 된 것은 과거 자유당 시절(1956)의 논란을 상기시키는 것으로 수십 년이 지난 후에도 방송을 바라보는 정부의 시각이 별반 달라지지 않았음을 새삼 보여 준다.

112 대안이 없는 채, KBS가 크다는 이유로 해체를 위한 해체를 한 교육방송은 2000년 들어 공사가 됨으로써 비로소 위상 문제가 해결되었다. 이로써 방송에는 두 개의 공사가 생겨났는데, 이 역시 '왜 방송에 두 개의 공사가 있어야 하는가'라는 터부 아닌 터부를 극복하는 데 많은 시간이 걸렸다.

5) 국가의 개입 양식의 변화: 간접 통제 체제로의 점진적 변화

방송 프로그램과 인사권에 대한 당시의 국가 개입 수준은 공식·비공식 과정을 합해 이전에 비해 결코 낮아졌다고 보기 어렵다. 표 20에서 보다시피 대부분의 주요 방송사, 방송 주변 기관의 인사가 국가수반인 대통령과 주무 기관인 공보처에 의해 사실상 정해지기 때문이다. 1990년대의 여러 차례 방송법 개정 시도에서도 '누가 임명권을 가지는가'가 가장 '뜨거운 감자'였지만, 국가는 결코 이전 체제의 방식을 양보하지 않았다.[113] 또 인허가 과정과는 다르게 인사에 대해서는 절차와 기준이 분명하지 않았으므로 정당성 또한 확보되지 않았다고 보아야 한다.

표 20. 방송에 대한 국가의 프로그램과 인사권 부문 개입 양식(1990~1994)

양식	항목	공식적 정책 결정 구조	국가의 개입 양식
프로그램	내용 심의 외화, 외주 비율	방송위, 언론중재위 공보처	비공식 개입 공식 개입(대통령령)
인사권	한국방송공사 사장 방송위 위원 KBS이사회 방송문화진흥회 이사회 한국방송광고공사 사장 방송개발원장 한국언론회관이사장 한국언론연구원장	3부 추천 → 대통령 임명 방송위 추천 → 대통령 임명 국회, 방송위 위촉 이사회 호선 이사회 호선 이사회 호선 이사회 호선	공식/비공식 개입 공식/비공식 개입 비공식 개입(공보처 내정) 비공식 개입(공보처 내정) 비공식 개입(공보처 내정) 비공식 개입(공보처 내정) 비공식 개입(공보처 내정)

출처: 정용준(1995, p.49).

113 당시 한 대담에서 정경희는 법 개정과 관련해 "방송의 정치적 중립성 확보," "방송의 질 저하 방지," (민영 상업 방송의) "부도덕한 이권화 금지" 등의 세 가지 원칙을 적절하게 제시했다. 그러면서 "한국에서는 정부가 임명한 경영자가 방송의 중립성을 보장한다고 생각하는 사람은 없는 현실입니다"(김우룡 외, 1990, p.3)라고 말했다. 이는 대체로 당시의 합의였다.

재정과 인허가 부문에서도 국가의 비중은 여전했다. 특히 지상파, 위성, 종합 유선 방송 등 미디어가 대폭 늘어나 인허가의 중요성은 예전보다 더욱 커진 터였다. 앞서 본 SBS의 선정 과정은 이러한 적절한 예다. 방송광고공사가 주체가 되는 광고료의 책정이나 KBS 재정의 근간이 되는 수신료 사항에 대한 제반 결정 등도 국가의 재가가 없이는 결정되지 않았다(정용준, 1995).

그러나 당시의 체제가 이전과 같지 않다는 점은 많은 사람들이 공유하는 인식이기도 했다. 획기적 변화가 있지는 않았으나 이전에 비해서는 훨씬 이완된 모습을 보인다는 것이다. 달리 말해 이는 절차나 기준에서 전횡을 할 수 있는 여지가 줄어들고 반대로 적법성은 커졌다는 것인데, 이는 일반적인 민주 방송 체제에서 국가가 가져야 하는 자세를 잘 보여 주는 대목이다. 즉 국가의 개입은 개입의 유/무가 아니라 어떤 수준에서 어떤 의도와 절차를 가지고 개입하느냐 하는 개입의 정당성 유/무가 훨씬 더 중요하다는 것이다. 그러나 당시는 말할 것도 없고 21세기도 꽤 지난 지금까지도 한국의 국가와 방송은 이런 정당한 관계를 정립하지 못하고 있다.

3. 시장

1) 규모의 지속적인 성장

(1) 복점에서 '삼점'과 경쟁으로

지금까지 이어진 한국 방송의 가파른 성장은 이 시기에도 지속되었다. 특히 1988년의 서울올림픽은 이른바 '특수特需'를 조성해 한국 방송의 경제적 기반을 더욱 탄탄하게 해주었다. 그러나 앞서 언급한 대로 새로운 상업 방송(SBS)이 하나 더 추가되면서 시장 구조가 복점에서 삼점tripoly으로 변했다. 이 변화는 파장이 클 수도 작을 수도 있다. 만약 대기 수요가 많다면 하나 정도의 증가는 얼마든지 쉽게 소화할 수 있다. 이럴 경우 기존의 시장 논리는 크게 변하지 않는다. 그러나 당시 한국의 방송 시장은 시장의 여력이 충분했음에도 경쟁이 격화되었다.

표 21은 1987년부터 1993년 사이의 방송 광고 매출액의 변화 추이를 보여주는데, 역시 1987년에서 1990년까지 유지되던 두 자릿수의 고성장률이 1990년의 경기 하강 국면과 SBS의 등장을 만나면서부터는 다소 주춤하는 것을 알 수 있다. 그러나 그렇다고 성장이 멈추거나 마이너스로 돌아선 것은 아니었다. 이전보다 낮아지기는 했지만 확실히 성장은 지속되는 것이다. 이로 미루어 볼 때, 당시의 시장은 한 개의 인자를 소화할 수 있는 여력이 충분했다.

그러나 시장의 여유에도 불구하고 이때의 경쟁은 복점 때의 정치적 경쟁과는 사뭇 양상이 달랐다. 당시 장관이었던 최병렬은 방송사의 매출액과 이윤 폭을 결정하는 관리 시장(광고공사)의 존재가 경쟁의 폐해를 줄일 수 있을 것이라고 주장했지만(김정기·최병렬, 1990), 실제 현실은 그렇게 전개되지 않았

표 21. 지상파 3사의 방송 광고 매출액의 변화 추이(1987~1993)

단위: 100만 원, %

구분 \ 연도		1987	1988	1989	1990	1991	1992	1993
KBS	매출액	169,637	215,289	262,953	303,300	330,101	350,009	367,816
	성장률	–	26.9	22.1	15.3	8.8	6.0	5.1
MBC	매출액	230,688	281,009	323,877	372,933	390,150	414,557	443,883
	성장률	–	21.8	15.3	15.1	4.6	6.3	7.1
SBS	매출액	–	–	–	–	19,174	171,397	192,076
	성장률	–	–	–	–	–	793.9	12.1

출처: 한국방송광고공사, 1991, pp.29~33; 한국방송광고공사, 2001.

다. 나중의 유료 방송이나 IMF 위기가 더해지면서 시장과 경쟁은 한국 방송을 움직이는 확고한 계기로 자리 잡게 된 것이다. 이 이유에 대해서는 더 많은 분석과 논증이 필요하겠지만, 지금 시점에서도 다음과 같은 상호 보완적인 '가설' 몇 가지는 제시해 볼 수 있다.

첫째는 한국 방송 구조의 형성 과정이 처음부터 생래적인 경쟁 구조를 가졌기 때문에 약간의 자극에도 큰 반작용이 나타났다는 것이다. 저변이나 자본력이 크게 부족한 상태에서 텔레비전을 도입했고, 국영임에도 재원이 부족해 광고를 해야 했으며, 국영이 제대로 정착되기도 전에 다른 상업 방송이 등장함으로써 이른 시기부터 한국 텔레비전에서는 '생존'을 위한 치열한 경쟁 구도가 조성되었다. 1970년대에는 MBC까지 생겨 '3국 경쟁'을 벌였고, 이런 상업적 경쟁이 빌미가 되어 공영 방송 제도가 도입된 5공 시기에는 오히려 정치적 권력 경쟁이 벌어지는 등 경쟁은 한국 방송에 '내재된embedded' 일종의 존재론적 논리였다.

둘째, 한국 방송에서 경쟁은 5공의 공영 제도기를 지나면서 생존이 주목적이었던 과거와 달라졌다. 제도가 허울에 불과했으므로 이념이나 철학이 있을 리 없었고 그나마 미래조차 불투명했으므로 당시 방송이 할 수 있는 것이라고는 오직 대중에 대한 소구뿐이었다. 그 결과 대중의 인기를 자신의 지지나 존재 조건으로 여기는 왜곡된 풍토가 조성되었다. 공영 방송으로서의 정당성이 시청률로 치환된 것이다. 여기에 1980년대부터 조성되기 시작한 방송인 특유의 엘리트 의식, 절대적 시청률이 아닌 상대적 점유율에 매달리는 '1등주의,' 당시만 해도 크게 부족했던 방송 저변[114] 등이 더해져 매우 소모전적

114 이 저변은 오랜 투자를 통해서만 얻을 수 있는 창조성의 바탕을 말한다. 물론 창조성을 무단으로 빌려오는 손쉬운 방법인 '모방'도 있는데, 한국의 경우에는 가까운 바깥(일본)에 자원이 있었다. 짧은 시간에 기존 방송을 따라잡아야 했던 SBS는 일본 프로그램을 적극적으로 모방했

인 경쟁 상황이 연출되었다.

셋째, 누누이 언급되지만 다른 나라에는 없는 한국 방송 구조의 모순, 곧 KBS 2TV의 높은 광고 의존과 MBC의 혼합성이 경쟁을 조장한다는 점이다. 특히 한국 정치의 역사를 그대로 투영했다고 해도 과언이 아닌 MBC의 기형적 구조[115]는 '존재의 이유'에 대한 의문을 자주 불러일으켜 MBC 구성원 스스로 경제적 매출액이 아닌 시청률 자체에 민감하도록 만들었다.[116] 이런 구조론은 앞서 첫째의 역사적 본질론과 더불어 한국 방송의 경쟁을 설명하는 '동전의 양면'이다. 이런 이유들로 매출액이나 광고 요율에 대한 관리적 통제는 시청률 경쟁을 줄이는 데 큰 역할을 하지 못했다.

넷째, 재벌이 배제된 상태에서 SBS의 지배 주주가 된 '중소기업' 태영의 미숙한 방송관과 단기적 이익에 민감했던 주주들의 압력이 결합해 SBS의 편성이 상당히 선정적이고 말초적인 것이 되었다는 점이다. 이를 통해 SBS는 사실상 개국 때부터 흑자를 기록했다(앞의 표 21 참조). 이런 SBS에 대해 시민단

고, 다른 방송까지 이에 휩쓸림으로써 모방은 사회 문제로까지 비화되었다. 일례로 1993년 10월에 한국 텔레비전에서 방송된 총 12개 퀴즈쇼, 게임쇼 프로그램 중 무려 7개가 이런 혐의를 받은 프로그램이었다. 수준도 무대 세트나 사회자의 몸짓, 문제 유형, 문제 내용 등 형식과 내용 모두를 망라한 총체적인 수준이었다(홍순철 외, 2010).

115 MBC 구조의 기형성과 역사성에 대해서는 조항제(2003b)를 참조할 수 있다. 공적 소유와 상업적 운영이라는 모순적 결합에서 유래되는 MBC의 중간-혼합성은 20세기까지는 한국 방송의 당대적 특징을 결정하는 바로미터 역할을 해왔다. MBC의 중간성 때문에 이른바 '정명正名'이 논쟁까지 되었지만, 사실 MBC의 기형을 문제 삼는 진짜 이유는 약한 소유주의 헤게모니 때문에 강할 수밖에 없는 MBC의 내부 곧 노동조합 때문이다.

116 방송이 끊임없이 대중을 끌어들이고 만족시켜야 하는 권력적 자기 목적(Eco, 1987)과 시청률의 실시간 측정에 의해 더욱 커지는 시간의 절대적 자기제한성 때문에 자신의 권력을 결코 타 미디어나 채널에 양보할 수 없는 성질을 지닌 점은 소유주의 불분명한 정체만큼 기능 또한 모호했던 MBC에서는 하나의 '목적'으로 승격되었다. 그러니까 KBS에는 바람직하든 아니든 정치적 목적이 있고 SBS에는 상업적 이윤이 있다면 MBC에는 시청률이 있는 것이다.

체들은 말할 것도 없고 정책 당국조차 눈살을 찌푸렸지만, 그래도 대중은 이전에 볼 수 없었던 프로그램에 자주 눈길을 돌리고 넓어진 선택을 즐겼다.

다섯째, 문민 정부 들어 KBS(홍두표)와 MBC(강성구)의 사장을 방송인으로 교체하는 나름의 시도가 일정한 역효과를 일으켜 시청률과 이슈에 민감한 방송을 만들었다는 점도 빼놓을 수 없다. 이들은 신문이나 관료 출신이었던 이전의 사장들과 달리 모두 1970년대의 치열한 경쟁판에서 방송의 잔뼈가 굵었고 방송에서 대중의 중요성을 잘 알고 있던 사람들이었다. 이상을 요약하면, 당시의 경쟁은 빨리 정상 궤도에 올라야 했던 SBS가 주도했고, 시청률에서 존재의 이유를 찾았던 MBC가 민감하게 대응했으며, 광고에 의존하는 비중이 높아져 어떻게든 상대방을 따라가야 했던 KBS(2TV) 등에 의해 치열해지지 않을 수 없었던 것이다.[117]

이외에도 SBS의 제작 인력이 대부분 '어제의 동료'이었다는 점도 방송인 특유의 자존심을 자극했을 것으로 보인다. 이 시기를 전후해 시청률 조사가 전화에서 기계(피플미터)로 바뀌면서 훨씬 정확해진 점도 경쟁의 치열도를 높였을 것이다. 당장은 아니지만 이미 예고된 케이블 TV·위성 방송 등 뉴 미디어의 등장에 앞서 유리한 고지를 선점하겠다는 미래에 대한 일종의 예고전의 의미도 있었을 수 있다. 물론 이는 한국 방송의 임시적·단기적 관행으로 미루어 볼 때, 그렇게 정도가 컸을 것 같지는 않다.

일정한 경제적 관리를 통해 프로그램의 저질화나 방송 허가의 이권화 같은 민방 도입의 역효과를 차단하겠다는 당시 정책 측의 주장은 현실에 의해 '오류'나 '기만'으로 판명되었다(김정기·최병렬, 1990). 그러나 (나중에 다시 보겠지만) 노조 투쟁으로 달아오른 방송의 자율성 열기를 통제하겠다는 궁극적인 목적

117 당시 한 기자는 각 방송들이 "사운을 걸고" "유례를 찾기 어려운 시청률 경쟁에 투혼을 불살랐다"고 묘사했다(채규진, 1993, p.24).

이 일정하게 달성되었다는 점을 감안하면, 이는 기만에 훨씬 더 가깝다고 봐야 할 것이다. 이 목적이 관철됨으로써 KBS와 MBC의 인력은 시청률 경쟁에 의해 통제되었고, 노조 활동에도 많은 제약이 따랐기 때문이다. 경쟁이 위험 수위에 도달하면서 프로그램의 질이나 다양성 또한 악영향을 받았다. 과점의 상황에서 펼쳐진 경쟁이 혁신을 일으키고 다양성을 높이는 경우도 없지는 않지만, 1990년대의 한국에서는 모방 · 획일화라는 병폐적 현상을 낳았다(Park, 2005). 영국 같은 나라에서는 이를 우려해 처음부터 정책적으로 재원 경쟁을 피했지만,[118] 한국에서는 오히려 정치적 목적을 노려 국민을 기만하고 경쟁을 조장했다.

(2) 수신료의 안정화

민주화 이전 시청료거부운동으로 사장이 물러나는 등 큰 고통을 겪었던 KBS이지만 사실 KBS 스스로 할 수 있었던 조치는 별로 없었다. 편파성을 청산하면 되지만 이것이 기본적으로 불가능했기 때문이다. 당시 여당이 내놓은 '수신료'안은 그런 면에서 시청료의 개념 자체를 좀 더 근본적인 수준에서 바꾸는 것이었다(〈조선일보〉, 1987. 8. 1). 그것은 기존의 프로그램 '시청'을 조세(면허세)적 성격이 강한 전파의 '수신'으로 바꿔 정치적 부담을 벗겠다는 의도였다. 이 명칭은 나중에 법 개정 때 공식적인 것('텔레비전방송수신료')이 된다. 그러나 이름만으로 볼 때는 시청 대가의 의미가 사라지기는 하지만, 이후 수신료가 공영 방송임을 증명해 보여야만 받을 수 있는 일종의 충분조건이 되었다는 측면에서 오히려 실질적 의미는 처음의 의도와 반대가

118 영국에서는 소수자 · 실험 프로그램용 방송인 채널 4가 처음 생길 때 기존의 ITV와의 경쟁이 치열해질 가능성 때문에 채널 4의 광고 영업을 ITV에 대행하도록 했다. 채널 4가 더 많은 돈을 벌기 위해 ITV와 경쟁할 필요를 없애기 위해서였다.

되고 말았다.[119]

수신료로의 개칭 또는 재명명은 공식적으로는 민주화 이후 새 방송법(4장)이 제정되고 시청료 업무가 방송위원회로 이관되면서 이루어지는데, 그렇게 된 이유는 편파성으로 얼룩진 KBS의 일탈을 권한이 강화된 방송위원회가 제어해 주길 바라는 의도에서였다. 그러나 그 의도는 수신료의 실질적인 업무를 계속 KBS가 맡아 함으로써 성공하지 못했고, 1990년 법 개정으로 다시 KBS로 돌아감으로써 일회성 해프닝으로 끝났다.

그러나 1994년에 통합 공과금의 '개선' 노력의 일환으로 수신료가 전기료에 병산되고, 이를 통해 공영 방송 또한 부분적 정상화의 길을 걸었다는 점은 여러 가지 의미를 지닌다. 먼저 긍정적 측면은 광고가 없는 1TV가 됨으로써 비로소 원론에 가까운 공영 방송을 달성할 수 있게 된 점이다. 2TV 문제가 여전히 남았지만 1TV만 하더라도 큰 성과였고, 무엇보다도 KBS 입장에서는 징수(비용)의 비효율을 해결하고 여전히 잠재해 있는 불납의 저항을 방지할 수 있었던 게 소득이었다. 이전에 비해 100%에 가까운 징수율을 확보함으로써 사실상 인상의 효과를 올린 것 역시 환영할 만한 일이었다.

1985년부터 시작된 시청료거부운동이 최고조에 달한 시기는 1988년으로 이때 KBS의 수신료 수입은 790억으로 1984년의 63%에 불과했다. 그러나 병산이 이루어진 1995년이 되면 수신료 수입은 3609억 원(전년 대비 66.2% 증가)으로 껑충 뛰며, 징수율의 경우도 53%에서 95%에 이르게 된다. 수신료의 비중도 1987년 이래 처음으로 40% 이상이 된다(한국방송공사, 1997). 가히 '르네상스'로 부를 수 있을 만큼 수신료 재원이 새로운 전기를 맞이하는 것이다.

119 그러니까 수신료가 오히려 기존의 '시청의 대가' 의미('시청료')보다 더 강한, '시청해서 공영 방송으로 인정받아야 가능한' 돈으로 바뀌었다는 뜻이다. 이 점이 일종의 사회 정서로 정착되었음은 최근의 한 연구(송진·유수정·김균수, 2012)에서도 재확인되었다.

그러나 그리스나 터키를 본뜬 전기료 병산은 이전의 관행에서 한 치도 달라진 게 없이 결정된 것이라는 점에서 큰 한계가 있었다. 이런 강제적 변화와 공영 방송의 기본적 약속인 '국민의 지불 의사 → 공영 방송의 정당성'은 아무런 관계가 없기 때문이다. 개혁으로 간주된 KBS의 내부 감량도 그렇게 높이 평가할 만한 수준이 아니었다.[120] 물론 1TV의 광고 중단이라는 가시적인 성과가 워낙 뚜렷했고 이에 대한 국민적 합의가 있었다는 측면은 어느 정도 평가받을 만하다. 이 시기 벌어졌던 '텔레비전끄기운동'[121]은 주장의 수위만 놓고 보면 이전의 안보기운동을 상회하는 것이지만(물론 참여는 낮았다), 달리 보면 오히려 공영 방송의 필요성을 입증하는 것이었기 때문이다.

그러나 이보다 중요했던 것은 노조를 비롯한 방송 내부의 민주화 세력이 보여 준 개혁적 프로그램들, 그리고 정부에 대항해 희생을 무릅쓰고 집단 행동까지를 불사한 나름의 노력에 대한 시청자들의 인정이었다. 사실 이렇게 징수 절차가 바뀌었는데도 수신료거부운동이 재차 벌어지지 않은 가장 큰 이유는 이전에 비해 방송에 대한 신뢰가 쌓였기 때문이다. 물론 당시의 문민 정부가 내세운 정치 개혁이 상당하게 국민적 지지를 얻고 있었다는 측면도 결코 무시할 수 없다. KBS 문제가 KBS에 국한되지 않는 것처럼 수신료 문제는 항상 수신료 자체에 국한되지 않기 때문이다.

120 당시 KBS는 문민 정부 이후 부쩍 늘어난 주변의 개혁 요구에 내부적으로 진통을 앓고 있었다. '제2의 공사 창립'으로 스스로 명명했던 수신료의 병산을 전후해 KBS는 5공 이후 들어온 종사원들 가운데 이른바 '학적 변동자' 상당수를 가려냈고 이들 246명을 명예 퇴직시킴으로써 문제를 부분적으로 해결할 수 있었다(한국방송공사, 1997).

121 사실 이 운동이 벌어진 당시는 1990년 당시 방송법 개정 반대 운동이 예견한 바로 그 상황 — 새로운 상업 방송이 시청률 경쟁을 주도하고 공영 방송은 제 길을 찾지 못하면서 방송 전체가 상업화로 몸살을 앓는 — 이 정확하게 벌어지고 있는 때였다(이은미, 1993).

2) 편성과 프로그램의 변화: 민주화와 시장 경쟁

(1) 공정 보도와 방송 강령의 제정

KBS시청료거부운동과 6월 항쟁을 겪으면서 공영 방송이 사회적으로 요구받은 가장 중요한 과제는 보도의 공정성을 어떻게 확보할 것인가였다. 파업까지 불사한 노동조합의 활동도, 활발하게 벌어진 각종 시청자운동도, 초유로 시민단체 출신의 (KBS) 사장을 임명한 것도 다 이런 노력의 일환이었다. 정치적 이유로 방송을 놓지 않으려 했던 5공의 지배층도 이 시기가 되면 일정한 형식적 공정성은 허용하지 않을 수 없게 된다.

이런 노력이 먼저 성과를 얻게 된 건, 찬성과 반대 의견이 고루 나와야 하는 토론 프로그램과 그간 편파성이 지극해 시청자들의 집중적인 비판을 받았던 뉴스에서였다. 먼저 KBS 1TV가 7월부터 〈금요토론〉을, 다음으로 KBS와 MBC가 모두 토요일 밤에 심야 토론 프로그램을 신설했다(김영석, 1987). 10월에는 드디어 KBS의 대표 프로그램으로 지금까지 방송되는 〈심야토론 — 전화를 받습니다〉의 포맷이 정착되었다. 〈심야토론〉은 한국의 토론 프로그램으로는 처음으로 논쟁을 도입, 찬반양론을 텔레비전에서 고루 담아내 마치 민주화의 상징처럼 받아들여졌다(김훈순 · 김은정, 2002). 또 당시 이 프로그램에서 처음으로 등장한 시청자들의 생생한 육성('전화')은 KBS가 공영 방송이 되기 위한 노력의 첫 결실이 되었다.[122]

이런 KBS의 노력에 대한 한국 사회의 평가 역시 매우 좋았다. 일례로 당

122 한 대담에서 당시 KBS의 보도본부 부본부장이었던 5공 인물 박성범은 '전화 부대'를 방송에 영향을 주는 새로운 그룹이라고 지칭하면서 "전화로 항의하는 사람들은 우리에게 큰 심적 부담감을 줍니다. 이들은 자극적인 용어를 써서 방송 내용을 좌지우지하려 합니다"라고 불평했다(최창섭 · 박성범, 1987, p.63). 다소 과장이 있는 듯하지만, 유례없는 시청자들의 불만 표현에 KBS가 상당한 애로를 겪었음은 충분히 짐작할 수 있다.

시 '야당지' 〈동아일보〉는 "KBS는 변하고 있다"는 제목의 사설에서 "지난 주말 KBS 심야 토론 〈방송의 민주화와 KBS의 나갈 길〉이란 프로그램이 홍미롭고 진지하며 획기적 기획"이라고 호평했다. "KBS가 그동안 말썽이 되어 온 편파 보도를 위시한 방송의 불공정성을 드러내 놓고 각계의 호된 매를 자청하는 모습"과 프로그램의 모두에서 "KBS 사장과 노조위원장이 1980년대 범국민적인 민주화 욕구에 적절히 부응치 못했던 점에 대해 사과하는 모습은 특히 인상적"이었다고 평가했다(1988. 8. 1).[123]

그러나 녹화로 진행된 일부 토론 프로그램은 데스크의 의중이 반영되는 편집 과정에서 종종 편파적인 것으로 바뀌어 사회적 질타를 받기도 했다. KBS 1TV에서 방송한 〈방송 활성화를 위한 토론〉에서는 KBS에 관한 발언을 삭제하고 MBC 부분만을 방송함으로써 다시 공정성 논란을 불러일으켰다. 10월 말과 11월 중순에 진행된 관훈클럽 대권 주자 초청 토론회의 녹화중계에서는 일부만을 편집하여 방송하는 등 편파적 불균형성을 적나라하게 보여 줌으로써 국민적 실망감을 안겨주었다(김영석, 1987).

뉴스에서도 변화는 있었다. 과거처럼 노골적인 행태는 많이 개선되었다. 일부의 질적 편파는 여전했으나 이전에 비해 학계나 시민단체 같은 감시의 눈길을 의식해 양적 균형성을 지키려고 노력했다. 그러나 관성은 여전

123 내가 겪은 경험 하나도 첨언하고 싶다. 농업 문제를 다룬 당시의 한 〈심야토론〉에서 실제 한 농민이 출연했다. 이분이 전문가들 틈에서 자신의 경험을 토대로 현실의 농업에 대해 말하는데 사회자가 말을 자꾸 끊었다(당시 사회자는 이인원이었는데, 이전부터 체제에 반대되는 의견은 의식적으로 막아 전혀 중립적이지 않은 사회자였다고 기억한다). 그러자 이분은 화를 내면서 생방송 중에 일어나 밖으로 나가려 해 사회자와 제작진을 당황시켰다. 나의 시청 경험으로는 한국 텔레비전에서 처음 있는 일이었다. 끝날 시간이 다가왔을 때도 이분은 할 말이 더 있다고 했고 KBS는 방송 시간까지 연장했다(당시는 88올림픽 때문에 심야 방송이 허용된 때였다). 이 토론을 보면서 나 역시 '세상 많이 변했다'고 느꼈다.

해 1987년의 대선 보도 때만 해도 "보도 시간의 배분, 후보자 및 그 지지자들을 비추는 카메라의 앵글, 후보자의 육성 및 지지 관중 함성, 마이크의 음향 상태, 후보자의 클로즈업, 기자 리포트의 유무 등에서 어떤 후보는 불리하게, 특정 후보에게는 유리한 방향으로 조작하는 사례가 있었다"(김영석, 1987, p.19).[124] 1992년의 14대 대선 때에도 공정성(적절성과 균형성)에서 상당한 문제를 노출하였지만 KBS의 경우 양적 및 구조적 균형성에서는 다른 두 방송에 비해 덜 편파적이었으며, 한 정당에게 절대적으로 유리하거나 불리한 보도를 하지 않았다. 그러나 미미하지만 전체적으로 여당에 유리한 보도를 했으며, 주어진 사건의 핵심보다는 갈등과 대결에 초점을 맞추는 선정주의 성향을 보였다(임태섭, 1993).

이러한 불공정성은 이 시기에 노동조합들이 만들어지게 된 직접적인 이유이기도 했다. 당시 방송사의 젊은 언론인들은 1980년의 광주민주화운동이나 1987년의 6월 항쟁을 비롯해 크고 작은 반정부 시위와 시민들의 저항을 목격하는 과정에서 방송이 권력의 요구(편파성)를 거부하기 위해서는 자신들도 파업 같은 집단적 권리를 가진 노동조합을 만들어야 한다고 생각했다. 따라서 이들은 노조를 설립하자마자 '공정방송위원회' 같은 노사 합동의 보도 감시 조직을 만들었으며 공정성의 구현과 관련이 깊은 주요 보직자에 대한 인사에 '복수 추천'이나 '중간 평가' 방식 등으로 개입하기를 원했다. 이들의 개입은 나중에 다시 살펴보지만 상당히 성공적이었고, 일부에 그치기는 했지만 노사나 위계 구분이 따로 없는 미디어 공동체가 처음으로 만들어졌다.

1990년 1월 1일에는 KBS가 한국 방송사상 처음으로 노사 합의로 만들

124 이에 KBS 기자 30여 명이 "국민의 방송 KBS가 대통령 선거 보도에서 특정 후보의 선전 도구로 전락하고 있다고 비판"하면서 농성을 벌이는 등 고질적인 불공정 보도가 개선되지 않았다는 지적이 잇달았다(〈동아일보〉, 1987. 12. 14, 11면).

어진 방송 강령을 공표했다. 전체 총강 7장과 강령 43항으로 이루어진 이 강령에서는, 총강에서 ① 편성과 보도·제작의 자유 보장, ② 방송의 공적 기능과 사회적 책임 준수, ③ 방송에 대한 내·외부의 부당한 간섭이나 압력 배제, ④ 공정성·정확성·객관성을 통한 방송의 균형성 유지, ⑤ 반론권 보장 등의 이념을 담았다. 나름대로 자유와 책임, 균형성과 자율성 등의 가치를 잘 담았음을 알 수 있다.

강령의 항목 중에서는, 의견이 나뉜 쟁점에 관해서는 쌍방의 의견을 대표하는 논평이 함께 제시되어야 한다는 일종의 '공정성 원리fairness doctrine'를 천명한 제8항, 정부나 공공 기관·기업 등이 제공하는 정부에 대해서 진실 여부를 가리도록 노력해야 한다는 관급 기사의 확인 필요 조항인 제9항, 노사 문제의 보도에서 객관적이며 공정한 관점에서 다루어야 한다는 제16항 등이 기억될 만하다. 특히 재미있는 것은 정치성 군중집회에 관한 보도를 할 때, 인원수 추계와 관련해 오해의 소지가 없도록 카메라 앵글의 조작 및 편집에 신중을 기해야 한다는 제34항의 부연 부분이다. 당시(1990)에 이 점이 얼마나 많은 논란을 일으켰는지를 알게 해주는 대목이다. 관급 정보는 진실 여부를 가려야 한다는 9항도 엄혹한 통제 체제를 겪지 않았으면 성문화되기 어려운 것이다.

이러한 강령은 제정 이후에도 수없이 야기된 편파성 논쟁이 예증하는 바대로 그렇게 잘 지켜졌거나 효력이 있었다고 보기는 어렵다. 또 논쟁이 벌어질 때마다 강령 자체를 구체화·맥락화시키면서 주변을 설득하고 내부를 독려하는 영국 같은 나라의 예에 비추어 보면 한국은 제정만 해놓고 돌아보지 않아 스스로 강령의 가치를 높이지 않았다. 그러나 이 강령은 8항이나 9항, 34항 등에서 볼 수 있듯이 나름의 역사성이 있고, 과거와 같은 부패(촌지나 향응 등)가 그래도 이후에는 더 이상 심각한 문제가 되지 않았다는 전에서는 상당한 의의가 있다고 볼 수 있다. 물론 1990년에 제정된 강령이 이후에도 갱신

되거나 풍부화되지 않는 것은 이런 강령이 가진 구속력이 다른 여러 이유들로 퇴색되었기 때문일 것이다.

3) SBS의 등장과 오락성의 강화

(1) 시청률 경쟁의 격화

1990년에 등장한 SBS가 한국 텔레비전의 상업화에 미친 영향은 컸다. 누누이 언급한 대로 물론 이전에도 상업화의 정도가 결코 낮지 않았다. 3국이 치열한 시청률 경쟁을 벌였던 1970년대는 말할 것도 없고, 1980년대의 KBS 중심의 전일적 공영제에서도 프라임 타임대에 교양 장르 프로그램은 거의 없었고 스포츠 중계권 경쟁은 당국이 나서도 '교통정리'가 힘들만큼 치열했다. 이런 가운데 1990년대 SBS가 부추긴 시청률 경쟁은 없던 것을 만들어 낸 것은 아니지만 여러 의미로 큰 파장을 낳았다.

처음에는 SBS도 각계의 경고성 우려를 의식해 상당히 조심스러웠다. 개국 시 오락이 28.8%에 머무른 것은 이의 발로로 보인다. 제대로 취재망이 확보되지 않았을 때인데도 보도의 비중이 무려 26.6%나 된다. 그러나 곧 SBS는 상업 방송의 실체를 드러내기 시작한다. 1993년까지 4편의 개편을 통해 오락의 비율을 32.5%까지 끌어올렸다. 이 분류가 해당 방송사에 맡겨진 다소 자의적인 것임을 감안하면 실제로는 이보다 훨씬 높은 비율이었을 것이다 (SBS서울방송, 1996, p.493).

SBS의 제작 주력이 대부분 KBS와 MBC에서 왔고, 한국의 방송 풍토상 이들의 상업 방송 적응이 매우 쉬웠으므로 이러한 SBS의 여파는 즉각적으로 나타났다. KBS 2TV나 MBC의 경우에도 보도 프로그램이 조금씩 줄어들면서 오락 프로그램의 비중이 늘어나기 시작한 것이다. 1TV의 경우는 큰 변화가 없지만, 광고 방송인 2TV는 SBS가 주는 시청률의 압력에 대응하지 않을 수 없었다. 이런 변화는 SBS의 시장 적응이 완전히 끝난 1993년에는 더욱 심해진다. 텔레비전의 '저질 경쟁'에 대한 비판이 다시 쏟아지고 방송위원회도 사상 최초로 드라마 연출자(SBS)에게 3개월 연출 정지 조치를 내렸으며, 시민운동 단체들도 'TV끄기운동'을 펼치면서 이런 비판의 대열에 동참했다.

그런 측면에서 1992년은 한국 텔레비전의 오락 프로그램 역사에서 하나의 분기점으로 기록될 만하다. 10년 넘게 KBS와 MBC가 누려 온 안락한 복점 체제가 SBS의 등장으로 사실상 붕괴되면서 편성과 제작의 리더십을 SBS가 행사하게 된 것이다. 1992년 봄철 프로그램 개편에서 KBS와 MBC에서 폐지되거나 축소된 프로그램들은 대부분 교양성이 높은 프로그램들인 반면, 신설된 프로그램들은 오락성이 강화된 프로그램들이었다(강준만, 2007).

(2) SBS 등장의 의미

유럽의 탈규제 경향과 시기에 비추어 볼 때, 대체로 SBS가 도입된 1990년대 초는 당시 방송제도연구위원회(1990)의 예측대로 상업 방송 도입에 적기였음에 틀림없다. 이미 다미디어·다채널을 가능케 하는 케이블 TV 등이 목전에 다가와 있어 이때를 놓치면 자칫 지상파 상업 방송 자체가 노후화될 수도 있었던 것이다. 이런 비교 사회적 판단은 TV의 도입에 대해서도 마찬가지로 할 수 있다. 즉 한국 사회에서 TV는 1956년의 HLKZ TV나 1961년의 KBS TV 모두 인프라가 없는 상태에서 많은 무리 끝에 도입이 결정되었고 HLKZ TV는 결국 실패까지 하고 말았다. 그러나 우리와 비슷한 처지에 있었던 다른 나라 역시 대체로 이 시기, 그러니까 1950년대 말과 1960년대 초에 TV를 도입했다(Katz & Wedell, 1977). 꼭 HLKZ나 KBS가 아니었더라도 이 시기에 TV가 도입될 개연성은 매우 높았던 것이다. SBS 역시 이런 비교 사회적 판단에서라면 잘못된 도입으로 볼 수 없다.[125]

그러나 비교 사회적 판단보다 중요한 것은 SBS가 도입된 시점의 한국 사회와 방송의 상황이다. SBS는 이제 막 한국의 공영 방송이 나름의 정치적 자율성과 독립성을 만들기 위해 진통하는 과정에서 도입되었다. 그것도 바로 그 자율성을 막기 위한 목적에서였다. SBS가 격화시킨 시청률 경쟁은 기존 공영 방송들의 인력(대부분 노동조합의 구성원이다)을 통제하는 데 상당히 유용했다.[126] 거기에 공영 방송이 1980년대의 관제적 구태를 딛고 새로운 편성을 정착시켜야 하는 마당이었으므로 SBS의 상업주의는 더욱 심각한 악영향을 몰고 왔다. SBS로 인해 공영 방송의 이념이나 정당성은 큰 타격을 받았던 것이다.

기존 공영 방송의 방만과 해이에 자극을 주기 위해, 또는 KBS, MBC에 집중된 독점을 완화하기 위해 새로운 상업 방송이 필요하다는 방제연 등의 주장은 결국 미국이나 유럽 일부의 탈규제적 정책 담론에 깊게 영향 받은 나이브한 추수주의거나 상업 방송이 가져올 수 있는 예견된 각종 악영향과 특히 민주화 이후의 공영 방송의 재확립 노력을 간과한 탈정치적 판단으로 귀결되었다. 이 점과 관련해 특히 주목해야 했던 것은 1986년에 민영화된 프랑스의 공영 방송 TF1이 가져온 여러 폐해였다(이민웅; 신문과방송 편집부, 1988). 나중에 알려진 것이기는 하지만, 같은 시기에 핀란드나 덴마크 같은 유럽의 일부 나라에서는 본격적인 상업 방송이 가져올 충격에 대비해 TV2나 DR2 같은 중간 형태의 방송을 먼저 도입했다는 점도 한 번쯤은 더 고려해 봐야 했다.[127]

125 여러 유료 방송이 창궐하게 된 나중에 이르게 되면 SBS의 가세가 각종 이권과 규제 문제 등에서 지상파 방송 자체의 시장적 가치를 키우고 목소리를 크게 하는 데 상당한 기여를 했다는 점에서도 일부 드러난다.

126 당시 최병렬 장관은 SBS 도입의 정치적 이유가 노동 통제에 있다는 점을 어느 정도 분명하게 밝혔다(김정기 · 최병렬, 1990; 엄민형, 1994).

127 물론 중간형인 MBC가 이미 있는 마당에 이런 방식을 그대로 따르자는 것은 아니다. KBS의 해체와 SBS의 도입, 더불어 취해진 위원회의 약화 등이 방송의 민주화에 어떤 도움이

요컨대 같은 탈규제를 추진하더라도 방법이나 정도는 나라나 사회에 따라 다양할 수 있음을 생각해야 했던 것이다. 더구나 당시에도 한국 방송의 상업성의 정도는 유럽의 공영 방송과는 비교할 수 없을 정도로 높았다. 강대인(2003)의 통찰대로 시청률은 공영 방송의 이념을 훨씬 뛰어넘는 한국 방송의 변하지 않은 지주였기 때문이다. 그런 가운데 상업 방송을 도입하자는 것은 스스로 정략에 넘어가는 외에 아무것도 아니었다.

여기까지는 그래도 상업 방송 일반에 대한 판단일 수 있다. 그러나 SBS(곧, 지배 주주인 태영)의 상업주의가 같은 상업 방송에서도 다소 저열한 수준이었다는 비판(최영묵, 2012)은 오로지 SBS가 감당해야 할 몫이다. 당시 자본력이 빈약했던 SBS는 빨리 경영을 궤도에 올릴 생각으로 일본의 인기 프로그램을 그대로 모방하거나 젊은 세대를 목표하는 말초적 소구 전략을 적극적으로 구사했다. 앞서도 언급했지만 이런 관행이 기존 방송에 없던 것은 아니다. 그러나 이전만 하더라도 약간은 터부라는 게 있었는데 SBS는 이를 쉽게 뛰어넘었다.

이런 SBS의 초반 무리는 시청자와 시민사회로부터 많은 비판을 받았다. 특히 'TV끄기운동'은 SBS가 주도한 시청률 경쟁에 대한 총체적 반발이었다(이은미, 1993). 정부조차 이런 반발을 외면하기 어려울 정도였다.[128] 이러한 내외의 비판에 대해 SBS 역시 사회성 드라마 〈모래시계〉를 성공시킨 1995년 이후부터는 초반의 무리한 드라이브를 벗어나 다소는 편성이나 프로그램이 성숙해졌다는 평가를 받았다. 지역 민방이 생기면서 자연스럽게 전국을 상대

될 수 있는지에 대해 더 많은 고민이 필요했다는 뜻이다.

128 당시 정부는 시청률 경쟁에 휩쓸려 다소나마 문민 정부에 '민폐'를 끼친 KBS의 홍두표 사장의 경질 문제를 심각하게 검토하기도 했다(나중의 주 219 참조). 이 사실은 내가 이 회의체에 참석한 사람으로부터 직접 들은 것이다. 회의체의 주도자는 안기부의 국내 담당 차장이었다.

표 22. 각 지상파 방송의 개편 시 프로그램 종류의 비율(1990~1999)

구분	KBS1	KBS2	MBC	SBS	합계
보도	249 19.3%	184 9.6%	241 14.1%	131 10.0%	805 12.9%
교양	621 48.1%	473 24.6%	531 31.0%	230 17.6%	1855 29.7%
오락	420 32.6%	1269 65.9%	943 55.0%	946 72.4%	3578 57.4%
합계	1290 100%	1926 100%	1715 100%	1307 100%	6238 100%

출처: 조성호(2000, p.410).

하는 네트워크가 된 점도 더불어 작용했을 것이다. 그러나 SBS의 본질이 상업 방송이고, 오락 프로그램인 점은 1990년대 내내 큰 변화 없이 유지되었다.

다음 표 22는 프로그램 종류별로 개편의 대상이 된 프로그램 수를 보여주는 것인데, SBS는 지상파 3사 중 가장 많이 오락 프로그램을 개편했다. 오락에 주력했다는 뜻이다. 상대적으로 KBS 1TV가 보도와 교양에 주력해 공영 방송의 역할을 어느 정도 수행했지만 MBC나 KBS 2TV는 오락 프로그램의 개편율이 50%를 넘어 어떤 장르에 중점을 두었는가를 쉽게 알아보게 한다.

SBS의 등장에 기대를 건 사람들도 있었다.[129] 이들은 상업 방송의 한계

129 예를 들어 당시의 한 좌담(김우룡 외, 1990)을 참조할 수 있다. 이런 판단에서 1970년대의 TBC는 나름의 준거점이 된다. TBC에 대해서는 극단적 부정과 긍정이 엇갈리지만 양쪽 모두 일면적 측면에 근거한다. 특히 1980년대 후반의 민주화 국면의 맥락에서 과연 TBC가 어떤 행보를 취했는지를 가정한 것으로 자신의 의견을 제시하는 주장은 없다. 내가 보기에 1970년대의 유신체제하에서 TBC는 정치적 측면이든 문화적 측면이든 나름의 역할을 했다(조항제, 2012d). 그러나 1980~1990년대의 민주화·진보화 국면에서도 그랬으리라고 보기는 어렵다. 극단적 부정론

를 부정하지는 않았지만 공영 체제가 가진 본질적 친정부성에 주목했다. 그러나 이 역시 지금에 와서 보면 하나는 맞았고 또 다른 하나는 틀렸으며, 그 맞고 틀리는 양자 사이에는 깊은 연관이 있었다. 맞은 것은 공영 체제가 나름의 여러 노력이나 파업 같은 극단적 행동에도 불구하고 친정부성을 벗어나지 못했다는 점이다. 틀린 것은 상업 방송이 과연 '민영'이라는 말을 앞에 붙여 줄 수 있을 만큼 '민'(民; civil, civic)적이었고,[130] 정부로부터 독립적이었는지, 특히 공영 방송보다 더 그랬는지는 매우 의문이라는 것이다. 또 둘 사이의 연관, 그러니까 공영 방송이 친정부성을 벗어나지 못했던 데에는 SBS가 불러온 시청률 경쟁과 노동 통제 또한 작용했다는 점이다. SBS는 지상파 방송의 일원이 되었음에는 틀림없지만 결코 이들이 원하는, 지역 분권 체제(윤병일)이거나 '진정한 민영'(임상원)이거나 TBC를 재현한 비판적이고, 혁신적·능률적인 방송(김우룡)이 되지는 못했던 것이다(김우룡 외, 1990 참조).

에 꼭 동의하지는 않지만, 적어도 삼성-중앙일보의 커넥션이 가져오는 위험성만큼은 되었을 것으로 추측된다.

130 한국 방송에서 민영이라는 말이 주는 어감과 함의는 민영의 '민'이 가지는 원래 뜻과는 차이가 있다. 특히 공적으로 소유·통제된다는 측면을 강조하는 '공영 방송'의 한국적 작명과 대비할 때, 민영은 공영에 반대되는 말이 아니다. 민영의 반대는 보통 국영이거나 관영으로, 그런 면에서 민영의 뜻은 '비非국영'이나 '비非관영'에 가깝다. 방송이 국영이나 관영뿐이었을 때는 자연스럽게 반대말이 민영 방송(또는 민간 방송)이 되었을 것이다. 반면 공영의 어의적 반대말은 사영이다. 지금처럼 국영이나 관영이 없어진 마당에는 공영과 사영을 대비시키는 것이 맞다. 그러나 언어는 반드시 그런 문자적 뜻에만 의존하지는 않는다. 여전히 쓰이는 '민영화privatization' 같은 말이 그런 예다. 직역한다면 사사화가 맞을 것이다. 민영에 적극적인 의미가 아예 없지도 않다. 사영이라는 말에서는 위축될 수 있는 '상업 방송의 시민적 서비스'가 그것이다(자카는 미국이나 캐나다의 상업 방송, 그리고 규제와 시장의 조건을 거론하면서 이를 주장한다; Jacka, 2003). 그런 측면에서 이 글은 사영 대신 민영 상업 방송을 주로 쓰며 공적 소유와 반대되는 의미가 강할 때에는 사영 방송이란 말도 일부 혼용한다.

4. 시민사회

1) 방송 노조의 창립과 공영 방송의 진통

(1) 노조의 태동

6월 항쟁과 6·29선언으로 시작된 한국의 민주화는 방송에서도 중요한 변화를 낳았다. 방송 종사자들이 노동조합을 통해 방송에 관한 여러 결정 과정에 중요한 행위자의 하나로 등장한 것이다. 방송 중에서는 그래도 민영의 활력을 조금이나마 갖고 있던 MBC가 1987년에 11월에 먼저 노조를 창립했다. 한국일보, 동아일보, 중앙일보에 이어 언론사로서는 네 번째였다. 이후에 CBS와 지역 MBC가 만들었고, KBS는 이듬해 5월에야 노조 신고서를 제출했다.

KBS는 비교적 늦게 창립했는데 아무래도 국영의 잔재가 많았고 조합원 수가 5000명에 달하는 등 규모가 컸으며 상대적으로 직종별 의견 차이도 있었기 때문이다.[131] 일부 사 측의 방해 공작도 있었던 것으로 보인다.[132] 이들 노조들은 자신의 노조 결성의 변('노조 창립 선언문')에서 노조 창립이 방송 체제를 개혁하고 방송의 비민주적 요소들을 개선하는 등의 방송 민주화를 목표하는

131 이는 창립 선언문의 다음과 같은 대목에서도 쉽게 확인된다. "…… 우리 KBS는 기획, 경영, 인사 등의 불합리로 인하여 모든 직종과 직급 간의 갈등과 모순을 안고 지내온 것 …… 우리들은 노력에 대해 충분한 보답을 받지 못했을 뿐 아니라 권익도 신장되지 못하였으며, 또 업무, 인사 제도, 근로 복지의 개선 등에서 …… KBS가 우리의 즐거운 직장이 될 것이라는 바람을 포기해 온 것도 사실이다." 상대적으로 MBC가 '즐거운 직장'에 대한 언급이 없는 반면 KBS에서는 경제적 문제와 직종 차이가 주요 문제로 대두되어 있다.

132 당시 사측에서 일부 노조에 적극적인 사원들을 지방으로 임시 발령을 내는 등 상당한 방해 공작이 있었다는 증언이 있다(엄민형, 2012).

것임을 분명히 했다. 다른 한편으로는 방송이 국민으로부터 외면당하고 비난받는 현실에서 스스로의 정당성을 되찾기 위한 자구책이라는 점도 아울러 밝혔다.

> "본래적 의미의 공영 방송이란 국민의 재산인 전파를 당대 권력의 손아귀로부터 보호, 독립성을 확보하기 위해 고안된 제도적 장치였으나 우리의 '공영 방송'은 권력이 방송을 독점하고 도구화하기 위해 허울뿐인 '공영'을 간판으로 내건데 지나지 않고 있다. 우리의 주인인 시청자들로부터 외면당하고 비난받는 현실이 이를 웅변으로 증명하고 있다. 따라서 그동안 왜곡, 굴절되어 온 방송 체제는 전면적으로 고쳐져야 하며 …… 이것은 저 빛나는 6월 투쟁으로 우리에게 방송 민주화운동의 공간을 확보해 준 국민에 대한 최소한의 보답이기도 하다(문화방송 노동조합 창립 선언문; 〈문화노보〉 창간호, 1987. 12. 14)."

> "시대는 더 이상 KBS가 한낱 정부의 방송이기를 거부하고 진정한 국민의 방송, 민족의 방송이기를 엄숙히 요청하고 있다. 과거 관료적이고 권위주의적이며 권력 지향적인 옛 모습에서 탈피하여 인간 중심적이고 대중 지향적인 새로운 모습으로 탄생하기를 열렬히 요구하고 있어, 우리는 한국방송공사 노동조합을 탄생시키는 것이다. 이제 우리는 KBS의 가족으로서 뼈아픈 반성을 바탕으로 구태의연한 타성과 관행, 그리고 무사안일의 껍질을 깨고 새로운 방송문화의 창조에 주역을 자임한다"(한국방송공사노동조합 창립 선언문, 1988. 5. 20).

이처럼 방송 노조는 다분히 정치적 의미를 띤 목적을 천명함으로써 스스로 '합법'적인 활동에 머무르지 않을 것임을 시사했다. 이런 노조는 민주화 이후 나타난 새로운 구도가 기존의 정치권력이나 주무 당국의 직접적인 통제에서 경영진을 대리인으로 내세우는 간접적 방식으로 변화함으로써 상당히 많은 책임을 감당할 수밖에 없게 된다. 과거에는 방송(+정치권력) 대 비방송(+야당, 시민사회)의 정치적 투쟁이었다면 이제는 방송 내의 사장(+정치권력) 대 노조(+야당, 시민사회)의 노사 투쟁으로 변화되었기 때문이다. 이런 변화들은 공영 방송 체제와 제도를 둘러싼 갈등과 대립이 이전 시기와는 다른 양상으로 전개되도록 만들었다.

(2) 초기 활동

공정 방송과 단체 협약 민주화 이후 통제가 이완되고 공정 방송에 대한 국민들의 지지가 재확인되면서 노조는 정치 투쟁을 전개하기 시작했다. 이러한 노조의 정치적 성격은 조직을 건립하고 구성원의 불이익을 막기 위한 초기 노조의 자구 활동이 일단락되면서 보다 분명해졌다. 우선 이들은 단체 협약안에 공정 방송 관련 조항을 삽입함으로써 편성(집)권을 수호하고 보도에 대한 경영진의 관행적 개입을 방지하고자 했다. 노사 동수로 만든 '공정방송위원회'라는 협의 채널을 만들고 여기에서 결정된 내용이 강제력을 갖는 내용의 단체 협약을 체결하였다. 그리고 MBC의 경우에는 책임자에 대한 중간 평가 체제를 갖추었다(강명구, 1993). 이러한 노력은 방송사상 처음으로 파업이라는 극단적인 갈등이 일단락된 이후에 비로소 결실을 맺을 수 있었다.

둘째, 첫째의 연장선에서 사장을 비롯한 경영진에 대한 견제 활동을 전개하였다. 노조는 방송사의 사장 임명 방식이 정치권에서 방송을 원격 조정하는 인적 채널이라는 데 인식을 모으고, 5공 청산의 차원에서 관제 사장에 대한 반대 운동을 거세게 전개했다. 이 운동은 여소야대 국면의 당시 정치 상황에 어울리는 국민적 설득력을 지닐 수 있어 KBS의 정구호 사장과 MBC의 황선필 사장이 물러났고 후임으로 임명된 MBC의 김영수 사장은 취임조차 해 보지 못했다. 특히 1989년 MBC노조는 편성·보도 등을 비롯한 주요 보직 책임자에 대한 '직선제'를 강력하게 요구, 파업에 돌입한 지 11일 만에

'편성·보도·TV 기술국장의 3배수 추천제' 등을 관철시켜 방송사 내 민주화의 서막을 열었다.

셋째는 노조 본연의 모습에 가까운 방송인의 근로 조건 개선과 임금 인상 등에 관련된 활동이다. 언론인의 복지를 명문화한 5공의 언론기본법 이후 방송인이 타 부문에 비해 비교적 높은 임금을 받고 있기는 하지만, 근로 조건 자체는 비교적 열악한 기자, PD 직종 등은 노조 활동에 힘입어 많은 개선을 이룩하였다. 또 단일호봉제가 채택됨으로써 직종 간 임금 차이가 없어졌다.

넷째는 공정 방송을 이룩하기 위해 환경을 개선하려는 노력이다. 결성의 변에서도 밝힌 바대로 이들 방송 노조들은 제도를 개선하기 위해 시청자운동과 연대하여 대 정부 투쟁을 벌였으며 특히 다음에 나올 방송법 개정 반대와 맞물린 KBS의 투쟁 시에는 무려 36일간에 걸쳐 제작을 거부해 방송 민주화의 초석을 닦았다.

그러나 1990년대 들어 노조운동은 상대적으로 진정기에 접어들면서 사내 문제에 집중하게 된다. 가장 큰 이유는 민주화 분위기가 사회 전체적으로 퇴조했다는 점이다. 1980년대 말의 질풍노도는 1990년대 들어 약화의 기미가 뚜렷해졌고 미시적 차원에서 보수 세력의 역공 또한 상대적으로 거세졌다. 주변의 여건이 악화되자 노조 또한 서서히 내부 전열이 흐트러지기 시작했다.[133] 둘째로는 숱한 어려움 끝에 이루어진 기왕의 여러 파업 투쟁이 순조롭게 마무리되지 못했다는 점을 들 수 있다. 특히 KBS의 1990년 투쟁은 단기적으로는 기대한 바의 성과를 얻지 못하고 해고자 복직 문제 등을 비롯한

133 일례로 제작 거부 투쟁 당시 KBS의 보도국은 사장 퇴진에 시종일관 미온적 태도를 보였다(김지수, 1990). 권위주의 때의 유산이 여전했고 기득권 집단으로서의 보수성 또한 강했던 이런 점 등을 두고 초기에는 노조에 비관적인 전망이 많았다. 그러나 방송 노조는 이후에도 약화되지 않고 한국 공영 방송의 가장 중요한 속성 중 하나로 자리 잡게 된다. 뒤의 시민사회 부분을 참조하라.

여러 후유증을 남겼다. 셋째로는 1991년 새로운 민영 방송 SBS가 등장함으로써 새롭게 조성된 경쟁 환경의 압력이 노조 활동을 위축시킨 점을 들 수 있다. 경쟁이 조성한 자사 이기주의는 단결력을 훼손시켰고, 이전에는 경험치 못했던 경영적 측면의 압력은 노조의 조직 활동을 제한했다.

1990년 KBS의 4월 투쟁과 1992년 MBC의 투쟁 노동조합을 만들면서 본격적인 방송 민주화의 행보에 들어간 KBS는 1988년 내내 이전의 관행을 유지하려는 경영진과 갈등했다. 경영진과 노조는 임시노사협의회에서 〈9시뉴스〉와 〈심야토론〉을 통해 그동안의 편파·왜곡 보도를 사과하고 KBS의 새로운 위상 정립을 약속한다고 합의했다. 그러나 경영진이 '노조의 요구는 편집권의 침해'라며 합의 사항을 번복했고 노조는 공정 보도와 경영진 퇴진 요구로 맞섰다(《동아일보》, 1988. 7. 28, 15면). 이는 단순히 한 기업 내 노사 차원이 아니라 사실상 전체 시민사회와 정치권력 사이에서 벌어지는 정치적 갈등의 대리전에 가까웠다.

KBS의 갈등은 1988년 11월 정구호 사장이 물러나고 제8대 서영훈 사장이 취임하면서 전기를 맞았다. 앞서 언급한 대로 서 사장은 이전 사장들과 이력이 전혀 다른 사람이어서 들끓었던 노사 관계도 안정을 되찾았다. 이게 발판이 되어 드디어 KBS는 MBC의 〈어머니의 노래〉에 이어 5공과 광주에 대한 좀 더 길고 자세한 〈5공 특집〉 3부작을 방송했고 국민들도 뜨겁게 호응했다. 그러자 이제는 반대로 정치권력이 방송을 다시 장악하려는 구조 개편에 나서게 되었다. 1990년 1월의 3당 합당은 이런 개편 조치를 배후에서 지원하는 정치적 안전판 역할을 했다.

1990년에 정부는 감사원에 표적 감사를 지시해 '법정 수당의 변칙 지출'이라는 사실상의 '징계' 결과[134]를 발표했다. 이에 따라 결국 서영훈 사장은 퇴진했고 청와대 출신의 서기원 서울신문 사장이 임명되는 예정된 순서가 이어졌다. 사장의 강제적 교체를 노조는 정권의 방송 재장악 시도로 규정하고 제작 거부(사실상 파업)에 돌입해 수백 명이 연행되는 가운데서도 36일간을 버텼다. 이제 막 관제 공영의 탈을 벗은 KBS로서는 획기적인 일이었다. MBC와 CBS도 이런 KBS를 위해 동맹 파업을 하기도 했다.

정부가 KBS의 집단행동에 취한 공세적 논리는 '집단 이기주의'였다. 사장의 교체는 감사 결과 때문이고 새로운 사장의 자격 여부는 조직 내부의 문제인데, 이를 KBS노조가 제작 거부로 확대시켜 방송의 파행을 초래한 것은 집단 이기주의의 발로라는 것이다. 당시 KBS는 노보에서 다음과 같이 주장했는데, 이는 역으로 얼마나 정부가 집요하게 이데올로기 공세[135]를 펼쳤는지를 알게 해 준다.

> "KBS는 국민의 방송이 되어야 합니다. …… 작금의 KBS 사태는 일반적 노동 관행과 같은 노사 분규가 아닙니다. …… 이 나라 언론 자유를 지키기 위한 몸부림인 것입니다. 그럼에도 공보처에서는 단순한 노사 간의 문제로 진실을 왜곡하고 있습니다. 저희들의 사장퇴진운동은 노동조합을 지키기 위한 것

134 물론 이런 감사는 '정치적 목적을 위한 것'이다. 후일 서영훈 사장은 '법정 수당 부당 지출'에 대해 "1989년 말에 특근비 17억 원을 지급한 것은 정당한 행위였으며, 안기부와 문공부 등 정부 여러 기관에서 KBS 사장을 단단히 혼내 줘야 한다고 청와대에 보고했다는 소식을 들었다"고 회고했다. 서 사장의 생각으로는 "MBC와 KBS가 과거처럼 정부에 협조적이 아니었고 시시비비를 가리며 독자 행보를 취했기 때문에 문공부가 주도해 방송을 장악하려고 벌인 일이었다. 청와대도 선거를 앞두고 방송을 그냥 두면 안 되겠다는 입장"이었다(《한국일보》, 2004. 5. 13, 23면).

135 이러한 공세의 수단은 신문이었다. 당시 신문 사설은 53.4%가 '선 정상화 후 해결'을 지지했다. 아무리 이유가 타당하더라도 방송을 중단하는 것은 국민인 수용자를 위해 바람직하지 않다는 것이다. 정부 시책이나 공권력 비판은 40%에 머물렀다. 언론 노조의 과격성에 대한 비판도 24%나 되었다. 앞서의 선 정상화와 합쳐 보면 신문은 대체로 70% 이상이 노조의 제작 거부에 반대했다(이광재, 1990).

이라든가 노동운동을 하기 위한 차원이 절대 아님을 알려 드립니다"(KBS노보, 1990. 4. 17).

그러나 노조 투쟁에서 KBS보다 한 발 앞서면서 더 끈질기게 버텼던 건 MBC였다. 방송사 중 처음으로 노동조합을 만든 MBC는 창립 이듬해에 파업에 돌입해 두 명의 사장에 대한 거부 투쟁을 성공시켰으며 1989년에는 3개 국장 추천제를 쟁취했다. 1992년에는 이전의 결정을 뒤엎으려는 사 측과 대립해 무려 50일간을 파업했다. 당시 MBC는 보다 효율적으로 연대 투쟁과 대중 투쟁을 병행해 민주화 분위기가 퇴조되어가는 가운데서도 파업 투쟁을 활발하게 진행했다. KBS와는 다르게 MBC는 적극적으로 시민사회 영역을 끌어들였으며 상대적으로 응집력도 크고 대중성도 높았지만(최영묵, 2005 정리 참조), 퇴조기라는 당시의 사회 분위기를 넘어서지는 못했다.

(3) 노동조합 활동의 평가

방송 노조 활동의 특징은 '공정 보도'와 '공영 방송'이라는 매우 이념적이고 정치적인 이슈를 두고 전개되었다는 점이다. 그리고 이 점은 5공에서 극심한 왜곡·편파 보도를 경험했던 많은 국민에게 방송인 스스로의 자구책으로 비춰져 상당한 성공을 거두었다. 여기에서 '노동조합'은 노동 자체에 주목했다기보다는 집단행동(파업)이라는 무기를 가졌기 때문에 선택된 수단적 의미와 함께 방송 또는 방송인이 비로소 독립해 자율성을 획득하는 교두보 조직으로서의 의미가 컸다. 특히 공정방송위원회 등과 일부 대표 간부(국장)에 대한 추천제의 관철 등은 지금껏 일원적 의사 결정만 존재하던 방송사 내에 상당한 견제의 힘이 등장했음을 알렸다. 이 과정에서 5공의 '공영'은 노조가 투쟁의 명분을 얻는데 가장 중요한 이념적 힘으로 작용하는 역사적 아이러니를 만들어 냈다.

둘째, 방송 노조의 활동은 정치적 이슈가 중심이 되었기 때문에 사회적 반향을 크게 불러일으켰다. 파업을 불사한 방송 노조의 주장은 직접적으로 시청자들에게 전달되어 방송의 위력을 새삼 느끼게 했고 당시의 정치권력도 이를 진정시키기 위해 공권력까지 투입시킴으로써 방송의 민주화는 이제 커다란 정치적·사회적 문제가 되었다. 특히 KBS의 4월 투쟁은 1990년 이른바 공안 국면이 조성될 때에 전국교직원노동조합의 투쟁과 함께 시민사회 진영의 요구를 대변했다는 점에서 큰 의의가 있었다. 당시 국민은 제작 거부 기간이 길어지면서 '선先 정상화'에 동의하는 비율이 점차 늘어갔지만 '서영훈 사장 퇴진' 요구를 꾸준히 견지했고(오인환·정연구, 1990), "사태 발생의 책임은 정부와 신임 KBS 사장에 있으며 … 방송 정상화와 서 사장 퇴진을 동시에 이뤄 내라"(이필재, 1990, p.57)고 주문했다.

셋째, 방송 각 분야의 종사자를 총망라했다는 특징이 있다. 방송 노조는 결성 과정에서 직종이 다른 여러 부문의 이해를 집약시키기 위해 많은 애로를 겪었지만 이 과정을 비교적 쉽게 소화해 냄으로써 파업 투쟁의 성과를 극대화할 수 있었다. 한국 방송에 뿌리 깊이 정착한 공개 채용의 동기생同期生 문화는 노조의 단결력에 많은 도움을 주었다.

넷째, 파업 과정 등에서 시민사회나 다른 방송사와 협조함으로써 연대의 가능성을 높였다는 점을 들 수 있다. 당시의 시청률 경쟁은 타 방송사가 파업하면 오히려 반사 효과를 얻는 그런 제로섬 게임의 구도여서 연대가 쉽지 않았다(약속된 동맹 파업이 제대로 이루어지지 않은 경우도 있다). 이런 이유로 산별 노조의 필요성이 커졌고, 2000년대가 되면서 비로소 언론 노조가 만들어질 수 있었다. 이런 결실은 그간의 노력이 꾸준히 쌓인 결과이다.

그러나 이 과정이 남긴 숙제도 있었다. 우선 결성 과정에서 대중성 확보를 위해 채택된 '단일 호봉제'는 다양한 직종의 합리적 관리를 어렵게 하여 비용 구조의 경직성을 초래했다.[136] 둘째, 이러한 과정이 기존의 관료주의가 배

태한 무사안일의 타파와 별 관련 없이 진행되었다는 점도 있다. 고용의 안정성 등을 위해 노력해야 하는 노조가 경량화를 추진하면서 능동적인 창조성에 의존하는 미래의 방송과 어떻게 조화를 이룰 수 있는가에 대한 숙제를 남겨 놓은 것이다.

2) 시청자운동

(1) 민주언론운동협의회의 결성과 제도 개편 논의

KBS의 편파 보도의 거부, 시청료의 거부를 매개로 삼아 개화한 한국의 시청자운동이 1970년대의 언론자유운동(동아조선 투쟁) 세력과 합류한 것은 자연스러운 귀결이었다. 1983년 창립된 동아·조선의 해직 언론인 단체인 '민주언론운동협의회'는 이후 이런 시민(시청자)운동과 결합하면서 1990년대의 '민주언론시민연합'으로 발전하는데, 민주화 이전만 해도 방송 시청자운동은 대중적으로는 시청료 거부라는 단일 주제에 매달려 있었다. 민주화 이후에는 민언협이나 각종 종교 단체 등이 언론 관련법의 제개정 등과 관련해 일부 의제를 제기했으나[137] 뚜렷한 논의 구도가 형성되지 않았고 학계나 정당과 연계

136 단일호봉제는 2005년에 노조위원장 출신의 MBC 최문순 사장에 의해 폐지가 검토되었다. 당시 최 사장은 단일호봉제가 방송사의 고 비용 구조를 가속화시키고, 인적 자원의 최적화와 효율성 제고에 한계로 작용한다고 주장했다(최문순, 2005). 노동조합을 위해 만든 제도가 17년 만에 노조 출신 사장에 의해 부정된 것이다. 그러나 이 시도는 노조의 반발로 관철되지는 않았다. 또 같은 때에 KBS는 직종 간의 갈등으로 인해 노조가 보수화되었다.

137 당시의 활동을 살펴보면, 먼저 1987년 7월에 민언협이 각 방송에서 일고 있는 민주화 선언에 지지 성명을 발표했고, 같은 날 KBS시청료거부 기독교범국민운동본부 등 4개 단체가 방송 민주화를 주제로 공청회를 개최했다. 공청회에서는 문공부장관에게 부여된 방송 허가 추천권과 공영 방송에 대한 인사·감독권을 방송위원회로 이관할 것을 요구했으며, 시청료 징수 및 징수액 결정을 국회의 감시를 받도록 해야 한다는 주장이 있었다. 같은 달 20일에는 천주교매스컴위원

되지도 않았다.

방송위원회의 권한 강화나 시청료의 국회 감시 같은 일부 원칙적인 주장을 제외하면, 쟁점은 크게 KBS 2TV를 언론 통폐합 이전의 민영으로 되돌려 공민영 혼합 체제를 만드느냐 아니면 제대로 된 공영 방송을 위해 기존 제도를 재확립하느냐였던 것으로 보인다. 이는 당시 대표적인 재야 지도자인 안병무 교수와 이세중 변호사 사이의 논란에서 잘 드러난다. 안 교수가 언론 통폐합이 자본주의의 원칙을 무시하고 개인 재산을 침해했던 조치라고 하면서 "80년의 원상태로 돌려야 한다"고 하자 이 변호사는 "현재의 공영 방송이 공정 보도와 중립적 운영을 할 수 있도록 탈바꿈을 하는 일"이 중요하다는 다른 주장을 편다(〈동아일보〉, 1987. 7. 21). 조영래 변호사 역시 한 세미나에서 공영과 민영이 공존하는 체제가 바람직하다는 주장을 폈던 반면(〈동아일보〉, 1987. 7. 17), 한 달 후에 해직 언론인 박권상은 '공영 방송 임시조치법' 같은 것을 만들어 여야는 물론 각계각층의 이해를 대변하는 기구의 관할 아래 방송이 들어가야 한다는 요지의 칼럼을 썼다(〈동아일보〉, 1987. 8. 17).

학계 측에서는 전반적으로 민영 방송을 만들어 5공 이전으로 돌아가야 한다는 주장이 우세했던 것으로 보인다(〈동아일보〉, 1987. 8. 28). 그러나 이런 논의는 산발되어 뚜렷한 하나의 흐름으로 모이지 못했고, 국회를 장악한 당시 집권 세력의 속전속결 의도가 관철되면서 앞서 언급한 방송법이 통과되는 데 그치고 말았다.[138]

회가 제도 언론과 편파 방송의 문제를 지적하면서 직선제 개헌 이전에 언론 자유와 표현의 자유 보장을 위한 실천적 조치가 선행되어야 한다는 내용의 성명을 발표하기도 했다(최창섭, 1987).

138 이때는 시간적 압박에 쫓겨 기존 체제를 개혁하는 본격적인 대안을 만들 여유가 없었을 것으로 여겨진다. 그래서 아마도 일단 박권상안 정도('임시' 지배 기구를 만드는 선)에서 잠정 타협하지 않았을까 한다. 그러나 이때 나온 안에서 볼 수 있는 민영 방송 관觀과 나중의 SBS에 대한 반대 사이에는 시청자운동의 입장에서 상당한 격차가 있다. 이유를 정확히 설명하기는 어렵

(2) 시청자운동의 분화

민주화 이후 시청료거부운동이 퇴조기에 접어들면서 시청자운동은 조금 더 분화된 모습을 보이기 시작한다. 방송 영역에 국한시켜 볼 경우, 주로 방송의 편파 보도(특히 선거 시)와 관련된 내용 감시운동에서 언론 환경이나 구조의 개선을 요구하는 청원운동으로도 영역을 넓히는 것이다. 또 언론 인식의 저변을 넓히기 위한 미디어 교육이나 서구와 같은 액세스 채널을 요구하는 등의 대안 미디어운동 또한 싹터 운동의 전선이 다변화되기 시작했다(표 23 참조).

최영묵(2005)은 당시 운동의 성과로 "시민언론운동의 필요성에 대한 국민의 인식 제고, 언론개혁운동의 전사회적 확산, 미디어 교육의 대중화와 상설화, 수용자 권리 확대를 위한 제도적 기반 마련, 지역 언론운동의 자생적 발전 유도, 시민언론운동과 언론노동운동의 결합, 언론관계법 개정 등"(p.39)을 들었다. 운동의 주체 면에서도 초기에는 종교 단체·여성 단체·학생운동 또는 사회운동 단체 등이 언론에 관한 문제를 부수적이고 수단적인 현안으로 제기하는 수준이었으나 1990년대부터는 언론을 주된 영역으로 삼는 운동단체들이 등장했다. 운동의 방법에서도 초기의 한시적이나 비조직적인 저항에서 점차 모니터 조직을 통한 체계적인 언론 감시를 비롯해 문제가 된 해당 언론사에 대한 조직적인 항의 방문, 일반 시민을 대상으로 한 다양한 캠페인과 교육 등 방법이 점차 다양화되었다. 무엇보다도 전체적인 운동이 산발적이고 일시적인 것에서 조직적이고 상시적인 것으로 변모했다(강상현, 1993).

지만 1987년과 1990년이라는 두 시기 사이의 변화적 계기들, 예를 들어 KBS, MBC 내부의 노동조합의 창립과 저항, 그에 따른 프로그램 변화와 5공 청산의 의지, 민영 방송에 대한 인식의 변화 등이 변화에 주효하게 작용하지 않았을까 한다(김학천은 노조 때문이었을 것으로 생각한다; 김우룡 외, 1990). 특히 정부(와 집권당)가 민영 방송에 대해 완전히 입장을 바꾼 것은 다분히 이 이유 때문일 것이다.

표 23. 1980년대 이후 시민언론운동 사례

구분	목표	국내 사례
내용감시운동	• 저질 프로그램 감시 및 고발 • 편파, 왜곡 보도 비판 • 소수자 권익 보호	• TV끄기운동(1993) • 선거보도감시운동(1992년 이후)
언론사감시운동	• 언론사의 경영 및 편집(성) 감시	• 시청료거부운동(1986~88) • 정보공개운동(2001~)
법제 재·개정운동	• 저질 퇴폐 방송 퇴출 • 어린이, 청소년의 보호	• 방송개혁국민회의, 언론개혁시민연대의 미디어관련법개정운동(1995~) • 여성민우회 어린이텔레비전법제정운동(2001~)
미디어교육운동	• 비판적 미디어 읽기 • 미디어 리터러시 교육 • 미디어 제작 교육	• 민언련의 언론학교, YMCA, 여성민우회, 영상미디어센터 등 수많은 단체의 각종 강좌 프로그램
대안미디어운동	• 시민 참여 영역 확보 • 시민사회 미디어 허가	• 국민주방송설립운동(1996~) • 액세스채널설립운동(1999~) • 미디어센터설립운동(2000~)

출처: 최영묵(2005, p.38).

그러나 당시의 시청자운동은 여러 문제점을 안고 있었다(최영묵, 2005). 첫째는 아래로부터 자생적인 차원에서 활성화되기보다는 위에서 내려오는 계도적 차원에서 추진되었으므로 대중적 조직 기반이 견고하지 못했다. 둘째, 개별적 활동을 위주로 해 운동 자원이 효율적으로 배분·활용되지 않았고, 주로 내용에 대한 사후 감시에 치우쳐 언론의 제도적·구조적 문제를 제기하지 못했다. 셋째는 언론모니터운동의 경우 전문성이 상대적으로 약하고 미디어 교육이나 불매운동과 같은 좀 더 적극적이며 구체적인 전술과의 연계가 취약했다. 넷째는 정보 통신 기술의 발전에 따른 급속한 미디어 환경 변화에 대처하지 못했다는 점이다.

특히 시청자운동은 1990년대 중반부터 국가 측의 회유책의 일종인 '조합주의' 전략[139]에 대한 대응을 놓고 일정한 의견 불일치를 보이기 시작한다. 1998년에는 야당이 집권하면서 구성한 한시적 정책 기구인 방송개혁위원회에 당시로서는 시청자운동 전체를 대표한다고 할 수 있는 언론개혁시민연대[140]가 적극적으로 참여하는 등 일종의 체제 내적 압력 단체의 면모마저 보이게 된다. 이 현상은 2000년대 노무현 정부 때 좀 더 두드러지므로 나중에 다시 논의할 것이다.

5. 공영 방송의 재확립의 노력과 진통

1987년 6월 민주화 항쟁은 군부 권위주의 체제였던 제5공화국을 붕괴시키고 새로운 시대를 열었다. 그러나 온전한 아래로부터의 민주화는 아니었고 선거 역시 구체제의 재집권으로 끝나면서 이른바 '1987년 체제'는 양면적 성격을 갖게 된다. 즉 한편으로는 권위주의가 민주주의 단계로 이행하면서 시민사회의 양·질적 성장이 이루어졌고, 다른 한편으로는 정치적 블록 사이의 이합집산(예컨대 3당 합당)을 통해 안정적으로 기존 체제를 재생산하려는 시도가 나타났다.

6월 항쟁 직후 여야는 합의를 통해서 언론기본법을 폐지하고 대체 입법을 시도했다. 그 결과로 방송법이 새로 제정되었으며, 한국방송공사법이 개정

139 코포라티즘을 번역한 용어로 보이지만 이 글에서 쓰고 있는 '민주적 코포라티즘' 용어와는 다소 차이가 있으므로 여기에서는 그냥 조합주의라고 쓰고자 한다.

140 시민·노동 단체 40여 곳이 참여해 결성한 단체이므로 대표한다는 표현이 그렇게 과하지 않다.

되었다. 새 방송법은 정부의 직접적인 통제 대신에 방송위원회의 권한 강화를 통한 간접적인 규제를 특징으로 했다. 또한 시청자들의 거부운동을 낳았던 'KBS 시청료'를 '공영 방송 수신료'로 변경하고, 방송위원회의 추천으로 구성되는 KBS이사회를 최고 의결 기구로 격상시켰다.

이러한 변화는 공영 방송의 형식적 자율성을 크게 신장시켰다. 적어도 법적 외형에서는 정치적 독립성의 기초가 마련된 것이다. 그러나 형식과 실질은 달라 사장 임명과 편성·제작의 자율성을 놓고 경영진과 노조와의 갈등이 격화되었다. 3당 합당과 같은 정치 지형의 변화를 통해 안정적 보수 블록을 확보한 정부는 은밀하고 간접적인 방식으로 통제를 지속했다. 1990년의 방송법 개정에 따라 민영 상업 방송이 신설되면서는 새로운 국면이 전개되었다. 시장이 재편되고 시청률 경쟁이 가속화되었기 때문이다. 이제 공영 방송은 기왕의 정치적 독립성과 더불어 시장의 압력으로부터도 자율성을 확보해야 하는 이중의 과제를 갖게 되었다.

그러나 1980년대 중반의 시청료거부운동 이래 공영 방송에 대한 사회적 관심이 크게 높아졌고 민주화로 인해 방송 내부에서도 집단행동이 가능한 노동조합이 생기면서 공영 방송의 독립과 공정성 문제는 정치권력을 사실상의 '사용자'로 하는 노사 갈등으로 옮겨갔다. 이 갈등은 거의 매년 파업으로 이어져 공영 방송의 문제를 확산시켰고 공영 방송 체제 역시 같이 성숙되어 갔다.

7장 성숙·진통기

성숙·진통기는 다미디어·다채널 시대가 정착된 2000년대 이후다. 이 시기는 너무 최근이므로 역사적 서술이 그렇게 큰 의미를 갖지 않으며, 다음에 살펴볼 비교 사회적 공시성 분석과 많은 부분이 중복된다. 그러므로 이 장에서는 가능한 한국의 공영 방송 이해에 꼭 필요한 역사적 사실만을 적시하는 데 그치고자 한다.

1. 정권 교체와 2000년대의 의미

1998년의 선거는 정권 교체라는 사상 초유의 결과를 낳았다. 그러나 야당의 집권은 기대보다 많은 변화를 몰고 오지는 못했다. IMF 위기가 겹침으로써 변화가 정치에 국한되었기 때문이다. 경제 부문에서는 한국이 글로벌 구조에 노출·편입되면서 '반시민적 경제주의uncivic economism'(Dahlgren, 2009)로 볼 수 있는 신자유주의가 정착되었다. 이로써 50년 만에 정권을 잡은 야당의 통치 기조는 민주주의와 시장이 병행으로 추구되는 이른바 '시장 친화적market-friendly 민주주의'[141]가 되었다. 경제가 강조되는 이런 '1998년 체제'는 이전의 '1987년 체제'에 비교해 전형적인 '일원일표'의 시장 논리가 작동하는, 과거 영국의 대처리즘을 방불케 하는 반복지적·반노동적 체제였다.

1998년 체제는 한편으로는 민주주의를 사회 전체에 확산시키고 지난 연대 동안 형성된 기득권 구조를 교체하면서도, 다른 한편으로는 시장을 우선하고 승자 위주의 메리트 시스템을 고착시키는 상반된 모습을 보여 왔다. 이 점은 미디어에서도 마찬가지였다. 김대중 정부는 오랜 야당 시절 허울뿐인 공영 방송에 의해 많은 피해를 입었다. 앞 장에서도 지적한 대로 민주화 이후에도 정부의 프리미엄은 양적으로는 몰라도 질적 측면에서는 결코 사라지지 않았다. 이런 특혜 또는 편향의 시정은 야당이 자신의 집권 기간에 해야 했던 중요한 임무였다. 그러나 다른 한편으로 미디어와 커뮤니케이션 분야는 21세기에 새롭게 주목받는 고부가가치 산업이었다. 위기에 빠진 한국 경제를 살리기 위해 새로운 성장 동력을 발견하지 않으면 안 되었던 정부가 이런 분야를 외면할 수는 없었다. 인터넷이라는 첨단 미디어의 토양이 되는 컴퓨터의 보급이나 시작하자마자 침체에 빠진 케이블 TV와 위성 방송 등의 회생 등은 말할 것도 없고, 가능하다면 지상파 방송의 민영화(특히 MBC)나 재구조화 등도 우선 사업으로 삼을 정도였다.

그러나 상호 보완적이거나 독립적일 줄 알았던 정책 기조는 의외로 서로를 방해하는 측면이 있었다. 시장(유료 미디어)의 입장에서 공영 방송을 비롯한 지상파 방송은 케이블 TV 등이 국민적 플랫폼으로 성장하는 가운데서도 여

141 김대중 정부의 성격이 사회적 권리 국가가 추구하는 '시민 친화적people-friendly 시장'(임혁백, 2000)과 이명박 정부가 천명했던 '기업 친화적business-friendly 정부' 사이에 위치한다는 의미로 썼다.

전히 프로그램 시장을 지배하는 특혜의 대상이었다. 반면 지상파 방송의 입장에서 유료 방송은 자체적으로 프로그램 제작 능력이 없는 말 그대로의 '매체' 사업자[142]일 뿐이었고, 장기적으로는 공영 방송의 비중을 감소시키는 반공익적 측면을 갖고 있었다. 2000년대 들어 이런 갈등이 점화된 것이 지상파 방송과 케이블 TV 사이에서 재송신을 둘러싸고 벌어진 저작권 침해 소송이다(이는 나중에 다시 살펴본다).

이런 김대중 정부의 정책적 기조는 이후의 노무현 정부에도 그대로 이어진다. 물론 지상파 방송과 차별이 전혀 없는 종합 편성 채널이 4개나 더 생기는 이명박 정부에 이르러서는 기조가 더욱 편향되어 수신료를 인상시키려는 시도조차 신생 종편에 대한 지원을 염두에 둘 정도가 되게 된다. 계속된 기술 혁신으로 새로운 미디어의 등장 자체가 하나의 관행처럼 굳어져버린 이 분야에서 과거처럼 공익을 앞세워 제한된 인자만을 허용해 주는 규제가 더 이상 가능할 순 없지만 같은 시장이라도 어떤 시장이어야 하는지, 무분별한 이윤 행위가 아무런 제재 없이 자행되어도 상관이 없는지 서로에게 자문해 봐야 하는 시대가 도래한 것이다.

2. 통합방송법의 제정과 방송위원회의 독립

1) 정책적 제언과 답보

1990년의 방송법 개정은 방송제도연구위원회라는 최초의 연구적 절차까지

142 매개체 역할에 그친다는 뜻이다. 플랫폼 역시 마찬가지다. 길을 달리는 것은 '기차'나 '자동차'이지 '역'(플랫폼)이나 '길'(매개체)이 아니다.

거쳤음에도 국민들의 신망을 얻지 못했다. SBS의 등장은 단순히 시장 인자를 복점에서 삼점으로 늘린 것만의 변화는 아니었다. 잇달아 뉴 미디어 유료 방송들(케이블 TV, 위성 방송)이 도입됨으로써 방송판 전체가 시장으로 바뀌는데 '전초前哨' 역할을 했기 때문이다. 그러나 그렇다고 KBS나 MBC 중심의 기존 시청 구조가 곧바로 바뀌지는 않았다. 이 점에는 IMF 위기가 결정적인 역할을 했다. 국민의 소득을 줄여 유료 방송의 정착을 늦추었기 때문이다. 물론 다른 한편으로는 공영 방송을 포함한 지상파 방송이나 뉴 미디어들을 더욱 시장의 '엄명'에 복종하도록 만들었다. 시장이 특정 영역이 아니라 장 전체를 지배하게 되었다는 것이다.

김대중 정부는 집권한 해에 방송개혁위원회를 출범시켜 사회적 합의를 도모하고 2000년에 통합방송법을 제정했다. 통합방송법은 IMF의 주문과 최초의 야당 집권이 가진 의의를 혼합한 '시장 친화적 민주주의'의 기치에 걸맞게 한편으로는 방송위원회를 독립시키고 시청자 권리를 강화했다. 그러나 케이블 TV와 위성 방송 등의 유료 방송도 하나의 법체계 안에 포괄하면서 "가히 혁명적이라 할 수 있을 정도"(원용진, 2000, p.304)로 산업적인 고려를 했다. 그러면서도 이 법은 정부나 집권당이 가지는 프리미엄은 거의 그대로 놔두는 한계를 보였다. 당시는 방송위원회의 독립이 중요했으나 법 못지않게 중요한 예산이나 관행 등이 독립을 뒷받침하지 못하자 법 또한 구두선에 그치고 말았다.

공영 방송의 입장에서 볼 때도 방송개혁위원회의 기치는 아무런 결과를 남기지 못했다. 1990년대 내내 만들어진 각종 방송 관련 정책연구위원회들은 KBS 1TV, KBS 2TV, MBC 등의 공영 방송들에 대해 이념성이나 차별화와 관련된 이런저런 주문을 했다. 그러나 이런 주문들은 거의 하나도 현실로 옮겨지지 못했고, SBS가 만들어질 당시의 방송 구조는 지금까지도 큰 변화 없이 이어졌다.

표 24. 방송 관련 정책연구위원회들의 공영 방송 개혁 논의

연도	명칭	KBS	MBC
1990	방송제도연구위원회	• 최고 의사 결정 기구로 경영위원회 신설 • 1TV는 지역 네트워크 채널, 2TV는 종합 방송 채널로 특성화 • 재원 구조에서 광고 비율 감축	• 1안: 민영 가맹사 체제 • 2안: 서울 중심의 공영 네트워크 체제 유지 및 지역 방송 민영화 허용
1994	공영방송발전연구위원회	• 최고 의사 결정 기구인 경영위원회 신설 • 1TV는 종합 방송 채널, 2TV는 문화 채널로 특성화 • 방송 총괄 기구에 의한 수신료 관리 및 금액 결정	• 소유 구조의 공영성 강화 • 정수장학회 주식을 방송문화진흥회가 흡수
1994	선진방송정책 자문위원회	• 1TV는 시사 정보 채널, 2TV는 가정 문화 채널로 특성화 • 수신료 현실화 및 수신료로만 운영되는 공영 방송 제안	• 운영 주체 및 채널 특성 재조정 • 단기적으로 방문진의 경영권 정상화, 장기적으로 민영 채널로 전환
1999	방송개혁위원회	• 조직 효율화와 프로그램 공익성 제고를 전제로 2TV 광고 폐지하고 수신료 조정 • 1TV는 종합 편성, 2TV는 문화 예술 또는 지역 연계 채널로 특성화 • 방송위원회 산하에 KBS 경영평가단 구성	• 단계별 민영화 추진 1단계: 정수장학회 주식의 방문진 인수 2단계: 지방 계열사 민영화 3단계: 본사 민영화
2001	방송정책기획위원회	• 국가 기간 방송으로서 KBS의 공익성 강화 • 2TV는 어린이 청소년 대상 특성화 • 2TV의 광고 시간 축소하고, 수신료 비중 상향 조정 • 방송위원회 산하에 수신료 조정위원회 설치, 적절한 수신료 책정안 강구	• 공익적 기능 유지 • 정수장학회 주식의 방문진 인수, 본사 소유 지방 계열사 주식의 방문진 이관 등을 통해 소유 구조의 공공성 강화

출처: 조항제 외(2012).

표 24에서 보면 KBS의 경우 1TV와 2TV의 역할이 위원회별로 '지역 네트워크 채널'/'종합 방송 채널,' '종합 방송 채널'/'문화 채널,' '시사 정보 채널'/'가정 문화 채널,' '종합 편성 채널'/'문화 예술 또는 지역 연계 채널,' (공익성이 강화된) '국가 기간 채널'/'어린이·청소년 대상 특성화 채널'로 제안되었음을 알 수 있다. 이 제안들은 각각이 나름으로 공영 방송의 이념성에 어울리는 것이다. 그러나 현실에서 1TV는 이전 시대부터 크게 달라지지 않은 국가 기간 또는 공익적 정보·문화 채널, 2TV는 이런 제안들과 아무런 관계없는 광고·상업 채널로서의 모습에서 크게 벗어난 적이 없다. MBC의 경우에는 소유 구조(방송문화진흥회 70%, 정수장학회 30%)와 관련해 민영화 제안이 많았지만 이 역시 현실이 되지 않았다. 과거 1971년에 증자할 당시 반강제로 투자된 재벌의 소유 지분 70%만 KBS나 방문진 등으로 옮겨 다녔을 뿐이다. 이 점만으로 보면, 1980년 체제는 거의 그대로 유지된 셈이다.

이렇게 중요한 제안들이 그저 제안만으로 그친 데에는 단적인 이유가 있다. KBS의 경우에는 2TV가 광고로 운영되면서 MBC나 SBS와 경쟁을 하는 것이 불가피했고 1TV와의 중복 또한 피하다 보니 정체가 흐려졌다. KBS 1TV와 2TV의 관계는 당초부터 애매하고 때로 모순적이다. 이를테면 1TV가 공영 방송으로서 역할을 독점해 버려 2TV의 설 땅을 아예 주지 않거나 아니면 거꾸로 2TV의 대중성이 너무 높아서 1TV의 유효 시청자를 오히려 빼앗아 가버리는 데 문제가 있는 것이다. 2TV의 경우 1TV와 똑같은 뉴스 포맷을 취하기 어렵고 시간도 이보다 짧기 쉬운데, 그렇게 되면 공영 방송으로서 바람직한 편성 비율을 지킬 수 없다.[143] MBC의 경우에는 민영화 제안 자체가

143 이 문제는 두 개의 채널을 가진 공영 방송에는 모두 있다. BBC의 1과 2의 경우에는 1이 좀 더 대중적이고 넓은 범위의 프로그램을 편성하며, 2는 상대적으로 전문적이고 고급 문화적 편성을 한다. 구래의 기준인 보도-교양-오락으로 따지면 2가 1보다 오락성이 더 높을 것이다

사회적 합의를 얻은 적이 없고, 정수장학회 지분 또한 사실상 회수가 불가능했기 때문에 조금의 변화도 허용되지 않았다. 정권만 잡으면 방문진을 통해 우군으로 만들 수 있다는 점 역시 '위험한 매력'으로 작용해서 정치권력의 입장에서 보면 현상現狀도 장점이 아예 없지는 않았다.

이런 점 등 때문에 공영 방송의 경우에는 거의 변한 것이 없게 되었다. 거버넌스가 더 민주화·분권화되어야 했지만, 당시는 권력을 나누어야 할 상대가 권위주의 시절부터 수십 년 집권해 온 구체제 세력이어서 실익이 없었고, 다른 야당 세력(나중의 민주노동당 같은 진보 세력)은 아직 성장하지 못해 분권의 대상이 없다는 명분이 있었다. 물론 잡은 권력을 놓지 않으려는 권력의 생리도 다른 한편으로 크게 작용했음은 두말할 나위가 없다.

2) 방송법의 개정

(1) 방송위원회의 독립과 좌절

1987년 공영 제도가 재확립될 때부터 방송위원회는 방송 정책에서 가장 큰 관심사였다. 민간이 참여하는 방송위원회가 힘을 가져야만 정부의 배타적 방송 지배가 약화되고 방송 역시 민주화될 수 있는 여지가 커지기 때문이다. 방송위원회가 처음 만들어질 때의 기능은 전신인 방송윤리위원회의 내용 심의에 조사·연구 등만 약간 더한 정도였다. 공영 제도 자체가 허울이었으므로 민간 정책 기구 같은 것은 사실상 필요하지 않았던 것이다. 그러나 민주화 이후에는 달랐다. 방송을 관장할 수 있는 권리가 더 이상 정부에만 있어서는 안 되며, 그런 권리의 민간화야말로 방송이 고질적 편파성을 벗어날 수 있는

(이런 통계를 따로 내지는 않는다). 1과 2가 같이 의무를 수행하는 범위도 넓다. 이럴 경우에는 물론 차별화가 되지 않는다. 2TV가 교육 방송인 NHK 정도만 이런 문제가 없다.

유일한 길이라고 생각했다. 그러나 이 역시 1990년의 방송법 개정으로 방송위원회의 권리가 대폭 축소되면서 5공의 상태로 돌아갔다.

1998년 마침내 야당이 집권함으로써 방송위원회는 지위(독립)와 권력이라는 두 가지 축을 모두 가질 수 있으리라 기대되었다. 또 구성에서도 집권당의 입김이 과거에 비해 크게 줄어든 좀 더 민주적이고 분권적인 형태를 갖출 수 있기를 바랐다. 전자가 대외적 조직 측면에서 정치적으로 독립해 외부의 부당한 요구를 거부할 수 있는 힘을 갖추는 것이라면, 후자는 내부의 의사 결정 체계에서 사실상 정부나 다름없는 대통령·집권당의 결정력을 다소라도 분산시키자는 것이다.

2000년의 통합방송법은 이런 목적에서 방송위원회를 정부로부터 독립시키고 방송의 허가 등과 관련된 핵심 정책 권한을 부여했다. 그러나 지금에 이르러 볼 때, 결과는 불충분한 독립과 여전한 정치화, 낮은 정책 효율 등 예견된 단점의 표출에 그친 것으로 보인다. 정부로부터의 독립에서는 여러 법적·행정적 측면의 미비와 그간의 관행 때문에 의존도를 줄이기 어려웠고, 위원 구성 등에 작용하는 집권당 프리미엄은 단기적 정치 이익을 놓기 어려운 정략적 사고로 인해 사라지지 않았다. 정책의 결정이나 집행 또한 독립에 따른 권한의 부재[144]로 비효율을 초래했다. 비록 '방통 융합'이라는 테크놀로지의 대세가 있다 해도 이런 단점이 없었다면 방송위원회가 다시 공식적 정부 기구이자 사실상 독임제인 방송통신위원회로 바뀌지는 않았을 것이다. 이런 점 등을 상기해 보면 방송위원회의 독립 실험은 실패로 끝났다고 봐야 할 것 같다.

위원 구성의 정치적 독립성이 야당이 집권한 이후에도 달라지지 않은 점

144 기존 정부 측, 이를테면 업무에서 방송 쪽과 밀접하게 연계된 문화(관광)부, 정보통신부 등의 저항에 부딪혔다. 당시 방송위원회 부위원장과 위원장을 지냈던 강대인은 나와의 개인적 대화에서 이 부분이 독립의 가장 큰 애로였다고 말했다.

은 상당히 상징적이다. 앞서 본 대로 방송위원은 처음에는 삼권 분립의 정신을 반영해 입법·사법·행정(대통령)에 각 $\frac{1}{3}$씩 배분했다. 이 중 사법부의 위상이 애매해 이 지분을 먼저 국회(상임위 분)로 돌렸다. 이로써 야당 지분이 하나 더 늘어날 수 있었다. 그러나 만일 사법부가 부적절하다면 대통령도 부적절한 것이다. 왜냐하면 결국 분립은 권력을 분산시키는 기제인데, 이 경우에는 오히려 대통령에게 권력을 집중시켜 대통령과 집권당을 유리하게 만들기 때문이다. 물론 대통령은 사법부와 달리 선거를 통해 검증된 권력이므로 책임행정 측면에서 지분을 갖는 것이 당연하다고도 볼 수 있다. 그러나 만약 그런 임명을 거친 위원들이 거수기로 전락한다면, 달리 말해 정략에 반대될 수도 있는 공공선을 생산하지 못한다면 이는 결국 후견주의를 제도화해 놓은 것에 불과해진다.

방송 정책을 민간에 맡기는 이유는 정치에 민감한 방송의 특성상 관이 주도해서는 안 되기 때문이다. 회의체가 될 필요는 정책 과정에 각계각층의 의견이 반영되고 대립하는 양측 간 토론과 합의를 도모하기 위해서다. 합의가 (어느 정도라도) 되지 않으면 정책이 저항을 받을 가능성이 높고 저항을 받으면 방송이 가진 언론적 특성상 정부가 강제력을 발휘하기 어렵다. 정당이 추천하는 이유는 그래도 여야가 세력 간 갈등을 대변하고 주기적으로 국민의 심판을 받아 입법이나 행정 등에서 책임을 지기 때문이다. 방송에 나름의 내적 논리와 발전과정이 있으므로 전문성 또한 필요하다. 그런 면에서 당시 방송법 21조 1항의 '전문성 및 사회 각 분야의 대표성'은 방송위원이 갖추어야 할 적절한 자격 조건이다. 이런 전문성·대표성에 정당의 추천에서 발생하는 이익의 대변과 책임-정치화, 의사 결정의 회의체적 토론과 합의 등이 교차·조화를 이루면서 위원회는 공공선을 창출할 수 있게 된다.

그러나 만약 이런 위원회가 '후견적으로 정치화clientelistic politicization'된다면 전문성-대표성은 '정체'가 달라져 버린다.[145] 위원들이 자신의 후견인(대통령이나 정당)의 의사에 거수기가 되면서 정치적 결정을 '포장'하는데 이용되고 말기 때문이다. 정파적 차원을 넘어 방송 정책을 입안하고 판단해 달라는 목적에서, 달리 말해 정치적 후견을 전문적으로 설득해 달라는 의미에서 만들어진 것이 오히려 반대가 되는 것이다.[146] 그런 아무런 '재량 없는 전문성' 또는 '전문성의 도구화'라면 차라리 여야의 정치적 균형을 맞춰 협상에 능하고 결정에 효율적인 정치인이 위원이 되는 게 나을 수도 있다.[147] 협상만 효율적으로 된다면 일부 정치적으로 중요한 안건에는 '특별 다수제' 같은 엄격한 정족수를 도입하는 것도 쉬울 것이다.

지금까지 피해자였던 야당의 집권은 이런 점에 대해 근본적으로 재고할 수 있는 기회였다. 그러나 당시 국민회의는 집권당의 수적 우세의 근거였던 대통령의 지분을 없애지 않았다.[148] 특별 다수제같이 실질적으로 소수에 힘을

145 후견주의에 대해서는 다음 장에서 자세히 살펴볼 것이다.

146 예를 들면, 당시 방송위원장은 방송위원 중에 꼭 필요한 법 전문가가 없다는 점을 결격이라고 하면서 전문위원회를 통해 보완하겠다고 한 바 있는데(황근, 2000), 이는 방송위원회가 전문성을 확보하는 방식이 꼭 방송위원을 통해 이루어지는 것이 아님을 적절히 예증한 것이다. 문제는 방송을 아느냐 모르느냐가 아니라 의사 결정의 동기의 측면에서 '정치적 후견의 입장과는 관계없이 독립적으로,' 그리고 의사 결정의 결과의 측면에서 '후견의 입장에 반하는 결정'을 할 수 있느냐 하는 것이다. 전문성은 그렇게 할 수 있고 종래에는 후견인까지도 설득할 수 있는 능력이 되어야 의의가 있지 그렇지 않다면 허울에 불과하다.

147 실제 강원대 정윤식 교수는 토론회 등에서 이런 요지의 주장을 여러 번 한 바 있다. 그러나 아마추어는 아마추어대로 한계가 분명하다(독일의 예에 대해서는, Kleinsteuber, 2007).

148 즉 이전까지는 대통령의 지분에 대해 많은 불만을 가졌지만 정권을 잡은 이후에는 오히려 이를 기화로 자신의 기득권을 정당화하려 들었다. 엄민형(2012)의 회고에 따르면 방송개혁위원회 내부에서는 이에 대한 문제 제기가 분명히 있었다. 그러나 당시 야당에서 여당이 된 정치인들의 권력욕에 비해 상대적으로 약했고, 시민사회나 비판적 학계 또한 방송위원회의 조직적 독립에 신경 쓰느라 제대로 압력을 행사할 수 없었다. 당시 손석춘(1998)은 만일 KBS가 진정한 공영 방송으로 거듭나는 데 실패한다면 책임이 매우 클 것이라고 경고했는데, 불행히도 이는 거의 맞았다. 이명박 정부 당시의 해직 PD인 최승호(2013)의 최근 술회를 보면 당시 정부의 악용 또는

실어주는 제도도 취하지 않았다. 그저 전문성 같은 허울만 언급했을 뿐이다. 이는 역시 기존의 불합리함이 가져오는 정치적 이득에 편승하려는 외에 아무것도 아니다. 그래도 당시에는 다소나마 이런 의도를 완화시켜 준 방송위원회의 기구 독립이 있었다. 그러나 이 독립이 실질을 잃게 되자 방송의 민주화 차원에서 야당의 집권은 거의 해놓은 것이 없게 되었다. 요약하면, 정치화의 가능성이 높은 영역에서 전문성이나 대표성은 후견주의를 넘어설 수 있게 재량을 주는 방식이 되어야 한다. 그렇지 않다면 정치적 균형을 맞춰(한쪽이 과반을 넘지 못하게 하면서) 합의를 도모하게 하는 방식이 훨씬 유효할 수 있다.

(2) 시청자 권리의 강화와 한계

방송위원회의 독립에 못지않게 중요했던 이 법의 의의는 그간 구두선에 그쳐왔던 시청자 권리를 강화하기 위해 노력했다는 점이다(박은희, 2000; 원용진, 2000). 표 25는 이를 정리한 것으로 '평가,' '반론,' '불만 처리,' '악세스,' '정보공개 청구,' 심지어는 '단체 지원'에 이르기까지 시청자가 방송을 접해 느끼거나 행동하는 단계 단계마다 행사할 수 있는 권리를 빠짐없이 규정해 놓았다. 그러나 이 법이 통과된 지 십수 년이 지난 지금에 이르러 한국의 시청자 권리가 획기적으로 신장되었다는 주장은 보이지 않는다. 이는 법의 효력이 실질적인 시청자 권리로 발전하지 못하고 또다시 말의 성찬에 머물렀다는 증거가 된다.

대표적인 예가 방송위원의 선임 조건 중 '시청자 대표성'을 고려해야 한다는 조건 같은 것이다. 여기서의 대표성은 그저 선언적 의미만을 가질 뿐 이를 보장할 수 있는 어떤 보조 장치도 마련되어 있지 않다. 각 방송 내에 설치

유기가 나중에 얼마나 심각한 역공을 맞았는지를 알 수 있다.

표 25. 통합방송법에 담긴 시청자 권익 보호 관련 조항

항목	내용
시청자 대표성 및 권한	• 방송위원 9인 중 3인은 전문성과 시청자 대표성 고려(21조) • 시청자위원회의 권한 강화와 시민단체의 추천(87~88조)
시청자 불만 처리	• 시청자불만처리위원회 신설(35조)
시청자 반론권	• 반론보도청구권 강화(91조): 요구받은 날로부터 9일 이내 공표, 반론 보도문은 자막과 함께 통상적인 속도로 읽어야 함
시청자 제작(악세스) 프로그램	• KBS는 시청자가 직접 제작한 시청자 참여 프로그램을 매월 100분 이상 편성(69조) • 종합유선방송사업자 및 위성방송사업자는 지역/공공 채널을 통해 시청자 제작 프로그램 방송(70조)
시청자 평가 프로그램	• 지상파 방송을 포함한 종합 편성과 보도 전문 편성 채널은 시청자 평가 프로그램을 주당 60분 이상 편성(89조)
시청자의 정보 공개 청구	• 종합 편성·보도 전문 편성 사업자에 대해 방송 사업에 관한 정보 공개 청구(90조)
시청 단체 지원	• 시청자 및 시민단체 지원(38조): 시청자가 직접 제작한 프로그램, 미디어 교육 및 시청자 단체의 활동

출처: 김정기(2003), p.170.

되는 시청자위원회를 방송위원회의 제재 권한 및 시청자 단체의 조직 활동과 연계시킨 법 87, 88조 역시 실제 운용에서는 방송사가 가진 편성의 자유와 대립될 수 있어 실효를 얻기 어렵고, 그 나마의 활동도 일부 프로그램의 모니터 수준에 그치는 한계가 있다(신홍균 외, 2008). 시청자 단체의 추천권 역시 시청자 단체의 규정이 애매하고, 위원회의 구성 자체가 방송사의 책임하에 이루어지므로 시청자가 아닌 방송사의 취향이 강하게 반영된다. 이런 허울의 사례로 시청자 평가 프로그램만큼 희화적인 것도 없을 것이다. 이 프로그램은 1990년대 중반 상업화에 대한 따가운 비판을 피하기 위해 방송사들이 자율적으로 만든 이른바 '옴부즈맨 프로그램'을 법제화한 것인데, 많은 비판에서 볼 수 있듯이 본래의 의의를 잃어버리고 오히려 방송사의 홍보용으로 전

략해 버렸다.

문제는 어떤 시청자 권리이냐가 아니라 시청자 권리가 보장되는 차원이다. 이 법이 제정될 당시의 상황 논리는 완화된 시장 규제에 대응해 시청자 권리를 상향·보장하는 것이었다. 형식 논리로만 보면 적절한 듯하다. 그러나 그것은 일대일 대응이 될 수 없다. 새로운 미디어가 속속 개발·도입되면서 적자생존이 불가피해진 미디어 영역에서 시장은 이미 '선택 사항'이 아닌 것이다. 여기에 IMF의 경제 위기는 시장을 아예 사회 전체를 좌우하는 논리로 승격시켰다. 이런 가운데 몇 가지 권리들이 새로 제정되었다 해서 시장을 감당한다는 것은 애당초 바라기 힘든 노릇이었다. 이런 권리 없이도 정책 과정 전반에서 '협의'를 통해 시청자와 시민사회가 힘을 행사하는 영국의 사례(정준희, 2004b) 등은 반증의 본보기가 된다. 필요했던 것은 장식적 권리 몇 개가 아니라 판 자체의 논리로서의 민주주의와 자유주의였던 것이다.

3. 시장: 다각화와 상업주의

비록 IMF 위기의 여파로 정권 교체의 의미가 퇴색되기는 하였지만 첫 야당 집권은 더 많은 민주주의, 더 많은 자유에 대한 기대를 낳았다. 민주주의와 공영 방송의 친화성으로 미루어 이는 분명 공영 방송에 큰 기회였다. 그러나 공영 방송에 더 많이 허용된 것은 자율성이 커지고 공정성에 헌신하는 '공론장으로의 길'이 아니라 완화된 겸영 제한을 이용해 타 미디어에 진출하는 '시장으로의 길'이었다. 이로써 KBS와 MBC는 외압 없이 자유롭게 민의를 반영하는 민주주의의 보루가 아니라 많은 자회사를 거느린 기업 집단으로 탈바꿈했다.

1990년대의 자회사들이 주로 의무 외주라는 외적 규제에 대응해서 생겨난 것이었다면,[149] 2000년대의 그것은 유료 플랫폼의 시장 도입에 대응해 프로그램(콘텐츠)의 수익성을 높이고자 하는 내적 이유가 컸다. 그도 그럴 것이 공영 방송의 입장에서 수익원은 수신료와 광고료뿐이고, 이마저도 수신료는 1980년 이래 정체되어 있었으며, 나머지 수신료분을 잘 메워 주었던 광고료는 IMF 위기로 인해 크게 감소된 상태였기 때문이다.

이런 다각화에 대해 더욱 민감했던 SBS를 필두로 KBS 역시 위성 방송에 참여하기 위해 투자 자회사 e-KBS를 설립했고, 케이블 TV를 비롯한 2차 창구에서 기존의 프로그램을 활용하기 위해 KBS N 등을 만들었다. KBS N은 현재 드라마, 스포츠, 다큐멘터리 등의 전문 채널 6개를 운영하고 있다. 표 26은 2007년을 기준으로 한 KBS의 자회사 현황인데 산업 분류 코드 등에서 볼 수 있듯이 주로 프로그램 제작·공급업에 집중된 수평적 다각화를 보여 준다(박소라, 2007; 황상재·김형일, 2003).

공영 방송의 다각화 전략은 변화된 미디어 환경에 적응해 기왕의 우수한 콘텐츠와 제작 능력을 충분히 활용함으로써 시청자들에게 주로 의존해 온 재원(수신료)을 다양화하는 의의를 지닌다. 특히 제작비가 많이 들고 상대적으로 제품의 수명이 긴 드라마 장르의 경우에는 시차를 두고 다양한 미디어를 이용하는 '창구 효과windowing'가 필수적이다(Owen & Wildman, 1992). 기존의 자원적 독점 효과가 감소되면서 수익성이 크게 악화된 전 세계 대부분의 지상파 방송 역시 이런 다각화를 십분 활용하고 있다(권호영 외, 2006). 특히 외국 시장을 창구화하는 것은 자국을 홍보하는 효과까지 있어 국익의 차원에서도 적극 권장되었다. BBC에서도 이런 수출은 (논란은 있었지만) 상업적 자회사인 BBC월드와이드를 통해 적극적으로 추진되었다. "돈을 벌며 임무를 수행하

149 예를 들어 KBS는 KBS제작단, MBC는 MBC프로덕션의 제작 자회사를 만들었다.

표 26. KBS의 자회사 및 관계사(2007년 당시)

기업명	종류	지분율	설립 연도	산업 분류 코드	업종
㈜KBS비즈니스	자회사	100%	1989. 4. 1	75110	사업 시설 유지 관리 서비스업
KBS미디어㈜	자회사	100%	1991. 9. 1	87120	영화 및 비디오 제작 관련 서비스업
㈜KBS아트비전	자회사	100%	1991. 9. 11	87349	기타 공연 관련 사업
㈜e-KBS	자회사	100%	2000.12. 27	74230	지주회사
KBS인터넷	자회사	34.29% (e-KBS 소유)	2000. 4. 28	72400	데이터베이스 및 온라인 정보 제공업
㈜KBS N	자회사	52.1% (e-KBS 소유)	2001. 4. 8	87222	프로그램 공급업
KBS 플러스	자회사		2003. 11	87114	방송 프로그램 제작업
KBS America	자회사		2004. 7. 15	87221	프로그램 공급업
KBS Japan	자회사		2005. 10. 19	87221	프로그램 공급업

출처: 박소라(2007, p.131).

기meshing missions with money"는 이를 지칭한 말이다(Blumler, 1993b).

그러나 이런 다각화가 꼭 환영할 만한 것은 아니다. 상업적 재원에 대한 의존도가 높아지면 높아질수록 공익성을 기초로 하는 공영 방송의 서비스 기조가 흔들릴 수 있기 때문이다. 특히 한국처럼 수신료 재원이 여의치 않아 상업적 재원의 비중이 증가하고 그럼으로써 공영 방송으로서의 정체성도 같이 흔들리는 상황은 일종의 악순환에 빠진 경우다.[150] 다각화가 심화되면 유

150 다소 재미있는 것은 당시 김대중 정부의 수신료에 대한 입장이다. 민주주의를 위해 공영 방송을 권장해야 했던 김대중 정부이지만, 과거 시청료거부운동의 의의 또한 무시할 수 없어 수

료화 또한 같이 진행될 수 있어 보편적 서비스로서 공영 방송의 지위는 훼손된다. 외국 시장을 창구화하는 전략 역시 도를 넘어서면 국적 불명의 프로그램을 만들 수 있고(Murdock, 2000), 한류에서 보듯이 일부 스타의 출연료가 과다 인상되는 등 내부의 제작 방식을 크게 해치게도 된다. 그러므로 이런 창구화는 공영 방송이 가진 정체성이나 이미지를 유지하는 선에서 조심스럽게 이루어져야 한다.

신료 인상에 대해서는 적극적이기 어려웠다. 물론 일차적으로는 경제적 위기가 부담이 되었다.

III부

한국 공영 방송의 공시적 정체성

8장 거버넌스의 정치화

1980년대 들어 대부분 상업 방송을 도입하는 탈규제의 과정을 겪은 유럽에서는 달라진 조건에서 공영 방송의 정체를 어떻게 규정할 것인가에 대해 많은 논의를 전개했다. 이 과정에서 여러 개념들이 도출되었고,[151] 일종의 '클러스터 개념cluster concept'[152]으로 '공익'이 등장했다. 정치성이 강한 방송에서 공익의 핵심은 '독립성'이었다. 공영 방송의 목적 또는 존재 의의는 공익에 있고, 공익에서 정부로부터의 독립은 필수불가결한 요소라는 것이다.

그러나 공영 방송의 '첫 단추'이면서 지금까지도 명성을 잃지 않고 있는 BBC조차도 정부와의 관계는 늘 껄끄럽다. 국익이 걸려있는 민감한 사안에서는 말할 것도 없고 일상적인 일에서도 언론과 정부는 '긴장 관계'에 있는 게 정상이다. 정부 권력의 감시를 미디어의 최고 임무로 보는 자유주의 입장

151 그 일단은 팬의 정리(Fan, 2011)가 잘 보여 준다.

152 여러 하위 개념과 이론이 복합된 포괄적 개념을 지칭한다(Freeden, 1996; Hobson, 2012, p. 444에서 재인용).

(Kelly & Donway, 1990)에서는 말할 것도 없고, 국가가 언론 자유를 보장해야 하는 사회민주주의적 시각에서도 미디어가 추구하는 공익적 감시가 친정부적인 것이 되기는 쉽지 않다. 그러나 정부의 입장에서 볼 때, 자신의 영향권 내에 있는 공영 방송은 매우 유혹적인 존재다. 만약 공영 방송 같은 국민적 미디어가 자신을 도와줄 수 있다면 '통치 비용'이 크게 절약될 수 있기 때문이다. 하지만 언론의 자유와 독립이 법으로 보장되어 있는 대부분의 나라에서 공영 방송에 직접적인 압력을 가한다면 정부 역시 위기를 자초할 수 있다. 그래서 보이지 않게 정부가 영향을 미치는 수단이 활용되는데, '인선'(경영위원이나 사장 같은 인적 구조에의 개입)과 '재정'(수신료의 인상)은 공영 방송이 상대적으로 약한 지점이다(Brants & Siune, 1998).

특히 사람의 문제, 공영 미디어의 거버넌스를 구성·임명하는 것은 손쉬우면서 대개가 효과적이다. 대부분의 나라는 이를 국가의 공식적인 일로 정해 놓고 있고 정부는 국가를 대행하기 때문이다. 구체적인 형태와 정도는 조금씩 차이가 있지만, 정부·의회·규제 기구·시민사회 등 인사에 관여할 수 있는 사회의 주요 구성 단위 중에서 대체로 정부는 가장 결정적이면서 필수적인 힘을 가진다. 이렇게 정부와 공영 방송 사이에 사람을 매개로 한 관계가 형성될 때, 둘 사이의 사적 관계가 다른 공적 관계를 압도하거나 공적 영향력(나아가 결정력)을 갖게 되는 경우를 우리는 '후견주의clientelism'로 부른다.[153] 이

153 이와 견줄만한 이론은 웨이스보드(Waisbord, 2013)가 언급한 바 있는 '가산주의patrimonialism'다. 베버의 가산 관료제에서 원용한 이 개념은 '후원자와 손님' 사이의 특별하고 사적인 유착이 자발적이고 상호적인 이익 교환의 기초를 이룬다는 점을 강조한다. 가산주의의 반대는 객관적이고 합리적인 법칙에 의해 운용되는 근대적 관료제와 미디어 전문직주의다. 후견주의와 전체적으로 비슷하지만 '가산家産'이라는 개념 자체가 봉건적 소유 관계를 기초로 하고, 관료제는 주로 조직의 운용 체제와 관련된 것이므로 정치 관계보다는 소유 관계가 미디어 조직 내부에 파생시키는 현상, 곧 사적 커넥션을 통한 내부 지배와 인력 운용을 가리키는 데 적

와는 반대되는 것이 서로의 자율성을 바탕으로 수평적 협상 체계를 갖는 '코포라티즘corporatism'[154]인데, 대체로 비민주주의에서 민주주의로 이행하는 도정에 있는 과도기 국가들은 이러한 후견주의와 코포라티즘 사이에서 상당한 진통을 겪는다.

후견주의와 코포라티즘은 대부분의 정부-방송 관계에 같이 존재하지만, 둘의 비중은 각 나라나 사회, 그리고 방송이 어떻게 정착되었는가에 따라 차이가 있다. 같은 유럽에서 볼 때도 몇 가지 유형화가 가능한데(Kelly, 1983; Humphreys, 1996; Curran, 1996; Hallin & Mancini, 2004; Hanretty, 2007), 대체로 국가, 시장, 시민사회가 공영 방송에 어떻게 어떤 정도로 참여하느냐에 따라 달라진다. 이를 알아보기 위해서는 후견주의와 코포라티즘을 이론적·경험적 수준에서 살펴볼 필요가 있다.

일반적으로 국가가 미디어를 통제하는 데는 세 가지 차원이 있다(Blumler & Gurevitch, 1995). 첫째가 사람으로 공영 미디어의 규제 또는 사장(집행위원회)의 '임명 또는 인선'을 통하는 것이다. 특히 비상임이 일반적인 규제 측의 이사회·경영위원회보다는 상임이 주축인 집행위원회의 장, 곧 사장이 중요하다. 다른 둘째와 셋째는 '재원'과 '내용'이다. 만약 정치적 목적만을 달성하기 위한 것이라면 재원이나 내용은 부수적이다. 사람이 나머지 둘, 인사(내용과 관계있다)와 재원 배분에도 상당히 영향을 미치므로 사실상 거의 일대일로 방송

합하다.

154 흔히 조합주의가 이 용어의 번역어로 자주 쓰이는데, 그러나 조합주의는 노동조합주의trade unionism나 생디칼리즘syndicalism과 혼동되는 난점이 있다. '사회적 합의주의'라는 또 다른 번역어도 있지만 이 역시 코포라티즘의 핵심적 요소인 정치적 교환의 의미를 충분히 살리지 못하는 약점이 있다. 코포라티즘 원어를 그대로 사용하는 것은 한국국제정치학회의 결정이기도 하다(정병기, 2004). 그런 면에서 핼린과 만치니의 책(Hallin & Mancini, 2004)을 번역하면서 '조합주의'로 한 것은 다소 유감스럽다.

감시가 가능하다고 해도 과언이 아니기 때문이다. 그러므로 경험적 수준에서는 공영 방송의 사장의 임기나 성격이 과연 얼마나 독립성을 보장하는가, 공영 방송의 논조, 곧 보도 태도나 관행이 얼마나 공정하고 불편부당한가를 알아보는 게 가장 빠른 방법이다.

1. 공영 방송과 후견주의, 코포라티즘

1) 후견주의

국가(또는 정부)와 언론 사이가 나름대로 공존의 길을 확립한 나라에서도 사실 방송과의 관계는 쉽지 않았다. 방송은 독점이었고 국가의 면허를 받아야 했으며 또 국민의 부담(수신료)으로 운영되었기 때문이다. 높은 민주주의 수준과 경제적 부, 언론-자유주의 같은 주변의 우호적 환경이 마련되어 있지 않았다면 아마도 이 과정은 역사적 사실史實이 적시하는 것보다 훨씬 더 많은 진통과 갈등을 낳았을 것이다. 이를 잘 보여 주는 것은 서구에서도 여전히 유산이 남아 있고 비서구 사회에서는 의외로 보편적이라 할 만큼 우세한 모델인 '정치적 후견주의'(이하 후견주의)다.[155]

후견주의를 처음 등장시키고 미디어와 국가의 관계를 설명하는 데 하나의 모델로 정립한 사람은 미국의 학자 핼린(Hallin, 2000; Hallin & Papathanassopoulos, 2001; Hallin & Mancini, 2004)이다.[156] 핼린은 멕시코를 연구

155 원래 인류학적 개념인 만큼 이를 원용하면서 핼린 등은 '정치적'이란 수식어를 앞에 붙였다.
156 물론 시기만으로 따진다면, 더 빠른 한국 연구자들도 있다(박승관 · 장경섭, 2000; 조항제, 1998). 당시 나는 1990년대 초에 우후죽순 격으로 생겨난 신문 중 일부가 배후에 재벌이나

하면서 처음으로 후견주의에 주목했다(Hallin, 2000). 주지하다시피 멕시코는 1929년 창당된 제도혁명당이 2000년 야당에게 정권을 빼앗길 때까지 무려 71년간 일당 지배를 유지한 나라다. 이는 다른 유사 체제, 곧 대만의 국민당이나 일본의 자민당과 견주어서도 가장 긴 것이었고, 이에 멕시코에서는 국가가 특정 정당과 동일시되는 국가－정당 일원 체제가 생겨났다. 이런 일원 체제에서 발전한 국가와 미디어(특히 방송)의 관계는 기존의 자유주의나 비판적 정치경제학으로는 설명이 될 수 없는[157] 국가가 미디어의 후견인이 되고 미디어는 피후견인이 되는 이른바 후견주의다.

멕시코에서 후견주의를 공부한 핼린은 이를 곧 라틴아메리카 전반과 남부 유럽으로 확장하는데, 그가 염두에 둔 후견인주의의 특징은 대체로 다음과 같은 것이다(Hallin & Papathanassopoulos, 2001, pp.184～185).

> "후견주의는 사회적 자원에 대한 접근이 후견인에 의해 통제되고, 피후견인이 이러한 후견인에게 복종과 지지를 하면 그 대가로 피후견인에게 자원이 배분되는 사회 조직의 한 유형이다. 후견주의는 사회 조직의 특별주의적·비대칭적 형식이며 자원에 대한 접근이 전형적으로 보편주의적 기준과 법 앞에서의 공식적 평등에 기초하는 (민주 사회에서의) 시민권과 대조된다. …… 후견주의의 등장은 단지 전통적인 위계적 사회 구조가 지속되고 있다는 뜻일 뿐만 아니라

종교 같은 후견인이 있다는 지적을 하면서 이를 썼고, 박승관·장경섭(2000)은 유신이나 5공 체제 당시 정부와 언론 사이에 형성된 종속 관계에 후견주의를 적용했다. 그러나 이들은 핼린처럼 일반화된 모델로 후견주의를 발전·정립시키지 못했다.

157 핼린에 따르면, 국가(정부 개입)로부터의 자유를 주장하는 자유주의는 멕시코를 지배하는 "국가 권력과 사적 자본의 유착"이라는 현상을 설명하지 못한다. 시장 압력이 필수적으로 탈정치화를 낳으면서 정치적 토론을 협소화시킨다고 주장하는 비판적 정치경제학 역시 미디어에서 정치를 포함한 권력의 복잡한 향배를 고려하기에는 너무 일면적이다(Hallin, 2000, p.107).

개인이 소외된 사회적 맥락에서 그것의 파탄이기도 하다. 이 사회적 맥락에서 개인은 시장이나 대의적 정치 제도 또는 보편적 법 체제에 대한 독립적 접근이 불가능하며 이 사회에는 사회적 자본 또한 결여되어 있다"(괄호는 인용자).

그러니까 이 체제의 특징은 자원 배분을 비롯한 사회관계가 후견인-피후견인(또는 '고객')의 '양자적dyadic' 형태로 구성되며, 둘 사이의 특별하고 사적인 관계가 다른 관계, 곧 대칭적인 성격을 가지는 공(식)적·법적 관계를 압도한다는 것이다. 후견주의적 관계는 사회가 공식적으로 표명하는 규약을 위반하므로 '불투명'하고, 이 관계가 대외적으로 잘 알려진 것이 아니므로 '예측 불가능'하며, 또 대칭적으로 적용되지 않으므로 '불평등'하다. 예를 들어 법은 민주 사회라면 누구나 모두에게 공평하게 적용되어야 하는데, 이 사회에서는 그렇지 않다. 뉴스 미디어 역시 마찬가지다. 미디어가 특정 인자(후원자)에게 특혜를 주기 위해 선별적이 되고, 정보는 자원이 되어 사적으로 거래되며, 때로는 개인의 권력이나 부를 위해 활용되는 도구가 된다.

후견주의가 미디어에서 나타나는 양태를 핼린과 만치니(Hallin & Mancini, 2004, p.58)는 다음과 같이 조금 자세히 설명하는데, 도구화, 충성, 커넥션, 정치 병행성 등이 대표적인 후견주의의 산물이다. "후견주의는 공적·사적 미디어의 **도구화**와 연관을 맺는 경향이 있다. 공적 미디어의 경우에는 …… 전문적인 기준보다는 정치적 **충성도**에 기초해 이루어진다. 사적 (미디어) 비즈니스의 소유주들 또한 정치적 **커넥션**을 가진다. 그것은 정부와 계약을 하거나 허가(방송 허가)를 얻는데 결정적으로 작용하며 …… 미디어 소유주들은 다른 엘리트들과 협상하거나 정치 세계에 개입하는데 자신의 미디어 자원을 활용한다. …… 이런 이유 때문에 후견주의의 전통이 강한 곳에서 **정치 병행성**의 정도는 높다"(괄호·강조는 인용자).

후견주의에서 미디어는 국가나 정당과 피후견의 관계를 맺고 그것이 통제하는 자원(권력과 돈)을 나눠 받는 타율적 존재가 되면서 '도구화 instrumentalization'한다. 이런 사례 하나를 핼린 등(Hallin & Papathanassopoulos, 2001)은 스페인에서 고른다. "스페인에서 프리사PRISA[158]의 소유주인 폴란코는 동맹자인 사회당이 권력을 잃자 곧 고발되었다. 그리고 아센시오는 만약 안테나 3 텔레비전Antenna 3 de Television을 텔레포니카Telefonica[159]에 팔지 않는다면 감옥에 가게 될 것이라고 협박받았다고 주장했다. 텔레포니카가 민영화될 때 대표가 되었던 빌라롱가는 정치적 동맹자의 눈 밖에 나면서 부정 주식 거래로 조사받았다"(p.187). 좌파 – 프리사, 우파 – 텔레포니카 사이의 후견인/피후견인의 관계가 권력을 잃게 되자 상대편 동맹에 의해 공격받은 것이다.

후견주의를 처음 발전시킨 학문은 인류학이며, 이후 제3세계 정치를 설명하기 위한 목적으로 (비교)정치학에서 응용했다(Roudakova, 2008). 미디어학으로 유입된 후견주의는 '합리적·법적 권위'가 통용되지 않는, 곧 후견 관계 외의 다른 법이나 시장, 시민사회의 논리 등이 배제되거나 조건화되어 활용되는 상태를 말한다. 미디어로 말하면, 편견이나 특권이 없는 비당파적 시민서비스, 자율적·법적 체계, 전문직주의적 저널리즘 등에 전형적으로 반대되는 양태를 가리킨다.[160]

158 스페인의 대표적 거대 미디어 그룹으로 좌파의 성향을 띤다.

159 역시 거대 미디어 그룹으로 우파적 성향을 띤다.

160 이런 후견주의는 학자에 따라 거론되는 측면과 양상이 다양한데, 핼린과 만치니(Hallin & Mancini, 2004)는 주창(자기 주장) 보도의 전통, 사영 미디어의 도구화, 공영 방송과 방송 규제의 정치화 등을 꼽고, 스페인의 사례를 분석한 샌더스와 캐널(Sanders & Canel, 2004)은 면허의 발급, 공영 방송과 국가의 연계, 독점 법제, 광고비의 할당 등을 거론하며, 중국을 연구한 리 등(Lee, He, & Huang, 2007)은 미디어 복합 기업, 엘리트 순환, 자원의 할당 그리고 미디어 전문직주의 등을 든다. 역시 스페인을 연구한 페르난데즈 퀴하다 등(Fernández – Quijada & Arboledas, 2013)은 공급과 수요 측면으로 나누어 공급에서는 면허의 발급, 텔레비전 소유 규제, 그리고 공영 방송의 정치화를 들고 수요에서는 뉴스의 당파적 보도 등을 제시했다.

물론 이런 후견주의가 여러 나라에서 하나의 모습으로 있지는 않다. 다음에 살펴볼 이탈리아 등에서 보는 바대로 어떤 조건에 있느냐, 무엇과 결합하는가에 따라 상당히 복잡하고 혼합된 형태로 현대의 후견주의는 존재한다. 후견인과 피후견인 사이의 배제적 권력 관계를 기본으로 시장화나 상업화, 국제화, 글로벌화, 심지어는 민주화나 사회주의와도 친화성을 가지며, 특히 후견주의와 시장은 이익의 교환 체계만 확립된다면 결코 "양립할 수 없는 관계가 아니다"(Hallin & Papathanassopoulos, 2001, p.190). 적용되는 범위도 엘리트와 대중 사이의 고전적인 관계뿐만 아니라 엘리트끼리의 정치 담합으로도 쉽게 확대된다(Örnebring, 2012). 후견인과 피후견인 사이에 갈등과 긴장, 모순이 있고 각각이 가지는 상황마다의 힘에 따라 끊임없이 협상이 이루어진다는 주장[161](Roudakova, 2008)은 후견주의가 결코 고착된 관계가 아니라는 점을 강조한다. 이렇게 동적인 관점으로 후견주의를 이해하는 것은 구조적이고 고착된 관계로 보았던 핼린 등에 반대하는 것이다.

이처럼 넓은 의미에서 볼 때, 후견주의는 어느 사회든 없는 곳이 없다. 합리적·법적 권위가 우세해 후견주의와 반대되는 민주적 코포라티즘 사회에서도 후견주의적 요소는 있다. 물론 이보다 낮은 단계의 민주주의 국가인 남부유럽이나 라틴아메리카뿐만 아니라 러시아, 폴란드 같은 구 사회주의 국가, 아시아·아프리카 같은 나라들에서는 말할 것도 없다(Hallin & Mancini Eds., 2012). 만약 핼린과 만치니가 제시한 세 가지 유형을 탈서구화한다면 후견주의나 정치적 병행성, 정파지적 관행 등이 특징인 지중해형의 극화된 다원주

161 후견적 동맹 사이에 또는 후견과 피후견 내부에서 '보복retaliatory measure'이 일어나는 것 역시 이의 일환이다. 후견적 동맹 사이의 보복은 앞서 스페인 사례에서 보는 바대로 권력적 교체가 발생하는 사회에서는 정권이 바뀌면서 후견 관계도 바뀌는 이른바 '엽관제' 스타일로 나타나며, 후견 내부에서는 주로 관습적 약속이 깨어지는 경우에 발생한다.

의가 오히려 양적으로는 가장 많고 더 주류적인 것이 될 수 있다(McCargo, 2012).

이 같은 후견주의는 국가와 미디어의 관계를 이해하는 거시적 이론 중 하나이지만, 국가(정부)로부터의 자유를 자신의 존재 이유로 주장하면서도 스스로는 국가의 '피조물'임을 부정할 수 없는 공영 방송(Curran & Seaton, 2010)에도 얼마든지 적용될 수 있다. 물론 후견주의가 될 경우 공영 방송의 이념은 허울에 불과한 것이 되고 말며, 공영 방송은 엘리트부터 대중으로 내려가는 일방적 상하 관계의 단순 매개가 되거나 엘리트와 엘리트 사이의 권력 투쟁의 도구로 이용되게 된다. 경우에 따라 국가와 방송 사이에 균열이 나타날 수도 있지만, 대체로 후견주의에서는 공영 방송의 조건이 국가 의존적 측면이 크고, 사회적 합의는 낮아 대등한 갈등으로 발전하기 어렵다.

후견주의의 사례: 이탈리아 정치와 후견주의 후견주의는 미디어보다는 정치의 특성에서 비롯되며, 때로는 다원주의를 위한 수단의 양태를 띠기도 한다. 그런 면에서 이탈리아는 후견주의의 도구화와 다원주의화의 두 가지 상반된 양태가 모두 나타나는 나라다. 이탈리아의 공영 방송 RAI의 로티차치오네[162]는 여러 조각으로 토지를 분할한다는 뜻으로 RAI의 채널 세 개를 여야의 주요 정파가 분점해 다원주의를 추구하자는 것이다. 이런 특유의 방식이 만들어진 이유는 1947년부터 1992년 사이의 무려 반세기에 가까운 동안 이탈리아 정치가 우파인 기독교민주당의 지배를 벗어나지 못했기 때문이다. 만약 이탈리아가 영국처럼 자유주의가 강했다면 로티차치오네 같은

162 로티차치오네의 정의는 "정치적 기회나 경제적 이해에 기초한 기준에 따라 정당 사이에서 이루어지는 조직이나 공적 제도 내의 가장 권위 있고 힘 있는 자리들의 공유 행위"(Padovani, 2005, p.261)다.

독특한 방식은 필요하지 않았을 것이다. 그러나 RAI는 BBC와 달리 이탈리아 사회를 지배하는 휴머니즘적 가톨릭주의의 보수성 때문에 정부에 비판적이기 어려웠다. 따라서 이탈리아는 RAI를 의회 내의 권력 분점을 반영시키는 형태로 만들어 각 정당이 RAI의 각 채널에 헤게모니를 발휘하게 해놓았다. 그러면 RAI 내부가 각각의 주의에 따라 서로 경쟁하면서 정부 비판도 할 수 있게 된다는 것이다(Padovani, 2005; Padovani & Tracey, 2003).

RAI와 텔레비전 시장을 양분해 이른바 '질식시키는 복점asphyctic duopoly'[163]의 이익을 누리는 미디어셋Mediaset과 이의 소유주이면서 세 번이나 수상을 지낸 우파 정치인 실비오 베를루스코니Silvio Berlusconi는 또 다른 후견주의의 전형이다. 미디어셋에 소속된 Canale 5나 Rete 4 등의 유력 상업 방송들은 전적으로 베를루스코니의 정치적 입장을 대변하며 선거 승리 등을 위해서라면 총동원도 마다하지 않는다. 이탈리아의 우파 지지자들의 미디어셋에 대한 지지는 거의 절대적이다. 예를 들어 우파는 Canale 5에 대해 50.9% 정도를 소비하지만, 좌파는 10.1%에 머무른다. Rete 4는 더 심해 59.3%와 6.8%로 극명하게 대조를 이룬다. 상대적으로 RAI 2는 좌파는 32.1%, 우파는 18.5%를, RAI 3은 더 좌파 친화적이어서 44.4%와 9.1%를 보인다. 우파는 RAI 3을 거의 시청하지 않으며 반대로 Rete 4에는 반대 현상이 나타난다. RAI 1은 비교적 이런 차이가 없이 골고루 시청된다(Mancini, 2012).[164]

163 영국의 '안락한 복점'에 빗댄 파도바니(Padovani, 2010)의 표현인데, '질식'이라는 말에서 알 수 있듯이 베를루스코니와 미디어셋이 이탈리아 정치와 미디어에서 행사하는 막강한 힘을 알 수 있다.

164 이런 측면에서 이탈리아의 정치-미디어 관계를 후견주의로만 보기 어렵다는 주장도 있다. 특히 RAI/정부와 베르루스코니/미디어셋의 관계는 결코 같지 않다. 베르루스코니/미디어셋 사이가 봉건적 소유에 기초한 후견주의·가산주의의 전형이라면, RAI와 정부는 후견주의보다는 정치 병행성에 더 가깝게 볼 수도 있다는 것이다. 만치니(Mancini, 2012)의 주장에 따르면,

RAI와 미디어셋이 시장을 양분하고 재원 경쟁을 치열하게 전개하므로 베를루스코니의 수상직은 공적 정책과 사적 이익이 공정하게 양립하기 어려운 '이익 상충conflict of interest'의 전형이 되었다. 수상 시절 베를루스코니는 자신에 비판적이었던 RAI의 입을 막기 위해 여러 번 RAI를 통제하려 시도했다. 2001년도에 두 번째 집권했을 때는 급기야 자신을 비판했던 두 명의 언론인과 코미디언을 쫓아냈고 가스파리법을 통과시켜 이사회조차 정부가 좌우할 수 있는 형태로 바꾸어 버렸다. 이로써 RAI는 기존의 로티차치오네에 다수당의 지배가 동거하는 기형적인 형태로 변모했다는 평가까지 나오게 되었다(Hibberd, 2007).

정당끼리의 갈등을 내부화해 채널이나 주요 보직을 나눔으로써 다원주의에 기여하는 로티차치오네는, 그러나 방송 스스로 어느 정도의 완충 장치 — 이를테면, 특수 이익을 넘어서는 일반 이익의 발견 또는 특정한 정치적 주의 내에서도 최선을 다해 경쟁하는 전문직주의 — 를 갖추지 못하면 오히려 내부의 분열상만 가중되고 방송에 정치의 문제가 그대로 투영됨으로써 마침내 국민의 신뢰마저 잃고 마는 역효과가 나타나게 된다. 세금에 대한 거부감이 강한 이탈리아인 특유의 정서로 수신료의 비중이 낮아 재정적으로도 늘 불안하고, 정치화의 위협에 시달리면서도 정작 광고 때문에 상업적 경쟁에도 휩쓸려 공영 방송으로서의 정체성을 잃고 마는 RAI의 현주소는 사실 방송의 문제라기보다는 정치의 문제인 셈이다.

후견주의와 정치 병행성은 외견상으로는 비슷하지만 얼마나 정치적 다원주의를 구현하는가에서 결정적으로 차이가 있다. 정치 병행성은 정치와 관계를 맺으면서도 공공성과 투명성을 유지한다.

2) 코포라티즘

이런 후견주의와 일반적으로 반대되는 쓰임[165]을 가진 용어가 '민주적 코포라티즘'(이하 코포라티즘)[166]이다. 코포라티즘 개념은 국내에서는 국가와 노동조합의 관계에 대해 연구하는 과정에서 도입되었는데(최장집, 1988), 흔히 '조합주의'로 잘못 번역되기도 하는 이유가 여기에 있다. 일반적으로 정치·사회 체제의 하나로서의 코포라티즘의 핵심은 계급이나 지역·종교·민족 같은 사회적 균열social cleavages에서 생겨난 공동체들이 일정한 자율의 바탕 — 곧 상호 인정과 힘의 균형 — 속에서 협의와 타협, 그리고 합의를 통해 사회를 운영하는 것이다.

이는 국가(좁은 의미로는 정부)를 비롯해 사회를 구성하는 각종 단위들, 예를 들어 정당, 의회, 시장, 미디어에 대한 연구에도 원용되는데, 앞서의 후견주의에 견주어 코포라티즘의 차별적 특징을 살펴보면 크게 다음의 두 가지다. 첫째는 후견주의가 공과 사, 개인적 관계와 사회적 관계가 혼동되는 데 비해 코포라티즘은 이 구분을 비교적 명확히 한다는 점이다. 후견주의가 후견인-피후견인 사이의 양자적 이익 교환이 우선이라면, 코포라티즘에는 거래하는 양자 사이에 '일반 이익'이나 '보편 이익' 같은 공적 관계가 존재한다는 믿음이 있다. 이런 믿음이 합리적·법적 권위의 문화적 바탕을 이룬다. 근대

165 반대어로 쓰지 않는 경우도 있다. 예를 들어 리 등(Lee, He & Huang, 2007)은 중국의 미디어 체제에 국가 코포라티즘을 적용하는 기존의 주장에 이의를 제기하면서 '정당-시장 코포라티즘'을 제안하는데, 그들에 따르면 후견주의는 이 코포라티즘의 패턴 중 하나다.

166 핼린과 만치니(Hallin & Mancini, 2004)는 코포라티즘 개념 속에 스며 있는 여러 요소들과 상반된 쓰임 등을 감안해 자신의 책에서는 '민주적'이라는 수식어를 붙인다. 이 책에서는 이를 따라 민주적 코포라티즘과 코포라티즘을 동의어로 쓴다. 나중에 나오는 '자유주의 코포라티즘'도 넓게 보아 같은 뜻이다.

적 관료 국가나 자율적 사법 시스템 같은 것이 공적 권위를 구현한 대표적인 예로 먼저 꼽히지만 정당, 의회, 노동조합, 미디어 등에도 모두 이 성질은 존재하며, 이에 따라 윤리적 자율 규제가 생겨난다.

코포라티즘의 특성은 자유주의가 터부시하는 정부의 언론 개입을 반대로 보는 시각에서 단적으로 드러난다. 코포라티즘에서 볼 때, 정부는 권력을 남용해서 언론의 자유를 훼손시키는 부정적 존재가 아니라 언론에 적극 개입해 언론의 자유를 보장하고 다양한 이념·주장들을 수용하고 육성시켜야 할 책임이 있는 긍정적 존재다.[167] 정부가 자신의 생각이나 의견을 미디어에 반영시키려고 하는데서 그치지 않고, 심지어는 자신에 반대하는 야당이나 시민사회의 것도 받아들여 줄 수 있게끔 환경이나 토대를 조성해야 한다. 역도 똑같이 성립한다. 국가의 지원을 받는 각종 제도나 비제도들 또한 정부와의 이익 교환 관계에 머무르지 않아야 한다.[168]

이렇게 정부를 비롯한 의회나 정당, 조직 내부의 관료제, 일반 사회 부문의 미디어·저널리즘 등에 내재하는 합리적·법적 권위는 각 나라나 사회마다

167 예를 들어 한 스웨덴 학자의 다음과 같은 주장은 이를 단적으로 예증한다. "국가는 언론에 책임이 있다. 첫째, 국가는 표현의 자유와 언론의 자유가 공식적·실제적으로 보장받게 해야 하는 책임을 진다. 둘째, 언론인들은 정보를 찾고 지식을 전파할 권리를 보장받아야만 한다. …… 풍성하고 다양한 목소리들을 수용하는 정보와 언론 체제를 만들고 유지해야 한다" (Gustaffson; Hallin & Mancini, 2004, p.160에서 재인용). 너무 강한 국가도 문제이지만, 너무 약해서 최소한의 입법 행위조차 할 수 없는 국가는 오히려 더 재앙인 것이다. 이런 국가는 신생 민주주의에서 자주 발견된다(Voltmer, 2013).

168 스웨덴, 노르웨이, 프랑스의 일부 신문들은 공적으로 지원을 받지만 정부에 종속적이지 않다. 이 신문들은 자유주의의 전제와는 딴판으로 광고에 의존하는 신문보다 더 독창적·비판적이며, 심층적이고 다면적이다(Benson & Powers, 2011). 특히 미디어의 정치적 병행성이 강하고 유럽의 어디보다도 국가 개입이 심하다고 알려진 프랑스 신문이 이렇다는 것은 기억될 필요가 있다. 왜 프랑스가 극화된 다원주의에 속하면서도 가장 코포라티즘에 가까이 있는지의 이유를 이를 통해 단적으로 알 수 있기 때문이다(Benson & Hallin, 2007; Hallin & Mancini, 2004).

다양한 태생 원인이 있지만 대체로 근본은 '문화적'인 것이다. 합리적·법적 권위는 "일상생활에서 가장 단순한 것과 공통적인 것에서부터 공동체의 생존과 관련된 가장 중요한 결정에 이르기까지 모든 사회에서 나타나는 종합적인general 변인"(Hallin & Mancini, 2012, p.298)으로, 특히 미디어에서는 전문직주의가 발전할 수 있는 일련의 비공식적 법칙이나 실천 관행을 아우르는 문화적 총체다. 정당의 위상과 연결된 이 권위, 그리고 내용이 되는 문화는 의외로 모든 체제를 나눌 수 있는 단적인 변인이 된다.

코포라티즘에서는 정당의 지위 역시 앞서 본 이탈리아, 나중에 볼 스페인 등의 후견주의와 다르고 '이익의 상충'도 상대적으로 없다.[169] 독일에서 정당은 정치를 특수 이익의 각축장으로 만드는 정파적 도구만은 아니다. 정당은 "공적 생활의 영속적인 제도이며 법적으로 가장 강력하게 다원주의의 역할 …… 특수 이익을 가로지르는 다수 시민의 정치적 목소리로 인정받는다. …… 정당에 대한 강한 신뢰와 의존은 정당 정치가 방송 시스템을 포함하여 독일인의 삶의 모든 측면에 침윤되어 있다는 것을 의미한다"(Porter & Hasselbach, 1991, p.5~6). 이런 조건에서 공영 방송이 정당의 이해에 영향을 받

169 아마도 이탈리아와 독일의 중간이 '필라화'의 네덜란드인 듯하다. 필라는 기둥이라는 뜻으로 네덜란드 사회를 지탱하는 개신교, 가톨릭, 사회민주주의 등의 종교-이데올로기를 뜻한다. 필라화는 이 종교-이데올로기 공동체들이 상호 인정과 힘의 균형 속에서 협의와 타협, 그리고 합의를 통해 사회를 운영하는 것이다. 필라화는 방송에도 있어 공영 방송인 NOS는 필라와 직간접적인 연관을 맺는 다양한 방송 제작 단체로 구성된다. 예를 들어 가장 큰 제작 단체인 AVRO는 자유주의, KRO는 가톨릭, NVRC는 개신교, EO는 복음주의 성향의 보수-개신교 성향을 띤다. 이런 (준)가맹 단체는 30개가 넘으며, 회원의 수에 따라 방송 시간과 보조금이 결정된다(Daalmeijer, 2004). 이들은 자신에게 할당된 방송 시간에 얼마든지 자신의 주장을 펼칠 수 있으므로 네덜란드의 필라화는 아마도 가장 전형적인 방송의 외적 다원주의가 될 수 있을 것이다(이런 네덜란드와 영국식 방송의 차이는 달리 보면 미국과 영국의 차이와도 유사하다; Harvey, 1998). 물론 방송 시간이 단체별·채널별로 비교적 공평하게 배분되므로 외적 다원주의는 이탈리아와 달리 어느 정도는 '내적인 것'으로 바뀔 수 있기도 하다.

는다는 것은 그렇게 큰 약점이 아니다. 물론 정당이 정당인 한 한계는 분명히 있다. 그러나 이런 정당관과 후견주의의 정당은 방송을 넘어 정치나 사회 자체를 다르게 보게 하는 큰 차이가 아닐 수 없다.

둘째, 코포라티즘은 국가(때로 자본)와 사회를 구성하는 각종 단위 사이의 기본적인 관계에서 그것이 노동조합이든 종교 단체든 미디어이든 또는 그 외의 다른 것이든 국가에 포섭되지 않는 사회 단위의 자율적 바탕이 존재하는 경우에만 가능할 수 있다. 앞서의 첫째와 연결시켜 말하면, 국가는 시민사회의 각 단위들이 자율적으로 움직이도록 장려·중재해야 하는 것이다. 그렇지 않고 국가가 전횡할 경우에 등장하는 '국가적 코포라티즘'은 사실 굳이 코포라티즘이라는 용어를 쓸 필요가 없다.[170] 사회 단위가 자율성을 갖추고 때로 국가와 일정하게 협상을 맺을 만큼 힘이 강해지기 위해 전제되는 것은 유사 단위 간 수평적 연대다. 미디어에서는 미디어(소유주)협회나 기자협회, 노동조합처럼 미디어를 이루는 각급의 자율적 조직들이 결성되고 이들 사이의 연대가 강하면 강할수록 코포라티즘도 강해진다. 이런 미디어-코포라티즘이 전형적인 곳은 중북부 유럽과 스칸디나비아다.[171] 성숙된 민주주의 체제에서라면 어느 곳에서나 일반 국민의 주장이나 의견을 잘 결집시키는 매개 조직이 발달하기 마련이지만, 핼린과 만치니(Hallin & Mancini, 2004)가 잘 정리한 대

170 물론 코포라티즘의 극단적 변종인 파시즘이나 스탈린주의가 이미 있었고, 유럽에서처럼 나중에 이전과 다른 민주적 형태를 확립시켰던 경험이 있다면 일종의 순차적 발전 단계로 보아 '국가적(권위주의),' '사회적(자유주의)'이란 수식어를 붙여 쓸 수도 있을 것이다. 그러나 코포라티즘의 핵심이 '국가와 정치·사회 집단, 국가와 노자 관계 사이의 정치적 협상과 교환'이라는 점은 반드시 확인될 필요가 있다. 이런 자율적 협상과 교환이 없는 체제를 굳이 코포라티즘으로 부를 필요는 없다는 뜻이다.

171 물론 이 나라들에서만 그런 것은 아니다. 나중에 수신료 부분에서 다시 나오지만 자유·민주주의의 매개 아래 조직화된 사회 집단이 (대)자본 또는 이를 대리하는 국가 권력을 견제할 수 있는 사회는 어느 정도 자유주의 코포라티즘으로 부를 수 있다(Curran, 1996).

로 이들 나라에서는 19세기부터 대중 뉴스 시장이 생성되면서 언론인 집단이 만들어졌다. 이들은 자율적으로 평의회 같은 독립적 규제 조직을 설립하고 윤리 강령도 제정했으며, 이를 바탕으로 고용 형태나 근무 조건을 비롯한 각종 권리를 협상했다.

이렇게 보면 코포라티즘은 후견주의의 사적 유착 관계와 상하 종속 관계를 법이나 시민사회, 시장에서 형성된 '합리적·법적 권위'와 '수평적 연대'로 분산시키는 것이다. 이를 미디어 측면으로 풀어 말하면, 특정 미디어와 특정 정치 세력의 후견 관계가 때로 일반 이익의 테두리를 벗어나거나 수평적 연대 체계가 만들어 놓은 규범을 해친다면 법적·시장적 압력이 가해지거나 시민사회 내에서 반대·투쟁이 강하게 벌어진다는 것을 의미한다.[172] 만약 후견주의를 코포라티즘이 극복한다면, 자율적 바탕이 되는 수평적 연대를 확대하면서 합리적·법적 권위를 키워 나간 것이 이유가 된다.

3) 이행기 국가와 공영 방송: 후견주의에서의 지체

공영 방송이 유럽을 중심으로 하는 선진국의 산물이지만 비유럽에서도 시도는 계속되고 있다. TV 글로보TV Globo나 텔레비자Televisa 같은 거대 상업 방송이 지배하는 라틴아메리카에서는 지역을 중심으로 공영 방송의 맹아가 싹

172 그러므로 정치 병행성에서도 후견주의와 코포라티즘의 차이는 병행성이 얼마나 공적 토론을 거쳐 시민사회의 동의를 얻느냐에 달려 있다. 중요한 것은 정치와 미디어가 병행되느냐 아니냐가 아니라 어떤 과정을 거쳐 그런 관계가 형성되는가인 것이다(Mancini, 2012). 이 점에서 다음의 가설도 가능하다. 후견주의, 정치 병행성, 코포라티즘의 차이는 '실질적으로 다원주의를 구현하는가, 예를 들어 종속적 계급 이익도 반영되는가'(후견주의는 어렵다), 일반 이익을 두고 경쟁할 수 있는 '공식 토론이 있느냐 없느냐'(단순한 정파적 병행성에서는 없다), '미디어 내부에 자율적 대응력이 있느냐 없느냐'(후견주의에는 없고, 정치 병행성에서도 약하다)에 있다.

트고, 처음부터 방송에서 국가의 영향력이 컸던 한국이나 대만 등에서는 기존 방송의 형태 변환을 통한 노력이 꾸준하게 이루어지고 있다. 같은 유럽이지만 다른 나라에 비해 훨씬 뒤처진 스페인이나 그리스, 포르투갈에서는 공영 방송의 재확립을 위한 진통이 끊이지 않고 있다. 동구권이나 기타 아시아·아프리카권 나라에서도 공영 방송의 장점은 널리 알려져 있지만, 마치 민주주의가 처음 그랬던 것처럼 미래는 그렇게 밝지 않다.

이들 나라의 미디어는 대체로 극화된 다원주의의 특징을 가진다(이준웅 외, 2010; Hallin & Mancini eds., 2012; Jakubowicz & Sükösd eds., 2008; Papatheodorou & Machin, 2003). 즉 대중 미디어 시장은 발전되지 못했고, 미디어와 정치 사이의 병행성은 강하며, 민주화는 늦은 반면 국가는 후견주의적 개입을 상례화하고, 미디어의 전문직주의는 전반적으로 미성숙하다. 국가의 민주적 개입을 통해 공영 방송이 성장하는 선진국형 발전경로는 막혀 있으며, 안정된 시장이 기반이 되는 비당파적 자유주의나 전문직주의는 시장과 정치 사이의 유착으로 '부패'되어 있다. 이런 가운데 공영 방송은 광고료에 의존하는 정도가 높아 시장 경쟁에 나설 수밖에 없지만, 그나마도 뚜렷하게 우위를 확보하지 못하고 자신의 정체성도 잃고 마는 이중고를 앓고 있다. 스페인의 RTVE나 포르투갈의 RTP, 그리스의 ERT, 한국의 KBS나 기존에 국방부가 소유했던 CTS를 받아들여 새롭게 출범한 대만의 TBS, 뒤늦게 기존의 지역 TV를 발전시켜 만든 브라질의 공영 텔레비전 브라질 TV는 이런 특징을 고루 가진다.

대체로 이런 나라들은 텔레비전을 '국가상업주의'로 부를 수 있는 국가의 독점적 소유와 광고를 위한 상업적 편성의 형태[173]로 시작하는데, 이때의

173 한국과 대만 등이 대표적인 예다. 유럽에 속하지만, 스페인이나 포르투갈 역시 이에 잘 어울린다. 브라질이나 멕시코처럼 상업 방송이 주도한 나라도 상업 방송과 국가와의 협력 체계가 투철했으므로 기본 형태에서는 큰 차이가 없다(자세한 것은, 조항제, 2003 참조). 선발 민주 국

정부가 장기간 계속된 권위주의 체제였다는 데 큰 문제가 있다. 늦게나마 민주화가 되기는 하지만 이후의 민주 정부 역시 과거의 잔재를 청산하기보다는 단기적 정치 이익을 노려 기존의 후견주의와 도구화를 재생산하고 만다. 이들에게 정부 소유의 미디어는 원칙대로 자율을 주기에는 너무나 쓸모가 많아 끊으려야 끊을 수 없는 '탯줄' 같은 것이었다(Papatheodorou & Machin, 2003, p.38). 이렇게 정치적 명분을 잃다 보니 부패한 관료제나 비대화된 인력, 낮은 제작 수준 같은 비정치적인 문제들까지 그대로 온존시켜 방송의 재정 상태도 크게 악화되게 된다. 이 역시 방송의 '침묵'(또는 적극적으로 정부 홍보)과 '부패'(또는 필요한 개혁을 하지 않는 유기遺棄)'를 맞바꾸는 후견주의적 거래의 산물이다. 밀턴(Milton, 2001)은 이런 후견주의를 목적을 위해 수단을 가리지 않으면서 결국 목적까지 훼손시키고 마는 '레닌주의의 유산'이라고 부르는데, 이렇게 과거가 변화 없이 이어지는 '경로 의존성path dependency'이야말로 그가 사례로 든 동구권과 대만 외에도 지금까지 언급된 대부분의 '후후발late-late 민주주의 국가'의 미디어가 정치권으로부터 독립하지 못한 가장 큰 이유다.

이런 사정은 설립은 말할 것도 없고 운용 과정에서도 국가와 불가분의 관계에 있을 수밖에 없는 공영 방송에 대한 많은 오해를 부른다. 2007년 출범한 브라질의 EBC(Empresa Brasileira de Comunicacao. 브라질 커뮤니케이션공사)는 이를 잘 보여 주는 사례다. 오랜 야당 생활을 하면서 기존 상업 방송의 정치적 편파성에 고충을 겪었던 룰라 정부[174]는 EBC를 설립해 재정난에 빠져 있던 기존의 지역 공영 방송들을 네트워크로 묶어 강화한 'TV 브라질'을 만들

가 중에도 프랑스와 이탈리아는 이미 상업 방송의 경험이 있다. 프랑스는 상업 방송으로 출범했고 국영 독점 시대에도 광고를 도입했으며 TF1을 민영화시킬 당시에는 재정의 반이 넘는 60%를 의존했다(이원, 2013). 이탈리아도 RAI 이전에 상업 방송이었다. 상대적으로 프랑스나 이탈리아의 공영 방송이 BBC 같은 좀 더 모범적인 사례에 비해 차별성이 약하다는 지적이 많은데, 이유에는 이런 초기부터의 광고의 영향도 있었을 것으로 짐작된다.

었다. 그러나 이는 정부가 주도했다는 점 때문에 많은 비판을 받았다. 브라질의 공영 방송에서 정부의 시혜는 있어서는 안 되지만, 있을 수밖에 없는 모순의 전형인 셈이다. 이렇게 '국가적인 것'과 '공적인 것public'이 구분되기 어려운 점(Matos, 2012)은 비단 브라질에 국한되지 않는 비서구 사회의 공통적인 현상이다.

다른 어려움은 재원의 불안정성에 있다. 뒤에 다시 나오겠지만, 이들 나라는 대부분 수신료의 정치 사회적 조건인 자유주의 코포라티즘을 충족시키지 못한다. 현실적 기초가 되는 경제적 부의 수준 역시 낮아 대부분 국고나 광고 등을 가리지 않고 모두 쓴다. 그러나 광고료는 기존 또는 신생의 상업 방송과 힘겨운 경쟁을 벌여야 하고, 국고는 과거 방송 지배의 이점을 잊지 않은 정치권력의 개입을 불러 제대로 된 공영 방송의 정착을 방해한다. 처음에는 국고와 케이블 TV로부터의 전입금을 주 재원으로 출발했으나 나중에 광고를 하는 CTS를 통합해 새롭게 태어난 대만의 공영 방송 TBS는 CTS 덕분으로 대중과 만나는 면적은 넓혔지만 역시 다른 상업 방송들과 치열하게 경쟁하게 됨으로써 공영 방송의 역할을 다하지 못하는 경우가 되었다(Fan, 2011). 수신료를 받아 재정난을 해결하는 것이 가장 바람직하겠지만, 서부 유럽 일부와 일본 외에는 아직 실현해 보지 못한 것이다.

(1) 스페인의 개혁과 실패

대표적인 국가상업주의와 후견주의 체제인 스페인의 최근 개혁과 또다시 맞은 좌초의 가능성은 이행기 국가들에 귀중한 참고를 제공한다. 스페인의 공영 방송 RTVE는 후견주의적 잔재와 상업적 편성을 청산하지 못해 민주화

174 물론 룰라 정부 역시 현직에 오르자 이런 상업 방송에 오히려 역편파의 혜택을 받았다(특히 TV 글로보에 대해서는 Porto, 2012를 참조할 수 있다).

이후에도 고전했고, 탈규제의 시대인 1990년대 이후에는 속속 등장한 상업 방송에 밀려 경쟁력도 잃고 재정 상황도 크게 악화된 전형적인 실패의 사례였다.[175] 2003년에는 총파업을 보도하면서 편파와 왜곡을 저질렀다고 국가 법원이 판결했고, 2004년에는 유럽의회에 의해 정파주의의 전형적인 예로 간주되었다(García de Madariaga et al., 2013). 2004년에 재집권한 사회당 정부는 이런 공영 방송의 쇄신을 공약으로 걸고 크게 두 가지 부문에 손을 대는데, 하나는 공영 방송의 독립성과 중립성을 확보하기 위한 노력이며, 다른 하나는 부채-재원 문제를 해결함으로써 상업적 편성을 중단하고 제대로 된 공영 방송의 길을 걷게 하는 것이었다.

이를 위해 먼저 RTVE의 위상을 '특별한 자율성'을 가진 국가 소유의 기업으로 쇄신했고, 도구화의 빌미가 된 거버넌스 역시 바꾸었다. 전문성을 갖춘 경영위원 12명을 상원(4명)과 하원(8명)으로 나누어 모두 전체 의원 $\frac{2}{3}$ 의 동의를 얻어 선출되게 하였고, 하원에서의 2명은 RTVE 내부의 다수 노동조합에서 지명되게 했다. 사장은 경영위원회의 위원장이 맡도록 했다. 스페인의 정치 체제에서 $\frac{2}{3}$ 는 야당의 집단적 동의(곧 좌우파의 합의)를 얻지 않으면 불가능한 수치다. 임기 역시 6년으로 정해 4년 주기인 집권당의 교체와 엇갈리도록 만들었다. 이로써 적어도 공식적 측면에서 RTVE의 거버넌스는 역사상 처음으로 정치권력으로부터 독립성을 얻을 수 있었다. 또 RTVE의 내용이나 활동을 감시하는 독립적 기구도 만들었다. 당시까지 스페인은 유럽에서 방송을 관리하는 전문적 기구가 없었던 유일한 나라였다(Blasco Gil, 2000; León,

175 개혁의 시도 역시 계속된 실패를 겪는다. 특히 사회당 정부 시절 사장이 된 호르디 가르시아 칸다우Jordi Garcia Candau는 유례없이 6년을 재임하면서 다음에 나올 2006년 때와 유사한 개혁의 조치 — 예를 들어 재원의 변화, 인건비의 감축, 질의 제고, 조직의 경량화 등 — 를 취했지만 1996년에 우파로 정권이 바뀌면서 허사가 되었다(Medina & Ojer, 2010).

2010; Medina & Ojer, 2010).

경제적 부분에서는 먼저 78억 유로에 달하는 누적 부채를 단계적으로 국가가 맡고 RTVE의 전체적 예산을 감축했다. 이 과정에서 2005년에 9256명에 달하던 RTVE의 인력이 2006년 5830명으로 무려 37%가 줄었고, 인건비로는 44%가 줄었다. 2007년에는 정규직 5900명 비정규직 600명 등 6400명의 단출한 조직이 되었다. 재원 역시 기존의 광고 일부를 국고(목적세)로 대체해 국고를 45~50%, 광고를 40%, 기타 상업 활동을 10~15%로 바꾸는 획기적 계획을 수립했다[176](León, 2010; Medina & Ojer, 2010; Semova, 2010).

그러나 이런 스페인의 개혁은 이권에 대한 정부의 구태적 처신에서부터 좌초되기 시작했다. 사회당 정부의 호세 루이스 로드리게즈 자파테로José Luis Rodríguez Zapatero 총리는 2005년에 출범한 새로운 텔레비전 채널인 쿠아트로Cuatro와 라 섹스타La Sexta를 모두 좌파 미디어 그룹인 프리사와 미디어프로Mediapro에 줌으로써 우파의 반발을 샀다[177](Arriaza Ibarra, 2013). 2009년에는 첫 번째 유료 지상파 디지털 텔레비전(Gol Televisión)을 자신의 친구인 자우메 로레스Jaume Roures가 소유하는 미디어프로에 주도록 의회를 종용했다. 이번에는 경영난으로 위기에 처한 프리사와 계열 신문인 〈엘 파이스*El Pais*〉가 시장에 대한 직접적인 개입이라고 거세게 반대했다(Arriaza Ibarra, 2009; Carvajal,

176 이는 이후 프랑스의 사르코지의 영향을 받아 광고를 아예 중단시키는 조치가 단행되면서 국가가 45%, 상업 방송이 10%, 텔레컴이 24%, 무선전파세가 20%, 상업 활동이 1%로 분담하는 형태로 다시 바뀌었다(Medina & Ojer, 2010).

177 이 텔레비전들은 스페인 경제가 위기를 맞으면서 모두 경영난에 봉착, 쿠아트로는 2010년 우파(이탈리아의 베를루스코니) 미디어셋의 텔레신코에, 라 섹스타는 2011년 마찬가지로 역시 보수인 안테나 3에 팔렸다. 이런 '부자연스런 결합'을 두고 한 연구자(E. Bustamante)는 "정부의 이중적 실패"라고 말했다(Arriaza Ibarra, 2009, 2013). 면허를 주는 과정에서 후견주의로 한 번 실패했고(정부의 실패), 경쟁 텔레비전에 모두 넘어가 집중 현상을 심화시킴으로써 두 번 실패했다는 것이다(시장의 실패).

2009). 이사회가 2011년 뉴스 편집을 담당하는 컴퓨터 시스템에 직접 접속할 수 있게 결정한 조치도 큰 악수였다. 방송 측이 위헌의 소지가 있는 일종의 검열로 간주해 즉각 반발했고, 사회당이나 국민당 역시 철회를 주장했다. 결국 이사회는 이 결정을 취소했고 책임 있는 이사(노조 임명)가 사임함으로써 사건이 일단락되었다(de la Sierra & Mantini, 2011).

정치적 운영이나 재원 문제에서도 곧 위기가 왔다. 먼저 $\frac{2}{3}$의 정족수는 정당 간 합의와 공공선을 추구할 수 있는 계기로 활용되기보다는 여러 정당 사이의 일종의 나눠 먹기식 '정파화partisanization'로 성격이 쉽게 변질되었다. 전체보다는 자파의 이익을 앞세워 권력 분점에 능한 합의주의 의회의 단점이 확연하게 드러난 것이다. 사회당이 국고와 광고의 혼합 체제로 운영한다는 종전의 기조를 바꿔 광고를 완전히 없앤 2009년 조치는 더 많은 문제를 불렀다. 스페인이 경제 위기에 빠지면서 RTVE 또한 디지털화로 허용된 부가적 채널조차 제대로 운영할 수 없을 만큼 재정난에 허덕이게 된 것이다. 이에 비해 상업 방송은 RTVE의 광고분을 흡수하면서 더 많은 수익을 거둘 수 있었다. 이 조치가 상업 방송의 로비에 의해 이루어졌다는 혐의가 그래서 더욱 짙어지게 되었다(Blasco Gil, 2010).

제도의 허점도 두드러졌다. 개혁 이후 처음으로 좌우파 합의에 의해 임명된 사장은 2009년 정부의 재원 변화 조치가 있자 재임 3년 만에 사임해 버렸다. 정부의 조치가 RTVE와 충분한 상의 없이 이루어진데 대한 반발이었다. 82세의 고령이었던 다음 사장 역시 후견주의적 구태의 구설 속에서 2011년에 퇴진했다.[178] 선거가 임박해지면서 후임 사장은 쉽게 합의하지 못해 1년 가까이 공석이 되었다. 2011년 말에 새로 집권한 우파의 국민당은 이를 악용해

178 알베르토 올리아트Alberto Oliart 사장을 말하는데, 그의 아들이 TVE와 관련된 하청 사업권을 따내면서 구설에 올랐다(Llorens et al., 2012).

경영위원회를 장악하고 사실상 과반수로 정족수를 바꿔 사장을 임명했다. 기존 12명이던 위원은 긴축한다는 명분으로 9명으로 줄이고 위원은 각 당의 지분으로 완전히 분할했다. 이 과정에서 사회당은 항의의 표시로 자신의 지분을 포기했다.[179] 그러자 이제 경영위원은, 과반이 넘는 7명은 집권당인 국민당에 의해, 나머지 2명은 군소 야당이 지명하게 되어 이전과 다름없는 '정부 체제'로 돌아가 버렸다. 재원에서는 RTVE의 국고 재원이 15% 이상 감축되면서 프랑스식으로 바꾸었던 국고 체제에 대한 반발이 커졌고, 광고의 재도입, 지역 텔레비전의 민영화안까지 새로이 등장했다(Arriaza Ibarra, 2013).

우파 국민당이 임명한 새로운 RTVE의 사장은 레오폴도 곤잘레스-에니케Leopoldo González-Echenique였는데, 국민당이 집권했던 1998년부터 2004년 사이에 고위 관료를 지냈던 정치인 출신이었다. 그는 취임하자마자 새로운 보도 책임자로 훌리오 소모아노Julio Somoano를 임명했다. 소모아노는 과거 TVE가 법원에 의해 편파적 보도로 판결을 받았을 때 뉴스 편집팀의 일원이었고, 책임자로 임명되었을 당시 35세의 약관이었다. 이와 함께 인력도 대대적으로 교체되었는데, RTVE 사상 처음으로 독립적 뉴스의 성가를 높였던 대표적인 방송인 7명이 모두 해임되었다. 이들은 여러 번 상도 받았고, 특히 보도국장은 재임 기간 동안 시청자들의 아낌없는 성원을 받은 인물이었다(Llorens et al., 2012). 빈자리는 대부분 국민당 정부 시절 요직에 있었던 인물들에 의해 채워졌다. 국민당의 이런 "사람에 대한 토니 소프라노식의 막무가내식 조치"[180]는 뉴스평의회의 강력한 반대 결의를 받았으며, 유럽평의회까지 나서 '노골적

179 당시 사회당의 대표는 "민주주의가 32년 전으로 후퇴해 버렸다"(Arriaza Ibarra, 2013, p.150에서 재인용)고 말했다. 32년 전은 스페인이 민주화 이후 처음으로 방송법을 통과시키기 이전을 말한다.

180 토니 소프라노는 미국 드라마 〈소프라노스〉에 등장하는 마피아의 중간 보스로, 〈가디언〉지 2012년 8월 7일자에 실린 비유다(Llorens et al., 2012, p.43에서 재인용).

인 정치 연계'에 경고까지 보냈다(García de Madariaga et al., 2013). 정파성이 강한 스페인의 신문은 정치적 성향에 따라 각기 다른 반응을 보였지만, 외국 언론은 우파의 "긴축 정책에 대항한 자들의 숙청"(《가디언》), "정부의 전복'"(《리베라시옹》)이라는 제목으로 정부를 비판했다. 노동조합을 비롯해 RTVE 내부 구성원은 말할 것도 없고, 시민사회의 각종 언론 관련 단체 역시 서명운동을 벌이고 전화나 소셜 미디어 등을 통해 반대 메시지를 전하는 등 거세게 저항했지만, 대중 소요 같은 형태로는 확대되지 않았다(Llorens et al., 2012).

사회당의 개혁은 다소 경직되었다 할 정도로 공영 방송의 이념적 방향성에 맞는 것이었다. 특히 '자기 검열'에 길들여져 있는 RTVE의 저널리스트들에게 중립성의 개혁은 획기적이면서도 적절했다. 이는 내부의 뜨거운 지지나 외부의 관심(시청률)에서도 부분적으로 확인된다. 당시 저널리스트들은 이제야 비로소 정부의 개입대신 '전문직주의'가 가능해졌다고 토로했다. 시청률에서도 TVE 뉴스는 법을 개정한 2007년 이후 2011년까지 5년 동안 1위를 고수했으며 시청자의 18~20% 사이의 시청률을 얻었다. 2위인 텔레신코는 처음에는 18% 정도를 기록하다 13%까지 떨어졌다. 2위와의 격차도 계속 벌어진 것이다(Llorens et al., 2012).[181]

그러나 사회당은 후견주의의 잔재를 버리지 못함으로써 우파에게 반격할 기회를 주었고, 무리하게 재원을 변화시킴으로써 어려움을 자초했다. 우파의 반개혁은 매우 퇴영적인 것이었지만, 스페인의 시민사회는 별다른 반대의 움직임을 보여 주지 못하고 있다. 아직 스페인의 사회적 합의는 후견주의를 완전히 청산할 만큼 충분한 시민적 자본을 축적하지 못한 것이다. 이러한

181 그러나 국민당의 반개혁이 이루어진 2013년 2월에 TVE는 처음으로 1위에서 밀려났다. 특히 소모아노의 국장 임명 이후에 뉴스 시청률은 완전히 퇴행해 3위로 떨어졌다(Llorens et al., 2012).

스페인의 예는 정치권력의 민주화에서 시작되어 '공영 방송의 정치적 독립(정착)' → '국민의 신뢰 축적' → '수신료의 실현' → '공영 방송의 가치 입증'으로 이어지는 연쇄적 상승의 시나리오가 여전히 유효하면서 달성하기 어려운 것임을 깨닫게 해 준다.

(2) 그리스 공영 방송의 폐업

그리스의 ERT 역시 스페인의 RTVE와 마찬가지로 후견주의의 대표적인 방송이었다(Papatheodorou & Machin, 2003). ERT는 라디오는 1930년대 후반에, 텔레비전은 1966년 군부 체제하에서 도입하였다. 1974년에 그리스는 7년간의 군부 독재를 끝내고 민주화되었지만, 이후 9년(1974~1983) 동안 ERT는 사장이 무려 6번이나 바뀔 정도로 극심한 혼란을 겪었다(Iosifidis, 2007). 심각한 것은 이를 비판해 온 야당인 사회당이 정권을 잡은 이후에도 마찬가지 현상이 반복되었다는 점이다. "야당 시절에는 강하게 비판하지만 막상 권력을 잡으면 (방송 지배가 주는 정치 이익 때문에) 상대방의 정책을 그대로 쓰는 것이다"(Papathanassopoulos, 2010, p.224; 괄호는 인용자). 스팍스(Sparks, 2008)의 '엘리트 지배의 연속론elite continuity'이나 밀턴(Milton, 2001)의 '경로 의존성' 이론은 폴란드나 러시아, 중국 등 구 사회주의권을 염두에 둔 것이지만 그리스에도 잘 어울린다.

이런 ERT이었기에 1990년대 들어 탈규제가 시작되자 인기가 급격하게 하락했다. 상업 방송이 있기 전에 37.3%의 시청 점유를 보였던 ET1은 1996년 4.8%까지 떨어졌다. 같은 기간에 ET2(나중에는, NET)는 24.3%였던 것이 3.5%로 되었다(Papathanassopoulos, 2010). 이런 낮은 수치는 20%대의 점유율을 보여 주는 ANT1이나 MEGA 같은 상업 방송에 비해 볼 때, 가히 재앙 수준의 것이라 해도 과언이 아니다. 더구나 그리스 방송의 가장 큰 특징은 이런 상업 방송이 국가로부터 공식적인 면허를 갖지 않은 불법적인 것이라는 점에 있다. 국가는 지방 정부가 마음대로 '자유 라디오'를 허용한 1987년 이래 방송에 대한 통제권을 완전히 잃어버렸고[182] 1990년대 중반에는 1600여 개의 라디오 방송과 150개가 넘는 무면허 텔레비전 방송이 창궐하는 극단적인 혼란상이 연출되었다(Papatheodorou & Machin, 2003).

정치화의 여파로 필요한 개혁도 등한히 해 인건비가 비용의 과반을 훨씬 넘었고, 행정적 편의를 위한 관료제가 기승을 부렸으며, 엄청나게 부채가 누적되는 등 기업적 비효율도 극에 달한 상태였다. 컨설팅 회사인 맥킨지(McKinsey & Company, 1999)가 분류한 공영 방송 유형에 적용시켜 보면, ERT는 채널 점유율과 방송의 건전성, 곧 상업 방송과의 차별성이 같이 낮은 최악의 경우다(이 분류는 나중에 다시 자세히 나온다). 시장 경쟁에 나섰지만 경쟁에도 실패하고 자신의 정체성도 잃어버리는 이중고를 겪은 것이다.

스페인과 마찬가지로 이런 ERT에도 개혁이 시도되었다. 1996년에 재집권한 사회당 정부와 ERT는 1998년부터 2003년까지 대대적인 구조 조정 계획을 세워 한편으로는 편성을 일신했고, 다른 한편으로는 조직 전체를 제작 중심으로 바꾸는 개혁을 단행했다. 인건비의 절감을 통해 얻은 돈으로 제작비를 증액하고 디지털화에 대비해 인프라에 투자했다. 편성에서는 ET1의 드라마와 영화를 대폭 줄이고 뉴스 프로그램을 증가시켰으며, ET2는 아예 뉴스 네트워크인 NET로 개편해 급증하는 정보 수요에 대처하게 했다. 이의 결과로 1995년에 9%(ET1 + ET2 + ER3 = 4.7 + 3.3 + 1.0 = 9.0)까지 떨어진 공

182 탈규제가 본격적으로 시작될 무렵인 1989년에 사회당이 선거에서 패배하고 정치적으로 혼란이 야기되자 이전의 '자유 라디오'처럼 상업 텔레비전도 허가 없이 출범한 것이다. 이들은 대부분 기존의 신문이나 라디오, 아니면 정치인에 의해 주도되었고, 일부는 지방 정부의 허락을 받기도 했지만 대부분은 임의였다. 이들을 통제하기 위해 만들어진 독립적 규제 기구(국가라디오텔레비전평의회)는 극단적인 정치화와 정부에 대한 종속으로 실효적 위력을 전혀 갖지 못했다(Papatheodorou & Machin, 2003).

영 방송의 시청률은 2005년도 들어 14.9%까지 상승했다. ET1은 4.2% 정도로 다소 선방(−0.5%)하는 데 그쳤지만 NET가 3.3%에서 8.7%로 두 배 이상 올라 ERT의 '르네상스'를 주도했다(Iosifidis, 2008). 이와 더불어 조직·비용 부문에서도 재구조화가 단행되었다. ERT의 기존 인력에는 고령 정규직이 매우 많아 1996~1997 회계 연도 시에는 전체 비용의 무려 75%가 인건비로 소요되었다. 그러나 1998년부터 시행된 감축 계획으로 1100명(전체 3500명)을 퇴직시키고 여기에서 얻은 돈으로 빚을 갚고, 프로그램을 고품질화하였다(Papathanassopoulos, 2010). 이로써 그리스에서는 "공영 방송과 상업 방송 사이에 편성의 수렴 시대가 끝났다"(Iosifidis, 2008, p.363)는 평가까지 나올 정도가 되었다.[183]

그러나 이런 ERT가 2013년에는 놀랍게도 당국에 의해 폐쇄 조치를 당했다. 공식적인 이유는 경영의 불투명과 공공 재원의 낭비였고, 전반적인 긴축 정책의 일환이었으나 객관적 지표로 볼 때 ERT는 계속 좋아지고 있는 상태였다. 한 보고에 따르면 2010년과 2011년에 ERT는 흑자를 기록했고 인력도 2900명 정도로 소폭이지만 지속적으로 감소되었다. 전기료에 병산되는 수신료도 가구당 월 4유로 정도로 동종의 유럽 방송에 비해 훨씬 적었다(Vasilopoulos, 2013). 정치적 측면에서도 앞서 본 1997년 이후의 개혁을 통해

183 그러나 이렇게 나름대로 성공한 개혁이지만 대중성에서 큰 효과를 보지 못한 점은 다시 한 번 곱씹어봐야 하는 대목이다. 물론 차별성을 목표로 한 개혁이 대중적인 것이 되기는 어렵다. 그러나 세 개의 채널의 시청률을 모두 합쳐도 하나의 상업 방송에조차 이르지 못하는 극단적인 비대중성은 어느 차원에서는 '무능'이라고 볼 수밖에 없다. ERT의 전체 시청률(16.6%)은 유럽에서도 구 사회주의권을 제외하면 가장 낮은 것이다. ERT와 자주 비견되는 스페인의 RTVE와 포르투갈의 RTP는 각각 36.5%, 29.8%나 되어 아예 상대조차 되지 않는다(Bajomi-Lazar et al., 2012). 베를루스코니의 엄청난 압박 속에서도 이탈리아의 RAI가 선전하는 이유 역시 대중적 편성과 공영 방송 나름의 신뢰감 사이의 균형을 어느 정도 잘 유지하기 때문이다(Padovani, 2010).

상당히 중립적인 형태로 변모했다[184](Iosifidis & Chalaby, 2013).

폐업의 실질적 이유는 역시 정치의 문제, 곧 그리스 특유의 제도적 불안정과 비일관성, 책임 부서의 잦은 변동, 불투명하고 무능한 정책 결정에 경제적 위기와 정국의 불안이 겹쳤고, 결정적으로는 여당인 신민당이 작고 투명한 '새로운 공영 방송'을 원했기 때문이다(Psychogiopoulou & Kandyla, 2013). 이전에 비해 좋아지기는 했지만, 비대화된 인력의 문제가 그리스에 필수적인 긴축 정책에 ERT가 포함되는 데 결정적인 역할을 한 것이다. ERT가 이렇게 된 단적인 이유는 좌파나 우파 모두 ERT를 비롯해 공공 부문 전체를 자신의 지지자들에게 베푸는 '과실'로 여겼기 때문이다. 2009년에 그리스의 공공 부문은 97만 명에 달했는데, 이는 전체 그리스 노동력의 $\frac{1}{3}$에 해당되는 어마어마한 규모였다. 여기에 더해 ERT의 일부 간부 인력과 출연자들은 경제 사정에 걸맞지 않게 도덕적 해이 현상을 보여 ERT의 재정에 막대한 손해를 끼쳤다(Iosifidis & Chalaby, 2013).

그러나 이런 충격적인 조치에 대해 그리스 국민은 60% 이상이 반대했고 집권당인 신민당 내부에서조차 33%의 반대가 있었다. 신민당과 연합했던 사회당과 민주 좌파가 반발해 연립 정부가 깨어졌으며, 해고당한 ERT의 기존 인력 역시 자리를 떠나지 않고 웹으로 방송을 계속하자 그리스 시민사회가 호응하는 등 정국이 또 다시 혼미해졌다(Vasilopoulos, 2013). 이런 호응에는 그간 ERT가 기울였던 나름의 노력도 일부는 반영되었을 것으로 보인다.

그러나 이렇게 그리스 정부가 폐업 같은 강력한 조치를 들고 나온 배경

184 이런 판단은 이오시피디스의 것인데, 다른 조사에서는 과거와 별로 달라지지 않았다는 결과가 나왔다. 즉 ERT는 상업 방송보다는 믿을만한 정보를 주지만, 자신의 소유주(정부)에 대한 독립성에서는 유럽 방송 중에서 거의 꼴찌의 평가를 받았다. 이로 미루어 ERT는 개혁을 통해 과거보다는 나아지기는 했어도 체감 측면에서는 여전히 정부 '종속적'이었다(Hanretty, 2013).

에는 역시 ERT가 가진 낮은 대중적 위상이 반영되었다는 지적이 많다. ERT가 1990년대 말부터 나름의 노력을 기울여 온 것은 사실이지만 국민의 인기와 신뢰를 얻기에는 여전히 모자랐기 때문이다. ERT는 정치 때문에 치명적 피해를 입었으면서 같은 이유로 정치에 의해 역사 속으로 사라지게 된 사례가 되었다. 이런 ERT야말로 이념을 내세우지만 정작 그 이념을 실천하는 데는 외부적 장애도, 내부적 해이도 많은 오늘날의 공영 방송인들이 반드시 염두에 두어야만 하는 반면교사다.

4) 한국의 논의

언론이 오랫동안 체제의 성립과 유지에 도구가 되었던 한국에서도 언론과 정부와의 관계에 후견주의를 적용한 연구는 쉽게 찾을 수 있다. 전체 언론이 대상이 되었지만 상대적으로 방송이 신문에 비해 훨씬 자율성이 작았으므로 후견주의의 적합도로 볼 때는 방송, 그것도 '국가적 체제'에 가까웠던 공영 방송의 경우가 더 어울린다고 해야 할 것이다.

후견주의는 박승관 · 장경섭(2001)의 연구에서 대표적으로 등장하는데, 표 27에서 보는 바대로 박승관 등은 한국의 유신·5공 체제인 1973년과 1987년 사이를 후견주의라고 하며, 이 시기의 (공영 방송을 포함한) 언론이 "권위주의 국가의 준 국가 기구로 흡수, 포획되어 국가로부터 강력한 규제와 억압을 받는 한편 매우 체계적이고 안정적이며 대규모적인 특혜와 지원을 함께 받았다"(p.63)고 주장했다.

이들의 이런 주장은, 민주화 이전과 이후를 수식어('권위주의,' '자유주의')만 달리한 채 같은 '코포라티즘'으로 설명하는 최장집(1994)의 주장에 반대하면서 나온 것이다.[185] 코포라티즘의 개념에 내재된 일정한 자율과 협상이 민주화 이전의 한국에는 없었으므로 강압과 종속, 지지와 특혜의 교환이 특징인

표 27. 한국에서의 언론 – 국가 관계의 주요 특성의 시기별 변화

시기	이론 모형	국가 정책	언론 지위	언론 성격	언론 기능	언론인 이념형
~1961	자유주의	갈등/견제	자율	민주 기관	정치 언론	우국지사
1961~1972	권위주의	강압/동원	종속	국가 자원	개발 언론	선전 요원
1973~1987	후견주의	강압/후견	편입	준국가 기구	제도 언론	준공무원
1987~2000	조합주의	경합/협약	연대	유사 국가 기관	권력 언론	권력 엘리트

출처: 박승관 · 장경섭(2001, p.65).

후견주의가 더 잘 어울린다는 것이다. 물론 민주화 이후에는 언론이 나름의 상당한 힘을 가지고 정부와 경합하기도 해 서로 간 일종의 '협상적 관계'가 형성되는 (자유주의) 코포라티즘이 성립되었다. 그러나 이러한 판단의 근거가 된 미디어는 신문이다. 즉 신문보다 훨씬 '친국가적'인 방송 또한 그런 단계에 들어섰는지에 대해서는 제대로 검토되지 않았다. 그리고 이왕이면 신문에서도 후견주의를 극복하는 동력이 어디에서 나왔는지가 같이 분석되어야 한다.

대체로 신문의 경우 후견주의를 사라지게 하는 동력은 권위주의 체제의 퇴조에 따라 생겨난 권력의 공백을 차지한 '여론,' 곧 국민에게서 나왔다고 볼 수 있다. 국민(여론)에 자유롭게 접근할 수 있게 해주는 것은 시장이다. 그 시장의 권력자는 신문사의 소유주와 광고주, 기자, 그리고 독자의 순이다. 여론의 주체인 독자는 오히려 맨 나중에 있다. 언론 조직 내부의 노동조합이나 기자협회 · 편집인협회 같은 수평적 결사체들도 있지만 적어도 한국 신문, 특히

185 여기서의 코포라티즘은 정치학자 슈미터의 것으로 이익 대표 체계의 한 형태다(최장집, 1994). 이 글의 민주적 코포라티즘에 비해 의미가 협소하다.

IMF 위기 이후에서는 시장 권력에 훨씬 못 미친다(새언론포럼, 2009, 좌담 참조).

그러나 공영 방송에서는 상당히 다르다. 특히 두 번의 법 개정을 거치고 난 김영삼 정부에 이르러서도 방송의 허가권과 인사권, 재정권 등 대부분의 권리는 정부에 있었다(정용준, 1995). 물론 이런 권리가 민주화 이전처럼 아무런 절차나 협의 없이 직접 행사되었던 것은 아니다. '위원회' 같은 협의체적·시민사회적·전문적 기구는 앞서 본 대로 언론적 속성을 가진 방송에 잘 어울리는 정책 형태였다. 굳이 가른다면 코포라티즘에 가까운 것이라고 할 수 있다. 그러나 위원회의 구성과 운영, 의사 결정 과정이 그저 형식이나 겉치레에 그친다면 위원회는 후견주의를 제도화해 놓은 것에 불과해진다.[186]

이의 대표적인 예는 위원을 구성하는 원리 중 하나인 (사법부가 빠진) 삼권 분립이다.[187] 삼권 분립의 의의대로라면 의회와 대통령은 서로 하는 일이 반대에 있어 여당의 지분은 대통령을 견제하는 데도 쓰여야 한다. 또 국가를 대표하는 대통령의 지분은 여야의 정략을 떠나 공공선을 위해 행사되어야 한다. 그러나 만약 한국처럼 대통령이 가진 힘이 매우 커서 여당의 견제가 전혀 의미가 없고 대통령이 여론 동향에 매우 민감한 단임이면서 사실상 모든 정략

186 KBS이사회가 가진 후견주의적 단면을 다음의 진술은 적나라하게 지적한다. "정치 구조에 의해 정파적으로 선임되는 구조가 원천적 한계라고 본다. 임명권자들의 주문을 수행하는 데는 여야 가릴 것 없이 결사적이 된다. …… KBS이사회는 …… 외부 정치권력을 KBS 내부에 반영하는 인상이 짙다. 시청자 대표로서의 정체성보다는 정파, 단체 권력 대표 성격이다"(익명의 전 이사회사무국 전문위원; 이강택, 2010, pp.57~58에서 재인용). 이렇게 (방송) 내부가 바깥의 압력에 쉽게 노출되는 구조에서는 가능한 정파성이 없어지는 방식이 고안되어야 한다.

187 다른 원리는 정치적 대표성 또는 공정성을 위한 여야의 고른 반영일 것이다. 그러나 이들 원리는 삼권 분립이 끼친 영향력에 비해서는 부차적이다. 아무리 의회의 비중이 커져 야당의 지분이 늘어나고 설사 여소야대가 된다 해도 대통령이 행사하는 지분($\frac{1}{3}$)에 따라 대통령과 여당은 항상 과반수의 권한을 행사하도록 되어 있기 때문이다. 사회 각계의 의사를 반영하는 대표성 원리 역시 과반의 권한에 흡수되는 데는 같은 처지에 있다.

의 핵심이라는 점을 감안해 보면, 대통령의 지분[188]은 사실상 방송을 정치의 도구로 만드는 이상한 것이다.[189]

1990년의 방송법 개정은 1987년의 민주화 국면, 이후의 여소야대 국면을 뒤집는 3당 합당 국면의 방송적 표현이라고 할 수 있다. 이로써 방송위원회가 가진 작으나마 자율성은 사라졌고, 대통령으로부터 시작되어 공영 방송의 사장으로 이어지는 후견주의는 다시 유지되었다. 야당의 집권은 방송위원회를 독립시키는 등 방송 정책에서도 큰 기대를 모았으나 이 또한 단기적 정치 이득의 유혹을 놓지 못함으로써 후견주의를 근절시키지 못했다. 특히 당시 여당이 된 야당 정치인들은 언론(방송)의 자유가 권위주의 정부로부터의 자유였을 뿐, 민주 정부로부터도 자유라는 인식이 매우 약했다. 국민으로부터 선출된 민주 정부가 오히려 오만할 수 있는 개연성이 여기에도 있었던 것이다.

방송위원회까지 독립시키면서도 위원 구성 등의 실질적 권한에서 대통령의 지분을 분산시키지 못했던 이유는 역시 KBS, MBC 등의 공영 방송사의 사장 인사권 때문이었다. 후견주의에서 공영 방송의 사장은 대통령·집권당

188 이 지분을 과시하는 말이 이른바 '임명권자의 뜻'이다. 대표적으로 방송문화진흥회 이사장이었던 김우룡이 이명박 정부 당시 김재철 MBC 사장을 선임하면서 위로부터 내려온 '강제'의 다른 표현으로 썼다(〈한겨레신문〉, 2012. 3. 9). 한국의 정치 문화에서 임명권자를 거스르는 것은 법에 명시된 전문성이나 대표성의 발휘가 아니라 신의의 배반, 곧 '배신자'가 된다는 뜻이다(다음의 주 189 참조). 한국 방송이 고통 받는 이유가 방송이 아니라 정치 때문임을 보여 주는 증거가 여기에도 있다.

189 현 제도에서 KBS의 사장은 이사회에 의해 인선되지만 이 이사회의 과반수(전체 11명 중에서 7명)는 대통령과 집권 여당에 의해 결정된다. 방송법에서는 46조 3항에 "방송통신위원회에서 추천하고 대통령이 임명한다"고 되어 있는데, 방송통신위원회의 설치 및 운영에 관한 법의 5조 2항에서 방통위원 중 위원장을 포함한 2인을 대통령이 지명하게 되어 있고, 야당이 2인을 추천하므로 사실상 결정력을 대통령이 가진다. MBC 역시 방송문화진흥회라는 기관만 다를 뿐 내용은 거의 같다(전체 9명 중 6명). 이 제도의 골격은 방송위원회나 이사회 등에서 야당의 몫이 좀 늘어났을 뿐 1987년 이래 지금까지 변한 게 없다.

이 공영 방송과 맺는 비대칭 권력 관계를 통해 방송을 도구화시키는 매개다. 공영 방송은 사장을 비롯한 경영진을 중심으로 정치권력과 연결되고, 정치권력은 인사 및 예산권을 가진 경영진을 통해 방송 내부의 통제 여건을 확립시킨다. "정치권력 조직은 …… 방송사 조직의 경영권을 장악함으로써 자신을 정점으로 한 위계적 상호 의존 관계를 형성"(권장원, 2001, pp.16~17)하는 것이다. 이런 수직적·연쇄적 '동형화isomorphism,' 달리 말해 가산주의적 지배야말로 후견주의가 적시하는 현상이다. 동형화에 기인하는 일상적 통제는 공영 방송의 노사 관계를 다른 기업과 달리 매우 정치적이고 갈등적인 것으로 만든다.

억압과 지배의 명분에 불과했던 5공의 공영 방송이 민주화 이후 나름의 재확립의 길을 걸을 수 있었던 이유는 노동조합과 시청자운동 등의 시민사회가 공영의 이념을 비판적으로 지지해 준 때문이었다. 그런 점에서 한국의 공영 방송은 앞서 언급한 다른 이행기 국가들에 비해서는 훨씬 유리한 처지에 있다. 비록 1980년 이래로 묶여 있기는 하지만 수신료가 공영 방송의 전체 재정에서 차지하는 비중이 상당하고, 공영 방송의 제도에 대한 이해가 방송·시민사회 모두 철저한 편이다. 방송의 공적 이념을 재확립하고 이를 실천하기 위해 수많은 방송인들이 파업과 농성을 감행했고, 투옥과 인사 조치를 당했으며, 사장이 중도 퇴진하거나 해임되었다. 이런 진통과 인고의 기간이 4반세기를 웃돈다. 최근 이명박·박근혜 정부의 '일탈'이 그동안 만들어 놓았던 기반을 상당히 훼손시켰지만, 오히려 역효과도 불러 2012년에는 KBS, MBC 모두에서 최장 기간의 파업이 단행되었고, 2014년에는 KBS 사장이 중도 퇴진했다. 만약 2000년대 이후의 시기에 단계를 설정해 본다면, 한국의 방송은 코포라티즘의 문턱에서 보수 정부를 만나 이전의 후견주의로 퇴행하면서 다시금 '과도기'에 접어들었다고 할 수 있다.

한국의 공영 방송이 후견주의의 유산을 끊고 민주적 코포라티즘으로 가기 위해서는 노조를 비롯한 언론인 조직이 가지는 수평적 논리를 확대하고 정치권으로부터 시작되는 억압적 동형화를 근절해야 한다. 사장이 정점이 되어 이루어지는 이 동형화의 연쇄는 KBS의 경우 노동조합에까지 깊게 침투해 노조의 보수화–이원화를 조장하기까지 했다. 따라서 필요한 것은 크게 두 가지 정도가 될 것으로 보인다. 하나는 공식적인 측면에서 절차를 강화해 합리적·법적 권위를 세우는 것이다. 크게는 법제도, 작게는 각종 강령이나 가이드라인, 합의 사항을 제정하고 준수하는 것이 필요하다. 다른 하나는 방송 내부에서 동형화를 막고 수평적인 연대를 복원하는 것이다. 다행스러운 것은 아직은 동형화가 방송 내부에 머무르고 있고 방송과 정치가 본격적으로 연계되고 있지는 않다는 점이다.[190] 따라서 수평적인 연대만 제대로 회복된다면 기존의 정치적·갈등적 노사 관계는 얼마든지 호혜와 공감의 '미디어 공동체'로 바뀔 수 있다. 한국의 경우는 자유주의의 기질이 상대적으로 강하고 방송 인력의 질이 높아 다른 이행기 나라에 비해 훨씬 좋은 조건이다. 나중에 다시 검토되지만 수신료의 인상(을 위한 노력)은 이런 한국의 도약에 기반이 될 수 있다.

190 물론 보기에 따라 이 판단은 달라질 수 있다. 한국에서 언론인이 정치인(국회의원)의 출신 직업에서 차지하는 비중은 15~17대 사이에 13.5%(118/871) 정도 되었다(정대필·이상기, 2008). 한국에 비견될 만한 나라로는 952명의 전현직 의원 중 언론인 출신이 12.4%의 비중을 보인 이탈리아를 들 수 있다. 수치는 한국보다 조금 낮지만, 순위로 보면 변호사와 더불어 가장 높은 1위다(한국에서는 이런 통계를 내지 않았지만 아마도 변호사가 가장 높을 것이다). 영국이나 독일은 이보다 훨씬 적어 언론인의 비중이 각각 6.5%, 3.9%를 차지하는 정도였다(Ciaglia, 2013a). 그러나 한국에서도 방송인으로 좁혀 보면, 13.5%의 $\frac{1}{5}$ 수준에 머무르고 있다. 이것만 보면 그렇게 크지 않을 수도 있지만 최근 KBS의 앵커맨이 시차 없이 청와대의 대변인으로 자리를 옮긴 것은 선거를 통해 정치인(국회의원)이 되는 것과는 다른 의미에서 심각성을 지닌다고 할 수 있다. 이런 현상이야말로 동형화를 외부로 확산시키는 전형적 후견주의이며 이명박·박근혜 정부의 공영 방송관을 잘 보여 주는 단면이기 때문이다.

2. 중위적 수준: 공영 방송의 유형화

1) 유형화

유럽의 공영 방송은 BBC라는 같은 원형을 갖지만 각 나라, 또는 지역권의 사정에 따라 다른 형태로 정착되었다. 앞서 정치적 독립성을 연구한 한레티(Hanretty, 2007)는 이 차이와 다양성을 알기 위해 거버넌스를 중심으로 공영 방송의 유형화를 시도했다. 한레티는 공영 방송의 거버넌스를 구성하는 '위원회board'가 하나(단일 체제)인지 둘(이중 체제)인지에 따라, 그리고 누가 이를 임명하는지, 곧 독립적 규제 기구, 시민사회, 의회, 정부 등의 임명하는 주체에 따라 공영 방송을 다섯 가지 유형으로 분류했다. 경우의 수로 보면 8가지(4 × 2)가 되지만 나머지 세 가지의 경우는 현실적으로 없거나 너무 희소해 제외했다. 나중에 다시 살펴보겠지만 이는 재원과도 밀접한 연관이 있다.

이러한 다섯 가지 유형 중 감독위원회supervisory board와 사장이 포함된 집행위원회executive board의 이중 체제를 가진 것은 세 유형, 곧 '북방형'과 '의회형,' '시민사회형'이다. 대체로 유럽의 공영 방송 거버넌스는 '이중 체제'가 보편적인데, 이유는 한레티에 따르면, 역시 이중의 층 하나를 이루는, 나라에 따라 경영위원회나 이사회로 불리는 공영 방송의 감독위원회가 명목적 기능과는 다르게 정치적 완충의 역할을 해 주기 때문이다. 즉 정치인이 직접 사장을 임명하는 단일 체제는 정치적 압력이 바로 방송에 전달되지만, 이중 체제에서 감독위원회는 일반적으로 이런 압력을 완화시켜 방송을 자유롭게 해 주는 측면이 있다. 물론 최근에는 이중 체제의 대명사였던 BBC의 경영위원회가 트러스트로 대체됨으로써 상대적으로 완충의 역할이 줄어들었지만, 아주 없어졌다고 볼 수는 없다.[191] 물론 한레티 역시 '다른 조건이 같다면'이라는 조건을 붙여 위원회 자체가 아예 정치적으로 임명되어 단일이든 이중이든 이런 역할을 하지 못할 가능성을 무시하지는 않았다.

단일 체제에는 규제자가 위원을 임명하는 경우인 '프랑스형'과 정부가 나서는 '기타형'이 있다. 전자에는 프랑스가, 후자에는 캐나다, 오스트레일리아 등 이전에 영국의 식민지였던 나라들이 속한다. 이 중 프랑스는 최근 아예 정부가 공영 방송의 사장을 임명하는 법 개정을 한 바 있다. 이 점에 대해 상대적으로 반대가 약한 이유는 많은 국민이 규제 기구가 임명하는 기존 제도가 결국 집권당의 영향을 피하지 못하면서도 형식만 '독립'을 취하는 '위선적' 제도라고 생각했기 때문이다(Kuhn, 2010).

이중 체제에서 위원회의 구성은 북방형에서는 정부가, 의회형에서는 의회가, 코포라티즘형에서는 시민사회가 한다. 주로 영어권 방송들과 스칸디나비아 방송들은 정부형에 속한다. 이 유형에서 공영 방송의 사장들은 상대적으로 재임 기간이 길다. 다음에 살펴볼 척도에 비추어 보면 이 재임 기간은 독립성을 말해 주는 것이다. 의회에 의해 임명되는 형태는 가장 보편적인 경우인데, 이에는 결정에 필요한 다수를 어떻게 설정하느냐 — 예컨대 단순 다수결이냐, 과반수냐, 아니면 $\frac{2}{3}$ 이상의 특별 과반수냐 같은 것 —에 따라 그리고 의회 내에서의 의석수 같은 세력 관계에 위원 구성의 권한을 어떻게 분배하느냐에 따라 차이가 있다. 의회형에서는 상대적으로 사장의 재임 기간이 짧다. 시민사회가 주도하는 코포라티즘형은 주로 독일어권 방송에 많다. 시민사회가 주도한다지만 수가 과반에 이르지는 않는다. 이 유형은 앞서의 정부형이나 의회형보다 위원의 숫자가 많으며 임명 방식 또한 다양하다. 이런 유

191 영국에서 이전의 경영위원회(BBC)나 IBA가 당초의 목적인 감독보다 국가와 방송 사이에 완충과 조정, 때로 후원의 역할을 했다는 것은 상당히 알려진 것이다(Briggs, 1979). 그러나 그럼에도 BBC의 경영위원장과 사장이 동반 퇴진하는 큰 진통을 겪고 난 2000년대 중반 이후에서야 비로소 위원회를 개편했다는 것은 이 역할의 중요성을 정책 당국이나 방송사 등이 어느 정도는 인정했기 때문으로 볼 수 있다.

형들은 재원과도 밀접한 관계가 있다. 즉 북방형은 주로 수신료 재원이고, 의회형은 국고까지 상대적으로 재원이 다양하며, 코포라티즘형은 수신료 재원을 위주로 광고가 일부 포함되는 혼합형이 대부분이다.

한레티의 시도는 이전의 켈리(Kelly, 1983)나 험프리스(Humphreys, 1996), 그리고 공영 방송에 국한되지 않고 미디어 시스템 전체를 대상으로 한 핼린과 만치니(Hallin & Mancini, 2004)의 것에 비해 유형화 자체로는 그렇게 큰 진전으로 보기 어렵지만, 지리 언어적 권역geo-linguistic(영어권, 스칸디나비아권, 독일어권, 영연방 등)별로 어떻게 공영 방송의 성격이 정해졌는지를 보여 주는 장점이 있다. 또 이런 유형화가 재원이나 대중성과도 깊이 연관된다는 점도 잘 보여 준다.

그러나 상당히 오해를 불러일으킬 수 있는 점도 발견된다. 이는 험프리스가 분류한 유형과의 차이에서 쉽게 찾아볼 수 있다. 험프리스는 자신의 유형화에서 BBC가 속한 북방형을 '전문직 모델'로 분류한다. 위원회가 정부에 의해 구성되기는 하지만 절차나 과정이 정부가 영향력을 쉽게 발휘할 수 없는 자율성을 갖고 있다는 것이다. 그렇다면 이는 외부(정부)보다 내부(전문직 논리)의 비중이 훨씬 큰 형태로 볼 수 있고, '공식적으로 누가 임명하는가'는 적어도 이 유형에서는 그렇게 대단하지 않다는 점을 알게 된다. 비공식적인 방송 내부의 관행이 더 결정적으로 작용하기 때문이다. 한레티(Hanretty, 2009b)는 '정부의 임명'이 다른 것보다 더 중립적일 수 있다는 점을 이론적으로 증명하려 한 적도 있지만, 이렇게 절차나 내부 논리가 강하면 '누가 누구를 공식적으로 임명하는가'는 그렇게 중요하지 않게 된다.

험프리스는 법적·공식적 측면을 떠나 다수당에게 실질적인 통제력을 부여하는 경우를 정부형으로 분류하고, 이 형태가 방송 초기에는 많았으나 지금에는 퇴화된 형태가 되었다고 한다. 이탈리아의 로티차치오네에서 가장 전형적인 예를 발견할 수 있는 의회형(험프리스는 이를 '정당 체제적partyocratic'이라고 명명했다)은 정치의 세력 관계에 따라 방송이 분점된다. 그러나 이 형태는 핼린과 만치니에 의해 다시 유형화된 것처럼 '극단적polarized'으로 정치화되는 경우와 그렇지 않고 일정한 합리적·법적 틀 내에서 합의를 이루는 '온건moderate'의 두 가지로 나눌 수 있는데, 후자의 경우가 (앞서 본) 코포라티즘형이다.

독일의 경우를 예로 들면, 코포라티즘형에서는 우선 참여하는 시민사회가 비록 강한 정치색을 띠기는 하나 정치로부터 일정한 자율성을 지니고 공적 책임을 다하므로 단순한 정치 분점형과 차이가 있다. 둘째, 정치뿐만 아니라 지역적이고 문화적인 측면에서도 다원주의를 실천한다. 독일의 연방주의는 결코 프랑스처럼 승자 독식을 허용하지 않는다(Humphreys, 1996). 이런 다원주의는 분권과 합의를 체질화하기 때문이다.

그림 5. 공영 방송의 5개의 유형

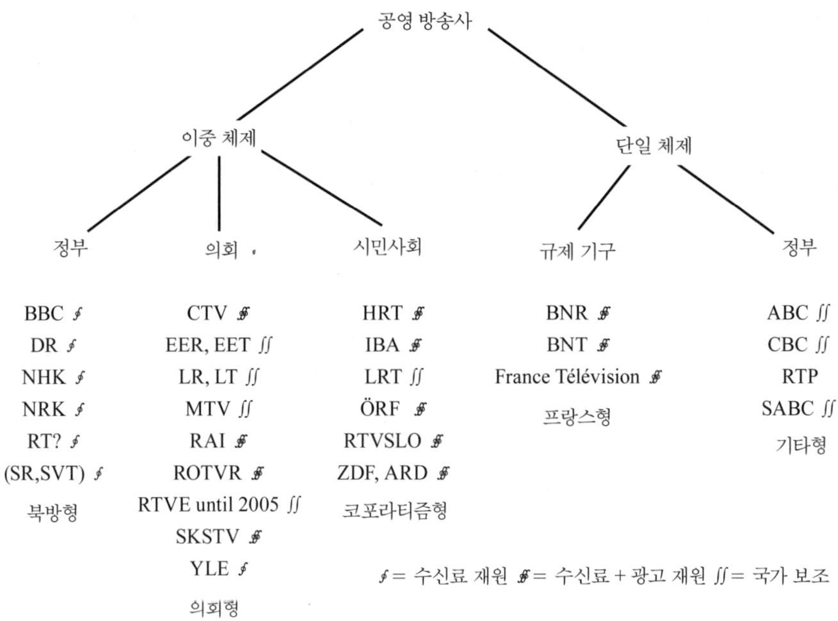

출처: Hanretty(2007, p.16)

2) 유형별 장단점과 변화 방향

이미 제시한 대로 유럽의 공영 방송을 여러 유형으로 분류해 보았지만 정치와 방송의 관계에서 보면 대체로 핵심은 비슷하다. 정치 체제의 특성으로 볼 때, 다수제와 합의제의 차이, 다원주의가 나타나는 양태로서 온건하냐 극단적이냐, 사회를 움직이는 방식으로 개인 중심과 조직 중심의 차이, 또 정당 체제로서 양당제이냐 다당제이냐, 시민 세력의 정치적 위상이 얼마나 높냐, 낮냐 등이 각 나라의 공영 방송의 특징을 형성한다. 물론 여기에서 열거된 것들이 '변수'의 모두인 것은 아니다. 예컨대 국가 권력이 얼마나 중앙 집중적이냐, 지방 분권적이냐(특히 연방제)의 문제는 이후 다른 여러 연구들(Engesser & Franzetti, 2011; Potschka, 2012)에서는 심각하게 다루어지지만 여기에서는 제외되었다. 나중에 험프리스(Humphreys, 2012)가 망라해서 다시 정리한 것을 보면 국가 · 시장의 크기(특히 이웃에 큰 시장이 있는 경우), 정치사(파시즘 · 권위주의의 경험, 정치체의 연속과 단절의 경험), 법 구조(영미법, 대륙법), 언어의 통일성 등도 포함된다.

정치적 독립성에 초점을 맞춰 보면 이와 밀접한 연관이 있는 다른 측면의 변인도 찾을 수 있다. 그것은 체제론에서 핼린과 만치니에 의해 일부 다루어진 적이 있는, 대중 뉴스 시장의 크기, 초기 방송 뉴스에 대한 뉴스통신사 news agencies의 영향(BBC와 로이터의 관계가 전형적이다), 방송사 내부의 윤리 강령의 유무,[192] 시청자를 대신해 언론을 감시하는 옴부즈맨 제도나 시청자의 불만을 처리할 수 있는 위원회의 유무 같은 것이다. 대체로 방송이 시작될 무렵인 20세기 초반에 이미 뉴스(신문) 시장이 형성되어 있는 곳에서는 언론인들의 동업 조합이나 통신사가 발전해 자율적 강령이나 코드를 개발하였고 방

192 물론 이는 단순히 있느냐 없느냐에 따른 것은 아니다. 얼마나 강제성 있게 준수되느냐가 중요하다는 뜻이다.

송 뉴스 또한 이에 영향을 받았다. 나중에 도입되는 옴부즈맨 제도나 불만처리위원회도 이런 강령이나 코드가 진전되어 만들어진 산물이다. 이런 나라의 공영 방송은 대체로 정부로부터 독립성이 강하다.

이와 반대는 대중 시장이 미발달되어 신문이 소수 엘리트의 전유물이었던 남부 유럽권이 대표적이다. 이들은 정치에서도 대부분 일당 지배 또는 권위주의 체제를 거쳤다. 스페인에서는 내전 이후 36년간 지배했던 프랑코 정부 때 방송이 도입·정착되었는데, 이전에 신문 시장이 없어 통신사나 언론인 조직 또한 부진했고 방송도 저널리즘의 영향을 전혀 받지 못했다. 1970년대 후반 들어 민주화가 되면서 언론인들이나 방송 조직이 누리는 자유가 비로소 커졌지만, 공영 방송이 독립할 수 있는 기반은 후견주의의 득세로 같이 성장하지 못했다.

다시 정치로 논의를 돌리면, 대체로 승자가 권력을 독식하는 다수주의, 양당제, 대통령제 나라에서는 모범적인 공영 방송을 찾아보기 어렵다. 표 28은 다수제·합의제 민주주의의 특징과 민주주의별로 어떤 공영 방송이 정착되었는지를 보여 준다. 권력이 집중되는 다수제 민주주의에서 공영 방송은 정부의 지배를 받기 쉽지만, 영국처럼 자유주의 또한 발전된 곳에서는 정치와 방송을 분리하고 방송에 전문직주의를 배양시킨 BBC가 고안될 수 있었다.[193] 20세기 후반 대부분에 걸쳐 단일 정당의 내각이 유지되어 다수제와 합의제가 혼합된 형태로 볼 수 있는 스웨덴에서도 영국과 같은 유형이 정착되었다. 이런 다수제에서는 정권 교체가 자주 일어나 여야 간에 방송 지배의 실익이 없을 때에야 비로소 분리–전문직형이 정착된다(Hallin & Mancini, 2004).

193 영국은 OECD 국가 중 유일하게 한국보다도 다수제 체제다(강신구, 2012).

표 28. 다수제 민주주의와 합의제 민주주의의 차이점

	다수제 민주주의	합의제 민주주의
1	이기는 정당에 권력이 집중	권력 분산(공유)
2	내각(행정부) 지배	의회와 행정부 사이의 권력 분리
3	양당제	다당제
4	포괄적catch-all 정당 (전체를 대표하기 위해 경쟁)	이데올로기적 정당 (권력 분점을 위해 경쟁)
5	상대적 다수제(종다수제)	비례대표제
6	정부와 야당 간의 분명한 분리	경쟁 정당 간의 중재와 협조
7	포괄적 미디어(내적 다원주의)	정파적 미디어(외적 다원주의) 예: 로티차치오네(이탈리아) 참조: 필라화(네덜란드), 프로포르츠(독일)
8	'정부 지배'형과 '분리·전문직'형 등의 두 가지 형태의 공영 방송	'방송 내 정치' 형의 공영 방송

출처: 핼린과 만시니(Hallin & Mancini, 2004, p.51)의 표 3.1을 중심으로 첨가, 재정리.

비슷한 체제를 굳이 찾자면 미국의 PBS 정도일 텐데, PBS는 기본적인 형태가 유럽과 크게 달라 보통 공영 방송을 말하는 자리에서는 잘 거론되지 않는다. 핼린과 만치니(Hallin & Mancini, 2004)가 분류한 유형에서 가장 모범적인 공영 방송 군群은 내각제·연방제 등으로 권력이 분산되고, 다수제·양당제가 아닌 합의제·다당제인 민주적 코포라티즘에서 주로 나타난다. 내각제이지만 다수제·중앙(런던) 체제라 권력이 집중되는 영국은 사실 권력과의 관계로만 볼 때는 오히려 예외적으로 모범적이다.[194] 그만큼 다수제 권력의 경우

194 그래서 핼린과 만치니가 설정한 세 가지 유형의 좌표에서는 미국과 같은 자유주의형으로 분류된 영국이지만 BBC의 존재 때문에 좌표의 위치는 민주적 코포라티즘 쪽에 상당히 가깝게

에는 공영 방송의 정치적 독립이 지켜지기 어렵고, 이를 반영하듯이 BBC와 영국 정부 사이에는 여러 차례 갈등이 빚어졌다.

BBC가 합의제를 가진 유럽의 다른 나라들처럼 정치를 방송 안으로 끌어들일 수 없었던 것도 이런 정치 체제의 특성 때문이다. 만약 켈리(Kelly, 1983)가 표현한 '정치 내 방송politics-in-broadcasting system'을 영국이 했다면, BBC 역시도 다수제 정치권력에 밀려 도구화되었을 가능성이 (크지는 않더라도) 상존했다. 그러므로 이 문제를 BBC는 정치로부터 자신을 '분리insulation'[195] 함으로써 해결하고자 했는데(Curran, 1996), 이는 BBC에 불만을 품은 정치인에게는 때로 단순 '거리 두기'나 '독립성 유지를 위해서'가 아닌 '정치의 거부'나 '정치에 대한 존중의 결여'로까지 보이기도 했다(Curran & Seaton, 2010; Hanretty, 2009b). 그래서 BBC는 여기에서 생길 수 있는 문제를 방송 스스로는 결코 특정한 주장이나 논평을 하지 않는 '적절한 불편부당성due impartiality'[196]의 이념 또는 편집 강령과 이를 실현할 수 있는 전문직주의, 곧 '엘리트주의'로 해결하고자 했다.

내부 강령Produce's Guidelines은 BBC의 엘리트·전문직주의가 구현된 것으로 갈등의 계기 때마다 수정되고 보완되었고 나중에는 법에도 반영되었다. 이 강령은 정치인의 불만을 선점해 BBC를 보호하면서도 보도의 질 또한 높이는 선순환의 효과를 발휘했다. 칙허장의 갱신 때마다 만들어져 BBC와 영

가 있다. 그러나 핼린과 만치니의 책에 대한 서평에서 노리스(Norris, 2009)는 오히려 미국과 영국이 미디어 체제에서는 공통적인 것이 거의 없다고 하면서, 이 책의 분류 기준이 애매하고 인상주의적이며 비과학적이라고 비판한다. 물론 핼린 등의 책은 노리스의 비판을 넘어설 수 있는 미덕이 충분하다.

195 직역하자면, '절연'인데 전기(곧 정치)가 안 통한다는 뜻이다. 어쩌면 이게 더 어울린다.

196 이 개념의 정착 과정에 대한 자세한 것은 이창근(2004)을 참조할 수 있다. 여기서의 엘리트주의는 가부장주의나 복지주의와 맥락이 같다.

국 방송의 미래를 진지하게 고민했던 위원회들 또한 정부와 BBC 사이를 원활하게 협상시키고 종결지은 영국 특유의 합리적 정신의 산물이다.[197] 중등학교(사립학교)나 대학교(옥스퍼드, 케임브리지)에서 정치인과 유사한 배경을 가진 BBC 언론인들의 이력은 BBC와 정치 사이가 파행으로 가지 않고 쉽게 타협할 수 있었던 비공식적 이유였다(이준웅, 2008a).

정당이 중요하고 다수의 정당들 사이에 합의가 중요한 독일 등에서는 정치를 방송 안으로 끌어들였다. 그리고 이를 중화시키기 위해 '사회적으로 유력한 집단'들도 같이 포함시켰고, 분쟁을 해결해 줄 수 있는 유력한 판관으로 연방 헌법재판소를 활용했다. 독일 방송 제도의 가장 큰 특징은 아마도 이 시민사회 집단과 이른바 '방송 판결'로 유명한 헌법재판소일 것이다(이는 영국의 '위원회'와 유사한 기능을 했다). 그러나 정치를 안으로 끌어들인 만큼 공정성을 위해 프로포르츠(Proporz; Proportionalität)같이 정당 사이에 주요 직종을 나누는 제도를 비공식적 전통으로 남겼다.

강제적이지 않다는 점에서 이 제도는 하나의 관행일 뿐이지만 지금도 상당히 잘 지켜지고 있다.[198] 예를 들어 ZDF는 1962년 개국 당시 수상이었던 아데나워의 영향을 받아 '아데나워 방송'이라고 불릴 만큼 보수 측 기민당(CDU)에 가까웠다. 이에 따라 초대인 칼 홀츠아머Karl Holzamer(1962~1977)로부터 칼 귄터 폰 하제Karl Günter von Hase(1977~1982)와 디터 슈톨테Dieter Stolte(1982~2002), 최근의 마르쿠스 쉐흐터Markus Schächter(2002~2012) 등에 이르기까지 사장들이 모두 보수 측 인사들이었다. 그러나 사장들은 공정성을 위해 보도 쪽의 책임자를 자신과 반대 성향인 사민당 인사에게 맡겨(그런 인사

197 특히 1970년대 BBC에 대한 불만이 가장 높았던 노동당 정부 때의 애넌위원회와 1980년대 BBC와 정부 사이가 가장 나빴던 보수당 정부 때의 피콕위원회가 그러했다.

198 이하의 내용은 심영섭(2002, 2013)에 의존했다. 이 자리를 빌려 심 박사님께 감사드린다.

를 추천하거나 아예 러닝메이트로 출마하기도 했다) 일종의 파트너십을 형성했다. 쉐흐터 사장의 경우는 2009년 파트너였던 보도본부장 브렌더가 보수 측이 주도하는 경영평의회에 의해 재신임이 거부되자 자신도 연임을 고집하지 않았다. 이런 인사 타협이 이루어지는 직접적인 이유는 77명으로 이루어진 텔레비전평의회에서 결정 정족수인 $\frac{3}{5}$의 찬성을 얻기 위해서다.[199] 자신의 파벌만으로는 정족수를 채울 수 없기 때문이다. 보수와 진보의 갈등이 심한 주에서는 ARD에도 이런 관행이 있다.[200] 이처럼 '공평성Ausgewogenheit'의 정신은 독일 사회 전반을 지배한다. 독일 방송이 정당 중심적이기는 하지만 이런 정신이 있어 공정성을 확보하고 내부적 타협과 평화를 유지한다.

ZDF의 사장을 결정하는 '텔레비전평의회'(ARD는 방송평의회)는 정당, 정부, 그리고 노동조합, 교회 등의 각종 사회단체 등이 모두 참여하는 예다. 77명의 구성원 중 31명이 정치인 출신이고, 이보다 수적으로 더 많은 44명이 고용자, 노동조합, 교회, 스포츠, 문화 등 '(시민)사회를 구성하는 각종 유력 집단'에 의해 임명됨으로써 앞서 본 대로 '시민 모델'이 되었다.[201] 그러나 정치

199 물론 결정을 위한 타협만이 목적은 아니다. "사민당에 우호적인 여비서가 채용되면 사환은 기민당에 우호적인 사람을 채용한다는 말이 돌 정도"(진화영, 2001)로 특정 당이나 세력의 전횡을 허용하지 않는 문화적인 이유 역시 작지 않다.

200 이런 지역의 경우에는 ARD에서도 사장과 지역총국장(2~3개 주가 하나의 지역 공영을 운영할 경우에)을 지지 정당의 성향별로 다르게 안배한다. 대표적인 곳이 함부르크 쪽의 북부 독일방송(NDR)인데, 사장은 전통적으로 보수적 성향, 보도본부장은 사민당 성향의 언론인이 맡는다. 또한 4개의 지역총국(함부르크, 니더작센, 슐레스비히·홀슈타인, 메클렌부르크·포어폼메른)의 총국장은 사민당 성향 2명, 기민당 성향 2명이 맡고, 지역보도국장은 총국장과 다른 성향의 언론인이 맡는 경우가 거의 관례화되어 있다. 동독 지역인 중부 독일방송(MDR)도 사장은 보수 성향, 보도본부장은 좌파 성향이 맡는 관례가 있고, 다른 지역 공영 방송도 이와 유사하게 사장/보도본부장 또는 사장/지역총국장의 정치적 성향을 다르게 안배한다. 이 또한 모두 프로포르츠다(심영섭, 2013).

201 평의회가 이렇게 구성된 이유는 바이마르공화국 때의 관료적 국가와 나치 시절의 권력 집

를 끌어들인 이상 평의회가 어느 정도 정당 사이의 전장戰場이 되는 것은 불가피했다. 대체로 그간의 평의회는 보수 정당인 기독교민주당에 의해 지배되어 왔으나 '작은 국회'로 불릴 정도로 기독교민주당 측의 '흑색파'와 사회민주당 측의 '적색파'로 파벌이 나누어져 있다. 시민사회 측의 인물들도 대부분 두 유력 정당 중 하나와 친밀한 관계 속에 있어 의회 모델과 별 차이가 없다는 비판을 듣는다.[202] 1980년대 들어 전통적인 좌우파와는 다른 신사회운동 측의 인물들이 포진된 '회색파'가 생겨났지만, 수적으로는 아직 적다(심영섭, 2003; Kleinsteuber, 2010). 그런 이유로 이런 평의회 제도가 "얼마나 많이 어느 정도로 '공중the public'을 대변하는가, 그리고 얼마나 공영 미디어에 실질적인 영향을 미치는가를 해석하는 데는 매우 조심스럽지 않으면 안 된다" (Kleinsteuber, 2010, p.215).

그렇다고 해서 꼭 이들이 정파에 종속적인 것만은 아니다. 평의회의 결정이 항상 "정파적 수준 이상 이었다"는 점에 독일의 능력이 있다. 수가 많고 영향력이 분산되는 특징을 가진 이 체제에서는 "어떤 단일 정당도 공영 방송의 시스템 전체에 부당한 영향을 행사하지 못했다"(Humphreys, 1996, p.153). 더구나 앞서 언급한 대로 방송 관련 결정 중 이념과 관련된 중요한 것은 헌법재판소의 몫이다. 이른바 유명한 '방송 판결'이다.

물론 평의회도 문제는 있다. 대표적인 것은 이들 평의원이 방송에 아마추어라는 점이다. 다소 심하게 말해서 이들은 어쩌면 방송이 민주적으로 운영된다는 것을 보여 주는 '민주적 장식democratic garnish'에 불과하다. 방송이나

중의 폐해를 모두 극복하기 위해서였다(Kleinsteuber, 2010).

202 프라이스(Price, 1998)는, 유럽 방송의 "법제적 이상은 방송이 사회의 구성을 닮게 하는 것이었으나, 결과는 지배적 정치 정당들의 허가권 이용을 통한 '나눠 먹기'로 귀결되었다" (p.141)고 비판한다.

미디어에 대해 전문적인 식견이 없으므로 필요한 조언·자문이나 비판은 평의회에서는 기대할 수 없다. 클라인스토이버는 다음과 같이 주장한다. 이들 중 "누가 과연 비디오 저널리즘이나 DRM, IPTV 등에 대해 충분한 전문성이나 지식을 갖추고 있다는 말인가? 누가 그런 일에 대해 아무것도 모른다고 스스로 인정할 수밖에 없단 말인가?"(Kleinsteuber, 2010, p.216).[203]

이런 문제에도 불구하고 독일의 장점은 '프로포르츠'와 '헌법재판소,' '시민 집단' 등이 정치와 공영 방송 사이에서 완충의 역할을 해 준다는 점이다. 이는 독일 사회 특유의 역사적·정치적 조건을 반영한 산물로 다른 나라에서는 쉽게 흉내 내기 어려운 것이다. 그러나 완충 장치보다 더 중요한 것은 정치의 영향을 내부로 소화함으로써 정치조차 설득시키는 공영 방송의 자율 능력이다. 물론 이런 능력은 공영 방송 혼자서는 결코 만들 수 없다.

3. 경험적 수준 1: 공영 방송의 독립성의 정도

1) 척도의 성격과 독립성

공영 방송의 가장 핵심적인 원리는 앞서도 언급했다시피 '정부로부터의 독립'[204]이지만, 오히려 공영 방송이 민영(상업) 방송에 비해 더 정부에 종속적이

203 이외에도 평의회의 문제는 많다. 특히 사회적으로 '유력'한 집단이 되지 못하면 방송에 표현할 수 있는 통로가 없다는 점은 최근 같이 사회가 다양화되고 있는 마당에서는 치명적인 약점이다. 회색파가 생겨난 것은 그래서 고무적이다. 회의록이나 발언 내용이 공개되지 않아 운영이 불투명하다는 점도 반드시 시정되어야 하는 사항이다. 이 점은 공영 방송의 책무성(흔히 '설명 책임'으로도 번역되는)을 책임져야 할 평의회로서는 매우 아이러니컬한 일이 아닐 수 없다(Kleinsteuber, 2010).

라는 논리와 이를 뒷받침하는 경험적 사실 또한 만만찮게 많다. 그도 그럴 것이 방송을 움직이는 기본적인 두 가지 축이 '사람'과 '돈'인데, 공영 방송에서는 이 둘이 모두 정부와 직간접적인 관계에 있기 때문이다. 물론 공영 방송의 모범으로 불리는 BBC나 ARD 등은 모든 방송을 통틀어 가장 독립적인 방송임에 틀림없다. 그러나 이를 본 딴 많은 방송들이 실제 이 같은 독립성을 가지지 못한다는 인식 또한 '상식적인 것'이다. 국가의 능력이 사회의 여타 부문을 압도해 '과대 성장한 국가'이면서 경제 발전을 위해 군부가 나서 모든 자원을 강제적으로 동원한 '발전주의 동원 국가,' '군부 권위주의 국가'(최장집, 1996)를 거쳐 민주화 이후에도 여전히 국가가 사회 변화의 가장 중요한 변인인 한국은 이의 가장 좋은 사례가 될 것이다.

만약 이렇게 각 나라의 공영 방송의 독립성의 정도가 그 나라의 여러 조건과 밀접한 관계를 맺는 '조건적contingent'인 것이라면, 공영 방송은 그저 공영 방송이어서가 아니라 '어떤 공영 방송'이기 때문에 독립적일 수 있다. 공영 방송의 정체에 못지않게 환경적 조건이 중요해진다는 것이다. 그러면 먼저 어느 나라의 공영 방송이 독립적인가를 알아 볼 필요가 있다. 이탈리아의 정치학자 한레티는 학위 논문(Hanretty, 2009b)에서 이를 조사한 적이 있다. 조사

204 '정치적 독립'은 여러 사람이 이구동성으로 말하는 공영 방송의 가장 중요한 규범 중 하나이지만 사실 개념적으로 그렇게 분명하지는 않다. 한레티(Hanretty, 2009b. p.12)는 "공영 방송이 정치인들의 개입 또는 간섭 없이 스스로 매일의 결정을 내리는 정도"로 정의한다. 여기서 개입이나 간섭은 정치인들의 명령이나 위협, 유인 등을 합친 개념이며, 정치인들은 공영 방송의 활동으로부터 받는 (불)이익을 고려해 이러한 행위를 한다. 공영 방송에 가해지는 정치적 압력의 단지 있고 없음은 정치적 독립과 관계가 없으며, 독립한다고 해서 반드시 정치적 편향성이 없어지거나 무조건적으로 중립이 되는 것은 아니다. 공영 방송이 충분한 완충 장치나 내부 논리를 가져 외부의 압력을 잘 소화할 수 있다면 정치적 독립은 지켜지는 것이다. 한레티는 공영 방송이 독립을 지키기 위해서는 '법적 장치'가 유용하다고 한다. 정치성이 워낙 강하므로 압력을 가할 소지를 아예 처음부터 없애야 할 필요 때문일 것이다.

는 각 나라의 공영 방송 사장의 재임 기간을 중심으로 공영 방송의 독립성 정도를 측정한 것이다. 중앙은행의 총재의 임기를 통해 중앙은행의 독립성 지수를 산출한 선행 연구를 응용했다. 먼저 공영 방송사 사장의 재임 기간의 비율을 산정하고(TOR: Rate of Turnover), 정권의 교체 직후 6개월을 기준으로 이 사장이 같이 바뀌었는지의 비율을 낸다(VUL: Vulnerability of Index).

TOR의 논리는 이러하다. 사장의 재임 기간이 짧으면 상대적으로 사장의 방송 식견이 낮기 때문에 — 달리 말해 사장의 식견이 성장할 기회 자체를 허용하지 않기 때문에 — 외부의 압력으로부터 제대로 방송을 보호할 수 없다. 반대로 정해진 기간 이상으로 사장이 재임하면 방송 지식이나 경륜의 정도로 미루어 방송을 지켜 내기 용이하다. 예를 들어 헝가리 공영 방송인 MTV의 경우 조사 기간 동안의 14명의 사장 중 아무도 임기를 제대로 지켜 내지 못했고, 그중 6명은 1년이 채 안 되어 사장 자리에서 물러났다. 한때 정부의 입으로 불렸던 그리스의 ERT의 경우는 9년(1974~1983) 동안에 6명의 사장이 바뀌었다(Iosifidis, 2007). 스페인의 경우 우파가 재집권한 1996년 이후 사회당에게 탈환당한 2004년까지 8년 동안 5명의 사장이 재임했다. 길어야 2년이 채 안 된 것이다(Medina & Ojer, 2010). 우두머리의 지위조차 이렇게 불안정한 방송이 외압에 독립적일 수 있기는 불가능한 노릇이다.

VUL은 새 정부가 들어서서 6개월 동안에 얼마나 많은 방송사의 사장이 교체되었나 하는 비율이다. 대체로 새 정부는 자신에 맞는 새로운 방송을 원하므로 기존 사장을 교체하고 싶어 한다. 만약 이렇게 정권 교체와 사장 인선이 연동된다면 그 공영 방송은 독립적이기 어려울 것이다. '오더'(정치적 의도)를 가지고 내려온 새 사장이 이전 공영 방송을 바꾸려 들기 때문이다. 제도적으로 이를 보장했던 과거 스페인이나 지금의 에스토니아 같은 경우도 결과는 마찬가지였다. 결국 공영 방송의 사장을 정권의 '선택 사항'으로 공식화시켜주는 데 그쳤기 때문이다.

사장의 임기와 관련해 독립성을 측정하려는 노력은 경영위원회를 비롯한 다른 거버넌스 조직들에게도 쉽게 적용이 가능할 것이다. 즉 과거 벨기에의 경우처럼 "공영 방송의 이사회 구성이 총선거가 실시될 때마다 변했고," "이사회의 구성원이 자신들을 공공연하게 정당의 '위임자'로 규정하며," "이사회가 명시적으로 단지 정당을 물리적으로 대표하는 선에서만 객관적 뉴스보도를 보장할 수 있다고 주장한다"(Burgelman, 1989, pp.179~180)면 공영 방송의 독립성이 제대로 지켜진다고 볼 수 없을 것이다. 그런 면에서 핼린과 만치니(Hallin & Mancini, 2004)는 벨기에의 사례가 코포라티즘 국가들 가운데서도 가장 극화된 다원주의에 가깝다고 말한다.

이러한 논리를 통해 조사한 33개국 36개의 사례를 분석해 본 표 29를 보면, 가장 독립적인 방송은 스위스의 SRG-SSR이었다. SRG-SSR은 사장이 가장 모범적으로 임기를 지켰으며 사장의 교체는 정권의 변동과 거의 상관이 없었다. 앞서 언급한 헝가리나 불가리아, 슬로바키아 같은 동구권의 나라들은 이런 수치가 가장 낮았다. 프랑스나 스페인, 포르투갈, 이탈리아(1993~2004) 같은 지중해권 나라들도 독립적이지 않았다.

이를 시청자들이 느끼는 체감 독립성과 비교해 보았더니 조사 대상 중에는 BBC가 가장 높아 42%가 독립적이라고 답했고, 덴마크 라디오는 38%가 나왔다. 캐나다의 CBC는 이보다 낮은 35%의 수치를 보였으며, 프랑스 미디어 전체는 불과 22%의 지지를 받는데 그쳤다(아마 방송만 따로 물었다면 이보다 낮은 수치가 나왔을 가능성이 높다). 마지막으로 이탈리아의 시청자들은 불과 4.1%만이 RAI가 정치적 독립성과 비슷한 의미를 지닌 '정치 바깥에 있다outside of politics'고 답했다(Hanretty, 2009a). 이러한 결과는 앞서 본 조사와 매우 긴밀히 어울렸다. 모든 나라의 공영 방송이 정치적 독립성을 표방하지만 실상은 이처럼 나라마다 편차가 크다.

표 29. 주요 국가의 공영 방송 독립성 순위

국가	방송사(약어)	기간	독립성 지수 (I)
스위스	SRG-SSR	1950~2006	0.96
노르웨이	NRK	1948~2006	0.93
핀란드	YLE	1945~2005	0.92
독일	ZDF	1962~2007	0.91
오스트레일리아	ABC	1965~2006	0.91
영국	BBC	1944~2006	0.89
덴마크	DR	1961~2005	0.89
칠레	TN	1995~2007	0.89
아일랜드	RTE	1960~2007	0.88
일본	NHK	1946~2007	0.87
벨기에(1)	VRT(프랑스어권)	1996~2007	0.87
스웨덴	SVT	1978~2007	0.86
캐나다	CBC	1945~2007	0.86
오스트리아	ORF	1960~2007	0.85
에스토니아	EETV	1994~2007	0.82
이탈리아(1)	RAI(1975~1993)	1975~1993	0.81
벨기에(2)	RTBF(네덜란드어권)	1994~2007	0.79
이스라엘	IBA	1989~2006	0.79
뉴질랜드	TVNZ	1986~2006	0.78
미국	CPB	1969~2007	0.75
폴란드	TVP	1994~2007	0.75
라트비아	LT	1995~2007	0.74
프랑스(1)	FT82	1982~2000	0.72
프랑스(2)	FT73	1973~1982	0.72
슬로베니아	RTVSLO	1991~2007	0.68
루마니아	RO/TVR	1993~2007	0.65
체코	CTV	1992~2007	0.63

남아프리카공화국	SABC	1994~2007	0.59
스페인	TVE	1981~2006	0.56
포르투갈	RTP	1977~2007	0.56
불가리아	BNR	1997~2007	0.55
리투아니아	LRT	1996~2007	0.51
이탈리아(2)	RAI(1993~2004)	1993~2005	0.42
슬로바키아	SK/STV	1994~2007	0.39
헝가리	MTV	1990~2007	0.35
불가리아	BNT	1991~2007	0.26

출처: Hanretty(2009a, p.78).

2) 공영 방송 사장과 독립성: BBC의 사례

가장 대표적인 공영 방송인 BBC를 중심으로 각 사장의 재임 기간과 특징을 살펴보면 대체로 공영 방송의 독립성 정도, 정부와의 관계가 잘 드러난다. 주지하는 바대로 BBC 사장은 임기가 따로 없으며 정부에 의해 구성되는 트러스트(과거에는 경영위원회)가 추천, 여왕이 상징적으로 임명한다. 트러스트는 놀란위원회에서 제정한 나름의 공인 선정의 원칙[205]과 정치적으로 중립적인 절차를 통해 사장을 선출한다. BBC의 사장을 뽑는 과정에서 정해진 절차

205 1994년 구성된 놀란 위원회에 의해 천명된 '공직 생활의 7가지 원칙'은 다음과 같다. 오로지 공익을 추구하기 위한 사심의 배제, 공무를 수행하는 데 영향력을 행사할 수 있는 외부 인사나 조직으로부터 어떠한 금전적인 지원도 받지 않는 청렴성, 공무 수행에서 철저한 객관성의 유지, 공적 업무의 결정과 시행에 대한 책무성, 자신의 행위와 결정에 대해 가능한 열려 있어야 하는 개방성, 공적 임무와 관련된 개인적 이익을 공개하는 정직함, 이러한 모든 원칙을 지켜내고 수행할 수 있는 리더십 등이다(Wikipedia, 2013b).

는 자체로 상당한 결정권을 행사한다(Ciaglia, 2013a). BBC의 사장들은 최근 진행자 성추문과 오보로 최단명인 2개월 만에 물러난 조지 엔트위슬George Entwistle을 제외하면 평균 재임 기간이 6년에 달했다. 2차 세계 대전 당시 편법으로 운영된 2년까지 뺀다면 거의 7년이 된다. 사장 선임이 정치 세력의 교체와 거의 관련이 없고, 오히려 10년 단위의 칙허장 경신과 어울린다고 해야 할 정도다. 물론 그렇다 해서 인사에 외부 압력이 없었다고 보는 것은 큰 오산이다.[206] 절차가 중시되기는 하지만, 정부의 임명이 나름의 정치색을 띠지 않는 것은 결코 아니라는 뜻이다(Ciaglia, 2013a).

대체로 북아일랜드 사태에 대한 국익적 보도와 문화적 다원주의를 수용하지 못하는 경직성이 문제가 된 1970년대 이후 BBC는 지속적인 내외와 좌우의 압력에 시달렸으며,[207] 특히 경영위원회를 통해 집중적으로 압박을 가해온 대처 정부가 단적으로 예증한 대로 정부의 공격에 상당한 곤란을 겪었다. BBC 또한 트러스트 위원이 정부에 의해 임명되므로 사장 선출의 과정이 그렇게 중립적이고 공정하기 힘든 것 또한 사실이다. 그러나 이렇게 임명된 BBC의 사장들은 외부의 임명권자의 주문보다는 내부의 BBC적 논리를 더욱 추구했다. 표 30은 이런 역대 BBC 사장의 재임 기간과 특징을 요약한 것이다.

206 위키피디아(Wikipedia, 2013a)는 BBC와 정부의 논쟁을 목록으로 잘 정리해 놓았다.

207 특히 1970년대에는 노동당 정부와 좌파의 공격이 극심했다. 그렇다고 BBC가 정부와 완전히 대척적인 관계에 있었던 것은 아니며 반대로 정부의 입노릇을 한 것도 결코 아니었다(Schlesinger, 1978). 이런 비판의 결과가 노동당 정부가 재집권하면서 설치한 애넌위원회와 그 제안으로 나중에 만들어진 채널 4였다(Freedman, 2001; 이때 좌파 측의 대표적인 비판은 Glasgow University Media Group, 1976, 1980을 참조하라).

표 30. BBC 역대 사장의 재임 기간과 특징

시기	사장	재임 기간	특징
1927~1938	존 리스 경 Sir John Reith(나중에 Lord Reith)	11년	초대 사장, 공적 서비스 기관으로 BBC의 기틀을 닦음.
1938~1942	프레데릭 오길비 경 Sir Frederick Ogilvie	4년	전쟁 초기에 사장을 담당, 리더십이 약했다는 평가를 받음.
1942~1943	세실 그레이브스 경 Sir Cecil Graves과 로버트 W. 풋 Robert W. Foot	1년	풋과 더불어 BBC를 맡아 편성·프로그램을 담당함.
1943~1944	로버트 W. 풋	1년	
1944~1952	윌리엄 헤일리 경 Sir William Haley	8년	교양 채널인 Third Programme에 깊은 애정을 가짐. 경쟁 정책에 대항해 BBC의 독립성을 옹호.
1952~1959	이언 제이컵 경 Sir Ian Jacob	7년	군인 출신으로 ITV의 등장에 대비해 기업적 경영 기법과 지역 방송을 장려.
1960~1969	휴 그린 경 Sir Hugh Greene	9년	독일 점령 시 방송 책임자였으며, 시사·업무국장 등을 역임. 새로운 프로그램 정책을 주도했으며 훌륭한 리더십으로 평가받았으나 결혼 생활 문제로 사임
1969~1977	찰스 커런 경 Sir Charles Curran	8년	그래머스쿨 출신인 최초의 사장. 해외 방송을 하다 사장이 되었으며 유능한 관리자이기는 하였으나 역경을 헤치는 데는 인정을 받지 못했고, 정부와의 마찰, 수신료의 하강 등 어려움을 겪었음.
1977~1982	이언 트레소완 Sir Ian Trethowan	5년	라디오 출신으로 BBC의 어려운 시기에 사장이 되었으며, 보수당원이었음에도 BBC의 중립성을 지켰음.
1982~1987	앨러스데어 밀른 Alasdair Milne	5년	프로듀서 출신으로 다양한 프로그램을 경험했고, 대처 정부와의 갈등기에 BBC의 독립성을 지키기 위해 노력했음. 당시 대처는 경영위원회를 통해 그를 압박했고, 그 여파로 사임함.

1987~1992	마이클 체크랜드 경 Sir Michael Checkland	5년	첫 경영 출신으로 피콕위원회의 제안에 상응하는 효율성, 내부 시장화 조치를 도입했으며 BBC의 독립성 제고에도 노력함. 경영위원장을 공개적으로 비판하고 사임함.
1992~2000	존 버트 경 Sir John Birt (나중에 Lord Birt)	8년	첫 상업 방송 출신으로 BBC에 부사장으로 처음 와서 '제작자 선택'을 비롯한 각종 효율화 조치를 시행하여 디지털 시대에 대비하게 했음. 그런 이유로 구성원들한테는 매우 심각하게 비판받았음.
2000~2004	그렉 다이크 Greg Dyke	4년	상업 방송 출신으로 제작 관행을 일신시켰다는 평가를 받음. 길리건-허튼 스캔들로 물러남. 그의 사임에 BBC 구성원들이 강력하게 반발했음.
2004. 1~6	마크 바이포드 Mark Byford (대행)	5개월	
2004~2012	마크 톰슨 Mark Thompson	8년	BBC 출신으로 채널 4의 사장이 되었다가 다시 BBC로 옴. 다이크 사장 사임 이후 BBC를 안정시키고 새로운 미래를 여는 각종 조치를 성공적으로 수행함.
2012	조지 엔트위슬 George Entwistle	54일	스태프의 스캔들과 오보로 사임함. BBC 사상 최단명의 사장임.
2013	토니 홀 Tony Hall	현재	BBC 출신으로 BBC 보도본부장과 로열 오페라하우스 이사장 역임.

출처: BBC(2013); Wikipedia(2013c)를 일부 보완.

(1) 1980년대 이후의 사장들

이 중 1980년대 이후의 사장들은 지금도 '유산'이 남아 있어 자세하게 살펴볼 필요가 있다. 1982년에 임명된 밀른은 경영위원회와의 갈등 때문에 해임까지 된 경우다. 앞서 언급한 대로 정부와 BBC의 갈등은 여러 차례 있었지만 파국으로까지 가면서 사장이 물러나게 된 케이스는 밀른과 나중의 다이크뿐이다. 씨앗은 물론 수상인 대처가 뿌렸다. 대처는 BBC의 경영위원회를 포함해 정부가 간여하는 여러 방송직에 자신의 측근을 무더기로 임명했다. 물론 그렇다고 이들이 직접적으로 방송에 압력을 행사한 것은 아니었지만(Sparks, 1995), 당시 경영위원회와 BBC 사이에는 심각한 커뮤니케이션 장애[208]가 있었으며, 이 점이 경영위원회의 정치색에 의해 증폭되고 밀른의 다소 사회성 없는 성격까지 맞물림으로써 결국 퇴진으로 이어졌다. 물론 이는 넓게 보아 정부 차원에서 이루어진 일련의 BBC 압박 정책의 결과다(O'Malley, 1994).

첫 경영 출신이면서 BBC의 프로그램을 판매하는 자회사인 엔터프라이즈의 사장을 역임했던 마이클 체크랜드 또한 당시 피콕위원회의 주장을 상당 부분 받아들이기는 했지만 BBC의 독립성에 대해서만큼은 나름의 원칙을 견지했다(Barnett & Curry, 1994). 첫 상업 방송 출신인 존 버트는 BBC에 대한 대처 정부의 비판에 순응해서 내부 구성원의 원성을 많이 샀지만, BBC의 민영화를 성공적으로 철회시켰고 미래의 변화에 대비해 BBC를 잘 개편시켰다(O'Malley, 1994). 다음에 살펴보는 대로 이런 버트에 대해서는 평가가 엇갈리지만, 그렇다 해서 그가 BBC의 가치를 결정적으로 훼손했다고까지 하지는 않는다.

길리건–허튼 스캔들로 불명예 퇴진했다고 볼 수 있는 그렉 다이크 사장 역시 당시 수상이었던 블레어의 친구였고 노동당에 기여금(5만 파운드)을 낸 사실이 임명 당시 문제가 되었으나 오히려 그는 적극적으로 블레어의 이라크

208 밀른 당시 문제가 된 것은 크게 세 가지였다. 첫째는 보수당의 상원의원 하나가 신나치 조직과 관계가 있다고 주장해 명예훼손으로 제소된 다큐멘터리인 〈매기즈 밀리턴트 텐던시 *Maggie's Militant Tendency*〉, 둘째는 불법이었던 북아일랜드의 지도자와 장시간 인터뷰한 내용이 담긴 〈리얼 라이브*Real Lives*〉, 셋째는 지르콘 스파이 위성의 존재를 폭로한 스코틀랜드 지사의 〈시크릿 소사이어티*Secret Society*〉 등이었는데, 경영위원회는 늘 불충분한 정보를 받고 있다고 사장을 비판했다.

정책에 반대한 경우가 되어 퇴진했다(Barnett, 2005a). 다이크는 전임 버트가 했던 일련의 정책들이 BBC의 사기를 저하시켜 오히려 '개혁 피로' 같은 역효과를 냈다고 보고 이전의 소극적인 '감사' 정책을 적극적인 '창조' 정책으로 바꾸어 나갔다. 인력도 오히려 소폭 증가시켰다. 당시 BBC는 이런 다이크의 '실천하기making it happen' 정책 등을 크게 환영했으며(Spindler & Van den Brul, 2003), 다이크가 사임하자 신문 광고를 내는 등 정부에 격렬하게 항의했다.

전임 사장의 불명예 퇴진 이후 어려운 상황에서 사장이 된 마크 톰슨은 버트나 다이크와 달리 BBC 출신으로 텔레비전본부장을 지냈다. 톰슨은 길리건-허튼 스캔들이 야기한 위기를 잘 극복하고 새로운 미래를 여는 각종 조치 또한 잘 수행했다. 그의 자질과 업적은 그가 BBC를 그만두고 또 다른 세계 유수의 언론인 〈뉴욕 타임스〉로 옮겨갔다는 데서도 충분히 엿볼 수 있다. 톰슨 시대에 BBC는 상당한 인력 감축[209]이 있었지만 전체 판을 흔들 정도는 아니었고 수신료 또한 동결되었지만 경영이 위축되지는 않았다. 나중에 살펴볼 가자Gaza 지구 문제를 비롯해 톰슨 시대에도 여러 차례 갈등과 분규가 있었고 심지어 보수당 정부와의 타협을 위해 톰슨 자신이 BBC의 편향을 일부 인정하기도 했지만 BBC의 모범적 위치는 큰 문제없이 유지되었다(Wikipedia, 2014b).

이와 같은 BBC의 사장들이 가지는 대체적인 공통점은 임명 과정에서든 재임 중 정책에서든 결코 정치적 진공 상태에 있지 않았다는 점이다. 이들은 버트나 다이크의 이력에서 볼 수 있듯이 집권 정부와 공·사적 커넥션이 있었다. 그러나 다이크의 퇴진 과정이 웅변하는 대로 이들은 모두 BBC의 독립성

209 2004년부터 2007년까지 BBC에서는 1만 3945명이 퇴사했고 1만 1737명이 새로 입사했다. 결국 3년 동안 2208명이 감축되었으며 이는 전체 직원의 9%에 해당하는 수치였다(최은경, 2007).

과 자율성의 내부 논리를 우선했고 결코 정부를 무조건적으로 추종하지 않았다. 이 점에서 이들은 모두 'BBC적'이었다. 스팍스의 말대로 이들 '훌륭하면서 선한great and good' 사람들은 비록 전체 영국 국민들을 대표하지는 않았지만, 그렇다고 정부의 입장에 종속되지도 않은 것이다[210](Sparks, 1995, p.328).

(2) 버트(1992~2000): 논란의 대상

어려운 시절에 BBC를 맡은 버트는 역대 BBC 사장들 가운데 가장 오래 있거나 가장 업적이 많지는 않지만, 가장 화제와 논쟁을 많이 낳은 사람인 점은 분명한 듯하다. 이를 반영하듯 평가도 엇갈린다. 맥킨지 같은 시장주의적 컨설턴트는 당연히 버트에 매우 호의적이다(McKinsey & Company, 1999). 오말리(O'Malley, 1994)도 〈파이낸셜 타임스〉의 비당파적이고 분석적인 기사 쓰기 방식을 도입하고 편집 강령 등을 만든 버트가 외부(대처 정부)뿐만 아니라 내부도 결국 설득시켰다고 본다. 데이비스와 스케이스(Davis & Scase, 2000) 같은 조직 이론가들 역시 버트의 제도 개혁이 경영과 제작으로 이분되어 있었던 전통적인 BBC의 조직 체계를 경영으로 일원화시켰다고 한다. 민영화를 포함해 정부로부터의 압력을 사전에 막고, 면허 경신(1996)이나 수신료 안정 등을 무난하게 한 측면도 큰 공로일 것이다(Harris & Wegg-Prosser, 2007).

210 여기에서 꼭 언급할 필요가 있는 것은 보수당 측에서 나름대로 BBC를 도운 사람이다. 커런과 시튼(Curran & Seaton, 2010)은 이런 인물로 한때 대처의 정적이었으면서 대처 정부 시절 내무장관과 상원의장을 지냈던 윌리엄 화이트로William Whitelaw를 꼽는다. 화이트로는 1965년 노동당 집권 시절 BBC가 야당인 보수당을 지지해 준 사실 등을 상기시키면서 그것이야말로 독립적이고 비당파적인 언론이 필요한 이유라고 주장했다. 화이트로의 다음과 같은 생각은 당시 보수당의 정책과는 정반대였다. "나는 항상 탈규제를 선도하는 제안들을 수용해야 한다고 하면서 동시에 프로그램에서도 높은 규준을 성취해야 한다는 말 때문에 애를 먹어 왔는데, 이유는 그 둘이 기본적으로 조화를 이룰 수 있다는 것을 믿지 않았기 때문이다"(p.221).

가장 나쁘게 평가한 이는 주로 BBC의 내부 구성원의 의견을 많이 받아들여 버트의 개혁을 '시장관료제'나 '제도를 위한 제도'로 비판한 본(Born, 2003, 2004)이다. 그러나 이런 본에 대해 상대적으로 본이 다이크에 대해서는 다소 근거 없이 호의적으로 평가하고 버트는 부당하게 공격했다는 반비판(Schlesinger, 2010)도 있다. 버트뿐만 아니라 대처 이후의 BBC가 택한 신경영주의가 결국 외부 통제를 상당 부분 내부화시켰다고 보는 커런과 시튼(Curran & Seaton, 2010)[211] 역시 버트만을 정도 이상으로 비판하지는 않으므로 지금 시점에서 버트에 대한 결론적 평가를 내기는 어렵다.

다만 앞서 언급한 역대 사장의 공통점에 비추어 가장 반대편에 있을 것 같은 다이크와 얼마나 유사한가를 생각해 보면 버트에 대한 평가도 쉬워질 듯하다. 첫째, 버트나 다이크 모두 당대의 정치권력과 상당한 교호 관계 속에 있었다는 점이다. 버트의 보수당 커넥션이 두드러진 것 같지만 다이크가 강조한 '고품질' 역시 노동당 정부의 창조 산업 육성 정책과 무관하지 않았다. 물론 슐레진저(Schlesinger, 2010)의 주장대로 경영적 통제를 강조하고 감사를 통해 비효율을 막겠다는 버트와 새로운 가치의 창출과 제작진의 사기에 적극적이었던 다이크의 차이를 없다 할 수는 없다. 그러나 중요한 것은 둘 다 시장화의 전체적인 기조를 유지했다는 공통점이다. 버트가 다이크보다 더 공세적이었다고 간주할 수도 있으나 이는 보수당과 노동당이 신자유주의를 지지하는 정도의 차이라고 보는 게 적절할 것이다.

211 커런과 시튼의 책 《책임지지 않는 권력*Power without Responsibility*》은 잘 알려진 대로 1981년 초판이 나온 이래 2010년까지 7판이 거듭된 영국의 대표적인 미디어 역사서 중 하나다. 이 책의 관점은 비판적 정치경제학으로 방송의 시장화에 대해 상당히 비판적인 태도를 견지한다. 그러나 의외로 버트에 대해서는 긍정적인 평가도 많다. 이유는 버트가 BBC의 내적 논리를 해치지 않았고, 책의 저자들 역시 어느 정도는 버트와의 차이를 '방법적인 것'으로 수긍했기 때문이다.

둘째, 그럼에도 불구하고 BBC의 전체적인 내적 논리는 크게 훼손되지 않았다는 점에서 역시 다르지 않았다. 버트가 기존 BBC 심장부의 동의를 얻지 못하고 개혁의 피로를 쌓았다는 점은 부인하기 어렵다. 그러나 그렇다고 BBC의 전체 이념이나 능력을 손상시킨 것은 아니며, 버트 시절에도 BBC의 프로그램은 여전히 신뢰받고 여전히 인기가 있었다. '프로듀서의 선택 producer's choice' 제도가 단점만 있지도 않았고,[212] 독립제작사에 위탁된 25%가 공영 방송의 가치를 심각하게 해친 것도 아니었다. 효율화 정책 역시 BBC에 아주 무용하지 않았다(Curran & Seaton, 2010). 그런 면에서 본의 평가는 다소는 버트에 박하다.

버트가 기존 체제로 주변의 압력에 대응하기에는, '안락한 복점'이 남긴 유산 — 조직 비대화와 과다 비용, 관료제화, 비전문성, 도덕적 해이 등 — 이 적어도 담론 차원에서라도 걸림돌이 되었음은 비교적 분명한 듯하다. 대처 이후 공영 방송을 비롯한 공공 조직에 대해 정부가 주도한 비난성 여론몰이는 사실과는 관계없이 상당한 압력으로 작용했을 것으로 보이기 때문이다. 버트가 수많은 돈을 들여서까지 BBC를 각종 신경영 기법의 전시장으로 만들 수 있었던 것(MacDonald, 2004; Wegg-Prosser, 2001)도 이 비난이 나름의 합의를 얻었던 탓이다.

이전만 하더라도 공영 방송의 경영은 혁신과 변화를 도모해 새로운 시장

212 프로듀서가 방송사 내부뿐만 아니라 외부에서도 스태프를 '선택'할 수 있게 한 제도로 버트만큼이나 평가가 엇갈린다. 찬성의 입장에서는 경직된 조직인 BBC에 필요한 정책이었다는 것이고(Cave, 1996; Goodwin, 1998), 반대하는 입장에서는 지나친 경쟁과 통제가 결국 창의성을 억압하고 사기를 위축시켰다는 것이다(Born, 2003; Deakin & Pratten, 2001). 이 제도는 나중의 톰슨 사장 때 가서 없어지는데, 제도 자체가 실패했다기보다는 제도의 수명이 다했다고 보는 게 정확할 듯하다. 신자유주의와 효율화라는 시대적 분위기와 연관되어 BBC가 적응하는 나름의 양태는 잘 보여 주었다는 뜻이다.

을 개척하는 '경영'이라기보다는 기존을 보수하고 현상을 잘 유지하는 데 목적이 있는 '관리'에 가까웠다(MacDonald, 2004). 이 점에서 공영 방송의 경영자가 쌓은 이력이 경영인으로서가 아니라 언론인이나 정치인이었다는 점이 전혀 이상한 일이 아니었고,[213] 경쟁이 시작되면서 조직 내부의 비효율이 가장 큰 문제로 떠오른 것도 당연한 일이었다. 그런 면에서 버트가 제시한 여러 방안들은 효력 여부를 떠나 당시의 BBC로는 충분히 해 볼 수 있는 시도였다. 또 BBC의 콘텐츠를 모든 플랫폼에서 볼 수 있게 하겠다는 버트와 그의 팀이 했던 '반직관적counter-intuitive'이면서 비전 있는 선택은 테크놀로지 혁신의 시대에도 BBC가 여전히 시장의 선두 주자가 되는데 공헌했다(Curran & Seaton, 2010). 요컨대 버트 역시 충실한 시대의 산물이었다는 것이다.

3) 한국의 KBS 사장: 전형적 도구화

(1) 민주화 이전

이러한 논의의 무대를 한국으로 옮겨오면 한국 공영 방송의 독립성의 정도를 잘 파악할 수 있다. 우선 임명제였던 권위주의 체제 시절(1대부터 7대까지)에는 절차적 문제가 존재하지 않았다. 그럼에도 각 사장과 그의 시대는 나름의 특징을 가지고 있었고, 이는 KBS에 여러 형태로 유산을 남겼다.[214]

초대와 2대를 지닌 홍경모 사장은 가장 오랜 기간 재임했지만 당시가 1인 종신 집권의 유신 체제였으므로 의의가 반감된다. 1973년 공사화 당시 문공부차관이었던 홍 사장은 여권 내부에서 반대가 많았던 '민간화'에 대한 일

213 또 이제까지 공영 방송의 경영이나 조직에 대한 연구가 거의 없는 것 또한 잘 이해되는 일이다.

214 이 사실 관계는 새언론포럼(2008)의 연표에 의존했다.

종의 '인적 안전판' 노릇을 했던 것으로 보인다(조항제, 1994). 실무 선에서 이를 추진했던 최창봉 당시 국장은 사장감으로 '국무총리급의 덕망 있는 인물'을 구상했다고 한다(최창봉, 2010). 그러나 결론은 주무 부서 차관이 되었고, 이 인사로 인해 방송을 떠나겠다고 작정했던 많은 공무원들이 그대로 KBS에 남게 되었다. 공무원과 관료 조직의 때를 벗을 수 있는 기회를 놓친 것이다. 홍 사장은 1976년 재임의 기회를 얻고, 착공 5년여 만에 여의도방송센터도 문을 열면서 제작 조직의 일신(프로듀서 시스템; 정순일, 1977)을 꾀하는 등의 노력도 기울였으나 '유신의 목소리' 이상을 할 수 없었던 KBS에 이는 목적 없는 수단의 제창에 불과했다. 청와대 비서관 출신의 2대 최세경 사장은 다소는 공영 방송에 대한 이해가 있었으나 역시 지배 권력이 바뀌면서 짧은 재임에 그쳐 이렇다 할 업적을 남기지 못했다.

5공과 함께 등장한 이원홍 사장은 당시 실세 중 하나였다. 그는 주일공사 시절 보았던 일본 NHK의 '친체제성－비상업성'을 모델로 삼아[215] 언론 통폐합으로 TBC를 통합해 거대 조직이 된 KBS를 이끌었다. 그의 재임 시절 KBS는 전일적으로 도입된 공영 방송 체제의 중심으로서 이전보다 더 철저하게 이데올로기 작업에 몰두했다. 그의 공로는 그가 KBS 사장으로는 처음으로 주무 부서의 장관으로 영전했다는 데서도 쉽게 엿볼 수 있다. 'KBS시청료거부운동'이나 'KBS안보기운동'은 역설적으로 그가 얼마나 철저하게 KBS의 보도를 통제했는지를 알 수 있게 해 준다. 이원홍 사장 시절의 KBS는 정부와 '주인－하인principal－agent'의 완전한 후견주의 관계가 된 것으로

215 이중현(1988)에 따르면, 그는 뉴스 타이틀, 제작 기법, 기획 아이디어나 심지어는 방영 시각까지 일본의 NHK를 그대로 모방했다. 이원홍뿐만 아니라 TBC 출신이었지만 일본 특파원 시절 이원홍과 교분을 쌓았던 보도본부장 강용식, 역시 조선일보의 주일 특파원 출신이면서 5공의 언론 정책에 깊이 개입했던 허문도 등에게도 NHK는 본받아야 할 모델이었다. 당시 KBS의 구성원들 역시 NHK와 정기 교류나 연수 등에 참여해 NHK나 일본식 방송 용어에 익숙했다.

볼 수 있다.

박현태 사장은 앞의 이원홍의 뒤를 이은 신문 출신의 두 번째 사장인데 주무 부서의 차관에서 KBS 사장이 되었다. 그의 재임 기간은 1년 6개월밖에 안 되는데, 아마도 이유는 앞서 보았던 시청료거부운동에 미흡하게 대처했던 때문인 것으로 보인다. 그러나 이 운동의 직접적 원인이 KBS의 도구화와 편파 보도에 있었으므로 그의 퇴진은 희생양에 지나지 않았다. 박 사장의 뒤를 이은 정구호 사장은 역시 언론인–청와대 비서관 출신으로 임기 동안에 민주화(6·29선언)가 되었으므로 당시 여당 후보의 직선제 당선을 위한 '청부사장'이었다 해도 과언이 아니다. 그 역시 불과 1년 3개월 정도만 재임한다.

(2) 민주화 이후

민주화 이후부터 KBS 사장의 면모는 사뭇 달라진다. 특히 8대 서영훈 사장은 앞서도 언급한 대로 이전의 KBS 사장과는 완전히 다른 차원의 경력인 시민단체 출신이었다. 서영훈 사장이 임명되는 과정은 대통령의 추천이나 정부의 내정 없이 말 그대로 절차가 준수된 경우였다. 그러나 그 또한 1년 4개월의 재임에 머문다. 그가 사장이었던 1989년은 광주를 다룬 〈어머니의 노래〉(MBC)와 5공 시절의 정치적 비리들을 모은 3부작 〈5공 특집〉(KBS)이 큰 반향을 불러일으키면서 방송의 위력을 새삼 증명했고, MBC가 처음으로 파업을 단행해 국장추천제를 쟁취한 해였다. KBS에서도 노동조합을 중심으로 내부의 조직력이 급격히 성장했다. 그런 터에 감사원이 표적 감사를 실시해 자금의 '변태 지출'을 트집 잡았고, 이것이 계기가 되어 서영훈 사장의 퇴진이 결정되었다. 후임으로는 서울신문·청와대 출신인 서기원 사장이 임명되었다. 민주화 이전과 똑같은 성격의 구태적 퇴진과 임명이었다. 앞서의 비교 사회적 독립성 기준에 비추어 본다면 이 시기까지의 KBS의 독립성은 공영 방송의 기준에 현저히 미달하는 것이다.

KBS가 사상 초유로 제작 거부(사실상 파업)를 하면서 벌인 사장 퇴진 투쟁을 딛고 취임한 서기원 사장은 이듬해에 벌어진 MBC의 기록적인 50일 파업과 딴판으로 비교적 큰 갈등 없이 임기를 다했다. KBS의 투쟁은 빨리 달아오른 만큼 빨리 식었다. MBC의 파업 역시 이전보다 훨씬 오래 버텼음에도 원하는 만큼을 얻어 내지 못했다(문화방송노동조합, 1993). 전체적으로 민주화운동의 퇴조기였다. 그런 면에서 서기원 사장의 2년 11개월은 기간 자체는 제대로 된 임기에 가까운 것이지만, 임명 과정 자체에 작용한 정치성이 워낙 치명적이어서 이후 KBS의 독립성에 끼친 영향은 그렇게 크지 않았다고 할 수 있다.

문민 정부가 출범하면서 보여 준 다양한 변화의 하나로 KBS에도 첫 방송인(TBC) 출신인 홍두표 사장이 임명되었다. '문민'의 개혁 기치가 나름대로 큰 반향을 낳고 있던 때였지만, 임명 과정은 이전과 다른 게 전혀 없었다. 여전히 이사회는 거수기에 불과했다. 당시는 SBS가 등장하면서 세 방송 간에 치열한 시청률 경쟁이 점화되었을 때였다. 2TV를 가진 KBS 역시 이 대열에 동참하지 않을 수 없었으며, 이에 실망한 시민사회는 급기야 'TV끄기운동'까지 전개했다(김기태, 2004; 이은미, 1993). 그러나 이 과정에서 홍 사장은 수신료의 전기료 병산을 고안해 냈고, 1TV의 광고도 중단시켜 스스로 '르네상스'로 부를 정도로 KBS의 경영을 정상적인 궤도에 올려놓았다(한국방송공사, 1997). 그러나 정권이 바뀌면서 재임 기간을 연장시키지는 못했고, 특히 자리에서 물러나 관광공사 사장으로 가고 난 이듬해에 수뢰 사건에 연루되었다. 대체로 유럽의 공영 방송에서 훌륭한 사장은 오래 재임하면서 여러 제도들을 공영 방송에 맞게 성숙시키지만(Hanretty, 2009b), 한국에는 아직 이러한 사장이 없다.

박권상 사장은 첫 야당 집권에 어울리는 해직 언론인 출신이었다. 그의 재임 기간은 홍 사장과 같은 4년 11개월이다. 그 이유는 물론 5년 단임의 당시 정부와 재임을 같이 했기 때문이다. 이 점은 앞서 언급한 대로 가장 전형적인 정치화의 모습으로 VUL이 관행화된 것이다. 박권상 사장은 이전 사장과 전혀 다른 이력과 정치적 무게를 지녔고[216] 정부의 성격도 크게 달랐지만, 그렇다고 임명 과정까지 다른 것은 아니었다. 역시 절차는 지켜지지 않았던 것이다. 물론 이후 법이 '임면권'에서 '임명권'으로 바뀌면서 임기가 보장되는 수준의 변화가 있기는 했지만 나중의 정연주 사장의 불법 해임 사례에서 보는 바대로 실효는 크지 않았다. 박권상 사장은 이전 사장들과는 반대로 비교적 방송에 대해 자율적인 정부를 만난 이점이 있었다. 그러나 박 사장은 결코 정부가 원하는 것 이상으로 자율성을 발휘하거나 방송의 수준을 높이지는 못했다. 방송 내에 아무런 기반이 없었던 박 사장은 다른 사람과 마찬가지로 조직 내에 특유의 커넥션을 만들었으며 이들을 통해 결정력을 행사했다.

노무현 정부가 출범하면서 박권상 사장이 사의를 표하자 KBS 사장은 이제 마치 정부가 바뀌면 같이 바뀌어야 하는 일종의 '엽관제spoil system' 형태로 관행화되는 듯 했다. 그러나 이런 관행은 결코 있어서는 안 되는 것이다. 왜냐하면 엽관제야말로 정부(특정 정권)와 KBS(특정 사장) 사이의 커넥션을 사실상 공식화시켜 주는 것이나 다름없고, 진정한 공정성을 위해 반드시 필요한 사장과 정부 사이의 상호 교차, 즉 한 사장이 여러 정부를 거칠 수 있는 가능성을 완전히 없애버리는 것이기 때문이다. 특별히 임기가 없는 BBC나 임기가 있지만 재임再任의 부담이 별로 없는 독일 공영 방송의 사장은 정권과의 상호 교차를 당연시한다. 이렇게 교차되는 것이 불가피해지면 한 정권이 방송 인사를 통제할 필요성이 크게 줄어든다. 그러나 새 정부의 출범에 맞춰 사장이 그만두는 잘못된 관행은 나중에 이명박 정부 때 매우 폭력적인 형태로 강제된다.

216 당시 대통령과 독대를 했다는 박권상 사장은 아마도 최창봉이 처음 공사를 만들 때 구상했다는 '덕망 있는 총리급 인물'에 가장 가까운 사람이었을 것이다.

노무현 정부 초기 서동구 사장이 임명·퇴진하는 과정은 '참여 정부'라는 노 정부의 별칭에 반만 어울리는 것이었다. 먼저 임명까지는 이전까지의 비민주적 절차를 그대로 답습했다. 이사회는 전혀 결정권이 없었고, 정부 또한 이를 정상화시키려는 의지가 없었다. 추천된 서 후보의 이전 경력이 대통령의 특보였던 점이나 이것이 결정적인 하자가 된 점 또한 이전 정부와 거의 같았다. 오히려 서영훈 후보가 추천된 6공 초기보다 못했으면 못했지 낫지 않았다. 물론 반대에 부딪히자 서 사장이 곧 퇴진함으로써 KBS 사장이 가져야 하는 나름의 자격과 인선 과정의 절차성을 사회 전체에 환기시킨 점은 이전과 확실히 다른 점이었다.

다음의 정연주 사장의 경우도 대통령 이하 정치권력의 영향이 배제된 채 절차만으로 임명되었다고 보기는 어려울 것이다.[217] 그러나 정연주 사장은 적어도 노동조합과 시민단체가 참여해 만든 '사장추천위원회'에서 뽑힌 3인 중 1인이었다. 이 점은 매우 중요한 진전이다. 처음으로 추천과 이사회 결정의 절차가 완수되었기 때문이다. 그러나 정연주 사장이 2006년 연임을 할 당시에는 이런 추천위원회가 있기는 했지만 곧 유명무실화되었다.[218] 또 다시 제도화

217 노무현 정부가 KBS, MBC의 정연주(재임 포함), 최문순의 사장 인사와 관련해 이전의 서동구 때와 달리 법을 지켜 직접 개입하지 않았다는 진술은 많다. 절차를 지키니까 당이나 측근들의 구태적 개입이 저지될 수 있었다는 것이다. 아마도 이는 참여 정부가 이전이나 이후 정부와 가장 다른 점일 것이다. 그러나 그렇다고 해서 방송위원회부터 작동하는 눈에 보이지 않는 일종의 컨센서스가 이들 사장의 선출에 영향을 미쳤을 가능성까지 배제할 수는 없다. 이런 판단은 노무현 정부의 차별성을 폄하한다기보다는 그런 절차를 준수하는 조치 자체가 이미 현실에서 작동하는 진영 논리의 한계 내에 머물 수밖에 없다는 당시의 상황이 더 중요하다고 보는 것이다. 물론 진영 논리에서 노무현 정부는 반드시 피해자만은 아니며, 부분적으로는 이를 활용했다(한윤형, 2010).

218 아마도 이렇게 된 가장 큰 원인은 당시가 이미 '친정연주'와 '반정연주'로 대립 구도가 짜인 가운데 반정연주의 색깔을 노골화한 노조가 추천위원회를 주도했기 때문이었을 것이다. 양쪽의 갈등이 컸으므로 자율적 절차인 추천위는 제대로 역할 할 수 없었다. 당시 진보 측 위원조차

의 길을 놓친 것이다. 정연주 사장은 5년 4개월을 재임해 초대 홍경모 사장을 제외하면 가장 오래 했지만 매우 정치적(그리고 불법적)인 외압으로 물러나 임기가 주는 독립성 측면에서의 장점이 무색하게 되었다.

2007년의 대통령 선거에서 민주당은 패배했고 앞서 언급한 잘못된 관행에 따르면 정연주 사장 역시 그만두어야 했다. 아마도 그랬다면 정연주 역시 이전의 홍두표나 박권상처럼 4년 11개월을 근무하게 되었을 것이고, 대통령과 KBS 사장의 관행적 커넥션은 더욱 굳어졌을지도 모른다. 물론 불법 해임도 없었을 것이다. 그러나 정 사장은 이전 사장들과 달리 임기를 지키려 했고, 이를 참지 못했던 이명박 정부는 이사를 바꾸어 사장을 탄핵하는 방식으로 정 사장을 교체했다. 취임 후 6개월이 안되어서 사장을 교체하는 앞서 본 VUL의 전형이었다. 물론 이 해임 과정은 이후의 재판에서 모두 불법으로 판정되었다. 이 교체는 아마도 KBS 역사상, 적어도 민주화 이후에는 가장 크게 잘못된 정치적 조치로 기록될 것이다.[219] 당시 대통령의 국정기획수석이었던 박재완은 KBS 사장이 "대통령의 국정 철학을 적극적으로 구현할 사람"이 되어야 한다는 견해를 밝혔는데(정현상, 2008), 이야말로 잘못된 관행

사추위의 5배수 추천 규정에 불만을 느껴 사퇴하기도 했다(〈프레시안〉, 2006. 10. 25). 그러나 이유야 어찌되었건 이 사례는 다음의 사장들(이병순, 김인규 등)이 선임될 때에도 절차가 무시되는 선례로 남았다. 대체로 이명박 정부는 노무현 정부 때의 명분과 실리의 배리背離를 매우 악의적으로 활용했는데, 이 역시 그중 하나다. 이를 〈한겨레신문〉의 안수찬 기자(2010)는 "극우적 표절"이라고 한 바 있다.

219 정연주 사장의 해임은 국정원의 국내 담당 차장(이때는 김회선)이 주도하는 불법적 회의체로부터 비롯된 것으로 보인다. 〈한겨레신문〉(2008. 10. 23)에 따르면, 2008년 정 사장의 해임을 앞두고 8월 11일과 17일 등 두 차례 회의가 열렸다. 참석자는 대부분 정부의 여론 관리 정책과 관련된 인물들이었다. 이런 회의는 일상적으로 열리지는 않는 듯하다. 그러나 구체제 이래 KBS 사장의 거취나 인선과 관련되어서는 반드시 있었고, 공작 정치의 중심인 국정원이 소집했다. 진보 정부 시절에는 이런 회의의 개최 여부가 적어도 언론 검색으로는 확인되지 않는다. 만약 정말 이때는 없었다면, 이명박 정부는 권위주의의 잔재를 또 하나 부활시킨 것이다.

을 정상으로 믿었던 참으로 큰 오해이자 무지였다. 정연주 사장의 불법 해임은 한국의 공영 방송 역사상 매우 중요한 실험을 할 수 있는 기회를 놓친 것이다. 만약 정 사장이 임기를 잘 지켰다면 이전 대통령이 임명한 사장과 반대 정당의 대통령이 공존하는 초유의 사태가 만들어질 수 있었고,[220] 이런 엇갈림은 공영 방송이 해당 정부(임명권자)의 이해를 벗어나는 데 필수적 계기가 되기 때문이다. 임기 보장은 그래서 중요하다.

공영 방송에 독립성·자율성을 보장하는 가장 큰 명분은 보다 자유롭고 책임 있게 정치를 비롯해 권력 체제 전반을 객관적인 눈으로 감시해 달라는 데 있지만, 사실 현실에 존재하는 공영 방송(들)이 이를 잘 수행했다는 보고는 그렇게 많지 않다. 대부분 이런 나라들이 민주주의의 선진국이므로 감시의 권한이 공영 방송에만 있지 않은 점도 있지만, 무엇보다도 큰 이유는 공영 방송 역시 공식적 제도이자 기관이므로 체제 자체를 근본적으로 성찰하기 어렵다는 점 때문이다.[221] 사실 BBC 사장이 정해진 임기가 없음에도 불구하고 정부와 관계없이 긴 기간을 재임할 수 있었던 배경에는 좌파냐 우파냐를 떠나 이런 BBC의 친체제적 성격이 있다는 점도 부인할 수 없는 사실이다. 2004년 BBC에서 길리건-허튼 스캔들이 터져 경영위원장과 사장이 모두 물러나는 사태가 벌어진 와중에서도 사실 전체적으로 볼 때 BBC 보도는

220 정연주 사장이 이명박 정부 취임 후 약 5개월 정도는 재임했지만 이미 당시는 해임의 압박이 노골화된 이후였다.

221 그런 이유로 1970년대만 하더라도 좌파는 BBC야말로 한시성이 있는 개별 정부의 수준을 넘어 장기적으로 체제를 지키는 '이데올로기적 국가 기구'이고, 수신료처럼 정치적 결정에 민감한 재원의 성격 때문에라도 정부(집권당)와 대척적인 자리에 서 있다는 것 자체가 불가능하다고 생각했다(Murdock, 1982; Sparks, 1986). 1980년대 들어 이런 인식은 바뀌었는데, 그 배경에는 신자유주의와 탈규제가 새로운 경향으로 등장하면서 BBC와 정부(대처) 사이가 불편한 관계가 되는 전반적인 상황 변화가 있었다.

근소하게 친정부 측(주전론)에 가까웠다(이준웅, 2008a). 좌파로 오해 받기도 하는 BBC를 위시해 대부분의 공영 방송의 진실은 사안에 따라 이렇게 '친'과 '반'을 왔다 갔다 하는데 있을 것이다. 그러나 요는 그것이 친체제적이든 중도 좌파적이든, 또는 BBC적이든 KBS적이든, 특정 정부와는 관계없이 또는 여러 정부의 다른 정책과 엇갈리면서 방송이 자신의 입장을 스스로 결정해야 하는 것인데, 정연주 사장의 불법 해임은 이를 시도해 볼 수 있는 계기 자체를 박탈해 버린 것이다.

후임인 이병순 사장은 첫 KBS 출신이라는 나름의 큰 의의가 있었지만 정연주 사장의 잔여 임기인 1년 3개월밖에 재임하지 못하고 다음의 김인규 사장에게 대를 물려주었다.[222] 정연주 사장의 불법 해임이 제소되어 재판이 진행되는 가운데 취임한 이 사장은 정 사장이 만들어 놓은 (자신이 생각하기에) 잘못된 기반을 '교정'하기 위해 게이트키핑의 권한을 대폭 강조하고 상의하달의 의사 결정 구조를 복원해 KBS 조직을 이전으로 되돌려 놓았다.

역시 이명박 대통령의 후보 시절 특별보좌관을 지내 전형적인 회전문 인사의 하나였던 다음 대의 김인규 사장은 지난 서동구 사장의 예도 있고 해서 오랜 퇴진 투쟁에 시달렸지만, 과거로 퇴행하는 여러 조치들과 보복 인사를 자행하면서 결코 물러나지 않고 3년을 재임해 사장의 최소한 자격과 관련한 또 하나의 잘못된 선례를 남겼다. 이 이명박 정부 때의 사장들은 재임 중 숱한 오더들을 내려 프로그램의 일상에 개입했다.

길환영 사장은 KBS의 프로듀서 출신으로 대선을 한 달 앞두고 비등했

222 당시 이명박 대통령은 김인규 사장에게 마음이 가 있었지만, 정연주 사장을 꾸준하게 거부해 자신에 도움을 준 보수 노조가 특보 출신 사장을 거부했기에 이병순 사장을 정연주 사장의 잔여 임기만을 채워 주는 일종의 '땜빵 사장'으로 임명했을 가능성이 높다. 이는 물론 단순한 추측에 불과하지만, 특보의 성격을 지녔기에 큰 하자를 지니고 있었던 김인규 사장을 결국 임명한 것으로 미루어 볼 때, 그렇게 가능성이 낮은 것은 아니다.

표 31. 역대 KBS 사장

시기	임기	성명	기간	이전 경력 및 특기 사항	해임 과정
유신 체제	초대, 2대	홍경모	1973. 2~1979. 2 (6년)	문화공보부차관	정상 임기
	3대	최세경	1979. 2~1980. 7 (1년 5개월)	청와대 비서관	정권 변화
5공 체제	4, 5대	이원홍	1980. 7~1985. 2 (4년 7개월)	청와대 비서관	문공부장관
	6대	박현태	1985. 2~1986. 8 (1년 6개월)	문화공보부차관	시청료거부 운동
	7대	정구호	1986. 8~1988.11 (1년 3개월)	청와대 비서관	잔여 임기
민주화 이후	8대	서영훈	1988. 11~1990. 3 (1년 4개월)	홍사단 이사장 (시민단체 출신)	외압(감사) 중도 퇴진
	9대	서기원	1990. 4~1993. 3 (2년 11개월)	서울신문 사장 청와대 비서관	정상 임기
	10, 11대	홍두표	1993. 3~1998. 4 (4년 11개월)	TBC 사장 (최초의 방송 출신)	정상 임기 (정권 변화)
	12, 13대	박권상	1998. 4~2003. 3 (4년 11개월)	동아일보 편집국장 (해직 언론인)	정상 임기 (정권 변화)
	14대	서동구	2003. 3~2003. 4 (1개월)	한국언론재단 부이사장 (해직 언론인)	자진 사퇴
	15, 16,[223] 17대	정연주	2003. 4~2008. 8 (5년 4개월)	한겨레신문 논설위원 (해직 언론인)	불법 해임
	18대	이병순	2008. 8~2009. 11 (1년 3개월)	KBS 뉴미디어본부장 (최초의 KBS 출신)	잔여 임기
	19대	김인규	2009. 11~2012. 11 (3년)	KBS 특임본부장 (대통령 특보 출신)	정상 임기 (퇴진 투쟁)
	20대	길환영	2012. 11~2014. 7 (1년 9개월)	KBS 제작본부장	중도 퇴진
	21대	조대현	2014. 7~	KBS 부사장	현재

던 시민단체들의 $\frac{2}{3}$ 특별 정족수 요구에도 불구하고 여당 측 이사들의 추천 강행에 의해 임명되었다. 선거의 불확실성 때문에 만일 같은 당이 계속 집권하지 않으면(설사 같은 당이더라도) 사장직을 계속 수행할 수 있을지가 과거의 여러 전례들에 비추어 의심스러운 때였다. 그는 1년 8개월을 근무했지만 편파성 문제로 스스로 어려움을 자초했고 결국 세월호 참사 이후, 보도 라인의 내부 고발과 중간 간부진이 대거 포함된 내부의 총궐기에 의해 직을 유지하지 못했다. 아마도 길 사장은 KBS의 역대 사장들 가운데 가장 불명예스럽게 퇴진한 경우가 될 것이다.

정연주 사장의 파행적 교체 이후의 사장들은 전형적으로 정부와의 관계에서 비판은커녕 '애완견' 노릇에서 벗어나지 못했다. 이전 정부의 박권상-서동구-정연주 등의 해직 기자 라인이 끝난 후 이병순-김인규-길환영의 KBS 라인이 시작되었지만, 해직 경력은 나름대로 비판성이나 독립성 같은 발현을 보였던 데 비해 KBS 경력은 전문성이나 높은 직무 이해, 조직 장악력 같은 기대 성과를 거의 보이지 못하고 오히려 외압 같은 원론적 문제에 시달림으로써 전문성이 가진 허약한 위상을 다시 한 번 보여 주었다.

역대 KBS 사장의 특성과 재임 기간을 종합해 보면 당대 정치권력과 매우 긴밀한 관계에 있었고, 권력의 영향을 걸러 내기 위한 절차는 거의 효력을 발휘하지 못했음을 알 수 있다. 이런 사장들이 KBS의 독립성을 위해 얼마나 큰 노력을 했을지는 보지 않고도 충분히 짐작할 수 있다. 사실 KBS와 관련해 가장 많이 제기되는 공세, (나중의 수신료 부분에서 다시 나오지만) 정치적 공정성이나 편파성의 문제는 그 자체로는 해답을 찾기 어려운 난제 중 난제다.[224] 앞

223 당시 이사회가 바뀌면서 사장을 재신임해 1대가 지나갔다.

224 나중에 나시 나오시만, 문제의 어려움에 기인하는 불가지론을 오히려 정치적으로 이용하는 경우 또한 많다. '편파적'이라고 문제를 제기하면 '입장에 따라 다르다' 또는 '기준이 없다'고

서 다른 나라의 사례에서 보듯이 권력에 대해 객관적이고 비판적일 수 있기 위한 일종의 '기능적 자세functional postures'[225] 같은 것이 필요하지만 이 역시 해답으로 삼기에는 불충분하다.

그러나 사장 임명의 절차 같은 문제는 그렇지 않다. 법적으로 잘 정해 놓기만 하면 경쟁 인자(여야) 모두에게 편법이 작용할 여지가 없는 '원칙'이 될 수 있고, 이를 통해 다른 변화까지 유도할 수도 있는 것이다. 무엇보다도 임명의 정치성을 둘러싼 소모적인 파쟁을 벗어날 수 있는 큰 장점이 있다. 그러나 한국을 포함해 아직도 많은 나라들이 단기적 이익에 대한 유혹을 버리지 못하는 정치권력 때문에 절차는 제도화되지 못하고, 도구화의 탯줄은 여전히 강고한 힘을 발휘하고 있다.

한국 공영 방송의 가장 뿌리 깊은 문제인, 사람과 관련된 도구화는 결코 방송 스스로는 풀 수 없다. 정치가 관건이라는 말인데, 이유는 공영 방송을 정치의 개입이나 간섭으로부터 보호하는 노력 자체가 매우 정치적인 것이기 때문이다. 앞서 독립의 정의에 대해서도 언급했지만, 방송에 대한 정치적 압력 자체는 결코 없어지지 않는다. 아무리 압력을 가해도 반대급부가 없거나

악의적으로 응수하는 것이다. 그렇기 때문에 여/야 또는 진보/보수 사이에 신사협정이 필요하지만 주지하는 바대로 국회가 중심이 된 최근의 '공정성 특위'는 아무런 성과를 내지 못하고 해체되었다. 이는 '무능'의 수준을 넘어 거의 '직무 유기'에 가까운 것이다.

225 미국의 미디어학자 리스(Reese, 1991)는 "왜 미국의 기자들이 대부분 리버럴하냐"(여기서의 리버럴은 '자유주의적'이라기보다는 '진보적' 또는 '비판적'이라는 의미에 가깝다)는 질문에 기자 개인들이 가진 생각은 원래 따로 있지만, 주로 보수적인 미국의 현실 권력에 대해 직업적·객관적인 입장을 취하다 보니 자연히 갖게 된 일종의 '기능적 자세'라고 답한 적이 있는데, 이는 공영 방송에도 잘 어울리는 지적이다. 그러니까 당대의 권력에 반대적인 입장, 체제 논리에 대안적인 입장, 다수보다는 자칫 무시당하기 쉬운 소수의 입장 등에 좀 더 신경을 쓰게 되면 자연히 리버럴하게 되는 것이다. BBC 역시 그랬기 때문에 좌파적이라는 오해도 받았지만(Aitken, 2007), 그렇다고 BBC가 반체제적이거나 반정부적이라는 인식이 많은 것은 결코 아니다.

오히려 역효과를 일으킨다면 이런 압력이 없어질 수 있겠지만, 사실 현실의 공영 방송이 그렇게 되기는 불가능하다. 문제는 이념을 유지하면서 이런 압력을 잘 소화할 수 있는 고도의 정치력('정치를 잘해 자율성을 지키는 사장')을 어떻게 확보하느냐이고, 이런 정치력이 발휘될 수 있는 제도적 보호막 — 예컨대 사장 인선 절차의 보장, 임기의 보장, 안정된 재원의 보장, 사장의 향배와 관계없는 제작의 자율성 보장 등 — 을 여하히 만드느냐인 것이다.

4. 경험적 수준 2: 공영 방송과 공정성/불편부당성

1) 공정성의 중요성과 맥락

국가로부터의 자율성을 핵심 원리로 하는 공영 방송에서 공정성의 추구는 매우 필수적이다. 그러나 의외로 공영 방송의 역사가 백년에 가까워 오는 지금 시점에서도 공정성의 문제를 후련하게 해결한 방송이나 나라는 없다고 해도 과언이 아니다. 심지어는 개념의 정의조차 합의된 것이 없다. 공정성fairness, 불편부당성impartiality, 비편파성unbiased, 중립성neutrality, 객관성objectivity, 균형성balance 등 유사 개념이 많지만 엄밀한 정의하에 실행적 규범까지 정립한 곳은 찾아보기 어렵다. 그나마 갈등의 경험이 많은 BBC가 '적절한 불편부당성' 같은 나름의 규범을 기초로 '제작 가이드라인'(Editorial Guidelines; BBC, 2010)을 확립해 놓고 있는 정도이지만 이 역시 충분한 수준은 아니다.

1996년 BBC의 칙허장이 재부여될 때 협정서 속에 포함되어 처음으로 법적 구속력을 갖게 된 이 가이드라인의 특징은 '적절한due'이라는 수식어에 있다. 이 '적절한'은, 불편부당성이 콘텐츠의 주제와 속성, 예상되는 시청자의 기대 그리고 그 기대에 영향을 미칠 수 있는 방향 제시signposting를 고려해 프로그램에 적합하고 적정한 것이어야 한다는 것을 의미한다. 이의 핵심은 대립하는 관점 간의 단순한 '균형' 문제를 넘어 모든 사안에 대한 절대적인 중립성 또는 민주주의의 기본 원리에 동떨어진 것detachment을 요구하지 않는 데 있다(BBC, 2010). 불편부당성은 단순한 중립성이 아니며 민주주의의 기본 원칙을 위반하는 것에는 적용되지 않고 각 사안의 성격마다 다양할 수 있다(BBC, 2010, 4.1 Introduction). 심지어는 논쟁적 이슈라는 점을 충분히 밝히기만 하면 이슈의 특정한 측면만을 보도하거나 하나의 견해가 표명되는 것도 허용한다(Controversial Subjects, 4.4.8).

BBC는 사회의 변화에 맞춰 이러한 가이드라인을 재검토하고 수정하기 위한 다양한 시도를 하는데, 최근의 것 중에서 주목할 만한 것은 바넷(Barnett, 2012)에 의해 '급진적 불편부당성radical impartiality'이라는 새로운 개념을 제시했다고 평가받은 〈시소게임에서 왜건 바퀴의 휠로: 21세기에 불편부당성을 지키기〉 보고서다(BBC Trust, 2007). 이 보고서를 통해 BBC는 20세기가 두 개의 축만 있는 시소게임이었다면, 21세기는 여러 개의 휠이 부채 살처럼 달려 있는 왜건의 바퀴처럼 가치가 다원화된 시기라는 인식 아래 탈레반이나 영국의 민족적 극우 정당까지 미리 배제하지 않는 원칙을 천명했다. 그간 BBC가 지나치게 대도시(런던)적이면서 정치 엘리트와 가까워 영국 사회의 다양성을 반영하는 데 미흡했다는 평판이 있었다는 점(Curran & Seaton, 2010)을 감안해 볼 때, 이런 시도는 때늦은 감도 있다.

그러나 이렇게 가치가 다원화되면서 공영 방송 특유의 자기모순도 커질 수 있는 가능성 또한 높아졌다. 이를테면 앞서 나온 민주주의의 기본 원칙과 불편부당성은 모두 공영 방송이 추구하는 가치이지만, 그 사이에는 원칙이 지니는 '제한'과 불편부당성이 '포괄하는 범위'가 갈등을 일으킬 수 있는 가능성이 내재한다. BBC가 대표하는 영국식 민주주의는 특히 이슬람과 관련된 보도를 할 때 불편부당성과 양립이 어려운 경우가 발생한다. 만약 불편부당성을 엄격하게 적용해 이슬람의 가치를 보도한다면 민주주의가 훼손될 수 있기 때문이다. 물론 그 반대, 즉 민주주의의 강화가 불편부당성의 범위를 아주 협소하게 만들 가능성 역시 마찬가지다. 탈레반이나 영국 극우 정당의 배제가 이 예가 된다. 여기에 양자의 간극을 메울 수 있는 '충실한 보도,' 곧 사건의 맥락이나 배경을 설명해야 하는 필요성이 '단순해야 잘 본다'는 시장의 논리 때문에 가능하지 않다면 더욱 상황은 어려워진다(Flood et al., 2011).[226] 대체로 "불편부당성의 반대말은 편향적 또는 부분적인 보도로, 말하자면 관련된 사건이나 이슈를 충분히 다루지 못한 보도"(BBC; Ciaglia, 2013b, p.420에서 재인용)이기 때문이다.

그런 점에서 '적절한'이나 '급진적' 같은 불편부당성의 수식어가 지니는 의미는 심대하다 할 수 있다. 이 수식어는 자칫 개념의 경직된·일면적 적용이 불러 올 수 있는 해악을 사전에 조정하려는 의도를 가지기 때문이다. 다시 말해 공영 방송의 불편부당성은 '경륜'과 '전문 지식'을 가진 기자·제작자들이 '공유하는 전제'에 대한 '격렬한 내적 토론'을 거쳐야 얻어질 수 있는 어려운 것이다. 그 과정에서 '과단성 있는 용기'가 필요하지만 '결코 모든 사람을 만족시킬 수 없으므로 방어적이어서는 안 되며,' '심각한 위반이 생기면 즉시 이를 정정할 준비가 되어 있어야 한다.' 물론 '증거'나 '출처,' '폭넓은 관점' 등의 지켜야 할 형식적 단서는 중요하다. 그러나 이 결과가 '진부함insipid'이나 '중간적 입장,' '평범함,' '무딤'으로 나타나서는 안 된다(BBC Trust, 2007).

226 플럿 등(Flood et al., 2011)은 대표적인 BBC의 보도 프로그램인 〈10시 뉴스*Ten O'Clock News*〉에서 이슬람 관련 뉴스의 불편부당성을 양·질적으로 분석했는데, 결과는 이슬람에 상당히 편파적이었다. 이로써 '이슬람'은 BBC의 불편부당성이 적용되지 않는 영역으로 밝혀졌다. 물론 이는 21세기의 다문화주의를 스스로 거스르는 매우 협소하고 국수적인 태도다.

크게 볼 때, 이런 자세는 한편으로는 불편부당성을 얻기 위한 절차처럼 보이지만, 다른 한편으로는 이에 국한되지 않고 방송 전반을 가르치는 것처럼 포괄적이어서 어느 특정한 하나의 문제에 대한 해답이라고 말하기 어렵다. 물론 불편부당성 자체가 그런 메타개념이기도 한 때문도 있다.

공정성은 자주 논란은 되지만 매양 심각한 문제로 비화되지는 않는다.[227] 현저하게 이념을 해쳐 시청자의 공분을 사거나 반대로 정부나 집권당의 민감한 이해를 건드릴 때 그렇게 된다. 물론 그때그때의 정치적·문화적 여건에 따라서다. 그럴 때 공정성의 함의는 균형성이나 불편부당성과 크게 다르지 않다. 같은 대중 미디어이지만 설립이 비교적 자유로운 신문에서는 이런 문제가 잘 제기되지 않는다(Hopmann, Van Aelst, & Legnante, 2011). 물론 신문 역시 독(과)점의 조건이 되면 경우가 다르다. 1940년대 후반에 미국의 허친스위원회가 신문에 책임성을 요구한 것도 바로 신문 시장에서 이른바 '1주1지'로 불리는 지역 독점이 고착되기 시작했기 때문이다.[228] 핼린과 만치니(Hallin & Mancini, 2004)가 다양한 미디어 체제를 연구하면서 '대중적 신문 시장의 발달

227 예컨대 최근 물의를 빚었던 BBC의 이슬람 관련 사건과 보도들을 예로 들 수 있다. 2009년 재난비상위원회가 가자 지구의 유엔 리포트를 BBC에 방송해 줄 것을 요청했으나 BBC가 거부한 사건(BBC와 Sky를 제외한 다른 방송들은 모두 보도했다; Engelbert & McCurdy, 2011)이나 앞서 언급한 플럿 등(Flood et al., 2011)의 연구, 유명한 글래스고미디어 그룹의 BBC 1과 ITV의 이스라엘-팔레스타인 관계 보도 내용 분석(Philo & Berry, 2004) 등은 BBC가 상당한 편향성을 보였다고 주장했다. 그러나 길리건-허튼 사건 때처럼 심각한 문제로까지 비화되지는 않았다.

228 물론 실상이 이렇게 간단하지만은 않다. 넓게 보아 공정성을 포함하는 전문직주의는 정치와 경제의 복합적 산물이기 때문이다. 시장 모델이 지배하는 미국에서도 20세기 초반의 진보주의 정치Progressivism의 득세가 공정성의 정착에 큰 역할을 했다(Waisbord, 2013). 이념의 양상도 나라마다 다르다. 미국과 영국은 자유주의 체제라는 면에서 비교적 유사하지만 영국 신문은 독립성이나 불간섭, 진실 추구와 달리 미국의 객관주의를 규범으로 삼지는 않았다(Hampton, 2008).

유무'(와 비당파적 보도의 관계)라는 경험적 기준을 발견하게 된 동기도 따져 보면, 이 독점과 밀접한 연관이 있다. 방송의 경우에도 이렇게 공정성이 요구된 1차적 원인은 자원의 희소성 탓에 아무나 자유롭게 방송을 할 수 없다는 구조적 한계,[229] 곧 방송을 말 그대로 '이념의 자유로운 시장'으로 만들 수 없었기 때문이다. 그러나 이러한 희소성이 거의 사라진 지금에 이르러서도 공정성-불편부당성은 일정한 특혜(수신료)를 받는 공영 방송에서는 여전히 필요하고, 여전히 논쟁적인 개념이다(Barnett, 2012). 민주 사회에서도 정치권력이 다수제적이어서 일정한 전횡의 가능성이 있는 곳, 또는 앞서 본 합리적·법적 권위의 문화적 토양이 약해 정부가 배후의 특정 세력에 '포획'되어 있는 후견주의 사회에서는 더욱 그러하다(Hallin & Mancini eds., 2012).

1970년대 이래 이전의 사회적 합의였던 자유주의 코포라티즘이 약화되면서 영국 사회에서도 BBC와 정부의 관계는 점차 악화되어갔다(Curran, 2002). 특히 1980년대에 신자유주의를 주창한 대처 정부와의 갈등은 BBC가 일찍이 만나보지 못했던 초유의 것이었다. 앞서 언급한 대로 대처 정부는 인적 측면, 내용적 측면, 재원적 측면 모두에서 BBC를 압박했다. 이런 공격에 BBC는 일시적으로 위축되었지만, 결코 물러서지는 않은 가장 크고 가장 강한 '장애물'이었다(Curran & Seaton, 2010). 그러나 개혁주의 성향에서 그래도 친화성이 있었던 (신)노동당 정부와의 갈등은 또 달랐다. 2003년 이라크 전쟁을 배경으로 발생한 길리건-허튼 사건은 정부와 공영 방송 사이에 공정성

229 '아무나 자유롭게'가 여러 방송들, 곧 A방송과 B방송 사이의 '외적 다원주의'라면, '공정성'은 한 방송인 A 내에서 추구되는 a, b의 공존으로서의 '내적 다원주의'의 하나다. 외적 다원주의의 관건은 B가 얼마만큼 -A가 될 수 있느냐에 있다. 자칫 B 역시 또 다른 A일 수 있기 때문이다. 후자가 될 때, 외적 다원주의는 차이를 구현하지 못하고 오히려 하나의 주장을 큰 목소리로 공명시키는 확성기에 불과해진다. 이에 비해 한 방송 내에서 추구되는 다원주의는 a와 b의 차이를 의식적으로 낼 수 있다. 이 점이야말로 외적 다원주의 속에서도 내적 다원주의가 필요한 이유다.

문제가 어떤 이유로 어떻게 제기되고 해결되는지, 문제의 본질은 무엇인지에 대해 알아볼 수 있는 좋은 참고가 된다.

2) BBC와 '길리건-허튼 사건'

지난 2003년 BBC와 블레어 정부 사이에서 벌어진 이른바 '길리건-허튼' 사건은 당시 BBC의 경영위원회 위원장과 사장이 동반 퇴진하는 것으로 결론이 났지만 대표적 공영 방송과 대표적 민주 정체의 대립이라는 점에서 심각하게 검토해 봐야 하는 여러 '탐구 재료'를 남겼다. 이에 대해서는 이미 많은 연구들(Barnett, 2005a; Rogers ed., 2004; Wring, 2005; 이준웅, 2008a, 2008b)이 나와 있지만, 이 자리에서는 주로 공영 방송이 정부와의 관계에서 '어떻게 공정성을 확보할 것인가'에 대한 체제 문제에 집중해 이 문제를 재검토해 보고자 한다.

우선 사건의 개요는 이렇다. 이라크 전쟁이 끝난 2003년에 BBC의 앤드류 길리건Andrew Gilligan 기자가 한 프로그램에서 이라크의 대량 살상 무기에 대한 정부 문건이 문제가 있다는 요지의 보도를 했다. 이에 대해 정부는 BBC의 보도가 '근거가 없다'고 항변했고, 논쟁이 벌어지는 가운데 제보자인 데이비드 켈리David Kelly 박사가 자살해 버림으로써 사건이 더욱 커졌다. 정부는 허튼위원회에 조사를 지시했고 허튼위원회가 정부의 손을 들어줌으로써 BBC의 경영진은 퇴진당해야 했다. 외견상으로는 BBC가 근거 없는 보도를 하는 실수를 범했고 잘못이 드러나자 책임을 진 것이다.

그간 수에즈 운하, 북아일랜드 문제, 포클랜드 전쟁 등의 위기 때마다 여러 차례 국익과 갈등하면서 나름의 성가를 쌓아 왔던 BBC로 볼 때, 이 사건의 결론은 매우 유감스러운 것이 아닐 수 없다. 그러나 논쟁과 결말을 지켜본 관찰자들은 오히려 이 사건이 BBC의 독립성과 공정성을 유지하는 데 좋은 계기가 되었다고 말한다. 또 형식에 치우친 허튼위원회의 결론보다는 대량 살상 무기가 없었다는 BBC의 실체적 진실이 더 많은 지지를 얻었다는 점도 기억된다. 결국 이 점들은 공영 방송이 공정성이 문제가 되었을 때 어떻게 대체해 나가야 하는지에 대해 하나의 모범을 제공해 준다.

먼저 '공영 방송 BBC'의 보도가 왜 '활기찬 저널리즘 문화'에 기여할 수 있는지의 이유에 대해 알 필요가 있다(Barnett, 2005a). 그래야만 BBC가 받는 국민적 신뢰나 이에 적용되는 높은 기준을 이해할 수 있기 때문이다. 첫째, BBC는 사기업이면 따라야 하는 글로벌화나 이윤 추구의 압력에 순응할 필요가 없다. BBC에는 경비를 절감하기를 원하고 투자 대비로 고비용 프로그램을 경계하는 '주주'가 없다. BBC는 오로지 고품질, 정확하고 비당파적인 저널리즘을 추구할 뿐이다. 둘째, BBC는 안정되고 예측 가능한 재원이 있으므로 공영 방송의 프로그램에 필요한 장기적 투자를 할 수 있다. 셋째, BBC는 규모의 경제하에 다양한 미디어를 두루 이용할 수 있으며 수많은 내외의 기자와 통신원을 활용할 수 있는 물량이 있다. 넷째, BBC의 뉴스는 상업성에 매몰되어 사소하거나 선정주의적이지 않다. BBC는 공적 서비스에 조직 운영의 에토스를 두고 장기적 투자를 통해 고품질을 추구하므로 다른 상업 방송과 다를 수밖에 없다.

이런 BBC가 허튼위원회의 결론 — 'BBC의 보도에 근거가 없다' — 을 접하면서 느꼈을 당혹감은 쉽게 짐작하기 어려울 정도로 컸을 것이다. 그러나 바넷(Barnett, 2005a)이 내리는 다음의 최종 결론은 허튼의 것과 사뭇 다르고 모든 공방이 끝난 다음에 밝혀진 사실을 근거로 한 것이라 확인할 만한 가치가 크다. 첫째, 우선 길리건 기자를 비롯한 BBC의 언론인들이 엄청나게 공적 중요성을 갖는 기삿거리를 발견한 것은 틀림없다. 주지하는 바대로 대량 살상 무기는 이라크 전쟁의 명분이었으며 이 존재 여부는 블레어 정부뿐만 아니라 서방 전체의 대 중동 정책의 근간을 흔들 수 있는 것이다. 요컨대 이 정보는 무슨 수를 쓰든 사실로만 확인된다면 보도해야 하는 것이다.

둘째, 자살한 켈리 박사가 믿을 만한 정보원이었다는 점 또한 분명하다. 이는 길리건 기자 외에 BBC의 다른 기자들도 여러 차례 확인한 것이다. 물론 기자들이 교차해서 정보원을 서로 확인하지 않은 것은 가이드라인을 해친 큰 잘못으로 이 비극을 낳은 원인 중 하나가 되지만, 켈리가 정부 문건의 작성에 깊이 개입한 책임 있는 전문가임에는 틀림없다. 허튼의 결론과는 달리 실체적 차원에서 BBC의 보도는 '믿을 만한 근거가 있었다'는 것이다.

셋째, 정부 담당자와의 토론 이후에 이 문건이 수정된 것 또한 맞다. 수정의 정도가 길리건 기자가 말한 '윤색되었다sexed up'는 표현에 어울릴 수 있는 것인지는 의문의 여지가 있다 해도 처음의 문건이 외부의 손길에 의해 바뀐 점은 분명하다. 이런 세 가지만 놓고 보아도 '정부의 승리, BBC의 패배'라는 단순 외형과는 다른 게 많다. 그러니까 이 사건은 다음과 같이 요약되는 게 적절하다. 기자가 믿을 만한 정보원으로부터 엄청난 기삿거리를 얻었지만 이 근거를 증빙하는 자료는 허술했으며 첫 보도 또한 틀리지는 않았지만 다소의 논란을 부를 수 있는 표현을 썼고 정부의 반박을 해결하는 과정에서 BBC의 대응(특히, 경영위원회)이 신중하지 못했다.

3) 정부 · 공영 방송의 갈등과 공정성

정부와 방송의 고전적 관계에 놓고 보도의 공정성 문제를 보면 길리건-허튼 사건이 주는 의미는 좀 더 심대할 수 있다. 먼저 영국 정부가 이 사건에 보여 준 태도를 '정상적인 것'으로 볼 수 있을 것인가부터 살펴봐야 한다. 당시 블레어 정부는 반대 여론이 상당했던 이라크 전쟁을 막 치르고 나서 여론의 추이를 민감하게 지켜보고 있었고 BBC로부터 치명적인 비판이 제기되자 작정한 양 강경하게 대응했다. 상대가 BBC임에도 불구하고 블레어 정부는 작은 허점을 파고들어 예의 결과를 만들어 냈다. 이런 대응은 전문적인 스핀닥터들spindoctors을 고용해 체계적으로 미디어와 여론을 관리하는 'PR 국가'(Wring, 2005)에서만 가능한 일이다. 블레어의 노동당 정부는 대처 정부와 라이벌 관계에 있었지만 신자유주의의 정책 기조뿐만 아니라 PR 국가적 성격도 같이 이어받았다. 영국의 전통적 자유주의 체제의 일부임에 틀림없는 BBC가 대처 정부와 맺은 관계를 보면 PR 국가는 이미 불간섭의 한계를 뛰어넘었음을 알 수 있다(Curran & Seaton, 2010).

문제는 이런 행태가 지금의 현실에서 예외적이냐 아니면 통상적이냐 하는 판단이다. 대체로 정당이 이념을 주축으로 하는 기존의 '대중 정당'에서 이슈가 중심이 되는 '포괄 정당catch all party'으로 바뀌는 1980년대 이후가 되면, 정당 내 커뮤니케이션이 (대중) 미디어에 의해 대체되면서 대부분의 정부는 크나 작으나 이런 PR 국가적 형태를 띠게 된다(Swanson & Nimmo eds., 1996; Wring, 2005). 이런 정부는 이슈 관리나 여론 조사 등을 통치의 기본 수단으로 삼으므로 미디어의 동향에 매우 민감하고 미디어에도 개입적이다. 물론 그럴 때 빌미는 '공정하지 못하거나' '지침을 위반한' 경우가 된다. 블레어 정부가 BBC에 보여 준 반발은 PR 국가의 통상적인 행태이지 결코 예외적인 것이 아니라는 것이다.

이런 추론은 PR 국가의 적대적·전문적인 감시가 방송에 상당한 위축 효과chilling effect를 주고 있고, 더 나아가 미래에는 정부의 대응이 지금처럼 파열음을 동반하는 사후 대결이 아니라 사전적a priori이고 간접적이며 더욱 치밀해질 수 있다는 예측으로 발전한다. 예측만은 아니다. 이미 BBC에서도 이런 조짐은 나타나고 있다. 대처 정부 이후에 BBC에서 성행했던 '신중한 자기 보호'는 달리 보면 결국 기만적 자기 규제의 또 다른 이름이 될 수도 있기 때문이다(Curran & Seaton, 2010; 정준희, 2004a). 따라서 이번 사건을 계기로 정부 또한 앞으로 BBC와 정면으로 맞서기는 쉽지 않을 것이라는 계산은 이렇게 눈에 보이지 않는 정부의 변화와 약해진 미디어 대처 능력을 다소는 나이브하게 보는 것이다.

둘째, 길리건-허튼 사건에서는 자주 뒷전으로 밀리는 '정확한 사실'의 측면으로 결국 대량 살상 무기는 발견되지 않았다는 점이 중요하다. 이에 비추어 보면 BBC의 보도 태도는 처음부터 옳았을 수도 있다. 그러나 이 공방에서 보도의 진실 여부는 별로 중요하지 않았다. 특히 BBC에 매우 적대적이었던 허튼위원회는 오로지 BBC의 정부 비판에 근거가 있는가에만 주목했다.[230] 그러나 주지하다시피 1954년의 텔레비전 법 이래 영국이 방송 보도에서 가장 중요하게 취급했던 공정성에 앞서는 '정확성'은 이렇게 보도의 문제를 따지는 자리에서는 한번쯤은 꼭 저촉 여부를 따져 봐야 하는 것이지만, 이 문제는 묻혀 지나갔다.

이와 관련해 주목해 볼 필요가 있는 것은 양자의 갈등을 촉발시킨 계기다. 당시 길리건 기자는 이 건으로 여러 차례 보도를 했다. 그러나 정부가 문제를 삼은 것은 새벽 라디오 프로그램인 〈투데이*Today*〉에서 진행자와 출연자(기자) 사이의 '생방송 주고받기live two-way'에서 나온 말이다. 물론 길리건 기자는 여기에서만 정부의 개입을 다소 강한 표현으로 비판했다. 다른 곳에서는 훨씬 조심스러웠다. 이유는 기자의 공식적인 뉴스 리포팅과는 다소 차이가 있는 뉴스 쇼 특유의 관행 때문이었다.[231] 물론 관행이라는 이유만으로 쉽게 용서받을 수 있는 것은 아니나 악의 없이 양식적 특성에서 비롯된 있을 수 있는 일은 사실에 완전히 딱 맞지는 않는 과장이나 표현이 있더라도 '정상

230 물론 이 위원회가 만들어진 목적은 오로지 그것이었지만, 위원회는 정부의 보고서 수정조차 크게 취급하지 않았다.

231 '사전 원고 없이, 다소 사적으로, 사실만이 아닌 있을 수 있는 가능성의 진술로statement of possibility, 대화의 반응이나 비평을 섞어서, 지금의 일을, 제도의 목소리가 아닌 개인의 구어로, 현장에서 그대로라는 느낌으로' 전해 주는 '양식적 특징이 강한' 그런 스타일을 말한다(Montgomery, 2006).

참작'의 요소가 많다. 그러나 여기서의 실수로 인해 BBC는 위원장과 사장이 퇴진하는 큰 책임을 졌다. 이 점은 정부와 방송의 갈등이 적어도 어느 수준에서는 상대방의 실수를 기다리는 일종의 '길들이기'나 파워 게임의 성격을 가지며, 공영 방송의 이념이 그저 도식적 매뉴얼의 수준에서 가이드라인이나 강령의 준수로만 해결될 수 없다는 점을 잘 보여 준다. 공영 방송의 공정성은 '순수한' 것이 아니라 매우 '정치적'인 것이기 때문이다.

이를 조금 확대하면, 공영 방송의 특징으로 흔히 언급되는 '고품질'의 문제 또는 '공적 책임'의 문제에도 적용될 수 있다. 고품질의 저널리즘은 강령이나 가이드라인을 잘 지킨 것에 머무르지 않는다. 물론 이러한 절차나 방식도 중요하다. 그러나 더 중요한 것은 목적, 곧 보다 많은 시민들에게 중요한 정보를 전달해 "공적 담론의 질을 제고"하는 것이다(Blumler, 1992). 흔히 '질'하면 어떤 장인적 연달練達의 수준이나 고도의 기법 또는 '고급 문화' 같은 문화의 특정 범주를 가리키는 것으로 오해하기 쉽지만, BBC처럼 대중을 상대로 하는 공공적 뉴스 조직에는 "사회의 정치적·사회적·문화적 요구에 봉사하는 프로그램 서비스를 제공하는 방식"(Curran, 2002, p.211)의 한 표현이다. 질에서 가장 큰 비중을 차지하는 것은 두말할 것 없이 공적 담론을 제고할 수 있는 정치 정보다. 그러므로 BBC가 정치적으로 독립적이라는 것은 특정의 정파성을 가져서는 안 된다, 또는 적절한 불편부당성을 갖는다는 의미이지 결코 무정치성이나 기계적 중립성, 논쟁을 피해 쉬운 주제만 다루는 '진부함'이 아니다. 이 점은 공영 방송이 사회가 요구하는 서비스를 다함에 필요한 정치적 능력과 정치적 성질을 발휘하면서 주변으로부터의 "간섭, 비판, 견제를 적극적으로 관리하고 지배하겠다"(이준웅, 2009, p.517)는 공적 책임의 자세를 말한다.

셋째, 이 사건 이후 BBC의 위원장과 사장이 물러났지만, 일반 국민이 BBC를 대하는 태도에는 변화가 없거나 오히려 BBC 지지가 올라갔다는 점[232]도 미래의 공영 방송의 위상과 관련해 중시되어야 하는 측면이다(Barnett,

2005b). 전통적으로 영국의 신문들은 BBC에 우호적이지 않았지만 이 건에 대해서만큼은 BBC에 동정적인 논조를 보였다. 또 이후 BBC의 대정부 보도 태도 역시 크게 달라진 것이 없다. 사건 직후 약간의 조심을 보였지만 빠르게 이전을 회복했다[233](Barnett, 2005a). BBC의 편집 가이드라인이나 불만 처리 규정은 더 합리화·강화됨으로써 국민의 신뢰를 얻을 수 있는 가능성은 오히려 높아졌다. 조사마다 약간의 차이는 있지만, 지금 같은 초경쟁 상황에도 BBC의 신뢰도는 크게 영향 받지 않는 것처럼 보인다. BBC를 보는 시청자들은 줄고 있지만 그렇다고 BBC의 공인된 가치가 같이 저하되지는 않았다.[234] 공영 방송에서는 직접 보는 사람도 중요하지만 보는 사람에게 영향 받는 '보지 않는 사람'도 중요하다는 점(Padovani & Tracey, 2003)을 BBC가 잘 알고 있기 때문이다. BBC의 저널리즘·경영·칙허장 갱신 등 역시 이전과 크게 달라진 것 없이 진행되었다.

다만 거버넌스 형태가 경영위원회에서 트러스트로 달라져 책무성이 강조된 점은 이전의 전통과 나름대로 결별한 것으로 상당한 의미를 갖는다. 사실 이전의 경영위원회는 엄격한 의미에서 규제 기관이 아니었다(Etzioni-Halevy, 1987). 왜냐하면 방송의 비전문인들로 구성된 비상임(1주일에 1번 출근)의 경영위원회는 사장을 선출하고 일부 대외적 문제를 해결하며 BBC의 주요 결정을 추인하는 데만도 힘이 벅찼기 때문이다. 위원은 주로 전직 정치인, 재

232 한 연구(Barnett, 2005b)에 따르면 BBC의 신뢰도는 정부에 비해 6배에 달했다.

233 물론 앞서 언급한 대로 '자기 규제'로 잠복한 것도 있을 것이다. 적어도 외형 면에서는 크게 달라진 것이 없다는 뜻이다.

234 젊은 시청자들(16~34세)의 BBC 1의 시청률은 대체로 감소하는 성향을 보이지만, 그럼에도 불구하고 이들은 BBC가 높은 질적 기준은 갖고 있다고 생각한다(Fanthome, 2008). 말하자면 나름의 어떤 가치는 인정하지만 자신들한테는 어울리지 않으므로 시청은 하지 않는다는 것이다.

정·비즈니스 전문가, 전직 외교관, 사회 복지 담당자, 노동조합 지도자, 작가, 언론인, 전직 군인들이었고, 또 대부분 옥스브리지와 영국 남동부 지역 출신들로 한편으로는 BBC를 지배 블록에 묶고 일탈을 방지하는 역할을 했지만, 다른 한편으로는 BBC가 정부 사이에 생길 수 있는 갈등의 완충 역할을 했다[235](Briggs, 1979). 따라서 기대한 감시의 역할은 거의 하지 못했다.

그러나 트러스트는 이런 경영위원회에 비해 훨씬 더 강력해지고 위원 개개인에게 요구하는 바도 커졌다. 21세기 들어 미디어 환경이 크게 달라지면서 공영 방송의 거버넌스가 이전의 자율적 '책임'에서 타율이 일부 들어간 혼합적 성격의 '책무'로 바뀌는 경향(Bardoel & d'Haenens, 2008)에 BBC 또한 불가피하게 동참하게 된 것이다. 이제 BBC의 자율 규제 능력은 제한받게 되었으며, "만약 BBC가 스스로 자신의 테이블을 치우지 않는다면 정부가 그들을 위해 나서게 되었다"(Brants & Bardoel, 2008, p.487).[236] 영국의 (신)노동당·보수당의 적대적 연대는 결국 일부이지만 BBC의 제도에 손을 댄 것이다.

넷째, 이번 경우에도 BBC의 위원장과 사장 인사의 문제점은 그렇게 부각되지는 않았지만 여전히 잠재해 있는 것으로 보인다. 1980년대의 대처 시

235 다이크는 훗날 한 인터뷰(장정훈, 2013)에서, "허튼 보고서 이후에 BBC 구성원 모두가 저항을 했다면 나는 사퇴를 안 했을 거다. 그런데 마음 약한 이사회(경영위원회) 위원장이 사퇴를 했다. 그리고 다음날 이사회가 나의 사퇴를 요구했다. 이사회의 지지 없이는 사장직을 제대로 수행할 수 없다. …… BBC 이사회가 저항하지 않은 건 큰 실수다"(괄호는 인용자)라고 말했다. 이로 미루어 당시의 경영위원회는 의도와는 관계없이 위원장 개인의 차원에서든 조직 전체의 차원에서든 정부의 입장에서 BBC를 압박했다.

236 물론 그렇다 해서 트러스트를 새로 만드는 이런 해결 방식이 반드시 BBC에 해가 되는 것으로 볼 수는 없다. 로이터통신의 레비(Levy, 2010)는 가장 최선이었다고 한다. 그간 BBC의 거버넌스가 불충분했다는 점이 길리건-허튼 사건으로 드러나기는 했어도 정작 BBC의 독립성을 해치는 존재는 오히려 정부임이 만천하에 폭로되었기 때문에 거버넌스를 수정함에 있어 정부는 최대한 조심스러울 수밖에 없었다는 것이다.

절부터 두드러진 정부의 압력은 인사에서 노골화되었고 측근의 임명이 횡행했다. 노동당 정부 또한 큰 반성 없이 이를 이어받았다. 물론 이런 인사들이 결코 후견주의로 가지는 않았다는 점에서 영국 자유주의의 공적 권위는 여전히 강고하다고 볼 수 있다. 그러나 그렇다고 해도 관행 자체를 좋은 것으로 볼 수는 없다. 길리건－허튼 사건에서도 결국 좋지 않은 방향으로 작용해 사태를 키웠다.

앞서 언급한 대로 데이비스 위원장과 다이크 사장은 블레어와 개인적 친분이 있었다. 정부로부터 비판이 제기되었을 때, 이들은 (자신의 경력을 의식해) 오히려 BBC가 독립성을 보여 줄 수 있는 좋은 기회라고 생각해 강하게 반발했다. 특히 데이비스가 보여 준 신중성이 결여된 대응은 규제 기관의 장으로서는 적절치 않았다(Barnett, 2005a). BBC의 '비극'은 결과적으로 그간의 인선 관행과 무관하지 않았다는 뜻이다. 만약 앞서 첫째에서 본 대로 PR 국가적 성격이 현대 정부에서 기본적인 것이라면 이런 엽관적 성격의 인사는 공영 방송을 도구화시킬 수 있는 매우 위험한 것이다. 물론 영국에서는 정부와 BBC 사이에 형성된 특유의 경쟁적 엘리트 문화가 있어 위험을 사전에 방지할 수 있었다.[237] 그러나 그런 문화가 없는 나라에서는 후견주의로 이어질 가

237 이 점은 사실 BBC의 독립적 위상의 성격, 특히 BBC의 정치적 능력의 원천에서 겉으로 드러나지 않는 매우 핵심적인 요소다. "BBC의 문화에는 BBC의 스탠더드 영어처럼 …… 전문직 중류 계급의 가치나 규준, 신념으로 구성된 지적 분위기가 있다. 특히 옥스퍼드와 케임브리지에서 받은 교육이 그러하다. 하층 계급이 좋아하는 스포츠, 대중 음악, 오락이 BBC에도 많이 편성되지만 그것이 만들어지는 방식, 곧 맥락이나 연출은 분명히 중상류 계층의 것이다"(Burns, 1977, p.42). BBC인들의 성향이 좌파적이라는 비판도 있으나(Aitken, 2007), 이데올로기적인 것보다는 이들의 삶, 곧 전문직·중류·엘리트적인 태도, 다른 직업보다 언론직을 택한 사회 개혁적 신념 같은 것이 정치나 기업에 굴하지 않고 지금의 독립적 BBC를 만든 인적·문화적 바탕이라고 보아야 한다(이준웅, 2008a). BBC가 앵글로색슨·남자·중(상)류·런던 중심이라는 비판은 그래서 일리가 있다(Creeber, 2004). 한때 웨일스를 중심으로 BBC의 수신료거부운동이 벌

능성이 매우 높다. 블레어 정부 역시 이를 의식해 다음 인사는 상당히 신경 써서 정치적 색깔을 배제했고 BBC 출신을 뽑았다(정준희, 2004a). BBC가 가진 엘리트성, 또는 정치와의 분리 체제는 시민사회 전체를 대변하지 못하는 약점은 있다 해도 정부(정당)에 포섭되지 않는 데에는 상당히 기능적인 것이다(Curran, 1996; Humphreys, 1996; Potschka, 2012).

요약해 보면, 정부와 공영 방송의 관계는 그것이 엘리트(영국)이건, 시민사회를 구성하는 유력한 집단(독일)이건, 아니면 시민의 일상생활에까지 깊이 틈입된 정당(중북부 유럽)이건 공영 방송의 중심을 이루는 나름의 '자원'과 이를 끌어가는 원리, 곧 공적·합리적 권위가 있지 않은 한 대등한 것이 되기 어렵다. 후견주의와 코포라티즘의 차이는 여기에서 극명하게 엇갈리는 것이다. 그런 점에서 현대 정부의 PR 국가적 성격, 보도의 진실이나 공정성이 큰 의미를 갖지 않는 정치권력과의 파워 게임, 정치적 갈등이 계기가 된 공영 방송의 거버넌스 변화, 공영 방송의 상층부를 구성하는 주요 인사의 친정부성의 문제 등은 공영 방송의 공정성 문제가 꼭 공영 방송의 구체적 실천, 예를 들어 가이드라인이나 불만 처리, 윤리 강령 등에 국한되지 않는 정치적 문제라는 것을 잘 보여 준다.

어지기도 했고(이 이후로 S4C가 생겼다), 지금에 이르러서도 수신료 지불 의사는 여전히 기득권층인 백인·중상류층이 훨씬 높은 것(DCMS, 2006)도 이를 반영한다. BBC는 스스로 엘리트였기 때문에 독립된 기반을 만들 수 있었지만, 그로 말미암은 문제 역시 작다 하기 어렵다. 만약 이러한 BBC를 거울삼아 바람직한 공영 방송인의 상像을 만든다면, BBC의 단점을 고려해 '비판적·개혁적 성향을 띤 엘리트,' '자신의 계급적·인종적 기반을 성찰할 수 있는 엘리트'가 될 수 있을 것이다. 이것이 정치적으로 다소 좌파적 분위기를 띠는 것처럼 보이는 것은, 역할을 수행하기 위한 일종의 순비 태세 자체가 자본주의·시장·다수로 이루어진 기성 권력과 거리를 두기 때문이다.

4) 한국에서 공정성/편파성의 문제

한국에 공영 방송이 도입된 이후, 가장 많이 문제가 제기된 것은 아마도 편파성, 곧 공정성의 훼손일 것이다. 앞서 2부에서 살펴본 대로 공영 방송의 재확립 과정에서 나타난 한국민의 염원은 "체제의 반대 세력에게도 접근이 보장되는 계급 타협의 산물 또는 민주주의적 정치定置의 일부분"(Curran, 1998, p.185)으로서의 공영 방송이었다. 이에 비할 때, 다른 중요한 공영 방송의 가치들,[238] 예를 들어 '소구의 보편성'이나 '국가적 정체성'은 오히려 부당한 강제로 간주될 수 있는 '위에서 정해진 틀에의 흡수나 편입'으로 받아들여졌다.[239] 왜냐하면 식민지 시기를 포함해 오랜 권위주의 체제와 짧은 고등 교육 체제를 경험한 한국에서는 그럴만한 문화적 바탕이 존재하지 않기 때문이다. 아무리 선의로 한다 해도 BBC식으로 규준을 강제하는 것은 질 높은 문화를 골고루 향유할 수 있게 평등을 촉진하기보다는 방송을 일부(엘리트)의 전유물로 몰아넣어 '게토ghetto'로 만드는 자해 행위가 될 가능성이 높은 것이다.

그간 한국의 방송은 공정성이 아닌 편파성이나 자의성을 추구한다는 지적을 많이 받아왔다. 1973년의 '공사화' 조치 역시 이런 편파성을 얼마나 더 많은 대중에게, 얼마나 더 효율적인 방식으로 추구하느냐가 중요했지 방송의 공영성이나 중립성과는 애당초 아무런 관련이 없었다. 1980년 5공 체제의 언론 통폐합과 언론기본법은 이의 압권이었다. TBC의 상업성과 분방성을 없애기 위해 외양만 유럽식 공영 제도를 따랐을 뿐, 속내는 말 그대로 방송을 도

238 이러한 공영 방송의 가치·정체성에 대해서는 윤석민·홍종윤·오형일(2012)의 정리를 참조할 수 있다.

239 이렇게 정해진 틀 또한 사회적·문화적으로 합의되지 않은 것이고 그나마도 대부분은 권위주의 체제의 정치 목적을 앞세운 것이어서 '보편성'이나 '정체성'은 말 그대로 심각하게 오염된 것이었다.

구화시킨 것이었다. 이는 민주화 이후에도 사라지지 않았다. 1987년의 방송법이 다소 민간 기구(방송위원회)를 강화하자 곧바로 1990년에 이를 약화시키는 개정안을 통과시켜 방송을 이전대로 돌려놓았다.

그러나 문제는 정작 방송의 편파성에 오랫동안 피해를 입은 야당이 집권했을 때였다. 당연히 편파성 또는 편파성을 만들 수 있는 여지가 없어질 것으로 생각했지만, 의외로 야당이 기존의 약한 조직을 텔레비전을 통한 이미지 정치로 벌충하려 하면서(안병진, 2004), 이전과 성격도 다르고 정도도 훨씬 약했지만 공영 방송의 여권 프리미엄은 없어지지 않았던 것이다. 이 점은 독립성을 지키는 BBC가 왜 노동당이 집권한 1970년대에는 좌파에게, 보수당이 집권한 1980년대에는 우파에게 지속적인 비판의 대상이 되었는지를 알게 해준다(Barnett, 2005b). BBC는 어떤 특정한 이념에 의해서가 아니라 당대 권력(정부)에 의해 휘둘리지 않기 위해 적어도 그런 정부에 거리를 두기 위해 기능적으로라도 반대의 자세를 취해야 했던 것이다. 그러나 한국에서 여당이 된 야당은 도구주의가 주는 단기적 이익을 채 떨치지 못했고 아직 자율의 바탕이 일천했던 공영 방송 역시 이를 거부할 수 없었다.

(1) 〈광주는 말한다〉와 역편파성, 공정성

지금의 공정성 논쟁에서는 잘 다루어지지 않지만 1989년의 광주민주화운동 특집 KBS의 다큐멘터리 〈광주는 말한다〉는 사회 각계의 상반된 반응을 불러일으킨, 그러면서 나중에 이른바 '역편파 논쟁'을 시발시킨 프로그램이다. 역편파는 기존의 편파에 반발해 희생이 되었던 측을 지나치게 비호함으로써 저널리즘의 원칙을 어겼다는 일종의 고발성 언어다. 편파와 역편파는 서로 반대말이고 같은 차원의 함의를 지닌 듯하지만, 그러나 역사성을 따져 보면 큰 차이가 있다.

편파는 군부 권위주의 체제와 KBS의 보도가 1987년 이전에 맺었던 관계를 정치적으로 집약시킨 언어다. 당시 KBS에 대한 정부의 조치는 모두 이 편파를 목적하는 것이었다 해도 과언이 아니다. 또 편파는 언론의 자유를 보장한 6·29선언에서 볼 수 있듯이 당시 집권 세력을 포함해 사회 전체가 공유했던 인식이기도 하다. 그러나 역편파는 다르다. 역편파는 민주화 이후 편파가 조성해 놓은 비정상적인 것을 정상으로 돌리는 과정에서 발생한, 이전의 지배층이 느낀 일종의 위협감에 가까운 것이다. 편파처럼 사회 전체적으로 합의를 본 판정이 아니다. 편파가 왜곡의 지적에서 나온 것이라면, 역편파는 정상으로 가려는 노력에 대한 일부의 반발에 불과하다.

역편파의 맥락은 결국 도중하차해야 했던 MBC의 드라마 〈땅〉이 잘 보여 준다. 당시 MBC 사장이면서 역편파 논쟁의 중심에 있었던 최창봉(2010)은 〈땅〉이 자신의 동아방송 시절 때 했다면 좋을 "높은 수준의 사회 드라마"라고 하면서[240] 이 드라마의 조기 종영 이유가 결코 방송위원회의 공식적인 입장인 "국민 상호 간 불신과 계층 간, 지역 간 갈등을 조장하고 방송의 품격을 손상시켰다"는 것이 아니라고 회고했다. 그러면서 정작 폐지의 이유를 밝히지는 않았는데, 이는 20년의 세월이 지난 마당에서도 명백하게 밝히기 어려울 만큼 강도가 높으면서도 구체적인 외압이 있었다는 뜻으로 볼 수 있다. 최창봉이 동아방송과 MBC를 구분하는 이유는 그리 어렵지 않게 짐작이 되지만, 그 차이가 사회적으로 합의되고 드라마에서까지 적용될 수 있는 것인지는 아직도 의문이다. 이렇게 역편파를 두고 방송 내부 역시 갈렸지만, 외압을 빼고는 이런 엇갈림을 설명할 수 없다는 데 역편파의 특징이 있다. 일반

240 이 말은 최창봉 스스로의 생각에도 MBC에는 드라마 〈땅〉이 어울리지 않았다는 말이 된다. 잘 알려진 대로 최창봉은 한국의 얼룩진 방송 역사 전체를 '방송인'의 자격으로 감당한 인물이다. 그는 자서전에서 MBC 사장 때의 기억을 "일선 소대장 시절을 포함한 나의 생애에서 제일 험하고 긴 시간이었다"(p.562)고 회고했다. 아마도 워낙 위로부터의 압력이 셌고 최 사장 자신의 방송관이나 사회관도 노조와 달랐기 때문일 것이다.

시청자들은 결코 역편파에 동의하지 않았기 때문이다.

당시 외압은 여당, 내각, 행정부, 방송위원회, 경영진 등이 총망라되었다. 당초 〈광주는 말한다〉는 노사 양측으로 구성된 공정방송위원회의 합의를 통해 결정되었다. 그러나 '광주청문회'에서 증언했던 군부 인사들의 발언 내용 삭제를 둘러싸고 경영진과 노조가 심하게 대립했고, 사전 시사회 때는 노조가 방송실을 점거하고 경영진 또한 이에 맞대응을 하는 등 팽팽한 긴장을 연출했다(《동아일보》, 1989. 3. 7). 이러한 어려운 과정을 거쳐 프로그램이 방송되자 정부 여당과 시청자의 반응이 극명하게 엇갈렸다. 여당인 민정당은 공식적으로 유감을 표시했고, 총리는 국무회의에서 〈광주는 말한다〉가 공정성을 잃었다고 지적하면서 대책을 마련할 것을 지시했다(《한겨레신문》, 1989. 3. 10). 주무 부처인 문공부장관은 "KBS가 공정치 못한 방송을 내보냄으로써 유감의 뜻을 표한다"는 압력성 공한을 발송했고(《한겨레신문》, 1989. 3. 10), 국방부 역시 불만을 표명했으며, 방송위원회는 KBS에 "방송의 공정성과 공공성을 제고해 줄 것을 권고 한다"는 권고문을 이례적으로 전달했다(《한겨레신문》, 1989. 3. 15, 12면).

그러나 시청자의 반응은 달랐다. 먼저 시청률에서 70.5%를 기록해 가히 폭발적인 반응을 보였고, 공정성에서는 시청자 1600명을 대상으로 실시한 전화 조사 결과에서 64%가 '아주 공정' 또는 '공정'했다고 응답했다. 이 프로그램이 진상 규명에 접근했는가라는 질문에 대해서도 시청자의 76%가 긍정적으로 답변했다(《동아일보》, 1989. 3. 9, 16면). 물론 여론 조사가 가지는 일회성이나 의도성이 있으므로 이를 모두 신뢰할 수는 없다. 그러나 적어도 일반 시청자들의 태도가 당시 지배층과 같지 않았음은 잘 알게 해 준다.

이 논쟁은 지금 시점에서는 잘 거론되지 않는다. 찬반의 팽팽함 정도가 떨어져 논쟁의 의의가 약하기 때문일 텐데, 궁극적인 이유는 '광주'에 대해 한국 사회 전체가 일정한 합의를 보았기 때문이라고 생각한다. 즉 보도의 사실성이나 접근 방식을 따져 이 프로그램이 꼭 100% 사실에 부합했다거나 공정성의 원칙을 잘 준수해 저널리즘의 정도를 걸었기 때문이 아니라는 것이다. 이 점은 한국에서 방송의 문제는 결코 방송에 국한되지 않는다는 점을 예증하며, 다음에 살펴볼 탄핵 보도나 〈PD수첩〉 논쟁을 어떻게 볼 것인가에도 단서를 제공한다.

(2) 탄핵 보도와 공정성

야당이 집권한 (이른바) 진보 정부 10년에도 편파성 시비가 내내 그치지 않았던 이유는 물론 거대 야당이나 주류 신문의 공세 때문이기도 했지만 실제 정부와 공영 방송 사이의 친화성이 이전에 비해 크게 달라지지 않았던 탓이기도 하다. 이 점은 2004년의 탄핵 보도 때 가장 심하게 불거졌다.

당시 KBS를 비롯한 방송들은 대통령의 탄핵을 결정했던 국회와 다수당이었던 한나라당을 시종 공격·비판했으며 탄핵의 표결을 둘러싼 국회에서의 여러 폭력적 장면들을 여과 없이 내보냈다. 그러나 이는 "아무리 느슨한 기준을 대더라도 공정했다고 말하기 어렵다"는 비판을 받게 된다(이민웅 외, 2006). 방송 측은 당시의 '시대정신'이 그런 탄핵을 용인하지 않았으므로 정당하게 탄핵 세력을 비판했다고 반박했다. 이에는 나중에 "공정성에 이데올로기와 헤게모니의 문제를 결부"(원용진 외, 2008, p.201)시킨다면 이해될 수 있을 것이라는 부연이 따로 붙기도 했다.

이 논쟁은 저널리즘의 규범, 더 좁게는 공영 방송의 공정성을 어떻게 볼 것인가의 차이에서 비롯된다.[241] 탄핵 방송을 비판하는 한쪽은 규범의 훼손을, 옹호하는 반대편 쪽은 그런 규범의 상대성을 들어 서로를 비판한다. 후자

241 나는 이미 이 논쟁을 한 차례 검토한 적이 있다(조항제, 2008 참조). 이 시점에서 재검토하는 이유는 당시가 지면의 제한이 있어 충분히 논의하지 못했고, 활발할 것 같았던 이 부분에 대한 연구가 의외로 이후에도 미진한 채로 남아 있기 때문이다.

는 규범의 영역이 이념의 합의나 계급 타협 같은 이데올로기적 기제가 작동하는 곳으로 공정성이 결코 절대적인 것이 될 수 없다고 주장한다. 그런 면에서 이데올로기가 규범(공정성)의 하부 요소가 아니라 규범을 작동시키는 조건(원용진 외, 2008)이라는 주장은 일리가 있다. 오랜 권위주의와 타협적 민주화를 거친 한국 사회에서는 규범의 정당성이라는 좁은 '문제틀problematic'에서 이를 '기계적으로' 적용하는 전자보다는 "역사성 안에서 보도를 행할 수밖에 없는 저널리즘의 숙명에 대해서는 눈을 감고, (공정성 여부에 매몰되어) 기술적인 면만을 강조하는 것"(원용진 외, 2008, p.89; 괄호는 인용자)이라고 반박하는 후자가 검토해 볼 만한 가치가 있다.

여기에서 '기계적'이라는 말은 바로 논리 자체가 '공정하냐, 그렇지 않느냐'만을 판단하는 이분법에 집착해 마치 'BBC의 정부 비판에 근거가 있느냐 없느냐'만 보았던 허튼위원회의 그것처럼 그런 규범이 가진 사회적 조건성social contingencies이나 일이 벌어진 상황이나 맥락, 의미에 대해서는 맹목이 되어 버린 점을 지적한 것이다. 이런 지적의 이면에는 기계적 접근이야말로 특정한 하나의 정치성이라는 비판이 깔려 있다.[242]

원용진 등의 책은 뉴스의 공정성이 사실성, 윤리성, 이데올로기 등의 세 가지 하위 범주로 구성된다고 보고, 먼저 범주들 사이의 위계화를 시도한다. 한국 사회가 오랜 권위주의를 거치면서 갖가지 특권을 사회 곳곳에 내장시켜 놓았고 이런 현실을 감안하기 위해서는 세 가지 범주가 같은 비중을 가져서는 안 된다고 보았기 때문이다. 이러한 사고의 밑바탕에는 사실의 추구와

242 이 기계성을 이창현(2008)은 '형식적' 측면에서의 공정성(반대는 '내용적' 공정성)으로 적절하게 개념화했다. 이런 구분에서는 형식에서는 공정하지 못했지만 내용에서는 충분히 그럴 수 있다는 가능성이 전제되어 있다. 물론 반대의 경우도 마찬가지로, 실제 많은 불공정한 방송들이 편파성 논쟁을 피하기 위해 형식적 공정성을 지키고 있다.

기자의 직업적 관행을 앞세우는 미국 언론의 자유주의·객관주의 패러다임에 대한 비판이 깔려있다.[243] 위계화는 이데올로기를 '주된 축'으로, 사실성과 윤리성은 '부차적 축'으로 놓는 것으로 이루어진다. 사실은 어떻게 보느냐에 따라 일정하게 달라질 수 있으므로 주된 축인 이데올로기에 의해 배치될 수 있는 대상이고, 전문직의 윤리성은 형식적 객관주의에 의해서가 아니라 이데올로기의 정당성에 입각해 판단되어야 한다는 논리다.

여기에 2000년대 중반 들어 확연히 달라진 한국 저널리즘의 판도에 대한 생각도 덧붙여, 탄핵에 대한 당시의 보도는 "저널리즘 장의 지배자가 되길 욕망하는"[244] 방송이 기존의 패자인 신문에 대항해 방송 내부의 아비투스를 386세대적으로 교체한 결과라고 주장한다. 방송은 한국 사회의 적절한 역사성에 입각해 탄핵 보도를 "스스로 적극적으로 판단하고 결정했다"(p.209. 괄호는 인용자). 이 책에서 명시적으로 언급하지는 않았지만 2001년의 세무 조사 정국 이후 한국의 시장 주류 신문이 취한 편향화 전략[245]에 대한 판단도 들어 있는 것으로 보인다.

그러나 이러한 주장에 대해서는 생각해 볼 거리가 적지 않다. 먼저 사실

243 이러한 비판은 수없이 많다. 특히 최근 들어 유럽이나 아시아, 아프리카 출신의 연구자들이 글로벌한 차원에서 저널리즘의 전문직 윤리를 구하는 노력을 기울이면서 미국의 자유주의·객관주의는 더욱 큰 한계에 봉착하고 있다. 셧슨(Schudson, 2002)에 따르면, 사실 20세기 들어 미국에서 객관주의가 규범화된 데에는 미국의 특수한 상황, 곧 당시 창궐했던 기업 PR 메시지와 저널리즘을 구분하기 원했던 사람들의 생각이 반영되어 있다. 최근에는 멀티미디어나 다문화주의의 추세가 가세했다(Deuze, 2005).

244 그러나 '지배자'나 '욕망' 같은 표현이 어떤 의미를 전달할지에 대해 과연 이 책의 필자들이 얼마나 깊이 생각해 봤는지는 의문이다. 아마도 진의는 여론의 장에서 심하게 편향된 (신문) 저널리즘을 방송이 대체해 주었으면 좋겠다는 기대에 있는 것 같다. 그러나 우리나라 말에서 지배나 욕망은 사익이나 탐욕과 매우 가까운 거리에 있다.

245 편향화에 대해서는 뒤에 자세히 살펴본다.

판단의 차원에서, 당시 보도에 임했던 방송인들이 과연 이렇게 의식적이면서 신중한 판단과 결정을 했겠느냐는 문제다. 오히려 설마 하는 사이에 대통령이 탄핵되어 국민의 가장 큰 정치적 결정(대통령 선거)이 백지화된 초유의 '비상사태'에 방송은 신중함보다는 눈앞에서 전개되는 충격적인 사실을 "감각적·감정적으로"(이는 원용진 등의 표현이다. p.218) 전하느라 더 바빴지 않았느냐는 것이다.[246] 만약 그랬다면, 그런 급박한 사정에 냉엄한 중립적 시선이 겸비되기란 애초부터 무망한 노릇이다. 여기에 방송이 공정하냐 그렇지 않느냐는 질문은, 어떤 면에서는 이 현상이 가진 심층적 의미를 파악하는 데 부차적인 것이 된다. 당시의 방송인들은 저널리즘을 왜곡하고 특정한 정치적 목적을 앞세워 노무현 정부를 공격하는 한국의 주류 신문들에 많은 반감과 울분을 느끼고 있었다. 이 점이 탄핵 당시 전문가적 저널리즘을 '포기'하게 만든 직접적 이유일 수 있다.[247] 그러나 바로 이 점이야말로 정파적 언론이 주변의 공정한 언론에 끼치는 가장 큰 해악이다.

개념적인 측면에서는 좀 더 본질적인 질문이 있을 수 있다. 먼저 떠오르는 것은 공정성을 헤게모니 기획의 일환으로 보고 이를 거부하는 경우다. 만약 그렇게 본다면 공정성을 부정하거나 대체하는 반헤게모니(또는 대안 헤게모

246 당시 이경자(2004)는 "방송이 …… 더 큰 비판의 표적이 되는 이유는 영상의 위력 때문이다. …… 국회의원들이 뒤엉켜 몸싸움하는 장면, 울부짖으며 끌려 나가는 장면, 명패가 날아가는 장면이 생생하게 전달되는 방송 보도는 더 이상 선정적일 수가 없을 정도였다. …… 그 어느 격렬한 토론이나 논평, 기사도 이 장면을 능가할 정도로 자극적이거나 위력적일 수는 없었을 것이다"라고 하면서 이렇게 상황이 뜨거울수록 냉철함을 잃지 않는 것이 언론인의 본분이라고 주장했다. 탄핵 보도의 편파성이 충격적 '보여 주기'에 대한 민감성이 낳은 비고의적 해프닝, 또 이런 부분을 조심하지 못한 일종의 실수에 가깝다는 이경자의 주장은 진보 측의 일부 논자들(강준만, 2007; 한윤형, 2010)에게도 공감을 얻은 바 있다.

247 방송과 완전 반대였던 당시의 조중동을 보라. 그러나 조중동은 신문이라는 이유로 공정성이 요구되지 않는다.

니)의 개념이 미디어–저널리즘의 차원에서 강구되어야 하는데, 이게 잘 안 되면 비판 역시 그렇게 설득력을 얻기 어렵다. 예를 들어 지금의 주류로 볼 수 있는 언론의 자유주의 헤게모니 체제는 '객관주의'와 '자율성·독립,' '전문적 조직·경영'(전문인으로 게이트키핑gate-keeping을 주로 한다)과 '직업적 엘리트' 등으로 이루어져 있다고 볼 수 있다. 이를 극복하기 위해 각각에 대립하는 항목, 곧 '주관주의,' '종속,'[248] '협력·공유'(언론 역시 공중의 일원으로 게이트오프닝gate-opening을 한다), '공중의 대리자'(일반 시민의 참여를 촉진시킨다) 등으로 이루어진 대안 헤게모니 체제를 상정할 수 있다(Carpentier, 2005). 그러나 기왕의 헤게모니 체제가 설사 흔들리고 있다 해도 이념에서든 현실에서든 이 대안 역시 그렇게 유력하지 않은 것임을 확인할 수 있다. 이전의 '뉴 저널리즘'이나 '공공 저널리즘,' '실존주의 저널리즘,' 페미니즘의 '입장 인식론standpoint epistemology' 등은 이런 때 생각나는 예들이다. 주지하다시피 이런 운동이나 주장은 일정한 이론적 시사점은 주었지만 현실에서의 영향은 크지 않았다(Ryan, 2001).

물론 카펜티어가 데리다를 원용해 펼친 주장대로 헤게모니와 대안 헤게모니의 이분법적 대립은 새로운 차원에서 재정의될 필요가 있으며, 양자를 지양한 중간적intermediary 개념들도 개발되어야 한다.[249] 같은 맥락에서 공정

248 카펜티어는 어의에 너무 구애받아 '자율성'에 '종속'을 대립시켰지만, 스스로도 인정했다시피 근대 이후 자율 자체를 거부하는 이론은 존재하지 않는다. 권위주의나 전체주의가 자율의 반대이지만 대안으로는 적절치 않다. 그런 면에서 자율의 진정한 반헤게모니적 대립항은 언론–자유주의 체제의 '시장적·개인적 자율'을 극복하는, 공영 방송도 일부가 될 수 있는 '제도적·사회적 자율'이 아닐까 한다.

249 이런 패러다임은 모색은 되고 있지만 '아직은 개발 중이다'라고 보는 게 적절할 듯하며, 연구자들의 분발을 촉구하는 것이다. BBC의 전 사장인 마크 톰슨이 언명한 바 있는 다음과 같은 '비판적 리얼리즘' 명제는 이런 연구의 출발점이 될 만하다. 방송인은 "'비판적'이어야 한다. 왜냐하면 우리에게 오는 사실은 복잡한 내러티브와 가정들에 의해 매개된 것이며, 우리는 이를

성 개념은 유지하면서 내포만 "약자의 편에 선 대항 이데올로기"로 바꾸는 안도 유력하게 검토해 볼 수 있다(원용진 외, 2008). 이는 앞서의 대립항에서 보면, 기왕의 헤게모니 체제에서 직업적 엘리트성을 줄이면서 공중 또는 시민사회와의 파트너십·공유를 강화하는 것이다. 그러나 공정성을 구성하는 나머지 두 가지의 범주인 사실성이나 윤리성과 어떤 관련을 맺어야 하는지는 여전히 자명하지 않다. 비평이나 주장은 넘치지만 정확하고 진실한 정보는 희귀해지는 지금(또는 가까운 미래)의 상황도 염두에 둘 필요가 있을 것이다.

그런 면에서 원용진 등이 언급하는 언론의 이데올로기화는 보기에 따라 이미 나타났다고 할 수도 있다. 2000년대 들어 한국 사회에서 신문과 정당 사이에 일정한 진영의 형태로 논조나 이념에서 유사성이 형성되는 이른바 '정치 병행성political parallelism'을 말한다. 정치 병행성이야말로 심할 경우 사실을 윤색하거나 일부를 강조하기 위해 전체를 사상捨象시키고 정작 윤리는 아랑곳하지 않는다.[250] 그러나 정치 병행성은 같은 편은 효과적으로 동원하나 반대편과의 대화는 단절시키는 치명적인 약점이 있다. 물론 외견상으로는 같게 보이는 정치 병행성도 앞서 만치니(Mancini, 2012)의 주장에서 본 바대로 얼마나 공적이냐 또 얼마나 투명하냐에 따라 내적으로 차이가 있다. 그러나 이제 막 민주화의 이행을 끝난 '탈쟁투 사회post-conflict society'에서는 갈등 자체

해석하기 위해 정교한 분석과 개인적 판단을 모두 할 필요가 있기 때문이다. 그러나 우리는 또한 '리얼리스트'이어야 한다. 왜냐하면 우리는 사실에 접근해 최대한 객관적이고 정확한 세계관을 형성하는 것이 가능하고 이것이 우리의 의무라는 점을 믿기 때문이다"(Thompson; Maras, 2013, p.182에서 재인용).

250 물론 원용진 등의 주장이 이런 신문 스타일의 정치 병행성을 방송에서도 하자는 얘기는 결코 아닐 것이다. 이데올로기화도 정도 문제가 있을 것이기 때문이다. 그러나 의외로 이 차이가 어떻게 어느 정도로 나야 하는지는 쉽게 말하기 어렵다. 한국의 식자들과 언론인들은 신문을 평가할 때 〈조선일보〉보다 〈한겨레신문〉을 훨씬 우위에 놓지만 그렇다고 정파화되는 현상에서 〈한겨레신문〉을 빼놓지도 않는다.

가 부담스럽다. 또 상대적으로 정치에 민감한 신문이 정당 병행적일 경우, 다른 미디어인 방송, 그것도 공영 방송에서는 좀 더 포괄적이고 균형적인 접근이 필요하다는 주장은 쉽게 거부되기 어렵다. '시장의 실패'를 보완해야 한다는 공영 방송의 주장은 여기에도 적용될 수 있다는 말이다. 볼트머(Voltmer, 2013)의 주장대로 정파지 등이 조성하는 외적 다원주의에는 공영 방송이 주축이 되는 내적 다원주의의 보완이 필수적이다.

또 아주 현실적인 문제이기는 하지만, 당시의 정부 권력(대통령)을 약자로 간주할 수 있는지도 재고를 요한다. 이 근거는 진보학자인 최장집이 한 인터뷰에서 찾을 수 있다. 당시 최장집은 "노무현 정부의 실패가 조중동을 위시한 보수 세력의 공격 때문이라는 견해를 어떻게 보느냐"는 질문에 이를 실패의 알리바이라고 일축하면서 "한국의 국가 권력은 굉장히 강하다는 사실 또한 주목해야 한다. …… 한국의 헌법은 강한 대통령 권력을 제도화한 대표적인 유형이다"라고 주장했다(〈한겨레신문〉, 2007. 1. 22). '잃어버린 10년'을 되찾기 위해 갖은 수단을 동원, 위력을 과시하는 이명박 정부를 보면 최장집의 지적이 틀리지 않다는 것을 알 수 있다.

원용진 등의 주장에서 재검토해 봐야 할 마지막 대목인 역사성의 문제, 즉 "과연 누구의 관점에서 바라본 역사성이어야 하느냐" 하는 주장도 앞서 본 이데올로기의 차원과 크게 다르지 않다. 이 주장은 '누구'를 연상시키는 다분히 규범적 시점 — 예를 들어, '국민,' '보통 사람,' '약자,' '다수' 등 — 은 전달해 주지만 그런 역사성이 자명한 사실 관계나 기자의 윤리를 어느 정도 저촉케 하는지는 알 수 없다.

이 책이 파악한 탄핵 보도의 성격은 규범의 침해 여부에 매몰된 비판 측의 진단에 비해 방송 내부의 관점에서 '왜'와 '어떻게'를 풍부하게 설명해 주는 장점이 있다. 그러나 그것의 정당성을 따져 볼 수 있는 기준, 달리 말해 그것이 해체해 놓은 규범의 재정립 가능성[251]에 대해서는 선뜻 대답을 찾기가 쉽지 않다. 언론의 객관성 이념이 가지는 약점이 많다 하더라도 그 이념이 지닌 '조절 원리,' 일종의 기준점으로서의 장점들을 무시할 수 없다(Lichtenberg, 1990)고 볼 때 이러한 공백은 하루빨리 채워져야 하는 부분이다.

이 책 이후에 나온, 탄핵 보도를 비판하는 측의 이론적 진전(이준웅·김경모, 2008)도 같이 검토해 볼 만하다. 이들 역시 공정성의 문제틀을 재검토한다. 이들은 당시 방송인들이 가졌던 문제틀, 곧 '누가 정의의 편인가,' '누가 시대정신을 반영 하는가'로서는 공정성의 문제를 해결할 수 없고, '누구의 의견이 소수의 의견이고, 그 의견은 왜 충분히 반영되지 못 하는가'라고 물어야 하며 이에 적극적으로 대응해야 비지배적 의견까지 포괄하는 외연적 공정성을 추구할 수 있다고 주장한다.

그러나 이런 주장도 앞서와 마찬가지 차원의 의문을 불러일으킨다. 이 역시 당대의 정부 권력을 약자로 보는 것과 마찬가지로 '소수'에 대한 판단 역시 다양할 수 있다는 측면은 무시하는 듯하다. 만약 지금까지 '구조적' 소수로 오랫동안 소외되어 왔던 세력이 일시적으로 다수가 되었을 때,[252] 이를 과연 이전부터 계속 지배해왔던 다수와 마찬가지로 간주해야 하는지, 오히려 이런 일시적 다수를 어느 정도는 '불확실한 것'으로 간주해 주어야 그동안의 편파와 소외를 보상받을 수 있는 것은 아닌지, 또는 차원이 다르게 소수 개념

251 이를테면, 이데올로기나 역사성이 조건인 규범은 어떻게 정립될 수 있는가, 이는 사실이나 진실을 앞세우는 규범과 어떤 차이가 있는가, 한 번 정립되면 당시의 맥락을 떠날 수밖에 없는 규범은 필요한가 불필요한가, 규범의 기계적 적용과 탄력적 적용은 어떤 차이가 있는가, 탄력성은 자의성과 얼마나 떨어져 있는가, 방송의 사회 개혁적 아비투스와 공영 방송의 이념의 관계는 어떠해야 하는가, 이 규범은 신문과 방송에 차이가 있는가 등을 말한다.

252 바로 그런 '일시적이냐 구조적이냐'의 판단에 원용진 등이 말한 주축으로 놓은 이데올로기가 필요하다. 사실들은 이런 이데올로기에 따라 배치·부각되므로 이데올로기가 정당하다면 윤리에서도 문제가 없다는 사고인 것이다.

을 미디어 분야에 따로 적용해 한국처럼 시장 주류 신문에 의해 집중적으로 비판받는 측을 소수로 생각할 여지는 없는지, 오히려 신문의 편파성도 같이 고려해야 전체 공론장에서의 질적 균형을 이룰 수 있는 것은 아닌지도 같이 생각해 봐야 한다는 뜻이다. 특히 마지막 부분은 한국의 상황이 다른 나라와 매우 다른 것 중 하나다. 시장 점유가 가장 높은 신문 셋이 같은 목소리를 내면서 어마어마한 공명 효과를 일으키는 한국에서는 방송이 가져야 하는 정치적 균형 효과를 감안할 때, 방송이 방송 안에만 머무르기 어렵다. 흔히 이런 조중동에 〈한겨레신문〉이나 〈경향신문〉을 대각으로 설정해 이념을 대조하는 경우가 있지만, 이는 이념의 단순 대비일 뿐 힘의 균형과는 거리가 멀다 (종편이 등장하면서 불균형은 더욱 심해졌다).[253]

요약하면, 탄핵 보도에서 방송은 〈광주는 말한다〉 때와 달리 자신을 '헤게모니화'하는 데 실패했다. '탄핵 보도 비판'이 그 자체로 정치성을 띤 것임에는 틀림없었지만 허튼위원회의 결론처럼 형식적 측면의 공정성은 지적했다. 이에 대한 대응은 한국 공론장의 특수한 역사에 근거한 의의 있는 것이었지만 공정성을 대체하거나 논쟁의 지형을 바꿀 수 있는 새로운 논리의 발굴에 성공하지 못했다. 탄핵 국면은 한국의 의회 권력이 지닌 반국민성을 폭로하는 초유의 일이었다. 그러나 이후의 총선에서 사실상 복권된 보수 정당(한나라당)의 지위가 보여 주는 것처럼 구래의 한국 정치 구도를 바꾸지 못했고, 탄핵 보도로 공격 받은 공영 방송의 지위는 약화되었다.

253 한국 사회에서 보수와 진보, 또는 여와 야 사이의 근소하지만 좀처럼 역전되지 않는 차이, 특히 2012년 18대 대선이 잘 보여 주는 '3~4%'(박근혜 51.6%, 문재인 48%)는 다른 변인으로도 얼마든지 설명할 수 있지만, 내 시각에서 보면 조중동으로 대표되는 의견 시장에서의 명백한 힘의 불균형이 집중적으로 50대 이상에 작용한 것이다. 최근 종편이 50대에 어필해 시청률을 다소라도 올리는 것을 보면 동등한 공론장의 조성은 더욱 요원해진 것은 아닌가 하는 생각조차 든다. '기울어진 운동장'론이 실감나는 대목이다.

(3) 〈PD수첩〉과 공정성

2008년에 벌어진 〈PD수첩〉(광우병 편) 논쟁 역시 이 연장선에 있다. 이 프로그램은 명예훼손과 진실성 여부를 놓고 법정에서까지 공방을 벌였다. 이 과정에서 다양한 논점이 제기되었는데, 저널리즘 차원에 국한시켜 보면 PD 저널리즘의 성격과 특징(기자 저널리즘과의 차이), 공정성·객관성 규범의 해석과 적용 범위, 표현의 방식과 허위성 여부, 이의 정정 또는 처벌 방식 등의 문제들이다. 이들은 대부분 앞서 본 탄핵 보도 논쟁과 연장선에 있다. 〈PD수첩〉 건은 당시 광범위하게 벌어진 촛불집회와 관련성(이른바 '배후론')이 부각되어 단순히 이념에서가 아니라 '의도적 선동'이라는 범죄의 구성 수준으로까지 논쟁이 비화되었다. 물론 이는 이승선(2008)이 갈파한 대로 법리적 관점에서도 전혀 유효하지 않은 것이었고, 혐의는 모두 무죄가 되었다.

PD들, 특히 〈PD수첩〉이 사회를 보는 눈이나 프로그램을 만드는 방식, 프로그램의 성격에서 기자들의 그것과 다르다는 점은 익히 알려진 것이다. 기회가 있을 때마다 이들은 스스로 자신의 프로그램에 대해 말했고,[254] PD 저널리즘의 특징도 이제는 그렇게 생소하지 않게 되었다(고희일, 2006; 최영묵, 2004). PD 저널리즘은 이미 황우석 신화의 붕괴 과정에서 성가를 잘 드러낸 바 있다. 당시 시청자의 대다수는 〈PD수첩〉의 비판과 도전이 무모한 것이라고 생각했지만 결과는 정반대로 나타났다. '광우병 편' 역시 보기에 따라 다소는 선정적이고 다소는 사실 해석이 과다했다[255] 하더라도 이는 뉴스가 아닌 시사 다큐멘터리가 가진 일반적 속성에 따라 판단되어야 한다.[256]

254 예를 들어, 최근의 것으로 〈PD수첩〉 제작진·지승호(2010)를 들 수 있다.

255 선정적인 것은 충격적인 다우너 소의 장면을 광우병과 직접적으로 연결시키게끔 연결한 편집 부분이고, 과다한 사실 해석은 한국민의 94%가 광우병의 발병 확률이 더 높다고 한 부분이다.

256 그간의 논의에서 별로 나오지는 않았지만, 미디어 전문가들이 보기에 진정한 문제는 오히

주지하다시피 다큐멘터리는, 멘트를 먼저 쓰고 여기에 관련 화면을 붙이는 매일의 단신 뉴스와 달리 상상력과 현장성을 통해 하나의 완성된 내러티브를 만들어 내는 작업이다. 따라서 정확성을 강조하는 일반적인 뉴스보다는 사실에 대한 해석이 덜 엄격하다. 그런 점이 때로 문제가 되기도 하지만, '실제의 창조적인 가공'으로서의 다큐멘터리는 뉴스와 더불어 나름의 독자적 의의를 인정받아왔다. 탐사 보도의 형식으로서 다큐멘터리가 그간 비판의 대상이 되었던 이유는 주로 주제의 연성화와 관련된 상업화와 선정성 때문이었다[257](강형철, 2007a). 〈PD수첩〉 역시 연성 주제가 70.4%나 되어 이런 비판으로부터 자유롭지 않지만, 그래도 다른 유사 프로그램에 비해서는 경성 주제를 많이 다루었다. 광우병 편 〈PD수첩〉의 특정한 몇 부분을 부정확하거나 선정적인 것으로 볼 수는 있지만, 이는 다큐멘터리의 특성상 '옳고 그름'이 아니라 질의 '높고 낮음'의 문제로 판단되어야 한다.[258] 더구나 이를 형사 소추한다는 것은 언론의 자유를 헌법으로 보장하는 나라에서는 있을 수 없는 일이다. 이는 다분히 정치적 보복의 기미가 짙고, 이후에 벌어진 인사 조치나 조직 개편은 방송의 내용을 통제하려는 압제적 행위다.[259] 기억될 필요가

려 프로그램 제작의 시간이나 비용에 있지 않을까 한다. 만약 조금 더 시간과 비용을 투자해 완성도를 높였다면 이런 까탈은 잡히지 않았을 것이기 때문이다. 물론 정치적 보복의 일환으로 사법적 수단을 악용하는 무지막지한 행위와 이런 비판은 완전히 차원이 다른 것이다.

257 저널리즘 차원에서 사건 재연이나 카메라 워킹이 필요 이상으로 많이 사용된다는 비판도 있었다(이상기, 2002).

258 이는 기자 대 PD의 차이인 '정확성'과 '창의성,' 이에 따른 관할 원리인 '통제'와 '자율'로도 대비시킬 수 있다(고희일, 2006). 추구하는 가치인 '객관성·균형성'(기자)과 '사실성·맥락성'(PD)의 대비로도 가능하다(김연식, 2009). 물론 그렇다고 양자를 배타적으로 어느 하나로만 규정할 수는 당연히 없다. PD라 해서 정확성을 무시할 수 없고 역도 마찬가지로 성립하기 때문이다. 그러나 굳이 선후를 따져야 한다면 그렇다는 것이다.

259 전통적으로 〈PD수첩〉 등의 아이템은 프로듀서 개인 단위에서 자율적으로 선정되어 왔다(김연식·윤영철·오소현, 2005). 그러나 〈PD수첩〉의 제소 이후 KBS, MBC에서는 사장이

있는 것은 광우병 건이 이미 KBS에서 스페셜로 다루어진 적이 있고, 당시에도 상당한 반향을 불러일으켰다는 점이다("얼굴 없는 공포, 광우병," 2006. 10. 29 방송). 〈PD수첩〉은 이러한 반향에 대한 응답이었고, 사실상 이 스페셜의 2편이라 해도 큰 과언은 아니다.[260]

(4) 한국의 공정성/편파성 논쟁의 의의

공사화 이후로 기산할 때, 이제는 40년을 막 지난 한국의 공영 방송이 그간 가장 많이 비판을 받은 말이 있다면, 그것은 아마도 공정성의 반대말인 '편파성'일 것이다. 편파성의 주체는 정당성 없는 체제와 이를 지탱하는 정치권력이었다. 권위주의 시절에 촉발되었지만 민주화 이후에도 편파성은 농도가 다소 엷어졌고 (노조 등을 통한) 방송 내부의 '대응력'이 약간 커졌을 뿐 근본적인 것은 변하지 않았다. 그만큼 한국 공영 방송은 독립적 완충 지대 또는 대립적 정파 사이의 중립적 공론장이 아니라 권력을 잡은 어느 한편이 필수적으로 챙기는 '도구'에 훨씬 가까웠다. 사실 여러 군데에서 언급·저촉되지만, '언론의 공정성'은 그 자체로 보편적이거나 본질적이라기보다는 오히려 논쟁이 안 되면 이상할 만큼 현실의 이해관계가 맞부딪히는 헤게모니 투쟁의 영역이다. 그러므로 이 개념에서 중요한 것은 공정성이 논쟁되는 맥락과 주변 여건, 이것이 정치를 비롯한 체제 전반과 공영 방송에서 미치는 의미와 영향이다. 공정성이 '이질적이고 역동적인 관점의 복합체'라는 지적(정준희, 2012, p.5)은 이를 말함이다.

바뀌었고, 조직이 개편되면서는 중간 간부들이 아이템의 선정에 개입하는 구조가 만들어졌다. KBS의 경우, 경영진의 지시와 간부의 개입이 일상화되면서 제작의 자율성이 현저히 위축됐다(박인규, 2010).

260 나는 이 지적을 KBS의 엄민형으로부터 받았다.

탄핵 보도와 〈PD수첩〉 모두에서 체제는 위기에 봉착했다. 헌정 사상 초유의 대통령 탄핵은 말할 것도 없고 〈PD수첩〉과 연관된 촛불시위 역시 체제의 정당성을 위협한 중대 사건이다. 이런 위기에서 벌어지는 공정성 논쟁은 방송의 것이라기보다는 체제 전체를 두고 벌어지는 헤게모니 투쟁에 가깝다. 방송의 사안으로 제기되지만 방송 스스로는 해결할 수 없다는 것이다. 물론 허튼위원회의 좁은 결론으로 대변되듯이 방송에 문제가 있을 수도 있다. 그러나 이는 '찾아내고 만들어 낸 것'일 뿐 꼭 실체가 있는 것은 아니다.[261] 많은 학자들이 이구동성으로 주장하는 것처럼 그렇게 정치적 사활을 걸고 쏟아지는 요구를 공정성이라는 이름으로 해결할 수 있는 방송은 단적으로 말해 '없다!' BBC 또한 길리건-허튼 스캔들에서 보는 바대로 그런 의미에서는 결코 영국의 공론장을 '지배'하지 못했고, 거버넌스가 교체되는 수모를 겪어야 했다.

그러나 BBC와 KBS의 차이는 논쟁이 일단락되고 난 다음에 엇갈렸다. BBC가 위기를 도약대로 삼아 오히려 더 나은 지위를 확보했다면, KBS와 MBC는 더 많은 억압과 통제를 받게 된 것이다. 영국의 국민은 허튼위원회에 의해 징벌을 받은 BBC를 지원했지만, 한국의 국민은 정권에 휘둘리는 KBS에 더 이상 신뢰를 주지 않았다. MBC의 경우는 오히려 더 많은 처벌을 받아 2012년의 경영 평가에서는 4등으로 추락했다[262](《미디어스》, 2013. 10. 27).

261 말하자면 '이라크 전쟁에서 대량 살상 무기가 없었다'는 궁극적인 사실과 'BBC의 보도에 근거가 떨어진다'는 허튼위원회의 판단 사이에는 아무런 관련이 없다는 점을 말하고자 함이다.

262 〈PD수첩〉 이후 이명박 정부의 공격으로 내부의 응집성이 크게 파괴되면서 공영 방송으로서 대응력이 현저하게 상실된 MBC의 경우 2012년의 유명한 '안철수 박사 논문 표절' 오보(2012. 10. 1)를 비롯해 정치가 방송을 지배하면 뉴스가 어떻게 되는지를 웅변으로 밝혀 주었다(이성주, 2013). 2008년 이후 MBC에서는 무려 223명이 징계 받았으며 이 중 해고와 정직 같은 중징계를 받은 직원만 87명이었다(언론노조, 2012. 12 기준; 정청천 · 장홍근, 2013에서 재인용).

이렇게 도구화와 대리전이 자주 벌어진다면 차라리 정당이나 정치적 성향별로 채널이나 사람(자리)을 안배해 균형을 찾는 이탈리아식 로티차치오네나 독일식 프로포르츠가 '평화'를 도모할 수 있는 더 현실적인 방법이다. 문제가 될 때마다 공영 방송이 그래야 하지 않으냐고 당위적으로 비판하는 것은 안되는 것을 서로 빤히 알면서 습관처럼 외우는 주문에 불과하다.

한국의 공영 방송이 이렇게 된 가장 중요한 이유는 다수결-대통령제라는 승자 독식의 정치 체제, 그것도 취임하자마자 불과 1~2년 만에 레임덕에 시달려야 하는 단임제에 있다. 적어도 모범적인 공영 방송을 발전시킨 나라들(주로 유럽과 영연방 일부, 일본)에서는 한국 같은 정치 체제가 없다. 한국의 집중형 권력 체제가 공영 방송에 도구화·동형화를 강제하면서 이념을 성취할 수 없는 허울로 만드는 것이다. 그런 면에서 '정치'와 '방송'은 동전의 양면이다. 방송은 공정성을 철저하게 형식에만 따르는 기계적인 것으로 취급하거나[263] 아니면 아예 그런 문제를 야기하는 사안 자체를 피해가야 한다.[264] 공적 뉴스의 가장 기본인 '폭넓은 관점'이나 '사회적 중요성,' 다양한 정치 상황에 어울리는 '넓고 깊은' 보도 규범(BBC Trust, 2007)은 아예 무시되어야 하는 것이다. 이런 체제에서 공영 방송은 공정성에 대한 시비를 극도로 경계한다. 논쟁이 제기되는 자체가 자신을 궁지로 몰아넣는 것이기 때문이다. 공영 방송이 처한 존재론적 지위가 늘 자신을 위기에 빠뜨린다는 일반론적 명제인 "공영 방송의 위기가 공영 방송 제도의 본질이다"(윤석민, 2012, p.449)라는 말은 적어도

263 예컨대 '동 시간 법칙'처럼 정당이나 후보별로 철저하게 같은 시간을 분배하는 것 등을 말한다.

264 편파성 비판을 부르는 가장 많은 경우다. 예컨대 이런 의도적 누락은 2012년 MBC 파업의 직접적 원인이 되었다(홍유진·이용마, 2012). 그러나 지금까지의 공정성의 문제틀은 이런 측면까지 충분히 포괄하지는 못했다. 이를 보완하는 최근의 시도로는 정수영·남상현(2012)을 들 수 있다.

보수가 재집권한 이후의 한국에서는 "공영 방송의 위기가 한국의 정치-방송 체제의 본질이다"로 바뀌어야 한다. 공정성을 파악하는 '이질적이고 역동적인 관점의 복합체'라는 일반론적인 표현 역시 '대립적이고 갈등적인 대결의 복합체'라는 말로 바꾸고 싶다. 말로는 쉽게 부정하지만 결코 실제 행위에서는 부정하기 어려운, 편을 가르고 선택을 강요하는 한국의 '진영 논리'를 반영하고 싶어서다.

또 하나 한국의 맥락에서 중요한 것은 보수지의 신문 시장 지배다. 한국의 여론 시장에서는 상위 1, 2, 3위의 신문이 같은 목소리를 내면서 '침묵의 나선' 이론에서 말하는 '공명consonance' 효과를 증폭시킨다. 이들은 이미 "정권 창출적 언론"(이준웅 외, 2010)이라 부를 수 있을 정도로 정치적 선택을 노골화했다.[265] 만약 공론장의 역관계를 통해 헤게모니 투쟁의 결과가 정해진다면 한국에서 보수 이외의 정파들은 이미 반 이상은 지고 들어가는 셈이다. 안티조선운동이 활발했던 탄핵 때는 이런 신문에 대한 저항감이 의식·무의식적으로 방송 종사원들에게 상당히 있었고, 이들은 이른바 '시대정신'을 등에 업고 의회와 신문 권력에 저항했다. 탄핵 보도가 나올 수 있었던 근저의 사정

265 이런 언론과 관련해 이준웅(2011)이 제기했던 노무현 정부의 실패의 이유를 재검토해 볼 필요가 있다. 이준웅은 노무현 정부의 패착으로 기존의 '정치 커뮤니케이션 모형'을 활용하지 않은 점을 꼽고, '정치적인 것'을 회피하지 말고 정부로서 동원할 수 있는 모든 수단을 동원해 합의를 도모해야 했다고 주장했다. 일리 있는 지적이지만, 이를 위해서는 과연 '이런 시도가 가능했나' 또는 '시도했으나 실패하지 않았나' 같은 질문에도 더불어 답해야 한다고 생각한다. 내 생각으로 정치 커뮤니케이션의 활용은 결국 '권력을 이용한 조중동과의 협상 가능성'으로 집약되는데, 노무현 정부의 지지 기반과 당시의 진영 논리로 보았을 때 이는 전면적 차원에서는 어렵지 않았을까 한다. 물론 부분적으로는 〈중앙일보〉에 시도해(홍석현 사장의 주미대사 임명) 성공하는 듯 보였지만 마침 터진 'X파일 사건'으로 무위로 돌아갔다. 언론 정책은 아니었지만 후반기의 FTA 때는 오히려 조중동이 앞장서 기존의 진영이 서로 뒤바뀌기까지 했다. 요컨대 노무현 정부는 적어도 부분적으로는 정치 커뮤니케이션을 시도했고 정치적인 수단도 동원했으나 실패한 것이지 결코 하지 않아서 그렇게 된 것은 아니다.

이다. 그런 이유로 공정성과 같은 규범을 근시안적으로 적용하는 것은 결코 전체 미디어-헤게모니의 지형을 고려하지 못하고, 허튼위원회나 탄핵 보도 비판에서 볼 수 있는 것처럼 더 중요한 것을 놓치게 할 수도 있다. 지금까지의 논의는 왜 그간 한국의 공영 방송이 끊임없이 공정성의 위기에 봉착하는지, 왜 이런 공정성의 위기가 발생할 때마다 공영 방송의 존재 의의에 대한 심각한 부정으로 이어지는지, 이런 위기가 남긴 교훈이 왜 다음 때에도 별다른 반성 없이 재연되는지의 이유를 설명해 준다.

KBS의 역대 사장의 면모에서도 보았듯이 만약 KBS의 거버넌스에 대한 정치 개입이 지금보다 약했다면 공정성 논의의 차원 역시 이렇게 본질적인 부분으로까지 확대되지는 않았을 것이다. 이 말은 실제 뉴스의 공정성이 반드시 좋아졌을 것이다라는 것은 아니다(물론 그럴 가능성은 높다). 설사 거버넌스가 절차의 의의를 살려 선임되었다고 하더라도 반드시 그렇게 될 것이라고 단언할 수는 없다. 뉴스의 공정성과 담론에는 다양한 '변수'가 개입되기 때문이다. 그러나 공정성 논의의 수준이 지금과 사뭇 달랐을 것이고, KBS 자신이 주장할 수 있는 몫도 지금보다 훨씬 커졌을 것이라는 점은 확신을 갖고 말할 수 있다.[266] 임기가 남은 사장이 불법 해임되고 대통령의 전직 특보가 수많은 반대를 무릅쓰고 사장이 되는 현실, 공영 방송의 인사와 논조에 청와대가 공공연하게 개입하는 현실은 공정성 논의를 단순히 이해관계자의 관점 차이를 넘어 공영 방송의 존재 가치에 대한 의심으로까지 쉽게 비약시킨다.[267]

266 이런 이유로 KBS 이사를 지낸 바 있는 이창근(2009)은 KBS 사장을 국민의 투표로 뽑자고 주장한다. 한국과 비슷한 처지인 스페인 역시 최근에 의회의 의결로 바꾸었다. 물론 일반 국민이나 국회의원이 다른 방식보다 더 나은 사장을 뽑을 수 있다는 보장은 없다. 그러나 이런 절차가 정당성 여부와 관련된 소모전을 종식시키는 효과는 분명히 있고, 그런 이유 때문에 직접은 아니라도 선거의 효과를 내는 방식을 채택하는 나라는 많다.

267 이런 의심은 박근혜 정부 들어서도 여전히 반복된다. 한 조사에 따르면, 박 정부 들어 '내

물론 넓게 보면 이 또한 공영 방송이라는 존재가 숙명적으로 안을 수밖에 없는 중요한 단면이다. 소유주의 헤게모니가 강력한 사영 방송에서는 이런 식으로 공정성 차원이 중시되지는 않기 때문이다. 공정성이 심각하게 문제가 된다는 것 자체가 하버마스(Habermas, 1990)가 말하는 공론장의 실례에 가까운 것이다. 그러나 공론장이 '공동空洞'으로 그치면 오히려 더 위험하듯 공영 방송 역시 이념과 실천이 전혀 부합하지 않으면 갈등만 불러일으킬 뿐 공적인 것·민주적 토론과 합의의 구현은 미망에 빠지기 쉽다.

KBS가 BBC를 따라야 할 모범으로 삼는 가장 큰 이유는 BBC가 한국과 비슷한 영국의 다수제 정치 체제와 때로 벌어진 정부와의 심각한 갈등을 성공적으로 극복했기 때문이다. 그러나 그러기 위해서는 BBC의 '적절한 불편부당성'같이 전문직주의가 스스로를 규범화해 방송 내외를 설득시킬 수 있어야 하는데, 불행하게도 한국의 KBS에는 그런 능력이 허용되지 않았다. 민주주의의 연조가 짧아 정권 교체의 경험이 충분치 않았고 자유주의의 수준 또한 이제 겨우 맹아에 불과하기 때문이다.

란 음모'나 '국정원의 선거 개입,' 'NLL의 포기 주장' 같은 여야의 쟁점들에서 여당의 주장을 믿는 사람들은 KBS를 신뢰하는 정도가 크게 높아졌다. 특히 '내란음모'와 '선거 개입 국정원'에서는 10%포인트 이상이다. 이 수치는 놀랍게도 〈조선일보〉보다도 높다(장덕진, 2014). 여야에 대해 공정해야 하는 KBS가 지극한 보수 신문인 〈조선일보〉보다 오히려 더 여당에 가깝다는 것이다. 철도노조 파업에서도 KBS를 비롯한 지상파 방송 3사는 종편보다는 좀 나았으나 차이는 크지 않았고, 오히려 JTBC만이 외로운 독특성을 보였다(조은영·유세경, 2014). 이로써 종편을 우려했던 이유는 실증되었으나 오히려 지상파 방송들이 보수화되면서 그 이유가 의미 없어졌고, 종편의 하나인 JTBC가 차별성을 보여 줌으로써 다양성이 생겼으니 역사의 아이러니도 이런 아이러니가 없겠다. 정책을 의도했던 측도 반대했던 측도 모두 예상을 못한 것이다.

9장 상업주의의 만연

한국의 공영 방송에서 상업주의의 문제는 국영 텔레비전(KBS TV)에서 광고를 도입한 1961년부터 시작된다. 물론 이전에도 방송(라디오)이 비상업적이었다거나 고급 엘리트 문화를 추구했다는 뜻은 아니다. 또 텔레비전은 출발 자체가 상업 방송(HLKZ TV)이었으므로 상업주의를 상대화시키는 것이 애당초 불가능했을지도 모른다. 그러나 그럼에도 국영 방송조차 취약했던 인프라로 인해 광고에 의존했다는 점은 텔레비전 문화 자체가 상업주의 외에 다른 대안이 없는 일종의 태생적 한계, 다른 말로 기원적 본질을 안고 있었던 것은 아닌가 하는 추론을 낳게 한다. 1960~1970년대의 고도성장 이후 인프라의 부족은 해결되었지만, 여전히 광고에 대한 의존도는 높아 상업주의는 이후 여러 차례의 제도 개편에서조차 근절하지 못한 한국 방송의 뿌리 깊은 특징이 되고 말았다. 앞서 정치 부분에서 살펴본 후견주의나 코포라티즘과 달리 특별히 살펴볼 다른 이론[268]이 없어 이 장은 아무래도 현상 중심으로 기술될 수밖에 없다. 시장의 지배를 피하기 위한 방편 중 하나로 고안된 공영 방송에서 논의의 출발점은 최근 보편화된 신자유주의 이후 심한 압박을 받고 있는 수신료 문제다.

1. 재원: 수신료의 비교 사회적 조건과 한국

1) '수신료 - 공영 방송'의 조건

(1) 공영 방송의 재정과 수신료

직역하면 '면허세licence fee'(면허를 이용할 때 내는 세금)인 수신료는 유럽을 무대로 한 공영 방송의 태동기·독점기의 산물이다. 처음에 수신료는 영국의 라디오 수신기 제조업자들과 우정국 사이의 타협의 산물로 우정국이 거두어 수신기 업자들에 나눠 주었다(Scannell & Cardiff, 1991). 이후 이런 BBC를 각 나라가 모방하고 공영 방송에 어울리는 새로운 의미 — 방송이 시청자와 직접적으로 만나는 하나의 접점, 또는 서로의 연대감을 만드는 계기(Picard, 2005) — 가 더해지면서 수신료는 공영 방송의 대표적인 재원으로 굳어지게 되었다.

법적 성격에서 수신료는 각 나라마다 '수신 허가료'(영국), '조세'(프랑스), '공공시설 이용금'(독일), '공공 부담금'(일본) 등으로 차이가 있다(김해식, 1999). 그러나 공통적인 것은 수신료가 공영 방송의 대척對蹠인 정부나 시장과 상대적으로 거리가 있는 독립적인 재원이라는 인식이다(Jakubowicz, 2007).[269] 수신

268 물론 후견주의나 코포라티즘은 때로 시장 논리까지 쉽게 배제 또는 조장하므로 정치에만 논의가 한정되지 않는다(특히 나중에 나오지만 수신료의 정치·경제적 조건은 '자유주의 코포라티즘'이다). 신자유주의는 상대적으로 시장 기반이 열악한 신생 민주주의 나라에서 더욱 기승을 부려 반시민성과 상업주의를 강화하고 공영 방송의 설 땅을 좁힌다(Voltmer, 2013).

269 여기서 '상대적'이라는 표현을 쓴 이유는 수신료에도 정부나 시장이 일정 수준에서 개입할 수 있기 때문이다. 잘 알려진 대로 정부(또는 집권당)는 수신료의 인상 같은 운용 측면에 개입

료의 납부는 단순한 비용 지불이 아니라 시청자가 스스로 방송에 참여하는 상징적 행위가 되며, 반대로 공영 방송은 수신료처럼 안정적이고 예측 가능한 재원이 있어야 자신의 임무를 쉽게 달성할 수 있다.[270]

그러나 독점이 끝나고 경쟁기, 그것도 무한 경쟁기에 접어들면서 이런 수신료에는 반대의 목소리가 높아졌다. 반대는 균등성equity, 효율성, 수용성, 충분성 등의 네 가지 차원에서 모두 제기된다(Murdock, 2000). 첫째는 수신료가 소득 수준별로 차등이 없이 일괄적으로 부과되므로 소득 분배를 악화시키는 역진세적 성격을 가진다는 문제다. 균등한 수신료는 공영 방송이 모든 수용자와 동일한 관계를 맺는다는 원칙을 구현한 것인데, 수상기가 덜 보급되어 있을 때는 문제가 되지 않았다. 서비스를 받는 수상기의 소지자만 부담했고 부담자들 또한 상대적으로 여유가 있는 층이었기 때문이다.[271] 그러나 수상기 보급이 포화되면서 수신료가 인두세poll tax와 비슷한 조세가 되어 버리자 소득 수준별로 매길 수 있는 세금의 장점과 그렇지 못한 수신료의 단점이 대조·부각되었다. 물론 이는 수신료의 역진성을 줄일 수 있는, 예를 들어 면제층을 넓히거나 부분적으로 차등화하는 방법 등으로 문제를 완화시킬 수 있으나 세금에 비해 볼 때는 아무래도 비체계적이다.[272]

한다. 시장은 '얼마나 공영 방송이 시청자의 인정을 받는가' 같은 질문에서 볼 수 있는 것처럼 시청률과 같지는 않다 해도, 어느 정도 시청은 되어야 — 최소한 시청했던 사람의 느낌은 전해 들을 수 있어야 — 하는 조건에 개입한다. '시청이 된다는 것'은 다른 상업 방송과의 경쟁(시장 경쟁!)에서 승리해야 가능하다는 뜻이기 때문이다.

270 안정성이나 예측 가능성 외에도 공영 방송의 재원은 상황 변화에 쉽게 대응할 수 있는 '탄력성'이 필요한데, 이 점에서 수신료는 그렇게 장점이 있다고 보기 어렵다. 물론 물가에 따른 인상 같은 자동 조항이 있다면 상대적으로 탄력성이 높아진다.

271 수신료가 전체적인 소득 수준 등에 비해 무시할 만큼 적었을 때도 괜찮았다(Graham & Davis, 1992). 그러나 지금의 유럽에서처럼 수신료가 상당히 높아져 있을 때는 불공평하다는 이의 제기가 얼마든지 가능하다.

둘째는 효율성인데, 직접적으로는 수신료 징수 시 드는 비용의 문제이고, 더 크게 보면 수신료의 전체적인 씀씀이와도 관계가 있다. 징수 비용은 방식에 따라 많이 들 수도 적게 들 수도 있지만 국가적 차원에서 대규모로 정례화된 세금에 비할 바는 아니다. 물론 다른 공과금 등에 병산해 비용을 줄일 수 있는 방법이 있다. 그러나 수신료의 시민적(자발적) 의미에 비추어 보면 적절한 방법으로 보기 어렵다. NHK 같은 방송은 여전히 계약만 의무적으로 되어 있지 납부 자체를 강제적으로 하지는 않는다.[273] 공영 방송의 운영과 제작에 주로 쓰여야 하는 수신료가 서비스의 질 향상에 제대로 쓰이는지 혹시 불필요한 조직 운영에 과다하게 소모되고 있지는 않은지도 효율성의 차원에서 검토된다.

셋째는 시청자들이 수신료 납부 의무를 쉽게 받아들이느냐 하는 수용성의 문제인데, 얼마나 공영 방송을 시청하느냐, 얼마나 이의 가치를 인정하느냐와 밀접한 연관이 있다. 이 점에서 시장과 수신료는 결코 멀리 떨어져있지 않다. 맥킨지가 조사한 바에 따르면 시청률에서 공영 방송의 채널 전체는 대체로 $\frac{1}{3}$ 이상의 점유를 보인다. 유럽에서는 가장 낮은 벨기에-프랑스어권 방송이 19%, 바로 위인 벨기에-독일어권 방송이 28% 정도를 차지한다(McKinsey & Company, 1999). 물론 추세는 대부분 하향세라서 미래로 가면 갈

272 게다가 수상기의 형태 또한 PC나 스마트폰으로 매우 다양해졌다. 핀란드의 논쟁에서 수신료(핀란드에서는 '텔레비전 요금')에 반대하는 측에서 많이 나왔던 주장이다(Ala-Fossi, 2012). 물론 역진세적 판단은 일면적일 수 있다. 나라마다 차이가 있지만 핀란드 같은 상위의 복지 국가에서조차 누진 세금이 전체에서 차지하는 비중은 12.4%밖에 안 된다.

273 수신료는 여러 방법으로 징수되지만, 미납에 대한 공공적 징벌로 미루어 볼 때 결코 개인 단위의 자발성에만 의존하는 것은 아니다. 이 점은 수신료의 집합주의적collectivistic 성격을 말해 주는데, 집합주의는 '개인의 선택의 합'과는 다른 '사회적인 것'을 강조한다. 그러므로 굳이 수신료의 징수 형태를 말한다면 의무 납부를 자발적으로 합의하는 '자발적 강제'라고 말할 수 있다.

수록 공영 방송의 생존 가능성이 약해질 가능성이 높다. 수용성이 높으면, 당연히 독립성이나 효율성 등의 다른 가치에서도 증폭된 힘을 발휘한다.

넷째, 충분성으로, 미래 공영 방송의 재정이 과연 수신료로 온전히 가능한가 하는 것인데, 이에 동의하는 사람은 거의 없다. 수신료를 단순 물가 지수에 맞춰 인상시키는 것조차 이 분야의 제작비 증가에 턱없이 모자란다. 그래서 그레이엄과 데이비스(Graham & Davis, 1992)는 일반적인 물가보다는 사적 서비스 부문에서의 노동 비용의 증가에 맞추는 것이 적절하다고 주장한다. 그러나 일정 시점에 도달하게 되면 수신료는 더 이상 인상시키기 어렵다. 절대액에서 더 이상 올라갈 수 없는 피크 지점이 있다는 것이다.[274] 물론 공영 방송이라 해서 수신료에만 재원을 의존하는 것은 아니지만, BBC의 상업·해외 활동처럼 다른 재원 행위를 해야 할 경우 정체성에 문제가 될 소지는 늘어난다고 봐야 한다.

공영 방송이 공영 방송답기 위해 재원은 독립성과 안정성, 탄력성, 예측 가능성, 균등성, 효율성, 수용성, 충분성 등을 갖추어야 한다. 수신료는 안정성과 예측 가능성, 균등성 등에서는 유리하고 독립성이나 수용성에서는 상대적으로 강점이 있으며, 효율성이나 탄력성, 충분성은 다소 부족하다.[275] 특히 최근 들어 경쟁 상황이 치열하게 전개되면서 발생한 제작비의 급등 문제로 인해 대부분의 공영 방송은 상업적 재원(광고료)도 일부 받아들이는 혼합 재정의 형태를 취하고 있다. 충분성에서 먼저 한계가 드러난 결과이지만, 그러나 아직까지 공영 방송은 수신료보다 더 나은 재원을 발견하지 못했다.

274 예컨대 핀란드에서는 수신료 1년치가 수상기 가격을 넘어섰을 때 문제가 커졌다. 영국에서도 이 점은 마찬가지였다.

275 맥킨지(McKinsey & Company, 1999)는 광고는 예측 불가능하고, 국고는 변덕스러우며, 수신료는 종속적이라고 규정한다. 대신 수신료는 광고나 국고에 비해 안정적이고 예측 가능하다.

(2) 수신료 비판과 재원의 변화

1980년대 이전만 해도 수신료에 대한 비판은 많지 않았다. 탈규제 시대가 열리고 경쟁이 시작되자 문제가 제기되었다. 가장 많게는 상업 방송에 비추어 무료가 가능한가, 달리 말하면 광고로도 지금 같은 공적 서비스가 가능한가였고, 다음은 경쟁이 더 격화될 미래에 어떤 재원이 가능하고 바람직한가였다. 1984년 당시 BBC의 사장이었던 밀른이 수신료 인상을 요구했을 때, 이에 대응하기 위해 대처가 만든 피콕위원회(1985~1986)의 연구 범위와 이 질문들은 거의 정확하게 일치한다.

그러나 전형적인 우파 자유주의자들로 구성되어 조금이라도 재원에 변화를 줄 것 같았던 피콕위원회는 민영화나 소비자 주권, 전자 출판[276]이나 유료 방송 같은 급진적인 시장 시스템의 도입을 논의하는 가운데서도 단계적 폐지라는 단서를 달기는 했지만 수신료를 "나쁜 것 가운데서는 가장 나은 것least worst"으로 인정했다(HMSO, 1986). 광고료는 소비자가 아닌 광고주가 선택권을 갖는다는 점 때문에 쉽게 거부했고, 유료 가입료는 형태는 바람직하지만 바로 도입하기에는 시기상조로 판단했다. 오히려 수신료가 경제적 측면에서 보아도 비용과 서비스가 서로 연결되어 소비자의 권한이 행사되는 측면이 있고, 방송의 공공재적 특성[277]을 감당하기에도 좋은 방식이라는 것이

276 전자 출판은 나중에 '공공 서비스 방송 출판사'(PSP: Public Service Publisher) 개념으로 확대되었다. 이는 '공공 서비스 ≒ 공영 방송'이라는 지금까지의 등식을 깨고 공적 재원을 기금화해 공영 방송만이 아닌 여러 방송에 걸쳐 공공적 프로그램의 제작을 지원하는 것이다. 이후 이 개념은 디지털 시대에 맞추어 바뀐 형태로 계속 검토되었지만, 오프콤은 전담 조직을 새롭게 만들지 않아도 공적 서비스가 조달될 수 있다는 이유로 2008년 이를 폐지했다(Freedman, 2009).

277 비용(수신료)을 부담하지 않고 시청한다고 해서 서비스의 수혜에서 배제할 수 없는 비배세성, 시청사가 하나 더 늘어난다고 해서 방송의 비용이 같이 늘어나지는 않는 비경합성 등의 특성을 말한다. 이러한 공공재적 특성 때문에 방송은 가능한 유효 시청자 수를 늘리는 것이 경제적

다(Budd, 1986). 대처가 '고용한 총hired guns'으로 불렸던 피콕위원회였지만, 위원회가 내린 결론은 완전 시장화를 향해 단계를 밟아나가되 1단계에서는 수신료를 물가에 연동시켜 인상시켜 주는 단기적으로는 BBC에 상당히 유리한 쪽이었다.[278] 유료 가입료로 수신료를 대체하는 것은 2단계였다(Potschka, 2012).

피콕위원회의 주장과 영향력은 대단히 커서 BBC의 수신료는 2011년 동결될 때까지 소폭이나마 꾸준히 인상될 수 있었다. 이러한 수신료에 대해 다음으로 영향을 미친 것으로 볼 수 있는 것은 세계적인 컨설턴트 회사인 맥킨지다. 맥킨지는 1999년 BBC가 의뢰한 조사에서 탈규제와 기술 혁신이 놀랄 만큼 진전된 가운데에서도 유럽 공영 방송들은 양호한 경영 수준을 유지했는데, 가장 큰 이유는 안정된 재원 곧 높은 수신료가 뒷받침된 방송 문화의 건전성 때문이라고 보고했다(McKinsey & Company, 1999).

맥킨지 컨설팅에는 당시 유럽 대부분의 나라가 수신료-공영 방송의 기존 시스템을 유지하면서도 이의 부족분을 위해 수신료 외의 재원 또한 받아들이기 시작했다는 맥락이 있었다(Lowe & Berg, 2013). 특히 탈규제가 시작된

이다. 많이 시청하므로 시청자들에게 신뢰받고 수신료 또한 쉽게 징수할 수 있는 공영 방송이라면 경제적인 면에서도 사회에 크게 기여하는 셈이다.

278 사실 피콕위원회와 영국 정부의 관계는 정치권력과 전문가 사이가 가져야 하는 하나의 바람직한 전형을 보여 준다. 대처 정부가 피콕 교수에게 방송의 재원 관련 과제를 주면서 위원회를 맡긴 것은 분명한 정치적 의도가 있었다. 그러나 피콕뿐만 아니라 대부분 대처 정부와 직간접적 연관이 있는 위원들로 구성된 피콕위원회는 앞서 본 대로 단기적으로는 정부의 주문과 반대되는 결론을 낸다. 아직도 피콕에 대해서는 너무 '우파적으로 경도되었다'는 비판이 많지만 사실 이 위원회는 방송의 가치재적 특성을 결코 무시하지 않았다(Potschka, 2013, p.606). 그런데 재미있는 것은 영국 정부의 대응이다. 즉 피콕위원회가 자신의 의도를 따르지는 않았지만 영국 정부는 피콕의 결론대로 BBC의 수신료를 물가에 연동시켜 인상해 준 것이다. 이야말로 신뢰 사회가 가져야 하는 모범이 아닐 수 없다.

1980년대 이후에는 광고 의존도가 높아져 혼합 재정이 지배적 추세가 되었다.[279] 스페인이나 이탈리아 같은 지중해형 유럽 국가들은 처음부터 광고를 도입했지만, 나중에는 중동부 유럽 국가들도 대부분 광고를 받아들여 스칸디나비아를 제외한 유럽에서는 오히려 BBC가 '바스티유감옥'에 비유될 만큼 광고를 도입하지 않은 몇 안 되는 공영 방송이 되었다(McQuail, 1998). 네덜란드, 벨기에, 아이슬란드 등은 수신료를 국고(세금)로 대체해 다른 방향에서 변화를 도모했다(Papathanassopoulos, 2007; Berg, 2012). 핀란드 역시 최근 스칸디나비아 국가들 중에서는 처음으로 세금 체제가 되었다(Ala-Fossi, 2012). 프랑스나 스페인은 오히려 광고를 없애고 국고를 택해 방향은 다르지만 변화를 도모한 경우다(Arriaza Ibarra, 2009). 캐나다나 오스트레일리아, 뉴질랜드처럼 영국과 미국의 영향을 동시에 받은 영어권 나라들에서도 공영 방송은 처음부터 있었지만 재원으로서의 수신료는 모두 중도에 폐지되었다. 태생 과정이 다르고 시장점유율이 낮아 이런 자리에서는 잘 거론되지 않지만, 후원과 국가 보조로 운영되는 미국의 공영 방송 PBS 역시 수신료 재원과는 관계가 없다.[280] 이런 주요 공영 방송들의 재원 유형을 살펴보면 표 32와 같다.

279 1997년 때만 해도 오스트리아, 아일랜드, 스위스 등에서는 상업 방송이 없었지만(Siune & Hultén, 1998), 2007년도에 이르면 혼합 체제를 취하지 않은 나라는 한 나라도 없다(Hardy, 2008).

280 확실히 미국의 PBS는 이런 자리에서 논할 대상은 아니다. 2008년 기준으로 미국의 연방 정부는 PBS에 4억 달러를 지원해 주었는데, 이는 인구가 600만 명밖에 안 되고 GDP는 미국의 1.64%에 불과한 핀란드 정부가 자신의 공영 방송인 YLE에 지원하는 액수(수신료)에도 미치지 못하는 돈이다. 이 섬은 공영 방송의 지위가 경제적 문제가 아니라는 점을 다시 한 번 웅변해 준다(Lowe & Berg, 2013).

표 32. 주요 공영 방송의 재원 유형

재원 유형	공영 방송사			
	서유럽	동유럽	미주-오세아니아	아시아
수신료	BBC(영국), DR(덴마크), STV(스웨덴), NRK(노르웨이)			NHK(일본)
수신료 + 광고	ARD · ZDF(독일), RTE(아일랜드), ORF(오스트리아), RAI(이탈리아), RTBF[281](벨기에-프랑스어권)			KBS(한국)
수신료 + 국고	FR2 · FR3(프랑스)			
공적 재원 (국고)	VRT(벨기에-네덜란드어권), RTVE(스페인), YLE(핀란드)		CBC(캐나다), ABC(오스트레일리아), TVNZ(뉴질랜드)	
공적 재원 + 광고	NOS(네덜란드), RTP(포르투갈)	MTV(헝가리)		

출처: Papathanassopoulos(2007, p.152)에서 벨기에, 스페인, 네덜란드, 핀란드, 프랑스 부분 수정. 한국 추가. 그리스의 ERT 삭제.

281 원래 문헌(Papathanassopoulos, 2007)에서는 벨기에-프랑스어권의 RTBF의 주 재원이 수신료로 되어 있으나 국고의 오기로 보인다. 다른 자료(Benson & Powers, 2011)에서는 2008년 기준으로 RTBF 재원의 82%가 국고로부터 나머지 18%가 광고와 스폰서로부터 온 것으로 되어 있다. NHK의 연감 자료에서도 벨기에는 국고 재원이 대부분을 차지한다(정수영, 2013 참조). 스페인은 앞서 본 대로 2009년에 광고를 중단하고 국고로 재원을 바꾸었다. 네덜란드는 수신료를 국고로 바꾸었지만, 26%를 광고에 의존한다(Daalmeijer, 2004). 핀란드 역시 2013년부터 국고로 바꾸었다.

장점에 주목해 대부분 처음에는 시행했던 수신료가 계속 폐지되는 이유는 각 나라나 사회마다 다양하다. 비유럽의 영어권 나라들, 캐나다나 오스트레일리아, 뉴질랜드 등에서는 주로 저렴한 미국산 프로그램에 의존하는 무료 상업 방송 때문에 처음부터 수신료 징수가 쉽지 않았다. 공영 방송과 상업 방송이 거의 동시에 출범한 캐나다의 경우, 미국의 방송을 중계했던 상업 방송이 인기 면에서 앞서 가면서 공영 방송의 필요성이 사회적 인정을 받은 것과는 별개로 수신료에 대한 불만이 끊임없이 제기되었다. 수신료가 시청자와 방송을 연결시켜 주고 방송 참여를 고무시키는 것이 아니라 오히려 반대로 "서로에 대한 의심만을 깊게 할 뿐이었던 것이다"(Vipond, 1995, p.298). 이 결과로 결국 수신료는 폐지되었고, 비슷한 처지에 있던 오스트레일리아는 1974년에, 뉴질랜드는 이보다 다소 늦은 1999년에 폐지되었다.

이들의 대안은 국고(세금)다. 국민으로부터 나온다는 점에서 수신료와 국고는 차이가 없다. 그러나 수신료에 비해 국고는 나은 점이 있다. 국고는 일괄 부과되는 수신료를 누진세 형태로 바꿔 소득 수준에 따라 차등 부과할 수 있게 해 준다. 최근의 프랑스나 스페인처럼 상업 방송에 일정 비율을 부과하는 목적세levy의 형태를 취할 수도 있다는 점에서 국민의 부담을 일부이지만 줄여 주기도 한다.[282] 징수 · 관리나 포탈 · 책임 문제도 쉽고 분명하다. 최근에 수신료를 폐지한 네덜란드, 벨기에, 핀란드[283] 등은 이런 장점에 주목한 것으로

282 오히려 반대의 경우도 있을 수 있다. 현대의 복지 국가들은 대부분 높은 세율 때문에 국민의 지지를 잃는다. 그럴 때 공공 조직이 세금이 아니고 수신료 같은 독자적 재원으로 운영하면 그만큼 부담을 덜어 주는 셈이 된다. BBC나 NHK처럼 만약 국민으로부터 신뢰받는 공영 방송의 운영을 세금으로 한다면 국가의 부담은 오히려 더 커지는 것이다. 나는 이런 지적을 정준희 박사에게 받았다.

283 핀란드의 경우는 가구 수가 줄어들고 해마다 인상된 수신료(텔레비전 요금) 1년분이 마침

보인다.

그러나 국고는 수혜 주체가 국가라는 점에서 당대의 정부(또는 다수당)에 대한 방송의 종속이라는 우려를 준다. 물론 수신료 또한 온전히 독립적이지 않으며, 국고로 운영된다고 해서 반드시 정부에 종속되는 것도 아니다. 예를 들어 앞서 본 한레티(Hanretty, 2009a)의 조사에 따르면, 국고-공영 방송의 독립성 순위는 대부분 중간보다 위쪽에 있고, 오스트레일리아의 ABC는 오히려 BBC보다도 높다(표 30 참조). 이 점은 정치적 독립성에서 중요한 것이 수신료냐 세금이냐가 아니라 정치 문화나 공영 방송의 수준이라는 점을 말해 준다.

그러나 그렇다고 해서 국고가 장점만 있다는 뜻은 결코 아니다. 지금처럼 '작은 정부'를 주창하는 신자유주의가 득세를 할 때, 과연 얼마만큼 공영 방송에 배려를 해 줄지 의문이라는 것이다. 이는 2000년에 수신료를 폐지한 네덜란드가 잘 보여 준다. 네덜란드는 수신료를 없애는 대신 공영 방송에 상당한 수준의 국고를 지원해 주기로 결정했다. 첫 두 해는 문제없이 지나갔으나 세 번째 해인 2003년에 새로이 들어선 정부가 공영 방송의 재원을 4년 동안 무려 8000만 유로나 삭감해 버렸다. 이 때문만은 아니겠지만, 당시 네덜란드 NOS의 인기는 크게 떨어졌다(Jakubowicz, 2007). 캐나다의 CBC 역시 이런 정부 정책의 변화 때문에 큰 타격을 입었고(Raboy & Taras, 2005), 오스트레일리아는 재원이 해마다 감소해 2010~2011 회계 연도의 전체 예산은 1985~1986연도의 75.6%에 불과해졌다. 그나마도 최근에 다소 오른 것이다

내 TV 수상기의 가격마저 넘어서면서 포탈evasion하는 가구가 기하급수적으로 늘어나 국고로 바뀐 경우다. 핀란드의 수신료는 2006년에 200유로에 달했다. 많을 때는 202만 가구까지 수신료를 냈지만 2011년에는 25만 가구가 감소되어 대도시에서도 수신료를 내는 가구가 70% 이하로 떨어졌다. 같은 기간에 유료 TV는 늘어, 방송이 상품이며 수신료는 이중 부담이라는 인식 또한 팽배해졌다. 따라서 국고 대체의 이유로 기술적 측면을 드는 사람들이 많지만, 오히려 수신료의 사회적 근거가 '노후화'되었다고 보는 것이 더 적절하다(Ala-Fossi, 2012).

(Miragliotta & Errington, 2012). 실제 버그(Berg, 2012)가 조사한 바에 따르면 수신료에 비해 국고는 확실히 변동의 폭이 컸고 안정적이지 않았다.

이처럼 1980년대 들어 수신료가 한편에서는 이전과 다를 바 없이 적절한 재원으로 간주되면서도, 다른 한편에서는 다른 재원에 의해 혼합되거나 대체되고 있는 상반된 현실의 가장 큰 이유는 현실적으로 경제적 부담이 커서 시청자의 지불 의사가 계속 낮아지고 있기 때문이다.[284] 수신료가 가장 잘 제도화된 영국이나 독일, 스웨덴, 일본조차도 인상의 폭에 상당한 한계가 있거나 수신료거부운동이 일어나는 등의 변화가 일고 있다. 특히 유료 방송이 보편화되면서 이런 추세는 강화되어 공영 방송으로서는 수신료의 '돈 값어치 value for money'를 해야 하는 부담이 커졌다.

영국의 경우, 일정 금액 수준 이상이 되면 수신료에 대한 지불 의사가 떨어졌지만,[285] 물가에 따라 연동되는 수신료는 해마다 인상되었다. 2011년 이후 6년간 동결시킨 최근의 조치는 공공 재정의 감축이라는 표면적 명분에 못지않게 이런 수신료의 '상방 경직성' 또한 반영한 것으로 보아야 한다. 광고료도 받지만 수신료가 재원의 대부분인 독일에서는 각 주 정부가 방송을 관할해 수신료를 인상하기 위해서는 이를 담당하는 독립적 기관(KEF)과 주 정부가 협의를 해야 한다. 그런데 2004년에 갑자기 주 정부가 KEF의 결정을 거부해 사달이 났다. 이유는 혈세(수신료)를 받는 공영 방송들이 비용을 줄이기 위해 필요한 개혁을 게을리하고 있다는 것이다. 결국 헌법재판소가 "주 정부에 의해 수신료가 정치적인 동기에 의해 좌우되는 것은 방송 자유의 원리

284 앞서 언급한 국고(세금)에 대비시킨 수신료의 여러 단점이 명목적인 이유이지만 이의 해결 과정이 각각 다른 점을 지켜보면, 단점은 큰 이유가 아님을 알게 된다.

285 한 조사에 따르면, 한 달에 10파운드일 경우 약 81%가 동의했고 15파운드가 될 경우에는 60%로 떨어졌다. 20파운드가 되면 과반이 안 되는 42%가 되었다. 조사 당시에는 10파운드였다(Terrington & Dollar, 2005).

를 해치는 것"이라고 판시해 줌으로써 공영 방송의 승리로 끝났지만 인상 수준은 당초 설정한 금액보다 내려가야 했다(Woldt, 2010, p.178).

역시 높은 수신료를 받는 스칸디나비아 국가 중 하나인 스웨덴에서는 새로운 문화부장관이 수 년 동안 수신료를 납부하지 않은 게 밝혀져 자리에서 물러나기도 했다. 스웨덴에서조차 수신료 미납이 상당히 만연해 있다는 말이다. 그래도 스웨덴에서는 최근 수신료의 대안으로 거론된 세금이 공영 방송의 국가 종속을 낳을 수 있다는 위험성 때문에 결국 현행을 유지하는 것으로 결정되었다(Engblom, 2012). 자발적 납부 방식을 고수해 공영 방송 나름의 자신감이 여전히 큰 일본에서도 수신료거부운동이 확산된 적이 있다(〈중앙일보〉, 2004. 12. 3). 한 직원의 횡령이 직접적 계기였지만, 기본적인 불만이 없다면 벌어지기 어려운 운동이었다. NHK는 이를 진정시키기 위해 대대적인 책무성 확보 계획[286]을 발표했다(안창현, 2008; 정수영, 2013).

286 이후 NHK는 위기를 성공적으로 극복하고 2011년에는 역대 최고의 수신료 수입을 기록한다(안창현, 2012d). 그동안 NHK는 크게 세 가지의 일을 하는데(안창현, 2011, 2012c), 이는 나중에 살펴볼 KBS에도 유용한 참고가 된다. 첫째는 거버넌스를 계속 손보아 책무성을 제고시키는 일, 둘째는 조직 개편 등을 통해 서비스의 질을 제고하는 일, 셋째는 인건비를 절감하는 일이다. NHK의 인원은 2007년 11,279명에서 2011년 10,394명으로 감소해 7.8%의 감소율을 보였다. 획기적으로 크지는 않다고 해도 이전까지는 없었던 일이다. 수신료 수입이 최고가 된 것은 이런 노력이 국민으로부터 인정을 받았다는 것을 의미한다. NHK가 창사 이래 처음으로 수신료 미납자에 '재산 압류'를 신청(안창현, 2006; 해외방송정보 편집부, 2010)해 수신료를 일부 강제화한 일도 수신료와 관련해서는 중요한 일이지만, 그간 수신료의 지불 의지가 계속 증가했던 것(2010년까지 계속 증가하다가 2011년 들어서는 조금 감소한다; 안창현, 2012b)에 비추어 볼 때, 반드시 이 때문에 수신료 수입이 증가한 것은 아니라고 볼 수 있다. 물론 이러한 과정에서 근본적인 대책이 강구되지도 않았고(안창현, 2008), 신자유주의의 구태가 반복된 것 역시 부인할 수 없다(Shuzo, 2013). 그러나 어떻든 NHK의 수신료에 대한 노력과 나름의 성공은 재원과 관련해 21세기의 공영 방송이 놓인 현주소를 잘 말해 준다.

(4) 수신료의 조건과 공영 방송의 유형적 차이

공영 방송이 수신료에 대해 증명해야 하는 '돈 값어치'는 공영 방송에 상당한 압력으로 작용한다. 같은 비용으로도 서비스의 질은 높여 국민의 부담을 줄여 줘야 하고 프로그램의 질을 위해 경쟁하는 선순환의 효과도 낳아 전체 방송 문화를 주도해야 한다. 이런 필요 때문에 1980년대 이후 방송에서는 경쟁성과 효율성을 위한 변화적 조치들이 취해졌고 강제적 성찰이라고 볼 수 있는 '감사audit'의 문화도 만들어졌다. 그 결과 BBC에서는 프로듀서의 선택 제도나 독립제작사에 대한 쿼터(25%) 같은 내부 시장화 정책이 도입되었고 인력의 경량화를 비롯한 구조 조정이 진전되었다. 보도의 공정성이나 다양성 같은 정치적 지적도 없지는 않았지만(예컨대, Curran, 1996), 상대적으로 유럽의 공영 방송에 수신료는 이처럼 주로 경제적인 책무에 집중된 문제였다.[287]

한레티(Hanretty, 2007)에 따르면 대체로 공영 방송의 거버넌스 구조와 재원은 같이 가는 요소다. 앞서 살펴본 공영 방송의 유형화는 이런 판단에 도움이 된다. 다섯 유형 중 수신료 재원에 가장 어울리는 것은 독립성을 잘 유지하는 '북방형'과 '코포라티즘형'이다. 가장 불리한 유형은 정치 세력에 의해 통제되는 '의회형'이며 이들은 주로 국고에 의존한다. 공영 방송의 정파성이 방송의 내용에 영향을 미치는 데 대한 시청자들의 반발이 크고 수신료 징수 또한 어려움을 겪으므로 아예 국고로 만들어 버린 것이다.

이러한 점 등으로 미루어 수신료는 독점으로 출발한 공영 방송이 일정한 경제적 여유와 고도로 안정된 정치성을 바탕으로 공정성과 고급 문화적

287 이 점이야말로 수신료 논의의 한계가 아닐 수 없다. 이렇게 주로 경제적 차원에서만 문제 제기되는 것 자체가 신자유주의가 득세했음을 보여 주는 하나의 징표이기 때문이다. 그러나 그래도 정치에서는 BBC가 다른 나라의 공영 방송에 비해서는 낫다는 상대적 우위, 논의를 주도하는 현실 권력(특히 대처 정부)의 성격, 실제 BBC가 해결해야 했던 난관의 정도 등으로 미루어 볼 때, 영국에서 경제적 문제가 중심이 되는 것은 어느 정도 불가피했다.

질을 추구하고 비용은 국민이 집합주의적으로 평등하게 지불하는 것을 방송에 대한 독립성의 증거와 참여로 간주하는 모델에서 성립된 재원이다. 이를 커런(Curran, 1996)은 사회 체제의 차원에서 국가의 매개 아래 (대)자본과 조직화된 노동, 시민사회의 다양한 세력 사이에 권력이 분점되면서 국민적 신뢰를 얻는 자유주의 코포라티즘[288]이라고 정리한다. 그에 따르면 1980년대 들어 공영 방송이 곤경에 처한 주요한 이유 중 하나도 신자유주의가 득세하면서 이런 코포라티즘의 기반이 약해졌기 때문이다. 요컨대 수신료는 자유주의 코포라티즘의 조건을 갖추지 못한 나라에서는 확립되기 어려운 재원인 것이다(조항제, 2012b). 여기에서 선후 관계가 분명하게 밝혀지므로 대체로 다음의 도식을 만들 수 있다.

그림 6. 수신료의 조건

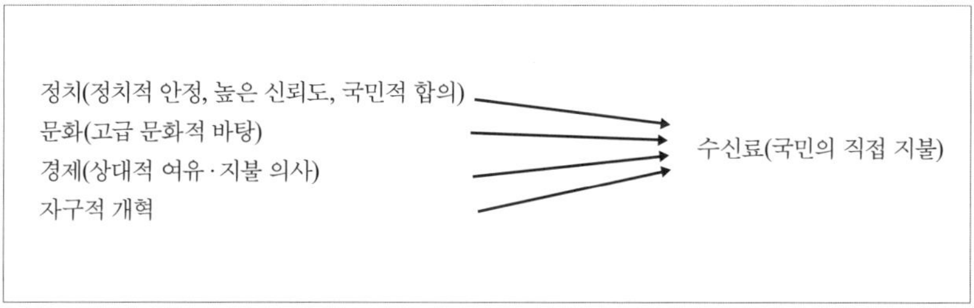

출처: 조항제(2012b).

288 이를 '사회민주주의'로 바꾸어 쓸 수도 있지만 그러면 외연이 너무 넓어진다. 자유주의 코포라티즘에서 내가 지적하고 싶은 핵심은 '분권'과 '균형'이다.

수신료의 기본적인 조건을 갖추었다고 해서 세부적인 얼개까지 같은 것은 아니다. BBC가 방송의 책임 아래 책정부터 나중의 감사까지 수신료의 전 과정을 책임진다면, 독일의 ARD 등은 앞서 본 대로 수신료를 산정하는 기관(KEF)이 따로 있고 이 기관에 주 정부가 개입하는 등 방송의 재량이 그렇게 크지 않다(Meier, 2008). 즉 이 공영 방송은 코포라티즘적 참여형 모델이고, 수신료는 '자율'이나 '독립'보다는 오히려 '책무'에 더 가까운 재원이다.

또 같은 수신료 재원 안에서도 운영 방식이나 뉴스 모델 등이 상당히 다른 경우도 있다. 핼린과 만치니(Hallin & Mancini, 2004)가 분류한 세 가지 미디어 시스템 모델 중 '북대서양형'에서 추구하는 개혁적 공정성은 스스로를 '감시자'가 아니라 '안내자'로 간주하는 일본 NHK의 체제적·관료적 공정성[289](Krauss, 2000)과는 큰 차이가 있다. 이런 공정성(들)은 방송이 만들어 정치권과 시청자들을 끊임없이 설득해야 얻을 수 있는 것으로 오랜 노하우와 뿌리 깊은 신뢰가 필수적이다. NHK의 체제적 공정성도 심각한 좌우의 이념 대결 이후 성립된 '55년 체제'의 50년에 걸친 지배와 '기적'으로 불린 고도성장기에서 충실한 정책 보도와 비상업성을 통해 얻은 성과다.

289 NHK가 일본의 정치인, 관료 등의 기성 구조로부터 거의 비판을 받지 않으면서도 국민으로부터 신뢰를 얻는다는 점에 주목한 것이다. 물론 이는 반대로 NHK가 기성 구조를 전혀 비판하지 않는다는 의미는 꼭 아니다. 그러나 최근 들어서는 이와 관련이 아주 없지도 않은듯하다. 그간의 NHK는 '방송,' '디지털화,' '광대역' 같은 말만을 앞세우고 '수용자,' '시민,' '인간,' '여론'을 무시해 왔기 때문이다(Watanabe, 2006).

그림 7. '높은 수신료 – 공영 방송'에서 유형적 차이와 공통점

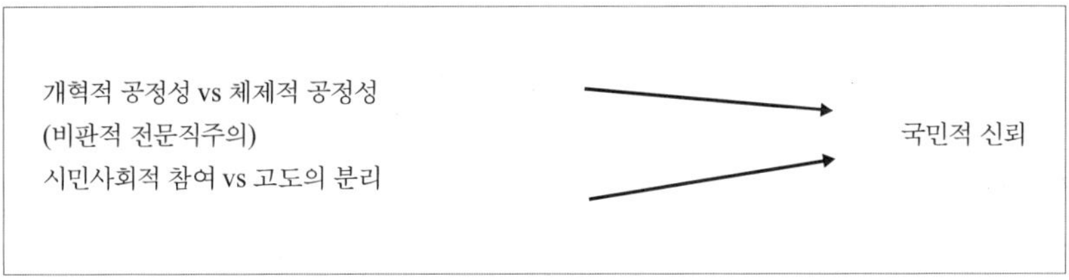

출처: 조항제(2012b).

다른 하나 빠뜨리지 않아야 할 중요한 점은 이들 방송에서는 '공영 방송은 수신료로 운영되어야 한다'는, 곧 국민적 방송이라면 국민 개개인의 동일한 부담으로 운영된다는 원칙에 큰 믿음이 있어 설사 수신료 결정이 매우 정치적으로 이루어진다 하더라도 손쉽게 광고 재원으로 회피하지 않았다는 점이다. 물론 광고라 해서 정치성이 그렇게 단순하지는 않다. 시장지향성이라는 본질적 약점을 부인하기는 어렵지만, 언제나 광고가 친체제성이나 편파성의 직접적 원인이 되는 것은 아니다. 미디어렙 같은 제도가 있어 광고주와 방송사와 직접 만나지 않는다면 더욱 그러할 것이다. 최근 프랑스의 공영방송법 제정 과정(성욱제, 2009)에서 '우파와 자본(광고),' '좌파와 국민(수신료)'이라는 기존의 통념적 친화성과 반대의 경향이 나타난 것도 이 같은 경험이 배경이 된다.

또 이 점에는 상업 방송의 압력성 로비가 상당하다는 점 또한 감안해야 한다. 공영 방송의 광고를 강도 높게 비판해 왔던 상업 방송은 프랑스와 스페인의 경우 공영 방송의 광고 중단으로 자신의 부담분(목적세)보다 훨씬 더 많은 이익을 거두었고, 오히려 재원이 축소된 공영 방송은 활동에 상당한 제약을 받아 경쟁 대열에서 탈락할 위험성을 감수해야 했다(Arriaza Ibarra, 2009, 2013; Blasco Gil, 2010).

(5) 수신료와 제3세계 방송[290]

이러한 논의의 무대를 정치적·경제적 안정성이 취약했던 제3세계 비서구 사회로 옮겨오면 많은 부분이 달라질 수밖에 없다. 이들이 방송을 도입할 때의 상황, 즉 대부분 식민지 상태이거나 갓 독립했던 때를 돌이켜 보면, 수신료 재원 및 방송의 대중 보급을 통한 국민적 참여와 방송의 정치적 분리·책무 모델은 불가능하지는 않았더라도 매우 어려웠던 것임을 알 수 있다. 특히 민영 상업 방송에 비해 국가의 보호적 개입이 불가피한 공영 방송은 제대로 된 민주주의를 하기 어려웠던 나라에서는 애초부터 정착되기 힘들었던 제도다. 문화적 측면에서도 서구적 의미의 고급 문화를 갖지 못해 국민적 재원(수신료 같은)을 통해 지키고 육성해야 했던 자원이 그렇게 크지 못했다.

더구나 이들 나라에서 민주화가 시작된, 달리 말해 방송 제도에 대한 국민적 논의가 시작된 연대는 1980년대로, 서구에서는 탈규제가 전반적 추세가 되어 오히려 기존 공영 방송의 위기가 나타난 때다. 서구적 시간과 제3세계의 시간이 맞지 않는 것이다. 따라서 지금에 이르러 이들 나라에서 이상적인 공영 방송을 찾는다는 것은 사실상 불가능한 일이다.[291] 공영을 표방하는 많은 방송들이 외부의 정치화된 개입이나 상업적 편성으로 자신의 정체성을 찾지 못하고, 우수한 프로그램을 생산하고 탄탄한 제작 기반을 갖춘 방송은 오히려 상업 방송인 경우가 더 많다는 것이다.[292] 만약 공영 방송이 단순한 방

290 이 부분은 조항제(2012b)를 보완했다.

291 이에 대해서는 핼린 등이 편집한 최근의 책(Hallin & Mancini eds. 2012)을, 특히 동구권에 대해서는 야쿠보위츠 등이 편집한 책(Jakubowicz & Sükösd eds. 2008)을 참조할 수 있다. 오스트레일리아의 맥락에서 공영 방송을 비판적으로 검토한 예는 자카 등(Jacka, 2003; Flew, 2006)을 들 수 있다.

292 예를 늘어, 브라질의 상업 방송인 TV 글로보는 민주화된 정치 상황에 발맞춰 뉴스 조직을 바꿈으로써 달라진 시대상을 반영하고 시청자의 계속된 지지를 얻어 냈다(Porto, 2012). TV

송 제도 중 하나가 아니라 앞서 보듯이 그 사회의 정치·경제·문화 체제의 복합적 산물이라면 아직 비서구 사회에서는 그런 바탕이 만들어지지 않았다는 말이 된다.[293]

수신료는 공영 방송이 시민사회적 참여를 보장하거나 아니면 고도의 방송 전문직주의를 실현하는데서, 또는 그 결과로 국민적 신뢰를 얻을 수 있는 공정성·독립성을 실현하는데서 가능성과 현실성이 찾아진다. 일정 수준의 민주주의와 경제적 부 같은 기초적 전제가 필요함은 물론이다. 이 점은 수신료가 정당 간의 단순 합의에 의해 결정될 수 있는 정치적 문제이거나 경제적 부만 달성되면 쉽게 처리될 수 있는 금전적 문제, 또는 (고급) 문화적 질만 유지해 상업 방송과의 차별성만 외치면 저절로 해결될 수 있는 문화적 문제만이 아니라는 점을 말해 준다. 특히 디지털로 형태 변환을 꾀하면서 수신료 외의 다른 재원이 불가피한 현재의 시점에서 수신료는 미래 문제이기도 하다. 국민들은 미래의 공영 방송에서 자신의 부담(또는 기여)이 어떻게 역할을 하는지 반드시 알아야 하기 때문이다.

(6) 수신료의 운용 형태

수신료를 징수하는 방식이나 인상 등을 결정하는 운용 형태는 실용적인 문제에 속하는 것으로 앞에서 논의한 차원의 '종속 변수'다. 즉 공영 방송의 지

글로보는 1964년 쿠데타 이후 집권한 군부 독재 정권과 유착 관계에 있었고 이후에도 브라질 정치의 고비마다 상당한 영향력을 행사했던 방송이다(조항제, 2003a).

293 앞서 본 대로 스페인에서는 2009년 프랑스를 본 따 공영 방송 RTVE의 주 재원을 미디어 관련 사기업에 부과시키는 방식의 법을 통과시켰다. 그러나 이 과정에서 국민의 일부를 심층 인터뷰한 결과, 놀랍게도 대상자의 62%가 수신료를 낼 수도 있다고 응답했다. 이 점은 충분한 정보가 주어지고 환경만 조성된다면 스페인에서도 수신료 재원이 얼마든지 가능하다는 증거가 된다(Semova, 2010).

위가 상대적으로 높은 곳에서는 방송사가 징수에 직간접적으로 관여하거나 방식 역시 덜 강제적이고, 그렇지 않고 낮은 곳에서는 세금으로 간주하거나 전기료 같은 것에 병산되어 징수가 더 강제적이다. 후자의 예로 그리스와 터키(전기료), 보스니아와 몬테네그로(전화료)를 들 수 있다. 세금과 유사하게 수신료를 징수하는 곳은 이전의 네덜란드나 프랑스다. 아일랜드는 우체국을 통해 징수해 방송사가 직접 하는 것보다 강제성이 강하다. 스위스나 오스트리아는 이보다 덜하게 독립적인 기구를 통해 징수한다. 영국, 독일, 노르웨이, 덴마크, 이탈리아 등은 방송사가 직접 징수해 앞의 나라들보다 강제성이 좀 더 낮다(Denk, 2010). 이와 지정학적 위치가 다른 일본 역시 자율적이다.

그러나 그렇다 해서 미납자에 대한 처벌 같은 기본적인 강제성조차 없는 것은 아니다. 가장 모범적이라는 영국에서도 수신료 미납자에 대한 처벌은 매우 엄격하다. 미납자는 기록으로 남기며 1000파운드의 벌금을 매긴다. 벌금을 물지 못하면 형사 처벌된다. 이는 가벼운 절도나 폭력, 기물 파손보다도 무거운 처벌이다(Revoir & Doyle, 2012). 그런데도 2008년부터 2011년까지 영국에서 수신료 미납자는 20% 이상 늘었다.[294] 2011년의 경우에는 1만 5000가구가 12개월치(145.50파운드)의 수신료를 미납해 형사 소추되었다. 이런 BBC와 달리 법에 수신료 납부 규정이 아닌 계약 체결 규정만 있는 NHK는 민사상 처벌 규정을 통해 납부를 독촉하거나 강제 집행을 실시한다. 이런 NHK가 계약률 및 납부율이 75% 전후에 이른다는 것은 매우 놀랄만한 것이다(정수영, 2013). 수신료의 자발성에 관한 한 NHK는 세계에서 가장 모범적인 공영방송이다.

수신료의 강제성은 시민이 제도로 하여금 스스로 책임질 수 있게 만드

294 이런 미납의 이유만은 결코 아니겠지만 BBC의 수신료는 2011년 이후 6년간 동결되었다.

는 세 가지 방법, 곧 '요구voice,' '충성,' '거부exit' 중 거부의 권리를 제한하는 문제가 있다(Collins & Sujon, 2007). 이는 그런 강제의 방식이 더 많은 복지를 낳을 수 있다는 다른 차원의 주장(Robinson, Raven & Low, 2005)과 별개로 공영 방송이 조금이라도 대중적 설득력을 얻지 못하게 될 때, 예를 들어 책무성의 준수에 등한하거나 프로그램이 대중의 외면을 받아 수신료의 가치를 구현하지 못하거나 수신료를 어느 선 이상으로 과도하게 올릴 때는 상당한 수준의 저항에 부딪힐 수도 있는 가능성을 보여 준다.

수신료의 인상이나 동결을 결정하는 주기는 부수적이기는 하지만 그 나라나 사회가 얼마만큼 공영 방송의 자율을 보장해 주는가와 직접적인 연관이 있다(Benson & Powers, 2011). 예를 들어 벨기에 같은 나라는 매 5년 동안 새로운 계약을 통해 인상을 결정한다. 덴마크는 4년, 스웨덴은 3년이다. 독일은 수신료 산정 기구인 KEF를 통해 2년마다 하며, 프랑스나 노르웨이, 아일랜드, 일본은 매년 결정한다. 영국은 6년 스케줄을 가지며, 의회에 의해 매년 추인된다.

(7) 수신료의 추세와 공영 방송의 노력

지금까지 살펴본 대로 수신료 재원의 추세에는 명암이 교차한다. NHK의 조사에 따르면 공영 방송을 채택하는 41개국 중 수신료를 받는 공영 방송(21개국)이 그렇지 않은 공영 방송보다 한 개가 더 많다(20개국). 수신료를 받는 공영 방송은 대부분 유럽 소재의 나라들의 것으로, 일본과 한국, 파키스탄, 몽골 정도가 예외다(NHK; 정수영, 2013에서 재인용). 경계선에 있는 국가로 터키나 이스라엘, 또 다른 영어권인 남아프리카공화국도 있다. 상대적으로 모범적인 공영 방송 중 수신료 재원을 쓰지 않는 나라는 캐나다나 오스트레일리아 같은 영어권 국가들과 네덜란드, 벨기에, 핀란드 등 최근 들어 국고로 옮긴 나라들이다. 프랑스나 스페인은 기존의 광고를 공공적인 것으로 바꾸면서 수신료 대신 역시 국고를 선택했다. 동구권 국가들은 문제는 많지만 서구를 따라 대부분 수신료 재원을 쓴다.

그러나 이와 상반된 움직임 또한 나타나고 있는데, 예를 들어 독일이나 스웨덴, 노르웨이 등은 기왕의 수신료 재원을 강화하거나 재확인했다. 영국은 최근에 수신료를 동결시켰으나 그전까지는 수신료를 물가 인상에 맞춰 착실하게 인상시켰다. BBC 자체의 조사이기는 하지만 영국의 시청자들은 BBC의 가치가 수신료의 액수를 넘어선다고 평가했다(Terrington & Dollar, 2005). 대체로 북방형(자유주의), 코포라티즘 쪽 나라들에서 수신료에 대한 지지와 철회가 공존하는 반면, 상대적으로 지중해형 다원주의 나라들에서는 수신료의 난점이 여전하면서 국고에 대한 의존도가 높아지고 있다. 비유럽권에서는 미국과 영국의 영향을 같이 받은 나라들인 영연방이 처음에는 수신료로 했다가 나중에 국고로 대체했다. 가장 중요한 이유는 역시 시청자들을 계속 설득하기 어렵게 조건이 바뀌었기 때문이다. 2000년대 중반기에 수신료거부운동으로 어려움을 겪었던 일본은 강도 높은 개혁으로 다시 시청자들의 지지를 되찾았다.

이 점 등이 의미하는 바는 재원 자체보다는 재원의 조건, 곧 공영 방송에 대한 국민적 합의와 그 결과를 도출하는 과정이 더 중요하다는 것이다. 따라서 만약 수신료를 재원으로 해야 한다면 공영 방송을 공영 방송답게 만들어야 하고, 이를 뒷받침하는 정치 문화, 곧 자유주의 코포라티즘을 위한 노력을 병행해야 한다. 많은 유수의 공영 방송들은 지금도 이런 방송과 정치를 위해 최선의 노력을 다하고 있다. 공영 방송은 정치 사회적 진공 상태에서 존재하지 않으며 수신료는 많은 대가를 요구하기 때문이다.

2) 한국 수신료의 정체停滯와 부정적 연합

(1) 수신료의 역사성

한국 방송에서 수신료 — 처음에는 '시청료' — 는 경제적 부담이 큰 텔레비전의 도입 이후부터는 '선택의 대상'이 아니었다. 비용이 저렴한 라디오 때는 그래도 국고로 가능했다. 그러나 인프라의 부재로 이미 한 번 망한 주파수를 이어받은 텔레비전(KBS TV)은 생존을 위해 모든 가능한 재원을 끌어 모아야 했다. 특별법까지 만들어 광고를 유치했고, 기존의 보급분 일부와 새로이 외상 판매된 수상기에 대해서는 신문 요금 수준의 시청료를 부과했다. 이후 수신료는 앞서 역사에서 본 대로 1969년 광고가 중단되면서부터 KBS의 중추 재원이 되었고, 공사화된 1973년부터는 유일한 재원이 되었다. 그러나 사실 이때까지만 해도 수신료는 방송 '시청'의 반대급부라는 경제적 의미가 컸고, 정치적 의미는 거의 없었다.

수신료가 공영 방송의 이념적 의미와 연관되기 시작한 시기는 역시 제도로서 공영이 확립된 1980년 이후부터였다. 공영 제도의 특성이 BBC나 NHK 등의 세계적 브랜드들을 통해 본격적으로 연구되기 시작하면서 수신료에 대한 인식도 달라지기 시작한 것이다. 이미 이때는 TV가 컬러화되면서 수신료가 2500원이 된 후였다(흑백은 800원이 그대로였다). 그리고 한국 방송의 역사에서 가장 중요한 역사적 사건 중 하나인 'KBS시청료거부운동'이 준비되던 때였다. 시청료거부운동은 앞에서도 살펴본 대로 체제에 대한 반대 운동으로 곧바로 발전하지만, 발발의 직접적인 계기는 공영 방송의 이념과 수신료 문제였다. 수신료에 대중을 자극하는 요소가 분명히 있었다는 것이다.

이를 알아보기 위해 먼저 살펴볼 필요가 있는 것은 이 2500원이 과연 '기존의 것의 인상이냐,' '새로운 것의 책정이냐'다. 만약 컬러텔레비전을 새로운 서비스로 본다면 책정이 맞는 표현이다. 그렇지 않고 기존 서비스의 연장의 성격이 강하다면 인상이 되어야 할 것이다. 당시 컬러 도입이 준비 없이 결정되어 서비스의 질이 상당 기간 동안 기존의 흑백 그림에 색깔만 입힌 낮은 수준의 것을 벗어나지 못했음은 틀림이 없는 듯하다. 디바이스가 바뀌었지만 서비스가 크게 상향되지는 못했다는 뜻이다. 그러나 그렇다고 컬러를 흑백과 같게 볼 수는 없을 것 같다. 한국에서 컬러텔레비전은 전 세계에서 유례없을 정도로 빠르게 보급되었는데, 이 속도는 당시 시청자들의 새로운 서비스, 곧 컬러에 대한 수요를 반영하는 것으로 볼 수 있다. 이로써 당시 수신료 2500원은 미흡했던 서비스 수준과는 관계없이 '책정'이 맞는 표현이 된다.[295] 그러나 이 책정은 컬러가 흑백을 급격히 대체하고, 보급 또한 지불 능력이 낮은 중하층으로 내려가면서 점차 인상의 느낌이 강해지기 시작한다.

둘째, 2500원이라는 돈의 절대액 문제도 따져볼 필요가 있다. 당시 이 액수는 흑백인 800원(이도 전해 대비 25%나 오른 것이다)의 세 배가 넘었다. 물론 다른 나라에서도 제작비가 많이 드는 TV의 컬러화는 수신료를 인상시켰다. 그러나 이를 감안하더라도 2500원이 한국 서민의 가계에 상대적으로 '큰 돈'이었다는 점이 변하는 것은 아니다. 권호영(2004)의 추론에 따르면 한국의 경우 1984년 기준으로 수신료가 소득 대비 1.65의 부담이었는데 비해 일본은 0.32, 영국은 0.79, 독일은 0.68 정도 되었다. 당시 2500원은 일본의 수신료에 비해서는 약 5배, 영국에 비해서는 2.1배, 독일에는 2.4배 정도 부담이 큰 액수였던 셈이다. 유럽 평균에 비해 보면 약 2.5배에 달했다(홍병유; 권호영, 2004에서 재인용). 따라서 이 돈이 끼친 국민적 부담의 정도는 상당히 컸다. 흑백텔레비전의 수신료가 없어진 1984년에 오히려 컬러텔레비전이 그렇게 많이 보급되지 않았을 전남의 농촌에서부터 시청료거부운동이 벌어지는 것은 결코

295 나는 2012년(소항제, 2012b) 때만 해도 이를 인상으로 생각했다. 책정이 더 정확한 표현이라는 것을 일깨워 준 KBS의 김대식 박사에게 감사한다.

우연이 아니다.[296]

셋째, 액수도 액수지만 이 수신료의 결정은 국민적인 논의가 전혀 없이 일방적으로 이루어진 것이다. 물론 참고 사항조차 없지는 않았다. 신문 구독료는 시청료가 처음 책정된 1961년부터 근거로 활용되었는데(한국방송공사, 1977), 1981년에도 그랬던 것으로 보인다. 당시 신문은 4면이 증면되어 12면이 되면서 1500원에서 2500원으로 인상되었다. 물론 이를 공영 방송에 어울리는 국민적 기준으로 볼 수는 없다.

더 큰 문제는 당시 방송 전체를 국가화하면서 고가의 수신료로도 충당하기 어려울 만큼 자금 소요가 발생했다는 점이다. 헐값이기는 했지만 TBC를 매입했고, 서울·부산에 국한되어 있던 KBS 2TV의 방송망을 전국적으로 확장했으며, 컬러화에 따라 각종 기자재비와 제작비가 또한 크게 상승하면서 KBS는 결국 1TV에도 광고를 도입하지 않을 수 없었다. 이는 결국 원칙 없이 광고를 도입했던 이전의 1961년 때를 반복한 것으로, 급기야는 시청료를 거부당하는 빌미까지 제공하게 된다.

1985년부터 전국적으로 확산되기 시작한 'KBS시청료거부운동' 또는 'KBS안보기운동'으로 '공영 방송' KBS가 받은 타격은 매우 컸다. 이 운동의 의의는 앞서 본 대로 사실상의 국영 방송의 '시청료'를 시청자(국민)의 이름으로 공영 방송의 텔레비전 방송 '수신료'로 재호명하고, 지위 또한 이전의 조직법(한국방송공사법, 21조)에서 본 법(1987년 방송법, 4장)으로 재규정하게 한 것이다. 다시 말해 한국의 시청료는 이 운동을 통해 비로소 '텔레비전방송 수

296 1984년에 컬러 수상기의 보급 대수(약 418만 대)가 흑백(약 350만 대)을 역전하자 시혜의 차원에서 흑백의 수신료가 면제되었다. 그러나 오히려 이 해에 전남의 농촌에서부터 시청료거부운동이 벌어지는 것은 컬러가 흑백을 대체하는 속도가 빨라 이미 2500원의 수신료가 대세가 되기 시작했다는 점을 방증한다.

신료'라는 공식적 이름을 다시 얻었다.[297] 의미에서도 수신료는 공영 방송이 존립하기 위해 먼저 갖춰야 하는 '필요조건'이 아니라 공영 방송임을 스스로 증명해야 비로소 얻을 수 있는 '충분조건'으로 전이되었다(조항제, 2012b).

1987년의 민주화 이후 시청료거부운동의 열기가 서서히 식고, 징수가 전기료에 병산되는 방식으로 바뀌어 사실상 모든 국민이 수신료를 부담케 된 1994년이 되면서 수신료의 경제적 측면은 정상화되었다. 물론 병산의 결정 역시 일방적이었고 세금 이상으로 강제적인 수단이어서 수신료의 정치적 측면까지 제 모양을 찾았다고 볼 수는 없다. 그러나 이 조치를 통해 1TV에서 광고가 사라졌고 공영 방송의 정체성이 적어도 외형적으로는 확립되었으며 수입 비중에서도 수신료가 40%를 넘는 등의 긍정적인 효과가 있었다. 수신료가 정말로 공영 방송이 국민과 직접적으로 만나는 하나의 접점, 또는 서로의 연대감을 만드는 계기라면(Picard, 2005), 공영 방송에 대한 국민적 주권을 주창한 시청료거부운동이 사실상 일단락된 1994년은 최소한의 원칙이 충족되었다는 의미에서 한국 텔레비전 수신료가 기산되는 원년으로 볼만하다[298](조항제, 2012b).

1998년에는 IMF 위기를 만나면서 수신료가 가진 상대적 가치가 더욱 빛나게 되었다. 광고비가 격감하자 안정된 재원으로서의 수신료의 중요성이 재인식된 것이다. 사실 맥킨지를 비롯해 많은 전문가들이 수신료의 가치를

297 나중에 공영 방송의 운영을 위한 '특별 부담금'으로 헌재에 의해 유권적으로 정의된 것에 비추어 볼 때, 과연 기계적 느낌을 주는 수신료라는 이름이 적절한지는 재고의 여지가 많다. 특히 유료 방송이 급격히 늘어나고 수상기는 N스크린이 되는 시대에 정작 자신은 매체(무선 방송)를 잃어버리면서 수신의 어의는 더욱 부적절해졌다. 함의로만 본다면 '공영 방송 요금'으로 하는 게 가장 맞을 것이다.

298 소득 대비 부담 역시 1994년이 되어서야 비로소 일본과 비슷해진다(권호영, 2004). 가계 소득에 어울리는 적정가액이 되었다는 뜻이다.

강조한 이유가 바로 여기에 있다. 불확실한 경기에 의존해야 하는 광고료나 해마다 달라질 수밖에 없는 국고는 공영 방송에 상당한 불안정성을 안겨 주기 때문이다. 2000년에는 통합 방송법이 제정되면서 드디어 수신료 결정이 국회의 승인을 필요로 하는 국민적 논의 사항이 되었다. 이전에 있었던 헌법재판소의 판결[299]을 추인한 것이었지만 수신료의 법적 절차가 처음으로 성문화되는 의의가 있었다.

수신료가 이런 내적 변화 과정이나 여러 차례의 인상 시도 — 특히 2007년과 2012년 — 를 거쳤음에도 불구하고 여전히 1980년 수준으로 묶여 있는 것[300]은 그간의 민주화와 야당 집권 같은 정치적 변화에 비추어 볼 때 매우 기이한 현상이 아닐 수 없다. 대체로 정상적인 인상으로 볼 수 있는 독일이나 영국의 사례에 비추어 본다면, 그 기간 동안에는 적어도 2배 이상은 올라야 하는 것이다.[301] 이렇게 수신료가 정체된 데에는 다음에서 살펴볼 한국

299 1998년 헌법재판소의 판결은 수신료의 역사에 중요한 전기가 된다. 이 판결의 요지는 크게 두 가지인데, 하나는 수신료의 정체를 공영 방송의 운영을 위한 '특별 부담금'으로 정의한 것이고, 다른 하나는 "수신료의 결정 행위는 입법자가 스스로 결정하여야 할 사항"(헌법재판소 1999. 5. 27. 선고 98헌바70)이라고 한 부분이다. 공영 방송과 시청자 사이에 '특별하고도 긴밀한 관계'를 설정하고 국회의 절차적 승인을 필요로 하는 이 결정으로 시청자들은 시청료거부운동을 펴기가 훨씬 쉬워졌다. 다소 단순화시켜 말하면, 헌재조차 수신료가 공영 방송의 충분조건임을 인정한 것이다. 헌재의 정의가 수신료 납부(계약)가 자율인 일본의 '공적 부담금'을 본 뜬 것(안창현, 2009)이므로 이런 지적을 무리라고 하기는 어렵다. 이에 대한 비판적 검토는 박선영(2002)을 참조할 수 있다. 박선영의 비판은 '집합적·보편적 징수'라는 공영 방송 재원의 서구적 원칙에는 잘 어울리지만 수신료가 가진 한국적·정치적 맥락에는 다소 둔감하다.

300 물론 절대액의 인상은 있었다. 기산의 원년으로 설정한 1994년의 3609억 원은 2012년 6060억 원으로 70% 가까이 늘어났다.

301 독일의 경우에는 1983~2009년 사이 112% 인상했고, 영국의 경우에는 더 많이 올라서 1981년의 46파운드가 2009년에는 142.50파운드로 3배가 조금 넘게 인상되었다(한국방송공사, 2012; 박주연·심영섭, 2012).

표 33. 한국 수신료의 내적 변화 과정

연도	역사적 사건	수신료에 미친 영향	의미
1980	시청료 2500원 책정	국민적 부담이 큰 수신료 액수의 결정	과거와 같은 방식으로 수신료 제정
1985	KBS시청료거부운동	국민에 의한 시청료의 재호명('시청료'에서 '수신료'로 명칭 바뀜)	국민과 공영 방송의 관계 재정립
	흑백 수상기의 면제	수신료 총액의 감소	컬러 수상기의 빠른 보급이 요인
1994	수신료의 전기료 병산	1TV의 광고 중단, 수신료의 절대적 인상 효과	수신료 기산의 사실상 원년
1998	IMF 위기	수신료의 상대적 인상 효과	수신료 재정의 중요성 재인식
	헌법재판소 결정	수신료의 성격 규정(특별 부담금)	공영 방송과 시청자 사이에 '특별하고도 긴밀한 관계' 설정
2000	방송법 제정	수신료의 '국회 승인' 절차 명시	수신료에 대한 국민적 논의 절차의 첫 성문화
	유료 방송(케이블 TV)의 보편화	수신료를 이중 부담으로 인식함	유료 방송 체제와 공영 방송 수신료의 관계 정립 필요성 대두
2007	1차 수신료 인상 시도	수신료 문제의 심각성 인식	수신료 연합의 결성
2012	2차 수신료 인상 시도	수신료와 디지털 문제 연계	수신료 인상의 본질적 문제 재인식

출처: 조항제(2012b)의 일부 수정. 강조는 필자.

식의 "부정적 연합"(Syvertsen, 1991)이라 부를 수 있는 이유가 작용했다.

(2) 수신료 인상의 부정적 연합

한국 방송 체제론과 국가 기간 방송 한국에서 수신료 인상이 어려운 이유 중에서 쉽사리 고치기 어려운 '구조적'인 것은 한국의 방송 체제가 지상파 방송 일반을 중심으로 해 공영 방송을 특화시키지 않는다는 점이다.

잘 알려져 있다시피 한국 방송의 법제에서는 한국방송공사나 교육방송공사, 또 방송문화진흥회 같은 조직에 관한 법(조항)은 있지만 공영 방송에 대한 기본법은 존재하지 않는다.[302] 이 체제에서는 KBS 1TV만 비공식적으로 예외가 될 뿐, 광고에 의존하는 방송들, 곧 완전 상업 방송인 SBS나 혼합적 형태로 공영 방송임을 주장하는 MBC, 공영 방송인 KBS 2TV나 심지어는 교육방송인 EBS 모두 별반 차이가 없다. 이런 조건에서 KBS가 수신료를 올려 받기란 쉽지 않다.[303]

이 점과 관련해 검토해 볼 필요가 있는 것은 방송법(43조 1항)에서 KBS를 별다른 설명 없이 '국가 기간 방송'이라고 부르는 점이다. '기간 방송基幹放送'의 말은 일본에서 온 것으로 보인다. 공영 제도를 도입했던 1980년대 초 사람들(이원홍, 허문도 등)이 2TV를 새로이 편입해 '기간 방송'인 1TV와 구분하면서 다음과 같이 이 말을 처음 썼기 때문이다. "제1TV는 전 국민을 대상으로 하는 국내 **기간 방송**으로서 보도와 교양 방송에 주력하고, 제2TV는 전국의 도시권을 중심으로 생활인을 위한 다양한 정보와 건전한 오락 방송에 비중을 두고 제1TV의 기능을 보완 한다"(한국방송공사, 1987, p.683; 강조는 인용자).

일본에서 기간 방송은 1960년대에 NHK가 자신을 상업 방송과 구별하기 위해 제안했던 개념이다. 뜻은 "다수의 광범위한 시청자가 기술적·경제적으로 용이하게 방송 서비스를 향유"할 수 있고, "국민 생활의 충실화, 다채로운 문화 창조, 활력 있는 사회 구축 등에 기여"하는 제도적 역할을 부여받

302 강형철(2013)에 따르면, 공직선거법 8조 7항에서 한국방송공사와 방송문화진흥회가 최다 출자자인 방송사업자(문화방송)를 공영 방송사로 지칭하는 게 유일하다고 한다.

303 그러므로 KBS에 가까운 존재는 유럽처럼 박물관이나 미술관, 도서관 같은 공공적 고급 문화 제도(이용자에게 일정한 요금을 받는)가 아니라 같은 지상파 방송이면서 대중적인 MBC, SBS 등이다. 이런 측면에서 영국 학자 머독(Murdock, 2005)이 주장하는 공공적 연대는 한국에서는 사실상 불가능하다.

았으며, 이를 위해 정당하게 프로그램이 규제되는 방송이다(정수영, 2013). 꼭 기간 방송 같은 명칭이 아니더라도 1TV는 여러 측면에서 차별성이 있지만, 불행히도 2TV는 아니라는 점에 공영 방송의 한국적 혼란이 있다.

이 점은 2004년에 한나라당이 발의한 '국가기간방송법(안)'에도 반영되어 있다. 이 법은 수신료 인상을 전제로 KBS와 EBS를 일본 NHK와 유사한 기간 방송으로 만들고 경영위원회와 국회가 예산과 결산을 통제하게 한다. 경영위원회 역시 지금의 이사회와는 다르게 국회가 구성하게 되어 있다. 그러나 이 법안은 법 자체 외에 법의 파급 효과, 예컨대 공영 방송과 사실상 같은 의미인 기간 방송에서 MBC가 제외되는 문제, 기간 방송과 지상파 방송을 구분함으로써 나타날 수 있는 한국방송광고공사의 역할 범위와 해체 문제, 광고를 하는 KBS 2TV의 민영화 가능성의 문제 등에 대한 비판을 불러왔다(조준상, 2008).

이 법은 일본의 '일공영 다민영' 방식을 염두에 둔 것처럼 보인다. 주지하는 바대로 일본은 지상파 방송이 1개의 공영 방송과 5개의 민영 상업 방송으로 구성되어 있다. 공영 방송인 NHK는 거의 100%에 가까운 수신료로 운영되면서 매우 모범적인 외양을 갖추고 있지만 상대적으로 정치를 비롯해 일본을 지배하는 권력 구조 전반에 대한 비판 기능이 약하다는 게 정설이며(Krauss, 2000), 5개의 상업 방송 사이에 시청률 경쟁이 치열하게 벌어져 텔레비전이 재미있고 선정성이 높다. 또한 독특하게 소유 관계에서 방송과 신문이 서로 연계되어 있다. 그러므로 이 구조와 한국 방송(특히 공영 방송)을 비교하면, KBS는 1TV와 2TV를 분리하고 EBS는 1TV와 합치거나 연계하며, KBS의 예산은 국회에 의해 통제받아야 하고, 2TV와 MBC는 지금의 혼합 구조를 버리고 완전히 상업 방송이 되어야 하는 것이다. 이를 놓고 보면, 놀랍게도 전 경련이나 과거 한나라당 같은 보수 측에서 간혹 흘러나온 바 있는 '방송 개혁론'과 상당히 유사함을 알 수 있다.

각 나라나 사회가 성격이 다르므로 공영 방송의 이념을 본질적으로 판단해 NHK 스타일이라고 해서 무조건 거부하는 것은 그리 현명한 일이 아니다. 그러나 민주화 이후 재확립된 한국의 공영 방송은 NHK와 권력 구조를 보는 시각이 전혀 다르다. 그런 면에서 노조도 먼저 만들고 파업도 먼저 한 MBC가 공영 방송의 대열에서 빠져야 하는 것은 법안의 타당성 여부를 떠나 이면에 깔린 정치적 의도를 의심해 봐야 하는 경우다. 꼭 이 법이 아니더라도 MBC와 KBS 2TV의 민영화가 마치 '주문'처럼 되풀이되어 왔고,[304] 반대로 SBS 이후 상업 방송에 대한 여론이 좋지 않았던 한국의 방송판 나름의 경험칙을 생각해 보면 이런 의심은 설득력이 있다.

공영 방송의 임무를 규정하고 차별성을 도모하는 기본법이 필요한 것은 사실이지만, 이에 앞서 반드시 고려해야 하는 것은 한국 방송이 성장해 온 역사적 과정이고 그 결과물인 현재의 특성이다. 대체로 지금까지는 협소하게 공영 방송을 경계 짓기보다는 광고 의존도는 높지만 상대적으로 안전판(광고공사의 관리)이 있는 지상파 방송 전체의 공공성을 중시했다. 이 구도의 장점은 SBS가 오히려 MBC에 가까워지는 역수렴 현상이고, 단점은 KBS 2TV가 광고에 의존함으로써 생기는 일종의 하향 평준화와 획일화다. KBS가 2TV 때문에 '수신료를 받지 않는 공영 방송'인 MBC와 별 다를 바 없어지고, 심지어는 완전 상업 방송인 SBS와도 경쟁을 벌여야 하는 것이다.

수신료와 책무성 수신료에 국한된 것은 아니지만 한국의 공영

304 윤석민 · 이현우(2008)에 따르면 이 민영화론은 방송 미디어 및 공영 방송에 대한 이해가 부족해 그저 공기업 일반에 대한 것을 부주의하게 방송에 남용한 것에 불과하다. 그럼에도 이런 주장이 먹히는 이유는 한국의 방송(특히 MBC나 KBS 2TV)이 이상적 모델과는 다르게 '기형적'이라는 자의식 때문이다.

방송의 특성과 관련되어 늘 나오는 문제 중 하나는 책무성이다. 책무성은 개념 면에서 기왕에 많이 쓰인 책임성과 상당히 다르다. 호지스(Hodges, 1986)에 따르면 사회적 책임이 미디어와 저널리스트에 충족시켜 주길 기대해야 하는 사회적 필요성이라면, 책무성은 이러한 책임을 다하도록 하기 위해 사회가 미디어와 저널리스트에 하는 요구다. 최근 논의의 주창자 중 한 명인 맥퀘일(McQuail, 2003)은 공영 방송에 필요한 책무성은 수동적인 '귀책성liability'이 아니라 적극적인 '답책성answerability'의 형식이 되어야 한다고 주장한 바 있는데, 이는 단순히 법의 준수나 필요성의 주창에만 그쳐서는 높은 수신료에 대한 시청자들의 자발적·개별적 지불 의지를 끌어내기 어렵다고 보았기 때문이다.

그런 측면에서 책무성은 다양한 차원에서 다양한 기제들에 의해 수행되지만,[305] 이 자리에서는 좁은 의미의 책무성, 곧 법적·규제적인 차원에서만 논의하도록 한다. 앞서 잠시 언급한 대로 KBS에도 책무적 기제는 많다. 먼저 정기적 (재)허가를 위해 방송통신위원회의 평가와 심사를 받아야 한다. 예산에는 이사회의 의결이, 결산에는 방송통신위원회에 제출·감사원 검사·국회 승인이 필요하다. 이사회가 구성한 경영평가단의 경영 평가도 받는다. 국회는 따로 국정감사를 하고, 외부의 정기 및 특별 감사가 시행되기도 한다. 특히 부정기적 특별 감사는 KBS 사장의 임기 내 해임용 — 1990년의 서영훈 사장, 2008년의 정연주 사장 등 — 으로 '청부'된 경우가 많아 지금까지는 책무보다 정치적 징벌의 의미가 더 컸다. 여기에 시청자의 권익을 보호하기 위한 시

305 맥퀘일(McQuail, 2003)은 책무성을 네 가지 유형, 즉 '법적·규제적'(정부), '재정적·시장적'(시장), '공적·사회적'(시민사회), '전문직주의'(미디어) 등에서 나누어 분석했는데, 이는 서론에서 본 사분할론과 상통한다. 이렇듯 지금 시대에 책무성은 어느 한 영역의 전유물이 아니라 방송과 주변 환경 전체가 감당해야 하는 것이다.

청자위원회, 시청자의 불만을 처리할 수 있는 시청자불만처리위원회 등의 설치·운영도 의무 사항이다. 방송통신심의위원회에 의한 일상적 (사후) 심의도 받아야 한다. 다소 정도가 약하기는 하지만 외부인으로 구성되는 이사회 역시 책무적 기제의 성격을 가진다. 이렇게 볼 때, KBS는 정치, 경영, 회계, 프로그램 등의 모든 활동에서 외부의 제재를 받는 셈이 된다.

그러나 그렇다고 KBS가 책무성의 목표대로 투명하게 공개적으로 운영된다고 생각하는 사람은 많지 않다. 이런 제도들이 수는 많지만, 법 자체가 미비해 대부분 겉치레에 그친다고 보기 때문이다. 사실 방송 같은 언론 기관에 개입하는 것은 제대로 된 자유주의 국가라면 아무리 정당하다 해도 강제적인 것이 되기 어렵다. 특히 자유의 본령인 표현 측면에서는 더욱 그러하다. 하지만 수신료를 사용하는 재정이나 조직 부분은 조금 다르다. 과거 노무현 정부 시절 KBS가 예산권을 심의하려는 공공기관운영법의 적용에 반대하자 대통령까지 나서 "공적 경제의 영역에 있는 공공 기관과 공공 영역에 있는 공영 방송의 성격을 혼돈한 데서 온 결과"(〈한국일보〉, 2007. 3. 20)라고 비판한 것이 한 예다. 그러나 두 영역은 그렇게 확연하게 구분되지 않으며 상당 부분 중첩되어 있다고 보아야 한다. 그런 면에서 공공기관운영법의 적용이 기왕의 규제에 새로운 규제를 더하는 방식으로 방송의 독립성 및 업무 효율성을 훼손할 가능성이 있다는 지적(강형철, 2007b)은 적절하다.

그러나 세금이나 다름없는 수신료를 받는 공영 방송이 아무런 '성찰적 제도' 없이 재량으로 모든 것을 다할 수는 없다. '자유로우면서도 책임 있는' 공영 방송이지만 스스로 자신을 감시하게 하는 '규제된 자기 규제regulated self-regulation' 제도쯤은 최소한 있어야 한다는 것이다(Bardoel & d'Haenens, 2008). 법이 아닌 칙허장에 의해 재허가를 받는 BBC 역시 최근 들어 경영위원회를 트러스트로 개편해 책무적 정도를 높였다. 직접적인 통제 관계가 있지는 않지만 커뮤니케이션 정책 전반을 관리하는 오프콤ofcom도 일부 사안에서는 BBC에 책무적인 요구를 한다. 한국의 KBS 역시 이런 정책적 방향에 이의가 있지는 않다. 문제는 책무를 다하게 하는 실질적 바탕인 수신료가 지난 30년간 정체해 있다는 점이다. 이 점은 KBS를 BBC나 NHK보다 MBC나 SBS에 더 가깝게 만드는 요소가 되었다. 광고-대중성을 피할 수 없다보니 수신료를 인상할 수 있게 하는 요인이 더 줄어들어 수신료의 미흡이 다시 수신료를 인상하지 못하게 하는 악순환이 계속되는 것이다.[306]

문제는 수신료를 인상한다고 해서 기왕의 책무적 기제들이 실효를 얻을 수 있다는 보장이 반드시 있지 않다는 점이다. 수신료의 인상이 논의되기 시작하면 항상 다람쥐 쳇바퀴 돌듯 같은 이야기가 반복되지만 정작 진전은 없다. 필자가 보기에 공영 방송의 책무는 비용 절감이나 조직 경량화, 광고와 수신료의 분리 회계같이 자주 나오는 '외형적인 것'보다는 시청자의 권익이 전체 조직의 조정 원리(Puppis, 2010)가 되는 '실질적인 것'이 되어야 한다. 이는 예를 들어 시청자위원회 같은 것에서 사장이 진정성을 가지고 위원들의 말을 듣고 실천할 때와 마지못해 땜질식으로 그저 회의를 운영하는 것이 정말 180도 다르다(이강택, 2010)고 할 때의 원칙을 말한다.

그러므로 만약 원칙의 측면에서 KBS가 '보여 줄 것'이 없다고 한다면, 이야말로 큰 문제다. 그런 점 때문에 자꾸 공공기관운영법 같은 법적 규제가 거론되지만 사실 내부적 역량이 없는 방송에 외부적 강제만 중첩시키는 것

306 BBC의 경우, 책무성과 제작의 자율성(특히 높은 제작비)이 호환되므로 책무성이 부담만은 아닌 반면 한국의 KBS는 책무 장치는 많으면서도 정작 반대급부로 볼 수 있는 수신료는 정체되어 있고, 또 책무와는 상대적으로 거리가 먼 광고까지 있어 책무성의 준수는 늘 부담으로만 나타난다. 그래서 책무 장치가 많으면서도 잘 실현되지는 않고, 계속 다른 책무 장치를 늘리려 하는 이율배반이 나타나는 것이다. 한국의 많은 논자들이 늘상 공영 방송을 비판하면서도 사실상 뾰족한 수단을 제시하지 못하는 이유는 이 이율배반이 한 개인, 한 제도 등으로 완전히 고쳐질 수 없는 것이기 때문이다.

은 그야말로 타성과 허울만 늘릴 뿐 결코 궁극적인 해결책이 될 수 없다. 공영 방송은 '윤리적 대안'인 만큼(Murdock, 2005) 자신의 의지로 스스로를 감시하고 독려하지 않으면 안 된다.

지역 방송과 로컬리즘 다음으로 살펴볼 필요가 있는 것은 지역 방송과 로컬리즘의 문제다. 텔레비전이 포화됨으로써 수신료가 마치 인두세에 가깝게 변했다는 것은 이미 서술한 바와 같다. 세금의 경우에는 인구와 직접 관련되지 않은 간접세나 법인세 등이 많아 조금 형태가 다르지만, 수신료는 의의에 걸맞게 철저하게 인구수를 중심으로 이루어진다. 따라서 방송의 혜택이 공평해야 한다면 수신료가 사용되어야 하는 일차적 기준은 인구수가 되어야 맞다. 또 만약 로컬리즘을 진흥해야 한다면 재원에서 광고가 수신료보다 더 많은 비중을 차지하는 KBS의 경우에는 오히려 광고비가 이전되어야 한다. 로컬리즘은 대부분의 나라에서 시장 가치와 배치되는 경우가 많아 방임적 시장에서는 제대로 구현되기 어렵기 때문이다.[307]

그러나 중앙 집권이 강한 한국 방송에서 지역의 예산은 대부분 자신의 인구수보다 적은 규모를 차지한다. 2003년을 기준으로 볼 때, 수도권(서울·인천·경기)은 TV 등록 대수는 비중이 45.23%인데 비해 배정 예산은 81.16%에 달한다. 수신료에 비해 예산이 무려 +7691억 원이나 된다. 그러나 지역은 일부 인구수가 극도로 적은 곳을 제외하면 대부분 불이익을 본다. 가장 심한 대구·경북의 경우에는 등록 수상기 대수 220만여 대에 비해 배정 예산은 324억 원밖에 안 되어 수신료 대비로 약 260억 원이 부족하며, 부산·울산이 그 다음인데 차이가 257억 원이고, 상대적으로 산간 지역이 많고 인구가 적

307 지역 뉴스나 지역 프로그램은 비용은 많이 들지만 돌아오는 것은 적어서 방송사들이 가장 꺼리는 프로그램으로(Ofcom, 2004), 미래로 갈수록 공영 방송의 책임이 커지는 영역이다.

표 34. KBS의 본사와 지역국의 제작비 증액 추이(2004~2013)

구분	2004	2005	2006	2007	2008	2009	2010	2011	2012	2013	증가율 (평균)
지역국	193.5	191.6	205.0	224.3	235.8	267.1	263.0	281.4	382.4	394.9	104%
본사	4,232	3,704	3,589	4,237	4,160	4,173	4,741	5,233	6,126	6,001	42%
지역/ 본사	4.6	5.2	5.7	5.3	5.7	6.4	5.5	5.4	6.2	6.6	5.7%

출처: KBS 내부 자료.

은 춘천·강원의 경우에는 오히려 197억 원이 많으며 역시 유사한 지역인 청주·충북 등도 혜택을 본다(김진웅·유영주, 2012).

프로그램 질에 절대적인 영향을 미치는 제작비에서도 지역국 전체의 비중은 본사의 $\frac{1}{10}$도 안 되는 6.6%(2013)에 불과하다. 그나마도 2004년도의 4.6%에서 꾸준히 늘어난 수치이지만 절대량 자체가 너무 적다(표 34 참조). KBS의 예산은 통합되어 책정되는 것으로 방송 서비스가 대부분 서울(네트워크)에서 집중적으로 이루어진다. 물론 서울·경기에서 만들어지는 프로그램에서도 〈6시 내 고향〉이나 〈네트워크뉴스〉처럼 여러 지역의 특성을 반영하는 경우도 있고, 거기에 더해 지역민들 또한 서울의 프로그램을 더 선호하는 것이 사실이다. 서울 예산이 수신료에 따른 배정보다 더 많아야 할 이유는 충분히 있다는 것이다.

그러나 그것도 정도 문제다. 적어도 공영 방송을 표방하는 나라에서 한국처럼 지역민의 수신료가 해당 지역에 대한 서비스의 질과 아무런 관련이 없는, 그래서 지역이 규모나 특성과 관계없이 중앙에서 주어지는 프로그램만 일괄적으로 받는 나라는 없다고 해도 과언이 아니다. 연방제를 채택해 주 정부가 따로 방송에 간여하는 독일은 말할 것도 없고(제1공영 방송인 ARD는 각 지역 방송이 네트워크를 이루는 연방 체제다), 영국 역시 스코틀랜드나 웨일스처럼 언어까지 다른 '국가급 지역national region'이 있어 지역에 대한 배려가 크다.[308] 그러나 자신이 내는 수신료조차 혜택으로 돌아오지 않는 한국의 이런 초집중 중앙 구조는 특히 인구수에서 손해를 보는 지역민에게 수신료 납부의 유인을 낮게 함에 틀림없다. 따라서 로컬리즘 진흥을 위한 상당한 조치나 약속[309]을 동반하지 않는 가운데서 수신료를 인상하는 것은 자칫 더 큰 반발을 불러올 수 있다.

수신료와 효율화 문제 수신료는 돈 문제이므로 공영 방송의 경영 효율과 내부 상태가 항상 같이 도마 위에 오르게 되는데, 한국의 경우는 다음의 세 가지 독특한 측면을 짚어볼 수 있다. 첫째는 KBS 조직 구성원의 수신료 인상에 대한 부정적 생각이다. 서구의 사례에서 본 대로 대체로 2000년대 들어 '수신료–공영 방송'들은 국민의 부담을 줄여 주기 위해 노력하게 되는데, 인력 감축이나 비용 효율화, 아웃소싱(외주) 같은 조치는 이의 산물이다. 수신료 재원이 종사원에게는 상당히 부담이 되는 셈이다. 예컨대 '수신료 인상 → 내부 개혁 → 급료 저하/인력 감축'의 논리적 연쇄를 생각해 보라. 따라서 만약 수신료가 아닌 재원, 예를 들어, 광고료나 유료화 등으로 운영이 가능하다면 종사원으로서는 굳이 수신료 인상을 시도할 이유가 없다. 2000

308 그러나 공영 방송이 국가적 통합성을 강조해 상대적으로 지역적 다양성을 억압해왔다는 점은 영국조차 예외가 아니다. 일찍이 상업 방송(ITV)을 지역적 프랜차이즈로 만들었던 것에는 이런 이유도 작용했다. 이런 통합성 때문에 한때는 영국에서도 런던 외 지역에서 수신료거부 운동의 조짐이 있었고, 채널 4를 만들 때에는 웨일스가 반발해 이 지역에는 따로 S4C가 생겼다(Creeber, 2004). BBC 역시 탈규제화가 꽤 진전된 2000년대 중반까지도 ITV에 비해 지역 프로그램이 열세에 있었다(대체로 2005년 이후가 되어서야 이 관계는 역전된다. Potschka, 2012).

309 물론 이 약속은 비단 지금 하고 있는 지역 방송 쿼터 같은 상투적 정책에 국한되지 않는다. 오히려 KBS를 비롯한 공영 방송들은 새로운 로컬리즘 진흥책을 마련해 지역민을 설득할 수 있어야 한다.

년대 중반 들어 지상파 방송의 광고가 처음으로 감소되었지만, '방송'의 '대량 배포' 능력은 여전히 타 미디어를 압도해 KBS의 경제 사정이 그렇게까지 악화되지는 않았다.[310] 그간 KBS가 기회가 있을 때마다 수신료 인상의 필요성을 말해 왔지만, 정작 마음먹고 나선 것은 2007년과 2010년 두 차례 밖에 안 되는 이유도 이를 통해 설명이 가능하다.

또 만약 수신료가 인상된다 해도 그로 인해 나타날 반대급부, 예컨대 대중성의 약화 같은 조치를 종사원들이 꼭 반기지 않을 가능성도 있다(어쩌면 이게 상당히 클 수 있다). 그러기에는 그동안 상업적 편성이 가져온 시장 권력의 이점을 너무 많이 누린 것이다. 이는 시청자에게도 마찬가지로 적용되는데, 오랜 기간 KBS의 광고에 익숙해진 시청자들은 KBS가 수신료를 올리면서 비상업적 편성을 해야 한다는 논리에 그렇게 많이 동의하지 않는다. KBS가 의뢰한 한 여론 조사에 따르면, KBS의 광고 비중에 대해 일반 시청자들은 '현재 수준'이거나 '확대해야 한다'는 응답이 전체의 62.7%를 차지했다. 이는 같은 조사에서 전문가들의 생각인 36.3%에 비해 볼 때, 2배에 가까운 큰 차이다(메트릭스, 2009a, 2009b). 이런 일종의 공생성[311] 때문에 수신료 인상은 쉽게 미루어졌으며 공정성의 제고나 거버넌스의 민주화 같은 책무성의 회피 역시

310 한 번에 메시지를 광범위하게 퍼뜨리는 능력을 말한다. 이 능력을 지상파보다 단위 시청자 수가 훨씬 적은 미디어, 예를 들어 케이블 TV 등이 발휘하기는 매우 어렵다. 이런 미디어에서는 오랫동안 광고를 해서 노출 수를 늘리더라도 같은 시청자가 여러 번 중복되어 산정될 뿐이기 때문이다. 그러므로 설사 유료 TV의 시대가 열리더라도 대량 생산-소비의 품목이 남아 있는 한 지상파 방송의 광고 미디어로서의 쓸모는 그렇게 빨리 사라지지 않는다고 할 수 있다(Christophers, 2008).

311 공생성에는 정치인(국회)과 정부도 포함된다. 수신료 인상은 시청자-방송 인력-정치인-정부가 모두 원하지 않는 일인 것이다. 상업 방송(이들과 연계된 신문·정책 측) 정도만 나눠 받을 광고분 때문에 좋아한다. 일종의 한국식 '문화화'이고 '부정적 연합'인데, 이 때문에 희생냥하는 것은 정작 공정성과 교양성 같은 공영 방송의 가치와 이념이다.

표 35. KBS의 변화(1994/2005)

구분	1994	2005	차이
조직	7본부 37국	6본부 5센터 111팀	단순 비교 불가능
인력	5645명	5438명	-501명
예산	5939억 원	1조 3100억 원	+2.2배

출처: KBS 정책기획팀(2005).

'고질痼疾'이 되어 버렸다.

둘째는 수신료 인상의 반대급부 또는 병행적 조치로 많은 사람이 기대하는 방송 조직의 재구조화의 효력이 의외로 크지 않을 것이라는 점을 들 수 있다. KBS의 조직은 비교 대상에 따라 달라질 수는 있겠지만 적어도 지난 15년간의 시기적 추이로 미루어 볼 때, 그렇게까지 비대화되어 있지는 않은 것으로 보인다. 대체로 KBS에서 경험적으로 확인되는 적정 인원은 1999년 이래 최근까지 유지되는 5000명 안팎이다. 이를 이전과 비교해 보면, 본사 기준으로 1993년의 7본부 37국의 5645명(자회사 제외)과 예산 5939억이, 2005년에는 6본부 5센터 111팀의 5438명과 1조 3100억이 되어 예산이 두 배가 넘는 확대 과정에서도 인력은 오히려 501명이 줄어드는 등 KBS 나름대로는 상당한 노력을 경주한 결과로 볼 수 있다(표 35 참조).[312]

물론 이 인원은 규범적 모델링에 의한 것이 아니므로 더 줄일 수 있는 여지도 있을 것이다. 그러나 반대의 의미에서 오히려 적을 수도 있다. 같은 기간 동안 BBC에서는 인원이 2만 6375명(자회사/파트타임 인력 포함)에서 2만 8873

312 여기에 더해 프로듀서, 기자, 아나운서 등으로 이루어진 제작진이 꾸준히 늘었다는 점도 더해질 수 있을 것이다. 2003년의 1735명은 9년이 지난 2012년 1915명으로 10.4% 증가했다(오형일, 2014).

명으로 오히려 2498명 늘어난다(Froud et al., 2009). 이를 두고 시장주의자들은 "BBC가 너무 커서 시장을 해친다"(Collins, 2003)고 비판한다. 그러나 과연 이 숫자가 필요에 해당할 만큼 적정한지, 아니면 정말 과도하게 큰지, 또는 작은지를 판단할 만한 합의된 기준은 아직 없다.[313] KBS나 BBC의 이런 통계는 각 사의 특수한 사정이 반영된 것으로 결과로만 일괄로 비교돼서는 안 된다. 경영의 방만성 역시 그저 지표 몇 가지로 쉽게 판단될 수 없다. 만약 수신료 인상의 반대급부로 KBS 조직이 급격하게 감축되기를 원한다면 목적을 달성하지 못할 가능성이 높다.

셋째는 KBS 스스로가 아직도 수신료 대 광고의 비율을 어느 정도 해야 할지에 대한 이상적 모델을 제시하지 못한다는 점이다. 이 모델은 매우 중요하다. 만약 지금의 상태에서 수신료를 인상하고 광고를 축소한다면 제작비 예산에는 큰 변화가 없으므로 상대적으로 광고에 너그럽고 품질에 민감한 시청자들은 불만을 가질 것이다. 반대의 경우, 광고에 큰 변화가 없이 제작비 예산이 올라간다면 광고가 싫은 시청자들 — 상대적으로 지식인이 많다 — 이 수신료 인상의 효용을 거부할 것이다. 관건은 둘 사이의 균형인데, 그러려면 수신료 대 광고 비중에 대한 나름의 합의가 필요하다. 다소 노후화되기는 하였지만, 이명곤(1999)은 당시의 유럽 방송의 평균적 수입 구성을 준거로 수신료 : 광고료 : 기타 수입을 70 : 25 : 5로 제시한 적이 있다. 그러나 이의 적실성은 지금 시점에서는 의문이고, 40 : 40 : 20의 현재 구성을 다소 완만하게 완화시키는 50 : 35 : 15 정도가 바람직해 보인다.[314] 만약 이런 모델이 합

313 이 점은 다이크와 달리 인력을 크게 감축한 톰슨 사장 시절에도 똑같이 적용된다. 앞서 언급한 대로 BBC에서는 2004년부터 2007년까지 2208명이 감축되었는데, 이는 전체 직원의 9%에 해당하는 수치였다(최은경, 2007). NHK에서는 2007년 1만 1279명에서 2011년 1만 394명으로 감소해 7.8%의 감소율을 보였다.

314 이런 계산에는 '네거티브 섬sum'보다 '포지티브 섬'이 중요하다는 사고가 담겨 있다. 즉

의될 수 있다면 이를 기준으로 수신료의 적정 비중을 책정할 수 있다. 그러나 현재는 이런 모델이 없이 인상이 되지는 않았지만 절대액은 조금씩 상승하는 수신료 수입에 경기에 따라 그때그때 달라지는 광고료 수입, 최근 급증했지만 전체 예산에서는 가장 적은 비중을 차지하는 기타 수입[315] 등이 합쳐져 그냥 그대로 한 해의 예산이 되고 있다. 따라서 설사 수신료가 어쩌다 한 번 인상된다 해도 제작비는 계속 상승하고 합의된 모델은 없으므로 얼마 안 되어 다시 정체될 가능성이 높다. 만약 이렇게 수신료가 인상될 때마다 '홍역'을 치러야 하는 것이라면, 이를 국고로 대체한 다른 나라의 예에서 보는 바대로 수신료의 미래는 매우 어둡다.

수신료 인상의 부정적 연합 지금까지 체제와 책무성, 로컬리즘과 효율성같이 논의의 여지가 많은 측면을 따로 살펴보았지만, 사실 수신료 인상에 반대하는 이유 중 강도가 가장 센 것은 과거 시청료거부운동이 보여 준

수신료가 인상된다 해도 광고도 같이 줄면 지금의 섬이 그대로 유지되는데 그렇게 되면 이미 언급한 대로 수신료의 인상이 가져올 효과가 '광고의 감소'밖에 없게 된다. 상업화가 감소되는 영향도 있겠지만 수신료 인상분이 그렇게 많지는 않을 것으로 보여 눈에 띄게 변화되는 것은 없을 가능성이 높다. 그렇게 되면 '왜 인상했는지'의 비판이 두드러져 KBS 스스로 견디기 어렵게 된다. 수신료 인상분은 섬 자체를 늘여 프로그램 품질을 획기적으로 향상시키는 데 목표를 두어야 한다. 물론 그렇게 되면 종편을 비롯한 상업 미디어들이 난리를 치겠지만 KBS의 입장에서 중요한 것은 시청자의 판단이다.

315 기타 수입은 2012년 기준으로 전체 수입의 22.9%(3593억 원)를 차지한다. 2001년의 6.0%에 비해 보면 비약적으로 증가해왔다. 이런 기타 수입은 국고 보조금, 협찬금, 콘텐츠 판매, 시청자 사업, 지분법 평가익, 유형 자산 처분 이익 등으로 구성되어 있고, 콘텐츠 판매금과 협찬금이 가장 큰 비중을 차지한다. 특히 콘텐츠 판매가 가파르게 상승세를 타고 있는데, 이에는 콘텐츠의 유료화를 의미하는 재송신 수입이나 온라인 수입, 유료 채널 방영 수입 등의 비중이 상당히 큰 것으로 보여 꼭 바람직하다고 보기 어렵다. 또 협찬금 역시 비공식적 상업화를 조장하는 증거랄 수 있어 이런 수입의 증가는 반길 일만은 아니다.

대로 정치적 문제인 불공정성·편파성이다(강형철, 2008). 이 점은 앞서 지적한 대로 한국의 공영 방송이 공정성의 원리가 작동하는 저널리즘의 세계에서 국민적 신뢰를 얻을 만한 수준에 도달하지 못한 때문으로 볼 수 있다. 이와 밀접한 연관이 있는 KBS 거버넌스의 정치화·도구화 역시 당대 권력의 기득권 논리에 젖어 수많은 비판에도 불구하고 기존 체제가 고수되고 있다.

유료 방송(플랫폼)을 통해 공영 방송을 시청하는 것이 보편화되면서 시청자들이 느끼는 유료와 수신료의 '이중 부담' 역시 일반 서민에게는 큰 걸림돌이다(최상호 외, 2007). 수신료는 이전의 '시청'과 다르게 '수신'이라는 말이 주는 느낌처럼 기술적 인프라를 이용할 때 지불하는 요금의 성격이 강하다. 비교적 시청자들이 '난시청 극복의 필요성'에서 수신료의 지불 의사가 높아지는 이유가 여기에 있다(김찬석·이완수, 2010). 만약 공영 방송을 포함한 지상파 방송을 시청하기 위해 유료 방송에 가입해야 한다면, 여기에 내는 돈과 공영 방송의 수신료 사이에는 중복되는 측면이 분명히 있는 것이다.[316]

난시청은 공영 방송에는 보편적 서비스를 가로막는 상당히 치명적인 문제인데, 한국에서 지상파의 직접 수신 가구의 비율은 2006년에는 17.6%였으나 2012년 중반기에는 7.9%로 떨어졌다(정용찬 외, 2012). 이 정도라면 사실상 매체로서의 지상파(무선 전파)는 유효성을 상실했다고 해도 과언이 아니다. 실제 대부분의 아파트에는 지상파 방송을 시청할 수 있는 공시청 안테나가 없다.[317] 2006년 성남과 서울(관악) 등지에서는 수신 시장을 독점한 케이블의 횡

316 박광배·강민채(2013)는 지상파 재송신을 법리적으로 분석한 글에서 이 문제를 중요한 고려 사항으로 지적한다.

317 물론 이는 난시청과 관련된 방송법 44조 ②항, "지역과 주변 여건에 관계없이 양질의 방송서비스를 제공받을 수 있도록 노력하여야 한다"와 방송 수신을 보호하기 위해 "방송의 수신에 장애를 일으키는 건축물의 소유자는 해당 수신 장애를 제거하기 위하여 필요한 조치를 하여야 한다"는 전파법 36조 ①항이 제대로 지켜지지 않은 탓이다.

포에 반대하는 집단행동이 벌어지기도 했다. 그러나 난시청에 사용하는 수신료분은 매우 적어서 2006년에는 전체 수신료의 2%, 2007년 1.9%, 2008년 2.3%에 머물렀다(언론 사유화 저지 및 미디어 공공성 확대를 위한 사회 행동, 2010).

이와 관련해 디지털화의 서비스 '부실' 문제도 빼놓을 수 없다. 한국을 비롯해 디지털화는 1990년대 말부터 2000년대 초반까지 세계 방송계를 뜨거운 논쟁의 한복판으로 빠뜨렸던 주제다. 그런데 수신료 측면에서 중요한 것은 디지털화가 실제 시청자에게 어떤 차별화된 서비스를 제공할 수 있느냐다. 유럽은 이를 기본적으로 '다채널화'로 보면서 서비스의 형태를 완전히 바꾸었다. 대표적인 무료 디지털 플랫폼인 영국의 프리뷰는 몇 개의 텔레비전과 라디오 채널에 머무르던 아날로그 지상파 방송을 현재 26개 오락 채널, 5개 HD채널, 2개 상호 작용 채널, 5개 뉴스 전문 채널, 3개 어린이 채널, 2개 음악 채널, 13개 생활 채널, 그리고 수십 개의 라디오 채널들을 모두 무료로 제공하는 서비스의 혁신을 이루어냈다. 그러나 한국은 수상기의 교체가 뒤따라야 하고 기존 플랫폼(특히 케이블 TV)의 디지털화가 전제되어야만 가능한 '고화질화'(HD) 위주로 디지털화했다. 이는 전 세계에서 거의 유일한 형태다(이준웅·정준희, 2011). 만약 한국도 유럽 스타일로 디지털화를 하면서 기존의 유료를 무료로 대체할 수 있었다면 수신료를 인상할 수 있는 절호의 기회를 맞았을 것이다.[318] 물론 이런 플랫폼은 만들어지지 않아 한국에서는 디지털화 역시 수신료를 인상할 수 있는 계기가 되지 못했다.

수신료 인상이 낳는 시청자의 직접적 부담의 증가 또한 아주 당연하게도 어려운 이유다. 부담 자체의 절대액이 문제가 되기도 할 것이고, 그간 미뤄진

318 그런 면에서 2009년에 취임한 KBS의 김인규 사장이 처음부터 지상파의 다채널 플랫폼인 MMS(Multi-Mode Service; 지상파 다채널 코리아뷰)를 주장한 것은 수신료와 관련해서도 필요성을 인지했기 때문으로 보인다.

이유가 그렇게 확실하게 해결되지 않은 점도 걸림돌이 될 것이다. 조사에 따라 약간의 차이가 있기는 하지만 조사 기구가 KBS 측일 경우에조차 반대 의견은 압도적이다.[319] 특히 이 점은 시청자도 시청자이지만 결정권을 가진 국회의원들도 상당한 부담을 느끼는 부분이다. 필자는 여러 명의 KBS의 이사들에게서 국회의 해당 상임위의 위원장이 수신료 인상안을 의결해 달라고 요구하는 자신들을 만나주지 않았다는 불평을 들은 적이 있다. 지역구민들에게 비판 받을 일을 하지 않으려고 의도적으로 피한다는 것이다. 지금까지 수신료가 인상되지 않은 이유 중에는 이런 국회의원들의 부담과 소극성 또한 있었다.

이러한 수신료 인상에 대한 부정적 이유와 근거를 차원과 측면별로 나누어서 집약하면 표 36과 같다. 이 중 가장 문제가 되는 것은 앞서도 언급한 대로 보도의 편파성과 거버넌스의 정치화다. 따라서 대책은 이에 대한 것이 가장 앞서야 한다. 새로운 구상이 필요한 체제 부분이나 수신료가 가진 부담 측면은 당장 어찌 하기 어렵다 하더라도 과거 공공기관운영법[320]을 적용하려

319 물론 이의 질문이 '수신료의 인상에 동의하느냐'가 되어서는 안 될 것이다. 이렇게 되면 반대가 대부분인 가운데 그때그때 얼마나 덜 반대했느냐의 정도만 변별하는 수준에 그쳐야 하기 때문이다. 이전보다 '덜 반대한다'를 가지고 인상의 근거로 삼을 수는 없다. BBC의 경우 이런 조사는 대체로 '얼마나 BBC가 가치 있다고 생각하느냐'로 묻고 이를 금액으로 환산해 실제 내는 액수와 비교한다(Terrington & Dollar, 2005). 한국의 경우에는 이런 조사가 권위 있게 — '이익이 상충되는' 관계자가 아닌 중립적 기관에 의해 — 진행된 경우가 없다. 만약 수신료의 인상이 정말 필요하다면 정책 당국(방송통신위원회)은 이런 조사부터 먼저 해 각계의 지지를 얻어야 한다. 지금의 방통위는 이런 자신의 임무는 슬쩍 KBS에 미루면서 자신은 할 일을 다 했다(수신료를 올리라는 압력을 행사했다)고 발뺌하고 있다.

320 공공기관운영법은 2003년 KBS의 전년도 결산 승인안이 국회에서 부결되고, 예산 편성과 관련해 정부 투자 기관의 일반 지침을 따르도록 하는 2004년의 감사원 감사 결과가 나오면서 본격적으로 추진되었다. 먼저 방송법을 개정하려 했으나 내외의 반대로 성안되지 못했고, 2006년 말 유사한 내용을 가진 이 법이 통과되어 KBS, EBS에 적용되었으나 2007년 법이 유보되었다.

표 36. 수신료 인상에 대한 부정적 이유와 근거

구분	측면	부정적 이유
구조적 특성	방송 체제	• 공영 방송이 따로 구분되지 않는 지상파 방송 중심 체제 • 상업 방송과 차별 없는 광고(량)(2TV의 존재)
	거버넌스	• 사장 등의 정파적 정치화·도구화 • 조직의 억압적 동형화
	경영	• (과도한) 흑자, 비효율적 경영, 조직의 비대화, 인건비의 과도한 비중 등 • 공영 방송의 재정 모델의 부재, 체계적 재정 계획 결여 • 수신료의 비과학적·비객관적 책정
	조직 내부 구성원	• 내부 개혁(인력의 경량화, 경비의 절감, 아웃소싱)에 대한 거부감 • 조직 내부의 대중성 저하에 따른 문화적 권력의 약화
	수신료의 성격	• 국민의 직접 지불 인상에 대한 부담 • 유료 방송의 보편화로 인한 이중 지불 부담
	중앙 집중 구조	• 로컬리즘의 억압
	기술	• 고화질화 위주의 디지털화
편성·프로그램의 특성	보도	• 편파성 문제, 권력 비판의 제한
	편성 전반	• 상업성, 상업 방송과의 비차별성
	시청자 복지	• 시청자 복지·시청 유인 낮음

출처: 조항제(2013).

했던 것에서 볼 수 있듯이 경영과 조직 등에서 투명성을 확보하기 위한 노력은 반드시 필요하다. 이는 2010년의 인상 시도 때도 방송통신위원회(2012)가 정책적 권장 사항으로 이미 제안했던 것이기도 하다.[321]

321 이는 그간 시민운동 측에서도 꾸준히 제기한 1, 2 채널의 회계 분리 같은 것이다. '계산하기 어렵다'는 기술적인 부분을 핑계 삼아 사실상 '불투명'했던 원가 문제는 향후에는 반드시 해결되어야 하는 것이다.

(3) 수신료 인상 시도의 평가: 2007년과 2010년의 비교

2007년의 인상 시도는 아마도 1994년 전기료 병산 이래 KBS가 수신료 문제에 대해 정색을 하고 접근한 처음이 아니었을까 한다. 이전에도 때마다 수신료 인상의 필요성을 언급했지만, 그렇다고 방송(통신)위원회나 국회에 직접 청원하거나 시민단체나 일반 국민을 상대로 광범위하게 설득하려 든 적은 없었다. 그도 그럴 것이 사실 시청료거부운동의 여파를 일단락지은 병산 이후 IMF 위기와 유료 방송의 도입 등 외부의 충격이 잇달아 발생해 인상의 기회를 제대로 잡지 못했다. 물론 광고가 확실하게 뒤를 받쳐주었으므로 인상의 필요성이 그렇게 절실하지도 않았다.

그러나 2000년대 중반 들어 광고료가 정체되기 시작했고 특히 2004년의 적자에 대해 내외의 비판이 따갑게 쏟아지자 KBS는 2006년 정연주 사장의 재임을 계기로 수신료 인상에 노력을 기울이기 시작했다. 이 노력은 어느 정도 결실을 거두어 2007년에는 시민사회 내에 이른바 '수신료 연합'이 형성될 정도에 이르게 되었다.[322] 그러나 안이 국회에 상정된 2007년 11월은 대선이 임박한 시기였고 당시 여당은 이미 패색이 짙어 수신료에 신경을 쓸 여력이 없었다. 또 여당이 될 예정인 야당은 정연주 사장에 대한 피해의식이 커서 수신료 인상은커녕 KBS 자체를 개조의 대상으로 삼고자 했다. 이런 정치의 결정력은 나쁘게는 '날치기 통과' 같은 특단의 미봉책을 부르지만 어떻든 최종의 결재권은 그들에게 있다.

2010년 때에는 디지털화라는 나름의 명분이 있었고, 수신료만 인상해

322 당시의 논리와 정서에 대해서는 전규찬(2008)이나 최상호 외(2007)를 참조할 수 있다. 물론 우파 시민운동 측은 반대했지만 비중은 크지 않았다. 나중에도 다시 나오지만 기본적으로 우파(보수) 측은 체제 내의 기득권층이므로 저항적 표현이 대종을 이루는 한국의 시민사회에서는 활동이 대체로 미미했다.

주면 인력을 2014년까지 무려 1000명(전체 5200명에서 4200명으로)을 축소하겠다고 발표할 정도로 의지를 보였다. 그것도 사장 단독이 아닌 노조와 협의하에서였다(한국방송공사, 2010). 당시는 의회도 여당이 과반이었다. 그러나 이 역시 좌절되고 마는데, 이유는 이미 '특보 사장'이라는 원죄가 있었고 미디어법의 무리한 제정으로 '종편 퍼주기'론이 팽배해 있었던 데다가 때맞춰 도청 의혹 사건[323] 같은 악재마저 터졌기 때문이다. 실권을 쥐고 있었던 방송통신위원회와 KBS 사이에 인상액수를 놓고 의견이 엇갈린 점도 여권 내부를 분열시켰다. 디지털화가 시청자에 주는 구체적인 실익, 예컨대 유료 방송을 대체할 수 있는 디지털 다채널 플랫폼인 코리아뷰 같은 것이 불투명해지면서 집권 여당 역시 인상의 위험 부담을 넘지 못했다(김대식, 2013).

2007년과 2010년도의 상황은 외형적으로는 여야가 바뀌면서 마치 핑퐁게임처럼 이전의 반대 행태를 반복한 것으로 보인다. 그러나 그때그때 논리는 상당히 달라 내용을 음미해 봐야 할 필요성이 있다. 다음의 표 37은 2007년과 2010년의 반대 의견을 비교해 놓은 것이다. 2007년도의 것이 공정성과 구조 조정 같은 비교적 전통적 문제들을 지적했다면, 2010년도는 신뢰도 하락이나 제작비 삭감, 종편 지원 같은 당시의 것에 집중했다. 2010년도의 반대 측 주장의 특징은 '종편 퍼주기'론에서 단적으로 엿볼 수 있다. 종편 퍼주기[324]는 방통위의 정책 방향이 종편에 특혜를 몰아주는데 있고, 수신료 인상의 목적 또한 공영 방송의 문제를 해결하고자 하는 게 아니라 KBS의 광고를 축소시켜 이 광고분의 돈으로 종편을 밀어 주기 위한 것이라는 논리였다. 이의 근거는 다름 아닌 당시 최시중 방통위원장이 제공했다.

323 2011년 6월에 KBS가 민주당의 수신료 대책회의를 도청했다고 제기한 의혹이다.

324 당시 한나라당이 야당 시절 김대중·노무현 정부의 북한 유화 정책을 비판하기 위해 대중 선동용으로 썼던 '대북 퍼주기'에 빗댄 말이다.

표 37. 2007년과 2010년 수신료 인상 반대 의견 비교

구분	2007	2010
불공정성/편파성의 근거	프로그램 분석과 모니터링	여론 조사를 통한 신뢰도 하락
경영 효율성	방만 경영으로 인한 예산 낭비	제작비 삭감으로 인한 프로그램 수준 저하
인상 추진 의도에 대한 인식	구성원들의 복지 개선	보수 언론의 방송 시장 진출을 위한 재원 확보
인상의 전제 조건	불공정 시정과 구조 조정	방송의 독립성과 공영성 회복

출처: 정연우(2010, p.76).

최시중 위원장은 미디어법 파동의 여진이 끝나지 않았고 종편의 향배에 대해 업계 내외가 더할 나위 없이 민감한 가운데 수신료 문제에 적극적으로 나서 전혀 현실적이지 않은 5000~6000원 설을 주장했다.[325] 그리고 이에 덧붙여 "수신료 인상 시 7000억~8000억 원 규모의 광고가 민간 시장으로 이전되는 효과를 내 미디어업계에 큰 변화를 가져올 것"이라고 말했다(《경향신문》, 2010. 1. 6). 마치 수신료 인상분을 민간 시장을 위한 투자 금액쯤으로 여긴 것이다. 비판자들의 눈에 이 '민간 시장'은 종편과 사실상 같은 의미다. 그러나 국민의 반발로 KBS이사회는 방통위원장의 종용과 달리 최소 액수인 1000원 인상안을 내는 데 그쳤다. 물론 이 역시 실패한다. 당시 방송통신위원회는 국회에 낸 의견서(방송통신위원회, 2011)에서 KBS의 인상안이 자신의 의도에 전혀 못 미치는 것이었다는 생각을 밝혀 종편 퍼주기론이 그저 정치적

325 수신료에서 방통위의 권리는 방송법 65조, "수신료의 금액은 이사회가 심의·의결한 후 방송통신위원회를 거쳐 국회의 승인을 얻어 확정되고, 공사가 이를 부과·징수한다"에서 찾아볼 수 있다. 여기서의 '거쳐'는 국회에 의안을 제출할 수 있는 발의권쯤으로 보인다(따로 정설은 없다). 적어도 법에서는 방통위가 나설 일이 아닌 것이다.

인 공세가 아니었음을 다시 한 번 만천하에 보여 주었다.

KBS의 광고가 축소된다고 해서 그 물량이 모두 종편에 가는 것은 아니다. 광고 효과 측면에서 본다면 아무래도 대중 소구력이 같은 MBC나 SBS 등의 다른 지상파 방송이 먼저 혜택을 볼 것이다. 물론 일부는 틀림없이 종편에도 흘러가겠지만, 기왕의 특혜[326]에 썼던 '퍼주기'라는 표현에 어울릴지는 단언하기 어렵다. 그러나 당시 수신료 인상을 주도했던 세력이 이런 광고비 이전 효과를 노렸던 점은 분명한 듯하다.

이런 퍼주기 비판론에는 앞서 본 비교 사회적 근거도 있다. 최근 프랑스나 스페인 등이 공영 방송의 광고를 없애는 나름의 개혁을 진행했지만, 이 조치의 이면에는 공영 방송을 위축시키려는 상업 방송의 압력이 있었음이 밝혀졌다. 특히 스페인의 경우에는 무리한 재정 계획으로 어려움을 자초해 모처럼 취한 독립성 조치까지 훼손되었다. 공영 방송의 광고가 문제가 없는 것은 아니지만 그렇다고 모든 악의 근원인 것은 아니다.

그러나 이런 미세한 차이보다 훨씬 더 중요한 것은 과거 시청료거부운동이 사실상 체제를 반대하는 운동이었듯이 수신료의 인상 문제가 KBS의 개별적 조직의 차원을 넘는다는 점이다. 이 점은 1994년의 병산 조치 때를 살펴봐도 분명하게 알 수 있다. 당시 징수 방식이 강제된 데도 불구하고 저항이 상대적으로 작았던 이유는, 크게는 과거 시청료거부운동의 명분이 민주화 조치 등으로 약화되었고 작게는 1990년대 이래 꾸준하게 시도된 통합 공과금 징수 방식이 성공을 거두었기 때문이다.

326 종편에 주어진 특혜는 지상파 방송과 비교해 중간 광고나 광고의 직접 영업 같은 것이 있고, 다른 케이블 TV(PP)와 비교해서는 우선 채널의 배정, 의무 재전송 채널 포함, 방송발전기금의 유예 등을 들 수 있다. 정책 측에서 볼 때는 시장 적응에 필요한, 할 수 있는 조치는 모두 다 해준 셈이다.

그러나 다른 한편으로는 1980년대 후반의 방송 구조 개편 과정에서 어렵사리 합의된 '진정한 공영 방송'의 가치, SBS를 통해 드러난 상업 방송의 실체, 정치적 독립을 위해 그간의 공영 방송이 나름대로 기울인 노력과 투쟁, 수신료의 책무성을 일부 충족시키는 내부 개혁(1TV의 광고 중단, 부분적이지만 인력 감축 등) 등이 복합적으로 작용했기 때문이기도 하다. 여기에 더해 정치(문민 정부의 높은 인기, 신뢰), 경제(3저 호황 이후에 쌓인 일정한 경제적 부) 등도 간접적으로 영향을 미쳤다고 보아야 한다. 요컨대 수신료 인상이라는 현상이 가능했던 배경에는 한국 사회의 모든 것이 응축되어 있다는 것이다.

(4) 수신료를 통해 얻을 수 있는 것, 얻어야 하는 것

지금의 한국 공영 방송에서 가장 필요한 조치가 있다면 그건 두말할 것 없이 수신료 인상이다. 정체된 수신료 때문에 당하는 고통은 이루 말로 다할 수 없다. 그런데 이 지점에서 반드시 검토해 볼 필요가 있는 것은 서구의 최신 트렌드인 국고의 활용 건이다.[327] 왜 한국에서는 그토록 수신료 인상이 어려웠으면서도 역시 공공 재원인 국고를 공영 방송의 재원으로 쓸 생각을 하지 않는 것일까? 앞서 살펴본 대로 수신료 역시 장점만 있는 재원은 아니다. 또 국고라 해서 반드시 단점만 가진 것도 아니다. 예산을 빌미 삼은 정부 개입이 국고의 가장 큰 단점일 텐데, 만약 인상해야 되는 최소분만 국고로 메운다면 그렇게 영향이 크지 않을 수도 있다. 후견주의로 치부될 만큼 정부 권한이 이미 큰 마당이기도 한 때문이다. 광고의 감소와 비상업주의의 전면화 같은 장점이 가져오는 상쇄 효과도 있을 것이다.

327 주지하다시피 유럽에서 국고는 한국과 달리 수신료와 구분이 크게 필요하지 않은 또 다른 공공 재원이다. 그런 면에서만 보면, 유럽 공영 방송의 진정한 적은 역시 시장(상업주의 · 유료화)이다. 그러나 한국은 다르다. 국고는 국가에 대한 종속이라는 정치적 의미가 더 큰 것이다.

그러나 국고는 적어도 한국 사회에서는 그렇게 유력하게 거론된 적이 없다. 디지털화의 자금이 문제가 되었을 당시 가전업체들이 얻은 수상기 판매의 폭리를 의식해 이의 환수 차원에서 주장이 나온 적이 있지만,[328] 일시적으로 수신료를 보완하겠다는 수준이지 수신료를 대체하거나 국고를 상설적 재원으로 활용하겠다는 의도는 전혀 아니었다. 수신료가 수십 년 동안 동결되고 광고마저 정체된 상태에서도 국고를 대안으로 여겨 본 적은 거의 없었다는 것이다. 이의 이유는 두말 할 것 없이 정부에 대한 거부감 때문일 것이다.

늘 갈등의 진원이 되기는 하지만 그래도 후견주의는 비공식적인 차원의 것이다. 대통령의 높은 지분은 의회의 정파성을 바로잡아 좀 더 공공적인 것에 치중해 달라는 법 정신의 산물이다. 운용이 정반대로 되어서 그렇지 의도조차 그런 것은 아니라는 말이다. 그러나 국고는 정부의 개입을 어떤 형태로든 공식화한다. 이런 공식화는 한국 민주주의가 이룩해 놓은 나름의 '한계치'를 벗어난다. '과잉 성장'된 국가 때문에 자유주의가 비록 발전하지 못했지만, 여야나 좌우를 막론해 적어도 이 정도의 (정부로부터의) 언론의 자유는 우리 사회에 깊이 뿌리박은 합의 중 하나다.

국고 비판론은 수신료에 대해서도 반성적인 사고를 가능하게 해 준다. 지금까지 수신료가 답보 상태를 벗어나지 못한 이유는 문제가 된 정치적 편파성이 충분히 해결되지 않은 채 무리하게 인상을 시도했을 때 자칫 재연될 수도 있는 국민적 저항 때문이다.[329] 국고가 수용되지 않는 이유는 수신료에

328 최상호 외(2007)를 참조할 수 있고, 시민운동(조준상 공공미디어연구소장) 측도 이런 주장을 한 적이 있다(〈미디어오늘〉, 2011. 4. 15). 한국의 디지털화의 성격만으로 볼 때는 상당히 일리 있는 주장이다.

329 이 점에서 한국의 수신료는 제도가 스스로 책임지게 하는 세 가지 방법, 곧 '요구voice,' '충성,' '거부exit'를 모두 가진다고 할 수 있다(Collins & Sujon, 2007). 물론 국민의 부담이 적은 만큼 요구 등의 강도가 크지는 않다. 이런 수신료가 정체되어 있다는 건 결국 '정치권력의 방

내재된 저항의 여지를 없애버리기 때문이다. 수신료는 바로 그렇게 KBS를 비롯해 한국의 방송 체제 전반이 가진 정당성을 시험받게 한다. 이것만 보면 수신료는 한국에서 의의를 가장 잘 살렸다 해도 과언이 아니다.

수신료의 인상은 '본질주의'와 '정치주의'를 벗어나야 한다. 아무리 수신료가 급하고 오랫동안 기다려왔다 해도 올리기만 하면 모든 게 잘될 것이라는 수신료 본질주의는 오류다. 본질주의는 수신료만 인상되면 공영 방송의 상업성이 줄어들어 더 공영 방송다워지고, 남는 재원 일부는 상업 방송으로 흘러들어가 시장 전체가 풍요로워진다는 논리다. 만약 이를 따른다면 여야는 무슨 수를 쓰더라도 '선한 돈'을 만들기만 하면 된다. 반대가 있다고 해도 수신료의 본질이 발휘되면 곧 수그러들 것이기 때문이다. 이것이 수신료 본질주의에 뒤이은 정치(적 해결)주의다.

그러나 수신료 문제는 '일단 인상'이 해답이 아니다. 또 인상이 되느냐 안 되느냐의 '결과'보다 어떻게 인상되느냐의 '과정'이나 '준비'가 훨씬 더 중요하다. 워낙 그 동안 정체되었으니 한번쯤은 동정론이 우세할 수도 있다. 그러나 인상이 되더라도 몇 년이 지나지 않아 곧바로 같은 문제에 부딪힌다. 제작비가 계속 오르기 때문이다. 또 인상의 과정이 조금이라도 비민주적이거나 쓰임이 또한 '돈 값어치'를 못 느끼게 한다면 그간의 예로 미루어 다음의 인상은 훨씬 더 어려워지고 자칫 과거의 반대 투쟁이 다시 나타날 수도 있다. 매번 인상할 때마다 이런 홍역을 치러야 한다면 누가 인상을 시도하려 할까?

지금까지 살펴본 논의를 명제화해 볼 필요가 있다. 이런 명제는 다소는 원론적이지만 그럼에도 논의를 정돈시켜 주는 효과가 있다. 첫째, 한국의 수신료는 시청료거부운동을 거치면서 공영 방송이 자신을 증명해야 받을

송 개입 vs 시청자의 수신료 인상 거부'의 구도가 적어도 담론적으로는 유효하다는 것을 뜻한다.

수 있는 '충분조건'이 되었다. 이를 다른 차원에서는 얼마든지 부정할 수 있다.[330] 그러나 역사적 사실史實이나 사회 전체에 정착된 사고까지 무시할 수는 없다. 물론 이 '충분조건'을 만족시키는 것은 미리 정해져 있는 어떤 유형화된 것이 아니고 당시의 사회 상황과 조건에 따라 '국민이 납득하는 만큼'이다. 그런 면에서 과연 얼마만큼 효율화를 해야 하고 얼마만큼 공정성을 달성해야 하며 얼마만큼 서비스의 질을 올려야 되는지는 명확하지 않다. 이 불명확함을 명확하게 하는 방법은 KBS 자신의 진정한 변화 의지와 정치권/시민사회/시청자 사이의 끊임없는 대화와 합의뿐이다. 헌재가 수신료를 특별 부담금으로 정의한 것도 이견의 여지없이 옳은 것은 아니지만 한국 수신료가 가져야 하는 단적인 특성 하나, 곧 공영 방송과 시청자 사이의 '긴밀한 관계' 하나만큼은 잘 포착하고 있다.

둘째, 그런 이유로 수신료는 인상도 인상이지만 인상의 과정에서 대통령과 집권당을 비롯한 권력층의 민주적 결정을 위한 노력이 중요하다.[331] 거버넌스를 가능한 비정치화하는 노력, 방송의 자율성을 인정해 도구화의 반사 이익을 노리지 않겠다는 약속, 수신료를 오로지 수신료 효과로 온전하게 함으로써 그 이익을 시청자에 돌려주겠다는 다짐 등이 필요하다는 뜻이다. 수신료가 지금까지 인상되지 않은 진정한 이유는 사실상 이런 부분의 해결 조짐이 보이지 않았기 때문이라고 해도 과언이 아니다. 만약 이런 다짐이 일부라도 지켜지면서 수신료를 인상할 수 있다면 공영 방송만이 아니라 민주주의

330 예를 들어 다른 나라의 법제·해석과 비교하거나 논리적으로 따져 필요·충분의 조건별로 장단점을 분석하는 방식 따위를 말한다.

331 아마도 '이런 일에 무슨 대통령씩이나?' 하는 반론도 있을 수 있다. 그러나 이는 정말 하나는 알고 둘은 모르는 어리석음의 발로다. 지금까지 누누이 지적한 대로 한국 정치에서 대통령은 더 이상 집중이 있을 수 없는 수준의 권력을 갖고 있고, 방송의 거버넌스 결정권은 사실상 대통령에 있다. 대통령씩이나가 아니라 대통령이므로 나서야 한다는 말이다.

표 38. 수신료 인상에 대한 대표적인 부정적 이유와 대책

부정적 이유	대책
• 공영 방송이 따로 구분되지 않는 지상파 방송 중심 체제 • 상업 방송과 차별 없는 광고(량) (2TV의 존재)	• EBS와 공동 캠페인 • 2TV의 상업성 완화(광고의 부분적 감축)
• 거버넌스의 정치화, 도구화	• 거버넌스의 개혁 • 사장 인사의 투명성·절차 강화
• (과도한) 흑자 • 비효율적 경영, 조직의 비대화, 인건비의 과도한 비중 • 공영 방송의 미래 재정의 불투명 (체계적 재정 계획 결여) • 수신료의 주먹구구식 책정	• 경영의 전체적인 합리화, 흑자 조절 • 전체적인 경량화 계획 수립 • 수신료산정위원회의 설립, 체계적인 재정 계획 수립 • 수신료위원회를 통한 수신료의 투명한 사용 계획 수립
• 조직 내부의 대중성 저하에 따른 문화적 권력의 약화 • 내부 개혁(인력의 경량화, 경비의 절감, 아웃소싱)에 대한 거부감	• 내부 통합을 위한 활발한 사내 캠페인 • 내부 경량화·합리화 계획의 수립
• 국민의 직접 지불 인상에 대한 부담 • 유료 방송의 보편화로 인한 이중 지불 부담	• 현행보다 제작비 비중을 크게 늘림, 수신료 면제 및 경감 대책 제시 • 플랫폼 전략의 강화, 지상파 플랫폼의 개설
• 중앙 집중 구조	• 로컬리즘의 진홍, 수신료의 차등화
• 고화질화 위주의 디지털화	• 디지털 서비스의 고도화
• 편파성 문제, 권력 비판	• 노사 공동의 상시적 공정방송위원회 설립 • 주요 보직의 추천·평가제 • 탐사 보도 대폭 강화, 자율적 운영 제고 • 사회성 드라마의 강화
• 상업성, 상업 방송과의 비차별성	• 2TV의 상업성 완화
• 시청자 복지·시청 유인 낮음	• 플랫폼 전략의 강화 • 지역 방송 강화, 분권화 노력 시작

의 발전에도 새로운 전기가 될 수 있다.

셋째, 수신료는 설사 인상된다 해도 한 번으로 그칠 수 없다. 공영 방송에 필요한 체계화된 재원에서 수신료가 차지하는 비중은 여전히 크다. 그렇다면 첫 시도부터 좋은 '유산'을 남겨야 한다. 만약 이런 점을 무시하고 그저 당장만을 위해 미봉책에 의존한다면 멀지 않은 미래에 더 큰 문제를 만들게 된다. 이렇게 수신료는 공영 방송으로 하여금 끊임없이 자기 자신을 돌아보게 하는 효과가 있다. 마치 공영 방송의 '공공성'이 국가와 시장의 틈바구니에서 경합과 투쟁을 통해 자신을 지켜내야 하는 것처럼(Newman, 2007), 수신료는 공영 방송에 이런 '공'을 강요한다. 수신료가 공영 방송에 돈이면서 돈만이 아닌 이유다. 물론 이런 원칙 외에도 다양한 세부 대책이 필요하다.[332] 앞서 제시한 부정적 이유에 대한 '맞춤형 대책'을 요약해 보면 표 38과 같다.

2. 편성·프로그램: 상업화의 진전과 차별화 필요성

1) 시청률의 저하

신문(언론)이 부르주아 혁명을 통해 '얻어 낸 것'이라면, 공영 방송은 그 혁명

332 이 중 전향적으로 검토해 볼 필요가 있는 것 하나는 연구자나 시민운동을 막론해 각계의 동의를 얻은 수신료산정위원회 안이다(정인숙, 2013; 김진웅 · 유영주, 2012). 이 안의 장점은 수신료의 인상과 배분 과정 — 내부의 경영 진단, 체계적인 재정 계획, 인상 폭의 책정, 합리적 수신료 배분 등 — 에서 일정한 투명성과 정당성을 얻을 수 있다는 것이다. 지금까지 수신료는 사실상 KBS 자신이 제반 사항을 모두 결정해 여러 측면에서 객관적 타당성을 의심받아왔다. 산정위원회는 KBS의 외부에 설치되므로 이런 단점을 극복할 수 있고, 운영 여하에 따라서는 그간 수신료에 따라다닌 다른 문제점들도 해결할 수 있다.

의 산물인 보편적 선거권의 하나로 '주어진 것'에 가깝다(Harvey, 1998). 마치 선거권이 그런 것처럼 공영 방송의 시청은 국민에게 의무이자 권리였고, '공익/규제'는 방송이 숙명처럼 안고 다녀야 하는 동전의 양면이었다. 정치·종교에 따라 사회가 분할되어 있는 '필라화pillarization'로 유명한 네덜란드에서 정당, 노동조합, 학교, 은행, 신문, 심지어는 스포츠클럽까지 공유하지 않는 사람들이 상대편을 이해하게 되기 시작한 것도 이런 하나뿐인 공영 방송의 시간을 서로 나누어 제작·편성하면서 상대편 프로그램을 보지 않을 수 없게 된 때문이었다(Scannell, 1989). 이런 시절의 공영 방송에 시청률이란 아무런 의미를 가질 수 없었다. 편성 역시 그랬다. 처음에는 그저 시청자의 생활 시간대만 맞추면 되었다(Van den Bulck, 2009).

그러나 1980년대 들어 탈규제의 바람으로 경쟁자가 생겨나면서 이 상황은 급변했다. 공영 방송의 시청률은 점점 떨어져 갔으며 이전의 행태를 유지하려 하는 방송일수록 감소 정도는 더욱 심했다. 가장 모범적으로 공영 방송을 운영한다고 평가받는 영국과 독일의 경우를 예로 봐도 이 점은 여실히 드러난다(Potschka, 2012). 영국의 경우 1990년에 BBC 1이 차지하는 시청 시간(점유) 비중이 37%였던 데 비해 2010년이 되면 16%가 줄어 21%가 되었다. 20년 만에 감소율이 무려 43.2%에 달했다. BBC와 함께 '안락함'을 누리던 상업 방송인 ITV는 더 많이 줄어 44%에서 17%가 되었다. 독일에서도 대표적인 채널인 ARD가 31%에서 13%로, ZDF는 29%에서 13%로 감소했다. 독일의 상업 방송은 신생의 어려움을 딛고 나중으로 갈수록 오히려 선전해 RTL Group이 12%에서 25%로 두 배 가량 늘어났고, ProSiben/Sat.1도 비슷한 증가율을 보였다. 영국에서는 주로 인터넷·디지털·위성 채널로 되어 있는 기타 채널의 비중이 나머지 전체 지상파 방송에 맞먹는 44%로 늘어났다.

표 39. 영국 텔레비전 채널의 연간 시청 시간 비율

단위: %

구분	BBC 1	BBC 2	ITV 1	C4/S4C	C5	기타
2010	21	7	17	6	5	44
2005	23	9	22	10	6	30
2000	27	11	30	11	6	17
1995	32	11	37	11	–	9
1990	37	10	44	9	–	–

출처: Potschka(2011, p.130).

표 40. 독일 텔레비전 채널의 연간 시청 시간 비율

단위: %

	ARD	ARD Thirds	ZDF	RTL Group	ProSiben/ Sat.1	기타
2010	13	13	13	25	20	16
2005	13	14	14	24	21	14
2000	14	13	13	22	24	14
1995	15	10	15	25	28	7
1990	31	9	29	12	10	9

출처: Potschka(2011, p.217).

이 점은 역시 모범적인 공영 방송이 존재하는 또 하나의 지역인 스칸디나비아의 경우에도 크게 다르지 않다. 스칸디나비아의 나라들은 앞서의 영국, 독일에 비해 상대적으로 소국이어서 다른 시사점을 준다. 덴마크, 스웨덴, 노르웨이의 편성과 규제 형태를 비교한 한 연구(Lund & Berg, 2009)에 따르면, 1992년에 35%(덴마크 DR), 71%(스웨덴 SVT 1 + 2), 64%(노르웨이 NRK)였던 공영 방송의 점유율은 2006년도가 되면 덴마크 28%(그 사이 DR2가 생겨 합치면 33%), 스웨덴 37%, 노르웨이 40%(NRK 2가 늘어 합치면 44%)로 크게 줄어든다. 덴마크가 −7%로 상대적으로 선전했다. 스웨덴은 이전의 점유율이 워낙 높았다. 새로운 채널이 생기면 시청이 분산되는 것이 당연하므로 감소가 비난받을 일만은 아니다. 또 이들이 잡고 있는 목표인 30%에 비해 그렇게 크게 낮아지지도 않았다. 그러나 줄어드는 자체가 하나의 추세라는 점에서 공영 방송의 미래가 밝다고 하기 어렵다.

공영 방송의 또 다른 고민은 젊은 층이 외면함으로써 '노인 방송'이 되고 있다는 점이다. 예를 들어 상업 방송과 큰 차이 없는 편성을 보이는 이탈리아의 RAI에서도 1998년에는 15~24세 집단에서 7.4%의 시청률을 보인 반면 2006년에는 4.2%로 감소했고, 25~44세 집단에서는 24.1%에서 20.8%로 떨어졌다. 이러한 수치들은 더욱 공영 방송의 미래를 어둡게 만든다(D'Arma, 2010). 일본 NHK의 시청 점유율 역시 연령대가 높아지는 것에 따라 같이 상승하는 비례 현상을 보인다. 1950년대부터 경쟁을 벌였던 BBC가 그래도 사정이 낫다 하나(Yoshiko & Ritsu, 2008), BBC 또한 젊은 시청자들(16~34세)의 시청률이 2002년부터 2007년 사이에 21.9%에서 16.6%로 감소했다. 젊은 시청자들은 BBC가 '낡은 스타일'이고, '회고적'이며, '늦고,' '집단적'이라고 비판한다(Fanthome, 2008).

이처럼 떨어진 공영 방송의 지위는 또 다른 차원에서 심각한 문제를 낳았다. 단순히 '재미만 없는 게' 아니라 이제는 공영 방송의 중추적 임무라 할 수 있는 국가적 보편성이나 사회적 응집·통합 기능에도 애로가 발생한 것이다. 여기에 일정 시청량이 동반되지 않으면 제대로 징수하기 어려운 수신료라는 매우 현실적인 문제도 겹친다. 이런 것들은 고고하게 품질만 강조해서는 해결되지 않는다. 공영 방송에 '위기'나 '개혁'이 마치 짝처럼 붙어 다니는 이유도 바로 이렇게 대중의 외면이 심각해졌기 때문이다.

2) 편성의 다양화: 변화와 유지, 차별화와 주변화

이런 상황에서 공영 방송이 대중의 호응을 얻으면서도 자신의 임무를 소홀히 하지 않는다고 하면 아마도 가장 바람직한 경우가 될 것이다. 컨설팅 회사인 맥킨지(McKinsey & Company, 1999)가 세계 유수의 공영 방송들을 평가한 바를 알기 쉽게 도식화한 그림 8에 따르면, 주로 I사분면에 있는 영국의 BBC와 민주주의 코포라티즘(독일, 스웨덴 등)의 나라들의 방송이 이런 나름의 이상형에 가깝다.

대체로 이들 공영 방송은 사실적(뉴스나 다큐멘터리)·문화적·어린이 프로그램이 전체 편성에서 차지하는 비중으로 정의되는 방송의 '건전성'이 상업

그림 8. 공영 방송 편성의 유형화

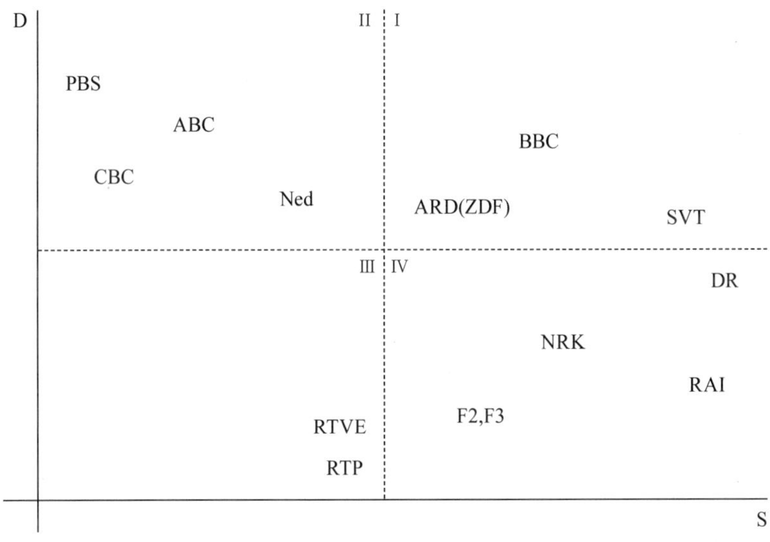

D: 차별성, S: (시청)점유율.
출처: McKinsey & Company(1999, pp.21~22).

방송보다 훨씬 높고, 방송의 경쟁력으로 볼 수 있는 시청 점유율 면에서는 전반적으로 상업 방송과 대등하다. 특히 중요한 점은, 이들이 과거 독점 시절의 영화를 잃어버리기는 했어도 나름대로 선발 주자로서 편성을 주도해 경쟁 상대(상업 방송)에도 긍정적 영향을 준다는 점이다. 한때, 상업 방송이 시청률을 주도해 이른바 '수렴' 논쟁이 벌어진 적도 있었지만, 적어도 이 방송들이 있는 곳에서는 수렴이 나타나지 않았다(Meier, 2003).

차별성은 높으나 상대적으로 점유율이 낮은 II영역에는 미국과 캐나다, 오스트레일리아의 공영 방송이 속한다.[333] 코포라티즘에 속한 일부 나라의 방송(네덜란드)도 정도는 덜하지만 이에 속하는 것으로 보인다. 편성에 관한 데이터가 없어 이 그림에서 빠져 있지만, 일본의 NHK도 두 개의 채널을 가진 방송 중에서는 점유율이 낮은 편에 속하고, 프로그램 역시 차별성의 증명에 손색이 없어 이 유형에 해당한다고 볼 수 있다.[334] 이 방송들은 상업 방송과의 차별성이 매우 크다. 예컨대 미국의 PBS의 경우, 차별성을 나타내는 프로그램의 비중이 공영 방송의 평균인 52%보다도 훨씬 높은 90%에 달한다. 그러나 이들의 시장 점유는 낮다. 미국이 가장 심하고 캐나다나 오스트레일리아는 이보다는 높지만 유럽에 비해서는 떨어진다. 네덜란드의 NOS도 시청자를 지루하게 하는 것으로 유명하다(Curran, 2002). 이들의 상대는 대체로 자신보다 앞서거나 비슷한 시점에 방송을 시작한 상업 방송들이다. 독점으로 시작해 나중에야 상업 방송과 경쟁을 시작한 유럽과는 조건이 다르다.[335] 상업 방송의

333 이 그림에서 하나 꼭 유념해야 할 것은 다른 나라는 대부분 두 개의 채널의 합이고 미국과 오스트레일리아는 한 개의 채널이라는 점이다(McKinsey & Company, 1999).

334 NHK는 보도 프로그램의 비율이 46.6%에 달하고 각 뉴스 프로그램의 특성이 분명하며 뉴스 아이템당 시간도 길어 정확하고 풍부한 지식과 정보를 제공하나 재미는 상대적으로 없다(인칭현, 2012a; Yoshiko & Ritsu, 2010).

335 이들에게 중요한 또 다른 변수는 미국이다. 상업 방송의 본산이면서 언어가 같은 미국 때

천국인 미국에서 PBS는 점유율이 너무 미미해 '보완적이면서 경쟁적'이라는 바람직한 관계(Blumler & Hoffmann-Riem, 1992)는 엄두조차 내지 못한다. 물론 주고받는 영향 관계도 거의 없다. 앞서 본 대로 이들 방송이 대부분 수신료를 받지 못하는 이유도 이런 미약한 비중과 무관하다고 하기 어렵다.

점유율은 높으나 상업 방송과 차별성이 없어 비판을 받는 경우도 있다. 이탈리아와 프랑스를 대표적인 예로 들 수 있는데, 멕킨지의 조사에서는 이탈리아가 프랑스보다 점유율도 높고 차별성도 크다. 이 유형은 앞서의 두 유형과 달리 공영 방송이라도 재원(수신료)이 풍족하지 못해 광고료에 대한 의존도가 높다. 니치niche 이론으로 말하면, 상업 방송과 같은 '먹이'를 먹고 생존하므로 유사한 품목으로 경쟁하는 것이다(Dimmick, Patterson & Albarran, 1992). 물론 이 경우에도 차이가 없지는 않다. 이탈리아 RAI의 경우, 비록 영화, 가벼운 토크쇼, 시트콤, 연속극 등 오락 프로그램의 비중이 높지만, 대체로 이들은 자사에서 만든 것이고, 비중도 베를루스코니의 상업 방송인 미디어셋에 비해서는 훨씬 낮은 편이다. 경쟁력도 국민적이라 말할 수 있다. 1998년에 RAI의 세 채널은 약 48%의 점유율을 보였는데, 당시는 이른바 다채널 가정이 10%밖에 안 되었을 때였다. 20년 후가 되면 이 가정의 비중이 50%가 넘게 되는데도 RAI의 시청률은 불과 6.5%밖에 내려가지 않았다(D'Arma, 2010). 이 또한 최근 들어 뉴 미디어에 치중했기 때문에 생긴 결과로 그렇지 않았다

문에 이들은 한편으로는 자국의 시장을 빼앗기고, 다른 한편으로는 바로 그런 이유로 공영 방송의 필요성을 인식한다. 그러므로 차별성↑ 점유율↓의 관계는 어찌 보면 예정된 것이다. 이러한 현상은 디지털화가 되면서는 오히려 돋보이게 되어 오스트레일리아의 공영 방송은 이제 "시장의 실패(를 만회시키는) 방송a market failure broadcaster"으로 "다시 떠오르게rise again" 되었다(Miragliotta & Errington, 2012). 그러나 이 방송이 유럽의 그것처럼 '사회 민주적'인 영향력을 발휘할 수 있을지는 의문이다. 기본적으로 전체 방송판 자체가 시장의 논리, 곧 미국의 프로그램에 의해 좌우되기 때문이다.

면 더 선방했을 것이다.

마지막으로 차별성도 약하고 대중의 호응도 낮은 경우다. 이 유형은 그야말로 별 영향력을 갖지 못하므로 '축소형'(강형철·양승찬, 2003)으로 부르면 적절할 듯하다. 대부분 독점으로 출발해 자국 시장에서는 우월한 지위를 갖는 유럽의 공영 방송들은 과거의 전통 때문에라도 사실 이 유형에는 거의 들어가지 않는다고 보아야 한다. 다만 논의의 편의성을 위해 다른 방송에 비해 차별성이 낮은 스페인의 RTVE와 포르투갈의 RTP 등을 이 유형에 포함시켰다. 만약 낮은 점유율에 주목한다면 이보다 벨기에의 RTBF, VRT가 축소형의 전형으로 제시될 수도 있을 것이다. 여기서는 제외되었지만 그리스의 ERT는 벨기에보다도 낮다.

이 유형이 만들어지는 과정을 맥킨지는 포르투갈의 사례를 들어 다음과 같이 생태학적으로 설명한다. 1992년 탈규제가 시작되면서 대부분의 공영 방송이 그랬던 것처럼 RTP의 점유율도 크게 내려갔는데, 재원의 대부분을 광고료에 의존하던 RTP는 상당히 큰 재정적 손실을 입었다. RTP는 이를 만회하기 위해 정부 보조금도 받고 편성도 상업적으로 바꾸었으나 결국 차별성은 차별성대로 잃고, 점유율도 남의 뒤를 따라가는 통에 결국 열세를 만회하지 못하는 이중적 어려움에 빠지게 되었다.[336] 스페인의 RTVE 역시 프랑코 시절에 국영-광고료의 기형 체제인 국가상업주의로 출범했다. 민주화 이후 제정된 1980년 법을 통해 비로소 공영 방송의 틀을 갖추었으나 10년 후

336 포르투갈의 반대가 되는 예는 스웨덴이다. 탈규제를 만나 점유율이 떨어진 건 양쪽이 똑같다. 관건은 다음이다. 스웨덴은 안정된 수신료 기반이 있으므로 재정적으로는 아무런 문제가 없어 기존의 편성을 고수한다. 그리고 이런 방송에 길들여져 있는 수용자들이 이전보다 적기는 하지만 계속해서 자신의 취향을 유지하면서 나중에는 오히려 상업 방송이 이를 따라하는 역수림 현상이 발생한다(McKinsey & Company, 1999). 점유를 잃기는 하지만 전체 방송판이 바뀌지는 않는 것이다.

탈규제의 물결에 휩쓸림으로써 포르투갈과 비슷한 길을 밟았다(Bustamante, 1989; Maxwell, 1997). 앞서 본 대로 RTVE는 광고를 감소시킨 2006년의 개혁 이후 뉴스와 시사 프로그램의 비중이 증가하고 뉴스의 시청률이 높아지는 등 바람직한 변화가 있었으나 우파가 재집권한 후 반동의 바람이 불어 편성의 유동성이 커졌다.

이런 유형화는 나름대로 상당히 유용하다. 왜냐하면 비교 방송적 좌표를 통해 자신의 지점을 찾아보면서 약점 또한 같이 성찰해 볼 수 있기 때문이다. 이로 보면, 의외로 공영 방송이 처음 자리를 잡을 때의 '기원적 본질'[337]이 상당한 영향을 미쳤음을 알 수 있다. 미국식 상업 방송의 영향을 처음부터 강하게 받았던 영연방 국가의 공영 방송들은 탈규제의 영향으로 더 많이 시청권에서 멀어졌고, 유럽이라도 광고를 재원으로 삼았던 방송들은 차별성을 상대적으로 쉽게 잃어버렸으며,[338] 그중에서도 일부는 아예 상업 방송에 밀려 점유율에서조차 주변화되어 버렸다. 수신료 같은 공공 재원에 의존했던 유럽 선진국의 일부 공영 방송만이 상업 방송의 (악)영향을 많이 받았으면서도 기존의 성가를 크게 잃지 않았다.

(1) 차별성과 점유율 유지의 다양성

높은 차별성과 점유율을 가진 이상형으로 볼 수 있는 방송들이라 해서 양태가 모두 같지는 않다. 같은 유형에 속해도 세부적으로는 각 나라나 사회마다 특징이 있다는 말이다. 대표적인 방송인 BBC 1의 특징은 장르 내 차별성

337 물론 이런 관찰이 '기원적 결정론genetic determinism'으로 비약되어서는 안 될 것이다. 그러나 광고(상업주의)의 원原경험이 나중의 탈규제 환경에 용이하게 적응케 한 것은 틀림없는 듯하다.

338 공영화되기 이전에 프랑스나 이탈리아 역시 광고 방송을 했다(Bourdon, 2010). 기원적 본질의 영향이 얼마나 큰가를 이를 통해서도 짐작할 수 있다.

에 있다. 2008년을 기준으로 BBC의 편성을 보면, 뉴스가 가장 많아 29%, 어린이가 8%, 팩추얼factual 프로그램이 22%, 드라마·솝오페라가 13%, 스포츠가 11%, 코미디·영화가 12% 정도를 차지한다(Ofcom, 2009). 이러한 편성은 팩추얼 프로그램이 다소 증가하는 경향성만 제외하면 대체로 유지되는 2000년대 BBC의 정형이다. 전통적인 교양/오락의 기준으로 보면 약 5 : 5 정도의 비중이 된다. 팩추얼 프로그램 중에도 오락성이나 대중성이 짙은 것이 많기 때문이다.[339] 이 정도라면, 공영 방송의 모범이라는 평판과는 다른 의외의 비중이다. 만약 이런 편성을 계속 하면서도 BBC가 평판을 얻은 것이라면, 양적인 측면에서 교양을 더 많이 편성하거나 교육적 효과나 질만을 앞세워 대중성을 외면하는 것이 공영 방송의 능사가 아니었다는 점을 말해 준다. BBC의 성가는 교양 일변도가 아니라 교양과 오락의 균형, 오락성의 교양성, 장르 내 차별화에서 비롯되었다는 것이다.[340]

사실 BBC는 일찍이 1950년대부터 경쟁을 시작해 유럽의 공영 방송 중에서는 예외적인 존재에 가깝다.[341] ITV와 경쟁이 시작되면서 BBC의 시청 점유율은 1955년의 55%에서 1956년에는 38%, 1957년 28%로 급격하게 떨어졌다(Blumler, 1993a). 이런 BBC에게 대중을 얻기 위한 경쟁과 생존

339 심미선(2003)은 이전의 BBC가 오락 프로그램의 비중이 1TV는 54.8%, 2TV는 67.6%를 차지한다고 주장한 적이 있는데 이는 아마도 팩추얼 프로그램의 일부를 오락으로 분류한 결과일 것이다.

340 그것이 공영 방송이든 상업 방송이든 불특정 다수인 대중을 상대하는 방송에서 대중성의 문제는 아무리 강조해도 지나치지 않다. BBC가 유례없는 정부의 압력(보수당과 노동당 모두!)에도 살아남을 수 있었던 이유 역시 대중성 때문이고(Goodwin, 2012), 그리스의 ERT가 나름의 성공적인 변화에도 불구하고 굴욕적인 폐업 조치를 당한 이유 역시 궁극적으로는 대중성이 없었기 때문이다. ERT는 유럽 공영 방송 중에서 점유율이 가장 낮았다.

341 1940년 배의 '군대 프로그램Forces Programme'은 노동 계급과 지방 억양, 전복적 코미디, 대중적 음악, 미국의 프로그램 등을 BBC에 도입시켰다(Scannell & Cardiff, 1991).

은 결코 미국의 얘기가 아니었다. 탈규제가 시작되기 직전(1985)의 한 통계에 따르면, BBC는 시사를 포함한 뉴스 38%, 다큐멘터리 5%이며, 오락물과 드라마(시리즈) 44%, 영화 7%, 스포츠 5% 등으로 이때에도 4.5 : 5.5 정도로 오락이 많았다. 독일의 ZDF와 비교하면 뉴스와 드라마는 많지만 다큐멘터리는 적다. 당시 미국의 상업 방송들도 뉴스와 드라마를 주로 편성했는데, BBC는 이런 미국 방송과 ZDF의 중간 정도에 해당한다(Blumler, Brynin, & Nossiter, 1986). 커런(Curran, 2002)이 말한 포퓰리즘의 역사는 BBC에 정확히 적용할 수 있는 셈이다. 이재현(1998) 역시 이런 BBC를 두고 편성의 공영성을 장르의 양적 비중에서만 협소하게 보아서는 안 된다고 한다. KBS가 BBC에 느끼는 친화성에는 이런 포퓰리즘적 편성도 한몫을 했을 것이다(조항제, 2014).

독일의 특징으로는 탈규제화의 남다른 극복을 들 수 있다. 독일의 공영 방송 역시 앞서 본 대로 탈규제 추세의 영향을 많이 받았다. 그러나 진정기인 2000년대에 들어 시청률은 더 이상 낮아지지 않고 안정된 경향을 보인다. 전체 공영 방송 시청률은 2000년 43.1%에서 2007년 43.6%가 되어 오히려 소폭 상승했다. ARD는 14.3%에서 13.4%로, ZDF는 13.3%에서 12.9%로 조금 떨어졌지만 ARD3이 12.7%에서 13.5%로 올라 이를 상쇄했다(KEK; 이민웅 외, 2008, p.189에서 재인용). 물론 공영 대 민영의 비율은 43.6% 대 56.4%가 되어 역전되었다. 장르별 비율을 보면(표 41), 공영 방송들이 상대적으로 정보에 역점을 기울이는 반면 민영 방송들은 오락의 비중이 커서 전형적인 공영/민영(상업) 방송의 차이를 보인다. 물론 독일의 공영 방송 역시 과거에 비해 오락 방송의 비중이 다소 증가했고, 민영 방송들은 RTL이나 ProSieben 등에서 볼 수 있듯이 정보 프로그램의 비중이 다른 나라에 비해 상당히 높은 편이다.

표 41. 독일 주요 방송의 장르별 일일 편성 비율(2007)

구분	공영 방송			민영 방송		
	ARD	ZDF	ARD3	RTL	Sat1	ProSieben
정보	35.0	38.7	57.9	27.3	14.5	30.6
오락	11.2	7.4	13.1	23.9	42.4	11.3
픽션[342]	39.2	39.0	25.9	27.0	20.6	39.8
스포츠	10.5	10.2	1.8	3.5	1.9	1.0
광고	1.7	2.4	-	14.6	15.8	12.8
기타	2.3	2.3	1.3	3.8	4.8	4.5
합계	100	100	100	100	100	100

출처: Zubayr & Gerhard(2008, p.118; 이민웅 외, 2008, p.192에서 재인용).

이렇게 독일의 공영 방송이 탈규제의 영향을 받으면서도 바뀌지 않은 이유는 마이어(Meier, 2003)가 소상하게 밝히고 있다. 그는 ZDF를 적절한 사례로 들었는데, ZDF가 광고를 하므로[343] 시청률에 민감하고 상대적으로 지역

342 원문(이민웅 외, 2008)에는 '드라마'로 되어 있지만 '픽션'이 정확한 표현이다(이를 일깨워준 심영섭 박사의 조언에 감사한다). 픽션에는 우리가 일반적으로 아는 드라마와 극장용 영화, TV용 영화 등이 모두 포함된다. 이 중 드라마만 다시 분류하면 ARD가 15.1%에서 17.4% 사이, ZDF는 16.3%에서 20.4% 정도의 비중을 보인다(Krueger; 심영섭, 2013에서 재인용).

343 마이어의 글에는 광고가 ZDF 전체 재원의 40% 가량을 차지했다고 되어 있지만(Brants & Bens, 2000의 통계에서도 독일 공영 방송의 광고 비중은 31%다), 최근의 통계들에 따르면 ZDF의 광고 비중은 현저하게 줄었다. 이 점이야말로 상업 방송의 영향 때문으로 보이지만, 결과론으로 볼 때, 상업 방송의 등장은 적어도 독일에서는 더욱 온전한 수신료 재원을 가능케 했다는 점에서 반드시 부정적인 결과라고 말하기는 어렵다. 물론 이에는 인상분을 감당한 시청자의 지불 의지가 결정적이었다. 그러니까 어떤 나라에서는 상업 방송을 출범시키면서 공영 방송의 경쟁력이 농반 상승했고, 어떤 나라에서는 공영 방송이 수렴당해 대중성과 정체성을 간이 잃어버린 것이다.

충성도가 낮은 전국 방송이므로 새롭게 등장한 상업 방송과 치열한 경쟁을 벌일 수밖에 없었기 때문이다. 마이어에 따르면, 첫째, 공영 방송은 정치적 결정에 민감한 존재이며 상업 방송과 달리 민주주의를 위해 필요한 정보·토론 기능을 자신의 임무로 여기기 때문에 기존을 어느 정도 고수할 수 있었다('정치적 의존과 규범의 압력'). 비록 환경은 바뀌었지만 자신의 정체성을 부정할 수는 없었다는 것이다. 둘째, 방송 내부에 전문직주의를 강조하는 저널리즘 조직이 상업화를 용인하지 않아 정보·사실 프로그램이 전체 편성에서 40% 정도를 지속하게 했고, 조직 전체가 탈집중화되어 있어 위(경영)로부터의 압력이 쉽게 관철되지 않았기 때문이다('조직 전략의 결정 인자로서의 내부 연합'). 셋째, 새로운 방송이 늘어나 수용자들이 일정하게 나뉘는 과정에서 상업 방송이 추구하는 구매력 높은 수용자와 공영 방송의 일반 수용자 사이에 일정한 차별화가 발생했고 공영 방송도 나름의 상당한 핵심 수용자를 지니고 있었기 때문이다('수용자 세분화와 핵심 수용자의 형성'), 넷째, 새로운 상업 방송의 등장에 따라 기존의 프로그램 자원(스포츠 방송권자와 제작 전문 인력 등)의 가격이 크게 높아지면서 공영 방송이 가진 저널리즘 분야의 인프라가 부각되게 되었기 때문이다. 이는 상업 방송이 모방하기 어려운 공영 방송 나름의 자산이 되었다('특수한 자산 기반의 형성'). 요약하면, 공영 방송에 대한 기존의 규제와 사회적 기대, 공영 방송 나름의 조직적 관행과 보유 자산, 수용자의 일부이지만 지지가 모두 있어 차별성을 유지할 수 있었다는 것이다.

스웨덴과 덴마크, 노르웨이 등의 스칸디나비아 국가들의 경우에는 탈규제를 소화하는 방식에 주목해 볼 수 있다. 앞서 본 대로 탈규제로 인해 이 나라들에서도 시청률이 많이 떨어졌다. 그러나 상업화의 영향이 그렇게까지 강하게 나타난 것은 아니다. 2006년도를 기준으로 정보성의 하드 프로그램과 픽션 위주인 소프트 프로그램의 차이를 대조해 보면, 편성량이나 시청률에서 스웨덴의 경우는 하드의 편성량이 많고 시청률은 비슷한 31%, −1%이고 덴마크는 편성량은 서로 비슷하고 시청률은 소프트가 다소 많은 4%, −9%이며, 노르웨이도 이와 비슷한 1%, −9%다. 스웨덴은 시청률의 균형을 맞추기 위해 하드의 편성량을 늘린데 비해 덴마크와 노르웨이는 거의 하드와 소프트를 같이 편성하면서 시청률에서만 다소 소프트가 많은 '행복한' 경우인 것이다. 공영 방송의 이러한 하드 중심은 완전 상업 방송인 Kanal 4/Kanal 5(덴마크)나 TV3(노르웨이)의 소프트 일변도와 크게 대조된다. 시청 정도를 보면 이 세 나라에서는 하드의 시청률이 39%, 38%, 35%로 거의 비슷하다. 시청자들 또한 하드 위주의 편성을 일정하게 뒷받침해 주고 있다는 말이다.

이러한 이유 중 하나는 이들 세 나라 모두에 공영도 상업 방송도 아닌 중간 방송, 곧 덴마크의 TV2/DK나 스웨덴의 TV4, 노르웨이의 TV2/NO 같은 '혼합형 방송'[344]이 있어 탈규제의 영향이 중화되었다는 점이다. 이들 혼합형 방송으로 인해 런드와 버그(Lund & Berg, 2009)는 '이중 복점twin-duopoly'이 형성된다고 주장한다. 이중 복점이란 경쟁이 두 방향으로 전개되어 한쪽에서는 공영 방송과 혼합 방송 사이에서 질과 시청률 경쟁이, 다른 한쪽에서는 혼합 방송과 상업 방송(들) 사이에 광고 경쟁이 각기 치열하게 벌어져 동시에 두 개의 복점이 만들어진다는 것을 뜻한다. 이의 장점은 경쟁이 단순히 돈만을 위한 양상으로 펼쳐지지 않으므로 상대적으로 정도도 낮고 폐해도 적다는 점이다.

영국의 BBC는 일찍부터 경쟁을 시작해 장르 간 균형과 장르 내 차이에

344 이 혼합 방송은 무료 지상파 방송이며 상업적 재원으로 운용되고, 의무 재전송must-carry 특혜가 주어지면서 공적 서비스를 위해 상호 규제co-regulated를 받는 방송이다(Lund & Berg, 2009). 그러니까 이 방송은 광고를 위해 상업적 편성을 펼치기는 하지만 일정한 규제와 특혜를 같이 받으므로 주어진 한계를 벗어나지 않는다. 현재 한국의 지상파 방송들, 그중에서도 특히 MBC와 비슷하다고 할 수 있다. 의도한 것은 아니라도 MBC 역시 특정 세력의 전횡이 어려운 공적 소유체이므로 정치적 악용만 배제한다면 오히려 이런 방송보다 공공성 측면에서는 나은 것이라고 할 수 있다.

주안점을 두는 편성을 하면서 높은 차별성과 점유율을 유지할 수 있었다. 독일의 경우에는 공영 방송에 대한 기존의 규제와 사회적 기대, 내부의 조직적 관행과 보유 자산, 수용자의 (일부이지만) 지지가 모두 있었다. 스칸디나비아 국가의 경우에는 중간 형태의 탈규제를 취함으로써 이중 복점을 형성해 기존 공영 방송의 정체성을 유지할 수 있었다.

3) 혼합 모델의 개발

(1) 필요와 욕구의 조화: '임무를 수행하며 대중 잡기'

제작비와 시청률의 조화 지금 같은 초경쟁기에 공영 방송에 필요한 것은 각 나라의 사정에 맞게 혼합 모델을 개발하는 것이다. 과거와 같은 독점기에 통용되었던 '필요' 위주의 편성은 이제 수용자 · 욕구 · (비용) 효율성과 조화를 이룰 수 있는 형태로 바뀌지 않으면 안 된다.[345] 대체로 이는 공영 방송이 '모순적'인 영역을 개척한다는 것과 크게 다르지 않은 의미다. 이는 그림 9를 통해 설명할 수 있다.

공영 방송 중에서도, 특히 광고에 대한 비중이 좀 더 큰 방송은 시청률에 둔감해져서는 안 된다. 또 경쟁에 맞는 비용 효율성에도 신경을 안 쓸 수 없다. 비용과 시청률은 꼭 비례하지는 않지만 대체로 같이 간다. 제작비가 많이 들고 시청률이 높은 프로그램(A유형)은 품위를 앞세우는 공영 방송으로서는 가장 주력해야 하는 것이다. 이런 프로그램에는 상업 방송 역시 브랜드 가치를 유지하기 위해 양은 많지 않아도 나름대로 전력을 투구한다. 공영 방송의 존재로 인해 방송판 전체의 질이 높아지는 이른바 '(동반) 상승 효과

345 필요/욕구의 대립은, 프라텐의 연구(Pratten, 1998)를 참조할 수 있다.

그림 9. 시청률과 제작비의 관계 유형화

구분		시청률	
		높음(높을 것으로 예상됨)	낮음
제작비	많음	A	D
	적음	B	C

multiplier effect'(Oliver, 2005)는 이런 프로그램들이 많이 만들어질 때 발생한다. 예컨대 BBC가 어린이 채널에서 평균보다 높은 제작비를 투자하면서 질을 높이자 미국의 상업 채널인 닉클로디언 역시 영국용 프로그램에서 제작 단가를 높인 경우를 말하는 것이다(Born, 2004). 고품질의 웰메이드 드라마, 제작비가 높지만 성과도 좋은 역사(팩션) 드라마, 다년간의 작업 끝에 만들어지는 다큐멘터리나 심층 탐사 프로그램 등은 시청자의 눈높이를 키워 상승 효과를 발생시킨다. 경쟁이 치열해지면서 텔레비전이 구래의 생산자 위주의 '제작형'에서 수용자의 생활 리듬이 중시되는 '편성형'으로, 디지털 주문형(VOD)이 보편화되면서는 특정 콘텐츠가 시청의 핵심이 되는 '콘텐츠형'으로 바뀌었고, 최근에는 심지어 콘텐츠의 전시자 역할을 하는 '큐레이터형'까지 겸하면서 공영 방송에서도 이 유형 프로그램의 중요성은 더욱 커졌다.[346]

346 디지털화에 따라 나타날 수 있는 유력한 변화 중 하나는 거래의 주 대상이 콘텐츠가 됨으로써 방송사의 전략이 '편성형'에서 '콘텐츠형'으로 바뀐다는 점이다. 1990년대 들어 유럽의 공영 방송들은 이전의 '만들면 본다'는 제작 중심적 행태에서 수용자의 취향이나 생활 시간, 라이프스타일 등을 프로그램의 성격과 체계적으로 연결시키는 미국식 '편성형'으로 전략을 바꾸면서 상당한 성공을 거두었다. 그러나 지금의 디지털화는 여러 플랫폼을 옮겨 다니는 프로그램의 멀디 콘텐츠화와 개인의 신택적 시청을 너욱 촉신해 편성형 역시 과거가 되어 버렸다(Hujanen, 2003). 이제 텔레비전은 박물관이나 미술관의 큐레이터처럼 콘텐츠를 이용자가 편하게 또는 재

제작비가 적게 들고 시청률이 높은 프로그램(B유형)은 공영 방송이든 상업 방송이든 방송이라면 모두 추구하는 것이다. 특히 이윤을 목표하는 상업 방송이라면 말할 것도 없지만, 의외로 이런 유형의 프로그램에는 매일의 뉴스나 시사 보도, 어린이 프로그램처럼 공영 방송의 본령에 어울리는 것이 많아 공영 방송 또한 결코 소홀히 할 수 없다. 특히 뉴스는 꼭 비용[347] 때문이 아니더라도 적게 생산될 이유는 별로 없다. 뉴스의 이익 — 시청률, 품질 지수뿐만 아니라 여론에 관여하는 권력 등 — 이 상당하기 때문이다. 특히 N스크린 시대에 수상기에 집중하는 세대들은 상대적으로 뉴스시청률이 높은 장년층이므로 뉴스의 비중이 낮아질 이유가 없다.

제작비가 낮고 시청률도 낮은 일종의 정크junk 프로그램(C유형)은 비중이 큰 것은 아니나 공영 방송이나 상업 방송 모두에게 반드시 필요한 것이다. 왜냐하면 방송에는 외곽 시간대가 많고 이 시간대 역시 방송을 하지 않을 수 없기 때문이다. 오히려 장르별로 일정 비율을 편성해야 하는 규제가 있는 곳에서는 이 시간대를 활용해서 규제분을 메울 수도 있고, 재방송 같은 경제적 행위로 적절히 대처할 수도 있을 것이다. 물론 이의 남용은 큰 비판을 부르므로 상당한 조심을 요한다. 아이디어가 좋으면 버려진 외곽이 오히려 전략 시간대로 탈바꿈할 수도 있다.

미있게 볼 수 있게 여러 플랫폼에 맞춰 분류를 달리하고 배치를 새롭게 하고 있다(Sørensen, 2014). 그러나 이런 제작형–편성형–콘텐츠형–큐레이터형은 완전히 어느 하나가 이전의 것을 대체하는 것은 아니며 미디어에 따라 일정하게 공존한다.

347 장르들의 제작 비용에서 각 나라는 큰 차이가 있다. 예컨대 영국에서는 뉴스, 시사 보도, 어린이 프로그램 등이 '기회비용'이 적게 들고 '이익'은 많다고 보는 반면, 한국에서는 뉴스 프로그램 대부분이 제작비가 높은 측으로 분류된다(강형철 · 심미선, 2009). 이는 아마도 비용을 산정하는 방식의 차이 때문일 것이다. 여기에서는 일단 영국의 경우가 좀 더 보편적인 예에 가깝다고 보고 이 유형에 뉴스를 넣었다.

문제는 네 번째, 제작비가 많이 들면서 시청률이 낮은 프로그램, 상업 방송이라면 극도로 꺼리는 D유형의 경우다. 여기서의 '많은 제작비'는 때로 '높은 품질'이나 '반드시 필요한'으로 바꾸어 쓸 수도 있다. 이 유형은 방임된 시장에서는 잘 만들어지지 않는 프로그램으로 이른바 '시장의 실패'에 해당하는 것이다.[348] 독점 시기에는 이런 프로그램에도 많지는 않았지만 '유효한 significant' 시청자가 있었다. 그러나 지금처럼 선택지가 많은 때에도 시청자가 있을지 의문이고, 공영 방송으로서도 무작정 이렇게 일부의 (엘리트) 시청자를 위한 프로그램을 계속 만들기도 어렵다. 물론 지금까지 공영 방송의 성가는 이런 프로그램을 통해서 많이 만들어졌다.

창조적 혁신의 부각 이와 유사한 딜레마는 '필요/욕구'와 '혁신/전통' 사이의 2 × 2 유형화를 도식화한 그림 12에서 하나 더 보여 줄 수 있다. 그림 10에서 필요의 영역에 속하면서 혁신도 이루어진 I유형의 프로그램은 공영 방송으로서는 가장 바람직한 것이다. 수용자의 욕구를 따라가는데 급급하면서 혁신도 없는 III유형은 상업 방송과 차별성이 가장 작은 것이지만, 광고에 의존하는 공영 방송이라면 어느 정도는 편성하지 않을 수 없는 불가피한 것이기도 하다. 이런 유형들은 구래의 기준으로도 쉽게 선악의 판

348 이러한 사례는 부지기수이지만, 전형적인 하나를 들면, 영국의 ITV가 1963년부터 방송하던 탐사 저널리즘 프로그램인 〈월드 인 액션*World in Action*〉이다. 상업 방송이면서도 공공적 프로그램이 많아 '공적 서비스' 방송으로 분류되는 ITV는 1998년 이 프로그램을 중단했는데, 이유는 역시 제작비 압력 때문이었다(Goddard, Corner, & Richardson, 2007). '기회비용'과 '이익'을 기준으로 프로그램을 분류한 오프콤의 방식에 비추어 보면, 높은 기회비용과 적은 이익으로 방송사들이 가장 꺼리는 프로그램은 지역 뉴스나 지역 프로그램이다(Ofcom, 2004). 이를 보면 21세기 들어 영국 방송에서 지역 프로그램에 대한 요구가 BBC에 쏟아지는 이유를 쉽게 알 수 있다.

그림 10. 공영 방송 프로그램의 유형화

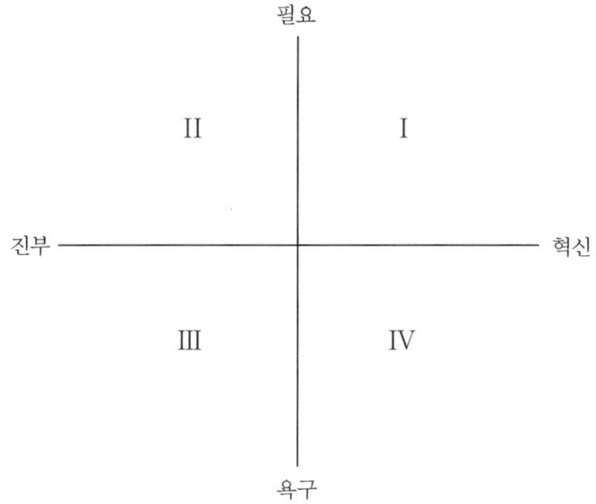

단이 가능하다.

그러나 필요에 속하지만 전통적인, 또는 달리 보면 진부한 II유형은 공영 방송으로서는 지금까지 가장 치중해 온 프로그램이지만, 대중성 면에서는 지속적인 하락세에 있는 것이다. 공영 방송이 탈규제와 경쟁을 두려워하는 가장 큰 이유도 바로 이 유형의 프로그램들이 대중의 외면을 받았기 때문이다. 지금의 공영 방송에 가장 시급히 해결해야 하는 고민이 있다면 이런 '필요-진부'를 여하히 혁신시켜 수용자의 기호와 조화시킬까이다.

IV유형은 수용자의 욕구(소프트)와 혁신을 조화시킨 프로그램으로 지금까지는 공영 방송이 상대적으로 소홀히 했던 유형이다. 그러나 최근 들어서는 상업 방송과 치열하게 경쟁을 벌이면서 새롭게 각광받는 영역이기도 하다. 인포테인먼트나 다큐솝docusoap, 드라메디dramedy, 리얼리티쇼 등 같은 다양한 장르 복합이 이 산물 중 하나다. 여기에는 앞서의 I유형과 더불어 상대적으로 젊은 층에도 어필하는 프로그램이 많다. II유형의 하락과 IV유형의 상대적 부상은 공영 방송의 전통적 편성에는 어울리지 않는 새로운 것이다. 이를 좀 거창하게 부른다면 공영 방송의 '제3의 길'(Steemers, 2001)이라 할 수 있다.[349]

바로 이런 딜레마, 곧 높은 제작비(양질)와 낮은 대중성 사이, 전통적 장르의 외면과 대중 장르의 부각 사이, 새로운 경쟁상과 구래의 임무 사이의 괴리를 현대 공영 방송은 직시하지 않으면 안 된다. 이는 일종의 '적극적 절충,' '혼합 모델'의 지향으로 해결점을 찾을 수 있다. 장르는 가능한 폭넓게 활용하면서 내부에서 다양성을 도모하고, 기존 장르에서는 혁신으로 대중에 어필하는 것이다. 달라진 변화상에 소극적 '빼기'보다는 적극적인 '더하기'로 대응하는 안이다.[350] 그런 면에서 대중 장르를 폭넓게 활용하면서 공익적 측면에서도 혁신을 통해 성과를 내는 BBC는 적절한 벤치마킹의 대상이다.

처음에는 보수층의 가부장주의의 산물이었고, 나중에는 복지 국가의 이타주의에 성공적으로 적응했던 공영 방송의 지난 여정에 비추어 볼 때, 지금의 신자유주의의 경쟁 논리는 공영 방송과 상극이 아닐 수 없다(Tracey, 1998). 공영 방송을 철지난 공동체주의의 산물로 간주하는 자카(Jacka, 2003)의 비판 역시 전제하는 사회경제적 조건은 시장이다. 그러나 채널의 양적 풍요와 경쟁적 시장이 해결해 줄 수 없는 여러 문제에 대처할 수 있는 공영 방송의 능력 또한 이미 증명된 것이기도 하다. 관건은 임무를 잊지 않으면서 여하히 대중에 가까이 가느냐인데, 만약 미래의 공영 방송이 과거의 스타일에만 연연해 자칫 '수도원형'으로 전락하지 않고 시장화에 맞설 수 있는 유효한 대안,

349 이전에 쓴 글에서 나는 이 길이 과거와는 다른 '신질서'라고 보았다(조항제, 2003b). 모든 공영 방송이 이 길을 어느 정도는 불가피하게 걸어가지만, 어떤 방송은 성공적으로 쉽게 가고, 어떤 방송은 수많은 비판을 받으면서 어렵게 간다.

350 이런 적극적 절충은 달그렌(Dahlgren, 2009)에게 배웠다.

곧 '전방위적 포트폴리오형'[351](Jakubowicz, 2003)이 되려 한다면, 대중성의 문제를 반드시 해결하지 않으면 안 된다. 영국의 미디어 사회학자 블럼러(Blumler, 1993b)가 불충분한 수신료를 보충하기 위해 해외 판매용 상업 자회사를 만든 BBC를 두고 "돈을 벌며 임무를 수행하기meshing missions with money"라고 한 적이 있는데, 이에 빗대어서 표현하면 이는 '임무를 수행하며 대중을 잡기meshing popularity with missions'가 된다.

이 논법을 저널리즘 무대로 옮겨보면, 어떻게 '질'을 희생하지 않고 '대중'적인 뉴스가 되느냐이다. 많은 예들이 보여 주듯이 장르가 단순히 대중을 목표하기 때문에 문제가 있는 것은 아니다. 즉 타블로이드 수법을 썼기 때문에, 코미디나 뉴스쇼이기 때문에 질이 낮은 게 아니라 오로지 대중의 말초적 요소만을 노려 만들었기 때문에, 달리 말해 다른 미덕은 전혀 없기 때문에 질이 낮다고 해야 한다. 지금은 보편화된 신문 편집 기술들도 처음 등장할 무렵에는 타블로이드용의 선정주의 수법으로 간주되었다는 점을 돌이켜 볼 필요가 있다(Örnebring & Jönsson, 2004). 고품질과 타블로이드의 구시대적 이분법을 버리고 성행하는 '중간 지대'를 적극적으로 주목해 보아야 한다(Harrington, 2008).[352] 프로그램의 질은 미리 정해져 있는 '연역적'인 것이 아니라 나중의

351 같은 맥락에서 머독(Murdock, 2005)도 공영 방송이 시장화와 상업화에 대한 '윤리적 대안'이 되어야 한다고 주장한다. 그러나 이 대안의 유효성에 대해서는 깊게 사고할 필요가 있다. 흔히 공영 방송에 반상업화와 차별화를 요구하지만, 지금의 방송판 자체가 초경쟁적이라는 인식이 동반되지 않는 경우가 많아 상당히 비현실적으로 들린다. 마치 공영 방송이 상업적으로만 되지 않으면 모든 문제가 해결될 것처럼 주장하는 것(예컨대, 황근, 2010)은 공영 방송이 '수도원'이 됨으로써 나타날 수 있는 모든 다른 해악에는 눈감겠다는 것과 마찬가지이기 때문이다. 이렇게 방송이 완전 시장판이 되기 전에 공영 방송이 제자리를 잡았어야 하지만, 불행히도 한국은 그렇지 못했다. 이런 어려운 상황에서 필요한 것은 대중에 민감해야 하는 방송의 '존재론적 조건'에 적응하면서 구태적이지 않은 차별화를 추구하는 것인데, 물론 모순적이고 매우 어렵다.

352 이 예 중 하나는 탈규제 이후 나타난 독일 공영 방송 뉴스의 변화이다. 1983년 때만 하더

효과를 보아 결정해야 하는 '귀납적'인 것이다. 만약 타블로이드나 선정주의 형식을 빌었지만 적절한 혁신이 병행되어 젊은 층을 시사적 아젠다로 끌어들이는 효과를 냈다면 이는 결코 반反공영 방송적인 것이라 말하기 어렵다(Cushion, 2012 참조). 코스테라–메이어(Costera–Meijer, 2005)가 주장한 '시민'도 아니고 '소비자'도 아닌 제3의 '향유자' 영역은 그래서 필요한 것이다.

이 요체를 BBC와 영국은 '창조적 혁신'으로 표현한다. 과거의 기준이 그림 10에서의 주로 수직축, 그러니까 필요와 욕구 사이에서 작용했다면 이제는 혁신과 전통 사이의 수평축에도 그 못지않은 무게가 주어진다는 것이다. 이에 따라 수신료도 단순히 공영 방송의 재원이 아닌 "창조적 생산을 위한 벤처 자본"(DCMS, 2005)으로 폭넓게 정의된다. 물론 여기에는 수신료를 관련 부문(예컨대 독립제작사 등)과 나눠 쓰자는 정책적 의도도 포함되어 있다. 그러나 더 큰 뜻은 역시 혁신과 창조에 있다.

(2) 수용자에 대한 둔감성의 극복: 시청률과 품질의 문제

시청자와 다원화·시장화 혁신과 관련해 다시 생각해 봐야 하는 것은 공영 방송이 가진 구래의 약점인 가부장주의와 엘리트주의이다. 또 독점의 잔재인 수용자에 대한 '둔감성unresponsiveness'과 상대(상업 방송)와의 정당한 대결이 아닌 부당한 회피이다. 공영 방송이 '필요'와 '욕구' 중 필요를 앞

라도 ARD의 뉴스 문장 하나는 20단어 정도로 구성되었다. 그러나 경쟁이 시작되면서 13단어로 줄어들었다. 리포팅을 빠르게 하기 위해 문장이 짧아진 것이다. 상업 방송인 RTL의 문장 역시 13개에서 14개였다. 같은 맥락에서 뉴스의 비주얼이 강화되었고 컷 수 또한 늘어나 뉴스가 스피디해졌으며 상대적으로 연성 뉴스도 증가했다. 이를 상업화로의 수렴으로 볼 수도 있으나 그 기간 동안에 시청자의 방송 신뢰도는 큰 변화가 없었고 뉴스의 편성 비중은 오히려 늘어났으며 시청률은 상업 방송을 압도했다(Baringhorst, 2006). 이런 실석으로만 볼 때, ARD의 변화는 오히려 긍정적인 측면이 많다.

세우는 것은 당연한 일이다. 욕구는 구성원 개개인의 취향과 기호를 집적시키면 얻을 수 있다. 변덕스럽기는 하지만 마치 유행처럼 그때그때 공통되는 것이 있다. 시장은 이런 개인의 욕구를 찾아내는 데 적합하다. 그러나 필요는 다르다. 필요는 개인의 욕구의 합과는 다른 차원에서 찾아질 수 있는 사회적 공공선, 시민적 자본 같은 것이다.[353] 필요는 다수의 개별적 종합으로 얻어지지 않으며, 정해진 기준에 따라 집합적으로 결정되는 경우가 많다.

공영 방송이 추구한 것은 필요의 기준이었다. 그래서 공영 방송과 시청자의 관계는 결코 쌍방향적인 것이 될 수 없었고, 오히려 시청자는 프로그램이나 방송의 운영에 참여해서는 안 되었다. 왜냐하면 방송은 "시청자 자신보다 시청자가 '진정으로' 원하는 것을 더 잘 안다"[354](Bourdon, 2004, p.293; 강조는 원래 필자)고 자임해야 했기 때문이다. BBC가 처음 가졌던 비전은 런던의 중류 계급 문화를 모든 계층에 전파하는 '문화의 민주화'였는데(Scannell, 1989), 이런 비전에 시청자가 직접 참여하는 장르, 예를 들어 미국이나 오스트레일리아의 게임쇼나 퀴즈쇼 같은 것은 너무 상업적이며 대중 영합적이고 질 낮은 것이었다(Syvertsen, 2004). BBC가 사회로부터 '분리'된 유형이 된 데에는 정치권력으로부터의 독립성 외에도 이처럼 개별 시청자의 목소리나 이익 집단의 이해가 정해진 질적 기준을 가진 전문 방송인의 관여 없이 바로 전파를

353 이를 두고 야쿠보이츠(Jakubowicz, 2006)는 다른 방송도 일정하게 공적 서비스를 하지만 오로지 공영 방송만이 시청자를 "온전한 하나의 인격체"로 여긴다고 말한다. 이 인격체는 자신의 지평을 넓히고 인생을 풍요롭게 하기 위해 노력하면서 다양한 범위의 필요와 이해를 갖는데, 이는 '시민'으로, '다양한 사회적 결사체와 공동체·소수자 문화의 일원'으로, 또 '소비자'로, 마지막으로 '정보와 교육, 경험·충고·오락의 추구자'로서의 모습을 모두 합친 것이다. 오로지 공영 방송만이 시청자에 대해 '총체적인 접근holistic way'을 한다.

354 이와 유사하게 리스는 "대부분의 사람은 자신이 원하는 것을 모르며, 필요로 하는 것은 더더욱 모른다"고 말한 적이 있다(Reith; Bourdon, 2004, p.293에서 재인용).

타면 안 된다는 내용이 포함되어 있었다.

물론 공영 방송도 시청자에 대한 관심이 전혀 없지는 않았다. 초기 공영 방송의 이상적 시청자는 하루의 노동 후에 '교육을 받기 원하는 선한 의지를 가진 남성'(예를 들어, 프랑스에서는 북부의 광부)이었는데, 공영 방송의 관심은 '얼마나 보느냐,' '어떤 것을 보느냐' 같은 미디어적인 것이라기보다는 오히려 미디어 외적인 것, 곧 '얼마나 시민·문화 생활에 충실한가,' '공영 방송이 이에 얼마나 도움을 주는가'에 더 가까웠다. 그래서 시청자 조사도 시청률보다는 질적인 측면이 중시되는 감상 지수appreciation index나 만족도에 대한 것이 대부분이었다(Bourdon, 2004).

그러나 이러한 규준적 태도로 인해 공영 방송은 가부장주의나 엘리트주의, 국가(통합)주의에 빠지게 되었고, 시청자를 무시하면서 다양성과 지역성을 억압하게 만들었다. 독점이라는 물적 조건은 공영 방송의 이런 둔감성과 완고성을 지속적으로 조장했다. 이런 공영 방송에 대해서는 크게 두 가지 방향에서 비판이 전개되었는데, 하나는 주로 1960~1970년대에 나타난 문화적 다원주의, 공적 계몽주의, 좌파적 비판 이론, 로컬리즘의 차원에서 제기된 정치적·문화적 비판이었고(Syvertsen, 1991), 다른 하나는 기술적 문제와 경제적 조건의 차원에서 '선택,' '취향' 같은 시청자의 권리를 강조하는 경제적·소비적 비판이었다.[355] 전자는 공영 방송을 내부로부터 바꾸기를 원했고 후자는

355 이와 관련된 대표적인 현상으로 1960년대 말에 창궐한 해적 라디오 방송을 들 수 있다. 영국은 텔레비전에서는 상업 방송을 일찍 허락했지만 라디오는 BBC가 독점해왔다. 1960년대부터 유행하기 시작한 록 음악에 대해 BBC는 보수적인 대응을 보였고 이를 방송하면서 인기를 얻은 해적 방송은 1968년에 이르면 21개로 늘어나 무려 1000만에서 1500만 명 사이의 청취자를 확보했다(Fleming; McKee, 2013, p.768에서 재인용). 독점과 청취자의 기호가 극명하게 엇갈리는 난넌이었나. 과연 사성이 이러한데 공영 방송이 이전의 지위를 계속 누릴 수 있었을까? 답은 자명하다고 아니할 수 없다.

외부로부터 공영 방송이 놓인 전체 미디어 시장을 변화시키고자 했다. 대체로 방송의 역사적 흐름은 1970년대 이후에는 이처럼 다원화·분권화와 자유화·시장화를 중심으로 전개되었다.

다원화·분권화의 비판은 영국·BBC의 경우에는 그래도 소수자·실험용의 새로운 방송인 채널 4가 출범하면서 부분적으로 해소되었다. 또 시장과의 관계와 달리 공영 방송과 다원화·분권화는 완전한 대각의 위치에 있지 않다. 문제는 1980년대 들어 기존의 독점 근거인 자원 희소성이 사실상 없어지면서 전면화된 자유화·시장화였다. 경쟁이 시작되고 광고가 도입된 1950년대 후반에도 시청자의 취향과 선택은 존중되었다. 채널 4가 출범해 선택지가 네 개가 되는 1980년대 초쯤이 되면 이미 상당한 경쟁판이 형성되기도 했다.[356] 그러나 이는 1980~1990년대의 본격적인 탈규제 상황의 예고편에 불과했다. 1990년대에 이르게 되면 마침내 새로운 상업 방송, 새로운 미디어(플랫폼)가 줄줄이 등장하면서 본격적인 재원 경쟁 상황이 조성되었기 때문이다. 이제 방송에서는 '전체 수용자 중 얼마나 보았느냐' 하는 숫자가 '본 사람 가운데 어느 정도 만족했느냐'보다 훨씬 더 중요해지기 시작했고, 광고를 하는 공영 방송은 말할 것도 없고 그렇지 않은 방송들도 생존을 위해 도달률이나 시청률에 신경 쓰지 않을 수 없었다. 이와 맥락이 조금 다른 방향에서의 발전이기는 하지만 대략 이 시점에 들어 시청자의 피드백, 예컨대 불만의 처리, 반

356 영국에서는 1950년대에 이미 상업 방송이 등장했고, 1960년대에는 유럽의 대부분 국가에서 같은 공영 방송이지만 제2채널(예컨대 BBC2, ZDF 등)이 출범하면서 시청자의 선택에 대한 정보가 중요해지기 시작했다. 1960년대 말이 되면 이미 프로그램 제작에 관련된 사람이면 시청자의 기호나 취향에 대한 정보에 신경 쓰는 관행이 확립되었고, 공영 방송에서도 프로그램의 최소한의 시청률 베이스가 정해지기 시작했다. 1970년대 중반부터는 시청자 조사가 정기적으로 실시되었으며 사실상 지금의 경쟁적 시청률의 의미가 부각되게 되었다(Bourdon, 2004).

론권, 악세스 같은 권리들도 제도적 차원에서 강화되기 시작했다.[357]

그러나 이러한 과정은 양자 사이에 공통되면서도 상반된 대응을 낳았다. 공통된 것은 역시 다양화와 참여, 자유화의 적극적인 추구였다. 채널이 계속 늘어나면서 독점 시절과는 비교도 할 수 없을 정도로 프로그램이 장르나 대상 수용자 측면에서 다양화되었고, 시청자의 참여의 기회나 선택의 자유도 대폭 확대되었다. 과거의 '필요(규준)와 독점'이 어울리는 짝이었듯이 지금의 '다양화와 세분화,' '경쟁과 자유'의 친화성 또한 부정할 수 없는 경향인 것이다.

시장화와 질의 문제

상반된 것은 시장이 가져온 문제에 있었다. 시장이 정작 자유나 선택만을 보장해 주지 않았기 때문이다. 오히려 시장은 때로 다양성과 취향을 무시하면서 특별주의와 양적 다수(시청률)를 부각시켰고 특히 소수자가 가진 문화적 권리를 억압했다. 그러나 그럼에도 불구하고 수많은 뉴 미디어들이 속속 개발되어 지속적으로 시장에 진입하면서 방송판 전체가 완전히 '시장화'되었다는 데 이의를 달기는 어렵게 되었다. 아주 단적인 예가 문화의 창조성과 상업성 사이의 길항 관계로 방송 산업은 이의 대표적인 사례가 되었다.[358]

357 주된 이유로는 소유주나 광고주를 중시하는 상업 방송이 혹시라도 시청자(특히 소수자)에 소홀할 수 있는 가능성에 대한 우려 때문이었다. 물론 자신의 기준에 사로잡혀 여전히 시청자의 기호에 둔감했던 공영 방송 역시 이런 제도에 많은 영향을 받았다. 이를 통해 공영 방송은 이전에 주로 신경 썼던 방송 입장에서의 독립성이나 프로그램 기준을 시청자 입장에서의 각종 권리의 행사, 불만의 해소, 각종 위원회에서의 시청자 의견의 대변 등과 결합시켜 더욱 바람직한 모습을 위해 노력할 수 있었다(Holznagel & Jungfleisch, 2007). 최근 들어서는 이를 완전히 정착시켜 사기업이 고객에게 하는 '소비자 관계 경영'을 한 단계 높은 차원으로 발전시킨 '시청자 관계 경영audience relation management'을 모색하고 있다(Picard, 2005).

358 이는 간단히 배급에서 독점적인 이전 지상파 중심의 '배급 경제'와 배급은 쉽지만 경쟁이 치열해 수용자와 접촉이 어려운 지금의 '주목 경제'를 비교하면 쉽게 알 수 있다. 시장화의 여파

따라서 이제 문제는 거꾸로 규준 자체가 없어지면서 공영 방송의 정체성을 부정하는 강력한 수렴 현상이 나타난다는 점이 되었다. 물론 앞서 본 대로 이전의 유산을 잘 간직한 공영 방송은 당초의 우려를 불식하고 상당히 선전했다.[359] 특히 시장이 워낙 크고 문화적 저변 또한 잘 갖춰져 있는 독일 같은 나라에서 이런 수렴은 그렇게 대단하지 않았다.[360] 그러나 시장(시청률)이 가지는 압력이 미래로 갈수록 커지고, 공영 방송의 규준이 이전의 경직적 모습 그대로는 결코 유지될 수 없다는 점만큼은 충분히 인식시켰다. 바뀐 상황에 어울리는 혁신이 필요해진 것이다. 핵심은 이제 지배적이 된 경쟁 우위 만능의 사고, 즉 '시청률 지상주의'를 어떻게 막고 소화해 낼 것인가에 달려있게

로 커미셔너(프로그램 제작을 의뢰하는 방송사 측)/프로듀서(제작사 측)/작가 사이에 경계가 흐려지고 있다. 비유를 한다면, 이제는 장사꾼과 예술가 사이가 구분되지 않는 것이다. 환경 자체가 바뀌었으므로 이를 단순히 '상업성의 압도'로만 표현할 수 없지만 영국의 한 프로듀서가 "정확하게 이 프로그램을 누가(어떤 방송이) 원하는지를 모른다면 창조적 아이디어는 생겨날 수 없다"(Roberts, 2010, p.770. 괄호는 원 저자)고 설파한 대로 장사꾼과 예술가 사이의 수렴은 어느 정도는 필연적인 현상이 되었다. 헤스몬달쉬(Hesmondhalgh, 2002)에 따르면, 최근의 문화 산업에서 창작과 경영을 겸하는 독립제작사의 사장 같은 '창조적 경영자creative manager'의 등장은 하나의 추세이지만, 그런 와중에서도 BBC를 비롯한 공영 방송의 에토스는 창조성을 유지하는 데 큰 힘이 되고 있다(Roberts, 2010).

359 부르동(Bourdon, 2010)은 공영 방송의 선전이 그렇게 바람직한 일이 아니라고 한다. 상업 방송과 차이가 없어졌기 때문이라는 것이다. 그러나 그도 또한 자신이 지적했던 "실용적이었던 것을 고정적인 어떤 것으로 만들려 해서는 안 되는"(p.xiii) 우를 범한다. 공영 방송의 차별성 역시 고정적인 것이 아니기 때문이다. 사실 BBC는 공영 방송 중에서도 거의 유일한 이념 추구적 방송이다. 그러나 BBC의 이념이나 실제는 비단 창시자나 엘리트의 것만은 아니며, 적어도 수십 년 동안 고액의 수신료를 부담해 온 영국 시청자의 뜻이 고루 배인 것이다. 그런 면에서 공영 방송의 지난 변화와 지금의 오락 지향을 일방적으로 매도하기는 어렵다. 문제는 시청자 일반이 느끼는 필요성의 정도인데, 영국 시청자는 아직은 BBC의 가치와 차별성이 유효하다고 느낀다.

360 그런 면에서 독일 시장은 유럽에서도 예외적인 존재에 가깝다. 멕퀘일(McQuail, 2005)은 이 점이 핼린과 만치니의 유형화에도 상당한 한계가 될 수 있다고 주장한 적이 있다. 예외적 존재를 다른 유형과 합쳐 개별성을 놓쳤다는 것이다.

되었다.

잘 알려진 공영 방송의 규준 중 하나는 '질'이다. 정의하기가 매우 어렵고 시청률만큼 명쾌하지도 않지만 그래도 공영 방송은 질을 도외시할 수 없다(조항제, 2008). 일반 상품과 달리 문화의 질은 보편성과 당대성이 교차하는 특수한 성격을 지녔다. 소비자 주권론처럼 소비자의 판단에만 의존하지도 않는다. 한때는 텔레비전 같은 저급의 대중 문화에서 질은 소용되지 않는 개념으로 간주된 적도 있었지만 지금은 이에 맞는 '대중적 질popular quality' 같은 절충적 개념도 등장했다(Van Zoonen, 2004).

이런 공영 방송의 질에 대한 기준은 다양한 차원에서 여러 연구자들에 의해 제기된 바 있는데, 이를 종합한 한 연구에 따르면 대체로 다음과 같은 여섯 가지로 나누어 볼 수 있다(Ala-Fossi, 2005). ① 사회적 측면의 질, ② 소비 측면의 질, ③ 경쟁적 측면의 질, ④ 비용 측면의 질, ⑤ 생산물 측면의 질, ⑥ 생산 측면의 질 등이다.

사회적 측면의 질은 주로 공익이나 공적 서비스, 공론장처럼 사회 경제적·이데올로기적 영역에서 주로 작동하는 것으로 공영 방송의 원래의 규준에 가장 가깝다. 소비적 측면의 질은 취향이나 기호 등 소비자 시장에서 주로 작동하는 것이다. 경쟁적 측면의 질은 상대 프로그램보다 얼마나 많은 시청 점유를 얻느냐, 얼마나 만족도가 높으냐로 결정된다. 비용 측면의 질은 투자 대비 회수나 비용-효율성, 수익률 등으로 나타나는 경제적 차원의 것이다. 프로그램에 대해 통상적으로 이루어지는 전문가적 리뷰나 평가는 생산물 측면의 질로 볼 수 있다. 마지막, 생산 측면의 질은 실수나 왜곡 없이 당초에 의도한 바를 일관성과 예측성을 가지고 달성해 낸다는 의미이다. 엔지니어들은 이를 자신의 것으로 삼는 경우가 많다.

이중 시청률, 특히 지금까지의 조사의 단점을 상당히 극복한 기계식(피플미터)으로 측정된 시청률은 소비와 경쟁 차원에서 작동하는 질을 평가할 수 있는 지표이다. 시청률은 프로그램의 시청자 수·점유율 등을 넘어 주요 소비 집단·세대·취향 등을 정확하게 밝혀 준다. 특정 집단의 이해에 맞춰 만들어진 프로그램들이 얼마나 당초의 기대를 충족시켰는가를 알아보는데도 유용하다(Toynbee, 2006).

물론 공영 방송이 시청률에 의존하는 방식은 상업 방송과 다르다. 시청률은 공영 방송이 필요로 하는 정보를 극히 일부분만 전달해 준다. 그런 면에서 포커스그룹 인터뷰, 심층 인터뷰 같은 조사는 '왜 그 프로그램을 선택했는지,' '왜 그 프로그램을 좋아하게 되었는지' 같은 생산물 측면의 질과 '얼마나 영향이 있었는지,' '얼마나 시민·정치 생활에 도움이 되었는지'와 연관된 사회적 측면의 질에 대한 정보를 제공해 준다. 시청자와 관련해서는 이렇게 시청률과 심층 인터뷰처럼 서로의 장단점을 보완해 주는 '이중 체제'의 조사가 바람직하다(Toynbee, 2006). 특히 시청률처럼 '노출-위주exposure-based'의 단편적 정보를 짧은 기간에 집적하면서 대규모-대표성을 추구하는 측정 기법은 한편으로는 채널·미디어의 폭증에 따라 수용자가 '파편화'하고, 다른 한편으로는 프로그램의 수명 주기가 길어지는 이른바 롱테일 현상이 보편화될 가까운 미래에는 상당히 한계를 노정할 것(Napoli, 2012)이므로 보완 조사가 필수적이다.

비용 측면의 질은, 꼭 이익의 극대화가 아니고 사회에 가장 좋은 서비스를 하기 위해 절약·경쟁하는 차원의 것이다(Picard, 2003). 특히 지금처럼 수입은 정체된 가운데 비용은 늘어나는 구조라면 이런 효율화가 반드시 필요하다. 생산 측면의 질은 신뢰와 안정성을 최우선으로 삼는 공영 방송이라면 경시되어서는 안 되는 것이다. 정치적 담론의 질을 높이기 위한 노력, 소수자의 우대, 경쟁을 의식하지 않는 실험과 혁신, 시장 전체를 보호하는 전문 인력의 육성 등의 사회적 측면의 질은 이 모든 것 중에서도 가장 중요한 공영 방송의 전통적 정체성에 해당한다. 이런 여러 차원의 질은 시청률로 단순화되기 쉬운 경쟁·소비 차원의 질을 보완하고 중화시킨다. 그렇기 때문에 이런 "질의 문화와 양질의 아이디어는 상대적이고 다차원적이며, 질에 대한 논쟁적이고 모순적이며 경쟁하는 관점들은 역사적이면서 끊임없이 변하거나 진화한다" (Ala-Fossi, 2005, pp.50~51).

(3) 오락에 대한 재고

오락의 도구성과 정치성 경쟁에 적극적으로 대응하는 공영 방송의 모순적 위치는 다소 근본적인 수준에서 '오락'(또는 엔터테인먼트)에 대한 입장 전환을 요구한다. 일찍이 BBC의 초대 사장인 존 리스가 공영 방송의 기능으로 정보, 교육, 오락 등의 삼분론을 주장한 적이 있지만, 공영 방송에서 오락은 '필요악'이거나 더 많은 시청자들에게 필요한 지식·교양을 습득시키기 위한 일종의 '미끼'나 '도구'에 가까웠다. 실제 맥킨지(McKinsey & Company, 1999)는 수신료-공영 방송의 높은 시청률도 이런 오락 프로그램이 선도 역할을 했기 때문으로 해석한다. 앞서 서장에서 언급한, 미국와 유럽(영국, 덴마크, 핀란드 등)의 4개국을 조사한 커런 등(Curran et al., 2009)의 연구에서도 공영 방송이 있는 나라의 시청자들은 더 많은 정치적 지식을 가졌지만, 정작 지식의 습득은 오락 프로그램을 열심히 보는 과정에서 수동형으로 '얻어졌다'는 점이 밝혀졌다.[361] 그러니까 공영 방송은 자신의 특장인 정보·지식 프로그램보다는 오히려 오락 프로그램 때문에 선택 받고 이를 통해 자신의 임무도 수행하는 것이다.

그런데 BBC와 NHK는 같은 공영 방송의 모범이지만 이 지점에서 분명한 차이가 있다. 일본의 한 조사 연구(Yoshiko & Ritsu, 2010)에 따르면, 뉴스나

361 편승 시청 때문인데, 특정 콘텐츠만 보는 VOD 스타일에서는 크게 줄어들어 미래로 갈수록 기대하기 어렵다.

다큐멘터리 등의 전통적인 사실factual 장르에서는 BBC/NHK 시청자들의 반응이 비슷하다(뉴스에서 NHK 80%, BBC 70%의 시청 반응). 그러나 드라마나 코미디·퀴즈쇼·토크쇼 같은 오락 장르에서는 완전히 달라 코미디·퀴즈쇼 등에서는 NHK와 BBC가 무려 18%와 71%, 드라마에서는 29%와 65%의 큰 대조를 보인다.[362] 이 점은 방송에 대한 전체적인 평가에서도 동일하게 나타나는데, 정확성, 불편부당성, 유익성, 지식성 같은 저널리즘적 가치에서는 양 방송이 거의 비슷한 반면, 즐거움이나 오락에서는 47%와 82%로 NHK가 BBC의 $\frac{1}{2}$에 불과하다. 공영 방송이 상업 방송의 대안이 되기 위해 반드시 갖춰야 하는 것이 친숙성이나 경쟁력이라면, NHK는 정확하게 반 정도만 그 역할을 하고 있는 셈이다. 물론 반대로 오락성이 타기되어야 한다면 BBC가 임무를 배반하는 셈이 된다.

오락에 대한 경계심은 오락 자체에 대한 것도 크지만 오락 때문에 필요한 정보·지식이 무시될 수 있다는 '기회비용'의 문제도 작지 않게 작용한다. 방송 자원이 희귀해 독점에 있을 때는 더욱 그랬다. 그러나 만약 오락 때문에 오히려 필요한 정보나 지식이 전달된다고 한다면 평가 역시 반半은 달라져야 한다. 물론 이는 본질적인 것은 아니다. 더 큰 문제는 근대 미학의 칸트식 이성 우위 감성론이나 프랑크푸르트 학파의 대중 문화 비판론, 그리고 이와 정치적 지향은 다르지만 근저의 사고는 비슷한 서구식 엄숙주의 또는 금욕주의의 오락 혐오론 또는 저질론[363](Collins, 1998; Palokangas, 2007)에 있기 때문이

362 같은 조사에서 한국의 KBS는 이 두 방송의 중간 정도의 반응이 나타나지만, '정확하고 불편부당하게 보도한다'에서는 큰 차이를 보인다. 이야말로 한국 방송의 약점을 가장 단적으로 보여 주는 것이다.

363 이런 생각이 정치적으로 응용되면 이른바 '우민화愚民化' 같은 것으로 발전한다. 의미있는 개념임에 틀림없지만 오락 프로그램에 대한 근거 없는 폄하에서 볼 수 있는 것처럼 때로 현실을 과장하기도 한다.

다. 실제 공영 방송이 만들어진 이유도 이런 인식과 밀접한 연관이 있다. 그러나 이런 근대주의의 한계가 점차 분명해져가고 있다. 무엇보다 인간의 이성이나 지식, 냉철함이 감성이나 열정, 즐거움보다 더 우위에 있어야 한다는 계몽주의의 인식론적 지위가 흔들리고 있다. 인간의 정신은 이성과 열정 모두로 이루어지며, 둘의 상호적 틈입이야말로 인간 정신의 본연의 발현이라는 것이다(Hoggett & Thompson, 2002).

근대주의의 잘못된 이분법과 이성 우위의 사고는 시청자를 시민과 소비자로만 파악한다. 그 가운데 제3의 정체, 곧 앞서도 언급한 '향유자' 같은 것이 있을 수 있다는 생각은 하지 않는다. 오락을 통해서도 지식을 얻을 수 있고, 오락 프로그램이 때로는 지식·정보 프로그램보다 더 공론장적 역할을 잘 할 수 있다는 점을 인정하지 않는다. 그러나 '문화적 공론장,' '감성적 공론장,' '미학적 공론장'이라는 말이 가지는 의미에서도 엿볼 수 있듯이 오락적·감성적 프로그램은 얼마든지 정보·지식 프로그램의 대척이 아닌 보완적 짝이 될 수 있다(조항제·박홍원, 2010). 공영 방송뿐만 아니라 사회 운영에 최소한의 바탕이 되는 '공유된 문화적 공동체'는 결코 합리적 이성만으로는 만들어지지 않는다(Biltereyst, 2004). 오락 프로그램의 교육 효과는 경험적 차원에서도 증명되었고(Klein, 2011), 또 지식·정보를 다루는 기자만큼은 아니라 해도 방송 제작자들 역시 여론과 사회적 이슈에 민감한 '공공적 복지 지향common welfare orientation'을 가지고 있었다(von Rimscha & Siegert, 2011). 오락이 대종을 이루는 대중 문화는 "우리가 읽고, 소비하며, 감탄하고, 비판하는 문화적 실천에 참여하는 데 연관된, 유대를 만들고, 공동체를 형성하며, 그 유대에 대해 성찰하는 과정"(Hermes, 2005, p.10. 괄호는 인용자)으로서 사실상 문화 차원의 '커먼스commons' 또는 '포용적 평등주의,' '문화적 시민권'이 된다.[364]

핀란드의 미디어학자인 팔로캉가스(Palokangas, 2007)에 따르면, 오락 역시 중요한 표현 양식 중 하나로 정보, 교육, 오락은 각각이 하나의 장르를 형성하기도 하지만, 장르를 구성하는 세 가지 구성 요소가 되기도 한다. 그가 생각하는 오락은 첫째, 전통적인 교육과 정보의 타당성을 의심하게, 때로는 조소하게 만든다. 오락은 우리가 새삼 자신의 사회를 되돌아보게 하는 풍자와 패러디, 그리고 미디어 비평의 가치를 담고 있다. 둘째, 우리 존재의 대안적 방식(예를 들어 픽션, 과학 프로그램, 리얼리티 프로그램)을 경험하게 해주며, 그 가설적 결과들을 검증하고 실례를 들어 설명해 준다. 오락은 매일의 일상이 제공해 주지 못하는 대안, 희망, 기원 등을 담은 유토피아의 기능을 수행한다. 이를 통해 사회는 관용, 응집, 그리고 활력소를 증진시킨다. 오락의 개념은 근본적으로 사회학적인 것이다. 셋째, 오락은 이해하기 어려운 사회적 주제에 '얼굴'과 '이름'을 제공하면서 일정한 감정적 '가격valence'을 매긴다. 풍자나 패러디를 통해서 우리는 사회적 주제에 관여하고 사회를 이해한다. 오락이 정보와 교육을 보완한다는 근거가 여기에 있다.

오락과 주변부 집단 오락은 공영 방송이 주변부 집단을 포용하는 정책과 밀접한 관계가 있다. BBC의 역사를 통해 볼 때, 초기에 비해 크게 달라진 것 중 하나는 같은 주변부 범주에 속했던 '오락'(포퓰리즘)과 '여성'(페미니즘)의 동반 상승이다(Curran, 2002). 이를 잘 보여 주는 예는 BBC의 솝오페라 효시인 〈프론트라인 패밀리*Front Line Family*〉이다.

364 일본의 요시미 순야(Shunya, 2003)는 텔레비전의 출현 이후 가족 간 대화는 통념과 달리 오히려 텔레비전을 통해 가능했다고 주장한다. 덴마크 공영 방송과 오락 프로그램의 관계를 말하면서 브룬(Bruun, 2005, p.159) 역시 "공영 텔레비전의 오락 프로그램은 가정을 기본적인 즐거움의 공간으로 만들었다. 가족 전체 그리고 관심 있는 모든 사람들은 경제적 수단이나 지리적 위치와 관계없이 자국에서 만든 오락 프로그램의 경험을 서로 공유했다. 텔레비전의 오락 프로그램은 가히 국민적 시청자를 만들어 냄으로써 강력한 문화적 통합 효과를 발휘한 것이다"라고 역설한다.

원래 이 솝오페라는 영국 국민을 위해서가 아니고 2차 세계 대전에 미국(과 캐나다)의 참전을 독려할 목적으로 만든 북미용이었다. 당시의 BBC는 여성을 특정하게 고려해야 하는 정체적 집단으로 간주하지 않았고 여성용 프로그램 역시 따로 필요하다는 생각을 하지 않았다. 그도 그럴 것이 BBC의 목표는 '국가를 원 맨one man처럼 만들기'[365]였기 때문이다. 이 말은 국가를 사람에 비유해 국가가 유기체적으로 통합되는 데 BBC가 기여해야 한다는 뜻이지만, 여성을 무시하는 남성 중심의 의미도 들어있다. BBC의 이런 젠더적 인식은 방송을 시작하면서 '수용자'로 여성을 중시해 그에 맞는 장르, 예를 들어 주부용 낮 시간대 솝오페라를 따로 개발하기도 했던 미국과 대조되는 것이다.[366] 〈프론트라인 패밀리〉가 여성–대중에게 인기를 모으고 BBC 또한 이들의 가치를 알게 되면서 영국의 방송 문화도 실질적인 수용자 중심으로 달라지기 시작했다(Hilmes, 2006).

그러나 속도가 빠르지는 않았다. 상업 방송인 ITV의 〈코로네이션 스트리트*Coronation Street*〉가 1960년에 시작된 반면 이와 유사한 BBC의 〈이스트엔더스*EastEnders*〉는 그보다 25년이 지난 1985년에 만들어질 정도였다. 영국 노동 계급의 일상과 런던 이스트엔드의 지역성이 주제인 〈이스트엔더스〉는 미국의 것과는 상당히 다른 '사회적' 솝오페라로 지금도 시청률 톱 10에 들어갈 정도로 인기가 높다. 특히 이 드라마가 만들어진 배경은 공영 방송이 지닌 모순적 위치와 이를 해결하기 위해 노력한 BBC 나름의 현명한 대처 방식을 잘 보여 준다.

365 BBC의 초대 사장이었던 존 리스의 말이다(Scannell & Cardiff, 1991, p.10에서 재인용).
366 이런 점이 때로 시장·수용자·소비자가 이념·송신자·생산자보다 나을 수 있는 단면 중 하나다. 또 자카(Jacka, 2003)가 공영 방송을 비판했던 이유이기도 하고, 포퓰리즘이 미디어의 진화적 역사를 설명하는 유력한 관점이 될 수 있는 이유이기도 하다.

그간 솝오페라가 간간히 만들어지기는 했어도 여전히 BBC 내에서 '저질적 여성 장르'는 환영받지 못했다(Gledhill, 1997). 그런 BBC에게 1980년대 초반은 상당한 시련기였다. 채널 4의 신설로 시청률 경쟁이 더욱 치열해졌고, 설상가상으로 정권과도 갈등해 수신료 인상에도 브레이크가 걸렸다. 뉴스(당시는 9시) 이전의 저녁 시간대에는 두 번 이상 편성되어 시청의 지주 역할을 하는 프로그램도 없었다. 〈이스트엔더스〉는 바로 이런 어려움을 극복하기 위해 고안되어 2년여에 걸친 준비 끝에 만들어졌다(McNicholas, 2004). 결과는 대성공이어서 〈이스트엔더스〉는 '진정한 평범함'을 보여 주면서 상류층도 즐겨 보는 BBC의 간판으로 자리 잡았다(정준희, 2003). 2001년부터는 주 4회로 양 또한 늘어났다. 영국의 수용자들은 이 솝오페라에서 현실을 지배하는 신자유주의에 대해 저항하며, 한때 헤게모니적 위치에 있었던 사회민주주의에 대한 진한 노스탤지어를 느꼈다[367](Lamuedra & O'Donnell, 2013). 〈이스트엔더스〉가 솝오페라에 대한 기존의 통념까지 바꾸자 여성의 지위나 프로그램의 질에 대한 시비가 더 이상 있을 리 없었다(Geraghty, 1991). BBC의 〈프론트라인 패밀리〉와 〈이스트엔더스〉 등의 솝오페라들은 적절한 아이디어와 혁신만 있다면 공영 방송의 임무와 오락 장르가 동반 상승의 조합이 될 수 있다는 점을 잘

367 이런 수용자들의 반응에 중요하게 작용하는 것은 미디어를 둘러싸고 있는 생태계media ecosystem의 성격이다. 영국보다 훨씬 상업화된 스페인의 미디어 생태계에서 연예인 쇼 프로그램은 내용에서는 더 '열려 있고,' 더 '작가적'이었지만, 수용자들의 반응은 저항적이지 않았고, "자유 시장 이데올로기에 의해 깊게 식민화되었다"(Lamuedra & O'Donnell, 2013, p.71). 생산(제작) 논리 역시 이런 맥락과 깊이 연계되어 있다. 예를 들어 상업적 재원(광고, 약 50%)에 대한 의존도가 높아 '상업화된 공영 방송'으로 간주되는 아일랜드 RTE의 솝오페라인 〈페어 시티 *Fair City*〉는 시청률은 매우 높지만 〈이스트엔더스〉에 비해 제작 방식이 훨씬 표준화되어 있고, 내용 또한 보수적이다. 작가들의 비판적 성향이 상업적 생산 체제의 '낮은 비용,' '낮은 리스크' 논리에 의해 희석되어 버렸기 때문이다(Brennan, 2004). 이런 생태계나 제작 논리를 어떻게 만들고 어떻게 바꿀까야말로 가장 큰 미래의 숙제이다.

보여 준다.

이와 같은 오락 외에도 부르동(Bourdon, 2004)은 공영 방송의 역사에서 말로는 부정되지만 존재감은 오히려 뚜렷하게 느낄 수 있는, 이른바 '유령'으로서 '게임쇼,' '스타,' '연속성seriality,' '숫자'(시청률과 광고), '미국'(으로부터 수입되는 프로그램), '관음증voyeurism' 등의 여섯 가지를 들고 있다. 이들은 공영 방송의 공식적이고, 대외적이며, 당위적인 측면과 비공식적이고 내부적이며 실질적인 측면을 다르게 만드는 요소들이다. 공영 방송은 상업 방송처럼 이런 유령에 빠져 다른 것을 돌아보지 못하게 되어서도 안 되지만, 무시해서도 결코 안 된다. 필요한 만큼 활용하면서 과도하게 되지 않기 위해 경계해야 한다.

(4) 오락과 차별성

오락 프로그램에 대한 달라진 시각은 과연 그러면 구래의 기준인 필요와 욕구, 이에 기초하는 '정보'와 '오락'에 어떠한 영향을 미칠까? 혼합 편성론에 따른다면, 이 답은 일종의 균형이다.[368] 오락이 중요하기는 하지만 정보·지식과 오락·픽션과의 차이는 여전히 엄연하다. 선거나 투표가 중심이 되는 전통적인 정치 설득 모델에 비추어 본다면 아무래도 오락 프로그램의 정치성은 뉴스나 시사 프로그램에 비해 간접적이고 일면적인 것이기 때문이다[369](Bennett &

368 정치철학적 측면에서 이 균형의 근본적 차원은 이렇다. 현대의 대의제 정치에서 정치인과 일반 유권자 사이에는 피할 수 없는 윤리적 괴리가 있다. 민주주의를 표방하지만 일반 유권자에게는 결코 주권적 권력이 허용되지 않기 때문이다. 다양한 의식儀式이나 제례 같은 미학은 이런 괴리를 은폐하고 정치를 '거룩한 질서'로 포장한다. 윤리와 미학이 이렇게 치환되면서 양자 사이에는 끊임없는 갈등과 협상이 일어난다. 정치와 미학의 문제는 기능적으로 보면 미학이 가져오는 대중적 포용과 필요한 이성적 인식 사이의 균형의 문제고, 윤리적으로는 미학의 아우라가 과연 정치적·윤리적 기준에 의해서도 정당성이 있는가 여부다(Holly, 2008 참조).

369 그런 면에서 커런(Curran, 2007)은 오락·픽션이 중요한 정치적 기능을 수행하기는 하나 정보·지식을 "대체할 수는 없다"고 말한다. 오락에만 의존하는 민주주의의 '식사'는 '영양실조'

Iyengar, 2010). 과거처럼 장르 구분에 방송의 정체성이 온통 매달려야 하는 것은 아니지만 지금의 추세를 너무 쉽게 따라가서도 좋지 않다는 말이다. 공영 방송의 고민은 과거에 비해 환경과 조건은 이렇게 달라졌는데 요구되는 임무나 기능은 똑같다는 데에서 나온다.

최근 유럽의 공영 방송들의 편성에서는 오락 프로그램이 크게 늘어났다. 영국의 경우를 살펴보면, 지상파 방송[370] 전체에서 주 시청 시간대의 오락 프로그램은 2011년의 경우 엔터테인먼트, 영화, 스포츠 등을 합쳐 51.2% 정도가 되고, 31.4%를 차지하는 '일반 팩추얼general factual' 프로그램 중에서도 오락성이 강한 리얼리티 쇼 같은 것을 포함시키면 과반이 훨씬 넘는다(Ofcom, 2012). 대체로 이런 비중은 2004년 이래로 큰 변화가 없다. 물론 BBC는 지상파 평균보다 상대적으로 오락의 양이 적다. 그러나 전체적으로 보아 영국이 아직도 '특정 장르의 특정 시간량'의 규제를 유지하는 이유(장일, 2003)를 여기에서 충분히 알 수 있다.

프랑스는 이런 영국과 유사점과 차이점이 교차한다. 프랑스에서도 다른 나라와 비슷하게 공영 방송은 정보에, 상업 방송은 픽션에 주력한다. 2005년의 연간 장르별 편성 비율(표 42)을 기준으로 보면, 대표적인 공영 방송인 FR2, FR3의 뉴스와 시사 다큐멘터리의 합이 각각 39.0%, 44.5%나 되며 이는 상업 방송인 TF1과 M6의 28.7%, 10.3%보다 훨씬 많다. 그러나 앞서 본 다른 공영 방송에 비하면 차이가 상대적으로 적은 편이다. 특히 프라임 타임대에는 더욱 차이가 줄어들어 양 방송 모두 문화·교육프로그램이 거의 편성되지 않는다(Iosifidis, 2008). 그런 면에서 밤 10시 30분 이후의 외곽 시간대가 되면 오히려 차별성이 커진다. 공영 방송은 문화 프로그램과 다큐/매거진 프

이거나 '빈혈'이 되기 쉽다는 것이다(p.46). 이 경우 해결책은 역시 적절한 균형이다.

370 영국에서는 이는 모두 '공공 서비스 방송'으로 범주화된다.

표 42. 프랑스 주요 전국 방송의 연간 장르별 편성 비율(2005)

단위: %/시간

구분	공영 방송			상업 방송	
	FR2	FR3	FR5	TF1	M6
뉴스	21.1	16.7	0.3	11.3	5.0
시사/다큐멘터리	17.9	27.8	80.1	17.4	5.3
영화	3.3	4.6	0.6	3.7	3.0
시리즈/다큐드라마	25.1	25.6	9.7	31.4	35.2
엔터테인먼트/음악쇼	17.5	9.0	2.2	16.0	35.1
스포츠	6.1	5.8	–	4.5	0.3
광고 및 기타	9.0	10.5	7.1	15.7	16.1
합계	100.0	100.0	100.0	100.0	100.0
총 방송 시간	8,870	8,155	5,845	8,760	8,760

영화 전문 채널인 Canal+는 제외함.
출처: Iosifidis(2008, p.357).

로그램을 주로 편성하지만 상업 방송은 미국 시리즈물과 오락 프로그램에 집중하기 때문이다. 2006년의 경우에는 사정이 다소 나아진다. FR2와 TF1이 정보에서는 각각 20.8%와 11.9%, 픽션에서는 21.3%와 37.1%를 편성해 차이가 벌어진다(김지현, 2008). 이 정보/픽션은 표 42의 뉴스/시리즈와 유사한 것이다.

그러나 대체적으로 프랑스 시청자들은 이 차이가 부족하다고 느낀다. 이유는 양 방송이 주력하는 장르가 비슷하고, 프라임 타임대에서는 그 나마 있는 차별성도 줄어들며, 무엇보다도 중요한 것은 같은 장르 내에서 내용 차이가 두드러지지 않기 때문이다. 시청자들이 보기에는 원인은 광고와 지나친 경쟁이다. 공영 방송의 광고를 중단하고 이를 세금으로 대체케 한 사르코지의 방송 '개혁'은 정치적 의도가 있기는 하지만, 기본적으로는 방송에 대한 국민의 비판적 의식에 따른 것으로 보아야 한다.

이와 더불어 살펴볼 필요가 있는 것은 공영 방송 중에서 BBC나 ARD, FR2에 못 미치는 다소 성가가 낮은 방송의 향배이다. 이런 방송이 경쟁에 나서면 자칫 앞서 포르투갈이나 스페인의 사례에서 본 것처럼 정체성도 잃고 시청률도 신통치 않은 이중고에 빠지게 된다. 그러나 앞서 본 그리스의 ERT 경우는 다소 달랐다. 지금은 예기치 않은 폐업 조치를 당하면서 의미가 퇴색되었지만, 1998년부터 시작된 ERT의 개혁은 차별성 차원에서는 정당한 방향이었다. 이 개혁은 그리스에서 "공영 방송과 상업 방송 사이에 편성의 수렴 시대가 끝났다"(Iosifidis, 2008, p.363)고까지 평가되었다. 그러나 그런 ERT가 대중성 측면은 심각할 정도로 저하되어 있어서 차별화의 개혁이 너무 단방향적이었다는 느낌이 없지는 않다. 폐쇄당할 당시 그리스 정부가 내세운 명분이 ERT의 비대중성과 비효율성이었기 때문이다.

이러한 유럽의 사례들은 대중성과 차별성이 과거처럼 장르에 따라 기계적으로 분리되거나 어느 하나에 주력하는 것이 능사가 아니라는 점을 잘 보여 준다. 오락 장르화가 거부할 수 없는 시대적 경향처럼 보이지만, 개별 나라나 사회가 처한 특수성에 대한 고려가 이보다 더 앞서야 하는 변수라는 것이다. 처음부터 나름의 규범을 정착시키면서 국민적 신뢰도 컸던 공영 방송에서는 탈규제화를 만나 대중화 시도가 성공한 반면, 그렇지 않은 나라에서는 오히려 차별성을 추구하는 움직임도 있었고 이런 가운데 사회적 기반이 허약한 방송은 치명적 위험에 처하기도 했다. 그러나 공통된 것은 지금이 초경쟁 상황임에도 공영 방송의 임무나 사회적 기대는 크게 달라지지 않았다는 모순적 상황이다. 달리 말해 공영 방송은 시장과 같이 행동해서는 안 되면서도 시장을 넘는 성과를 획득해야 하는 것이다. 오락이 가진 '감성적 공론장'의 가치를 제대로 인식하면서 이를 기존의 정보·지식과 조화롭게 만드는 생산적 절충은 그래서 매우 절실하다.

(5) 차별화의 방식

공영 방송이 상업 방송과 차별화하는(또는 당위적으로 해야 하는) 방식을 시스템적으로 사고해 보면, 대체로 편성·프로그램, 수용자, 그리고 조직 등 세 가지 영역 또는 측면으로 나누어볼 수 있다. 네덜란드의 미디어학자 바르도엘 등(Bardoel, d'Haenens, & Peeters, 2005)은 다음과 같이 각각의 영역별로 차별화의 정도를 유목화한다. 이들은 이를 '질quality 카드'로 부르는데, 앞서 살펴본 알라-포시가 종합한 '여러 측면에서의 질'과 어울리는 점이 많다. 이 유목들은 어떤 공영 방송에나 있지만 똑같지는 않고, 특정 영역에 가중치를 부여하는 식으로 활용 방식 또한 얼마든지 다를 수 있다. 다음은 공영 방송의 질과 관련된 대부분의 유목을 망라한 것이다.

- 고품질의 차별화된 편성: ① 프로그램의 질, ② 신뢰도(공정성), ③ 혁신
- 사회와 시민에 대한 봉사: ④ 다양성, ⑤ 상호 작용 및 사회에 대한 영향, ⑥ 시민과 주요 집단에 대한 도달 및 점유
- 재정적 수단과 관련된 책무: ⑦ (비용) 효율성, ⑧ 효과성[371]

이 중에서도 중요한 것은 역시 프로그램의 내용 부분이다. 앞서 언급한 대로 지금 같은 초경쟁의 시대에 추세로 정착된 차별화는 장르 간 선택에서보다는 장르 내에서의 선택이다. 물론 장르 간 차별화 역시 자율적이든 규제

371 앞의 효율성은 시간당 비용, 장르당 비용 같은 미시적인 것을 말하고, 뒤의 효과성은 직접비와 간접비의 구성 같은 좀 더 큰 차원의 것이다.

에서든 완전히 사라진 것은 아니다. 그러나 이제는 정말로 '선택의 시대'에 들어섰고, 대중성과 차별화를 공존시키지 않으면 안 될 지경에 이르러 있다. 사실 따져 보면 과거에도 오락 장르는 적지 않았다. 영국의 방송 역사에서만 보더라도 포퓰리즘은 시대적 흐름이었다(Curran, 2002). 또 그런 측면에서 장르 내 차별화 방식 또한 엄존했다. 같은 장르라도 공영 방송과 상업 방송이 달랐다는 것이다.

예를 들어 에릭 마(Ma, 1995)는 과거의 공영 방송과 상업 방송의 드라마의 차이를 표 43과 같이 도식화한 적이 있는데, 해당 방송인 홍콩의 RTHK, TVB를 떠나 어느 정도는 '보편화' 할 수 있는 것이다. 대개 상업 방송은 상대적으로 경제적 성과(시청률)와 비용 효율성을 강조해 드라마에서도 논쟁을 피하면서 대중적 호소력을 극대화한다. 효율을 추구하는 상업 방송답게 투여하는 자원에 제한이 있고 제작 방식도 집중적이다. 또 평균을 중시하므로 그 사회에 존재하는 주류의 사고에 대개 무비판적이다. 이에 비해 공영 방송의 드라마는 주제나 소재의 사회적 중요성을 강조하며 상업 방송이 하지 못하는 부분을 시도하고 시청률 못지않게 엘리트들의 비판적 리뷰도 의식한다. 상대적으로 완성도가 중요하므로 자원은 가능한 제한하지 않고 제작 방식에서도 유연성이나 다양성이 권장된다. 체제의 논리나 주류의 생각에 '협상적 negotiatory' 태도를 취하므로 때로 비판적이다. 물론 창조성과 모호함[372]의 미학이 추구되는 것은 양자가 비슷하다.

대중 시청자와 엘리트 시청자, 연속극과 단막극으로 구분된 '선호 장르' 부분에서도 알 수 있듯이 표 43의 대비는 다소는 구시대적인 것이다. 그러나

372 이 미학적 '모호함'에 대해서는 원문에 따로 설명이 없는데, 일반적으로는 통속적이지 않고 도식적이지 않은 고급 문화의 일반적인 특징을 가리키는 것이다. 물론 상대적으로 상업 방송이 공영 방송에 비해 더 '도식화'되어 있어 모호함이 작다.

표 43. 공영 방송과 상업 방송의 드라마의 차이(RTHK/TVB)

구분	*The Greed of Man* (상업 방송 TVB, 연속극)	*Below the Lion Rock* (공영 방송 RTHK, 단막극)
기조schema	상업주의 논쟁 피하기	비상업주의 사회적 중요성
피드백	호소력의 극대화 시청률	보완적 편성 비판적 리뷰/시청률
미학	대중 시청자 모호함ambiguous	엘리트 시청자 모호함
자원 동원	상업적	비상업적, 엘리트
장르 선호 경향	공식화됨, 제한됨 연속극serial 제한됨, 중앙 집중화됨 창조적 장소	유연함, 제한되지 않음 단막극 유연함, 분권화됨 창조적 장소

출처: Ma(1995, p.52).

그럼에도 사회적 중요성(주제)이나 비판적 태도(사회관), 유연함(장르 간 혼합이나 변용), 다양함(소재), 분권화(제작 방식) 등 공영 방송이 상업 방송과 차별성을 위해 반드시 갖춰야 하는 덕목은 잘 나열하고 있다. 물론 지금 시점에서 이를 구현하는 방식이 과거의 스타일 그대로일 이유는 전혀 없다. 그런 면에서 시리즈·솝오페라 같은 대중적 포맷의 활용이나 비용 효율과 관계있는 집중화, 아웃소싱이나 '초미디어적 스토리텔링transmedia storytelling'[373] 등의 제작 방식

373 젠킨스(Jenkins, 2006)가 "미디어 융합에 맞춰 등장한 새로운 미학"이라고 정의한 것이다. 여기에서 수용자는 단순한 '수용'자가 아니라 여러 미디어와 채널들을 이용해 스토리 조각들을 추적하는, '사냥꾼'이나 '수집가'이다. 이는 좀 더 풍부한 엔터테인먼트의 경험을 낳는 능동적 참여의 과정이다.

변화 등을 두려워해서는 안 될 것이다. 솝오페라의 혁신인 〈이스트엔더스〉가 다소 옛날 예라면 SF인 〈닥터 후*Doctor Who*〉는 최근의 예이다.

잘 알려져 있다시피 〈닥터 후〉는 1963년부터 1989년까지 무려 26년간이나 계속된 BBC의 대표적인 SF 드라마로 2005년에 다시 제작되어 방송되었다. 방송이 되지 않은 기간에도 〈닥터 후〉는 팬덤(팬픽)을 통해 각종 잡지나 책, 웹사이트 등에서 다양하게 내용이 윤색되었고 새로운 스토리가 만들어지기도 했다. 2001년에 BBCi가 첫 번째 웹캐스트 드라마로 〈닥터 후〉를 선택했고, 이것이 인기를 모으면서 연이어 두 개가 더 만들어졌다가 마침내 2005년에 '주류 버전'의 방송으로 옮겨졌다. 아마도 팬에 의해 소유된 최초의 프로그램이라고 해도 과언이 아닐 이 드라마는 특히 초미디어적 스토리텔링의 대표적인 예로 꼽힌다(Perryman, 2008; 정준희, 2007). 〈닥터 후〉는 BBC가 주도했다기보다는 기존의 팬덤을 이용한 사례이기는 하지만 〈스푹스*Spooks*〉처럼 본격적인 멀티 플랫폼·상호작용적 참여 드라마의 선구가 되었다.[374]

정치를 다룬 프로그램에도 차이가 있다. 가상의 정치인이 등장해 스토리를 이끌고 가는 영국의 '정치 텔레비전 픽션'은 지난 몇십 년간 꾸준하게 제작되었다. 할리우드의 그것과 다른 영국의 특징은 정치의 세계를 코미디, 스릴러, 드라마 등의 다양한 장르로 리얼하게 그리는데 있다. 성공적·도덕적이고 외모 또한 매력적인 할리우드식 캐릭터는 등장하지 않고, 있다면 오히려 여성 캐릭터가 그러하다. 이런 영국의 픽션들이 그리는 정치의 세계는 암울하고 비관적이다. 미국의 시리즈가 정치에 희망을 불어넣는다면 영국의 그것은 반대로 정치 현실이 복잡하고 모순적인 현상이라고 말한다(Van Zoonen & Wring, 2012). 앞서 말한 모호함의 미학은 이런 정치관과 맥이 닿는다.

374 〈스푹스〉와 BBC의 멀티 플랫폼 전략에 대해서는 박성우(2011)를 참조할 수 있다.

뉴스에서의 차이는 독일의 사례가 적절하게 보여 준다. 앞서 본 대로 전통적으로 독일 공영 방송은 상업 방송보다 뉴스를 중시한다. ARD나 ZDF는 RTL이나 SAT1 등에 비해 뉴스의 비중이 10% 이상 높고, 주제에서도 주로 휴먼 터치로 다룬 유명 스타나 패션 같은 라이프스타일, 각종 선정적 범죄 등에 집중하는 상업 방송에 비해 사회적으로 중요한 주제를 많이 다룬다(Weiβ; 정두남, 2002, p.99에서 재인용). 그러나 중요한 것은 이런 외형 못지않게 다루는 방식이다. 예컨대 독일 공영 방송의 뉴스는 '정치적 숙의political deliberation'의 측면에서 상업 방송보다 훨씬 우수하다. 이는 정치 뉴스를 높은 비중으로 다루는 전통적인 방식 외에 다양한 목소리를 포용하는 것, 반대 의견도 반드시 육성으로 담아 뉴스의 '담론적' 성격을 강화하고 균형성과 상호성을 보여 주는 것, 이념을 명시적으로 표현해 정당성을 확보하는 것, 어떤 이슈의 논쟁적 성격을 부각시키는 것 등을 말한다(Rinke & Wessler, 2012). 이런 혁신은 단순히 대중성을 높이는 것과 다르게 질도 같이 추구하는 것이다.

다큐멘터리에서도 상황은 대동소이하다. 독일의 다큐멘터리는 아직까지 공영 방송과 상업 방송이 주제나 다루는 방식에서 차이가 있다. 공영 방송이 정통 방식인 '르포' 방식을 채택하면서 정치·경제 같은 경성 뉴스를 많이 다루는 반면, 민영 방송은 다큐 '쇼'이나 '리얼리티' 같은 혼합 방식을 주로 쓰면서 소재도 '일상생활' 같은 가벼운 것을 다룬다. 추세 역시 다큐 픽션이나 다큐쇼이 점차 증가하고 있고 전체 다큐멘터리의 88%가 30~45분 분량으로 제작되는 등 '포맷화'되고 있다(서명준, 2008).

(6) 공영 방송의 비전: 디지털 커먼스

근대에 들어 처음으로 역사의 전면에 등장한 다수의 이름인 '대중'은 정치적 측면에서는 대체로 좋은 평가를 받았다. 보통 선거와 투표, 민주주의와 정권 교체, 말과 토론 등으로 이루어진 대중 정치는 우중과 선동, 냉소와 고립 같은 단점이 꾸준히 지적되기는 했지만 이전의 귀족적 과두정과 절대주의, 세습과 승계, 위엄과 폭력 등에 비해서는 훨씬 바람직했다. 그러나 문화나 예술에서는 상대적으로 그렇지 않아 스노비즘이나 통속, 저급, 획일화 등이 적어도 당대에는 이들의 예술에 붙은 '딱지'가 되었다. 근대 미학은 좌와 우를 막론하고 대중의 문화와 예술에 대해서는 매우 인색한 평가를 내렸다(Street, 2000). 대중에 '양질의 문화'를 보급하려는 공영 방송은 이런 정치와 문화 사이의 괴리를 극복해 보려는 노력 중 하나였다. 노동 계층 출신의 영국의 문화평론가 윌리엄스(Williams, 1989, p.36)가 제시한, "하나의 전체로 사람들이 의미와 가치를 표현articulation하고, 이런 의미와 가치 사이에서 발생하는 결정에 참여할 수 있는 조건을 만드는 것"이면서 "이에 참여하는 데 장애가 되는 모든 물적 조건을 거부하는" '커먼 문화common culture' 개념 또한 이와 연관이 있다.[375]

그러나 앞서도 지적한 대로 초기의 공영 방송은 규준을 앞세워 과도하게 시청자의 기호를 무시해 많은 비판을 받았다. 이를 극복하는 과정에서 더 많은 표현과 참여, 다원주의가 수용되었고 시청자의 지위도 많이 상승되었다. 그러나 테크놀로지의 혁신에 힘입은 시장화와 사유화의 물결은 커먼 문화에 가장 심각한 장애가 되는 정보-엔클로저 현상을 몰고 와 공영 방송에도 큰 타격을 주었다. 테크놀로지가 열어준 가능성은 기존의 희소성을 극복시켜 주는 양적 풍요여서 "의미와 가치를 창출하는 데 자유롭고 공동체에 기여하며 공통적인 참여의 과정"(Williams, 1989, p.38)인 커먼 문화의 창출에 도움이 되는 듯 보였지만 실제는 정반대로 나타나게 된 것이다. 온갖 잠재력이 칭송되었지만 결국에는 상업주의 경향에 휩쓸려 버린 인터넷 역시 이런 공영 방

375 윌리엄스는 문화 자체가 공동(체)성을 잃어버리고 분할되고 파편화되는 이유가 자본주의 체제 때문이라고 보므로 그의 문화 이론은 곧 사회주의적 문화 정치가 된다.

송과 그렇게 멀리 떨어져 있지 않다(Dahlgren, 2005).

이처럼 민주주의나 공영 방송, 인터넷 등은 모두 가능성과 한계를 같이 가지며, 그런 만큼 여전히 목적의식적 노력이 경주될 가치가 있다. 디지털 시대를 맞아 정치적 권리에 상응하는 문화적 권리들(정보·지식·숙의·표현권)이 계속 주장되는 것도 이러한 맥락이다. 이는 새로운 시대에 어울리는 커먼 문화, 곧 '디지털 커먼스'[376]나 '시민 커먼스,' '문화적 커먼스'를 만들기 위한 노력이다. 머독 등(Murdock, 2005a, 2005b; Ramsey, 2013)은 공영 방송이 이를 위한 기반이 될 수 있다고 본다.[377]

그러나 이를 위해서는 공영 방송이 공영 미디어로 발전되지 않으면 안 된다. 이미 주변화 된 기존의 '방송'과 전통적 '수상기'만으로는 미디어와 플랫폼, 수신기가 계속 다양해지는 디지털 시대의 커먼스가 될 수 없기 때문이다. 드브렛(Debrett, 2009)의 말대로 공영 방송은 "'보편적 공중'을 얻기 위해 미디어 플랫폼을 통틀어 (다양하게 나뉜) 조각들을 충분히 모아야 하는 것"(p.810; 괄호는 인용자)이다. 그런 면에서 앞서의 '전방위적 포트폴리오형'과 유사한 BBC의 "360도로 접근이 가능한 플랫폼 콘텐츠360 degree cross platform approach"는 시청자가 언제 어디서 어느 플랫폼을 이용하던 쉽게 접근이 가능하도록 한

376 커먼스는 "특정한 공동체 내에 아무도 소유할 수 없는 자원"(Coleman & Dyer-Witheford, 2007, p.934)으로 일종의 공유지이다. 역사적으로 볼 때, 이런 공유지는 16세기부터 18세기 사이에 벌어진 엔클로저운동으로 대부분 파괴되었으므로 공유지를 주장하는 것은 곧 엔클로저 같은 사유화 시도에 반대하는 것이다. 커먼 문화는 공유지를 문화 영역에서 확대·보존하려는 것이며, 그런 면에서 단순히 '공동'이나 '공통'과 같은 커먼의 번역어는 이런 의미를 그대로 전달하기 어렵다고 보아 일단 원어 그대로 쓰기로 했다.

377 물론 이는 텔레비전과 인터넷의 미디어적 차이를 어떻게 보느냐에 따라 달라질 수 있다. 모(Moe, 2008)는 그런 면에서 머독 등과 달리 기존의 공영 방송을 현실적 기반으로 하지 않는 '공공 서비스 온라인 미니어'를 제안한다. 그가 보기에 방송은 대화 능력이 없지는 않지만 온라인과 같은 수준은 아니다.

시도(정준희, 2009)로 커먼스가 되기 위해서는 필수적이다.

공영 미디어로 발전하기 위해서는 기존의 이념이나 서비스 형태에서 변화가 필요하다. 우선 이념면에서 기존의 보편적 서비스, 시민 지향성, 독립적 지위와 불편부당성, 질과 규준 등에 민주적 성격(표현의 자유와 책임), 참여와 대화, 문화적 다원주의 등이 추가된다. 보편적 서비스 역시 '모두'를 대상으로 하는 종합 채널에 기본적인 프로그램을 공급하는 형태였다면 이제는 서비스 자체를 디지털·인터넷 베이스로 전문화·개인화에 두루 적응시킴으로써 보편성을 얻는 방식으로 바뀐다. 이전의 공영 방송이 '사회에 봉사하면서 개인을 돕는 집합주의적 방식'이었다면 지금의 공영 미디어는 '개인·집단·사회에 봉사하면서 개인·사회를 돕는 총체주의적 방식'인 것이다. 야쿠보위츠(Jakubowicz, 2010)의 수사적 표현을 빌리면 이는 '코페르니쿠스적 전환'이다.

이런 공영 미디어로의 전환에는 정치·문화적 의미도 있다. 공영 방송을 정당화시켜 왔던 유력한 이론적 근거 중 하나인 하버마스의 공론장론에 대해서는 그간 다양한 비판이 제기되어 왔는데, 특히 공론장론이 상정하는 '유일한 공론장the public sphere'은 이론적·현실적 측면에서 현대 사회가 처한 여러 균열들cleavages, 예를 들어 계급·젠더·인종·종족·종교·지역 등의 '공약 불가능한incommensurable' 차이를 소화할 수 있는 복수의 '다양한 공론장들multiple public spheres'로 대체되어야 할 필요성이 크다(Jacka, 2003; Karppinen, 2013). 이런 공론장들이야말로 '시민,' '다양한 사회적 결사체와 공동체·소수자 문화의 일원,' '소비자,' '정보와 교육, 경험·충고·오락의 추구자'로서 다양한 정체성을 가진 '온전한 인격체'에 총체적으로 접근할 수 있다(Jakubowicz, 2006). 채널이나 미디어가 확대되어 공영 미디어가 될 수 있어야만 이런 노력에 부응한다.[378]

공영 방송이 공영 미디어가 되면, 시청자를 만나는 부면을 효율적으로 넓힐 수 있고 특히 기존 수상기로는 접근이 어려운 젊은 시청자에게도 어필이 가능해진다. 재원의 보충 차원에서 일부 서비스는 유료화할 수 있는 부수 효과도 있다(Enli, 2008). 물론 이런 공영 미디어로의 장점이 모든 공영 방송에서 나타나는 것은 아니다. 공영 방송의 온라인 활동에 대한 최근의 분석에 따르면, BBC는 시장판이 지배하는 어려움 속에서도 제 역할을 하고 있지만(Ramsey, 2013), RAI나 RTVE는 자원 및 인력의 부족과 상업적 성향 때문에 상대적으로 훨씬 낮은 위상에 머물러있다(Brevini, 2010).

공영 방송이 기존의 명칭인 '공공 서비스 방송public service broadcasting'에서 '방송'을 '미디어'나 '커뮤니케이션,' '콘텐츠'나 '출판사publisher' 같은 더 넓은 개념으로 대체하려 하는 것은 이런 최근의 필요를 반영한다(Donders et al., 2012). 물론 여기에는 반론 또한 많다. 즉 어떤 사람들의 눈에 이러한 플랫폼 확대는 그저 퍼블릭 다음에 '아무것anything'이나 갖다 붙이기만 하면 되는 다소는 의례적이고 무원칙한 것으로 보일 수 있기 때문이다. 만약 단순히 공영 방송의 조직적 생존의 필요성에서만 그렇다면 이런 비판은 유효하다고 할 수 있다. 그러나 만약 확대가 상업적 미디어가 '범람'하는 디지털 시대에 반드시 필요한, 시장의 실패를 막고 사회적 필요와 문화적 다양성을 충족시키며 최소한의 도덕적·시민적 기초를 유지하게 하는 '윤리적 대안'이나 달라진 시대에 맞는 새로운 지향점('디지털 커먼스')이 될 수 있다면, 이건 좀 다를 수 있다는 생각이다(Murdock, 2005a, 2005b).

이런 디지털 커먼스의 의의를 머독은 다음과 같이 설명한다. "우리는 더

378 '다양한 공론장들'의 병존이지만, '다수'를 결정하고 공공선을 추구할 수 있는 메타 공론장의 가능성을 미리부터 배제할 필요는 없을 것이다. "서발턴 대안 공론장들subaltern counterpublics"을 주장하는 프레이저(Fraser, 1991)는 이런 절충론을 펴는데, 이는 하나의 포용적 공론장이 있고 주변에 마치 대기실처럼 여럿의 공론장이 함께 있는 것이다(Goode, 2005). 이런 공론장들의 배치에서는 '보편적 공론장,' '문화 내 커뮤니케이션,' '문화 간 커뮤니케이션' 등의 공존과 역할 분담이 가능하다(Born, 2005).

이상 공영 방송을 하나의 개별적 조직으로만 생각해서는 안 되며, 공적이고 시민적인 주도로 결집되어 새로이 등장하는 네트워크에서 중심적인 접속점node으로 보아야 한다. 또한 공영 방송은 공유하는 문화적 공간인 디지털 커먼스를 위한 기반을 제공한다. 디지털 커먼스는 새로운 공동체를 위한 유대관계를 구축하고, 한편으로는 상업적 이해, 그리고 다른 한편으로는 도덕 본질주의로부터 오는 엔클로저의 끊임없는 압력에 대항할 수 있다"(Murdock, 2005a, pp.213~214). 디지털 커먼스는 과거 엔클로저운동 때의 토지 사유화를 방불케 하는 지금의 정보·미디어 사유화에 대항해 시민적 공동체를 복원하기 위한 문화적 공간으로 공영 방송은 이의 중심이 된다. 여기에서는 "정해진 전문가나 예술가가 틀에 맞춰 '커먼 안의 문화'의 가치나 우선권을 특권적으로 강조하는 것이 아니라 전문가나 보통 사람 등 구성원 모두의 집단적 실천에 의해 끊임없이 다시 만들어지고 다시 정의되는 '커먼 문화'의 민주적 가치에 대한 인정"(Murdock, 2005a, p.227)으로 다수(대중)가 가진 문화에 대한 판단이 크게 달라진다.[379]

공영 방송은 이런 디지털 커먼스를 통해 다수가 가진 문화적 권리를 '수용자용'으로 되찾아주는 미래적 비전을 가진다. 공영 방송이 디지털 커먼스를 시도하는 것은 기존 방송의 단순한 '확대'나 그저 새로운 미디어를 하나 '더하는 것'의 차원이 아니다. 최근의 BBC처럼 방송을 '강등demoting'시키고 스스로를 특정 미디어로부터 독립시키면서 '새로운 공적 서비스의 커뮤니케이션 환경'이 되어보려 하는 것이다[380](Moe, 2011). 이런 디지털 커먼스라면 공

379 이 지점에서 기존의 퍼블릭이 가진 소수·엘리트성·계몽성에 다수·참여성·공유성이 부가되는 또 다른 효과가 발생한다. 공공성公共性이 완성되는 경로이다.

380 이 환경은 스스로 목적이면서 다른 한편으로는 신자유주의 또는 반시민적 경제주의에 대항하는 '전반적인 정치운동'의 일부가 되어야 한다. 영국의 굿윈(Goodwin, 2012)은 유료화의 대세, 상업화의 압력, 노동당과 보수당의 신자유주의 연합으로 특정 지워지는 지금의 미디어·정

영 방송이 시장의 실패를 일부 보완하는 소극적 기제로 전락하거나 현실의 조직에 묶여 도덕적 해이를 온존시키는 기생적 존재가 되는 것을 근본적으로 막을 수 있다.

4) 한국 공영 방송의 편성

(1) 시청률의 저하

다른 나라와 마찬가지로 한국의 공영 방송 또한 탈규제화를 만나 상당한 위축을 경험한다. 대체로 2000년도가 되면 한국 사회에서도 케이블 TV가 어느 정도 정상화되면서 다미디어·다채널의 시대가 본격적으로 열리게 된다. 이때 전체 지상파 채널은 33.8%의 시청점유율을 기록하는데, 12년 후인 2012년도(상반기)가 되면 25.7%로 감소한다. 케이블 TV·위성 방송·IPTV 등을 합친 유료 방송 전체는 같은 기간에 9.1%에서 17.2%로 거의 2배 가까이 불어난다. 이미 이 수치는 2009년도(17.7%)에 도달한 것이다. 유료 채널 역시 최근 4년간은 답보 상태인데, 이 중에서 지상파 방송 계열의 (케이블 TV) 채널이 5.0% 정도를 차지하므로 굳이 따진다면, 지상파 방송계의 시청률은 30.7% 정도가 되는 셈이다.[381] 지상파 방송은 줄고 유료 방송은 더 이상 늘지

치 경향을 극복하고 공영 방송(BBC)이 주도권을 잡기 위해 가장 필요한 것은 바로 이런 정치운동에의 동참이라고 조언한다. 그런 면에서 공영 방송과 파트너가 되어야 하는 것은 '시민사회'를 이루는 각종 '비영리적인 사회·문화·미디어 조직들'이다(Fenton et al., 2011 참조). 결합의 산물은 사회 내의 여러 민주적 자원을 활용하면서 시간과 비용을 아끼는 일종의 '제휴적 저널리즘 coalitional journalism'이다(Curran, 2007). 이런 동참과 제휴를 정치적으로 말하면, 자유주의 코포라티즘의 복원 또는 새로운 창출로 불러도 큰 무리는 없을 것이다.

381 참고로 비지상파 계열 중 가장 큰 CJ E&M의 16개 채널(케이블 TV)이 차지하는 비중은 4.2% 정도가 된다. CJ E&M의 2011년 매출액이 1조 3000억 원에 달하므로 이를 KBS의 매출액(1조 3600억 원)과 전체 시청률(13.5%)에 비추어 보면 KBS가 거의 같은 매출액으로 시청률

않는 가운데 빈자리를 차지한 것은 역시 PC, 인터넷, 스마트 미디어 등이다.

개인 시청률을 보면 공영 방송의 상태가 좀 더 심각하다. 방송사들이 주로 쓰는 가구 시청률에서는 35% 정도로 별반 차이가 없다.[382] 그러나 상대적으로 미디어를 다양하게 활용하는 개인 시청률은 계속 하락 중이다. 2000년에 개인 시청자의 15% 정도가 텔레비전을 시청했다면 2011년에는 3%가 줄어든 12%에 머물렀다. 연령대별로 보면, 젊은 층의 이탈이 가속되고 있다. 현재의 시청률을 유지하게 하는 집단은 노년층(40~60대)이다. KBS로 좁혀 개인 시청률을 보면, 2003년 14%(KBS 1TV, 7.5%/2TV, 6.5%)에서 2012년 12.6%(KBS 1TV, 6.6%/2TV 6.0%)로 크지는 않지만 계속 조금씩 줄어드는 추세이다.[383]

은 3배가 넘어 훨씬 효율적으로 방송하는 것을 알 수 있다.

382 젊은층의 TV 이탈로 노년층과 주부에 대한 의존도가 더욱 높아진 가구 시청률로는 사실 실질적인 수용자의 이용 행태를 알 수 없다(오형일, 2014). 최근 MBC는 메인 뉴스 시간을 8시대(7시 55분)로 옮기고 5시에 또한 무려 1시간 20분짜리 뉴스를 편성하는 등 큰 변화를 보였는데, 이는 비용의 문제와 가구 시청률의 특성을 결합한 결과로 보인다.

383 이런 결과를 놓고 지상파의 독과점을 계속 말하는 것(황근, 2010)은 사실 그렇게 적실성 있는 것은 아니다. 현재 한국의 방송 시장은 계속된 뉴 미디어의 등장으로 시장이 계속 나눠지고 진입 장벽entry barrier 역시 같이 낮아지고 있다. 그런데도 독점설은 여전히 설득력을 갖는데, 아마도 이유는 지상파 방송이 '흑자 경영'을 한다는 사실 때문일 것이다. 그러나 흑자는 사실 독점 같은 시장 구조의 문제보다는 단기적 성적에 매달리는 위탁 경영 체제, 사업자들 내에서의 상대적 우세, 또는 방송사의 소요 자금에 맞춰 가격이 형성되는 광고 영업 형태 등과 더 관련 있는 것으로 보인다. 적자를 혐오하는 사회적 시선이 엄존하므로 이런 경영을 쉽게 비판할 건 아니다(예를 들어 정연주 사장 시절 KBS의 2004년 KBS의 적자에 대한 보수 언론의 공격을 떠올려 보라). 독점설의 또 하나의 근거는 이런 지상파 방송 때문에 이를 누르는 더 강력한 사업자가 등장하지 않는다는 것인데, 사실 이에는 지상파 방송의 독과점 책임보다 한국 방송 시장의 절대적 크기와 해외 진출의 장벽, 그리고 이 시장의 저가성(또는 해적질의 용이함에 따른 저수익성)이 훨씬 더 크게 작용한다고 보아야 한다. 한류가 있다고는 하지만 돈으로 치면 일본이나 대만 시장 정도에 국한된 것이고, 절대액도 그렇게 크지 않으며, 최근에는 증가세마저 둔화되었기 때문이다(윤재식, 2011). 종편을 보라. 처음 등장한 명분은 '명품 콘텐츠'나 '국제 경쟁력' 같은 거창한 것

표 44. 지상파 대 유료 방송 시청률(점유율) 현황(2001~2012)

단위: %

연도	지상파 채널	KBS			유료 방송 100개 채널
		1TV	2TV	계	
2001	33.8 (78.8)				9.1 (21.2)
2002	33.3 (75.7)				10.7 (24.3)
2003	31.5 (71.1)	7.5	6.5	14.0 (31.6)	12.8 (28.9)
2004	30.0 (68.3)	7.2	6.4	13.6 (31.0)	13.9 (31.7)
2005	27.3 (66.1)	6.4	6.3	12.7 (30.8)	14.0 (33.9)
2006	27.2 (65.7)	6.3	6.2	12.5 (30.2)	14.2 (34.3)
2007	28.9 (66.3)	7.8	6.0	13.8 (31.8)	14.5 (33.4)
2008	28.6 (63.1)	7.5	6.2	13.5 (31.3)	16.7 (36.9)
2009	27.6 (60.7)	6.4	6.5	12.9 (28.4)	17.9 (39.3)
2010	28.0 (62.1)	6.4	6.8	13.2 (29.3)	17.1 (37.9)
2011	26.3 (59.6)	6.3	5.9	12.1 (27.4)	17.8 (40.4)
2012 상반기	25.7 (59.9)	6.6	6.0	12.6 (29.4)	17.2 (40.1)

출처: KBS 내부 자료.

사실 이런 추세는 특별히 어떤 한 프로그램이나 이벤트의 성공으로 역전되기 어려운 '패러다임 변환'의 성격을 가진다(Van Cuilenberg & McQuail, 2003). 이제 방송은 단순히 시청만 하는 서비스(텔레비전)에서 참여나 선택이 가능한 뉴 미디어로, 무료 지상파 방송에서 유료 미디어·채널로, 공영 방송에서 상

이었지만 지금은 지상파의 반의반만큼도 투자를 하지 않고 있다. 또 총매출액에서 이미 KBS를 능가한 CJ E&M에서 볼 수 있듯이 사실 자본력이 있는 사업자도 찾아보면 많다. 그렇지만 그런 CJ E&M조차 무리한 투자는 하지 않는다. 요컨대 한국 방송에서 지상파 방송을 넘어서는 미디어 '영주'가 등장하지 않는 이유는 단적으로 이 시장이 획기적인 투자를 감행할 만한 크기가 안 되기 때문이다.

업 방송이 공존하는 혼합형으로 다양화되고 넓어져 가는 것이다. 관건은 이런 변화가 이전부터 누적되어 온 문제를 극복하지 못하고 잠재·심화시키는 데 있다. 한국의 경우에는 역사적 유산으로 누적된 공영 방송의 상업화 경향이 그것이다.

(2) 상업성의 구조화: KBS 2TV의 변화 필요성

재원 전통적으로 KBS의 편성은 2TV의 상업성이 문제였다. 특히 1TV가 1994년에 광고를 중단하고 본격적인 공적 서비스의 길을 걷게 되면서 이 문제는 더욱 두드러졌다. 현재의 2TV는 전신이 1970년대 '3국 시대'에 치열한 시청률 경쟁을 펼쳤던 삼성의 TBC여서 보기에 따라서는 과거와 달라진 게 별로 없을 수도 있다. 이의 직접적인 원인은 역시 광고에 전적으로 의존하는 재정 문제와 신설 SBS가 주도해 온 지상파 방송의 상업적 경쟁 구조에 있다. 언론 통폐합으로 2TV가 KBS에 편입된 5공 초기만하더라도 서울·부산에 국한되어 있던 방송망을 전국으로 확장할 필요와 급작스런 컬러텔레비전의 도입에 따른 비용의 증가 때문에 광고의 부작용에 대한 생각을 별로 하지 못했다. 이후에도 시청료거부운동에 따른 수신료의 정체와 때 이른 탈규제(SBS의 등장) 및 뉴 미디어의 급속한 도입이 낳은 경쟁상이 광고 의존도를 낮추는 데 걸림돌이 되었다. '어떻게 바꿔야 할 것인가'의 확실한 대안이 없었던 점도 컸다. 이 점에서는 혼합적 공영 방송으로 볼 수 있는 MBC 역시 마찬가지였다. 앞서 역사 부분에서도 본 대로 수없이 대안을 논의했으나 다른 것으로 바꾸기에는 현실적인 난관이 너무 많았다. 이 또한 수신료 문제와 맞물린 '부정적 연합'의 산물이었던 것이다.

이런 2TV에 비해 수신료가 안정된 이후의 1TV의 조건은 매우 양호하다. 대체로 1TV는 적어도 편성적 장르 구성의 측면에서는 다른 어느 공영 방송에 비해서도 뒤처지지 않는다. 물론 이는 2TV로부터 받는 일정한 경제적 보조cross-subsidy와 무관하지 않다.[384] 수신료가 정체된 것이 보조의 직접적인 이유이지만, 광고료 또한 어느 정도는 '기능 없는 재원'이었다는 점에서 이를 공영 재원의 '한국적 변형'으로 볼 수도 있다.[385] 국민의 직접 부담인 수신료를 가능한 줄여야 하고,[386] 광고의 상업적 악영향이 그렇게 크지 않다는 가치 판단이 선다면, 지금 체제는 오히려 최적의 체제가 될 수도 있다(김호석, 2003 참조). 즉 KBS로서는 수신료 부분에서 일부 지적한 것처럼 현재의 체제가 그렇게 나쁘지 않을 수도 있는 것이다.

KBS의 재원 구조의 현황(표 45)을 보면, 2004년 이래 KBS에서 수신료가 차지하는 비중은 1980년 이래의 정체를 그대로 반영해 40% 정도이다. 이는 아마도 수신료를 받는 공영 방송 중에서는 최저의 수치에 가까울 것이다.[387] 물론 비중이 그만이라도 한 이유는 그간 꾸준하게 부족분을 보충해 주

384 그러나 이 재원의 규모가 정확하게 어느 정도인지는 알려진 바 없다. KBS 내부에서 수신료와 광고료의 쓰임을 따로 하면 될 것이지만 의외로 이런 회계가 쉽지만은 않은 듯 보인다. 특히 이런 분리는 수신료 인상에서 더 요긴하게 쓰일 수 있다. 재원의 용처가 분명하게 드러나기 때문이다.

385 공영 방송의 입장에서 볼 때, 한국방송광고공사는 단점보다는 장점이 많은 존재이다. 광고공사는 영업권을 독점(대행)해 광고주가 가질 수 있는 프로그램 영향력을 차단한다. 또 시장 기능보다는 방송의 기본 수요를 우선해 지금 같은 불황기에는 유리하다. 다만 군소 방송의 살림까지 맡는 관계로 이른바 '끼워 팔기'(번들링)가 관행화되고 일부 인기 프로그램의 가격이 시장 논리대로 반영되지 않을 뿐이다(현재 체제의 특징에 대해서는, 김광수 · 김희진, 2006 참조).

386 또는 반대로 지금처럼 인상이 아예 불가능한 가운데 1TV의 재원 수요가 계속 증가하는 경우도 마찬가지이다.

387 아일랜드의 RTE가 기록한 2008년의 45.6%가 서부 유럽에서 나타난 수신료 수입 비중으로는 가장 낮은 수치이다(Benson & Powers, 2011, p.61. 그러나 RTE의 수신료는 연 160유로로 결코 낮지 않다). 이는 2005년과 2006년 KBS가 기록한 47.6%와 비슷한 수준이다. 물론 이를 세계시적 지표로 옮겨 놓고 보면 그렇게 좌절할 만한 일은 아니다. 공영 방송이 수신료와 연계되는 자체가 중요하고도 어려운 문제이기 때문이다.

표 45. KBS 재원 구조 현황(2004~2011)

단위: 억 원, %

구분	수신료	광고	기타	총수입
2004	5,134 (41.1)	6,282 (50.3)	1,075 (8.6)	12,491 (100)
2005	5,246 (38.2)	6,537 (47.6)	1,940 (14.1)	13,723 (100)
2006	5,304 (37.8)	6,675 (47.6)	2,044 (14.6)	14,023 (100)
2007	5,372 (40.4)	5,931 (44.6)	1,998 (15.0)	13,301 (100)
2008	5,468 (41.9)	5,326 (40.8)	2,244 (17.2)	13,038 (100)
2009	5,575 (41.3)	5,203 (38.5)	2,730 (20.2)	13,508 (100)
2010	5,689 (39.2)	5,887 (40.6)	2,919 (20.1)	14,495 (100)
2011	5,779 (40.0)	5,987 (41.5)	2,671 (18.5)	14,437 (100)

출처: KBS 내부 자료.

던 광고가 감소하기 시작하면서 전체 수입이 늘어나지 않았기 때문이다. 표 45를 보면 2006년의 총수입 1조 4000억 원은 5년이 지난 2011년도에도 불과 400억 원 정도(약 3%)만 올라 사실상 제자리걸음을 하고 있음을 알 수 있다. 오히려 KBS 계열의 케이블 TV PP나 프로그램 판매 등에서 나오는 기타 수입이 2004년의 8.6% 이래 꾸준히 증가, 2009년에는 20%를 넘어 나머지를 메워 주고 있는 실정이다. 이미 시장 구조 수준에서 포화에 도달한 광고료의 성격이나 판매처가 제한된 기타 수입으로 볼 때, 4 : 4 : 2의 이러한 비율은 다른 큰 변수가 없다면(수신료가 인상되지 않는다면) 그대로 고착될 가능성이 높다. 적어도 현재의 판에서는 그렇게 큰 변동이 있기 어렵다는 뜻이다.

그러나 한국 방송 전체를 고려해야 하는 제도적 공익론자의 입장에 선다면, 2000년대 들어 한국의 방송판 전체가 유료로 넘어가면서 상업화의 정도가 급격하게 올라간 점을 고려하지 않을 수 없다. 이의 바로미터는, 가입자 수가 1000만 명이 넘어 국민적 플랫폼으로까지 불리지만 5개의 MSO가 시장을 지배하는 케이블 TV가 KBS, MBC 같은 공영 방송 채널들의 양 옆에 가장 상업적인 홈쇼핑 채널들을 포진해 놓은 채널 구성을 하고 있다는 점일 것이다.[388] 아마도 한국 방송에서 상업 논리의 가장 압도적인 단면으로 볼 수 있는 이 현상은 디지털 세상의 '커먼스'(Murdock, 2005a)가 되기 위해 노력해야 하는 공영 방송이나 정책 당국의 입장에서는 반드시 바꾸어야 하는 것이다.

편성 이런 재원과 밀접한 관련이 있는 것이 KBS 2TV의 과도한 상업 논리이다. 2000년대 중반 이후 한국의 지상파 방송들은 주 시청 시간대에 오락 장르의 비중을 60% 이상으로 높였다. 유료 채널과의 경쟁이나 뉴 미디어의 계속된 도입에 대응해 지상파 방송은 오락 장르의 비중을 계속 늘려 나갔다. 광고에 의존하는 2TV 역시 이와 보조를 맞추지 않을 수 없었고, 경쟁에 급급하던 어떤 때는 질을 나타내는 지수(AI)가 지상파 방송 중 최하위로 나오기도 했다(배진아, 2012). 2TV의 민영화 주장이 현실적 난관과 수많은 반대에도 불구하고 그치지 않고 나오는 이유도 이런 광고-상업적 편성이 공영 방송으로서의 정체성을 심각하게 훼손하기 때문이다.

388 그 이유는 물론 홈쇼핑 채널이 케이블 SO(지역 유선 방송국)의 수입에서 큰 비중을 차지하기 때문이다. SO의 방송 사업 수익은 2008년의 1조 6795억 원에서 2011년 2조 1168억 원으로 증가했는데, 같은 기간 동안 홈쇼핑의 송출 수수료는 3397억 원에서 5550억 원이 되었다. 전체 매출에서 홈쇼핑 송출 수수료가 차지하는 비중은 26.2% 수준으로, 매년 두 자릿수 증가율을 보였다(정용찬 외, 2012). 홈쇼핑이 바로 이렇게 케이블 TV의 요금 일부를 대신 충당시켜 주고 있는 모양새라서 채널을 그렇게 특혜적으로 배치했다 해도 누구도 불평하기 어렵다(같은 맥락에서 IPTV는 통신과의 결합 상품이 저가를 유지하는 비결이다). 그러나 말 그대로 가정에 상품을 파는 게 목적인 홈쇼핑 채널이 공영 채널의 양측에 포진된 것을 결코 정상으로 볼 수는 없다. 홈쇼핑 채널의 채널 정책에 대한 전문가 조사에서 응답자들은 이 채널 구성이 시청자의 TV 시청권을 침해하느냐고 보느냐에 64%가, 홈쇼핑에 특정 채널대를 설정해 연번을 매겨 배치해야 한다는 것에 83%가 동의했다(사단법인 미디어시민모임, 2014).

표 46. 지상파 방송의 주 시청 시간대 오락 프로그램 편성 비율(1997~2006)

단위: %

구분	1997	1998	1999	2000	2001	2002	2003	2004	2005	2006	평균
KBS 1TV	25.2	25.2	21.1	30.3	28.3	28.1	28.3	31.4	34.4	31.4	28.4
KBS 2TV	70.8	55.1	53.4	53.6	71.7	59.4	60.6	62.1	46.1	44.4	57.7
MBC	63.3	68.0	52.7	61.7	66.7	66.4	67.4	70.2	61.4	63.9	64.2
SBS	56.5	61.2	70.7	71.4	70.0	64.4	68.1	72.5	71.1	69.6	67.6

출처: 백미숙(2007, p.111).

표 46은 1997년부터 2006년까지의 한국의 주 시청 시간대의 오락 프로그램의 비율인데 약간의 등락은 있지만 KBS 1TV를 제외하면 대체로 50~60%가 넘는 비율을 보이며, 상업 방송인 SBS의 비율이 가장 높지만 2TV가 70%를 넘은 때도 두 번이나 된다. 물론 이 비율을 그저 높다고만 말하기는 어렵다. 앞서 본 대로 유럽의 공영 방송에서도 오락의 비율이 계속 높아졌기 때문이다. 한국의 경우에는 보도 프로그램이 유럽에 비해서 상대적으로 양도 많고 시장 성과도 좋은 편이다. 따라서 주 시청 시간대에서 오락 프로그램에 의해 타격을 받는 쪽은 교양 프로그램이다. 2004년의 경우가 가장 심해서 당시 주 시청 시간대 교양 프로그램은 MBC가 불과 5.9%, SBS가 3.7%을 기록하는 '초토화' 상태를 보였다(백미숙, 2007). 물론 KBS 2TV는 상대적으로 높은 23.5%를 보였지만 이에 큰 의미를 부여하기에는 전체적인 판의 상업성이 너무 높다.[389]

389 2000년대 이후 KBS의 편성 동향을 분석한 오형일(2014)의 연구를 보면 상대적으로 안정된 1TV에 비해 2TV는 거센 시장에 대응해 여러 차례의 격변을 거쳤음을 알 수 있다.

표 47. KBS의 주요 프로그램의 시청 점유율(2007~2011)

구분	6시 내 고향		KBS 스페셜		해피선데이		추적 60분	
연도	시청률	점유율	시청률	점유율	시청률	점유율	시청률	점유율
2007	9.2	23.1	6.7	10.2	11.3	20.4	7.8	15.4
2008	9.7	23.6	6.4	9.3	16.0	26.9	7.2	13.7
2009	8.8	21.5	6.1	9.1	19.1	31.4	7.0	12.2
2010	8.9	21.7	5.4	7.8	23.7	39.8	5.4	10.9
2011	9.2	22.6	5.1	8.1	19.8	32.6	4.6	9.6

조사 기관: AGB 닐슨미디어리서치, 단위: 전국.
출처: 홍경수(2012, p.137).

이렇게 상업성이 강해지는 이유는 자명하다. 오락 프로그램의 시청률이 상대적으로 높고, 시사 다큐멘터리 프로그램의 시청률이 계속 떨어져가기 때문이다. 2007년부터 2011년까지 KBS 주요 프로그램의 시청 점유율을 집약한 표 47을 보면, 〈해피선데이〉 같은 예능 프로그램은 시청률이 11.3%에서 19.8%까지 무려 70%가 넘게 증가한 반면, 〈6시 내 고향〉 같은 생활 정보 프로그램은 대체로 답보를, 〈KBS 스페셜〉이나 〈추적 60분〉은 상당히 감소했음을 알 수 있다. 특히 이 시기의 시사 고발 프로그램의 감소는 정권이나 사장이 바뀌면서 나타난 소재의 제약이나 게이트키핑의 영향력과 관계가 있을 가능성이 높다(홍경수, 2012).

이 점에서 2TV는 조금 달라져야 한다. 그간 2TV가 변화되지 못했던 가장 근본적이면서 현실적인 이유는 역시 수신료의 답보, 그 대안으로서의 광고라는 재원의 문제 때문이다. 앞서도 언급한 대로 수없이 2TV의 대안이 논의되었지만 재원 문제를 어느 정도 해결하지 않고서는 실효를 거두기 어렵다. 설사 성격을 바꾼다 해도 광고를 얻기 위한 시장 경쟁이 조금만 수위를 높이면 금방 이전으로 되돌아갈 것이기 때문이다. 2TV의 오락 위주는 종합 편성을 하면서 시사 정보에 주력하는 1TV와의 중복을 피하기 위한 상대성과도 관련이 있다. 과거 2TV '8시 뉴스'의 어정쩡한 모습을 상기해 보라. BBC의 2TV 역시 전문 편성을 표방하지만, 1TV에 비해 오락적 정도가 높게 나타나는 경우가 많다(심미선, 2003). 물론 한국의 경우는 재원의 문제가 결정적이다.

그러므로 수신료의 정체를 극복하지 못하는 것과 상업성의 문제는 동전의 양면을 이룬다. 만약 극단적으로 2TV가 광고를 중단하면 상업적 편성을 모두 그만둘 수 있지만 재원을 감당할 수 없다. 수신료로 충당하면 거의 두 배 이상을 인상해야 하는데 1980년의 수신료가 지금껏 동결되어 있는 것에 미루어 볼 때, 불가능한 노릇이다. 또 지금 같은 초경쟁·초시장의 시대에 수신료 같은 조세 격 부담금에 방송 비용을 모두 의존시킨다는 것은 그렇게 현명한 일이 아니다. 앞서도 본 대로 수신료는 바람직하기는 하지만 당장은 비중을 획기적으로 높일 수 없다. 현실적인 대안은 수신료의 비중을 지금보다 조금 높이면서 광고와 기타 재원 사이에 적절하게 균형을 잡는 것인데, 이런 균형이야말로 공영 방송에 대한 새로운 사회적 합의가 필요한 대목이다. 만약 이 합의가 선결될 수 있다면, 다소는 유연하게 채널의 지표를 설정할 수 있고, 이에 따라 2TV의 오락성도 조절이 가능해진다.

(3) 뉴 미디어 정책과 상업화

SBS의 발전

막 공영 방송이 국가의 지배를 벗어나기 시작할 즈음에 등장한 뉴 채널 SBS는 도입한 정책 측의 예측대로 방송계에 '시장'이라는 또 하나의 주인을 불러들였다. 완전 상업 방송인 SBS가 본격적으로 활동하기 시작한 시기인 1992년 이후 한국 방송의 경쟁 수위는 몇 단계 높아졌다. 여기에 최초의 유료 미디어인 케이블 TV와 한국 경제 초유의 위기인 IMF가 더해지면서 이제 상업주의는 상업 방송만이 아니라 방송계 전체를 지배하는 중심 논리로 자리 잡게 되었다. 전 MBC 사장이었던 최문순(2010)

은 필자와의 인터뷰에서 MBC와 SBS의 가장 큰 차이를 해마다 주주의 이익을 반드시 챙겨 주지 않으면 안 되는 단기성 전략의 유무로 꼽은 적이 있는데, 이 점이야말로 한국식 상업 방송의 숙명적 단점임에 틀림없는 것이다.[390]

이러한 SBS는 2000년대 들어 또 다른 차원의 물의를 빚는다. SBS의 지배 주주인 태영이 다른 재벌 기업과 다름없이 지배 주주의 위치를 일종의 세습처럼 상속시키려 했던 것이다(김재영, 2003). 시민사회와 정책 당국(당시는 독립 방송위원회)이 크게 반발했고 SBS는 재허가 취소에까지 몰렸다. 방송이 가지는 공공적 성격과 소유·경영의 분리 필요성을 무시한데서 온, 자초한 위기였다.

논란 끝에 받은 재허가 이후 SBS는 당시 자신의 문제를 논의하기 위해 만들어진 민영 방송 특별위원회가 제안한 지주회사안을 받아들였다. 지주회사의 장점은 "권력과 자본으로부터의 독립, 공익과 공정성의 실현, 경영 투명성과 소유 경영의 분리를 강화하는 현실적 방안"(백혜영, 2008, p.127)이라는 데 있다. 그러나 SBS 입장에서도 가장 민감했던 문제 — 제1주주로서 태영의 다른 주주에 대한 지배권 확립이나 세습의 혐의를 부른 상속 문제 등 — 를 해결했고 지주 회사(SBS홀딩스)에 대한 규제가 방송법에 없는 이유 등으로 오히려 기대보다 더 많은 것을 얻은 계기가 된 것으로 보인다. 이를 가장 단적으로 보여 주는 예는 홀딩스(곧, 지배 주주인 태영)의 지분율이 낮은 SBS 본사의 이익은 감소한 반면, 지분율이 높은 계열사의 이익은 크게 증가해 SBS의 부

390 물론 '공영 방송' MBC가 고작 그 정도 차이밖에 없다는 점은 매우 놀랄 일이 아닐 수 없다. 이의 함의는 세 가지로 읽을 수 있는데, 첫째는 MBC 역시 구체적인 운영 면에서는 상업 방송임에 틀림없다는 점이고, 둘째는 반대로 지상파 방송에 대한 한국적 규제의 틀 때문에 아무리 SBS라 하더라도 크게 모가 나기는 어렵다는 점이다. 나머지가 가장 중요하지만 아마도 노조위원장 출신 사장이라는 점 때문에 굳이 언급하지 않았을 수도 있는 것으로 결정적인 차이인 MBC의 노조의 존재이다. 어찌 보면 〈PD수첩〉과 촛불시위 이래 이명박 정부와 김재철 사장이 한 것은 오로지 노조의 파괴뿐이었다 해도 과언이 아니다.

가가치가 바깥으로 빠져나간다는 점이다. 독립 경영도 그렇게 잘 충족된 것처럼 보이지 않는다(원용진 외, 2010).[391] 이를 막기 위해서는 지주 회사에 대한 규제가 필요하지만 지금의 시대적 분위기로 미루어 쉽게 될 것 같지는 않다.

지금의 SBS 위치는 규제와 특권을 같이 받는 지상파 방송 네트워크의 일원으로, 일부 외주를 제외하면 거의 전 프로그램을 자체 제작하는 제작 센터로, 케이블 TV 등의 PP를 포함해 여러 채널을 소유한 기업 그룹의 중심으로 존재한다. 유료 채널이 수없이 생긴 지금 시점에서 SBS는 단기적 이윤에 급급한 군소 방송보다는 아마도 공영 방송인 KBS 쪽에 그래도 좀 더 가까운 상업 방송일 것으로 판단된다. 최근 들어서는 편성이나 프로그램에서도 비교적 사익적 상업 방송과 공익적 지상파 방송 사이를 균형 있게 결합시키고 있는 것으로 보인다.[392] 최근에는 심지어 KBS보다 공정하다는 평가도 보인다.[393] 그러나 시청자들이 상업 방송에 바라는 가치들 — 예를 들어 소유와 경영의 진정한 분리, 정치권력으로부터 독립적인 보도 태도, 시장의 질을 높이는 보다 획기적인 투자, 같은 값이라도 시청자의 복지를 높이는 효율적 운영, 관행과 상투常套를 극복하는 벤처적 혁신과 시장적 실험 등 — 이 과연

391 예컨대 2010년 11월에 전국언론노동조합 SBS본부가 실시한 조합원 설문 조사에서 응답자의 89.5%(586명)는 대주주로부터 SBS의 독립 경영이 보장되고 있지 않고, 95.6%(626명)가 '지주회사 전환 이후 SBS의 부가가치가 타 계열사로 이전되고 있다'고 응답했다(〈미디어스〉, 2010. 11. 10).

392 이런 판단에는 이명박 정부 들어 KBS, MBC의 보도 성향이 눈에 띄게 보수화된 점도 한몫 했다. 아무래도 달라지지 않은 SBS가 눈에 띄기 때문이다(다음의 주 393 참조). 상업 방송에 가장 우려되는 것이 모기업이나 자신이 속한 기업군을 지키는 '기함flagship' 노릇을 하는 것(Murdock & Golding, 1977)이므로 SBS가 상대적으로 나은 점이 있기는 하다.

393 2012년의 언론학자 483명의 평가(미디어미래연구소; 강형철, 2013에서 재인용)에서 SBS는 KBS보다 공정성에서 우위에 있었고, 박석운 한국진보연대 공동 대표 또한 그런 언급을 한 적이 있다(박석운, 2013). KBS로서는 참을 수 없는 굴욕이다.

SBS에서 구현되고 있는지는 의문이다.

뉴 미디어의 창궐과 정치화된 종편의 등장 케이블 TV와 위성 방송, DMB, IPTV, 각종 OTT, 스마트 기기 등 2000년대 들어 한국은 각종 뉴 미디어들의 전시장이 된다. 과거의 TV나 컬러텔레비전을 비롯해 케이블 TV와 위성 방송 등은 세계적 시간에 비해 지체되었지만, 다른 뉴 미디어들은 IT 산업의 융성과 더불어 거의 실시간으로 개발·도입되었다. 그러나 이 과정은 '난개발'에 비유될 정도로 그저 업계적 수요만을 앞세운 것이라서 가뜩이나 취약했던 방송의 공적 기반은 더욱 악화된다(전규찬, 2006).

물론 당초부터 그렇게 된 것은 아니다. 비단 케이블 TV만 하더라도 처음에는 PP의 장르적 분할과 경쟁, SO의 지역적 프랜차이즈, 겸영이나 합병의 금지, 외자의 제한, 다채널에 어울리는 전문 편성 등 공적 성격도 상당히 가진 정책적 설계 속에서 출발했다. 그러나 예기치 않은 IMF 위기와 기존 중계 유선이라는 복병을 만나면서 2000년대 초반까지만 해도 '실패했다'는 비판적 평가가 많았다. 이즈음에 케이블 TV는 정착의 1차 관문이라고 볼 수 있는 임계 가입자 수critical mass 150만을 확보하지만 도입 초기의 구상은 대부분 바뀌거나 포기되었기 때문이다. 특히 절대적인 재원을 홈쇼핑에서 얻은 것이 그러하다.[394]

이러한 정책 실패와 시장 왜곡은 주류 신문들이 방송으로 진출한 이른바 '종편'(종합 편성 채널)에서 절정을 이룬다. 2008년 미디어법이 제정되면서

394 케이블 TV는 대체로 1999년의 재구조화(종합유선방송법의 개정, 파격적 요금 할인) 이후 가입 가구 수가 150만이 된 2000년쯤에 임계 가입자를 확보했고, 완전히 보편화된 시기는 SO와 RO(중계 유선)의 구분이 무의미해진 것은 2003년부터라고 볼 수 있다(손창용·여현철, 2003 참소). 나는 이런 전체적인 판단을 부경대 이상기 교수와의 이메일 대화에서 얻었다. 물론 2000년 초기의 실패 판단은 '세간의 것'을 내 나름대로 해석한 것이다.

그간에는 막혀있던 신문의 이종 미디어 장벽이 해제된 것이다. IMF와 IT 버블, 인터넷의 급속한 보급을 거치면서 종이 신문의 위기는 눈앞의 현실이 되었다. 신문의 돌파구는 다른 나라에서 보다시피 저널리즘적 장점을 살리는 업종의 다양화였다. 그러나 한국 신문은 누가 봐도 전형적인 정치 병행이라고 할 만큼 정치화되었고, 세력 균형 면에서는 시장 점유 1, 2, 3위가 모두 하나의 목소리를 내는 우파 편향적 성격을 띠었다. 한 비유가 적절히 보여 주듯 이들은 게임을 원활히 진행하고 승패를 가려주는 '심판'이라기보다는 심판의 외양을 갖지만 실제는 경기장에서 뛰는 '선수들,' 곧 정치인이나 다름없다(강명구, 2004). 따라서 이런 신문에 영역을 확대시켜 주는 것은 사실상 이들이 대표하는 정치 세력을 지원하는 의미가 있다.

이런 정치 산술이 너무 확연해서 신문과 갈등이 심했던 노무현 정부 시절에는 엄두도 내지 못한 방송 진출이 이명박 정부가 되어서는 일종의 '보은'이 되어 돌아온 것이다. 그러나 정부와 주류 신문 사이의 이런 후견주의적 거래는 단순히 이익의 수수 외에 여러 '비가역적'인 유산을 남기게 된다. 가장 큰 것으로는 한국의 방송판·미디어장 전체가 더욱 확실하게 신문이 내는 정치화의 파열음 속에 지배되고, 기왕의 시장화 역시 가속되어 저널리즘이나 공영 방송이 일반적으로 추구하는 미덕을 찾아보기 힘든 혼란상이 연출된다는 점이다.

2000년대 중반까지 한국의 방송 시장은 답보 상태에 있었다. 지상파 방송이 활력을 잃었고 유료 방송들도 치열한 경쟁과 저가 정책의 고착 등으로 수익성이 크게 악화되었다. 이런 와중에서 정책이 선택할 수 있는 길은 크게 두 가지였다. 하나는 '공적인 것을 강화하는 길'로 공영 방송의 사회적 신뢰를 높이고 수신료를 인상함으로써 공영 방송에서부터 선순환을 만들어 내면서 이를 '적하시키는trickle down' 방법과 다른 하나는 이와 반대되는 '시장적인 길'로 종합 편성 채널같이 특혜와 규제가 있는 영역을 개방해 신규 투자를 유도하는 방식으로 산업 활성화를 도모하는 것이다. 노무현 정부가 택한 것은 전자에 가까운 것이지만 실패로 끝나고 말았고, 이명박 정부가 택한 것은 지금까지 여론 독점의 문제로 묶여 있던 주류 신문에게 종편을 개방해 정치적 이익까지 극대화할 수 있는 후자였다. 이로써 한국의 방송은 '정치 산업'임이 다시 한 번 증명되었다. 종편의 등장으로 인해 2010년에 KBS가 했던 두 번째 수신료 인상 시도는 결국 실패로 돌아갔다(앞의 수신료 부분 참조).

정치적 이유 때문에 서둘러 개국한 종편은 첫 해인 2012년에 1%가 채 안 되는 '애국가 시청률'과 무려 절반에 가까운 재방송, 계획의 47.4%에 불과한 투자액 등 최악의 실적을 보여 준다(《경향신문》, 2013. 7. 10). 이로써 '글로벌화'니 '명품 TV'이니 '2만 명 고용 창출'이니 했던, 당시 종편이 허가를 얻기 위해 내세운 구호들은 아무런 객관적 근거도 주체적 의지도 없음이 확인되었다.[395] 시장의 사정과는 관계없이 네 개를 허용한 것만 보아도 정책적 합리성은 아랑곳하지 않고 정치적 이익만 무한정 챙기겠다는 얄팍한 정치 상술이다.

그러나 종편은 2012년의 대선을 통해 미국의 '폭스 TV'처럼 자신이 원하는 방향으로 '편향화 전략'[396]을 쓸 수 있음은 확실하게 보여 주었다.[397] 편

395 최근 약간 올라간 시청률이나 매출액으로는 이런 판단을 전혀 바꿀 수 없다.

396 이른바 '폭스화foxification'의 일종이다. 폭스화란 말 그대로 '폭스처럼 되는 것'이다. 폭스는 객관성과 균형이 중시되는 미국의 뉴스 시장에서 선정주의와 타블로이드 스타일, 사실에 앞선 추측, 정파적 편향성으로 성공했다(Cushion & Lewis, 2009). 이라크 전쟁 당시 다른 네트워크 뉴스들이 2.2%에서 4.5%의 미약한 정도로 전쟁을 옹호한데 비해 폭스는 무려 37.9%나 편향성에 투여했다. 아랍의 언론인 알자지라조차도 불과 10.6% 정도만 전쟁 비판에 할애했다(Cushion, 2012). 폭스화는 머독과 부시 정부 사이가 보여 주는 것처럼 소유 주체와 내용, 규제 당국 사이에 긴밀한 관계를 전제하는데(Cushion & Lewis, 2009), 종편과 이명박 정부 역시 이에 적확하게 어울린다. 최근 홍성일(2014)은 이런 편향화를 충성도 높은 고정적 시청자의 확보를 위한 '1% 목적 효과'로 보는데, 나 역시 이에 동의한다. 다만 가리키는 용어는 신문의 '페니 프레스'보다는 1980년대에 대중적 서널리즘이 성행한 미국의 케이블 TV를 부르는 '타블로이드 TV'(Glynn, 1997)가 더 좋지 않은가 한다. 종편이야말로 뉴스와 시사 평론을 상품으로 하는 전

향화는 이들의 모기업인 신문에게는 새로운 것이 아니다. 2000년대 중반 노무현 정부와 대각에 선 신문들은 노년층·보수층에 국한된 주 독자층의 협소화와 뉴 미디어의 새로운 수용층(인터넷/네티즌)의 급격한 증가라는 구조적 변화에 대응해 주 독자층과 더 긴밀히 호응하는 '소수화' 전략을 택했다. 여기서 '소수화'의 의미는 신문이 영향력이나 자원 동원력 같은 힘 차원에서 강자의 지위를 잃었다는 뜻이 아니라 스스로 전체를 대표하기를 포기하고 특정 이념이나 세력을 지지하면서 갈등 지향·보수 편향적 전략을 택했다는 뜻이다.[398] 이런 신문의 향배는 정치적으로 매우 심각한 문제를 낳는다. 왜냐하면 한국 같은 다수제 체제에서는 어떤 당이든 일단 집권하게 되면 국가 전체를 대표하기 위해 노력해야 되는데[399](Lijpart, 1999), 이를 편향화된 신문이 가로막

형적인 타블로이드 TV이다. 최근의 문제는 시장의 파편화로 지상파 방송조차 타블로이드 TV의 시청률과 차이가 없어져가고, 50대 이상이라는 주 시장에서 종편과 경쟁하고 있다는 점이다. 종편이 거꾸로 지상파에 영향을 미칠 수 있는 가능성이 높아지고 있다.

397 당시 항간에 흘러 다녔던, 종편이 이른바 '보수 측의 나꼼수'였다는 말이 담은 함의가 그것이다.

398 이재경(2008)이 '갈등 유발형'이라 불렀던 것을 내 나름으로 재해석한 것이다. 이재경은 이를 한국의 모든 언론의 특징으로 간주했지만 나는 초점을 좀 더 주류 신문에 맞추고자 한다(조항제, 2012c). 왜냐하면 원인으로 제시된 '보수와 진보로 양분된 독자의 정서'나 '사주의 정치적 성향,' '언론인의 정치적 욕구' 등이 모두 주류 신문에 잘 어울리기 때문이다. 언론을 신문에 국한시켜 볼 때, 현재 신문의 독자는 대부분 장·노년층이고, 이 신문들이야말로 사주가 분명하고 확실하게 경영에 개입하며, 정치에 진출한 언론인 역시 대부분 이들 출신이다.

399 양당제하의 정당이나 독과점 속에 있는 신문 또한 이런 정부와 비슷하다. 미국의 언론이 그래도 공식적 관점이라면 모두 포용하려 하는 '내적 다원주의'를 추구하는 것도 이런 정치·시장 구조와 밀접한 연관이 있다. 그러나 지금의 한국에서 신문은 극단적인 편향과 정치 병행성 속에 있으며 이제 언론은 '나를 믿어라, 내가 전문가이다'가 아니라 '나를 믿어라, 나는 너희 편이다"라고 말하며, 독자는 정보를 정보 자체가 아니라 '출처가 누구냐,' '어떤 미디어에 나왔냐'에 따라 믿고 안 믿는 게 달라진다. 이를 웨이스보드(Waisbord, 2006)는 라틴아메리카의 예를 들어 '적대적 미디어 신드롬'이라고 말한다.

기 때문이다. 그렇게 정부의 정책이 지지자 위주로 협소해지면 반대편과 '소통 부재'의 상황에 몰리게 되면서 갈등이 끊이지 않게 된다.

편향화의 신문과 정부가 있는 곳에서 공영 방송의 입지는 더욱 좁아질 수밖에 없다. 그나마 수신료만 인상할 수 있다면 충분까지는 아니라도 버틸 만은 한데, 문제는 그 조건 중 하나인 공정성의 개선이 정치에 막혀 무망하다는 점에 있다. 사실 종편을 비롯한 외인外因은 그렇게 중요하지 않을 수도 있다. 지금의 한국 시장은 충분한 선택도, 표현의 자유도 보장하지 못한 채 확실하게 실패하고 있기 때문이다. 공영 방송이라도 내부를 잘 정리해 지금보다 신뢰를 높이지 않으면 안 되는 것이다.

(4) KBS의 차별화 필요성

제작비 비중의 증가와 정체 KBS는 전 역사에 걸쳐 자신을 창조적 제작 조직으로 만들기 위해 끊임없이 노력해 왔다. 언제나 명분은 프로그램의 고품질화와 관료제의 극복이었다. 그러나 1990년대 이전까지만 해도 조직의 변환은 슬로건과는 반대로 더 많은 저해를 낳았다. 예를 들어 본격적인 공영 방송을 위해 프로그램을 대형화시킨 5공하의 방송이 오히려 무분별하게 인원을 특채해 제작외 비용을 더 많이 들게 한 경우 같은 것을 말한다. 이 점은 민주화가 되고 경쟁이 치열해지면서, 구체적으로 말해 조직의 자율성이 커지고 프로그램(제작)의 전략성이 강조되면서 점차 극복되기 시작했다. 특히 정치적 기회와 경제적 위기가 중첩된 IMF 이후 방송의 자율성과 경쟁의 수위는 동반으로 상승했다.

경쟁은 제작비를 자극해 2000년대 들어 지상파 방송 3사의 제작비 비중은 계속 높아졌다. 전혜선(2009)에 따르면, KBS의 매출액 대비 제작비의 비율(기업 회계 기준)은 특히 2003년과 2004년 사이에 47.37%에서 54.23%로 획기적으로 증가한다. 이는 단순 산술로 6.86%의 증가이고 증가율로는

14.49%에 이른다. 다른 비용에서 큰 감소 요인이 있지 않은 한, 어찌 보면 매우 무리하게 올린 수치인 것이다. 이를 증명하듯 2004년에 KBS는 큰 적자(-638억 원)를 보게 된다. MBC와 SBS도 KBS를 따라 제작비 비중을 올려 각각 61.28%에서 66.79%, 58.60%에서 68.13%로 상승시킨다. 이후에도 대체로 이 비중이 유지되는 것을 보면, 이때가 변곡점이 되었음을 알 수 있다. 당시 KBS의 제작 드라이브는 방송 구도 전체에 상당한 선순환적 영향을 미친 것이다.[400]

이때의 KBS를 바라보는 시각은 다양할 수 있다. 그러나 이때만큼 프로그램에 대한 제작진의 높은 열정과 조직의 획기적 투자, 제작 자율성의 보장, 주변의 높은 인정 등이 잘 어우러졌다는 데 이견이 있기는 어려울 것이다. KBS의 역사에서 찾는다면, 수신료가 전기료에 병산되면서 수신료 수입이 획기적으로 오르고, 간판 프로그램인 '3대 스페셜'이 만들어지는 등 르네상스로 불렸던 1994년 즈음이 비견될 수 있지 않을까 한다. 2004년 즈음에 KBS는 〈스펀지〉나 〈비타민〉 같은 새로운 형식의 인포테인먼트, 〈미안하다 사랑한다〉, 〈해신〉 등의 웰 메이드 드라마, 〈KBS 스페셜〉을 비롯한 질 높은 다큐멘터리를 만들었다.

그러나 KBS의 제작비는 2008년 금융 위기 이후 경제가 침체되면서 광고 매출이 부진해지자 등락을 거듭한다. 표 48에 나타난 바대로 인건비를 제외한 직접 제작비의 경우, 2007년도에 3154억 원으로 정점을 찍은 이후 2009년에는 금융 위기의 여파로 2449억 원으로까지 떨어졌다가 2011년도 들어 다소 회복해 3082억 원이 된다. TV 부문의 전체 사업 수익에서 제작비

400 물론 KBS의 제작비 비중은 다른 방송에 비해 훨씬 낮다. 그러나 KBS처럼 상대적으로 많은 매체와 채널을 거느리고 있는 방송에서, 달리 말해 기초 운영비의 비중이 매우 높은 조직에서 이 비중은 쉽게 높아지기 어렵다. 수신료 부분에서도 이 점은 지적했다.

표 48. 지상파 방송 3사의 사업 수익 대비 직접 제작비 비율(2008~2011)

단위: 억 원, %

구분		2008	2009	2010	2011
KBS	사업 수익	10,501	10,531	13,340	13,701
	제작비	3,126	2,449	2,861	3,082
	비중	29.8	23.3	21.4	22.5
MBC(서울)	사업 수익	6,471	5,677	6,569	7,759
	제작비	2,004	1,631	1,790	2,294
	비중	31.0	28.7	27.2	29.6
SBS	사업 수익	5,153	5,092	6,283	6,638
	제작비	2,382	2,009	3,631	3,063
	비중	46.2	39.5	57.8	46.1

출처: 정용찬 외(2012b).

가 차지하는 비중은 2008년 29.8%에서 2011년에는 22.5%로 감소된다.[401] 같은 기간에 MBC(서울)가 31.0%에서 29.6%로 거의 변화가 없고, SBS 역시 46.2%에서 46.1%로 마찬가지라는 점을 고려해 보면 KBS만 현저하게 제작 비중이 악영향을 받고 있음을 알 수 있다. 만약 KBS가 프로그램의 품질을 통해 차별화를 얻고 싶다면 이런 낮은 제작비의 비중부터 하루빨리 올리지 않으면 안 된다.

401 물론 이 점은 당시 사장의 불법 교체와 직접 관련이 있다. 대체로 정연주 이후의 사장들은 정연주 체제를 부정하면서 정연주가 남긴 좋은 유산조차 송두리째 부정한다. 앞서 후견주의 부분에서 언급한 내로 KBS 라인 사상들의 정치 종속성의 발로이고, 방송 전문성의 존재론적 자기 파괴이다.

조직의 개편과 실패 2004년 KBS가 팀제를 도입해 조직을 개편한 공식적인 명분은 일 중심, 현장 중심의 조직을 만든다는 것이었다. 시작은 차장 승진 제도가 까다로워진데 대한 사원들의 불만을 해소하기 위해서였다. 사원보다 간부가 더 많아 내외의 지탄을 받았던 '항아리형' 인력 구조 때문에 차장의 수가 더 이상 늘어나면 곤란했다(박인규, 2004). 간부 문제를 풀기 위해서는 인력 구조 전체에 손을 대야 했지만, 워낙 민감해서 많은 준비가 있지 않으면 안 되는 어려운 일이었다.

그러나 이미 KBS에는 2003년의 결산 승인안이 국회에서 부결되는 등 주변의 압력이 거세지고 있었다. 개혁으로 상징되는 노무현 정부의 기치에도 동참해야 했다. 공영 방송의 비효율과 도덕적 해이를 꾸준하게 비판해왔던 시민사회 역시 압력을 주기로는 마찬가지였다. 같은 인력 적체와 비대화 문제를 안고 있던 유럽 공영 방송의 대처도 무시할 수 없었다. 앞서도 지적한 대로 공영 방송이 '제3의 길'을 개척하는 방식은 톰슨 사장 때의 BBC에서 극명하게 드러난 바대로 '인건비↓ 제작비↑,' '조직 관리비↓ 창의적 비용↑'의 흐름이었다. KBS의 조직 개편은 이런 가운데 취해졌다. 단순히 어느 한 사람의 정책이 아니라 방송 내외의 글로벌한 차원과 국가 정책, 방송 내부의 문제들이 모두 합쳐져서 나타난 산물이었다.

개편의 내용은 그간 30년 동안 운영되어 왔던 국·부장 같은 간부직을 없애고 결재 라인을 '팀원-팀장-본부장/센터장'으로 간소화시키면서 직책수당 같은 조직의 운영 비용을 제작비로 재투자하겠다는 것이었다. 이로써 1121명에 달하던 간부직은 180명으로 대폭 줄었고, 의사 결정이 신속해졌으며, 제작 현장의 자율성이 크게 커졌다. 앞서 언급한 KBS 제작비의 선순환은 이런 조직 개편의 주 효과 중 하나였다. 그러나 지금 KBS는 완전히 과거의 국·부제로 돌아갔다. 회귀의 가장 큰 이유는 정치성 때문이었다. 정권이 바뀌고 정연주 사장이 퇴진하면서 당시의 조직 개편조차 부정된 것이다. 물론 내부적으로는 개편에 대한 불만 세력이 팀제 철폐를 강하게 주장했기 때문이다.

팀제는 그렇게 새로운 것이 아니었다. 다른 업종에서는 도입한지 이미 꽤 되었고, 방송 조직에서도 이와 유사한 책임 프로듀서 제도 같은 것이 있었다. 장단점의 검토도 끝났고 우려 역시 익히 알고 있는 것이었다.[402] 그러나 팀제는 간부직을 줄이는 일이라서 무엇보다도 해당 사원층의 동의가 선결 조건이었다. 더구나 대상은 무사안일의 관료 조직이었다가 IMF 위기를 갓 지나면서 일부 직종이 아웃소싱되는 등 고용 불안에 대한 공포가 잔뜩 높아진 방송 '직업인'들의 조직인 KBS였다.[403]

그러나 팀제는 과도기를 고려하지 않은 채, 또 개혁의 '피로'를 감안하지 못한 채 처음부터 '최대주의'를 지향함으로써 예상된 역효과를 모두 불렀다. 특정 직종(PD)과 일부 젊은 층 위주의 드라이브 역시 고연령층과 다른 직종들의 반발을 빠르게 확산시켰다(엄민형, 2012). 따라서 간부·기술직·고연령층

402 예컨대 당시 KBS 프로듀서 출신 박인규는 다음과 같이 말했다. "팀제가 가져온 신속한 의사 결정은 정확함을 수반할 때 의미가 있고, 자율성 증대도 프로듀서가 일정한 제작 능력을 갖추고 있을 때 가치가 있다"(박인규, 2004b, p.133). 정확함에 필요한 게이트키핑과 자율성에 걸맞은 능력이 동반되지 않는다면 팀제는 성공을 자신할 수 없다는 것이다. 당시 팀제의 제반 내용에 대해서는 KBS(2005)를 참조할 수 있다.

403 IMF 직후 방송사들은 일제히 구조 조정을 단행했는데, KBS는 6개 본부 체제를 정비하고 16개 국실 및 19개 부서를 축소하는 등 제작 시스템을 슬림화했고 382명(전 직원의 6.3%)을 퇴출했다. MBC는 26개국을 15개국(42%)으로, 지방사도 34.8%를 각각 축소하고 세 차례에 걸친 명예퇴직을 통해 본사 352명(21%), 지방사 812명(29.4%)을 내보냈다. SBS는 210명의 퇴사와 영상·미술·기술 분야의 분사分社를 통해 비효율성과 고비용 구조를 개선했다(오명환, 1999). 전체적으로 볼 때, 방송 4사는 IMF 때를 전후해 인력이 12,741명에서 10,165명으로 20% 정도 감소했다(한국방송영상산업진흥원, 2001). 이전까지는 늘 소폭이라도 상승해 왔으므로 이의 여파는 매우 컸다. KBS의 감축 규모가 상대적으로 적은 것 같지만, 구조 조정이 끼친 심리적 공포는 인력 구조가 방만하다고 알려진 만큼 오히려 더 컸다고 볼 수도 있다.

등은 이 조직 개편에 반대했고, 내부 정치를 동원해 가장 먼저 일인 일표가 평등하게 적용되는 노조부터 바꾸어 놓았다(이에 대해서는 후술된다). 비슷한 시기에 BBC의 다이크 사장이 개혁을 시도하려 했을 때, 경영위원회가 반대하며 들었던 '변화의 피로'에 따른 조직의 반발이 실감나는 대목이었다.[404]

물론 조직 개편 자체가 가져온 긍정적 효과, 예를 들어 자율성의 확대에 따른 다양성의 보장, 관료제의 탈피, 실험적 창조 정신의 고양 등에 대해서는 불만 세력조차 이견이 없었다(김동규 외, 2012). 문제는 이러한 개편이 큰 불만을 낳았고 노무현 정부의 정책 전반에 대한 반발과 결합하면서 보수 야당이 재집권한 다음 대의 정책 방향을 미리 결정했다는 점이다. '관리적 효율성'을 선택한 이들에게 팀제는 더 이상 자율성과 실험성, 창의성 같은 가치가 아니라 규율과 게이트키핑, 팀 간 소통, 전사적 통합을 저해하는 단점의 집합체 같은 것에 불과했다.[405] 표 49는 팀제 개편 이후 KBS의 조직 체계 변화 과정을 요약한 것으로 효율성과 관리가 다시 강화되면서 자율성과 유연성은 약화되는 모습을 잘 보여 준다.

404 당시 경영위원회는 외부 컨설턴트가 주도하는 이전 버트식의 개편이 BBC의 내부 문화에는 어울리지 않는 것이어서 구성원의 자발적 동의를 얻어 내지 못했다는 점을 일깨워 주었다. 이런 일리 있는 조언에 다이크는 최대한 개혁의 속도를 조절하려 애쓰게 된다(Spindler & Van den Brul, 2003). BBC와 KBS의 큰 차이는 BBC가 다이크의 불명예 퇴진 이후에도 이런 정신을 이어간데 비해 KBS는 완전히 가역可逆해서 이전으로 돌아갔다는 점이다.

405 기술직 18년차 차장은 이 개편에 반발했던 이유를 상당 부분 정당화해서 다음과 같이 말한다. "조직 개편은 조직 구성원들의 문제의식에 대한 합의로 출발해야 함에도, 구성원 각자의 이해관계나 사장 1인의 집중된 권한, 정치적 외압 등에 의해서 추진되는 경향이 많았습니다. 이로 인해 과거 성과가 다음 조직 개편에서 이어질 수가 없고, 자율성과 효율성 모두 중요한 가치지만 어느 한쪽만을 일방적으로 선택해서 서둘러 취해야 하는 상황에 내몰리는 경우가 많았죠. 이제 다시 원점입니다"(김동규 외, 2012, p.86).

표 49. KBS의 조직 체계 변화 과정(2004~현재)

구분	팀제 (2004. 8~2008. 12)	국·팀제 (2009. 1~2010. 5)	국·부제 (2010. 6~현재)
경영 목표	국민과 함께 하는 KBS(2004)	공정, 공익, 공영(2009)	희망 2010, 시청자와 함께 (2010)
개편 목적	일, 현장 중심 조직 운영	조직 효율성 제고	조직 관리 기능 강화
특징	팀별 자율성과 책임 보장, 국장·부장·차장 제도 폐지로 간부직 대폭 축소	중간 관리 기능 강화 (국장/주간직 신설)	팀제에서 약화된 조직 관리 기능 강화
장점	의사 결정 단계 축소, 팀 내 의사소통 확대	수평적 통합 조정 기능 강화, 게이트키핑 강화	전사적 목표 조정 기능 강화, 게이트키핑 강화
단점	기존 간부 사원 동기 부여 미흡, 팀 간 의사소통 감소	의사 결정 단계 확대	자율성 약화, 유연성 결여의 분사 결정 지연
사장	정연주	이병순	김인규
취임 시점	2003. 4	2008. 8	2009. 11

출처: 김동규 외(2012, p.87)를 일부 표현 수정.

비대화와 효율 여기에서 두 가지 따로 살펴볼 필요가 있는 것이 있다. 이런 개편의 이면에 뿌리 깊게 자리하고 있는 조직의 '비대화'와 대규모 조직이라면 필수불가결한 관료제 문제이다. 비대화와 비효율 문제는 그간 KBS에 쏟아진 수많은 비판 중에서 가장 많았던 것이다. '지원 인력의 과다'(반대로 제작 인력의 상대적 과소), '간부진의 비대화,' 이 결과로 '높은 인건비 비중' 등을 단골 품목으로 하는 이 비판(권호영, 2012)은 그러나 수신료 부분에서 살펴본 대로 자명한 사실이라기보다는 의외로 정치적 공세가 담긴 상당히 논쟁적인 것이다. 즉 1980년대 통폐합과 올림픽 방송 등의 무분별한 팽창기를 지난 KBS 등이 1990년대 들어 구조 조정의 압력에 시달리게 된 데에는 나름의 근거가 있지만, 인원을 크게 감축시킨 IMF 때를 거치고 난 2000년대 후반에 이르기까지 이전과 자구字句조차 달라지지 않은 비판이 반복되는 것은 다소는 과장된 측면이 있다는 것이다.

예컨대, 비용 구조에서 인건비와 제작비를 서로 비교해 인건비의 비중이 높다고 하는 비판의 경우, 지역국도 모두 하나의 조직인 KBS는 '회사 전체'를, MBC나 SBS는 '서울 본사'만 대상으로 비교한다. 그러나 주지하다시피 지역국은 어느 방송이나 인건비에 비해 제작비가 현저하게 낮으므로 이런 비교는 KBS에 상당히 불공평한 것이다. 2011년을 기준으로 볼 때, 서울 본사에서는 3215명이 5678억 원의 제작비를 썼음에 비해 지역국은 1621명이 고작 281억 원만 썼다.[406] 그러므로 이런 비판은 KBS에 비합리적·정치적 공격을 하겠다는 것과 마찬가지이다. 만약 합리적으로 한다면, MBC나 SBS 역시 지역 MBC나 지역 민방을 모두 합산해야 하며, 운영하는 매체에 따른 기본 인건비도 감안해야 한다. 그렇게 한다면 적어도 이와는 다른 통계를 얻을 수 있을 것이다.

인건비나 제작비 같은 비용 유목을 국내 상업 방송(특히 SBS)이나 외국의 공영 방송(BBC, NHK)과 산정 방식의 차이점에 대한 충분한 고려 없이 일괄로 비교하는 것의 적절성 여부도 재검토해 봐야 한다. 사실 방송에서는 내부 인력을 어떻게 운용하느냐에 따라 인력·비용 구조가 얼마든지 달라질 수 있다. 또 '제작'이니 '지원'이니 하는 인력의 성격 비교도 마찬가지이다. 흔히 지원 인력이 많으면 비효율적인 조직인 것처럼 보이지만, 이럴 때는 거느리는 매체 수에 따라 소요되는 인력의 절대 수도 같이 감안해야 한다. 이런 변수들을 도외시하면서 지원 인력만 많다고 하는 것은 별반 설득력이 없는 것이다. 여기에 더해 과연 '필요 인력은 어느 정도인가'에 대한 적정 모델이 있는가도 반문해 볼 필요가 있다. 가장 모범적이라는 BBC조차 이런 비판에서

406 물론 여기에는 제작 기능이 거의 없는 KBS 지역 방송의 슬픈 현실이 들어 있어 이 자체가 KBS의 문제이기는 하지만 논리적으로 볼 때는 형평성에서 문제가 있다.

자유롭지 않기 때문이다(Collins, 2003).

물론 그렇다 하더라도 이른바 인력의 조기 탈현장화나 '톱 헤비top heavy,' 복지비의 남용 같은 도덕적 해이 현상이 지금의 KBS에 없다고 말할 수는 전혀 없다.[407] 또 비용 통제나 구조 조정 문제 등에서 BBC나 NHK를 비롯한 다른 공영 방송이 보여 준 높은 성과[408]에 KBS가 못 미치고 있다는 지적 역시 결코 틀리지 않다. 그런 면에서 적정한 규모를 유지하는 좀 더 정교한 인력 운용 계획은 KBS에 반드시 필요하다.

조직의 적정화와 효율화, 제작비의 증가와 질의 제고는 21세기의 공영 방송이라면 지향하지 않으면 안 되는 필수적 방향성이다. KBS의 2004년 같은 팀제 조직 개편은 결국 현실에서는 실패로 끝났다. '개편의 정치화'나 '노조의 보수화' 같은 예기치 않은 후유증을 남기면서 결국 처음의 국부제로 돌아와 버렸다. 그러나 한 가지 분명한 것은 미래적인 방송 조직의 개편 방향은 반드시 이때가 목표한 '제작 중심,' '상향적 의사 결정,' '유연한 운영' 등이 되어야 한다는 점이다.

관료제와 창의성 창의성이 중요한 주제가 되면서 이를 가로막는다고 알려진 관료제 역시 같은 관심도로 자주 언급된다. 국영의 경험에 상대

407 KBS의 경우 고위 직급이 다수를 차지하는 항아리형 구조를 보이는데, 이는 잘 알려져 있다시피 1987년에 대량으로 뽑은 올림픽 요원의 존재 때문이다(권호영, 2012). 이들이 퇴직하는 때가 되면 이런 구조는 상당히 완화될 것으로 보인다. 물론 이보다 심각한 문제는 '연공 → 높은 직급 → 간부화'의 관료제적 관성이 체질화되면서 낳는 도덕적 해이이다.

408 이의 대표 격은 버트나 톰슨 시대의 BBC고, 수신료거부운동을 만난 NHK다. 이보다는 훨씬 대대적이고 방어적인 수준이지만 그리스의 ERT나 스페인의 RTVE 역시 그러하다. 인건비의 삼축(삼냥)와 질 제고(제작비의 증가)는 어느 정도는 피할 수 없는, 불가피하게 만날 수밖에 없는 일종의 '짝'인 것이다.

적으로 많은 매체와 인력을 거느리는 KBS가 MBC나 SBS에 비해 더 관료적이라는 점은 이견의 여지가 없다. 그러나 관료제 문제 역시 그렇게 단순하지 만은 않다(Harris & Wegg-Prosser, 2007). 관료제의 특징은, 개개인의 작업이 분명하면서도 정례적인 의무로 분해되어 있고(전문화), 법규와 절차로 이루어진 공식주의에 따라야 하며(개인적 재량과 해석의 금지), 엄격하게 각급의 능력이 정해져 있는 위계제에 의해 통제되고, 급료와 승진에 따라 보상 체계가 결정되며, 경력에 따라 고용이 보장된다(Davis & Scase, 2000). 이런 특징만 놓고 보면 관료제가 그렇게 비판받을 구석이 있는 것 같지 않다. 그러나 관료제는, 특히 방송처럼 창의성이 강조되는 조직에서는 '무사안일,' '무책임,' '구태의연,' '관행화,' '획일주의,' '비밀주의' 등의 단점이 훨씬 더 많이 거론된다. 특히 관료제의 단점은 효율과 결과를 중시하는 시장주의가 득세하고 '새로운 공공 관리 체제'(NPM: New Public Management)가 도입되면서 더욱 부각되었다.

그러나 결론부터 말한다면 관료제는 '조절되어야 하는 것'이지 '없앨 수 있는 것'이 아니며, 관료제의 척결 같은 구호는 효율을 위한 추구 못지않게 정치적으로 더 많이 이용되었다는 점을 유념할 필요가 있다. 대표적인 예가 앞서도 검토한 바 있는 BBC의 존 버트 사장이다. 버트는 경쟁과 분권, 다원주의와 외적 책무성을 외치면서 신경영과 내부 시장을 도입했다. 그러나 그런 버트조차도 사실은 면허 갱신(1996)에 대비해 정치적 효과를 노린 BBC의 관료제가 선택한, 하나의 경영 유형에 불과하다는 지적이 많다(Harris & Wegg-Prosser, 2007). 관료제 자체는 쇠퇴하지 않았다는 뜻이다.

버트의 신경영이 민영화와 수신료 폐지라는 미증유의 압력에 효과적으로 대응해 수신료 인상과 면허의 경신을 이끌어 낸 것은 사실이다. 그러나 이러한 성과에 못지않게 부작용 또한 매우 많았다. 본(Born, 2003)에 따르면, 버트가 내세운 감사 제도 같은 투명성을 위한 수단은 민주화와 분권화를 통해 관료제를 유연하고 책임 있는 것으로 바꾸는 '제도적 성찰성institutional reflexivity'과는 완전히 딴판으로 작용했다. 즉 감사를 받는 업무 자체를 본업인 방송보다 우위에 놓게 만들고, 감사의 비용 또한 필요 이상으로 많으며, 방송의 여러 다양한 측면을 감사의 필요에 맞게 과잉 단순화시키는 등의 문제점이 있었던 것이다. 그중에서도 가장 큰 것은 역시 '내부적·자율'을 '외부적·타율'로 바꿈으로써 정작 중요한 자기 성찰 기능을 최소한으로 그치게 만드는 역효과였다. 그래서 앞서도 언급한 시장관료제라는 말이 나오는 것이다.[409]

기존 BBC 조직의 특징은 '권위주의와 방임주의의 조화'였다(Burns, 1977, p.217). 워낙 규모가 크므로 조직의 기본 구성과 운용은 관료주의를 따를 수밖에 없지만(권위주의), 창조적 기능을 위해서는 자율 또한 보장하지 않을 수 없다는 것이다(방임주의). 데이비스와 스케이스(Davis & Scase, 2000) 또한 번스를 따라 BBC 조직이 각 영역·부문 사이의 '연결과 조정'은 암묵적이면서 내재적인 형태로, 목적을 이루는 절차이자 수단인 '통제'는 명시적으로 이루어지는 '문화적 관료제' 유형으로 보았다. 이는 대부분의 공영 방송 조직이 어느 수준에서든 관료제와 창조적 조직 사이에서 혼합적·중간적 성격을 띨 수밖에 없으며, 방송의 창조성과 사고의 유연성을 위해서는 조직의 '보이는 것'보다 '보이지 않는 것'이 더 중요하다는 점을 말해 준다.

물론 그렇다 해서 보이는 효율성과 창조성을 강조하는 지금의 추세를 부정할 수만은 없다. 달라진 상황에서 시장은 말 그대로 '존재 조건'이 되어 버렸고, 시장에서 수신료는 경쟁 상대에게는 특권 이외의 것이 되기 어렵기 때

409 다음의 인용은 감사제의 역효과를 웅변으로 말해 준다. "'프로듀서 선택'의 숨 막히는 시장관료제는 BBC의 라디오 드라마 연출자/프로듀서에게는 편집용 면도날 하나를 사는 것조차도 정해진 결재 절차를 밟아야만 한다는 것을 의미한다. 기성의 작가에게 5000파운드 가치의 대본을 의뢰할 때나 1파운드에 불과한 비품 하나 주문할 때도 같은 분량의 서류 작업이 소모된다" (Tim Crook; MacDonald, 2004, p.57에서 재인용).

문이다. 관건은 경제적 기능을 일방적으로 강조하기보다 경제적 기능과 다른 기능이 어떻게 조화를 이루게 할 것인가, 다른 기능의 상대적 약화를 어떻게 보완해 균형을 잡을 것인가에 있다. '합리화의 가속/관료제의 유지'는 이율배반적인 것이 아니라 상호 보완적인 것이 될 수 있는 것이다. 이 점은 어떤 차원이든 현실에 존재하는 공영 방송은 혼합적 성격의 조직이 될 수밖에 없고, 필요한 덕목은 균형 감각이라는 점을 말해 준다.

처음 독점기 때의 방송이 제작 중심이라면, 2기인 시장기에는 제작에 더해 스케쥴링이나 마케팅, 배급을 포함한 넓은 의미의 편성 기능이 부각된다. 이 시기의 균형은 주로 제작과 편성, 제작과 배급 사이에서 이루어진다. 3기인 디지털 시대에는 제작 단위들이 탈중심적이고 유연하게 배치되는 형태가 되며, 경영 역시 세세한 규칙과 통제가 아니라 공통적 임무나 전체적인 목적, 기본적인 가치 같은 큰 가이드라인만 제시하고 자율성을 보장하는 형태가 된다. 이때는 얼마나 제작 단위 속에 이 가이드라인들이 잘 '내장embedded'되어 있느냐의 균형이 중요하다(Nissen, 2011). 조금 더 앞서 가는 조직도 있지만 대체로 KBS를 비롯해 대부분의 공영 방송 조직은 2기에 속해 있다. 특히 아일랜드의 RTE나 한국의 KBS처럼 시장 의존도가 높은 방송은 실험성이나 창조성보다는 수용자의 정형화된 기호에 구속되기 마련이다. 관료제는 이를 수단으로 자원을 통제하고 전략을 통합한다(Murray, 2013). 그러므로 관건은 편성(시장)이 창조성을 구속하는 정도나 광고에 대한 높은 의존도를 여하히 끌어내려 균형을 잡을 것인가에 있다.

보수당이 아닌 노동당 정부에서 임명되었고, 전임자인 버트를 비판하면서 BBC의 많은 부분을 바꾼 다이크(Dyke, 2004)였지만, 사실 다이크 역시 버트의 것을 대부분 이어받았다(Schlesinger, 2010). 다이크보다 구조 조정을 더 세게 밀어붙인 톰슨도 전체적 기조에서는 대동소이했다. 물론 여기에는 보수당과 유사해진, 노동당의 신노동당으로의 변화 같은 정치적 요인도 작용했다. 그러나 그보다는 21세기의 전체적인 흐름을 읽고 이에 대처하는 자세가 초당적이고 BBC적이었다는 데 연속성의 이유가 있지 않은가 한다.

논의의 무대를 KBS로 옮겨 오면, 2004년의 제작 중심을 강조했던 팀제는 2008년에 이르러 큰 단절을 겪으면서 관리적 효율성을 중시하던 과거로 돌아갔다. 이에 따라 명시적으로는 통제가 강해졌지만, 내재적으로는 오히려 퇴영적 구태와 관행화, 안일주의와 획일주의가 성행하게 되었다. 앞서의 해리스와 웨그-프로서의 논법대로 말한다면 '제작 위주의 관료제'가 '관리 위주의 관료제'로 바뀐 것이다. 그러나 이런 관료제는 제대로 된 반성을 오히려 방해하는 외부적·타율의 제도'주의'[410]를 조장하고, 게이트키핑같이 '과시적 통제'를 강조해 실험성이나 창조성을 추구하는 '보이지 않는 내밀의 의지'를 꺾어 버린다. 과시적 제도주의는 제작 단위들이 탈 중심적이고 유연하게 배치되어 각 단위들의 자율성이 보장되는 미래 방송에는 더욱 어울리지 않는 것이다.

프로그램의 혁신과 차별화 2009년까지의 편성을 기준으로 시청자들이 가장 공영 방송다운 프로그램이라고 꼽은 프로그램은 〈차마고도〉같이 전사全社적 노력을 기울인 다큐멘터리와 휴먼 다큐숍 〈인간극장〉, 대하드라마인 〈대조영〉과 서민적 드라마이면서 시청률도 높았던 〈대왕 세종〉, 〈엄마가 뿔났다〉 등이었다(강형철·심미선, 2009). 같은 맥락에서 〈이영돈 PD의 소비자 고발〉이나 〈생로병사의 비밀〉, 〈동행〉 같은 프로그램도 호평을 받았다. 〈비타민〉이나 〈위기탈출 넘버원〉 같은 프로그램은 단순히 재미만이 아니라

410 앞서의 제도적 성찰과 대조적으로 성찰이 '성찰을 위한 성찰,' '보여 주기 위한 과시적 성찰'로 선탁해 오히려 '반-성찰'에 가까워진다. 본(Born, 2003)은 1990년대 이후 BBC에서 성행한 감사 제도가 이런 '제도주의적 성찰'이라고 비판했다.

유익한 정보도 제공해줘 질과 대중성을 같이 잡은 경우로 인정받았다. 〈차마고도〉나 〈대왕 세종〉 등이 높은 제작비와 높은 품질을 겸비한 보다 전통적인 의미의 차별화라면, 〈인간극장〉 같은 다큐쇼이나 〈비타민〉, 〈위기탈출 넘버원〉 같은 인포테인먼트는 비교적 최근에 개발된 장르이다. 그러나 차별성이 이 정도에서 그친 것은 아무리 한국의 방송 체제가 공영 방송을 특화시키지 않는다고 해도 공영 방송의 '장년'(40년)의 역사가 부끄러운 결과이다. 특히 정치성이 강한 뉴스 장르가 꼽히지 못한 것은 다른 나라와 비교해 볼 때 KBS의 최대의 한계이다.

한국의 지상파 방송 뉴스들은 '1분 30초'라는 아이템당 시간을 비롯해 '인터뷰 사운드바이트 길이,' '취재원의 유형,' '화면 구성 방식' 등에서 모두 비슷한 포맷을 가진다(반현 · 홍원식, 2009).[411] KBS가 '보도 유형'이나 '취재원 수'에서 약간의 차별성을 가질 뿐이다. 이런 단편성은 같은 공영 방송인 BBC나 NHK 등에 비하면 말할 것도 없고 상업 방송인 미국의 ABC보다도 심한 편이다(이준웅 · 황유리, 2004). 30개가 넘는 꼭지를 스피디하게 전개하는 양상은 한국적 방송 뉴스의 표준으로 여기에 공영 방송과 상업 방송의 차이는 없다.

갈등 이슈를 다룰 때의 공정성에서는 오히려 MBC가 KBS보다 나아

411 이준웅 · 황유리(2004)는 KBS를 통해 한국형 방송 뉴스를 정형화했다. 이 정형은 한 아이템의 길이가 75초를 넘지 않고, 2개의 도입부 문장(앵커)과 약 7개의 리포팅 문장(기자)으로 이루어졌다. 내용에서는 정치 뉴스와 사건 뉴스가 많고, 구성에서는 심층성이 떨어지는 약점이 있다. 아마도 이 정형은 경쟁이 치열하게 벌어지는 가운데 인력은 절대적으로 부족하고, 전문성이 높지 않으면서도 현장에서 은퇴가 빠른 조직 문화에서 만들어진 일종의 '구조'로 볼 수 있다. 이준웅 등의 연구는 주목하지 않았지만 이 정형이 만들어지는 과정에는 정치권력을 비롯한 외부의 요인도 작용했을 것으로 보인다. 물론 최근에는 조금 바뀌어 길이도 조금 길어졌고 뉴스의 형태도 해석 기사가 늘어나는 등 다양화되었다(김영욱 외, 2012).

'기간 공영 방송'을 무색하게 했다.[412] 예를 들어 2009년 용산 참사에 대한 보도에서 MBC는 대립되는 양측 — 검·경찰과 피해자 유가족·시민단체 등 — 의 입장과 시각을 비교적 고루 대변한 반면 KBS와 SBS는 치안과 법질서 위주라는 보수적 태도를 일방적으로 견지했다(임양준, 2009). 이런 가운데서 나온 시청자들의 KBS 비판, 곧 '신뢰도'의 문제나 '갈등 관리(공정성)의 결여'(강형철·심미선, 2009)는 상당한 근거가 있는 셈이다. 앞서 본 독일의 예에 비추어 볼 때, KBS는 뉴스의 형식은 몰라도 뉴스의 담론적 성격 곧 다양성이나 진정성은 약하다.

공영 방송의 본령으로 볼 수 있는 심층 탐사 프로그램 등이 전혀 꼽히지 못한 점은 뉴스와 같은 이유 때문으로 보면 될 듯하다. 자율성과 비판성이 생명인 탐사 프로그램은 관리나 질서를 강조하는 통제의 마인드와는 상극이기 때문이다. 그런 면에서 만약 이 조사가 탐사보도팀이 있었던 노무현 정부 시절에 이루어졌다면 조금은 달라졌을 수도 있었을 것이다. 최근 BBC는 수신료가 동결되면서 전반적으로 긴축 경영을 하고 있지만 탐사 보도에는 오히려 제작비를 늘렸다(박성우, 2012). 왜 BBC가 공영 방송의 모범인지가 확연히 드러나는 대목이다.

이러한 뉴스·시사 프로그램과 더불어 단위 시청률이 높아 방송의 특징을 시청자들에게 가장 손쉽게 전달할 수 있는 드라마 내에서의 차별성이 일부 대하드라마나 〈엄마가 뿔났다〉 같은 주말극 정도에 국한된 점도 문제이다. 왜냐하면 이 점이야말로 프랑스처럼 시청자들에게 '그 방송이 그 방송인 것' 같은 느낌을 주기 때문이다. 박소라의 연구(2003)에 따르면 1990년대 이후 2000년대 초반까지 지상파 방송사들의 다양성 지수는 큰 변화가 없었다.

412 물론 당시는 김재철 체제가 들어서기 이전으로 지금과는 비교조차 할 수 없다.

광고가 없어진 이래 장르별 편성량에서는 여느 공영 방송에 못지않게 공영 방송다운 KBS 1TV, 상업성이 오래된 '고질痼疾'이지만 경제성이나 대중성에서 1TV를 보완하는 2TV, 공영 방송을 자처하면서도 자립의 부담 때문에 상업적 편성을 벗어나지 못하는 MBC, 상업 방송임에 손색이 없지만 지상파 방송의 공공성은 지키는 SBS 등으로 이루어지는 한국 지상파 방송의 편성은 1990년대 이래 대체로 안정되어 있다.

그러나 안정 속에서 나타난 주목할 만한 변화는 시청률 경쟁이 치열하게 벌어지는 같은 장르(드라마) 내에서 방송 간 차별성이 계속 없어져간다는 점이다. 이 점은 프라임 타임대에서 더욱 심해진다. 과거에는 요일별로 월화의 '미니 시리즈'나 멜로 위주의 수목 드라마, 가족 시청의 '주말 연속극'처럼 포맷이나 형식, 주제 등에서 같은 방송사 안에서도 그랬고 타 방송사와도 약간이지만 차이가 있었다. 그러나 이제는 비슷한 소재와 형식(애정·연예물과 미니 시리즈)이 모든 방송을 지배 한다고 해도 과언이 아니다. 물론 상대적으로 KBS에 '가족·가정 드라마'가 많다는 정도의 차별성은 분명히 있다(정영희, 2009). 그러나 이 점이 채널 브랜드로 인지될 정도까지는 아니고, 수신료의 가치로 느껴질 정도는 더더욱 아니다. 무엇보다도 드라마에서 정치 사회적 문제들이 다뤄지지 않는다. 앞서 홍콩이나 영국의 사례에서 본 대로 중요한 '관점 차이'나 '형식 실험' 또한 찾아볼 수 없다. 한국 방송에서 공영 방송과 상업 방송 사이의 경쟁은 유럽처럼 상대적 차별성이 있는 가운데 벌어지지 않는다. 이 점은 경쟁력은 엇비슷하게 만들지 모르나 공영 방송의 필요성을 주지시키지는 못한다.

이에 영향을 미친 것은 2000년대 들어 높아진 외주 제작 비율이다. 제작비에 대비한 수입의 비율이 상대적으로 적은 드라마는 처음부터 외주에 의존하는 분량이 많았다. 여기에 외부(주로 일본)로부터의 펀딩이 가능한 한류까지 생겨나면서 작가·연기자 등으로 구성되는 관련 요소 시장의 입김이 드라마 분야에서 가장 세졌다(장용호·노동렬, 2008). 외주가 드라마의 상업화를 초래했다는 지적은 그래서 나왔다.[413] 물론 일대일 상황에서는 여전히 발주사인 '갑'의 영향력이 크므로 일차적인 책임은 방송사에 있지만 주지하다시피 KBS는 2TV의 높은 광고 의존성 때문에 차별화를 위한 의지가 약하다. 드라마 인력 시장이 협소해 다양한 주제를 소화하기 어렵다는 점, 드라마가 한류와 연계되면서 주제나 소재, 등장 인물 등이 영향을 받는 점도 무시할 수 없다. 아무래도 한국적 특수성을 다룬, 사회성 짙은 드라마는 '문화적 할인 cultural discount'이 커서 해외 진출에 장애가 되는 것이다.[414]

그러나 KBS가 만약 시청자들로부터 확실하게 공영 방송 KBS는 다르다는 인식을 얻고 싶다면 드라마 내 차별성을 추구해야 한다. 〈엄마가 뿔났다〉 같은 서민적 드라마에 더해 앞서 본 BBC·RTHK와 같은 사회적 적절성·비판성이 높은 드라마들이 지속적으로 정규 편성에 포함되어야 한다. (사회성) 솝오페라, 다큐(팩션)드라마, 고전, SF, 범죄 드라마, 영화에 가까운 시리즈 단막극 등을 다채롭게 만들고 있는 서구의 공영 방송들을 본받을 필요가 있는 것이다.[415] 그리고 지금 같은 구조에서는 당연한 일이지만, 이를 뒷받침할 만한

413 드라마의 상업화가 외주 때문이라는 지적(김진웅, 2008)은 물론 일리 있다. 그러나 미디어 간, 채널 간 경쟁이 치열해지면서, 시청률이 높고 2차 시장의 쓸모도 크며 제작비 또한 많이 들어가는 드라마는 외주 비율 이전에 이미 1차 시장(방송사)의 손을 떠나기 시작했다고 보는 게 더 적절한 인식일 것이다. 특히 한류와 그에 따른 스타 시스템은 시장을 확대하고 사전 제작을 가능하게 해 외주사가 방송사로부터 상대적으로 독립하는, 그러니까 독자적인 상업화를 추구하는 데 결정적인 기반이 되었다. 한류 스타의 높은 출연료는 비용 면에서는 큰 문제가 되지만, 사전 펀딩 면에서는 효자 노릇을 하는 것이다. 이로 볼 때, 드라마의 상업화는 경쟁과 한류, 외주의 '삼각 편대'에 의해 진행되었다.

414 심지어는 사극 같은 지극히 민족적인 것까지 트렌디화되면서(〈해를 품은 달〉이 전형적인 예다) 외국 시청자들에게도 호소력을 키우고 있다(정영희·김미라, 2012).

415 물론 솝오페라에서 〈이스트엔더스〉가 보여 준 것처럼 같은 멜로드라마 장르 내에서도 얼마든지 필요한 차별성을 만들어 낼 수 있을 것이다. 외주 제작사에 대한 갑의 권력은 제작비 같

제작사나 인력도 꾸준히 양성해야만 장기적·정규적으로 편성하는 것이 가능하다. 혁신은 미리 정해진 특정 아이디어에서가 아니라 이런 인력들이 성장하면서 꾸준히 공영 방송과 관계 맺을 때 자연스럽게 생긴다. 외주 제작의 단점이 지금까지의 후속 세대의 양성 메커니즘 — 방송사 내의 도제 제도 — 을 단절시킨 데 있다는 지적(이정훈·박은희, 2008)도 KBS 등이 이런 노력을 게을리 했기 때문이다. BBC의 〈닥터 후〉처럼 융합 환경에 어울리는 기획도 이제는 불가피해졌다. 이 모든 것이 조직 자체가 개혁적 기운, 젊은 분위기 속에 있을 때만 가능하다.

물론 시청자에게 가까이 가면서도 차별화를 얻을 수 있는 직접적인 핵심은 이에 맞는 물질적 조건 곧 수신료 같은 공공 재원을 수요에 맞춰 확보할 수 있느냐이다. 그러나 앞서도 보았지만 아직 한국 사회는 현실의 공영 방송에 대해 그리 좋은 평가를 하고 있지 않다. 그런 이유로 '공공 재원(수신료)의 제고 → 상업화의 교정 → 프로그램의 차별화 → 공영 방송 가치의 (재)인정 → 공공 재원의 재인식'으로 이어지는 바람직한 의미의 선순환은 아직은 요원하다. 그러나 지금의 조건에서조차 할 수 있는 일들도 제대로 되고 있지 않다는 지적 또한 많다. 장기적 기획, 사회물의 지속적 편성, 인력의 양성, 융합 환경에의 대응 등은 그런 아이템들이다.

탐사 보도와 비판적 전문직주의 KBS의 팀제 개편과 관련해 반드시 살펴봐야 할 특징적인 조직은 탐사보도팀이다. 탐사보도팀은 2005년 4월 보도본부의 독립 팀으로 처음 만들어졌다. 이 팀은 매일의 뉴스나 정기 프로

은 것에서 횡포로 나타나는 것이 아니라 의미 있는 기획이나 아이디어, 꾸준한 투자로부터 자연스럽게 형성되는 것이어야 한다. 특히 공영 방송사의 정체성은 아무리 강조해도 지나치지 않는다.

그램을 만드는 부담에서 벗어나 사회적으로 중요한 이슈나 사건을 필요한 만큼 충분히 취재하고 그 결과를 적합한 형태로 내보냈다. 즉 취재 아이템에 따라 인원과 예산을 달리 배정하고 취재물을 중요도와 시의성에 따라 〈뉴스9〉의 기사로, 〈취재파일 4321〉이나 〈시사기획 쌈〉의 파트 프로그램으로, 또는 〈KBS 스페셜〉의 단독 프로그램으로 방송했다(박인규, 2010).

탐사보도팀은 팀제가 가진 장점, 곧 자율과 신속한 결정, 개방적 토론, 정보의 공유, 공동 책임 등을 잘 구현했고, 사회 비판과 진취적 개혁 정신에 충만했던 이들의 프로그램에 당시 방송계는 수많은 상으로 화답했다.[416] 물론 이 프로그램들을 포함해 일부 이른바 개혁성 프로그램은 당시 노무현 정부의 정치적 입장(흔히 '코드'로 불린)과 가까워 극심한 편파성 및 친정부성 논쟁을 일으켰다.[417] 이 여파로 정권이 바뀌자 팀은 해체되고 팀원은 뿔뿔이 흩어졌다. 해당 프로그램 역시 연이어 사라졌다. 그러나 탐사보도팀의 비판 대상이 당대의 권력층임에 틀림없고 KBS 역사 이래 이런 조직 또한 처음이었던 점을 감안하면, 탐사보도팀의 해체는 KBS로서는 매우 유감스러운 일이 아닐

416 KBS의 탐사보도팀이 받은 상은 일일이 열거하기 힘들 정도로 많지만 대표적인 예는 다음과 같다. 〈KBS 스페셜〉 "최초 공개, 누가 일제의 훈장을 받았나"(2005. 7. 24)는 이달의 기자상과 한국방송기자클럽 보도상, 〈KBS 스페셜〉 "고위 공직자, 그들의 재산을 검증하다"(2005. 10. 15)는 이달의 기자상, 〈KBS 스페셜〉 "최초 보고, 해양 투기 17년 바다는 경고 한다"(2005. 11. 6)는 IRE의 TV부문상, 〈KBS 스페셜〉 "심층 보고, 외환은행 매각의 비밀"(2006. 3. 19)은 한국방송대상 최우수작품상, 〈KBS 스페셜〉 "제헌절 기획, 법은 평등한가?"(2006. 7. 17)는 방송위원회 이달의 좋은 프로그램상, 〈시사기획 쌈〉 "파워 엘리트, 그들의 병역을 말한다"(2006. 11. 27)는 이달의 기자상과 한국기자상, 〈시사기획 쌈〉 "김앤장을 말한다"(2007. 1. 15/1. 22)는 한국방송대상 최우수작품상을 받았다.

417 물론 이렇게 논쟁을 일으켰다고 해서 프로그램에 큰 문제가 있다고 볼 수는 없다. 개혁적 의제는 제기하는 것 자체가 의미를 지니는 경우도 많기 때문이다. 그러나 '발로 뛰지 않고' 성급하게 결론을 내려 하면서 균형 감각을 잃고 구호 위주로 되는 것은 고발 프로그램이 자칫하면 빠질 수 있는 함정이다(박인규, 2007).

수 없다.[418]

사실 1970년대 이후 유럽의 방송에서 탐사 보도는 상당히 보편화된 것이다. 탐사 보도에서 공영 방송은 권력에 대한 '조직적 감시견'이며 특정 정부(당)이나 사회 집단의 노선을 넘어 일반 여론의 대표자가 된다(Hallin & Mancini, 2004). 여기에서 '일반 여론'은 현대의 정당이 특정 이념을 버리고 '포괄 정당'이 되는 것과 같은 맥락에서 중시되는 초정치적인suprapolitical 것이다. 이렇게 공영 방송이 또는 넓게 보아 미디어가 변하게 된 이유는 핼린과 만치니에 따르면 다음의 다섯 가지 때문이다.

첫째, 저널리스트의 교육 수준이 높아졌다. 인문학과 사회과학으로부터의 비판적 관점을 저널리스트들이 습득했다. 둘째, 뉴스 조직의 규모가 커지면서 뉴스의 제작에 많은 자원을 투여할 수 있게 되었다. 셋째, 자신의 실행 규범을 가진 전문직 공동체가 발전했다. 넷째, 새로운 비주얼 테크닉을 포함해 정보를 수집하는 새로운 테크놀로지가 개발되었는데, 특히 여론 조사는 저널리스트들에게 공권력에 대응할 수 있는 권위를 부여해 주었다. 다섯째, 사회 전체의 커뮤니케이션에서 미디어 조직이 차지하는 비중이 커지고 공영 방송처럼 특정 이념에 치우치지 않은 포괄적 미디어가 공중을 대변한다는 이미지가 만들어지면서 저널리스트들의 지위가 향상되었다. 이 다섯 가지가 말하는 바는 이제 저널리스트들이 권력을 비판할 수 있는 힘을 가지게 되었다는 것이다.

민주화 이후 한국에서 가장 각광받은 직업 중 하나가 방송직이었고 (달

418 특히 이후의 이명박 정부 때에 관료적 통제가 늘면서 위로부터 내려오는 오더성 프로그램들이 급증한 것에 비추어 보면(박인규, 2010; 홍경수, 2012), 과연 어느 것이 더 불공정하고 친정부적인 것인지가 쉽게 판명된다. 앞서 노무현 정부 시기의 친정부성을 이념 간의 보이지 않는 결속으로 볼 수 있다면, 이명박 정부 시기의 그것은 연고적이면서 매우 위계적인 것이다. 후자가 훨씬 더 후견주의적이라는 의미이다.

리 말해 방송이 한국의 최고 엘리트들을 끌어들였고), 공영 방송은 한국의 뉴스 조직 중 가장 큰 규모를 자랑하며, 노조나 협회가 생기면서 전문직 공동체가 발전하기 시작했고, 여론 조사 등이 보편화되어 이제는 스스로 뉴스를 만들게 되었으며, 그 결과로 정치 커뮤니케이션에서 미디어가 가지는 비중은 모든 면에서 압도적인 수준이 되었다. 더구나 라이벌 미디어인 신문이 정파화되어 영향력이 반쪽이 된 가운데 활성화된 KBS의 탐사 보도는 MBC의 〈PD수첩〉 등과 더불어 상당한 주목을 받을 수 있었다. 당시 노무현 정부의 개혁 기치와 이런 분위기가 맞아 떨어진 점은 분명하지만 탐사 보도를 뒷받침하는 비판적 전문직주의의 씨앗은 이미 1990년대부터 뿌려져 있었던 것으로 보아야 한다. 물론 한국 방송의 전문직주의는 시민사회의 '조직적 참여에 따른 다원주의'이라기보다는 개인의 전문성 발휘에 따른 '개인주의적 다원주의'에 좀 더 가까운 것이다. 한국 방송인들이 ARD 같은 독일 스타일보다는 BBC에 더 친화성을 느끼는 데에는 이 같은 점도 작용한다고 볼 수 있다.

10장 시민사회의 발전과 답보

지난 권위주의 시대의 방송이 국가·정치의 지배와 권력 논리에 의해 좌우되었다면, 민주화된 이후에는 미디어의 양적 범람에 의해 조장된 시장주의가 기왕의 정치 논리와 결합하는 방향으로 전개되고 있다. 이런 방향은 크게 보면 다른 신생 민주주의 나라들과 차이가 없어 보인다. 그러나 한국의 공영 방송에는 1980년대 중반의 시청료거부운동 이래 꾸준하게 방송의 일각을 형성해 온 시민운동과 이를 방송 내에서 뒷받침하는 노동조합이 있다. 아마도 어떤 나라들에서도 찾아보기 힘든 시민사회의 이런 역동성으로 인해 '1987년 체제'는 여전한 정치 지배의 표상으로서 '1980년 체제'나 글로벌 시장(신자유주의)의 새로운 '전제정專制政'으로서 '1998년 체제'보다 큰 설명력을 갖는 것이 아닌가 한다.

시민사회론은 서론에서도 언급한 대로 현실을 분석하는 이론적 도구의 측면인 '분석적·설명적'인 것과 정부와 시장의 '체계'를 견제하고 도덕과 인권·자율성 등의 '생활 세계'를 지향해 나간다는 점에서 '규범적·실천적'인 것의 양면을 가진다. 그러나 상대적으로 분석적 차원에서 개발된 이론은 매우 희소하며, 실천적 차원에서는 당위적 언명만 나열되는 한계를 보인다.

그런 점에서 이 책은 노동조합과 시청자운동을 두 축으로 시민사회를 분석하되 노조 부분에서는 노동·언론운동 같은 특정한 이론틀에 의존하기보다는 영국과 독일, 캐나다 사례를 중심으로 비교 분석을 시도하고 그간의 발전상像을 토대로 노조의 권력화·보수화·이원화 등을 분석하며 미래에 대해 전망한다. 시민운동 부분에서는 유료 방송의 창궐에 따라 새로 등장한 '시민-소비자'의 혼합 개념을 살펴보고 한국 시청자의 '이중적 난관'을 제시하며 역시 그간의 역사를 토대로 한국의 시청자운동의 의의와 장단점을 분석한다.

1. 노동조합: 내부 민주주의의 전개

1) **공영 방송과 노동조합의 관계**

(1) 대응력과 노동조합

영국의 미디어학자 커런(Curran, 1998)은 공영 방송과 상업 방송의 차이를 가르는 단적인 기준으로 '대응력countervailing influences'의 차이를 꼽은 적이 있다. 앞서 본 대로 보편주의와 참여가 존립 근거인 공영 방송은, 소유주가 자신의 배타적 권리를 내세워 전권을 행사하는 상업 방송에 비해 시청자나 종사원의 입장에서 상대적으로 더 많은 대응(저항)의 여지를 갖고 있다. 공영 방송과 상업 방송의 차이가 대응력만으로 그치지는 않겠지만, 방송이 가진 본질적이면서 또 경험적이기도 한 권력 친화성에 주목해 보면 이 의의가 작지 않다는 것을 알 수 있다. 한국에서 그러한 공영 방송의 대응력을 방송 내부의 유형적인 것에서 찾는다면 이는 단연 노동조합이다(외부로 넓히면 다음에 살펴볼 시민운동 단체가 포함될 것이다).

2000년대 들어 달라진 공영 방송의 거버넌스는 기왕의 정치 외에 새로이 부각된 시장과 내부 인력(전문직주의), 그리고 시민사회로 다원화되는 도정에 있다(Bardoel & d'Haenens, 2004; McQuail, 2003). 사실 미디어 영역의 거버넌스론이 현상의 측면에서 먼저 포착한 것은 달라진 방송의 위상에 따라 획기적으로 커진 시장 권력이었다. 시민운동으로 대표되는 시민사회나 '공적 서비스 성향'을 기본적 속성으로 하는 방송 인력의 전문직주의는 현실적인 힘이 강해서라기보다는 커진 시장을 견제하면서 정치가 가진 권력을 균분하고자 하는 규범적인 측면이 강하다고 볼 수 있다. 이 점만으로 볼 때, 공영 방송의 미래적 경영 형태인 네트워크 체제(Collins, 2008)는 거버넌스론의 이런 현실적·규범적인 측면과 잘 어울린다고 할 수 있다.

그러나 이러한 전문직주의와 시민사회는 각기 나름의 약점을 가지는데, 전문직주의에는 방송 조직 자체가 가지는 내부의 이기주의가 있어 필요한 강제조차 행사되기 어려운 측면이 있고, 시민사회에는 주체적 활동 인자가 자발적 성원이므로 이에 따른 부분성 또는 전체 시청자를 대표한다고 말하기 어려운 대표성의 미흡이 있다. 특히 인력 운용이나 비용 관리 등에서 공영 방송의 조직은 이전의 독점이 남긴 관성이나 공공 조직 특유의 고용 특혜, 재원의 안정성(수신료)이 낳는 방만성 때문에 사기업처럼 운영될 수는 없었다. 1980년대 당시 시장주의를 외친 대처 정부와 갈등 관계에 있으면서 이러한 비효율성의 '낙인' 때문에 많은 외부적 개입에 시달리지 않으면 안 되었던 BBC는 대표적인 예이다.

그러나 작용이 커지면 반작용도 함께 커지는 법이라서 노동조합을 비롯한 공영 방송의 내부 조직들 역시 나름의 활동을 지속·강화하기 시작했다. BBC의 노동조합은 직종별로 기자는 전국언론노동조합(NUJ: National Union of Journalist), 프로듀서를 비롯한 제작진의 대부분은 처음엔 방송에 국한되었으나 나중에 영화와 연극으로 영역을 확대한 미디어엔터테인먼트노동조합(BECTU: Media and Entertainment Union), 생산직이 중심인 아미쿠스Armicus 등 3개를 비롯해 총 5개가 있다. 이런 BBC와 마찬가지로 다른 나라의 공영 방송에도 다양한 직종별 조합이나 단체들이 존재한다.

이들의 활동은 대부분의 여느 노동조합과 마찬가지로 조합원의 노동 및 근무 조건, 보수 및 부당한 인사 문제 등에 걸쳐 있다. 특히 공영 방송의 경우에는 이러한 인사가 정치 문제와 밀접히 연관되는 경우가 많아 노동조합의 활동 역시 불가피하게 정치적이다. 물론 모범인 BBC를 비롯해 대부분의 유럽 지역에서는 이런 문제가 빈발하지는 않다. 1980년대까지만 하더라도 BBC의 종사원들은 "BBC를 정치적 희생양으로 삼는 사례가 거의 없기 때문에 노동조합의 관여가 정치적 압력에 대한 대항과 별반 관계가 없다"(Etzioni-Halevy, 1987, p.167)고 대답했다. 실제 영국의 경우 1960~1970년대에 BBC나 ITV의 (시한부) 파업이 자주 있었고 그때마다 방송은 곤란을 겪었지만 이유는 대부분 경제적인 것이었다.[419]

그러나 정치적으로 민감한 문제, 즉 수에즈운하나 북아일랜드, 포클랜드 전쟁, 이라크 전쟁 등에서 BBC는 당대의 정치권력(정부)과 자주 갈등했다. 그럴 때에도 노동조합은 제작진의 입장에서 조직(BBC)과 프로그램을 대변하고 그 권익과 자율권을 지키기 위해 노력했다. 1985년에 있었던 시사 시리즈 〈리얼 라이브*Real Lives*〉 건은 대표적 예 중 하나다. 이 프로그램이 당시 북아일랜드 해방운동의 지도자였던 신 페인Sinn Fein과 긴 인터뷰를 한 게 문제가

419 가장 심한 경우는 1979년에 있었던 ITV의 파업으로 8월 10일부터 10월 24일까지 약 10주나 파업했다. 이유는 역시 급료 문제였고 노동조합 측의 승리로 끝났다(Wikipedia, 2014a). 영국 방송 역사상 가장 긴 파업이었고, 파업 기간 동안 ITV의 텔레비전 화면은 일부 지역을 제외하고는 정파되었다. 영국을 포함해 유럽의 시청자들은 이런 파업 — 주로는 시한부 파업이고 의제는 대부분 경제적인 — 에 매우 익숙하다.

되었다. 북아일랜드 해방운동을 테러 행위로 여기는 정부(보수당)가 강력히 항의했으며, 이에 밀려 BBC경영위원회 역시 일단 방송을 연기하도록 했다. 그러나 많은 BBC의 전·현직 관계자들이 반발했고, 특히 가장 강력하게 저항한 것은 노동조합이었다. 노동조합은 제작진의 사기를 떨어뜨리고 BBC의 역할에 혼란을 조장했다고 보아 사상 초유로 1일 항의 파업을 벌였다(Etzioni-Halevy, 1987).

노동조합의 활동은 주로 노동 조건이나 근로 복지에 관련된 경제적 문제에 국한되어야 하는 것 같지만, 꼭 그런 것은 아니다. 언론인 개개인의 직무와 관련된 표현의 자유(조직 측면에서는 편집권) 자체가 언론인의 노동 조건에 가장 기본적인 것이므로 논조나 기사의 내용에 대해 압력을 가하는 외부 세력에 대한 저항도 노조 활동의 본령 중 하나이기 때문이다. 매일매일 '뜨거운 감자'를 다루어야 하는 방송인에게 갈등과 논쟁은 늘 접하는 것이지만 막상 문제가 되면 개인의 차원에서는 감당하기 힘들므로 단결권을 비롯해 법으로 보장된 여러 권리를 갖고 있는 노동조합이 집단적 차원에서 해결을 꾀해 주지 않으면 안 된다. 기자·프로듀서협회 같은 전문직 조직, 중간 간부들도 이런 일을 할 수 있지만 갈등이 어느 선을 넘게 되면 힘의 대결이 불가피할 때가 많다.

노동조합이 나름의 사회적 합의를 얻어 저항을 시작하게 되면 (웬만한 자유주의 사회에서는) 그런 이슈화 자체를 공영 방송의 경영진은 잘 견디지 못한다. 왜냐하면 대체로 이런 갈등은 저널리즘 일반의 권력 비판 정신과 밀접한 관련이 있어 다른 언론 또한 쉽게 동조해 주기 때문이다. 특히 정해진 시간에 업적을 내지 않으면 안 되는 임기 사장이라면 이렇게 언론의 자유와 권력 사이의 오래된 갈등이 재연되는 것이 매우 부담스럽다. 물론 후견주의라면 사적·양자적 관계가 공적 문제를 쉽게 무시하게 하지만, 때로는 후견인조차 위협할 정도로 갈등이 커질 수도 있어 사안에 따라 상당한 조심을 요한다.

또 이런 노동조합은 인사 문제에도 개입한다. 공영 방송에 대한 외부의 압력은 대부분 내부의 도움을 매개로 하기 쉽고, 그런 경우 압력은 해당 방송인의 교체나 좌천 같은 인사상의 불이익으로 나타나면서 내/외가 아니라 내/내(제작직 대 간부직)의 갈등으로 비화되기 때문이다. 그러므로 독일같이 권리에 민감한 나라의 경우, 노동조합은 '고용자평의회employ's council'를 통해 인사 문제에 대해 공동 결정권을 갖는다. 최종 결정은 물론 경영진이 하지만 내부 종사원 역시 상당한 권한을 행사하는 것이다. 필자가 노동조합의 활동을 시민사회의 영역으로 넣은 것도 이런 내부 견제가 가진 자유·민주적 성격을 크게 보았기 때문이다. 이렇게 언론 노조는 일반적인 기업의 노동조합과는 큰 차이가 있다.

노동조합을 비롯한 언론인 조직은 코포라티즘 국가들에서 가장 활발한 활동을 보인다. 이들에서 노조는 전통적으로 현직 언론인과 편집인이 모여 언론적 의제를 제기하는 전문직 단체의 성격을 겸하므로 발행인협회와 마찬가지로 공식적인 발언권을 가진다(Humphreys, 1994). 또 대체로 분파적 또는 정치적 분열 없이 단일하게 조직되어 있고, 가입률도 거의 전원 가입에서부터 50~60%에 이르기까지 대부분 과반이 넘는 편이다. 노조와 전문직협회, 자율적인 언론평의회press council가 일정한 유대 아래 공동의 활동을 벌이는 것도 특징이다. 특히 강제력도 갖는 윤리 강령은 언론 단체 차원에서 자발적으로 제정하므로 일반 시청자들에게 받는 신뢰가 크다.

방송의 노사 관계는 BBC에서도 유사한 맥락으로 전개되었지만, BBC는 일찍부터 상업 방송과 경쟁했고 대처 정부가 주창하고 당을 바꿔 블레어 정부까지 이어받은 신자유주의 역시 다른 어느 나라보다 강했던 터라 빨리 효율화 압력에 노출되었다. 버트 사장 시절 수많은 경영 모델을 실험하면서 '프로듀서의 선택' 같은 내부 시장화 제도를 도입한 것도, 처음에는 25%의 외주 쿼터 정책에 소극적으로 대응하다가 나중에는 '창의적 경쟁의 창'

(WoCC: Windows of Creative Competition)같이 적극적인 경쟁 조치를 고안해 낸 것도 이런 압력을 효과적으로 소화하기 위한 것이다. 물론 결과가 앞서 살펴본 대로 그렇게 일치된 평가를 낳는 것은 아니다. 그러나 불리한 조건에서 BBC 스스로도 열심히 노력한 만큼은 충분히 인정받을 만하다.

그러나 1990년대 이후 꾸준하게 진행된 구조 조정이 제작 인력으로 넘어오면서부터는 BBC도 사뭇 이웃 유럽과는 다른 처지를 보인다. BBC의 노사도 "자본주의적 고용·피고용의 관계보다는 제작을 중심으로 이해와 관심을 공유하고 있는 일종의 미디어 공동체로서의 성격이 강했다"(정준희, 2005, p.33).[420] 그러나 대처 정부 이후, 특히 내부의 사기를 중시한 다이크 사장이 불명예 퇴진을 한 이후, 새로이 등장한 톰슨은 제작비를 높인다는 명분으로 BBC에 강도 높은 구조 조정과 감원을 단행했다. 이런 인력 조정은 공공성과 정규직을 기조로 하는 코포라티즘 국가의 공영 방송에서는 있기 어려운 일이다. 코포라티즘에서도 수신료를 쓰는 조직에 대한 책무적 압력은 작지 않다. 그러나 이렇게 대규모로 제작 인력에까지 손을 대는 경우는 찾아보기 어렵다.[421] 이는 커런(Curran, 2000)의 주장대로 최근의 영국이 기존의 체제적 합의였던 자유주의 코포라티즘을 결정적으로 훼손시킨 결과이다. 그러나 그렇다고 해서 반드시 파국으로 가지도 않는 것이 또한 영국적 합리주의의 장점

420 BBC의 내부에 대한 연구는 참여 관찰들(대표적인 예로 Burns, 1977; Born, 2004)을 비롯해 여럿이 있지만 의외로 노동조합에 대한 연구는 거의 없다. 이유는 아마도 노동조합이 한국 같은 나라와 다르게 공영 방송의 원칙과 관련되어 경영 측과 갈등하는 일이 별반 없기 때문이 아닌가 한다. 이를테면 공정 보도 같은 것에서 경영 측과 조합 측의 의견은 사실상 똑같아 둘을 같이 묶어 '미디어 공동체'라는 말을 써도 큰 무리가 없다는 뜻이다.

421 외형은 기업이지만 지역의 '단체association'의 성격도 가지면서, 언어와 지역별로 크게 4개로 나누어져 이런 효율화가 거의 불가능할 것 같았던 스위스의 공영 방송이 취한 구조 조정을 예로 들 수 있다. 스위스의 SRG SSR은 '융합과 효율화'를 기치로 주로 지역 단체의 성격을 약화시키고 연방주의(중앙집중화)와 기업화를 시도했다(Puppis & Kunzler, 2011).

이다. 이들 노사는 ACAS(Advisory, Conciliation and Arbitration Service)라는 자율적 중재 기구를 중심으로 오랜 협상을 거친 끝에 절충안에 합의했다. 물론 어느 정도의 감축은 불가피했다.

그러나 공영 방송에 직면한 효율성 위기의 끝이 어떻게 되리라는 것을 짐작하기란 그렇게 어렵지 않다. 적어도 공영 방송이 스스로 자신의 임무를 부정하지 않는 한, 재원(수신료, 광고료)에 심각한 변화가 오지 않는 한, 또 손을 많이 타는 방송 프로그램의 성격이 변하지 않는 한, 인력 감축이나 급료 인하, 아웃소싱(외주)이나 민영화 같은 축소 조치는 한계가 있을 수밖에 없다. 제작비의 상승이 가져오는 품질 상승 효과 역시 어느 수준에 도달하면 일종의 효용 체감의 법칙이 발생한다. 제작비를 올려도 품질은 더 이상 올라가지 않는다는 것이다. 또 달리 보아 제작비와 인력 사이의 긴장은 어쩌면 꼭 필요한 것이기도 하다. 안정된 재원이 낳을 수 있는 도덕적 해이 때문이다. 반대로 너무 심하게 경계하면 내부 인력의 사기가 떨어져 오히려 질에 심각한 악영향을 미친다. 그러므로 이는 양자 사이의 균형의 문제이고, 일종의 시소게임이나 단진자운동처럼 왔다 갔다 하는 성격도 지닌다. 물론 '인건비↓ 제작비↑'의 큰 방향성은 정해져 있다. 그러니 이제 문제는 융합이나 글로벌화 같은 매우 불확실한 변화가 예고되어 있는 '미래'이다. 당장 이런 미래가 현실화된다면 지금으로서는 해결하기 어려운 일이 발생할 것 같기 때문이다.

(2) 미래의 변화와 노동조합

만약 산업이 융합되어 기업에서도 M&A가 빈발한다면 노조 차원에서도 대응책이 필요하다(Mosco & McKercher, 2006). 이를테면, 미국에서처럼 인쇄노조(ITU: International Typographical Union)와 신문 길드, 그리고 방송노조(NABET: National Association of Broadcast Employees and Technicians) 등이 연합해 커뮤니케이션노조(CWA: Communication Workers of America)를 만드는 식이다. 커뮤니케이

션노조는 이름에 걸맞게 AT&T나 GTE 등에서도 상당한 회원을 확보했으므로 통신 쪽으로도 영역을 쉽게 넓힐 수 있다. 이럴 경우 '지식(또는 정보) 노조' 같은 거대한 조직을 형성시킬 수도 있을 것이고,[422] 활동 영역도 일국가의 경계를 뛰어 넘을 수 있을 것이다. 물론 반드시 형태상 통합이 필요한 것은 아니고 느슨한 연합이나 공동 행위로도 같은 효과를 볼 수 있다.

그러나 사실 이런 노동 융합은 그렇게 쉬운 일이 아니다. 할리우드의 영화 산업은 적절한 예다. 일부 메이저 영화사와 주요 케이블 TV, 네트워크 텔레비전 등이 모두 활동하는 영화 산업에서 노동 융합의 필요성은 일찍부터 강조되었다. 이미 네트워크와 메이저 사이에서는 기업 간 합병이나 제휴가 많았고 산업적으로도 연계 효과가 컸기 때문이다. 그러나 표 차이는 적었지만 융합은 결국 실패했다(Mosco & McKercher, 2006). 이유가 분명하게 밝혀지지는 않았지만, 아마도 여러 업종 사이에 복잡하게 얽힌, 오래된 내부의 이해관계(Wasko, 1983) 때문일 가능성이 높다.

융합이 진전되면 필요 인력이 줄어들고 이에 따라 노동의 유연성이 강조되면서 비정규화가 촉진된다. 공영 방송도 업계의 일부이므로 이런 흐름을 무시하기 어렵다. 일례로 21세기 들어 캐나다의 CBC 역시 노조 측에 언제든지 인력 감축이 가능한 유연성을 요구했다. 이런 사측의 뒤에는 국고를 통해 예산 압력을 행사하는 신자유주의 정부가 있었다.[423] CBC는 이해관계가 다른 직종별 노동조합이 무려 13개나 있어 그간 사측에 제대로 된 저항을 하지 못했다. 2004년의 노사 협상에서 유연성 문제가 반대에 부딪히자 CBC는 특

422 '정보 노동(조합)'이나 '지식 노동' 같은 큰 차원의 개념은 융합이 예고되어 있는 지금 마당에서는 반드시 검토해 볼 필요가 있는 것이다. 사실 최근의 M&A가 별다른 성과를 거두지 못했으므로 지금은 다소 주춤한 상황이지만 융합은 형태나 속도가 일관되지 않기는 해도 미래의 추세임에는 틀림없다.

423 앞서 언급한 대로 이런 점 때문에 수신료 재원은 국고보다 공영 방송에 유리하다.

단의 대책으로 직장 폐쇄lock-out를 감행했다. 그러나 당시 CBC의 노조들은 사측의 예상과 달리 자구적 연대와 CWA의 지원을 통해 매우 성공적으로 대항했다. 사측은 곤란을 겪을 수밖에 없었는데, 이전까지 효과적으로 활용했던 노동의 분할 지배 — 직장을 폐쇄하더라도 다른 직종이나 임시 노동자들을 이용해 방송은 계속 하는 — 를 이번에는 할 수 없었기 때문이다. 기술직의 방해로 방송이 직접적인 타격을 입자 시청자들 역시 파업과 관련된 여러 이슈들을 쉽게 알 수 있었다. 결국 CBC의 사측은 비정규직의 비중을 당초의 목표에 훨씬 못 미치는 수준에서 정할 수밖에 없었다.

이런 융합 외에도 제작을 감축하고자 하는 시도에 노조가 연대해 성공한 사례도 있다(Coles, 2006). 이 역시 캐나다에서 있었던 것인데, 크게 보면 모든 공영 방송이 만날 수 있는 효율성과 규범성 사이의 대립이라는 점에서 다른 나라의 방송에도 참고가 된다. 상업 방송의 천국인 미국과 국경을 면한 캐나다에서는 방송의 태동 때부터 자국 제작 프로그램이 어려움을 겪었다. 이에 정부 측에서는 캐나다적 정체성과 자국 산업의 보호를 위해 일찍부터 방송 규제 기구인 CRTC를 통해 쿼터를 제정했다. 그러나 1999년에 탈규제의 일환으로 드라마 쿼터를 감소시킬 수 있는 조치가 취해졌다. 비용 측면에서는 자국 제작이 효율적이지 않았기 때문이다. 쿼터의 축소로 일자리를 잃게 된 캐나다 영화와 텔레비전의 5개 관련 노조와 단체는 서로 연대해 투쟁을 벌였고 마침내 큰 성공을 거두었다. 이 사례 역시 노조의 가능성과 연대의 필요성·효과성을 알려 주었다.

노동조합을 비롯한 방송 단체는 방송인이 스스로 자정을 할 수 있음을 보여 주는 규제책인 동시에 표현의 자유와 관련해 기본적인 노동 조건은 지키겠다는 의지의 일환이다. 자율성을 위해 대응력을 갖춰야 하는 공영 방송이 이에 적극적이어야 함은 두말할 나위가 없다. 그러나 경쟁이 고조되는 최근의 상황은 무분별하게 인력을 감축하거나 비정규직을 양산하고 쿼터를 축소시키는 등의 반노동적인 조치들을 자행하게 하고 있다. 이에 노동조합은 연대의 전략을 효과적으로 구사해 성공을 거두었다. 모든 게 불확실한 산업의 융합을 목전에 두고 있어 노조에도 상당한 도전이 될 전망이지만, 노동 융합 같은 나름의 대응도 유력해 미래가 그렇게 어둡지만은 않다.

2) 한국의 노동조합

(1) 방송민주화운동과 노동조합

한국 방송에서 노조운동이 활성화된 계기는 주지하다시피 1987년의 민주화였다. 이전의 권위주의 동안에 방송은 체제의 충실한 하위 파트너였다. 민주화가 되면서 방송에도 자성의 바람이 불었고, 그 가운데서 형성된 방송 민주화 세력은 기왕의 기자협회[424]나 이 기간에 만들어진 프로듀서협회(1987. 9. 5), 방송기술인연합회(1987. 11. 14) 같은 동업자 조직이 아닌 파업이라는 무기가 있는 노동조합으로 자신의 역량을 결집시켰다. 방송 노동조합은 창립의 목적에 걸맞게 여러 차례의 파업과 조직 활동을 성공적으로 이끌어 자신의 존재 가치를 알렸고, 그 결과로 노동조합은 일선 인력의 의사를 대변하는 가장 유력한 세력으로 자리 잡았다.

한국의 방송 노조 활동의 가장 큰 특징은 '공정 보도'로 대표되는 정치 활동에 있다. 노조가 임금 인상 차원 등의 경제적 복지 활동을 하지 않은 것은 아니었으나 장기간 파업을 불사하기에 이른 '사태'는 대부분 사장의 인사나 불공정 보도와 관련된 대 정부 저항 때였다(표 50, 표 51 참조). 그런 면에서

424 기자협회는 1964년의 언론윤리위원회법 파동 때 생겼다. 이 점을 보면 한국에서 언론 단체가 생기는 메커니즘을 이해할 수 있고, 꼭 원하는 것을 달성하지 않아도 언론운동은 스스로 조직하는 것 자체가 성공이라고 볼 수 있는 측면을 이해하게 된다.

방송노조운동은 '노동'운동이라기보다는 '언론'·'문화'운동인 셈이다(이채훈, 1989).[425] 앞서 지적한 대로 한국의 공영 방송 사장들은 자율적 절차를 밟은 예가 극히 일부에 불과하고, 대부분 '낙하산'으로 비유되는 정치권의 낙점에 의해 임명되었다. 특히 문제가 된 경우는 정치화의 가능성이 높은, 특정 정치인이나 정당을 위해서 활동한 경력이 있는 '회전문 인사'이다. 이런 사장은 태생적 문제로 정당성이 약해 자신의 사적 커넥션에 과다하게 의존하고, 반대로 커넥션은 사장과 정치권에 편파성으로 대표되는 일종의 '보은'을 함으로써 조직 내 위화감을 낳고 방송의 정치화를 조장한다. 이런 연쇄화, 동형화 과정은 정치권과 사장이 후견인과 고객의 관계를 맺는 후견주의에 다름 아니다.

이에 대해 방송의 일선 인력이 가지는 무기는 방송법(4조 4항)에 따라 제정된 편성 규약이나 단체 협약으로 만들어진 공정방송위원회·민주실천위원회 등과 같은 내부 조직을 이용한 협의·비판과 경고, 주요 보직자에 대한 임명 동의나 중간 평가, 그리고 마지막으로는 파업이나 파업의 효과를 내는 제작 거부 같은 일종의 실력 행사이다. KBS의 경우에는 서기원 사장을 반대했던 1990년의 4월 투쟁과 자진 사퇴를 부른 2003년의 서동구 사장 반대 투쟁, 성공과 실패가 교차한 2012년 김인규 사장과 2014년 길환영 사장 퇴진 투쟁 등이 대표적인 예이고, MBC는 이보다 시기적으로 이른 1988년의 황선필·김영수 사장 반대 투쟁과 1996년의 강성구 사장 연임 반대 투쟁, 2012년의 김재철 사장 퇴진 투쟁 등을 예로 들 수 있다. 이러한 인사 투쟁은 대부분 집단행동의 근거가 뚜렷하고 노조원의 응집력 또한 상대적으로 커서 성공의 사례가 많은 게 특징이다.

425 정용준(1993)은 당시의 사회적 분위기를 반영해 이를 '언론노동운동 시대의 종말' 같은 제목으로 비판적으로 평가하나 민주화의 과제가 노동운동과 반드시 배치되는 것은 아니다.

그러나 이명박 정부 들어 방송 노조는 기록적인 94일(KBS), 170일(MBC)의 파업에도 불구하고 목표한 바를 관철하지 못했다(YTN 등의 투쟁도 있으나 여기서는 제외했다). 이런 실패에는 여러 가지 이유가 짚어질 수 있지만, 가장 크게는 지난 두 번의 '실권失權'에 방송 노조가 끼친 영향이 컸다고 본 당시 정부와 여당의 '학습 효과' 때문으로 보인다. 노조의 내부보다는 외부가 더 결정적이었다는 것이다.

표 50. KBS의 파업 개요(1988~2012)

연도	기간	파업일수(일)	사유	결과
1990 (제작 거부)	4. 12~5. 18	36	사장 취임 반대	실패
1997	1. 7~1. 20	14	노동법 개정 반대 민노총 연대 파업	관철
1999	7. 13~7. 28	15	방송법 개혁 요구 방노련 연대 파업	관철
2000	6. 3~6. 8	5	임금 교섭	관철
2009	7. 22~7. 25	3	미디어법 반대	실패
2010 KBS본부노조	7. 1~7. 29	29	공정 방송 쟁취, 조직 개편 저지	실패
2011 KBS노조	12. 19~12. 23	4	임금 교섭	관철
2012 KBS본부노조	3. 6~6 .8	94	사장 퇴진, 부당 인사 철회	실패
2012 KBS노조	5. 4~5. 16	13	방송법 개정	실패

표 51. MBC의 파업 개요(1988~2012)

연도	기간	파업일수(일)	쟁점	결과
1988	8. 26~8. 29	4	사장 퇴진, 주요 국장 중간 평가제	관철
1989	9. 8~9. 20	13	주요 국장 추천제	관철
1992	9. 2~10. 21	50	해고자 복직	부분적 관철
1996	3. 14~ 4. 4	23	사장 퇴진	관철
1997	1.7~1. 19	13	노동법 개정 반대 민노총 연대 파업	관철
1999	7. 13~7. 27	15	방송법 개혁 요구 방노련 연대 파업	관철
2008	12. 26~ 1. 7	13	미디어법 반대	실패
2009	2. 26~ 3. 3	6	미디어법 반대	실패
2010	4. 5~ 5. 13	39	사장, 부사장 퇴진	실패
2012	1. 30~7. 18	170	사장 퇴진	실패

물론 이러한 노조와 노조원이 정치적 명분에만 충실하게 움직이는 것은 아니다. 주지하는 바대로 직업 만족도가 높고 상대적으로 노동 유연성이 낮은 한국의 방송 조직은 주기적으로 '간부 비대화'나 '인건비 과다증'에 시달린다. 훨씬 정도가 약해졌다고는 해도 그래도 아직은 유효한, 텔레비전 광고 시장의 과점적 지배와 수신료가 가져오는 안정적 수입이 또한 비효율화와 도덕적 해이를 조장하기도 한다. 노조는 때로 이런 측면에 대한 경영 측의 효율화 조치에 대한 반대나 기존의 임금·복지 조건을 유지하기 위한 집단행동도 불사해야 할 때가 많다.

그러나 효율화와 노동 통제만을 놓고 볼 때, 시청률 경쟁에 익숙한 한국의 공영 방송들은 다른 나라와는 사정이 다르다. 또 수신료 수입이 적어 비용의 쓺씀이와 관련된 도덕적 해이 부분도 상대적으로 크지 않다. 국회나 감사원으로 이루어진 책무적 기제들 역시 이런 기제가 없거나 약한 유럽 여러 나라(Iosifidis, 2007)에 비해 볼 때, 많으면 많았지 적지 않다. KBS의 경우 앞서 본 대로 오히려 책무적 절차가 너무 많아 더 책무가 구현되지 못하는 역설을 빚는다. 독립 제작사에 의무적으로 프로그램의 일정 비중을 할애해야 하는 쿼터도 실시 중이다.[426] 민주화 이후부터 쌓아 온 노조 나름의 자율화 노력이 방송 내외의 인정을 받고 있기도 하다. 이는 조직 내부에 앞서 언급한 비판적 전문직주의로 부를 수 있는 나름의 분위기를 만들었는데, MBC의 〈PD수첩〉이나 KBS의 〈추적 60분〉, 탐사보도팀 등은 이러한 예로 볼 수 있다.

물론 전문직 의식이 성숙되지 않아 현장 조로早老 현상이 많이 나타나고, 국영의 잔재 또한 상당해 효율화 압력을 많이 받는 방송 조직치고는 관료제적 위계가 여전히 강하다. 위로부터 내려오는 동형화의 압력 때문에 권위주의·연고주의·후견주의·출세주의 등도 기승을 부린다(정필모, 2012). 앞서 언급한 정치화 때문에 일선 제작진의 사기가 높지 않은 점도 빼놓을 수 없는 약점이다. 노조의 영향력이 강해 인력 감축이나 임금 삭감과 같은 자구책이 쉽게 구사되기 어려운 점도 경영 측의 입장에서 볼 때는 애로 사항이다(특히 '복지 대박' 노조의 득세는 이를 더욱 어렵게 만들었을 것이다). 공영 방송의 향배에 대한 불가피한 관심 때문에 집단행동 등으로 정책에 개입하려 할 때는 정당성 여부로 많은 논란을 불러일으키기도 했다. 일상적인 (시청률) 경쟁이나 노동조합 활동 등이 모두 개별 사를 중심으로 이루어져 자사 이기주의도 상당히 강한 편이다. 이런 것에 대응해 산별 노조의 필요성이 주창되었고 언론노조가 만들어지기도 했지만 아직은 장점을 충분히 살리고 있지 못하다. 그 나마도 지금은 언론 노조에 들어있지 않은 KBS노조가 따로 생겼다. 이런 가운데서는 공영 방송인들의 전문직 의식의 핵심인 "비판적 자기반성"(Curran, 2002)도 제대로 되기 어렵다.

426 영국의 사례를 벤치마킹해 1991년도부터 실시된 외주 쿼터 제도를 말하는데, 외주 전문 방송인 채널 4가 없는 한국에서는 영국보다 더 독립 제작사를 위한 바탕이 척박해 외주 쿼터는 많은 물의와 논쟁을 일으켰다.

이런 점으로만 본다면, 공영 방송의 이념·경영과 내부 인력·노동조합은 때로는 대척적인 관계에 있음이 분명하다. 그러나 단적인 예로 사장의 인사 문제에서 본 대로 만약 공영 방송의 사장이 외부의 후견 아래 있으면서 내부의 견제마저 받지 않는다면 더 많은 경영적 해악을 불러오게 된다. 위화감이 커져 조직이 모래알처럼 흩어지고, 의사 결정이 과두화·정치화되면서 소외감이 팽배한다. 관료적 위계제가 전 사社를 지배해 정작 중요한 제작 부문은 경시된다. 공영 방송에 필수적인 대외적 정당성도 크게 떨어진다. 이런 조직에서 창의성이나 효율성이 나올 리 만무하다. 사장의 전횡을 견제하는 노조의 존재와 그간의 투쟁은 경영적·거버넌스 차원에서 보아도 매우 긴요했다는 뜻이다.

(2) 한국적 방송-코포라티즘의 시도와 실패

초유의 경제적 위기인 IMF를 지나면서 한국 사회에서는 시장화와 고용 위기에 대한 두려움이 크게 커졌다. 방송 조직 또한 예외가 아니어서 이 시기에 인원이 크게 감축되었고, 일부 방송 외 기능(예컨대 청경이나 미술 등 기타)은 아웃소싱되기도 했다. 다른 공기업과 더불어 KBS 2TV나 MBC의 민영화 논의가 빈번해진 것도 이 시기의 일이다. 그러나 야당이 집권하는 초유의 정치적 사건이 같이 벌어지면서 경제적 위기와 정치적 기회는 교차되었다. 김대중 정부는 오랜 기간 언론의 편파 보도에 의해 고통을 받은 호남-진보의 소수파로 방송에서도 공정성을 진작시켜 줄 것으로 기대 받았다.

김대중 정부의 첫 산물인 KBS의 인사는 앞서 독립성 부분에서 살펴본 바와 같이 존경받는 해직 언론인과 이전 노조위원장(당시 직급은 차장)의 조합이어서 이제 노동조합은 새로운 위상을 부여받게 되었다. 단순한 견제 조직이 아니라 전체 방송을 이끌어나가는 중추 조직 중 하나가 된 것이다.[427] 이미 이전부터 가입률이 거의 100%여서 유니온 숍에 가까운 노동조합이, 특히 분업이 보편화된 일반 기업과 달리 구성원 하나하나가 일부라도 결정권을 가진 방송 조직에서 노동조합의 장이 블랙리스트에 오르지 않고 오히려 경영에 참여하게 되었다는 점은 그 자체가 획기적인 일이면서도 늘 참여가 부족해 고민해야 되는 노조에는 적어도 상징적인 차원에서라도 상당히 고무적인 일이었다. 그러나 2005년 들어 마침내 노조 출신이 사장까지 되는 경우(MBC의 최문순 사장)는 예상을 초월했던 파격적인 경우가 아닐 수 없다. 이는 지금까지 순수한 저항에 머물렀던 노조 활동을 상당히 변화시키기에 충분한, 꼭 그렇지는 않더라도 재평가가 반드시 필요한 그런 경우로 볼 수 있다.

그러나 결론부터 말한다면 대체로 KBS와 MBC의 경영진과 노조의 협력의 사례에서, 더 나아가 1999년의 방송개혁위원회나 나중의 방송위원회에 대한 시민단체의 참여에서 나타난 일종의 연합 또는 협상 체제로서의 방송-코포라티즘('사회조합주의'; 황근 · 최영묵, 2000)은 '절반'의 의의 이상을 찾기 힘든 것으로 보인다. 이후의 바뀐 정부에서 두드러진 대로 '가역이 불가능한 irreversible' 수준의 제도화에는 실패했고(달리 말해 '개혁'은 일회성으로 끝났고),[428]

427 물론 이형모는 부사장 취임 후 불과 1년 만에 직을 그만두므로 다소는 미흡한 사례가 되지만, 그렇다 하더라도 그의 임명이 달라진 세태를 보여 주기에 부족함이 있지는 않다.

428 KBS의 경우, 정연주 사장 당시 노조위원장이었던 김영삼은 한 인터뷰에서 "KBS 사장은 정치적 영향을 받을 수밖에 없다. …… 만약 몇 년 후 '다른 정당'이 집권을 하고 KBS 사장이 바뀔 경우, 현재의 이 같은 변화가 다시 '원위치'되거나 기존 조직 체계로 돌아갈 가능성은 없는 것일까?" 하고 강한 반문을 하는 기자에게 "한 번 '민주화'를 맛본 사람은 다시 '권위주의'로 돌아가려고 하지 않아요"라고 단호하게 부정한다(민임동기, 2004). 마치 이전 1987년의 민주화가 그랬던 것처럼 가역이 불가능하다는 것이다. 로비 · 성추행 사건으로 탄핵된 이전 노조를 의식해 조금 더 개혁적이었던 이 집행부의 노력은 그러나 곧 이은 노조위원장 선거에서 반대 진영인 '사생결단' 후보의 승리에 의해 쉽게 부정되고 만다. 바뀐 노조는 당시 보수 야당과 행보를 같이 해 새로운 '코드'를 형성시킨다. 지금 시점에서도 이를 간단하게 판단할 수는 없지만, 당시 김영삼 노조가 조직 개편과 코드 문제에서 역공이 가질 심각성에 대해 좀 더 깊이 고민했어야 하는 점은 분명한 듯하다.

역공까지 받아 저항과 민주화의 가장 중요한 기초 조직인 노조가 보수화, 결국은 이원화까지 되었기 때문이다. 나중에 다시 살펴보지만 시민운동 전반 역시 서영표(2013)의 신랄한 비판처럼 '시민운동의 시민활동가운동으로의 전락'까지는 아니라 해도 몇몇 두드러진 중요 인물의 정치적 부각 외에는 큰 성과를 내지 못한 게 사실이다.

물론 이런 코포라티즘적 인물들이 전임자들에 비해 다른 이력과 사회관, 개혁적 정책관이나 경영관을 가진 점은 틀림없다. 특히 제작 현장의 목소리를 누구보다 중시했던 정연주 사장 때, KBS는 가히 르네상스라 해도 과언이 아닐 만큼 모든 지표가 상향되었다. 방송의 개혁적·비판적 목소리 역시 이전과 비할 바 없이 크게 커졌다[429](박진형, 2006). 그러나 KBS 내부는 조직 개편의 여파로 정 사장에 상당히 비판적이었는데, 그 가운데서도 정 사장의 경영 기조는 잘 드러난다.

당시 노조가 2006년에 실시했던 설문(KBS 노보, 2006. 4. 6)을 보면, 정연주 사장 때가 '좋아졌다'는 응답이 '나빠졌다'보다 많이 나온 항목은 '프로그램의 경쟁력'(좋아졌다 43.2%, 나빠졌다 19.6%)과 '자율성·민주성'(좋아졌다 30.6%, 나빠졌다 30%)이었다. 'KBS의 공영성'(나빠졌다 31.7%, 좋아졌다 25.6%)도 다른 항목보다는 높게 나왔으나 '좋아졌다'보다는 '나빠졌다'는 평가가 더 많았다. 이외에 '정치·자본으로부터의 독립', '조직 내 결속력·응집력', '임금·후생복지,' '지역 방송 경쟁력,' '경영 성과,' '노조와의 관계' 등은 모두 나빠졌다는 응답

429 이와 관련해 FTA 보도에 대한 전 청와대 비서관 정태인(2007)의 KBS·MBC 비판은 정연주·최문순의 총체적인 평가와 관련해 귀담아들을 만하다. 정태인의 비판의 요지는 간단하다. FTA에 대해 '사실 보도를 해야 된다,' '최소한 균형은 이루어야 한다'는 주장이다. 그러면서 그는 "현재의 이 어마어마한 역사적 사건을 해석하는 일에 사장이 아무런 권한도, 심지어 책임도 없다고 믿는 건 아니겠지요?"라고 반문한다. 2008년의 정연주 사장 불법 해임과 FTA·광우병 반대의 촛불시위가 맞물린 것을 생각해 보면 역사의 아이러니를 느낄 수 있다.

이 압도적이었다. 당시의 개혁성에 비추어 '정치·자본으로부터의 독립'이 낮게 나온 점은 이른바 코드를 부정적으로 해석한 결과라고 보인다. 이를 종합하면, 정연주 사장은 KBS 내부나 구성원보다는 대외적 경쟁력이나 제작의 자율성에 깊은 관심을 기울였고 여기에서 일정한 성과를 거두었음을 알 수 있다.

그러나 정작 일부 시민사회의 기대는 달랐다. '판'을 바꾸어야 하는데 기존의 '판'에 적응하는 데 그쳤다는 것이다. 예컨대 당시 한 시민단체의 간부는 다음과 같이 말한다. "'정연주'라는 상징, '최문순'이라는 상징이 들어가서 할 일은 판을 바꾸는 것이었다. 그러나 기존 판을 정교하게 만드는 것에 어설프게 빠져버렸다. 기존 경영에 대한 반성과 평가를 통해서 새로운 자기 경영 전략을 잡았어야 했다. 그러나 종전 체제를 단순히 계승하며 지금과 같은 문제를 만들어 냈다"(양문석 당시 언론연대 사무총장; 새언론포럼, 2008, p.379).[430]

특히 노조의 입장에서 이들의 존재는 이중적이었다. 한편으로는 세력화를 도왔지만, 다른 한편으로는 바로 그 세력화로 인해 정체성이 훼손되기 시작한 것이다. 특히 전직 노조위원장이 사장이 된 MBC에서는 노조의 권력 '도취'가 문제로 등장했다. "결국 핵심은 노조의 조직력이다. 현실적으로 노

430 그러나 판을 바꾼다는 것이 의미하는 바는 분명치 않다. 맥락으로 보아 아마도 뉴 미디어–시장 위주의 정책 판이나 여전히 작동되는 대통령·여당과 공영 방송 사이의 '눈에 보이지 않는' 커넥션, 또는 정당에 의해 구성되어 지나치게 정치화된 방송 거버넌스를 바꾸는 문제 등인 듯한데, 과연 이를 KBS나 MBC 사장이 해낼 수 있는지는 선뜻 말할 수 없다. 만약 KBS로 영역을 좀 더 좁혀 '프로그램 판'의 변화, 곧 2TV의 획기적 변화를 중심으로 한 KBS 전체의 탈시장화 같은 것을 목표한다 해도 광고가 재원인 '판'을 바꾸지 못한다면 이 역시 해결할 수 없다. 또 기존 KBS가 가진 보수성의 판을 완전히 바꾸는 것도 포함될 수 있는데, 이 역시 짧은 임기의 사장에게는 버거운 일이다. 물론 그렇다고 한국 방송에서 이런 판의 변화가 불필요하다는 뜻은 결코 아니며, 정연주 사장 등의 개혁이 적어도 담론의 수준에서라도 기존 체제나 KBS, MBC 내부에만 머문 한계는 있다고 생각한다.

조가 파업을 주동할 수 있는 힘 말이다. 그 위력 덕분에 사실상 지난 20년간 노조라는 타이틀이 먹혔다. 그래서 …… 노조의 이름으로 사내에 헤게모니까지 가지게 되었다. 이후 우리 사회가 변하면서 노조가 순치됐다는 지적이 있지만, 그보다 나는 이런 성과에 스스로 먼저 도취하지 않았는지 반성해야 한다고 생각한다. 순치 이전에 도취다"(정길화 당시 MBC기획조정실 팀장; 새언론포럼, 2008, pp.379~380).

KBS에서는 반대로 노조의 보수화를 낳았고 결국에는 이원화까지 불러 어떤 면에서는 좀 더 악영향을 끼쳤다. 1990년대만 해도 공영 방송의 경영은 '땅 짚고 헤엄치기'였다. 비록 인상은 되지 않았지만 전기료 병산으로 수신료가 안정되었고, 광고 시장 역시 성장 일로여서 굳건한 믿음을 주었기 때문이다. 그러나 수많은 명퇴자를 낳은 IMF 위기를 거치면서 또 뉴 미디어의 계속된 도입에 따른 무한 경쟁이 펼쳐지면서 KBS의 노동 지위도 상당히 불안해졌다. 이런 가운데 정연주 사장이 취임했고, 앞서도 언급한 대로 조직이 개편되었다. KBS가 창의적 조직이 되기 위해서는 꼭 이 방향이 아니더라도 변화가 필요했던 것은 틀림없어 보인다.

그러나 효율성을 높이기 위해 간부직의 수를 대폭 줄이는 대팀제가 파격적으로 추진되면서 많은 반발을 불러 일으켰다. 가장 큰 문제는 앞서 조직 부분에서 지적한 대로 과도기를 고려하지 않은 채 처음부터 '최대주의'를 지향함으로써 IMF 이후 높아진 고용 불안에 대한 방송 직업인들의 공포감을 자극한 점이다. 특히 이는 수가 많은 기술직[431]과 광역 단위로 구조 조정된 지

431 기술직의 경우에는 이런 공포감이 전혀 근거가 없지도 않다. 잊어버릴 만하면 나오는 '송신공사 건'이 그러하다. 옛날 일이지만 한때(1984) KBS의 기술직 직원이 한국통신으로 강제 이관된 사건도 있었다(강동순, 2006). 노조위원장 선거 당시에도 당시 위원장이 된 팀은 2000년에 작성된 구조 조정 문건을 마치 현재의 것처럼 몰아 이런 공포감을 더욱 자극했다(〈프레시안〉, 2004. 12. 4). 다음의 주 432에는 이와 연결되어 오해를 불러일으켰던 '물갈이할 수 있는 퇴출

역 방송인들에서 심하게 나타났다. 개편이 특정 직종(PD) 위주로 노골화된 점[432] 역시 다른 직종들의 반발을 빠르게 확산시켰다. 당시 노조가 이런 대팀제에 동의함으로써 조직 내 위화감이 조성되기 시작한 점은 '일인 일표제'를 가진 노조가 변질될 수 있는 가능성을 높였다.

(3) KBS노조의 이원화와 전망

2004년의 '사생결단,' 2006년의 '복지 대박' 노조가 등장하면서 보수화된 KBS노조는 2009년 기자·PD 등이 중심이 된 기존 언론운동 세력이 '새 노조'(KBS본부노조)를 출범시킴으로써 마침내 이원화된다. 여야가 바뀐 이명박 정부가 출범하고 새 정부가 정연주 사장을 불법 교체하면서 KBS의 지배를 다시 시도하는 데 반발한 것이다. 이렇게 노조가 이원화되면서 낳는 문제의 심각성은 단순히 '나누어져 불편하다'는 수준을 훨씬 뛰어 넘는다.[433]

먼저 이원화된 근본적인 이유가 단기간에 변화되기 어려운 구조적 수준의 문제라는 점이 지적되어야 한다. 앞서 언급한 대로 KBS노동조합은 정연주 사장 시절 보수화되기 시작했는데, 직접적 이유는 정연주 사장의 조직 개편에 대해 당시 노조 집행부가 오히려 우호적인 태도를 보이면서 반발을 자초했기 때문이다. 사실 노조로 보든 KBS 전체로 보든 KBS인들의 평균적인

구조'라는 사장의 말이 나온다.

432 당시 정연주 사장은 〈한국일보〉(2004. 8. 23) 인터뷰에서 "우리 PD들은 정말 천재들이다. 다만 새로운 인력 충원이 필요한 분야에서 물갈이할 수 있는 퇴출 구조가 없다는 것이 문제다"(강조는 인용자)라고 말했다. 사실 이는 특정 직종을 중시하면서 했던 말은 전혀 아니었지만, 정연주 사장의 조직 개편에 부정적이었던 이들이 공격의 빌미로 삼기에는 충분했다.

433 이를테면 노동법의 복수 노조 조항(29조2) 같은 것이 그러하다. 2009년에 개정된 노동법은 복수의 노조가 단체 교섭할 때, 창구를 자율적으로 단일화해야 하고 그렇지 못할 경우에는 과반수 노조가 대표가 될 수 있게 했다. 이로 인해 한 노조(본부 노조)는 자신보다 조합원 수가 많은 다른 노조(KBS노조)에 아예 교섭 창구 자체를 빼앗길 수 있는 위험성이 있다.

의식이 공영 방송이나 민주화 이념에 투철하다고 보기는 어렵다. 오히려 노동 특성이 이런 이념과 거리가 있는 비방송직[434]의 숫자가 훨씬 많다. 그러나 직종별 수는 관행적으로 조절해 온 것이므로 단번에 획기적으로 바뀌지는 않는다. 만약 KBS의 인력을 조정한다면 수가 많고 제작과 직접 관련이 없는 비방송 직종에 먼저 손을 대야하므로 효율화의 압력이 강해지면 강해질수록 이들이 느끼는 공포감이나 자격지심은 다른 직종보다 훨씬 커진다. 2004년 노조의 선거 결과는 크게 볼 때 결국 조직 개편이 추구하는 경량화와 효율화의 리스크를 어떻게 분담할 것이냐를 놓고, 직종 사이의 차이 또는 직종 간 합의의 부재가 크게 작용했던 것이다. 이런 뿌리 깊은 갈등에 효율화의 불가피성이 상존한다면, 양 노조의 차이는 쉽게 좁혀질 수 없다.

둘째, 이원화의 원인이 '정치화'의 효과라는 점에서 직종·이념 사이의 간극이 크게 벌어졌고, 그 결과 노조 내부의 응집력이 이미 상당히 취약해졌다는 점을 들 수 있다. 당시 정연주 사장과 노조 집행부는 노무현 정부의 상대적 진보성에 호응하는 정치적 동맹 관계를 맺고 있었고, 이에 반발한 이후의 복지 노조는 이 동맹에 진영적으로 대립하는 한나라당 정부와 이에 의해 임명된 사장들이 함께 하는 '보수 동맹'[435]을 결성했다. 그러므로 현재의 이원

434 흔히 (제작) 지원 인력으로 불리는데, 기술직을 비롯해 경영직이나 행정직 등을 말한다. 운영하는 매체가 많은 KBS의 경우 이 직종의 수는 제작 인력보다 훨씬 많다. 앞서 언급한 대로 이들은 방송 노동의 성격상 '비창의적' 인력이 되어 각종 효율화 압력의 대상이 되어 왔다. KBS의 개혁 필요성과 정연주 사장의 조직 개편은 이들 지원 인력의 상대적 박탈감을 자극해 노조 위원장 선거 때의 '배반'을 초래했다.

435 그러나 이 보수 동맹이 자기모순을 갖고 있다는 점은 반드시 지적되어야 한다. 지금까지 보수 측은 KBS에 강도 높은 구조 조정을 요구해왔고(2007년 KBS의 수신료 인상 시도 때, 당시 야당인 한나라당의 중심 논리였다; 정연우, 2010), 대상은 주로 복지 노조를 지지한 비제작 인력 집단이었다. 이로 볼 때, KBS노조의 보수 동맹 편입은 구조 조정을 원천적으로 막는 일종의 '보험'의 성격을 지니며, 지금까지 살펴본 서구 공영 방송의 모범적인 자구 노력과는 정면으로 배

화는 이런 정치 커넥션이 반영된 것으로 볼 수 있고, 한국 사회가 이미 이념적으로 분열된 만큼 KBS 역시 쉽게 합쳐지기 어려울 것이라는 전망이 나온다. 정치-거버넌스에서 시작되는 도구화나 동형화가 마침내 노조에까지 파고든 것이다.

셋째는 이제 노조의 집단행동이 가지는 효과가 아무래도 분산되지 않을 수 없다는 점이다. 앞서 표 50에서 본 대로 두 노조는 2010년 이후 파업도 각각 했고, 제기한 요구도 달랐다. 이는 이전의 단일 노조가 지녔던 파괴력이 줄어든다는 현실적 측면 외에 경영 측의 분할 지배divide & control가 효과적으로 구사되어 두 노조가 같은 목표와 방법을 가지는 연대 활동이 어려워질 것이라는 전망을 우세하게 한다. 특히 할리우드에서처럼 작업 현장에서의 이해의 괴리가 노조의 결정으로도 이어질 가능성이 높다.

물론 이런 이원화를 크게 보지 않을 수 있는 다음과 같은 예상도 있을 수 있다. 첫째, 다른 나라의 노조들은 이미 오래전부터 나누어져 있다는 점에서 노조의 분화를 자연스러운 것으로 받아들일 수 있다. 직종의 특성에 따라 활동하면 오히려 자신에 맞는 아젠다를 제때 제기할 수 있고 이에 따라 내부 응집력도 훨씬 커질 수 있다.[436] 또 캐나다의 사례 등에서 본 대로 최근의 이 분야 추세인 융합이나 글로벌화에 발맞춰 노조운동 또한 연대와 융합으로 가는 것을 보면, 꼭 과거와 같은 단일 노조가 아니더라도 얼마든지 단일화의 효과를 내는 활동이 가능하다. 최근 분리된 노조 사이에서 맺어진 '공정

치되는 것이다. 정연주 사장이 불법적으로 해임된 이후 KBS는 기존의 국부장제로 돌아가면서 오히려 간부직의 수를 늘렸다. 이는 기술직이 주도하는 이른바 1노조를 의식한 것이다. 희한한 것은 2010년의 수신료 인상 시도 당시 1000명 감축안에 노조가 동의했다는 점이다.

436 2012년의 본부 노조의 파업 때에는 과거와 달리 참여의 순도가 높았는데, 노조 부위원장은 이 점이 이전의 노조와 다른 점, 곧 분리의 장점이라고 주장했다(홍기호, 2013). 분리를 통해 집단 내의 동질성이 오히려 더 커졌다는 말이다.

방송위원회의 구성·운영 합의'(2013. 2.27)는 이의 예가 된다.

둘째, 공영 방송인의 판단 기준에는 그것이 경영진이 되었건 노동조합이 되었건 공영 방송의 이념에 대한 충실도가 크게 작용한다. BBC의 노동자들이 톰슨 사장의 대대적인 감원 계획을 받아들일 수밖에 없었던 것도 자신이 받는 돈의 출처가 국민이 직접 부담한 것이고, 자신의 희생으로 절약된 돈이 제작의 질을 높이는 데 사용된다는 점 때문이었다. 이런 공영 방송의 정신은 설사 이념적으로 분리가 되었다 하더라도 공감의 기반을 작지 않게 만들어 줄 수 있다. 같은 맥락에서 이원화의 원인이 된 정치화나 권력 커넥션은 누가 봐도 반공영 방송적인 것이므로 정치화로 야기된 서로의 피해가 분리의 이익보다 훨씬 더 크다는 셈은 자명한 것이다.

이런 인식은 예컨대 정치의식에도 적용이 가능하다. 지금까지 방송 노조와 그 주도 세력에 대한 보수층이나 기술직의 경계에는 이들이 가진 것으로 보이는 이념적 성향, 곧 진보성에 대한 반감도 작용했다. 이 점이야말로 서로 다른 정치적·권력적 동맹을 낳는 원인이었다. 그러나 사실 따져 보면 한국 방송의 역사에서 가장 큰 문제는 정치에서 방송으로 내려오는 후견주의적 위계가 낳는 도구화와 이의 결과물인 편파성이지,[437] 일부 노조원이 가지는 이념이 아니다.[438] 노조운동은 "방송의 고유 기능은 …… 전적으로 방송인에게 맡겨져야 한다"(문화방송 노조 창립선언문)고만 주장하는 것이다. 노조의 이념

437 예컨대 MBC의 경우 이용마 당시 노조 홍보국장은 파업의 가장 큰 이유가 사측의 단체 협약 파괴에 있다는 점을 분명히 밝혔다. 사측은 공정성에 대한 노조의 요구가 담긴 공정방송협의회를 회피했다(홍유진·이용마, 2012). 이처럼 문제는 노조의 특정 이념이나 정치성이 아니라 우리 사회가 합의한 민주적 가치를 파괴하는 후견주의다.

438 이 이념이 정말 있다면 과연 얼마나 진보적인지, 얼마나 정치적인지, 그런 이념을 조합원들이 얼마나 공유하는지 등에 대해서는 알려진 것이 전혀 없다. 그저 가정해서 그렇다고 생각할 뿐인데 물론 매우 위험하다.

성은 특정한 주의에서 나온 것이라기보다는 앞서도 언급한 것처럼 오히려 후견적 위계를 반대하기 위한 '기능적 자세'일 가능성이 높다. 물론 비방송직의 경우, 이런 기능이 상대적으로 덜하므로 이념성도 약하다. 한국에서 방송의 전문직주의가 다른 나라와 달리 기자·프로듀서협회 같은 직능 조합이나 언론노동조합과 같은 산별 조직이 아니라 개별사의 노동조합을 통해 발전한 이유도 이런 개별사 내에서 작동하는 후견적 개입에 대응하는 투쟁이 인력의 성장에 큰 영향을 미쳤기 때문이다.[439] 물론 이처럼 행동 단위가 개별사가 되면 자사 이기주의가 같이 형성되어 산별 조직이 제대로 기능할 수 없게 된다.

셋째, 집단행동의 분산은 결국 노동조합원 개개인의 피해로 돌아갈 것이라는 장기적 전망에 대한 상호 인식이다. 노동조합의 활동에는 표현의 자유와 관련된 정치적인 것 못지않게 노동자의 복지와 일상적 삶에 대한 인식도 큰 비중을 차지한다. 캐나다의 사례에서 본 대로 만약 공영 방송에서도 비정규직 문제가 현재의 고용 구조까지 위협한다면 지금의 이원화된 구조에서도 쉽게 연대 활동을 벌일 수 있고, 이런 의제가 계속 발생한다면 굳이 분리되어 있을 이유가 없다. 노조에 대해 자주 언급되는 비판인 이른바 '이기주의'[440]에

439 2012년의 파업에서도 이런 성과는 컸다(최선욱, 2013). 파업 당시 조합원들은 '리셋KBS 뉴스'와 '민간인 사찰 보도' 특종을 인터넷을 통해 방송했다. 이런 활동은 이후 해직 기자들이 만든 인터넷 독립 언론인 〈뉴스타파〉의 창립으로 이어졌다. 파업에 참여한 조합원들은 입사 1년 차에서부터 10년차까지 넓은 분포를 가졌는데, 지난 1990년의 4월 투쟁의 경험으로 미루어 볼 때, 이들의 파업 경험은 당장이 아닌 나중에 더 좋은 결과를 가져올 수 있다. 이 책에서 다루기에는 여유가 없지만, 2014년 세월호 참사 당시 중견과 일선을 합쳐 KBS 종사원들이 보여 준 일사불란한 사장 퇴진 투쟁은 이런 과정이 모인 결실이라 할 만하다.

440 한국의 방송판에는 완전히 맞지도 않으면서 그렇다고 완전히 거짓은 아닌 그러면서도 마치 진리처럼 떠도는 말들이 있는데, '노조 이기주의'는 그중 하나다. 이와 유사한 차원이면서 함의에서는 대각에 있는 용어가 '매체 균형 발전론'이다. 노조 이기주의는 노조가 대의명분을 내세우는 것 같지만 사실은 자신의 사익을 위해 행동한다는 것이다. 매체 균형 발전론은 다양한 매체들이 어느 한쪽만이 아닌 균형적으로 발전해야 하고 이를 위해 모든 매체를 같이 취급해서는 안

대해서도 마찬가지의 논리가 적용될 수 있다.

(4) 2012년 방송 대파업의 결산

한때 언론 노조(방송 노조)가 주도했던 "한국 사회의 제도 변화 운동은 낙하산 인사에 대한 거의 완벽한 방어까지 포함해 대부분 현실화되었다"(양문석 당시 언론연대 사무총장; 새언론포럼, 2008, p.372)는 평가를 받기도 했지만, 2012년의 '방송 대파업'은 기록적인 일수와 참여 열기에도 불구하고 실패하고 말았다.[441]

된다는 것이다(비대칭 규제의 정당성). 균형 발전론의 반대말은 '불균형 특혜론'이지만 사실은 '적자생존'도 반대말이다. 경쟁을 거쳐 적자가 생존한 결과가 균형적이기는 매우 어렵기 때문이다. 이러한 말들은 헷갈리기 쉽고 나올 때마다 함의가 달라 진위를 꼼꼼하게 잘 따져 볼 필요가 있다(매체 균형 발전에 대해서는, 박규장 · 최세경, 1998). 공영 방송 제도가 있는 나라에서 대부분의 공영 방송은 일정한 특혜 아닌 특혜를 받는다. 수신료 재원과 지상파 독과점, 콘텐츠 우위 등이 그것이다. 만약 다양한 매체들(당연히 신생을 포함한다)이 균형적으로 발전하려면 지상파 방송의 시장 점유를 어느 정도는 제한해야 한다. 예컨대 오랫동안 금지되어 왔던 지상파의 종일 방송이나 지금도 하지 않는 중간 광고를 포함한 광고총량제, 지상파 다채널 방송(MMS) 같은 것이 좋은 실례다. 그러나 이렇게 지상파 방송의 활동 영역이나 이익 창구를 제한하면 공영 방송도 같이 위축된다. 만약 공영 방송의 종사원이라면(노조든 아니든), 이런 위축을 용인하기 어렵다. 물론 지상파가 사실상 시장을 독점했던 2000년대 초반까지만 해도 이런 반발은 엄살에 가까웠다. 그러나 지금같이 지상파의 시장 점유가 계속 줄어드는 유료-시장판에서는 최소한 아니다. 공영 방송인이 균형 발전에 반대하면 이기적인 것처럼 보인다. 자신이 몸담고 있는 방송을 지키기 위한 것이므로 이기적이지 않은 것은 아니다. 그러나 공영 방송의 게토화에 대한 반대에는 분명히 공적인 요소가 있다(우리 공영 방송이 정말 이념대로는 아니므로 이 공적인 요소는 좀 '약하다'고 말해야 할 것 같다). 또 이와는 반대로 균형 발전론은 자신의 사적 이익을 주장하면서 이를 균형이라고 부른다. 왜 경쟁해서 우열이 가려져야 하는 시장 인자들이 균형이 있어야 하는지에 대한 정당한 이유는 당연히 있을 수 없다. 사적인 것 같지만 공적인 요소가 있는 행위가 이기주의로, 정의로운 말 같지만 사익적 요소가 있는 주장이 균형 발전론이다. 이런 용어들이 우리 방송판에는 너무 많다.

441 물론 실패의 판단은 외형적인 것이다(주 424 참조). 김인규 KBS 사장은 2012년 11월 임기를 디힌 후에야 물리났으며, 김재철 MBC 사장 역시 2013년 주총 때 가서야 해임되었다. 당시 파업 철회의 명분이 된, 8월 새 방문진 이사진을 통한 문화방송 정상화라는 '여야 합의'는 근거

이는 방송 노조의 미래와 관련해 크게 다음과 같은 두 가지의 생각할 거리를 남겼다.

첫째는 정부(여당) 측의 대응이 지금까지와 사뭇 달랐다는 점이다. 앞서도 잠시 언급한 대로 그간 사람을 둘러싼 인사 투쟁은 대부분 성공했다. 명분이 뚜렷하고 노조원의 응집력 또한 상대적으로 컸던 게 이유였다. 특정 인사의 거취 문제이므로 정부 입장에서 교체 등의 대응이 용이했다는 점도 요인이 되었을 것이다. 그러나 2012년의 투쟁 때는 달랐다. 이때 정부는 "언론노조의 존재 의의를 최소화함은 물론, 최대한의 방법을 동원하여 이른바 사회적/정치적 존재로서의 노조를 차단/정리했으며 …… 파업을 상식적인 차원과 순리적인 방식으로 해결할 뜻도 의지도 애초부터 없었다"(김평호, 2012, p.23).

이런 강경 대응은 노조의 이원화와 파업 투쟁까지를 일정하게 각오한 듯 보이는 김인규 사장의 노골적인 회전문 인사 때부터 이미 조짐을 보인 것이기도 하다. '잃어버린 10년'이 방송 노조의 활동에 대한 유화적 대응과 관계가 있다고 본 정부 측은 다방면에 걸친 억압책을 구사했다. 2004년 이래 보수화된 KBS노조의 경우에는 대리인agent 심기와 보복 인사·징계를 통해 진영화를 조장, 결국 이원화를 야기했다. 새 노조의 파업 투쟁에 대해서는 노조와 야당 사이의 친화성, '낙하산 사장 거부'의 반복성 등을 이용해 '정치 파업'으로 몰았다.[442] 이 때문에 이전에는 유리했던 선거 국면은 오히려 노조에 부담이 되었다. 이른바 강성 노조로 불만이 컸던 MBC의 경우에는 대체 인

없는 소문이었거나 지켜지지 않았다(〈한겨레신문〉, 2012. 11. 8).

442 앞서 독일의 사례에서 본 대로 언론인의 노동은 언론인 개인의 표현의 자유와 관련되어 불가피하게 정치적일 수밖에 없다. 그런 면에서 언론인의 노동 조건을 보장하기 위한 노동운동과 언론의 자유로운 표현을 위한 언론운동은 사실상 차이가 없다. 특히 낙하산 사장이 가진 부당한 정부의 방송 지배에 대한 반대는 '언론·노동'운동의 핵심이다. 이를 마치 해서는 안 된다는 의미로 '정치 파업'이라 하는 것은 마타도어나 다름없다.

력(시용직)까지 채용하는 극약 처방까지 동원해 파업의 영향을 차단했다. 당시 관계자들 사이에는 파업의 영향이 〈무한도전〉만 보지 못하게 할 정도로 미미했다는 자조 섞인 평가가 많았다.[443] 노조 내부의 전열은 여러 증언(정청천·장홍근, 2013; 홍유진·이용마, 2012)대로 큰 문제가 없었다. 그러나 정부의 강경 전략은 총선의 승리에 힘입어 결국 파업을 철회시켰고,[444] 결과론이기는 하지만 2012년의 대선을 승리로 이끎으로써 실효성을 증명했다.[445] 그러므로 이제 노조는 정부를 대리한 '강경 일변도 경영진'이라는 어찌 보면 구태의연하지만, 다르게 보면 새로운 적을 만난 셈이다.

이를 구조적으로 보면, 한국 정치의 승자독식제, 양당제가 낳은 제로섬 게임의 결과이다. 또 진보/보수를 떠나 일정하게 되풀이된 정부의 방송 지배 현상과 단임제 대통령의 정해진 레임덕이 초래한 숙명적인 귀결점이기도 하다. 그런 면에서 '낙하산 사장'은 임기 동안 통치력을 이어가야 하는 대통

443 물론 프로그램 대체는 겉보기, 시간 때우기 차원에서만 그럴 듯 했을 뿐 속내까지 그런 것은 결코 아니었다. 다만 프로그램이 아예 결방되었던 이전과 달랐고, 시청자에게 더 많은 대안이 존재했다는 점에서 영향력이 작아졌을 뿐이다.

444 실패의 원인으로 2012년 총선의 야당 패배를 드는 사람이 많다. 당초 전망이나 기대와 완전히 반대되는 결과를 낳아 파업 투쟁의 장기화를 초래했기 때문이다. 선거에 의존하는 것을 두고 노조 투쟁의 정치화를 비판하는 이들도 있다. 그러나 노조가 반대하는 편파성이나 '낙하산' 인사는 그 자체가 정치적 산물이다. 정치적인 것에 대한 반대가 비정치적인 것이 될 수는 없는 노릇이다. 물론 임박한 선거의 결과와 권력자의 시혜에 공영 방송의 향배를 걸 수밖에 없다는 것은 그 자체로 한국 정치와 방송의 큰 한계이다.

445 파업에 대한 야당의 대응은 보기에 따라 직무유기에 가까운 것이었다. KBS의 시청자위원을 역임한 바도 있는 박석운 한국진보연대 공동대표의 다음과 같은 대선 진단은 이를 잘 보여준다. (대선의 패배는) "이 투쟁을 범국민적 투쟁으로 확장시키지 못하고 방송 노조만의 투쟁으로 사실상 방치한 데 따른 필연적 업보라는 생각이 든다. 민주당은 …… 결국 대선 향배에 결정적인 영향을 미칠 방송 환경이 망가진 채로 유시·온존되는 상황을 방조하였던 것이다"(〈프레시안〉, 2013. 1. 17).

령, 선거 승리를 위해 모든 것을 걸어야 하는 여당, 이런 대통령과 여당에 의해 임명되면서 오더를 가지고 내려오는 공영 방송의 사장, 이에 반대하지 않으면 스스로의 정체성을 잃어버리는 공영 방송의 종사원 사이의 필연적인 충돌을 상징하는 단면인 셈이다. 이 충돌에서 한국은 완충이나 협상을 해 줄만한 중간의 점이 지대가 없다. 여야 사이에서 절충점을 찾아내는, 캐스팅보트를 행사할 수 있는 힘을 가진 제3당은 아예 없고, 노사 관계의 중간에서 파국을 막는 영국의 ACAS나 독일이나 오스트리아 등의 편성 규약에 기초한 중재위원회 같은 것이 역할을 할 여지도 사실상 없다.[446] 그런 면에서 대파업 때 보여 준 정부의 강경책은 일종의 '벼랑 끝 전술'로 이명박 정부의 실패와 임박한 대선에 처한 여당의 절박성을 예증한다. 결국 망외望外로 거둔 총선의 승리는 이를 유지할 수 있었던 정치적 조건이 되었다.

둘째, 언론 노조 내부의 문제인데, 그간 노조는 앞서 언급했던 평가와 달리 21세기 들어 노정된 여러 문제들을 해결하는데 실패했다. 그 문제들은 대개 이런 것이다(김평호, 2012). 1990년대 이후, 미디어 시장이 다변화·상업화되는 과정에 대한 대응 역량 부족이다. 예로 신문 노조의 분열을 들 수 있다. 각 노조 간의 자사 이기주의가 등장할 때 문제를 조정할 수 있는 리더십도 없었다. 미디어렙 논의가 대표적인 예이다. KBS의 경우 노조가 분열되는 것을 막지 못했다. 방송 시장의 변화에 대한 인식과 대응 전략도 부족했다. 예로 각종 뉴 미디어의 등장과 외주 문제 등이 꼽힌다. 기업 노조 성격이 훨씬 강해 무늬만 산별 노조인 조직 체계도 변화가 크지 않다. 미디어 분야에서 비정규직 노동자들이 크게 증가하고 있지만 이들과 연대도 아무런 방안이 없다.

이로 보아 언론 노조는 공정성·자율성 같은 과거 패러다임에 여전히 사

446 편성 규약에 대해서는 심영섭(2010)을 참조할 수 있다.

로잡혀 있다. 그러나 이는 언론 노조의 책임이 아니다. 특보 사장의 임명처럼 정치 집단의 전반적 사고 자체가 여전히 방송을 후견주의·도구주의의 산물로 삼고 있어 대응 또한 같은 차원으로 될 수밖에 없기 때문이다. 또 신문 노조의 조락이나 방송의 의무외주 정책처럼 언론이 만나는 모든 문제들을 모두 노조가 해결해야 하거나 해결할 수 있는 것도 아니다. 그러나 다른 측면에서 보면 이렇게 정책과 시장, 조직, 노동 등이 복합되어 있는 문제와 관련해 노조 외에 힘을 낼 수 있는 언론 조직이 딱히 있지 않은 것 또한 사실이다. (다음에 살펴볼) 시민단체 등이 있으나 역시 조직력이나 파급력에서 노조에 비할 바가 아니다.

(5) 노조운동의 성과와 의미

처음 방송 노조가 등장할 때만 해도 아우르는 명칭이나 세력의 중심은 '언론' 노조였다. 그러나 대부분의 신문 노조가 탈락해 버린 지금에 이르러 언론 노조는 오히려 방송 노조가 되었다. 방송 노조는 구성원이 화이트칼라·전문직·고임금 노동자이었으므로 적어도 장기적으로는 계급적 성격을 부정하기 어려울 것으로 전망되었다(장용호, 1992). 정부와의 관계 역시 극단적 대립에까지 이를 것으로 본 사람은 별로 없었다. 그러나 대부분의 현장 인력을 망라한 노조는 태동기부터 공영 방송의 한 축을 확실하게 점유했으며, 지속적으로 방송의 민주화와 제작의 자율성을 주장했다. 또 1990년대 후반 들어 집권한 야당과는 정책, 경영 등에서 일정한 연합 관계를 형성함으로써 정치(권력)적 네트워크도 만들었다.[447] 이때부터 노조는 통상적인 복지나 부당한

447 물론 이는 공식적인 것이 아니고, 야당이 집권한 이후에는 성격 또한 크게 달라졌다. 노조가 정책 소식에 참여한 것은 1998년의 방송개혁위원회 등(나중에는 탈퇴)을 들 수 있고, 경영은 전 노조위원장의 KBS 부사장(이형모, 안동수), MBC 사장(최문순, 나중에 이명박 정부 때 김

노동 통제 같은 고유의 영역에서 뿐만 아니라 사장이나 중간 간부, 직능 조합이 맡아야 하는 경영이나 전문직주의로도 활동을 넓히지 않으면 안 되었고 심지어는 정책에서도 목소리를 내야 했다.

민주화의 산물로서 방송 노조는 1987년 선거 승리로 어렵사리 구체제를 연장했던 당시 보수 정부에 대항하는 과정에서 자연스럽게 반권력적·진보적 이념성을 체득했다. 이는 나름대로 이유가 있었다. 식민지와 군부 독재의 기간이 길었던 한국에서는 기득권층이나 보수 세력(한나라당·새누리당)의 위상이 영국이나 미국 같은 나라와 다를 수밖에 없었던 것이다. 그러나 야당이 집권하면서 이런 정부/반정부와 보수/진보의 서로 일치된 구도에는 일정한 변화가 나타났고, 노조의 입지 역시 달라졌다. 노조가 지금까지와 달리 정부에 반대하지 않고 친화할 수 있는 여지도 생긴 것이다. 물론 이러한 이념성과 실제 정치권력과의 결합은 별개의 문제였고, 실제 2003년에 노무현-서동구에 반대해 벌어진 KBS 파업은 이를 예증한다.

그러나 이념적 친화성은 언제든지 쉽게 인적·조직적 커넥션으로 발전할 수 있는 것이어서 노조로서는 경계하지 않으면 안 되었다. 이런 필요성은 KBS에서는 조직 개편의 역작용으로 보수화된 노조가 등장함으로써 역으로 해소되었지만, MBC에서는 노조위원장 출신이 사장에 선임됨으로써 오히려 더 커졌다. 그리고 KBS노조는 결국 두 개로 갈라져 서로 다른 정치적 동맹하에 진영적으로 정치화되어 버리고 말았다. 어느 조직이나 강경과 온건, 보수와 진보의 노선 차이가 있을 수 있지만 한 방송에서 20년 이상 된 노조가 이렇게 별개의 두 조직으로, 그것도 기술직과 제작직, 정치(민주화·자율)와 경

종국) 임명 등이 주된 사례이다. 정당에의 개인적 참여는 전직 노조위원장이나 주요 활동 인자의 국회 진출 등을 말하는데, 최문순·노웅래·박영선·신경민·박광온 등의 MBC 출신이 민주당에 진출한 예들이 대표적이고 KBS의 경우에는 두드러진 것이 없다.

제(복지)적 요구로 대별되어 나뉜 건 매우 충격적인 일이다.

이는 언론노조에 대한 1990년대의 상반된 전망(임영호, 1995)이 한꺼번에 모두 나타난 것이다. 직업적이고 계급적인 견지에서는 노조의 주장이나 활동이 체제나 권력의 한계를 벗어나지 못할 전망이 우세했다. 기술직이 중심이 된 지금의 KBS 다수 노조('KBS노조')에 적확하게 어울리는 것이다. 정치적이고 언론적인 견지에서는 한국의 언론이 지닌 독특한 직업 문화, 특히 권력과 맞서는 것을 높이 평가하는 내부의 전통에 따라 민주화·자율화 투쟁에 매진할 것이라고 전망되었다. 이는 기자·PD가 중심이 되는 이른바 본부 노조('언론노조 KBS본부')에 맞는다. 지금 와서 보면 정치·언론·직업·계급을 포괄하는 직종별 기준이 노조의 활동 경계와 조직 형태까지 결정했다고 볼 수 있다.

특히 중요한 사실은 권력·체제 비판을 중시하는 한국 언론의 직업 문화가 방송보다 더 오랜 역사를 자랑하는 저널리즘의 본령인 신문 노조에서는 급격히 사라졌고, 이보다 '귀족'인 방송 노조에서는 오히려 살아남았다는 점이다. 언론 문화는 시장의 압력이 상대적으로 약하고, 소유주의 강력한 헤게모니가 없으며, 반대로 국가나 사회 같은 공동체의 차원을 그래도 한 번 더 생각하게 하는 공영 방송, 곧 '공공성'을 중시하는 방송에서 유지되었다. 이는 공영 방송이 한국 언론에서 차지하는 독특하면서 바람직한 위상을 다시 한 번 잘 보여 주는 대목이다.

지금까지를 요약하면, 태동 이래 한국 방송에서 노동조합은 정치권력 측의 집요한 도구화와 방송 내부의 관료제적 위계 구조로 인해 조합원의 복지나 부당한 노동 통제에 대한 저항 같은 고유의 영역을 넘어 경영이나 전문직주의, 심지어는 정책에서도 목소리를 내야 했다. 이 점은 유럽의 그 어느 공영 방송에서도 찾아볼 수 없는 한국만의 특징이다. 영국에서는 방송을 포함해 전체 엘리트 사회의 전문직주의가, 독일이나 네덜란드 등의 코포라티즘 사회에서는 사회 각계에 '필라화'되어 있는 시민단체나 조직의 체제 내 비중, 사법부의 판단에 대한 기본적인 존중이 방송의 도구화를 막았다면, 한국 방송에서는 불충분하나마 노동조합이 그 일을 담당했다. 그렇게 볼 때, 일각의 비판에서처럼 한국의 노동조합은 '권력화'된 것이 아니라 오히려 능력 밖의 것까지 감당해 내지 않으면 안 되는 '과부하'에 걸린 것이다.

2. 시민사회: 이중적 난관과 코포라티즘의 실패

1) 미디어 환경의 변화와 '시민－소비자'의 등장

방송에서 시청자는 가장 기본적 존재이지만 개념이 그렇게 자명하지는 않다. 가장 쉽게는 행위('시청')에 중점을 두어 '텔레비전을 시청하는 사람'으로 정의할 수 있고, 한 걸음 더 나아간다면 '시청 가능한 권리를 가진 사람'으로 간주해 국민 전체가 시청자가 될 수도 있다. 시청이 전제되는 전자의 경우에는 '수용자'와 사실상 같은 개념이 되며, 텔레비전 상품(프로그램)을 소비한다는 경제적 측면에 주목하면 '소비자'와도 별반 다르지 않은 개념이 될 것이다. 공영 방송이 보편화 — 가장 전형적으로는 독점 때의 공영 방송 — 되어 있는 사회에서 시청자는 공영 방송에 수신료의 지불과 시청의 행위 등으로 참여하는데, 공영 방송의 입장에서는 이를 '교양적 시민informed citizenry'이라는 하나의 모델로 삼으므로 시청자는 또한 시민이 되기도 한다.

시청자 개념에는 이처럼 '수용자－소비자－국민－시민'이라는 유사하지만 서로 다른 뜻이 함축되어 있다. 대체로 법제적 성문, 특히, 공공성을 강조하는 방송 제도 속에서 등장하는 시청자는 시청 자체보다는 시청 권리와 참여가 중시되는 시민 개념에 좀 더 가깝다. 전통적인 시민적 공영 방송은 "사람들이 프로그램을 계속 보게 하는 식이 아니라 텔레비전을 끄고 사회에 참여하게 하는"(Syvertsen, 2004, p.367) 것이었기 때문이다. 한국의 시청자운동의 효시 격인 KBS시청료거부운동 역시 이런 측면에서 보면 전형적인 '시청자-시민운동'이다. 이 운동은 역설적으로 텔레비전의 거부를 통해 정권에 저항했다.

그러나 주지하다시피 채널의 희소성/공영 독점이 와해되는, 유럽적 시간으로 1980년대에 이르면 방송의 공공성 개념은 크게 약화되기 시작한다. 정치적 공민권의 측면에 집중되었던 방송의 영역이 사회적·경제적 측면으로 확대되는 이른바 패러다임 전환(Van Cuilenberg & McQuail, 2003)이 발생하고, 공영 방송과 짝을 이룬 시민도 소비자·향유자 개념과의 경계가 흐려진다. 이 점에서 시청자 역시 시민을 중심으로 하는 정치적 측면을 포함해 더 개념 영역이 넓어져 '시민-소비자'라는 혼합적 개념이 주목을 받는다. 그림 11은 이러한 개념 변화를 도식화한 것이다.

그림 11을 보면, 사회적 제도(i의 영역)의 측면에서 공영 방송은 시민적 거버넌스에 의해 관할된다. 한국으로 치면 이 거버넌스는 대통령과 의회, 방송통신위원회로부터 내려오는 KBS, MBC의 이사회와 사장으로 구성된다. 제도의 취지대로라면 이들 기구는 국민의 의사를 대표(변)해 사회의 '집합적 필요'를 책임지며, 시청자들의 주권은 이 기구들과 수신료를 통해서 행사된다.[448] 사후 평가에서 공영 방송은 주로 '언론평의회'나 불만처리위원회, 민간 차원의 미디어 포럼 등이 담당하는데, 한국의 경우에는 법제화된 방송통신

448 이 점이 법적으로는 명확하지 않다. 예를 들어 방송통신위원의 경우, "방송 및 정보통신 분야의 전문성을 고려하여"(방송통신위원회의 설치 및 운영에 관한 법률, 5조) 대의 기관인 대통령·국회가 추천만 할 뿐 위원이 국민적 대표성을 지녀야 한다고 되어 있지는 않다. KBS이사회에서도 "각 분야의 대표성을 고려하여"(방송법 46조)라는 문구가 있기는 하지만 이는 맥락상 국민 대표성보다는 사회 기능별 대표성에 더 가깝다. 물론 대의 기관의 추천 행위 자체는 대표성을 어느 정도 띠는 것으로 볼 수 있다.

그림 11. 공영 방송의 시민과 소비자

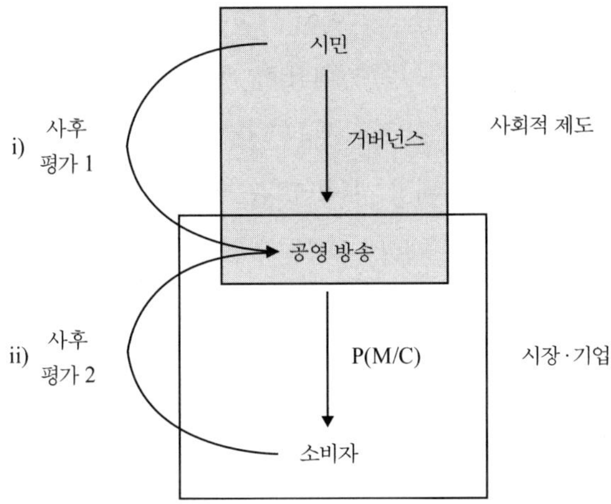

- P(M/C): 공적 서비스(메시지/상품)
- 사후 평가 1: 주로 정치적 측면에서 프로그램을 논평하는 미디어 포럼이나 수용자(프로그램)평의회
- 사후 평가 2: 만족도의 수준에서 프로그램을 평가하는 소비자 패널

심의위원회, 개별 방송사 차원의 시청자위원회 등의 몫이다. 이 역시 시민의 입장에서 공영 방송의 표현적 측면에 대한 감시를 수행한다.

이런 제도적 측면 외에도 공영 방송은 과거의 독점 시대와 달리 소비자의 선택이 중요한 시장·기업의 영역에도 불가피하게 발을 들여놓게 되는데, 여기에서 작동하는 논리는 주로 시청한 개인의 수를 집적하는 시청률(도달률) 경쟁과 가입자 수, 개인적 차원의 만족이다. 앞서의 영역에서 중요한 것이 정치적 차원의 주권이라면, 유료화가 가속되는 이 영역에서 중요한 것은 경제적 차원을 포함한 사회적 차원의 복지이다. 따라서 이 영역이 커지면 커질수록 한편으로는 시장이 가져올 수 있는 실패에 대한 공영 방송의 존재 가치(보편적 서비스)가 중요해지지만, 다른 한편으로는 공영 방송을 넘어 시장에서 시청자들의 권익이 실현될 수 있는 '사회적 복지'가 새로이 부각된다. 달그렌(Dahlgren, 2000)이 제기한 시민·정치에서 사회·문화로의 시민권의 확대는 이를 지적한 것이다. 사후 평가의 측면에서 볼 때, 이 영역은 주로 개인의 만족 여부를 논의하는 소비자 패널 등이 해당된다.

2000년의 통합방송법 제정 시 이념화된 시청자 주권은 주로 사회적 제도인 i의 영역에 중점을 둔 개념으로 볼 수 있다. '국민 주권'에서 파생된 것으로 보이는 '전파 주권'이나 '방송 주권'과 맥을 같이 하는 것처럼 보이는 이 개념[449]은, 그러나 학문적으로 인정된 뚜렷한 정의가 있지는 않으며, 지금까지 주로 시청자운동과 관련해 이념적·선언적 차원의 쓰임을 가졌을 뿐이다. 그러므로 이 개념이 최근 들어 부각되기 시작한 ii영역의 '수용자 복지'와 일정한 갈등 관계를 맺는 것은 당연할 것이다. 물론 양자가 논리적 모순 관계에 있는 것은 아니므로, 사회적·문화적인 것으로 추구해야 할 목표가 늘어나는 일종의 '더하기 해결법'도 충분히 가능하다.[450]

그러나 민주화가 되어도 여전히 취약한 시민의 정치적 권리처럼 시청자의 언론적 지위 역시 그렇게 크게 달라지지 않았고(전규찬, 2012), 그것이 '기본권'이라면 그 이후에 제기되는 (시장) 복지의 문제는 아무래도 그 '다음의 것'이 될 수밖에 없다.[451] 왜냐하면 달라진 조건하에서도 이전의 것, 기본적인 것

449 또 역시 피콕위원회 이래 많이 쓰인 '소비자 주권' 역시 주권이라는 같은 용어를 쓰면서 "이제 권리가 생산자에서 소비자로 넘어 왔다"는 의미의 슬로건을 내세운다. 물론 이는 '선택'에 중점을 둔 것으로 시청자 주권과는 다른 의미이다. 이에 대한 비판은 파웰스와 보웬스(Pauwels & Bauwens, 2007)를 참조하라.

450 이는 예컨대 기존의 '주권'에 '복지'를 추가하는 논법이다(박은희, 2005 참조).

451 이는 영국 정부가 시장 위주의 방송 정책을 펼치면서 시민의 권익을 경제적 소비 행위에 종속시키려 했던 것에 영국 시민사회가 반발했던 점에서도 충분히 예증된다(Livingstone,

이 해결되지 않은 채 여전히 남아 있기 때문이다. 그런 면에서 롤란드(Rolland, 2008)가 국가가 여전히 공익과 시장의 주재자인 노르웨이의 사례를 근거로 패러다임의 전환 주장이나 시장자유주의로의 수렴론을 비판했던 것은 나름의 이유가 충분하다 하겠다.

그러나 그렇다고 해서 상황이 이전과 같은 것은 결코 아니다. 이제 시민은 불가피하게 유료 방송이 보편화된 미디어 시장의 소비자가 되었고, 불충분한 시민권으로 인해 소비자로서도 능력을 발휘하지 못하는 일종의 '이중적 난관'에 처하게 되었기 때문이다. '시민-소비자'로서의 혼합적 존재가 되면서 겉으로는 선택 폭도 넓어지고 풍요로워진 것 같지만 사실 속으로는 병폐가 계속 누적되는 이런 현실은 결국 기존 문제는 해결되지 않은 가운데 모순만 복합적·중첩적인 것이 되어가는 현상이라 할 수 있다.

이 예를 하나 들어보자. 2007년에 불거져 IPTV와 재송신 문제로 처음 불거져 아직도 불씨가 여전한 지상파 방송과 케이블 TV 사이에 프로그램 저작권을 둘러싼 분쟁이 있다.[452] 앞서도 지적한 대로 한국의 방송 체제는 지상파 중심으로, 지상파 방송들은 SBS를 포함해 사실상 모두 '준공영 방송'이라 해도 크게 틀리지 않다. 외견으로만 보면, 지상파 방송의 프로그램(재전송)을 통해 상당한 이익을 보는 유료 케이블 TV가 저작권료를 지불하는 게 맞다. 케이블 TV의 재전송으로 인해 저작권법 85조의 '지상파 방송 동시 방송

Lunt, & Miller, 2007). 이후 영국은 '시민·소비자'를 다소 편의적이고 미봉적인 혼합 개념으로 사용하고 있는데, 사실 존재론적으로 현실을 따져 보면 그런 혼합이 꼭 미봉적인 것만은 아니다.

452 법이 KBS 1TV와 EBS는 의무 재송신 채널로 정하고 있지만 다른 지상파 방송에는 규정이 없기 때문에 이들 채널을 재송신할 경우 유료 방송 사업자와 해당 지상파 방송사 간에 갈등이 빚어질 가능성은 늘 있어왔다. 케이블 TV의 입장에서 재판의 논점에 대한 재검토는 박광배·강민채(2013)를 참조할 수 있다. 현재에는 IPTV의 예를 따라 케이블 TV 역시 (디지털) 가입자당 280원의 재전송료를 주고 있다.

중계권'이 침해되는 경우로 보는 것이다. 그러나 문제는 지상파 방송이 기본적으로 무료인 보편적 서비스에 해당된다는 점이다. 그리고 지금까지 케이블 TV의 재전송이 이 서비스에서 어떤 역할을 해왔느냐는 점이다.

사실을 따져 보면, 그간 지상파 방송은 정책의 빈곤이 주된 이유이기는 했지만 스스로의 태만으로도 자신의 미디어인 무선 방송의 문제점, 곧 난시청을 별반 돌보지 않았다. 케이블 TV가 도입되기 훨씬 이전에도 지상파 방송은 중계 유선(지금은 케이블 TV에 통합되었다)의 절대적인 도움을 받아서 전국적 서비스를 해왔다. 어쩌면 지상파 방송의 프로그램과 중계유선망의 결합은 방송의 보편 서비스를 보완하는 나름의 전형이었던 셈이다. 그러나 지금은 케이블 TV가 큰 부가가치를 낳는 대표적인 유료 플랫폼으로 성장했고, 지상파 방송은 난시청 문제를 더 등한히 해 이제 직접 수신 가구는 전체의 7.9%(2012)로 떨어졌다. 2006년에는 그래도 17.6% 정도 되었다(정용찬 외, 2012). 이 점만 보면 케이블 TV는 오히려 지상파 방송의 보편적 서비스를 대신해서 한 것이므로 결코 저작권을 침해한 것이 아니다.

물론 반대의 사정도 있다. 케이블 TV가 그간 급성장을 했지만 사실 성공의 리스크가 큰 프로그램의 경쟁력 때문은 아니었다. 콘텐츠 산업의 미래를 따지는 정책적 입장에서 보면 배급망에서의 수입이 원활히 제작 측으로 순환되어야 바람직하다. 프로그램 제작을 주도하는 지상파 방송으로 투자가 좀 더 이루어져야 된다는 뜻이다.[453] 또 케이블 TV가 자랑하는 지금의 방송망도 한국통신이나 한국전력 등 공기업들의 국가적 차원의 투자가 들어간 점 역시 부인할 수 없다. 사정이 이러므로 법원 역시 어느 한쪽의 손을 선뜻 들

453 프랑스가 공영 방송의 광고 중단을 결정하면서 이를 인터넷이나 모바일업자에게 세금으로 부과한 것도 역시 콘텐츠의 생산자에게 제작비가 원활하게 회수되도록 한 조치이다(Kuhn, 2010).

어주기가 어렵게 되었다.[454]

그러나 시청자의 입장에서 가장 큰 문제는 무료인 지상파 방송을 보기 위해서라도 유료 플랫폼에 가입해 요금을 물지 않으면 안 되는 지금의 악조건이다. 더구나 이 조건은 KBS의 수신료 지불을 이중적 부담으로 만들어 공영 방송의 정상화를 지연시키기도 한다. 이 점이야말로 과거의 단점이 하나도 극복되지 않은 채 지금 시대에 이르러서까지 문제를 배가시키는 이중적 난관인 것이다. 유럽 시청자의 경우에는 공영 방송을 포함해 지상파 방송이 대부분 수십 개에 달하는 디지털-다채널 방송이므로 유료에 가입할 필요가 현저히 낮다(물론 공영 방송의 수신료는 상대적으로 훨씬 높다).

2) 시청자의 권익 구현과 시청자운동

새로 등장한 혼합적 '시민-소비자' 개념은 공영 방송의 정착과 시청자 주권의 확립이 모두 난항을 겪는 한국의 맥락에서는 패러다임의 전환보다는 오히려 풀어야 할 과제의 중첩성 또는 누적성을 말해 주는 것이다. 또 공영 방송의 문제를 무엇보다도 먼저 해결해야 하는 최우선의 과제로 부각시키는 것이기도 하다. 공영 방송이야말로 시장의 실패도 일정하게 치유하면서 시민의 주권적 지위도 높일 수 있는 방안이기 때문이다. 앞서 서론에서 본 대로 시민사회에서 벌어지는 시청자의 노력에는 간단한 모니터에서부터 수용자의 공식·비공식 교육, 법적 청원, 대안적 미디어의 설립, 액세스의 요구 및 활용, 노조나 전문

454 다른 나라에서도 이런 사정은 쉽게 결정되지 않는다. 유럽의 경우에는 방송사와 배급자 사이의 역관계가 재전송료를 결정했는데, 이 관계에서 우위는 시장의 집중도에 의해 가려졌다. 예를 들어 덴마크의 경우에는 양자 사이의 신뢰가 높아 비교적 방송사 우위로 쉽게 협상이 되었고, 플랑드르에서는 배급 시장이 집중되어 유료 배급자의 힘이 더 셌다(Evans & Donders, 2013).

직협회의 활동, 청문회나 정책 집단의 조직 등 다양한 유형이 있지만, 공영 방송과 관련된 활동은 주로 역사적인 시청료거부운동에서 본 대로 감시 목적의 모니터, 청원과 항의를 위한 집단행동, 준조세(수신료) 거부 등과 방송 내부의 노조 활동, 즉 집단 교섭을 통한 공정위원회 등의 요구, 각종 부당 행위에 저항하는 태업이나 파업 등으로 전개되어 왔다.

시청자의 요구를 반영하기 위한 제도 자체의 노력도 이런 저항과 직결되는 차원에서 먼저 살펴보아야 하는 사항인데, 유럽을 중심으로 볼 때 크게 다음과 같은 네 가지 형태를 띤다(Holznagel & Jungfleisch, 2007). 첫째, 시청자 권리의 법적인 보장(성문화), 둘째, 시청자가 목소리를 낼 수 있는 평의회 같은 기구의 존재와 유력화 여부, 셋째, 시청자의 불만에 대한 방송과 규제 당국의 책임성, 넷째, 방송 관련 공적 기구에서 시청자의 공식적 대표 여부 등이다. 이를 풀어 보면, 시청자들(또는 시청자 대표)이 공적 기구의 의사 결정에 참여해 자신의 의견을 표현하고, 이를 방송과 규제 당국이 의무적으로 따라야 하느냐 하는 일종의 시청자의 지위적 권력 개념, 시청자가 방송 정책 전반의 조정 원리(Puppis, 2010)의 중심으로 자리 잡았느냐 또는 그렇지 않느냐의 여부를 판단하는 것으로 볼 수 있다.

앞서 사장을 비롯한 인선–임명이나 책무성 부분에서 살펴본 바대로 한국의 공영 방송에서 제도적으로 보장된 시청자 이익의 구현 장치는 큰 문제가 없다고 볼 수 있다. 오히려 법조문으로만 볼 때는 모범적인 것이라 해도 과언이 아니다. 그러나 중요한 것은 그런 형식이나 구색이 아니고 얼마나 실질적으로 법 정신을 구현하느냐다. 만약 이렇게 본다면 한국의 경우는 전혀 실질적이지 않다고 해야 할 것이다. 지금까지 공영 방송의 제1주인은 국민이나 시민이 아니라 정부이고 대통령이고 집권당이며 사장이었기 때문이다.

한국의 정부와 공영 방송 사이의 커넥션은 결코 법이나 제도가 권장하는 방향이 아니다. 물론 완전히 배제해 놓지도 못해서 이를 법의 '미비'나 '비고의적 유기' 같은 것으로 부를 수는 있지만 사실 법제가 모든 것을 결정할 수는 없다. 법은 이미 내린 사회적 결정을 추후에 인정하는 것뿐이라는 말이다. 이는 예컨대 공영 방송의 자율성을 잘 보장하는 영국 같은 나라에서 BBC의 주요 인선을 정부가 한다고 해서 정부의 임명이 방송의 자율성을 보장하는 원인이 아닌 것과 같은 이치이다. 정부－임명은 영국 사회의 자유주의적 합의를 효율적으로 실천하는 한낱 형식일 뿐인 것이다. 그래서 BBC는 정부 모델이 아니고 전문직 모델이지만, 그렇다고 정부 개입의 위험성이 전혀 없는 것은 또한 아니라는 점에서 공영 방송의 문제는 늘 팽팽한 긴장을 부르는 '진행형'이다(Humphreys, 1996). 이 점에 비추어 보면, 한국은 한 표라도 더 많으면 모든 것을 가지는 승자독식의 대통령제와 '내 편' '네 편'을 따지는 좌/우 또는 진보/보수의 진영 논리가 법의 미비를 악용해 법 정신을 정면으로 위배하는 도구화를 진행시키고 있다.[455] 한번 여야를 바꾸어 봤으니 중립화의 가치를 모를 리 없지만, 중립화는 당장의 권력이 일단 양보를 해야 시작할 수 있으므로 만약 이 권력이 그런 의도가 없다면 '정해진 수단'만으로 민주화는 어렵다.

455 일반적으로 제도에는 도덕적 의무에 따른 '규범적 측면'이나 제도의 강제적 제재와 연관된 '규제적 측면'과는 다른 차원의 "당연시되는 가정과 집단적으로 공유하는 이해," 곧 '문화적·인식적 측면'이 있는데(Puppis, 2010), 이렇게 도입의 취지와 실제적 적응이 다르면 규범적 측면과 문화적－인식적 측면 사이에 괴리가 생겨난다. 제도를 도입한 당초 취지가 실제 운용에서 사라지고, 그런 운용 자체가 하나의 '문화－인식'으로 굳어지는 것이다. 한국의 문화－인식에서 방통위원회와 KBS·방문진 이사회는 모두 정당·정치화의 도구일 뿐이다. 어떤 정당이든 집권을 하면 (적어도 지금까지는)이런 자리들은 공로자들에게 나눠 주어야 할 전리품이 되어 버리며, 방송의 쓸모나 기능은 그때그때 정치적으로 정해지는 입장에 따라 결정되고 평가된다. 해직 PD 최승호(2013)는 선거 승리로 개혁과 인적 청산을 해야 한다는 기존 체제의 유혹을 떨치고 정치적 중립으로 보수 성향 국민의 지지도 함께 받아야 한다고 주장한다. 기존의 문화－인식을 바꿔야 한다는 말이다.

그런 면에서 앞서 언급한 노조나 지금 살펴보는 시민사회(구체적으로 시민 단체가 중심이 된 각종 시청자운동)가 파업이나 청원·캠페인·시위 같은 각종 '실력 행사'를 통해 이런 도구화에 저항해 온 것은 의의가 크다 하지 않을 수 없다. 법 정신에 위배되지만 막상 법으로 저촉시키는 아무런 장치나 수단이 없는 영역에서는 저항적 집단운동이야말로 시민이 할 수 있는 유일한 것이기 때문이다. 한국의 시청자 단체가 집권당의 정체나 성격과 관계없이 공인된 정책 자문 집단이 되거나 특정한 정치적 편향이 없는 소비자 단체가 되기가 구조적으로 어려운 이유가 여기에 있다. 이런 저항이 그다지 힘을 발휘하지 못할 때도 있었지만, 저항은 저항 자체만으로도 의의를 갖는 법이어서 한국의 방송, 나아가 한국의 언론은 시민운동을 늘 의식하지 않으면 안 되었다.

3) 시청자운동의 양상

홀츠나겔 등(Holznagel & Jungfleisch, 2007)의 조사에 따르면, 대체로 앞서 언급한 네 가지 유형의 시청자의 권리는 영국이나 독일 등을 비롯한 자유주의나 민주주의 코포라티즘의 나라들에서는 균형적으로 잘 보장되어 있지만('균질적 나라들'), 극화된 다원주의 국가들과 네덜란드, 스위스, 오스트리아 등은 상대적으로 등한한 편이다('비균질적 나라들'). 이 밖에 동구권의 나라들은 아직 이런 권리들이 확립되어 있지 않다('발전 도상 중 나라들').

비제도권의 움직임, 그러니까 시청자들이 자발적으로 단체나 조직을 만들어 방송이나 규제 당국에 다양한 요구를 하는 시청자운동은 시청자 권리의 제도권 보장과 반대적 연관이 있기는 하지만 경험적으로 볼 때 꼭 반비례의 관계에 있지는 않다. 즉 제도가 잘 갖춰져 있다고 해서 시청자운동이 없는 것은 아니며 또 제도가 미비하다 해서 시청자운동이 꼭 활발한 것도 아니다. 이를테면 영국 같은 나라에서는 제도와 운동이 같이 활성화되어 있다. 같은 방송 선진국인 독일 같은 나라는 상대적으로 민간 시청자 조직이 적어도 알려진 바로는 그렇게 대단치 않다.[456] 동구권 같은 나라들은 법적 제도도 민간 운동도 모두 저조하다.

일반적으로 공영 방송(의 이념)에는 시청자들의 관심과 참여가 모두 유용하다. 시민운동과 공영 방송은 원칙적으로 지향점이 같고, 공영 방송의 상대인 정부나 시장 같은 권력체를 시민운동이 옹호하는 경우는 잘 없기 때문이다. 물론 이 점에는 공영 방송을 보는 관점 차이가 일부는 작용할 것이다.[457] 그러나 대체로 시민운동은 공영 방송의 '우군'이다. 예를 들어 영국의 시청자 단체 VLV(Voice of Listener and Viewer)는 BBC가 송출 부문을 매각했을 때, 그 대금이 국고로 넘어가지 않고 BBC에 남도록 압력을 가해 성공을 거두었다. 방송 시설 역시 수신료로 구매한 것이므로 BBC와 시청자에 결정권이 있다는 것이다(Collins & Sujon, 2007). VLV는 일반 회원 2500명과 40개가 넘는 제휴 대학을 갖춰 영국에서 가장 큰 규모를 자랑하는 중도적 성향의 시민단체이다.

시민단체 중에는 이런 VLV처럼 시청자운동을 전문으로 하기도 하고 일반적인 소비자운동을 하면서 방송에도 관심을 기울이는 단체도 있다. RNIB(Royal National Institute for the Blind) 같은 맹인 단체는 다른 자선 운동 단체들과 힘을 합쳐 장애인들을 위한 운동과 로비를 펼쳐 텔레텍스트나 자막 방송을 의무화시키는 등 상당한 성공을 거두기도 했다(Collins & Sujon, 2007). CPBF(Campaign for Press and Broadcasting Freedom)를 대표적인 예로 들 수 있

456 주로 영어권 자료에 의존한 판단이지만 큰 오류가 있을 것으로 보이지는 않는다.

457 공영 방송에 대해서는 보수주의적 옹호도 많다. 1980년대에 거세게 불었던 미국에서의 신보수주의는 기존의 자유주의 분위기에 반대해 오히려 예전 BBC 스타일의 엄숙주의나 가부장주의를 옹호했다(Hackett & Carroll, 2006).

는 캠페인 단체들은 특정한 영역을 중심으로 구체적인 이슈를 개발해낸다. CPBF는 1979년 IMF의 긴축 정책으로 영국에 이른바 '불만의 겨울'이 왔을 때, 신문을 주 대상으로 만들어졌다(이름도 Press만 있었다). 1980년대 중반부터 미디어 전반으로 관심 영역을 확대해 한때는 개인 회원이 900명이 넘고 제휴 단체가 472개가 되었으며 연간 수입이 7만 5000파운드에 달한 적도 있었다. CPBF는 같은 캠페인 단체인 중도 성향의 '퍼블릭 보이스Public Voice'[458]나 시청자 단체인 VLV와 달리 정치 성향이 좀 더 좌파 쪽에 가까워 대처 이후 신자유주의 체제가 장기화되면서는 활동이 점차 위축되었다. 그러나 반론권을 제도화한 것은 확실히 이 단체의 공로라 할 만하다(Hackett & Carroll, 2006). CPBF 내부에서의 노선·주체 투쟁은 상당한 보편성이 있어 기억해둘 만한데, 노선에서는 공론장을 주창하는 자유주의와 대안 헤게모니를 앞세우는 좀 더 좌파적인 입장이 대립하며, 주체에서는 주로 기존 언론의 노조적 입장과 공동체 미디어가 중심이 되는 독립 저널리스트들 사이가 상반된다. 제임스 커런James Curran이나 T. 오말리T. O'Malley 등 유명 학자들도 이 단체의 일원이다(Hackett & Carroll, 2006).

이런 단체 외에도 언론을 생산하는 데 직간접적으로 관여하는 각종 비상업적 조직이나 공동체 미디어, 재단 또한 적지 않다. 기존의 언론이 시장에 의해 지배되면서 대안의 필요성이 커지지만 정작 대안 언론은 재원 문제 등 때문에 지속성이 떨어진다는 한계가 있다(Fenton et al., 2011). 재단이나 조직의 존재는 대안 언론의 저변을 강화시켜 준다. 이렇게 영국에서는 VLV처럼 폭

458 해켓과 캐롤(Hackett & Carroll, 2006)은 CPBF와 퍼블릭 보이스 사이가 노선에서 라이벌 관계에 있다고 말한다. 퍼블릭 보이스는 중도 성향이라 구조적 개혁보다는 점진적 변화를 선호해 정책 당국과도 호응하며 상대적으로 대중성도 높은 편이다. 정준희(2004b)는 영국에서 가장 포괄적이고 가장 활동력이 있는 단체로 평가한다.

넓은 의제를 다루는 시민단체, 중도나 좌파를 아우르는 캠페인 단체, 각종 공동체 미디어를 담당하는 조직이나 재단, 기존 언론의 노동조합 등이 미디어 측 시민사회의 외연을 이룬다고 할 수 있다.

한편 시민단체들은 자문이나 청원 등의 활동을 위해 정책 기관들과 일정한 연계를 맺는다. 문화부, 오프콤, BBC 등 대부분의 규제 기관이나 방송과 연계를 맺고 각종 정책에 자문을 해 준다. 영국의 정책 협의에 참여하는 단체들은 방송사업자나 규제 기구를 합쳐 물경 250개에 이른다(정준희, 2004b). 정당과의 연계도 상시적인데, CPBF의 경우 전통적으로 노동당과 가까웠지만 노동당의 노선이 바뀌면서부터 관계가 멀어졌다(Hackett & Carroll, 2006). 그러나 사실 대부분의 정책은 시민운동 측의 주장과는 반대로 움직이는 경우가 훨씬 더 많다. 영국 역시 예외는 아니다. 시민단체들과 핵심 구성원들은 법적으로 보장된 각종 제도에 참여하면서 방송과 정책 당국을 감시·격려하지만 효과는 기대만큼 높지 않다. 물론 이들조차 없다면 신자유주의의 전횡은 더욱 심해졌을 것이라는 점에서 시민운동의 필요성은 미래로 갈수록 더욱 커진다고 할 수 있다.

4) 시청자운동의 변화와 부침

대체로 한국의 시민-시청자운동은 효시 격인 1980년대 중반의 시청료거부운동 이후 크게 세 가지 방향으로 전개되었다(김주언 외, 2008). 첫째는 주로 입법이나 제도와 관련된 청원운동이고, 둘째는 방송의 표현과 관련된 모니터 운동과 일반 수용자를 대상으로 하는 미디어 교육이다. 셋째는 시청자 스스로 편성·프로그램의 통제권을 가질 수 있는 악세스 채널이나 기존의 방송을 대체하는 대안미디어운동이다. 이 중에서 시청료거부운동은 편파성을 비판한 모니터 활동으로부터 공영 제도의 비판과 재확립을 목표로 하는 제도적 청원으로 발전한 경우로 볼 수 있다. 대체로 이 둘은 이처럼 연계되는 경우가 많다. 2000년대 들어 활발해진 각종 시민단체의 운동(민주언론시민연합, 언론개혁시민연대 등) 역시 전체적 기조는 크게 달라지지 않았다.[459]

2000년대 들어 확실하게 변화된 것은 셋째 영역이다. 인터넷이 기반이 되는 웹 2.0의 달라진 미디어 환경은 시청자를 '생산－소비자prosumer'로 바꾸어 시청자가 직접 말하는 능력에 획기적인 신장을 가져왔다(김주언 외, 2008). 특히 2008년의 광우병 반대 촛불시위 이후 민주 정부로서의 정당성이 훼손되었던 이명박 정부 때에는 트위터나 페이스북, 팟캐스트 등의 각종 SNS 서비스가 엄혹한 통제하에 있었던 방송들의 대안 역할을 해 내기도 했다(최영묵, 2012). 역사상 유례없는 국민주의 〈한겨레신문〉 이후, 〈오마이뉴스〉나 〈프레시안〉, 〈미디어오늘〉 같은 대안적 온라인 언론이 쉽게 각 가정을 찾을 수 있게 된 것도 이런 환경이 아니면 엄두도 내지 못할 일이다.

시청료거부운동 이후 시청자운동은 1990년대라는 민주화·자유화기를 지나 2000년대의 시장·경쟁기 또는 (공영 방송의 입장에서는) 성숙·진통기를 맞이하면서 언론운동이라는 전체의 맥락에서 볼 때, 크게 세 가지 측면에서 변화를 보였다. 첫째는 명목적 운동 주체가 시민으로 변화·명시되었다는 점이다. '시민으로의 전환'은 당시 한국 사회운동의 전체적인 변화를 반영하는 현상으로 볼 수 있으며 반드시 계급 운동을 포기했다는 의미는 아니다. 시민－대중적인 것으로 가기 위해 특별히 바뀐 것도 없었기 때문이다. 한국의 시청자운동 역시 시민운동 대부분(송호근, 2011)이 그러하듯 충분한 대중 조직을 갖추지 못했다.[460] 그런 가운데 주체로서 새로 규정된 '시민'은 한편으로는 종

459 하나를 더 추가하면 방송사 내부의 노동조합운동인데 이는 앞서 살펴보았다.

460 역사가 가장 오래된 서울의 민주언론시민연합 정도만이 약 1500명의 회원을 가지면서 자체 회비로 운영한다(김유진, 2013).

교·여성 단체에서 출발해 언론 전문 단체로 이어져 온 시청자운동이 미디어 대상의 문화운동으로 기존의 중산층·여론 운동적 성격을 자임하면서, 다른 한편으로는 유사 사회운동 단체들과 연대를 추구하는 과정에서 자연스럽게 생겨난 변화의 산물이었다고 볼 수 있다.

둘째는 첫째와 연결선상에서 '연대'의 기치가 본격화되었다는 점을 들 수 있다. 특히 초유의 정권 교체, 미디어 시장의 개방, 방송개혁국민회의의 출범, 안티조선운동의 발발 등 몇 가지 계기가 겹치면서 1998년에 언론운동 연대 단체인 언론개혁시민연대가 만들어진 것은 한국의 시청자운동사에서 획기적인 일이다. 이 연대는 언론 내외를 망라해 대부분의 언론(운동) 단체와 언론에 관심 있는 사회단체 등 33개가 참여한 대규모로 결성되었다(2008년 8월 현재는 39개 단체). 1990년대 중반까지는 주로 언론 내 노동조합과 시청자운동의 결합이 논의되었고, 이후부터 간헐적으로 이슈별 연대가 이루어지기는 했지만 이처럼 상설적 연대 조직이 만들어진 것은 언론 문제가 그만큼 정치 사회적으로 중요해졌다는 방증이었다. 이 연대는 기왕의 민주언론시민연합과 더불어 방송법이나 신문법을 비롯해 2000년대를 뜨겁게 달구었던 각종 언론 관련 이슈에서 성명 및 청원·입법 활동, 집회·시위 활동 등을 효과적으로 전개해 상당한 성과를 거두었다(언론개혁시민연대, 2008). 특히 친화적이었던 김대중·노무현 정부 당시에는 각종 정책 입안 시 반드시 참여시켜야 할 '압력 단체'가 되기도 했고, 실제 시청자운동의 주요 인물이 정책 기구에 참여하기도 했다.

셋째는 시청자운동과 정부의 관계가 기존의 적대에서 연합 또는 협상 관계로 변모될 수 있는 여지가 생겨났다는 점이다. 한국의 시민운동이 반권력·반정부·반보수의 성향을 지니게 된 가장 큰 이유는 식민지와 분단·전쟁 그리고 압축적 근대화를 거치는 과정에서 성장한 한국 사회의 기득권층이 가진 본질적 반도덕성과 반민주성 때문이다. 그런데 1997년의 정권 교체는 이런 기존의 대립 구도를 엇갈리게 만들었다. 시민운동에 친화적인 정부가 등장함으로써 진보나 반권력·반기득권 성향을 지니면서도 반정부가 아닐 수 있는 길이 열렸기 때문이다. 이 점은 시민사회나 시민운동에 기회와 위기를 동시에 제공했다. 시민운동도 일정하게 힘 — 정부와의 정치적 네트워크 — 을 가진 세력으로 인정받으면서 안정된 활동을 펼치게 된 것이 기회라면, 위기는 특정 정당이나 정부와 친화적이 되면서 반대편에게는 '적'으로 인식되게 된 것이다. 이제 시민운동은 어떤 정당에게는 순수한 시민의 목소리가 아니라 상대 정당과 유착해 자신을 공격하는 정치 세력이 되어 버렸다.[461] 이에 따라 친화적이었던 정부가 사라지고 적대적이었던 정부가 들어서자 시민운동은 급격하게 위축되었다. 이 점은 다음에서 다시 논의한다.

5) 한국의 시청자운동과 코포라티즘

앞서 살펴본 대로 2000년대 들어 달라진 정치 환경은 정부와 시민운동 사이를 기존의 적대 일변도에서 연합 또는 협상 관계를 추가시켜 놓았다. 정부와 시민사회(넓은 의미로는 민간) 사이에 '협치協治'로 부를 수 있는 관계가 나타나기 시작한 것은 대체로 김영삼 정부부터일 것이다. 이때부터 시청자운동 진영의 인자들이 정부가 주도하는 공청회나 토론회에 초청되었고 공익 자금의 일부가 운동 단체에 지원되었으며 각 방송사의 시청자위원회도 부분적으로 시청자운동과 연계되었다. '문민'이라는 슬로건에 따른 김영삼 정부의 다른 면모

461 특히 언론 개혁을 주장하면서 개혁의 대상이 되는 언론에 지지를 받기는 무망한 노릇이다. 더구나 한국처럼 사실상 정치 집단과 다름없는 신문에는 더더욱 그러하다. 이야말로 언론개혁운동의 대외 관계가 특정 매체에 국한되게 되는 이유이다(조의진, 2007). 물론 시민운동의 지속성 결여나 지나친 정치화도 이유가 될 것이다. 그러나 지금의 현실을 그런 내인內因만으로 보기는 어렵다.

였다. 이 영향으로 시청자운동 역시 일부는 탈정치적이며 체제 내에서 환경 개선에 치중하는 개량주의적 성격을 띠게 되었다(김동규, 1995). 당시를 원용진(1998)은 '포섭적 시장자유주의' 시대로 명명했는데, 정부가 시장을 위주로 시민·시청자운동과 맺는 관계를 '포섭'으로 표현한 것이다.

이런 부분적 포섭 관계는 1990년대 말 정권이 교체되고 기존의 미디어 권력과 갈등적인 정부가 들어서면서 심화되기 시작했고, 급기야 언론 개혁을 내세운 노무현 정부 즈음에 절정에 도달했다. 대체로 이 관계는 두 가지 형태로 이루어졌다. 하나는 주로 신문법이나 방송법의 제개정에서처럼 시청자운동의 청원을 정부가 받아주면서 이슈화·제도화하는 것이다. 다른 하나는 시청자운동에 금전적으로 지원을 하고(예를 들어, 김기태, 2004, 부록 4), 각종 정부 관련 위원회나 방송의 시청자위원회 등에 참여시켜 정기적인 발언권을 주는 것이다.[462] 노무현 정부의 말기에는 대표적인 시청자운동 단체의 인사가 정책 당국의 책임자급으로 임명되기도 했다.[463]

시민운동이 발전하기 시작하면 처음의 '문제 인식-단순 의식화'에서 보다 높은 단계인 '문제 해결-조직적 운동 지향'으로 올라가게 되는데(박은희,

462 2003년도 제14기 시청자위원회의 경우 11명이 시민단체 혹은 사회운동 단체 출신이었다(이강택, 2010).

463 대표적 시청자 단체인 민주언론시민연합의 사무총장이 방송위원회의 부위원장이 된 것을 말한다. 선의로만 본다면 이 인사의 의도는 시민의 집합적 의지를 정책에 잘 반영해달라는 뜻일 것이다. 그러나 이를 성공했다고 보기는 어려울 것 같다. 왜냐하면 이미 정권이 말기에 접어들어 시민운동 출신의 인물이더라도 새로이 정책 방향을 바꿀 수 없었고, 조직 역시 방통 융합이라는 추세에 밀려 이미 정부 기구인 방송통신위원회로의 변환이 결정되어 버렸으며, 갑자기 정부가 FTA를 추구함으로써 지금까지의 개혁조차 포기했기 때문이다(특히 방송위원회의 조직 개편과 FTA는 아이러니하게도 시민사회 측에 의해 집중적인 비판을 받았다). 더구나 이 인사는 이전에 논란을 불러일으켰던 다른 인사의 문제(정용준, 2006)와 결합해 시민운동이 가진 순수성도 의심받게 했다.

1998), 이 단계가 되면 정부나 정당 같은 정책 기관이 비판에서 협조의 대상으로 바뀌고 커뮤니케이션도 정기성·체계성을 띠게 된다. 그러나 이 과정에서 자칫 특정 이념이나 인맥의 커넥션이 두드러지게 되면 시민운동의 정체성이 훼손될 위험성이 있다. 이념을 앞세우면 지지 폭이 좁아지고 시민운동 또한 정권과 같이 정치화되기 쉬우며, 인맥에 과하게 의존하면 사람이 바뀔 때 심각한 악영향을 받을 수 있다.

노무현 정부 시절에 정부–시민운동 관계가 앞서 살펴본 대로 이전보다 훨씬 더 친화적이었던 것은 분명하다. 또 이 관계가 양자의 단순한 유착이나 정부 우위의 종속 관계가 아니었다는 판단도 크게 논란을 낳을 것 같지는 않다. 더 진전이 되었다면 자율적 바탕 위에서 협상과 합의가 이루어지는 원론적인 코포라티즘 관계가 되었을 가능성도 일부이지만 있었다는 것이다. 그러나 역사는 코포라티즘 쪽으로 가지 않았다. 그렇게 되기에는 양쪽 다 문제가 있었다.[464] 이들의 관계는 코포라티즘에 필요한 장기적 비전이나 전망을 갖기보다는 신문 시장의 개편을 통해 조중동의 세력을 약화시키는 정치적인 목적이 더 급했고, 서로에 대한 깊은 교감보다는 당장의 이해 일치에 전념했다.

지금까지 한국의 사회운동의 동력이 "조직된 소수의 민주화 열망과 개혁적 의지 그리고 익명의 다수가 견지한 정의와 도덕의 감각"(김동춘, 2004, p.277)에서 나온 것처럼 시민운동의 주체는 대부분 소수의 활동가들이다. 이들이 시민이 아닌 것은 아니지만, 그렇다고 시민의 의지를 온전하게 대변한다고

464 이 점은 참여연대를 중심으로 하는 시민운동 일반에 대해서도 거의 같은 평가가 가능하다. 예를 들면, 이태호(2008)는 시민운동에 친화적이었다는 노무현 정부 집권 5년 동안 결과적으로 민주 개혁 세력은 분열되고, 보수 세력은 영향력이 확대되었다고 진단했다. 노무현 정부와 시민운동은 항간의 인식과는 달리 많은 부분에서 파열음을 냈으나 시민운동은 보수화되어가는 노무현 정부와 확실히 구분되는 독사적 사회 비선을 삯춘 주제임을 입승하는 데 실패했고, 노 정부의 변질을 견제할 만한 조직적 역량이나 대안·비전을 갖지 못했다.

말하기에는 대표성에서 본질적 한계가 있다[465](Bardoel & d'Haenens, 2004). 물론 네덜란드의 '필라'처럼 시민단체들이 역사가 길고 회원의 숫자 또한 많아 '시민 자본civic capital'을 충분히 축적하고 있다면 대표성이 크게 올라가겠지만 한국의 시청자운동이나 시민언론운동의 수준은 그 정도에 도달하지 못했다. 그런 가운데 갑자기 가까워진 정부와 그 정부로부터 받은 일정한 '권력empowerment'은 오히려 시민운동의 독립성을 의심 받게 하는 역효과를 낳았다. 시민운동은 "정치 사회를 비판하면서 동시에 위축된 정치 사회를 회복시켜야 하는 이중 과업"(조효제, 2004, p.100)을 감당해야 했던 것이다.

그러나 역사가 짧고 대중적 기반이 허약한 시민운동이 비판과 회복을 동시적으로 수행하기란 애당초 버거운 일이었다. 특히 '정치 사회의 회복'은 지금까지 주로 비판만을 해왔던 시민사회가 스스로 권력을 가지지 않으면 안 되었고, 그럴수록 위험 부담 또한 따랐다. '권력을 갖는다'는 것은 특정 정권이나 당과 직접적으로 연계되거나 그 자체로 권력 게임에 참여해야 하므로 그렇게 되면 "내부의 이념적 균열이 생길 뿐만 아니라 반목이 심화되어 조직 자체가 힘들게"(언론노조의 경우; 신광영, 2012, p.79) 될 수도 있기 때문이다. 때로는 원하지도 않는 정부의 정책에 명분을 제공하면서 시민운동의 정체성만 해치는 최악의 경우도 왕왕 생긴다.[466] 좌파적 성향을 띤 시민단체의 운영진들

465 자발적·적극적 시민만 대표한다는 뜻이니까 일반적·평균적 시민과는 차이가 있을 수밖에 없다. 이 차이는 김동춘(2004)이 한국의 시민운동이 사회 전체를 바꾸려고 하는 진정한 의미의 '사회운동'이 아니라 기존 정치의 상의하달식과 다를 바 없는 '정치 운동'이었다고 비판할 때 가장 두드러진다.

466 시민사회를 근거로 하지만 독립성은 잃어버린 '조합주의'나 '유사 시민사회'론은 이런 시민운동 측을 비판하는 것이다(정용준, 1995, 2006). 그러나 정체성을 유지하면서 타협과 협상을 하는 이 책의 민주적 코포라티즘은 킨(Keane, 1991)이 말하는, 정치화되어 국가 기능을 시민사회로 확장시키는 '조합주의'(이는 사실상 후견주의이다)가 아니라 시민사회와 국가가 서로를 자극해 동반으로 민주화되는 '이중적 민주화'에 더 가까운 것이다.

이 대거 현실 정치권으로 뛰어들고, 의존도가 높았던(30%) 국가 보조금이 끊어지면서 급격하게 쇠퇴의 길을 걸었던 프랑스의 시민단체('프랑스 방송계에 발 담구기Les pieds daus le PAF' 협회)를 반면교사로 삼을 필요가 있었던 것이다(성욱제, 2004). 시민운동과 국가의 관계에서 더 많은 조심과 절제를 해야 했던 측은 명분을 중시하고 권력과 거리를 두어야 하는 시민운동이었다. 물론 약점은 노무현 정부에게도 있었다. 이전과 달리 노무현 정부가 참여와 분권을 내세우면서 일정하게 시민적 실천을 한 것은 사실이지만 기본적으로 노 정부는 정치적 의도를 이면에 깐 '정부'임에 틀림없었고, 그 정부가 시민운동과 관계를 맺은 기간 역시 정당이 다른 김영삼 정부를 합쳐 불과 10여 년 정도였다. 더구나 노무현 정부는 지지 기반이 약한 소수 권력이었다.

이런 소수 권력과 시민적 기반이 약한 시민운동의 단기적 결합은 결국 다음 단계로서의 발전이 좌절되었다. 당시의 개혁 노력은 대선에서 패배하고 조중동이 염원하던 방송 시장 진출에 성공하면서 모두 수포로 돌아갔다. 신문에 비해 다소 사정이 나았던 방송 역시 지금까지 누누이 지적한 대로 과거로 퇴영하기는 별 차이가 없었다. 당시 노무현 정부와 시민운동이 맺은 관계는 법적·합리적 공공성이나 자율성이 비록 일부이지만 살아 있었다는 점에서 이해의 단순 결탁인 후견주의적 양태는 벗었으나 충분히 정착시키고 비가역적 헤게모니 체제로 만들기에는 힘이 턱없이 부족한 소수적 연대였다.

6) 한국 시청자운동의 의의

한국의 시민–시청자운동이 다른 나라의 운동에 비해 특히 더 활발하다던가 아니면 특히 더 저조하다던가 말하기는 어렵다. 일정 수준의 민주주의에 정치의 미디어 이용이 보편화된 나라라면 대부분 시청자운동이 존재하지만, 각 나라의 운동 성향이 다르고 이를 수용하는 체제의 방식과 수준 또한 다양하기 때문이다. 그러나 이런 시청자 단체가 얼마나 정책 결정에 개입하고 정부와 협상과 합의를 하는가 하는 코포라티즘의 정착 여부는 시청자의 지위가 최소한 어느 수준에 있는지 감을 잡게 해 준다.

노무현 정부에서 이명박 정부로 넘어오는 동안 시민–시청자운동은 극과 극의 상대를 경험했다. 노무현 정부 시절에는 약자 연대이기는 했지만 그래도 시청자운동의 힘이 있었던데 비해 이명박 정부로 들어와서는 이념적 성향을 떠나 시청자운동 전체가 힘을 잃어버렸다. 물론 부분적으로는 이 정부도 자신과 이념적으로 가까운 시민단체를 우대하는 전략을 구사했던 것으로 보인다. 그러나 이때의 정부–시민운동 관계가 과거 노무현 정부 시절의 균형과 긴장, 역관계를 가졌는지는 상당히 의문이다.

일례로 최근의 한 연구(김연식, 2013)에 따르면 공영 방송에 대한 시민단체의 영향력은 최근 들어 현저하게 감소, 2008년도만 해도 조직 내외를 통틀어 5위에 있던 것[467]이 2013년에는 10위로 떨어졌다. 시민단체가 가진 견제력은 정치권력보다 아래가 되었고 전체적으로 방송의 공공성 또한 하락했으므로 이때의 정부–시청자운동의 관계는 훨씬 더 후견주의에 가까워진 것이다. 그러니까 이명박 정부는 단순히 '우파 정부'라기보다는 '시민(운동) 억압적 정부'에 더 가깝다.

여기에서 보수의 시민운동은 왜 진보의 그것과 다를까 하는 문제가 제기될 수 있는데 이는 이념이나 현상에 직결되는 운동의 자세 차이와 한국적

467 당시 시민단체보다 우위에 있었던 것이 '상급자,' '시청(이후 나타난) 평가,' '조직 동료,' '시청률'이었으므로 시민단체가 5위에 있는 것은 상당한 순위라 하지 않을 수 없다. 달라진 2013년의 평가에서도 1, 2, 3, 4위는 변함이 없다(조직 동료와 시청률이 자리를 바꾼 정도이다). 시민단체의 5위 자리를 차지한 것은 당연하게도 정치권력이다. 정치권력이 5위에 있는 것은 힘이 다른 것보다 약해서라기보다는 이 설문이 정치성이 약한 오락 영역까지 포괄했기 때문이고, 또 대부분의 정치성 압력은 대리인('상급자'; 가장 순위가 높다)을 통해 전달되기 때문이다.

보수의 허약성 때문일 것으로 보인다. 아무래도 진보는 현행의 자본주의·대의민주제에 더 비판적이므로 행동 역시 더 적극적일 수밖에 없다는 것이다. 그러나 보수도 언론의 자유나 선정주의, 공영 방송의 책임이나 로컬리즘 등에서 충분히 비판적인 자기 주장이 있을 수 있으므로(그래야 정말 정상적 보수다) 결코 좌우의 합작이나 대화가 불가능한 관계는 아니다.[468] 앞서 영국의 예에서 본 대로 좌파는 이슈 중심의 캠페인에서는 활발했으나 조직의 안정적 측면이나 일반 시민의 대변성에서는 중도나 우파 역시 뒤지지 않았다. 특히 이중적 난관 속에 있는 한국의 시청자는 진보 못지않게 보수의 참여를 필요로 하지만, 상대적으로 보수의 활동은 저조하다.

이명박 정부 이래 정부가 다시 공영 방송의 운영에 깊숙이 개입하면서 영향력에서 과거 시민단체의 자리로 올라갔다. 이 점이 상징하는 것은 정부와 시민단체 사이의 일종의 대체 관계이다. 법의 미비를 이용해 법 정신을 무시하거나 왜곡하는 정부에 시민사회(노조와 시민운동)는 유일하게 대립했고, 정부가 권위주의화하면서 그 시민단체 자리를 정부가 빼앗은 것은 적어도 한국의 민주주의, 공영 방송의 맥락에서는 시민운동이 다시 힘을 가질 필요를 충분히 보여 준다.

시민 친화적이었던 노무현 정부를 거치면서 한국의 시민사회와 시청자 운동은 위험이 수반되는 기회인 권력화를 경험했고, 다음의 이명박 정부 때

468 민주언론시민연합의 사무차장을 했던 김유진(2013)의 경우, 필자와의 서면 인터뷰에서 이에 대해 다음과 같이 낙관적인 의견을 내놓았다. "진정한 진보, 진정한 보수라면 '공정성'에 대한 합리적 토론이 가능하고 그 과정에서 합의의 영역이 만들어질 수 있다고 생각합니다. 또한 일반 민주주의의 기본 원리를 거스르지 않는다면 …… 진보적 성향의 조직과 보수적 성향의 조직이 연대할 여지가 많다고 생각합니다. 문제는 우리 사회에 진정한 의미의 보수는 없고 기득권 세력의 이익만 옹호하는 극우가 보수를 참칭하는 데 있다고 생각합니다." 물론 '기득권'이나 '참칭'이라는 단어에서 볼 수 있듯이 이 주장의 행간에는 보수에 대한 약간의 불신도 묻어 있다.

는 정반대로 억압의 대상이 되었다. 이런 상반의 경험은 시민운동이 어떤 정부를 만나든지 '시민'이 가진 본연의 가치인 공적·합리적 권위와 자율적 연대에 매진해야 한다는 점을 일깨운다.

한국 공영 방송의 역사와 전망

지금까지 한국은 초기에는 일본의 NHK, 나중에는 영국의 BBC를 모델로 삼아왔다. 필자 나름의 판단으로는 대체로 방송의 민주화운동이 활발해진 1980년대 후반부터 일본의 NHK에서 영국의 BBC로 바뀌었다. 1970~1980년대 제도 도입의 초기에는 주로 NHK를 따랐다. 당시 방송을 주도했던 인물들이 대부분 가까운 일본에서 공영 방송을 처음 본 이유가 컸고, 자민당의 오랜 지배하에서 NHK가 보여 준 비정치적·비상업적 성격이 상업 방송과 구분되는 공영 방송의 이미지로 체현된 탓도 있다. 그러나 민주화 이후가 되면서는 BBC로 바뀌는데, 이 역시 BBC가 가진 개혁적·비판적 이미지가 당시 '실질적인 공영 방송'을 추구하던 노동조합을 중심으로 하는 젊은 전문직 집단과 잘 맞았기 때문이다. 두 방송은 여러 점에서 공통점과 상이점이 교차하는데, 국민의 높은 신뢰와 수신료 재정은 공통점 중 하나다. 보통 이 '신뢰'는 시청자들이 공영 방송에 '비공식적 또는 일상적으로 기대하는 규범'(Hallin & Mancini, 2004, p.33) 같은 것으로, 빌터리스트(Biltereyst, 2004)에 따르면 공영 방송의 가장 핵심적인 원리이자 존재 조건이다. 영국과 일본의 국민(시청자)은 일상 속에서 다른 어떤 제도나 언론보다 BBC와 NHK를 믿는다.

그러나 한국의 KBS는 30년 동안 정체된 수신료가 웅변하듯 NHK도 BBC도 닮지 못했다. 신뢰의 바탕이 되는 '공정성'은 당장의 이득을 놓을 수 없는 정치권력의 개입과 이의 직접적 산물인 억압적 동형화의 연쇄적 과정 때문에, '비상업주의'는 수신료를 대체해 주는 광고 때문에 달성할 수 없었다. 광고 역시 권위주의 정치권력에 반대한 시청료거부운동 때문에 가속적으로 양이 늘어났으므로 비상업주의를 달성하지 못한 이유도 따지고 보면 결국 정치 때문이다. 정권이 교체되면서 기회가 생겼으나 야당이 집권 이후 약한 조직을 벌충할 수 있는 이미지 정치에 주력함으로써 방송의 정치 커넥션도 온존하게 되었다. 초기 노무현 정부의 절차적 노력이 두드러지지만 이 역시 나중에 가면 커넥션의 한계를 벗어나지 못했다. 여기에는 시장 주류 신문의 지극한 반정부적 편향도 일조를 했다. 정부가 방송을 놓아주기에는 여론 시장에서의 열세가 너무 뚜렷했기 때문이다.

정치화와 상업주의는 지금까지 한국 공영 방송을 특징짓는 정체성이라 할 수 있다. 이런 방송과 비견될 만한 것은 후견주의와 상업성이 '탯줄'처럼 여전한 동구권이나 포르투갈, 개혁에 실패해 원위치로 돌아간 스페인, 세 번이나 수상을 하면서 RAI를 압박했던 베를루스코니 이후의 이탈리아, 나름의 개혁으로 상황이 호전되는 듯 했으나 경제 위기의 여파로 공영 방송이 패쇄 조치를 당한 그리스 등이다. 그러나 이런 나라와는 역사에서도 그렇고 지금의 비교 정치적 문제에서도 그렇고 공통점보다는 차이점이 훨씬 많다. 물론 가장 큰 차이점은 방송의 수준과 시민사회의 대응 능력이다.

민주화 이래 한국의 공영 방송은 외부의 압력에 꾸준히 응전 능력을 키워왔다. 공정 보도를 위한 수십 차례의 파업과 제작 거부, 셀 수 없을 만큼 벌인 노사 협상은 이의 산물이다. 이는 공영 방송의 이념이 사회적 합의를 얻고 노조가 전문직주의를 규범화했으며 방송직이 젊은 엘리트들을 끌어들여 실력을 키운 결과이다. 시청자운동 역시 권위주의 체제에 반대하는 정치운동으로 곧바로 발전했던 1980년대의 시청료거부운동 이래 활발하게 미디어와 정치 체제를 감시해 왔다. 이런 대응력은 스페인이나 이탈리아 같은 나라에서는 상대적으로 찾아보기 어려운 것이다.

또 상업주의라는 달갑지 않은 오명을 얻기는 했지만, 척박했던 태동기부터 경쟁을 벌이면서 쌓아 왔던 한국 방송 특유의 대중성은 신뢰도라는 가치와는 다른 차원에서 국민의 지주 노릇을 해왔다. 적어도 대중성만으로 볼 때 한국의 공영 방송은 세계의 어느 유수 방송과도 견줄 만하다.[469] 종편이 출범하면서 '진정한 적'이 등장하고 있지만 그래도 아직 한국에서는 베를루스코니의 미디어셋같이 국민을 양분할 정도로 위력이 있는 상업 방송은 없다. 또 정치화가 되었기는 해도 아직 방송은 그렇게 위험 수위에 이른 정도는 아니다.

최근의 현대사, 즉 민주화 이래 두 번의 보수 집권과 두 번의 진보 집권, 그리고 다시 두 번의 보수 집권이 이어지는 과정에서 공영 방송은 나름의 우여곡절을 거쳤다. 상대적으로 통제가 느슨했던 진보 정부 때에 공영 방송은 정부와 전문직(노조), 그리고 시민운동 사이에 코포라티즘으로 부를 수 있는 결합 관계를 미약하게나마 만들 수 있었지만 이후의 보수 정부 들어 이런 관계는 완전히 깨지고 다시금 후견주의로 돌아갔다. 이는 이른바 '문민'의 기치로 시민사회에 기회를 제공해주기 시작했던 김영삼 정부 이래의 역사를 거꾸로 돌리는 것이었다. 이런 퇴영에 대한 반발은 컸지만 정권 교체에 실패하면

469 이를테면, 2006년도를 기준으로 네 나라를 비교한 연구에서 한국의 KBS는 영국의 BBC, 일본의 NHK, 미국의 PBS보다 시청자의 선호도가 훨씬 높았다. 특히 노년층에서 압도적이었다. 그러나 한국의 시청자는 높은 만족도에 비해 '수신료를 내는 것이 중요하다'는 질문에는 같은 수준의 호응을 보내지 않았다(Yoshiko & Ritsu, 2008). 이는 KBS/한국 사회의 강점과 약점을 단적으로 보여 준다.

서 다시 보수의 2기가 다시 시작되었다.

한국의 미디어 체제가 아직 제 꼴을 완전히 갖추지 못한, 또는 앞서 보았던 기존의 어떤 틀에도 어울리지 않는 '이행 모델'[470](이준웅 외, 2009)임에는 틀림이 없는 듯하다. 그러나 그럼에도 공영 방송의 경우 지향성과 현실적 장애 요인은 비교적 분명하므로 지금 상태에도 진단은 다음처럼 어느 정도 가능하다.

첫째, 누누이 지적한 대로 한국 공영 방송의 난관은 방송의 수준을 넘으며 방송의 능력으로는 사실상 해결하기 어려운 것이다. 시간이 흘러도 정권이 바뀌어도 공영 방송이 이념으로서의 공영 방송에 가까이 간다고 자신하기란 쉽지 않다. 이 점은 두 번의 진보 정부에서조차 기존이 크게 바뀌지 않음으로써 예증되었다. 물론 유럽 방송에 대한 여러 비교 연구들(Hanretty, 2009a; Psychogiopoulou et al., 2012)이 보여 주는 바대로 나름의 경험적 방안이 없지는 않다. 공영 방송의 정치적 독립을 법제화하고 공영 방송에 관여하는 권력적 요인들을 분산시키며 주요한 결정에는 정당 간 합의를 강제하는 것, 여기에 더해 독립에 대한 일상적 기대를 규범화하고 방송을 '자원화'하지 않는

470 '이행'이란 말은 어떤 '목적론적 종점teleological ends'을 연상시키지만 '아직 어떤 모양을 뚜렷하게 갖지 못했다'는 과도기의 의미도 있다. 그간 이행론은 서구 중심성이 전제되어 많은 비판을 받았다(Sparks, 2008; Meng & Rantanen, 2013). 그러나 지금 세계에서 서구의 선진성이나 이상성이 일정한 지표적 의미를 갖는 것도 부인할 수 없는 사실이다. 서구는 그렇지 못한 나라들에게 문제점을 인식하게 하고 목적의식적 노력을 자극한다. 특히 인권(개인의 표현) 차원에서 유래한 '언론의 자유'가 보편적 윤리로 확립된 이 분야에서는 더욱 그러하다. 이행의 관점에는 시간대적 차원의 인식도 들어 있다. 예컨대 러시아의 민주주의를 표현할 때 붙는 다양한 수식어들 — '비자유주의적,' '반半권위주의적,' '신권위주의적,' '부분적' — 에는 완성된 서구 민주주의가 의식되었기도 하지만, 러시아 민주주의 자체의 불안정성이나 러시아 시민의 민주주의를 향한 진행형적인 노력도 포함되어 있다고 봐야 한다. 시간대를 넓게 보면, 이 민주주의는 꼭 서구형이 아니라도 지금의 불안정이나 모순을 극복해 어떤 꼴을 갖출 수 있다는 것이다. 공영 방송의 모범으로는 누구는 영국의 BBC를 꼽고 이를 닮으려고 노력하지만 의외로 BBC 스타일은 많지 않으며 대부분은 자신의 것을 갖는다.

정치적 관행을 정착시키면서 전문직주의에 투철한 인력과 투명하면서 충분한 재원도 같이 마련해 주는 것이다. 이 중에는 단기적인 것도 있고 중장기적인 것도 있으며 법제화되어야 하는 것도 있고 당장의 의지만 있으면 되는 것도 있다.

그러나 현실에서 이런 방안들은 조건적contingent이고 자주 변하며 미묘하면서도 상대적이다(Psychogiopoulou et al., 2012). 말하자면 무엇과 무엇 사이의 뚜렷하고 항상적인 관계, '본질'은 존재하지 않는다는 것이다. 핵심이 되는 사람 문제에서도 마찬가지이다. "어떤 환경 아래에서도 편집의 논조에 대한 정치적 개입을 방지할 수 있는 보편적으로 유효한 …… 인선 메커니즘은 없는 것으로 보인다"(Bajomi-Lazar et al., 2012, p.374). 기껏 여야의 합의 구조로 만들었으나 정권이 바뀌자 원상으로 돌아 가버린 스페인의 '반동' 사례가 보여주듯이 여야, 좌우 사이의 일시적 타협이나 단순 법제화만으로는 불충분하다. 일상적 행위 자체가 규범적 기대를 충족시킬 수 있는 '문화화'가 이루어져야 한다.[471]

둘째, 주지하다시피 한국의 '후견적 상업주의'[472] 체제는 이런 문화화를 간절히 원하고 있다. 한국 체제가 불안정한 단적인 증거는 공영 방송의 중심 재

471 이를테면 본문에서 본 대로 일본이나 독일, 스페인이 채택하는 $\frac{2}{3}$나 $\frac{3}{5}$ 같은 과반수 이상의 정족수 요구는 수치 자체보다는 여야 간에 합의를 하라는 뜻이 법 정신이다. 같은 맥락에서 전문성(방송의 내적 논리)을 강조하고, 특정 출신(예를 들어 정치적 경력)을 배제하는 것 또한 가치로서 전문성이 배타적으로 중요하다기보다는 정치적 후견주의나 방송의 인적 지배를 해서는 안 된다는 의미가 더 큰 것이다. 이런 정신이 준수될 때, 우리는 문화화되었다고 말할 수 있다.

472 후견주의와 상업주의를 합친 말로, KBS 1TV와 2TV가 상반된 편성을 보이면서 의사 결정 이 외압(후견)을 벗어나지 못한다는 점을 강조했다. 한국의 방송 체제를 정의하는 용어들, 예를 들어 '권위주의적 시장 체제'이니 '관리 시장 체제'이니 '국가적 조합주의' 등은 모두 앞서 언급했던 국가(권위주의)가 시장조차 '관리'하는 체제, 곧 '국가상업주의'의 응용판이다. 그런 면에서 보면 방송에서 기원적 본질은 정말 중요하다.

원이 되는 수신료가 무려 34년 동안 정체되고 있다는 점이다. 아직 수신료의 인상이 가능할 만큼 공영 방송의 사회적 기반이 튼튼하지 않은 것이다. 물론 반대로 본다면 수신료가 공영 방송의 재정에 유효한 비중을 차지한다는 것 자체가 쉽지 않은 일이다. 수신료 인상이 사회적 의제가 되고 공영 방송에 변화를 촉구하는 압력이 되는 것은 낮은 단계의 사회에서는 있기 어렵다.

역대 정권이 매번 그러했듯이 수신료 인상은 계속 시도될 것이다. 결정의 절차적 요건으로만 본다면 마냥 불가능하지도 않다. 이대로 수신료가 인상된다면 아마도 정부 여당은 기존의 후견주의적 이득을 포기하지 않으면서도 어느 정도는 KBS를 수신료의 반대급부를 감당할 수 있는, 주로 비정치적 영역에서 책무성이 높고 수직적 위계가 강한 조직으로 만들 수 있을지도 모른다. 그러나 그럴 경우 KBS와 정부는 상당한 저항에 직면할 가능성이 높다. 경우에 따라서는 '제2의 시청료거부운동'이 벌어질 수도 있다. 공영 방송과 시민사회의 역사적 관계로 미루어 볼 때 반드시 억측만은 아니다. 반대로 수신료가 인상되지 않은 채 현재가 지속되면 유료화와 상업주의가 더 진전되면서 공영 방송의 존재 가치는 계속 하락할 것이다. 지금으로도 공영 방송의 최소한의 재정은 충당되므로 정부가 스스로 나서 갈등을 만들고 위험을 자초할 이유가 없다고 보면 가장 유력한 시나리오이다. 이대로라면 지금까지 그래왔던 것처럼 기존 체제가 유지되면서 공영 방송 역시 지지부진한 상태를 벗어나지 못할 것이다.

셋째, 지금 단계에서 나름의 '이상형'을 상정해 본다면, 절차가 강조되는 영국과 유사하면서 정부나 사장의 권한이 시민사회(노조, 시청자 단체 등)로 분산되는 분권형을 그려볼 수 있다. 권력이 제도적으로 나누어져야 하는 이유는 앞에서 본 대로 '대통령'의 권한이 너무 강해 모든 악이 여기서부터 유래하기 때문이다. 분권이 되면, 달리 말해 대통령의 후견주의적 개입이 사라지면 뉴스나 각종 시사물에서 편파의 '그늘'이 전부는 아니라도 상당히 걷혀질 수 있을 것이다. 여기에 수신료가 순차적으로 인상되면서 2TV의 상업주의 편성이 줄어들고, 기형적인 유료 행태까지 정돈되면 프로그램이나 서비스 측면에서도 공영 방송에 더 가깝게 가게 된다. 욕심을 낸다면 시민적 네트워크이면서 문화적 공간인 '디지털 커먼스'까지도 지향할 수 있을 것이다. 방송 내부적으로는 일종의 미디어 공동체가 형성되면서 편집 규약이나 공정방송위원회 같은 전문직주의의 함양에 필요한 다양한 장치들이 '장착'된다. 이는 엘리트주의 BBC와도 다르면서 커런(Curran, 1996)이 말한 자유주의 코포라티즘에 상당히 가까워진 모습의 '한국형'이다.

지금의 답보는 그래도 벗어난다고 생각해[473] 미래를 예상해 본다면 한국의 공영 방송은 이런 BBC 등의 자유주의 코포라티즘과 NHK 스타일의 체제적 비상업주의 사이의 기로에 서 있다.[474] 양자는 모두 세계에서도 손꼽히는 모범적인 공영 방송이지만, 내부적으로 보면 차이가 있다. 즉 상대적으로 NHK가 일본의 정치인, 관료 등의 기성 구조로부터 거의 비판을 받지 않는 반면, BBC는 앞서 살펴본 '길리건-허튼 스캔들'에서도 볼 수 있듯이 의외로 자주 갈등의 진원이 된다는 점이다. 이 점은 물론 방송을 넘어 일본과 영

473 물론 가정일 뿐이다. 본문에서도 누누이 주장한 대로 대통령으로부터 시작되는 공영 방송의 후견주의적 동형화가 지금의 승자독식 정치 구조에서 혁파될 가능성은 매우 낮다. 오히려 후견주의의 유지와 재집권 가능성이 정적 상관관계가 있을 가능성이 더 높다. 단기적으로는 변화가 있기 어렵다는 말이다.

474 BBC는 그래도 근거가 있지만(일례로, 조항제, 2014), 반대편으로 NHK를 등장시키는 것에는 이견이 많을 것 같다. 감시견 역할은 제대로 못해도 문화적으로 가치 있는 프로그램은 생산하고 엘리트 사이의 정권 교체에도 민감한, 이념으로서의 공영 방송보다는 다소 낮은 수준이지만 그래도 '공적 방송'으로서의 정체성은 뚜렷한 무언가(Jakubowicz, 2010)로만 설정해도 될 것 같기 때문이다. 그러나 이는 단순히 머릿속의 이념형 수준이 아니라 현실에서도 NHK 스타일 같은 것으로 고착되어 존재한다는 게 내 생각이다. 과거 자민당의 일당 지배나 지금의 보수정당 패권 체제와 모범적 공영 방송으로서의 NHK 사이의 '조화'를 생각해 보라. 보수층 중에는 NHK의 정치적 '건조함'과 비상업주의를 바라는 이들이 적지 않다.

국 사회의 차이가 반영된 것이기도 하다. 자유주의의 전통이 강해 국가의 비중이 낮고 개인의 지위가 높은 영국 사회의 특성은 BBC를 집단적이고 보수적인 일본 사회의 NHK보다 더 비판적이고 개혁적인 형태로 만들었다.[475]

공정성 측면에서도 공통점과 차이점이 교차한다. 양 방송 모두 '경성hard' 아이템과 '사실' 위주로 정제된 보도를 하며 정당별로 고르게 시간을 배분하는, 이른바 '세심한 공정성scrupulous fairness'을 통해 정치적 '중간 지대'에 서 있으면서(Kumar, 1977) 편파성 시비를 사전에 차단하려고 노력한다. 그러나 '증거'와 '출처,' '폭넓은 관점' 등 지켜야 할 형식적 단서에 치중하는 것과 '진부함'이나 '중간적 입장,' '그저 그럼,' '무딤'을 극복함으로써 적극적으로 아젠다를 제기하려는 것 사이에서 어느 것에 중점을 두는가는 차이가 있을 수밖에 없다.

한국의 보수는 NHK에 가까운 공영 방송을, 진보는 BBC에 가까운 것을 원한다.[476] 둘 다 의미가 있고 어느 쪽도 공영 방송이 아니라고 말할 수 없

475 '조직 저널리즘'이나 '기계적 중립성'은 아마도 NHK를 표현하는 적절한 말일 것이다(안창현, 2009). 물론 NHK와 일본 국가·사회의 관계를 이렇게 단순하게 볼 수만은 없다. 특히 과거 위안부 다큐멘터리에 대한 외압(2001) 등의 두드러진 몇몇 사례를 들어 일의적으로 규정하는 것은 그렇게 현명한 일이 아니다(Kostic, 2008). 그러나 적어도 일본 사회를 보는 시각, 특히 비판성이나 개혁성 측면에서 NHK가 상대적으로 'BBC와 영국 사회의 관계'보다 덜 비판적이라는 점은 대체로 인정될 수 있는 것이 아닌가 한다. 그런 면에서 NHK는 틀림없이 일본 '체제적'이다.

476 대체로 이런 판단과 관련해 내가 생각하는 한국의 '보수적 공영 방송론'의 특징을 살펴보면 다음과 같다. 먼저 공영 방송의 가치로 독립성·자율성보다 반상업주의를 우선한다. 질과 고급성을 추구하지만 독립성을 위한 노조의 파업이나 야권의 편파성 시비에는 냉소적이다. 둘째, 공영 방송의 이해가 다소 협소하고 경직적이다. 그래서 MBC는 결코 공영 방송이 될 수 없고 KBS 2TV는 하루 빨리 광고를 중단해야 한다. 그러나 대안은 빈약해서 그저 수신료 인상안의 통과 외에는 제시하는 것이 없다. 셋째, 그럼에도 불구하고 공영 방송의 행동반경이 넓어지는 것을 원하지는 않으며, 조직 또한 최우선으로 경량화해야 한다. 코리아뷰는 대체로 반대하며 구조

다. 그러나 시민사회 외에는 뚜렷한 기반이 없는 한국의 공영 방송은 NHK형이 되기에는 자발적으로 고액의 수신료를 내는 시청자들의 지지가 없고, BBC형이 되기에는 자유주의의 비중이나 공영 방송(인)의 능력이 턱없이 모자란다. 또 정치적 후견주의라는 '본질적 문제'를 해결하지 못한다면 그것이 어떤 유형이든 공영 방송으로서의 정체성도 수신료 인상도 난항에 부딪힐 것이라는 점은 예측이 어렵지 않다. 그런 문제가 채 해결되기도 전에 미디어 다변화라는 추세에 밀려 공영 방송이 주변화·고사枯死되어 버리는 더 불행한 전망도 배제할 수 없다.

그러나 '어떻게 될 것인가'의 미래는 어쩌면 방송 내부보다 방송 외부, 곧 정치–사회에 달려 있다. 크게 보아 한국 사회가 만약 보수적 차원에서 지금보다 좀 더 안정된 '복지 국가'를 구축할 수 있다면 NHK 스타일도 가능성이 전혀 없진 않겠지만, 그렇지 않을 경우에는 훨씬 더 권력 비판적인 BBC·자유주의적 반작용이 나타날 것이다. 한국의 공영 방송 문제는 결코 방송에 국한되지 않기 때문이다.

조정은 강하게 찬성한다. 넷째, 가장 거세게 반노조적이다. 한국 공영 방송의 역사에서 노조가 해온 긍정적 역할, 특히 정치적 역할은 애써 무시한다. 마지막으로 비판과 대책이 일치하지 않는다. 예컨대 한국 시장이 저가 시장의 문제를 안고 있다고 해놓고 종편을 남발하는 정책을 지지한다. 공영 방송을 위해 수신료를 인상한다고 하면서 정작 속내는 종편을 지원하려 한다. 이런 론의 공영 방송상像은 '질 높고 비상업적이지만 체제적이고 경량화된 공영 방송,' 현실에서는 권력의 존중이 없고 $\frac{3}{5}$ 의 특별다수제가 없으며 세심한 공정성이 없고 시청자의 수신료 납부의 자발성이 없으며 위성 방송 같은 부대적 유력 미디어 또한 없는 NHK이다.

강대인 (1993). 〈한국 텔레비전 편성의 특성과 전략에 관한 연구〉. 고려대학교 박사 학위 논문.

강대인 (2003). 《한국 방송의 정체성 연구》. 서울: 커뮤니케이션북스.

강동순 (2006). 《KBS와 권력》. 서울: 서교출판사.

강명구 (1993). 《한국 언론 전문직의 사회학》. 서울: 나남.

강명구 · 백미숙 · 최이숙 (2007). '문화적 냉전'과 한국 최초의 텔레비전 HLKZ. 〈한국언론학보〉, 51(6), pp.5~33.

강상현 (1993). 정보화 시대의 시민언론운동. 〈한국 사회와 언론〉, 3호, pp.86~132.

강신구 (2012). 어떤 민주주의인가?: 제도와 가치체계의 조응을 통해 바라본 한국 민주주의의 발전 방향 모색. 〈한국정당학회보〉 11(3), pp.39~67.

강원택 (2012). 3당 합당과 한국 정당 정치, 〈한국정당학회보〉, 11(1), pp.171~193.

강정인 (2011). 박정희 대통령의 민주주의 담론 분석: "행정적" · "민족적" · "한국적" 민주주의를 중심으로. 〈철학논집〉, 27집, pp.287~321.

강준만 (2007). 《한국 대중 매체사》. 서울: 인물과사상사.

강형철 (2004). 《공영 방송론》. 서울: 나남.

강형철 (2007a). 탐사 보도 프로그램의 내용 다양성에 관한 연구: 한국 주요 탐사 보도 프로그램 내용 분석. 〈한국방송학보〉, 21(1), pp.7~46.

강형철 (2007b). 공영 방송사의 책무와 독립성: 공공 기관 운영법 적용 논란에 즈음하여. KBI포커스 07~08.

강형철 (2008). KBS 수신료 인상 재추진을 위한 과제와 해법. 〈KBS 수신료 현실화 추진 활동 백서〉.

강형철 (2011). 방송 공익 개념과 공영 방송의 수용: 조선방송협회에서 한국방송공사까지. 〈방송문화연구〉, 23(1), pp.7~40.
강형철 (2013). 융합 미디어 환경에서의 공영 방송의 사회적 책임. 조항제 외. 《공영 방송 재원의 현실과 전망》. 서울: KBS.
강형철·양승찬 (2003). 공영 방송의 위기: 한국에서의 대응. 〈한국언론정보학보〉, 22, pp.7~38.
강형철·심미선 (2009). 〈21세기 KBS 편성 차별성 목표와 전략에 관한 연구〉.
고희일 (2006). PD 저널리즘과 기자 저널리즘의 차이에 관한 연구: 조직 문화와 시사 고발 프로그램의 구성적 특성의 연관성을 중심으로. 〈방송문화연구〉, 18권 2호, pp.161~192.
광주방송총국 (1992). 《광주방송총국 50년사》.
권장원 (2001). 신제도주의에 접근에 기반한 한국 방송사 조직의 행위 지속성에 대한 연구: 공영 방송 체제에서 공민영 혼합 체제로의 이행기에서의 방송사 조직 행위를 중심으로. 〈한국방송학보〉, 15-3호, pp.7~43.
권호영 (2004). 공영 방송의 수입 구성과 수신료 수준의 비교 분석. 〈방송문화연구〉, 16권 1호, pp.149~176.
권호영 (2012). 공영 방송의 경영. 최영묵 외, 《공영 방송의 이해》. 서울: 한울.
권호영 외 (2006). 《세계의 지상파 방송사 경영 전략》. 서울: 커뮤니케이션북스.
국방부 과거사진상규명위원회 (2007). 〈과거사진상규명위원회 종합보고서〉.
김기태 (2004). 《시청자 주권과 시청자운동: 한국 언론수용자운동론》. 서울: 한나래.
김기철 (1991). '얼굴 없는 언론통폐합안' 그 실체를 밝힌다. 〈월간중앙〉, 1월호, pp.180~196.
김광수·김희진 (2006). 방송 광고 시장의 현황과 문제: 가격 및 판매를 중심으로. 〈방송문화연구〉, 18권 1호, pp.123~151.
김균·전규찬 (2003). 《다큐멘터리와 역사》. 서울: 한울.
김대식 (2013. 9. 6). 수신료 인상 무엇이 문제인가. 2013년 부산울산경남언론학회 학술 세미나: 지역방송과 공공성.
김동규 (1996). 언론운동의 현단계와 새로운 모색. 〈한국언론정보학보〉, 7호, pp.8~27.
김동규·김광재·박종구 (2012). 방송 환경 변화에 대응한 KBS의 조직 구조 변화 연구: 조직 개편 내용과 구성원들의 평가를 중심으로. 〈방송문화연구〉, 24권 2호, pp.71~101.
김동진 (1986). 〈방송의 공익성에 관한 연구〉, 연세대학교 박사 학위 논문.
김동춘 (2004). 전환기의 한국 사회, 새로운 출발점에 선 사회운동. 〈시민과세계〉, 6, pp.276~295.
김민환 (1991). 《미군정 공보기구의 언론활동》. 서울: 서강대언론문화연구소.
김세은·이상길 (2008). 서유럽 방송의 공정성 원칙과 규제. 〈방송연구〉, 겨울, pp.69~112.
김수정 (2007). 오락 프로그램의 편성 비율 규제의 쟁점과 프로그램 분류 체계의 과제. 〈미디어 경제와 문화〉, 5-1호, pp.7~54.
김연식 (2009). 저널리스트의 공정성 인식 연구. 〈한국언론학보〉, 53(1), pp.161~186.
김연식 (2013. 9. 6). 방송 저널리스트의 직능 및 소속사에 따른 통제 요인 변화 연구: 2008년과 2013년의 비교를 중심으로. 2013년 부산울산경남언론학회 학술 세미나: 지역 방송과 공공성.

김연식 · 윤영철 · 오소현 (2005). PD 저널리즘에 대한 제작진의 인식과 제작 관행. 〈한국방송학보〉, 19－4호, pp.79～123.
김영석 (1987). 질 · 양면서 괄목 성장했으나 결과는 기대 수준에 못 미쳐. 〈신문과방송〉, 12월호, pp.16～19.
김영욱 외 (2012). 《한국의 뉴스미디어 2011》. 서울: 한국언론진흥재단.
김영희 (2003). 한국의 라디오 시기의 라디오 수용 현상. 〈한국언론학보〉, 47권 1호, pp.140～165.
김우룡 (1976). TV 편성의 이상과 현실. 〈대화〉, 6월호, pp.17～26.
김우룡 외 (1990). 특집 좌담 방송 구조 개편. 〈신문과방송〉, 7월호, pp.2～13.
김유진 (2013. 5. 26). 이메일 인터뷰.
김정기 · 최병렬 (1990). 방송의 상업화와 공익화의 길목. 〈저널리즘 비평〉, 2호, pp.40～53.
김정주 (2007). 1970년대 경제적 동원기제의 형성과 기원. 〈역사비평〉, 81호, pp.285～309.
김재영 (2003). 상업 방송에 대한 비판적 고찰과 개혁 방안. 한국언론정보학회 학술대회, pp.51～70.
김종엽 엮음 (2009). 《87년 체제론》. 서울: 창작과비평사.
김주언 · 이상훈 · 정완규 · 최영묵 (2008). 《미디어 2.0시대 시청자 권리와 수용자운동》. 열린미디어연구소.
김지현 (2008). '공영 방송 프로그램의 차별화' 논의 다시 쟁점화. 〈해외방송정보〉, 9월호, pp.61～66.
김지수 (1990). 방송 민주화의 무풍지대 'KBS보도국.' 〈월간 말〉, 52호, pp.138～142.
김진웅 (2008). 외주 제작의 상업화 현상에 대한 연구. 〈방송과 커뮤니케이션〉, 제9권 1호.
김진웅 · 유영주 (2012). 수신료 인상 평가와 수신료 제도 개선. 언론개혁시민연대 커뮤니연속토론회 10.
김찬석 · 이완수 (2010). 공영 방송 수신료에 대한 사회적 인식 연구. 〈한국방송학보〉, 24(6), pp.127～165.
김평호 (2012. 9. 13). 2012 언론대파업이 우리에게 던지는 화두. 한국언론정보학회 · 민주언론시민연합 공동 주최 세미나.
김해식 (1993). 〈1960년대 이후 한국 언론의 성격 변화 과정에 대한 사회학적 연구〉. 서울대학교 박사 학위 논문.
김해식 (1999). KBS 재원 정책의 방향과 과제. 〈방송문화연구〉, 11권, pp.1～22.
김호석 (2003). 한국 지상파 방송 구조에 관한 연구. 〈방송문화연구〉, 15권 1호, pp.35～58.
김훈순 · 김은정 (2002). 사회적 공론장으로서 텔레비전 토론 프로그램: 장르 관습과 한계. 〈한국언론정보학보〉, 18호, pp.63～97.
남궁협 (1995). 공영 방송 수신료의 안정적 확보 방안에 관한 연구. 〈방송문화연구〉, 7권, pp.107～138.
메트릭스 (2009a). 《디지털 시대, 공영 방송 KBS의 역할과 재원에 대한 국민 여론 조사 결과 보고서》.
메트릭스 (2009b). 《디지털 시대, 공영 방송 KBS의 역할과 재원에 대한 전문가 의견 조사 결과 보고서》.
문시형 (1971). 중앙방송국 경영형태에 관한 소고. 〈한국언론학보〉, 4호, pp.39~60.
문시형 (1976). 신문 논조를 통해 본 TV 광고 공해. 〈저널리즘〉, 가을호, pp.73~82.
문화공보부 (1979). 《문화공보 30년》. 서울: 문화공보부.
문화방송 (1982). 《문화방송사》. 서울: 문화방송.
문화방송 (1991). 《문화방송 30년 편성자료집》. 서울: 문화방송.
문화방송 (1992). 《문화방송 30년사》. 서울: 문화방송.
문화방송노동조합 (1993). 《'92 MBC 노조파업백서: 민주방송 횃불 되어》.
민임동기 (2004). "공조할 땐 공조하지만 싸울 땐 싸워야죠"(김영삼 전국언론노조 KBS본부 위원장 인터뷰). 〈인물과사상〉, 78, pp.54~70.
민주언론운동협의회 엮음 (1988). 《보도지침》. 서울: 두레.
박광배·강민채 (2013). 동시 중계 방송권 및 수신 보조 행위 법리에 관한 검토: 지상파 방송사와 케이블 TV 방송사 사이의 재송신 분쟁을 중심으로. 〈경제규제와 법〉, 6권 2호, pp.65~88.
박규장·최세경 (1998). 한국 방송 정책으로서 매체 균형 발전론에 대한 평가. 〈한국방송학보〉, 22권 4호, pp.49~91.
박기성 (2006). 텔레비전 방송 편성과 편집의 제도화. 〈한국방송학보〉, 20권 5호, pp.106~146.
박선영 (2002). TV 수신료의 법적 성격과 공영 방송 재원 조달에 관한 연구. 〈서울대학교 법학〉, 43권 1호, pp.394~435.
박성우 (2011). 영국: BBC 웹사이트와 iPlayer, 멀티 플랫폼의 선두 주자로! 〈해외방송정보〉, 8월호, pp.1~6.
박성우 (2012). 영국: BBC 뉴스, 투명성·전문성 강화로 시청자 신뢰도 역대 최고로 상승. 〈해외방송정보〉, 2월호, pp.1~8.
박소라 (2003). 경쟁 도입이 텔레비전 프로그램 장르 다양성에 미치는 영향에 대한 연구. 〈한국언론학보〉, 47(5), pp.222~250.
박소라 (2007). 한국 미디어 기업의 다각화 정도 및 유형. 한국언론재단 엮음, 《미디어 기업의 사업 다각화 성과와 전략》. 서울: 한국언론재단.
박승관·장경섭 (2001). 《언론 권력과 의제 동학》. 서울: 커뮤니케이션북스.
박용규 (2000a). 일제하 언론의 자본과 경영. 김남석 외, 《한국 언론 산업의 역사와 구조》. 서울: 연암사.
박용규 (2000b). 한국 초기 방송의 국영화 과정에 관한 연구. 〈한국언론학보〉, 44-2호, pp.93~123.
박용규 (2005). 2공화국 시기 방송 제도 개혁과 방송법 제정 시도. 〈방송문화연구〉, 17권 1호, pp.147~173.
박은희 (1998). 시민사회와 시청자운동. 〈주관성 연구〉, 3호, pp.37~61.
박은희 (2000. 8). 새 방송법과 시청자 주권: 법시행과 제도화 과정. 한국방송학회 세미나 및 보고서.
박은희 (2005. 8). 수용자 복지 정책 제도화를 위한 개념적 접근. 한국언론학회, 한국언론학회 심포지움 및 세미나.
박인규 (2004). KBS의 변화, 그 현황과 과제. 〈방송문화연구〉, 16권 2호, pp.113~137.
박인규 (2007). 한국 공영 방송의 사회적 역할과 그 수행의 평가. 〈현상과인식〉, 31(1·2), pp.36~60.
박인규 (2010). 구조적 통제하의 저널리즘. 〈한국방송학보〉, 24(6), pp.209~245.
박주연·심영섭 (2011). 독일 공영 방송의 재원구조와 방송재정수요조사심의위원회(KEF). 〈한·독사회과학논총〉, 21(4), pp.109~134.
박진형 (2006. 4. 14). 정연주 사장 취임 이후 3년, KBS 프로그램 평가 — 보도시사교양부문. 미디어수용자주권연대 세미나.
반현·홍원식 (2009). 국내 지상파 방송 뉴스 포맷 연구: KBS, MBC, SBS 저녁 메인 뉴스를 중심으로. 〈방송문화연구〉, 21권 1호, pp.9~38.
방송개혁위원회 (1999). 《방송 개혁의 방향과 과제》.
방송위원회사무국 (1981). TV 아침 방송 현황 분석. 〈신문과방송〉, 7월호, pp.85~94.
방송제도연구위원회 (1990). 《2000년대를 향한 한국 방송의 좌표》. 서울: 나남.
방송통신위원회 (2012). 《수신료 인상안에 대한 방송통신위원회의 의견서》.
백미숙 (2007). 시청자와 공영 방송의 편성 전략. 〈방송연구〉, 여름호, pp.102~130.
백미숙·홍종윤·윤석민 (2007). 국회 문화관광위원회 논의에 나타난 '방송 정책 이념': 종합유선방송법, 통합방송법 제·개정안(1991~2004)을 중심으로. 〈한국방송학보〉, 21-2호, pp.305~350.
사단법인 미디어시민모임 (2014). TV홈쇼핑 정책에 대한 전문가 여론조사 결과.
새언론포럼 (2008). 《현장 기록, 방송노조 민주화운동 20년》. 서울: 커뮤니케이션북스.
새언론포럼 (2009). 《현장 기록, 신문노조 민주화운동 20년》. 서울: 커뮤니케이션북스.
서규석 (1960). 방송중립화론의 검토. 조항제 엮음 (2000), 《방송사사료집》. 서울: 방송위원회.
서규석 (1968). 방송법의 실제적 효용. 〈방송문화〉, 7월호, pp.42~45.
서규석 (1973). 한국 방송의 합리적 운영을 위한 고찰. 〈월간 방송〉, 3월호, pp.30~33.
서명준 (2008). 독일: 다큐멘터리 포맷화와 프라임 타임대 편성의 증대. 〈해외방송정보〉, 5월호, pp.29~41.
서영표 (2013). 시민운동과 제도 정치: 일방적 지지인가 창조적 긴장인가. 〈황해문화〉, 봄호, pp.12~32.
선경식 (1988). 언론 통폐합의 겉과 속. 〈월간 중앙〉, 12월호, pp.154~161.
선진방송정책자문위원회 (1994). 《선진방송발전정책 연구보고서》.
성경륭 (1995). 《체제 변동의 정치사회학》. 서울: 한울.
성욱제 (2004). 미디어 감시의 효시, '프랑스 방송에 발 담그기.' 10월호, pp.35~42.
성욱제 (2009). 프랑스 공영 방송법 제정: 배경, 과정, 의미. 〈방송통신연구〉, 68호, pp.163~192.
손석춘 (1998). 공영 방송 25년 KBS의 개혁 방향. 〈신문과방송〉, 9월호, pp.30~33.
손창용·여현철 (2003). 《한국 케이블 TV 산업론》. 서울: 커뮤니케이션북스.
손호철 (1995). 《현대 한국정치》. 서울: 사회평론.

손호철 (1996). 한국 민주화 이론 비판. 〈이론〉, 15, pp.186~212.

손호철 (2009). '한국 체제' 논쟁을 다시 생각한다. 〈한국과 국제정치〉, 통권 65호, pp.31~59.

송진 · 유수정 · 김균수 (2012). 공영 방송 수신료 지불 의사: 방송 수용자 복지에 대한 인식을 중심으로. 〈한국방송학보〉, 26권 2호, pp.88~128.

송호근 (2011). 공론장의 역사적 형성 과정. 한국언론학회 엮음, 《한국 사회의 소통 위기》. 서울: 커뮤니케이션북스.

신광영 (2012). 한국의 민주화, 시장화와 언론노조운동. 〈언론정보학보〉, 57호, pp.69~83.

신문평론 편집부 (1973). 방송사의 고민. 〈신문과방송〉, 9월호, pp.85~88.

신인섭 (1986). 《한국광고사》. 서울: 나남.

신홍균 외 (2008). 《해외 시청자 권익 보호 제도와 국내 제도 비교 연구》. 서울: 방송통신위원회.

심미선 (2003). 지상파 방송의 편성특성에 관한 연구: 한국, 미국, 영국, 일본, 대만을 중심으로. 〈한국방송학보〉, 17(4), pp.37~75.

심영섭 (2003). 독일. 한국언론재단 엮음, 《공영 방송》. 서울: 한국언론재단.

심영섭 (2010). 방송법 제4조 제4항의 편성 규약 제정의무의 실효성 연구: 독일과 오스트리아, 한국의 방송 편성 규약 비교. 〈미디어 경제와 문화〉, 8-3호, pp.204~234.

심영섭 (2013. 8. 21). 이메일 인터뷰.

안병진 (2004). 《노무현과 클린턴의 탄핵 정치학》. 서울: 푸른길.

안수찬 (2012). 진짜 기자의 멸종. 고병권 외, 《리영희 프리즘》. 서울: 사계절.

안창현 (2006). NHK, 법적 조치 통해 수신료 강제 징수키로. 〈해외방송정보〉, pp.70~72.

안창현 (2009). 공영 방송과 '조직 저널리즘': 조직 저널리즘의 제도화 과정과 NHK의 제작 과정에 대한 실태 분석. 〈방송문화연구〉, 21(1), pp.77~114.

안창현 (2009). NHK, 재원의 약 97% 수신료로 충당. 〈해외방송정보〉, 7 · 8월호, pp.2~15.

안창현 (2008). 공영 방송의 '설명 책임'에 관한 연구. 〈한국언론정보학보〉, 41호, pp.268~303.

안창현 (2011). NHK, 조직 개편의 새 콘셉트는 '선택'과 '집중.' 〈해외방송정보〉, 10월호, pp.1~8.

안창현 (2012a). 일본: NHK, 9시 메인 뉴스 앞에 지역뉴스 배치 편성차별화 시도. 〈해외방송정보〉, 2월호, pp.1~10.

안창현 (2012b). 일본: NHK, 설명 책임 이행을 통한 새로운 거버넌스 모색. 〈해외방송정보〉, 5월호, pp.1~9.

안창현 (2012c). 일 NHK, 2011년 수신료 수입 역대 최고액 기록. 〈해외방송정보〉, 6월호, pp.1~2.

안창현 (2012d). 일 NHK 평가위원회, 2011년도 평가 보고서 발표. 〈해외방송정보〉, 8월호, pp.1~8.

언론사유화저지 및 미디어공공성확대를 위한 사회행동 (2010). 《공영 방송 국민 컨설팅 보고서: 희망의 씨앗을 심는다》.

임민영 (1994). 방송 환경의 변화와 언론노조운동의 대응 방안. 〈한국언론정보학보〉, 4호, pp.181~203.

엄민형 (2012. 7. 3). 이메일 인터뷰(전 KBS노조 정책실장).

오명환 (1985). 한국 TV 드라마의 변천사 고찰. 〈방송연구〉, 12호, pp.184~205.

오명환 (1993). TV 종일 방송의 필요성에 관한 연구. 한국방송학회 세미나 발표문.

오명환 (1994). 《TV 드라마 사회학》. 서울: 나남.

오명환 (1999). 방송 30년만의 직격탄과 경영 재편. 〈관훈저널〉, 72, pp.126~133.

오인환 · 정연구 (1990). KBS 방송 제작 중단 사태 기간 중 시청자가 보인 시청 행태 및 반응. 〈신문과방송〉, 6월호, pp.44~38.

오형일 (2014). 〈한국의 공영 방송은 어떠한 공익을 실천하고 있는가?〉. 서울대학교 박사 학위 논문.

원용진 (1998). 《한국 언론 민주화의 진단》. 서울: 커뮤니케이션북스.

원용진 (2000). 통합방송법 평가. 〈문화과학〉, 22, pp.293~313.

원용진 · 홍성일 · 방희경 (2006). 《PD 저널리즘: 한국 방송 저널리즘 속 '일탈'》. 서울: 한나래.

원용진 · 조준상 · 유영주 (2010). 지주회사 체제 SBS의 공적 규제 방안은 무엇인가: 지상파 재허가와 미디어홀딩스. SBS 20년 연속토론회 발표문.

유재천 (1988). 언론노조와 편집권. 〈신문연구〉, 겨울호, pp.250~284.

유재천 (1992). 《한국 매스 미디어 산업의 변천에 관한 통계 지표 조사》.

윤석민 (2012). 공영 방송의 위기 담론과 공영 방송의 진로. 공영 방송의 위기. 최영묵 외, 《공영 방송의 이해》. 서울: 한울.

윤석민 · 이현우 (2008). 21세기 한국 사회와 공영 방송: KBS2와 MBC 민영화론을 중심으로. 〈정보법학〉, 12권 1호, pp.1~34.

윤석민 · 홍종윤 · 오형일 (2012). 멀티 플랫폼 시대, 방송의 공익성과 공영 방송의 역할. 〈방송문화연구〉, 24(2), pp.7~35.

윤영철 (1995). 방송 정책과 민주주의의 위기: 이론적 논의. 〈언론과사회〉, 제6호, pp.65~100.

이갑윤 · 문용직 (1995). 한국의 민주화: 전개 과정과 성격. 〈한국정치학회보〉, 29-2호, pp.217~232.

이강택 (2010). 〈공영 방송에 대한 시민 참여 연구: 2000~2009 KBS 사례를 중심으로〉. 성공회대학교 NGO대학원 석사 학위 논문.

이경자 (2004. 3. 17). 방송, 비판에 귀 기울여야. 〈국민일보〉.

이광재 (1990). 선 정상화 후 해결 논지 53% 차지. 설득력 있는 대안 담긴 사설 없어: 중앙 10개 일간지 사설 분석. 〈신문과방송〉, 6월호, pp.49~53.

이길범 (1971. 10. 1). 한국 방송계의 파행성. 〈기자협회보〉.

이남표 (2006. 4. 14). KBS 개혁 과제, 3년의 평가. 미디어 수용자 주권연대 세미나.

이명곤 (1999). 적정 수신료 수준의 분석. 〈방송연구〉, 여름호, pp.129~158.

이민웅 · 윤영철 · 최영재 · 윤태진 · 김경모 · 이준웅 (2006). 《방송 저널리즘과 공정성 위기》. 서울: 지식산업사.

이민웅 외 (2008). 《디지털 미디어 전환기, 해외 공영 방송의 공공성 확보 방안에 대한 조사연구: 영국, 독일, 프랑스를 중심으로》. 방송통신위원회.

이상기 (2002). 텔레비전 저널리즘: '저널리즘의 가치'와 '시장 가치'의 융합. 한국언론재단.
이부영 (1983). 70년대 한국 사회와 언론. 《언론과사회》. 서울: 민중사.
이상기 (2011). 언론의 상업주의화에 대한 비판적 고찰. 〈한국언론정보학보〉, 56호, pp.26~47.
이승선 (2008). PD수첩에 대한 사법적 대응, 어떻게 볼 것인가: 언론법제적 시각. 한국언론학회 긴급 토론회 자료집.
이성주 (2013). 토론－MBC시사·보도 프로그램에는 어떤 일이 있었나. 민주당 신경민의원실·전국언론노동조합 주최 세미나 자료집.
이수정 (1983). 한국에 있어서의 공영 방송의 지향. 1983 방송인 포럼 발표문.
이원 (2013). 프랑스의 공영 방송 개혁과 수신료 제도의 변화. 조항제 외, 《공영 방송 재원의 현실과 전망》. 서울: KBS.
이은미 (1993). TV끄기운동까지 초래할 정도/방송 프로그램 저질화 논란. 〈신문과방송〉, 12월호, pp.21~24.
이재경 (2008). 한국의 저널리즘과 사회 갈등: 갈등 유발형 저널리즘을 극복하려면. 〈커뮤니케이션이론〉, 4권 2호, pp.48~72.
이재현 (1998). 공영 방송의 편성 패턴 비교 분석. 〈방송문화연구〉, 10집, pp.47~71.
이정훈·박은희 (2008). 외주 제작 정책 도입 이후 지상파 드라마 제작 시스템의 변화. 〈방송문화연구〉, 20권 2호, pp.31~58.
이준웅 (2008a). 《BBC와 영국 사회 영향력 네트워크를 통해 본 KBS 미래 전략 연구》. 서울대학교 언론정보연구소.
이준웅 (2008b). BBC 허튼위원회 사례를 통해 본 공영 방송 저널리즘의 위기. 〈한국언론학보〉, 52권 5호, pp.83~107.
이준웅 (2009). 공적인 것, 정치적인 것, 그리고 불편한 것: 공영 방송 위기론 고찰. 〈한국방송학보〉, 23(3), pp.485~525.
이준웅 (2011). 정치적 설득의 실패. 강원택·장덕진 엮음, 《노무현 정부의 실험》. 서울: 한울.
이준웅·황유리 (2004). 한국형 방송 뉴스 도식의 발견: 뉴스의 내용적이며 구성적 특징과 뉴스 제작 시스템. 〈한국방송학보〉, 18권 3호, pp.232~293.
이준웅·김경모 (2008). '바람직한 뉴스'의 구성 조건: 공정성, 타당성, 진정성. 〈방송연구〉, 겨울호, 67호, pp.9~44.
이준웅·조항제·송현주·정준희 (2010). 한국 사회 매체 체계의 특성: '민주화 이행 모형'의 제안. 〈커뮤니케이션이론〉, 6권 1호, pp.87~143.
이준웅·정준희 (2011). 디지털 전환과 디지털 지상파 플랫폼 서비스 제공: 해외 사례와 국내 도입에 대한 함의. 〈방송통신연구〉, 겨울호, 77, pp.38~76.
이중현 (1988). KBS 무엇이 문제인가. 〈저널리즘〉, 가을호, pp.172~191.
이창근 (2004). '적절한 불편부당성'(due impartiality) 기준의 역사와 성격에 대하여. 〈방송문화연구〉, 16권 2호, pp.199~226.
이창근 (2009). 주권재민 원칙을 구현하는 공영 방송사의 민주적 거버넌스 구축을 위한 탐색. 〈미디어경제와 문화〉, 7－1호, pp.149~200.

이창현 (2008). 공정성 관련 방송 심의를 둘러싼 사회적 갈등 분석: 〈PD수첩〉과 촛불시위 관련 프로그램의 심의를 중심으로. 〈방송통신연구〉, 67, pp.45~68.

이채훈 (1989). 방송 민주화운동이란 무엇인가. 〈문학과사회〉, 2(2), pp.692~710.

이태호 (2008). 시민운동의 위기와 새로운 혁신의 과제. 〈시민과세계〉, 13, pp.103~143.

이필재 (1990). 과연 국민의 뜻에 따라 해결됐나. 〈신문과방송〉, 6월호, pp.54~57.

이환의 (1976). 《방송교육론》. 경기: 열화당.

임양준 (2009). 집단적 갈등 이슈에 대한 방송 뉴스 프레임 비교 연구: 용산 참사에 대한 MBC, KBS, SBS 저녁 뉴스를 중심으로. 〈한국언론학보〉, 53(5), pp.55~79.

임영호 (1995). 한국의 시민사회와 언론운동의 성격. 유재천 외, 《한국 사회 변동과 언론》. 서울: 소화.

임태섭 (1993). 텔레비전 뉴스의 공정성에 대한 담론 분석 연구. 〈언론과 사회〉, 1, pp.67~109.

임혁백 (1994). 《시장 · 국가 · 민주주의》. 사회비평사.

임혁백 (2000). 《세계화시대의 민주주의》. 서울: 나남.

임혁백 (2004). 유신의 역사적 기원: 박정희의 마키아벨리적 시간(상). 〈한국정치연구〉, 13집 2호, pp.223~258.

임혁백 (2005). 유신의 역사적 기원: 박정희의 마키아벨리적 시간(하). 〈한국정치연구〉, 14집 1호, pp.115~146.

장덕진 (2014). 박근혜 정부 지지율의 비밀. 〈황해문화〉, 봄호, pp.32~47.

장영민 (2013). 코카드 텔레비전 방송국(KORCAD-TV)의 설립과 경영에 관한 연구. 《한국언론학보》, 57(6), pp.663~690.

장용호 (1989). 《한국 TV 산업의 시장 구조, 행위 및 성과에 관한 연구》. 서울: 나남.

장용호 (1992). 언론노동운동의 물질적 기반과 운동 행위자의 합리적 선택. 〈한국언론학보〉, 28호, pp.309~335.

장일 (2003). 영국. 한국언론재단 엮음, 《공영 방송》. 서울: 한국언론재단.

장정훈 (2013). 풍운아, 그렉 다이크 전 BBC 사장 인터뷰. http://blog.naver.com/indplanet?Redirect=Log&logNo=140154155420.

전규찬 (2006). 뉴 미디어 난개발 현장, 자본이라는 감독. 〈문화과학〉, 45, pp.173~182.

전규찬 (2008). TV 수신료 인상 추진의 성과와 한계, 그리고 미래. 《KBS 수신료 현실화 추진 활동 백서》.

전규찬 (2012). 시급한 시민 언론/커뮤니케이션 주권론. 《언론개혁시민연대 2012 정책보고서》.

전혜선 (2009). 미디어 시장의 '경쟁'과 지상파 TV '프로그램의 질'에 관한 연구. 〈한국언론학보〉, 53(4), pp.116~137.

정대필 · 이상기 (2008). 정계로 몰려가는 언론인: 언론인 출신 15~17대 국회의원 의정 활동 평가. 〈신문과 방송〉, 4월호, pp.20~30.

정두남 (2002). 공영 방송 민영화 논의에 관한 연구: 독일의 ZDF 민영화론과 ARD 해체론을 중심으로. 〈방송과 커뮤니케이션〉, 3권, pp.79~108

정병기 (2004). 서유럽 코포라티즘의 성격과 전환: 통치 전략성과 정치 체제성. 〈한국정치학회보〉, 38(5), pp.323～343.
정수영 (2013). 해외 공영 방송의 재원 유형 및 일본 공영 방송 NHK의 사례. 조항제 외, 《공영 방송 재원의 현실과 전망》. 서울: KBS.
정수영·남상현 (2012). 지상파TV 3사 종합뉴스프로그램의 무보도와 단독보도 뉴스에 관한 연구. 〈한국방송학보〉, 26－4, pp.265～309.
정순일 (1977). KBS의 조직 개편. 〈신문과 방송〉, 9월호, pp.60～63.
정순일·장한성 (2000). 《한국TV 40년의 발자취》. 서울: 한울.
정연우 (2010). 공영 방송의 정체성과 수신료 인상의 정당성에 관한 논의. 〈방송통신연구〉, 봄호.
정용준 (1995). 〈1990년대 한국 방송 구조의 공익성에 대한 연구: 국가, 시장, 시민사회의 관계를 중심으로〉. 서울대학교 박사 학위 논문.
정용준 (2002). 방송 소유 구조의 다원화와 편성의 다양성. 한국방송학회 세미나, 《다채널시대의 공영 방송 정착 방안》.
정용준 (2006). 시민사회와 국가/시장의 관계 분석: 김대중/노무현 정부의 방송 정책 갈등을 중심으로. 〈언론과학연구〉, 6－2, pp.356～379.
정용찬·김남두·김윤화 (2012a). 《2012년 방송 매체 이용 행태 조사》. 서울: 한국방송통신위원회.
정용찬·김욱준·김해수·이소현 (2012b). 《2012년 방송 산업 실태 조사 보고서》. 서울: 한국방송통신위원회.
정영희 (2009). 한국 텔레비전 드라마의 동시대 지형과 역사성. 〈한국언론학보〉, 53권 1호, pp.84～109.
정영희·김미라 (2012). 한국 텔레비전 드라마의 소구 요인 분석. 〈미디어, 젠더 & 문화〉, 22호, pp.225～256.
정인숙 (2013). 공영 방송의 수신료 제도 개선을 위한 정책방안. 조항제 외, 《공영 방송 재원의 현실과 전망》. 서울: KBS.
정일준 (2006). 유신 체제의 모순과 한미 갈등. 〈사회와 역사〉, 70호, pp.140～178.
정준희 (2003). 영국: 일일 연속극, 현실적인 이야기로 최고 시청률 기록. 〈해외방송정보〉, 9월, pp.21～27.
정준희 (2004a). 영국 정부와 언론 간의 관계: 습격 저널리즘과 허튼조사위원회를 통해 드러난 정치 체계와 언론 체계의 상호작용. 〈방송문화연구〉, 16권 1호, pp.111～147.
정준희 (2004b). 제도적 수렴 통해 경쟁·협력. 〈해외방송정보〉, 10월호, pp.23～34.
정준희 (2005). BBC노조, 대규모 감원에 반발: 파업 돌입. 〈해외방송정보〉, 5월호, pp.30～38.
정준희 (2007). 고전 재창조 경향과 팩션 드라마 유행. 〈해외방송정보〉, 7월호, pp.23～41.
정준희 (2008). 한국 공영 방송의 역사와 미래 지향적 공영 방송 구조 모색. 2012 한국언론정보학회 봄철 정기학술대회 기획세션 III.
정준희 (2009) BBC, 조직 개편 통해 디지털 방송 환경 조성. 〈해외방송정보〉, 5·6월호, pp.25～53.
정준희 (2012). 공영 방송 저널리즘의 적극적 자기 성찰과 진화를 위하여. KBS방송문화연구소 엮음, 《공정성이란 무엇인가?》. 서울: 한국방송공사.

정진석 엮음 (1982). 《한국언론법령전집》. 서울: 관훈클럽 신영연구기금.

정청천 · 장홍근 (2013). 2012년 방송 3사 동시 파업 사태와 시사점. 〈노동리뷰〉, 5월, pp.63～74.

정태석 (2007). 《시민사회의 다원적 적대들과 민주주의》. 서울: 후마니타스.

정태인 (2007. 4. 4). 훗날 '이제는 말 할 수 있다'는 오늘을 어떻게 기록할까? 〈프레시안〉.

정필모 (2012). 〈공영 방송 보도의 공정성 저해 요인에 관한 연구〉. 성균관대학교 박사 학위 논문.

정현상 (2008). 박재완 청와대 국정기획수석비서관: KBS 사장, 이명박 정부 국정철학 적극 구현할 사람 돼야. 〈신동아〉, 8월호, pp.93～108.

조영래 (1991). 《조영래 변호사 유고집: 진실은 영원히 감옥에 가두어 둘 수 없습니다》. 서울: 창작과비평사.

조은영 · 유세경 (2014). 종합편성 채널 도입과 방송 뉴스 보도의 다양성. 〈한국언론학보〉, 58(3), pp.433～508.

조의진 (2007). 언론개혁운동을 위한 언론개혁시민연대의 커뮤니케이션전략에 대한 연구. 〈방송과 커뮤니케이션〉, 8-2호, pp.192～216.

조성호 (2000). 텔레비전 방송사의 편성 전략 분석: 개편시 변경된 프로그램을 중심으로, 1990～1999. 〈한국방송학보〉, 14(1), pp.387～428.

조준상 (2008). 이명박 정권 아래에서 언론시민운동의 과제: 미디어 지형 재편에 대한 대항을 중심으로. 〈문화과학〉, 55, pp.242～253

조철현 (1990). 1947년부터 1990년까지 우리나라 '방송 구조 변천 45년.' 〈방송 '90〉, 제14호, pp.48～55.

조항제 (1990). 1980년대 언론의 인적 지배 구조. 〈사상문예운동〉, 제5호, pp.106～126.

조항제 (1994). 〈1970년대 한국 텔레비전의 구조적 성격에 대한 연구〉. 서울대학교 박사 학위 논문.

조항제 (1998). 한국 민주화와 언론, 언론학. 학술단체협의회 엮음, 《한국 인문사회과학의 현재와 미래》. 서울: 푸른숲.

조항제 (2003a). 《한국의 민주화와 미디어 권력》. 서울: 한울.

조항제 (2003b). 《한국 방송의 역사와 전망》. 서울: 한울.

조항제 (2008). 《한국 방송의 이론과 역사》. 서울: 논형.

조항제 (2011). 1970년대 신문의 텔레비전 드라마 비판. 한국방송학회 엮음, 《한국 방송의 사회문화사》. 서울: 한울.

조항제 (2012a). 한국 공영 방송의 역사적 발전 과정과 정체성. 최영묵 외, 《공영 방송의 이해》. 서울: 한울.

조항제 (2012b). 한국 공영 방송의 수신료 문제에 대한 역사적 고찰. 〈방송문화연구〉, 24권 2호, pp.37～70.

조항제 (2012c). 민주주의와 미디어: 언론의 권력화에서 미디어화로. 한국언론학회 3차 기획세미나. 2012. 9. 14.

조항제 (2012d). 개발 독재 체제와 상업 방송의 대중성: TBC 약사. 한국방송학회 엮음, 《관점이 있는 한국 방송의 사회문화사》. 서울: 한울.

조항제 (2014). 한국 방송에서의 BBC 모델. 〈언론정보연구〉, 51(1), pp.5～38.

조항제 엮음 (2000). 《방송사사료집》, 방송위원회.

조항제 · 박홍원 (2010). 공론장–미디어 관계의 유형화. 〈한국언론정보학보〉, 50, pp.5～28.

조항제 · 박홍원 (2011). 한국 텔레비전 50년의 정치와 경제: 국가, 시장, 시민사회의 관계를 중심으로. 〈방송문화연구〉, 23권 1호, pp.41～72.

조항제 · 이남표 · 윤상길 · 윤호진 (2013). 공영 방송 40년, 법제 변화에 관한 국면사적 연구. 〈언론정보학회〉.

조향록 (1971. 5. 14). 방송은 국민의 것이다. 〈기자협회보〉.

조효제 (2004). 한국 시민사회의 개념과 현실. 〈창작과비평〉, 32권 1호, pp.293～107.

중앙방송국 (1973). 《KBS연감 ’73》. 서울: 중앙방송국.

중앙일보사 (1985). 《중앙일보 20년사, 부 동양방송 10년사》. 서울: 중앙일보.

진화영 (2001). 독일, ZDF 사장을 둘러싼 정치판 힘겨루기. 〈방송 동향과 분석〉, 142호. pp.1～2.

최문순 (2005). 〈MBC 경영계획서: “One MBC, Worldwide MBC”〉. MBC 내부 자료

최문순 (2010. 7. 25). 인터뷰.

최상호 외 (2007). 《수신료 현실화와 관련된 방송 환경 및 이해관계자 등의 분석》. 서울: 정보통신부.

최선열 · 유세경 (1999). 텔레비전 드라마의 역사성 연구: 정치적 · 경제적 변화 요인을 중심으로. 〈한국방송학보〉, 제13호, pp.7～46.

최선욱 (2013. 8. 11). 이메일 인터뷰(전 KBS노조 사무처장).

최승호 (2013). 파업 이후, 박근혜 시대의 공영 방송은 어디로 갈 것인가. 〈실천문학〉, 109, pp.49～59.

최영묵 (1997). 《방송 공익성에 관한 연구: 방송 공익성과 심의제도》. 서울: 커뮤니케이션북스.

최영묵 (2004). 성역과 금기 그리고 인권, 한국 사회 그늘에 관한 ‘비망록’. PD수첩팀, 《PD수첩 한국 PD 저널리즘의 보고 II》. 서울: 커뮤니케이션북스.

최영묵 (2005). 《시민미디어론》. 서울: 아르케.

최영묵 (2012a). 《한국방송정책론》. 서울: 논형.

최영묵 (2012b). 이명박 정부 언론 장악 실패 ‘전말기.’ 〈황해문화〉, 여름호, pp.10～27.

최은경 (2007). BBC, 수신료 소폭 인상에 그쳐. 구조 조정 불가피. 〈해외방송정보〉, 7월호, pp.79～80.

최인규 (1976). 방송 정화를 위한 방안. 〈저널리즘〉, 봄호, pp.161～168.

최장집 (1994). 한국 민주주의와 언론. 〈언론과사회〉, 6호, pp.40～64.

최장집 (1996). 《한국 민주주의의 조건과 전망》. 서울: 나남.

최창봉 (1976). 외국 TV가 한국 TV에 비친 영향. 〈내화〉, 6월호, pp.33～39.

최창봉 (2010). 《방송과 나》. 서울: 동아일보사.

최창섭 (1985). 《한국방송원론》. 서울: 나남.

최창섭 (1987). 방송은 방송전문인에게 맡겨야. 〈신문과방송〉, 9월호, pp.114~115.

최창섭 · 박성범 (1987). 대담: 방송보도의 공정 · 공평성. 〈신문과방송〉, 9월호, pp.65.

KBS노동조합 (1989). 《5공하 KBS 방송 기록》.

PD수첩 제작진 · 지승호 (2010). 《진실의 목격자들》. 서울: 북폴리오.

한국방송공사 (1975). 《KBS연지》(1973. 3~1975. 3). 서울: 한국방송공사.

한국방송공사 (1977). 《한국방송사》. 서울: 한국방송공사.

한국방송공사 (1984). 《KBS 통계연보(1973~1983)》. 서울: 한국방송공사.

한국방송공사 (1987). 《한국방송 60년사》. 서울: 한국방송공사.

한국방송공사 (1993). 《KBS 통계연보(1983 ~ 1992)》. 서울: 한국방송공사.

한국방송공사 (2010). 〈텔레비전 방송 수신료 현실화 공청회 발표 자료〉.

한국방송공사 (2012). 《공영 방송과 수신료 제도》. 서울: 한국방송공사.

한국방송광고공사 (1991). 《방송광고영업백서》. 서울: 한국방송광고공사.

한국방송광고공사 (2001). 《방송광고영업백서 2》. 서울: 한국방송광고공사.

한국방송영상산업진흥원 (2001). 《방송영상산업통계백서》.

한국방송회관 (1973). 《한국방송연감 '73》. 서울: 한국방송회관.

한윤형 (2010). 《안티조선운동사》. 서울: 텍스트.

한진만 (1989). 〈한국 텔레비전 내용의 다양화에 대한 연구: 프로그램 편성표 분석을 중심으로〉. 고려대학교 박사 학위 논문.

해외방송정보 편집부 (2010). 〈법제 · 정책: 日 NHK, 시청료 미납부자에 '재산 압류'〉. 〈해외방송정보〉, 6월호.

황병주 (2011). 유신 체제의 대중 인식과 동원 담론. 〈상허학보〉, 32, pp.143~186.

홍경수 (2012). 〈공영 방송사 제작 체계 변화가 피디 전문직주의에 미치는 영향: 2008년 이후 KBS를 중심으로〉. 서울대학교 언론정보학과 박사 학위 논문.

홍기호 (2013. 8. 5). 인터뷰(KBS노조 부위원장).

홍순철 외 (2010). 《텔레비전 프로그램 포맷 창작론》. 서울: 한울.

홍성일 (2014). 보수적 방송 채널의 제도화 혹은 페니 프레스의 텔레비전화. 〈문화과학〉, 78호, pp.90~102.

홍유진 · 이용마 (2012). 되찾아야 할 언론의 자유, 열쇠는 우리가 쥐고 있다. 〈인물과사상〉, 169, pp.15~37.

황근 (2000). 독립 규제 기구로서 방송위원회의 구조적 특성에 관한 평가 연구. 〈사이버커뮤니케이션학보〉, 6호, pp.264~298.

황근 (2010). 미디어 컨버전스 시대 공영 방송의 역할과 규제 체계. 〈경제규제와 법〉, 3권 2호, pp.224~247.

황근 · 최영묵 (2000). 사회조합주의 방송정책 모델에 관한 연구. 〈한국방송학보〉, 14-1호, pp.469~516.

황상재 · 김형일 (2003). 한국 지상파 방송사의 사업 다각화 전략과 성과에 관한 연구. 〈한국방송학보〉, 17(1), pp.177~209.
황현탁 (1995). 《한국영상산업론》. 서울: 나남.

국회문공위속기록. 1971. 9. 29; 1978. 10. 20.
〈기자협회보〉. 1969. 6. 6; 1972. 1. 21; 1976. 11. 1.
〈경향신문〉. 2010. 1. 6; 2013. 7. 10.
〈대한일보〉. 1972, 2. 13.
〈동아일보〉. 1960. 4. 28; 1968. 5. 14; 1969. 12. 9; 1971. 4. 9; 1981. 5. 25; 1985. 4. 4; 1986. 4. 2; 1987. 7. 17; 1987. 7. 21; 1987. 8. 10; 1987. 8. 17; 1987. 8. 28; 1987. 12. 14; 1988. 7. 28; 1989. 3. 7; 1989. 3. 9; 1989. 3. 16; 1991. 2. 8; 1994. 11. 19.
〈미디어스〉. 2010. 1. 7; 2010. 11. 10; 2013. 10. 27.
〈미디어오늘〉. 1996. 1. 3; 2011. 4. 15.
〈방송문화〉. 1968, 5월호/8월호.
〈방송문화〉. 1985, 여름호.
〈조선일보〉. 1960. 6. 1; 1966. 11. 16; 1967. 3. 4; 1969. 12. 6; 1969. 7. 17; 1971. 7. 16; 1981. 5. 24; 1987. 8. 1.
〈중앙일보〉. 1992. 8. 7; 2004. 12. 3.
〈프레시안〉. 2004. 12. 4; 2006. 10. 25; 2013. 1. 17.
〈한겨레신문〉. 1989. 3. 10; 1989. 3. 15; 2007. 1. 22; 2008. 10. 23; 2012. 11. 8.
〈한국일보〉. 1988. 10. 25; 2004. 5. 12; 2004. 5. 13; 2004. 5. 6; 2004. 5. 7; 2004. 8. 23; 2007. 3. 20.

Achille, Y. & B. Miege (1994). The limits to the adaptation strategies of European public service television. *Media, Culture & Society*, 16(1), pp.31~46.
Aitken, R. (2007). *Can we trust the BBC?* London: Continuum.
Ala-Fossi, M. (2005). Culture and quality in broadcast media: Market dynamics and organizational dependencies. In G. F. Lowe & P. Jauert (eds.), *Cultural dilemmas in public service broadcasting*, pp.37~55. Goteborg: Nordicom.
Ala-Fossi, M. (2012). Social obsolescence of the TV fee and the financial crisis of Finnish public service media. *Journal of Media Business Studies*, 9(1), pp.33~54.
Arriaza Ibarra, K. (2009). The promotion of public interest through new policy initiatives for public television: The cases of France and Spain. *Interactions: Studies in Communication and Culture*, 1(2), pp.262~282.
Arriaza Ibarra, K. (2013). The situation of national and regional public television in Spain: Public media in the crossroad. *Nordicom Review*, 34(1), pp.145~156.
Bajomi-Lazar, P., V. Stetka, & M. Sükösd (2012). Public service television in European

Union countries: Old issues, new challenges in the 'East' and the 'West'. In N. Just & M. Puppis (eds.), *Trends in communication policy: New theories, methods and subjects*, pp.355~380. Bristol, UK: Intellect.

Bardoel, J. & L. d'Haenens (2004). Media meet the citizen: Beyond market mechanisms and government regulations. *European Journal of Communication*, 19(2), pp.165~194.

Bardoel, J. & L. d'Haenens (2008). Reinventing public service broadcasting in Europe: Prospects, promises and problems. *Media, Culture & Society*, 30(3), pp.337~355.

Bardoel, J., L. d'Haenens, & A. Peeters (2005). Defining distinctiveness: In search of public service broadcasting performance and quality criteria. In G. F. Lowe & P. Jauert (eds.), *Cultural dilemmas in public service broadcasting*, pp.57~77. Goteborg: Nordicom.

Baringhorst, S. (2006). Germany: Functional differentiation or decline? The impact of media liberalization on German PSB. In I. Banerjee & K. Seneviratne (eds.), *Public broadcasting in the age of globalization*, pp.227~243. Singapore: AMIC.

Barnett, S. (2005a). Opportunity or threat? The BBC, investigative journalism and the Hutton Report. In S. Allen (ed.), *Journalism: Critical issues*, pp.328~341. London: Open University Press.

Barnett, S. (2005b). Can the BBC invigorate our political culture? *The Political Quarterly*, 76(supplement 1), pp.58~69.

Barnett, S. (2012). Broadcast journalism and impartiality in the digital age. In G. F. Lowe & J. Steemers (eds.), *Regaining the initiative for public service media*, pp.201~218. Goteborg: Nordicom.

Barnett, S. & A. Curry (1994). *The Battle for the BBC*. London: Aurum Press.

BBC (2013). Director-Generals of the BBC. http://www.bbc.co.uk/historyofthebbc/resources/factsheets/director-generals.pdf.

BBC Trust (2007). From seesaw to wagonwheel: Safeguarding impartiality in the 21st century Available: http://www.bbc.co.uk/bbctrust/assets/files/pdf/review_report_research/impartiality_21century/report.pdf

Bennett, L. W. & S. Iyengar (2010). The shifting foundations of political communication: Responding to a defense of the media effects paradigm. *Journal of Communication*, 60, pp.35~39.

Benson, R. & D. Hallin (2007). How states, markets and globalization shape the news: The French and U.S. National Press, 1965-1997. *European Journal of Communication*, 22(1), pp.27~48.

Benson, R. & M. Powers (2011). Public media and political independence: Lessons for the future of journalism from around the world. Available: www.freepress.net/sites/

default/files/stn-legacy/public-media-and-political-independence.pdf.

Berg, C. E. (2012). Stability of public media funding. Available: http://ripeat.org/wp-content/uploads/tdomf/2794/Berg%20paper%202012.pdf

Biltereyst, D. (2004). Public service broadcasting, popular entertainment and the construction of trust. *European Journal of Communication*, 7(3), pp.341～363.

Blasco Gil, JJ. (2010). The government of Spain's policies on public media(2004～2010). Available: http://ripeat.org/wp-content/uploads/tdomf/1289/Blasco%20Gil.pdf

Blumler, J. (1992). Public service broadcasting before the commercial deluge. In J. Blumler(ed.), *Television and the public interest: Vulnerable values in West European Broadcasting*, pp.7～21. London: Sage.

Blumler, J. (1993a). The British approach to public service broadcasting: From confidence to uncertainty. In R. Avery (ed.), *Public service broadcasting in a multichannel environment*, pp.1～28. NY: Longman.

Blumler, J. (1993b). Meshing money with mission: Purity versus pragmatism in public broadcasting. *European Journal of Communication*, 8(4), pp.403～424.

Blumler, J., M. Brynin, & T. Nossiter (1986). Broadcasting Finance and Programme Quality: An International Review. *European Journal of Communication*, 1(3). pp.343～364.

Blumler, J. & W. Hoffmann-Riem (1992). New Roles for Public Television. In J. Blumler(ed.), *Television and the public interest: Vulnerable values in West Europea broadcasting*, pp.202～217. London: Sage.

Blumler, J. & M. Gurevitch (1995). *The crisis of public communication*. London: Routledge.

Born, G. (2003). From Reithian ethic to managerial discourse. Accountability and audit at the BBC. *Javnost-the Public*, 10(3), pp.63～80.

Born, G. (2004). *Uncertain vision: Birt, Dyke and the reinvention of BBC*. London: Vintage.

Born, G. (2005). Digitising democracy. *Political Theory*, 76(Supplement 1), pp.102～123.

Bourdieu, J. (1984). *Distinction*. 최종철 옮김. 《구별 짓기》. 2005. 서울: 새물결.

Bourdon, J. (2004). Old and new ghosts: Public service television and the popular - a history. *European Journal of Cultural Studies*, 7(3), pp.283～304.

Bourdon, J. (2010). *Du service public á la télé-réalité*. 김설아 옮김. 《유럽 텔레비전 문화사》. 2014. 서울: 커뮤니케이션북스.

Brants, K. & E. Bens (2000). The status of TV broadcasting in Europe. In J. Wieten, G. Murdock & P. Dahlgren (eds.), *Television across Europe*, pp.7～22. London: Sage.

Brants, K. & J. Bardoel (2008). Death duties: Kelly, Fortuyn and their challenge to media governance. *European Journal of Communication*, 23(4), pp.471～489.

Brants, K. & K. Siune (1998). Politicization in decline? In D. McQuail & K. Sinue (eds.), *Media Policy: Convergence, concentration and commerce*, pp.128~143. London: Sage.

Brennan, E. (2004). Soap opera, commercialisation, and the proletarianisation of cultural production. *Irish Journal of Sociology*, 13(2), pp.66~83.

Brevini, B. (2010). Towards psb 2.0? Applying the psb ethos to online media in Europe: A comparative study of psbs' internet policies in Spain, Italy and Britain. *European Journal of Communication*, 25(4), pp.348~365.

Briggs, A. (1979). *Governing the BBC.* London: BBC.

Budd, A. (1986). The Peacock committee and the BBC: Liberal values versus regulation. *Public Money*, 6(3), pp.29~33.

Burgelman, J. (1989). Political parties and their impact on public service broadcasting in Belgium. Elements from a political-sociological approach. *Media, Culture & Society*, 11(2), pp.167~193.

Burns, T. (1977). *The BBC: Public institution and private world.* London: Macmillan.

Bruun, H. (2005). Public service entertainment: A case study of Danish Television 1951-2003. In G. F. Lowe & P. Jauert (eds.), *Cultural dilemmas in public service broadcasting*, pp.143~162. Goteborg: Nordicom.

Bustamante, E. (1989). TV and public service in Spain. *Media, Culture and Society*, 11(1), pp.67~87.

Carpentier, N. (2005). Identity, contingency and rigidity: The (counter-)hegemonic construction of the identity of the media professional. *Journalism*, 6(2), pp.199~219.

Carvajal, D. (2009. 9. 14). El Páis in rare break with socialist leader, *New York Times*.

Cave, M. (1996). Public service broadcasting in the United Kingdom. *Journal of Media Economics*, 9(1), pp.17~30.

Christophers, B. (2008). Television's power relations in the transition to digital: The case of the United Kingdom. *Television & New Media*, 9(3), pp.239~257.

Ciaglia, A. (2013a). Politics in the media and the media in politics: A comparative study of the relationship between the media and political systems in three European countries. *European Journal of Communication*, 28(4), pp.1~15.

Ciaglia, A. (2013b). Pluralism of the system, pluralism in the system: Assessing the nature of media diversity in two Euopean countries. *The International Communication Gazette*, 75(4), pp.410~426.

Cohen, J. & A. Arato (1992). *Civil society and political theory.* Cambridge, MA: The MIT Press.

Coles, A. (2006). Acting in the name of culture? Organized labour campagins for Canadian dramatic programming. *Canadian Journal of Communication*, 31, pp.519～539.

Coleman, S. & N. Dyer-Witheford (2007). Playing on the digital commons: Collectivities, capital and contestation in videogame culture. *Media, Culture & Society*, 29(6), pp.934～953.

Collins, R. (1998). *From satellite to single market: New communication technology and European public service television*. London: Routledge.

Collins, R. (2003). The BBC–Too big, too small or just right? *Political Quarterly*, 74(2), pp.164～173.

Collins, R. (2008). Hierarchy to homeostasis? Hierarchy, markets and networks in UK media and communications governance. *Media, Culture & Society*, 30(3), pp.295～317.

Collins, R. & Z. Sujon (2007). UK broadcasting policy: The "long wave" shift in conceptions of accountability. In P. Baldi & U. Hasebrink (eds.), *Broadcasters and citizens in Europe: Trends in media accountability and audience participation*, pp.33～52. Chicago, IL: Intellect Books.

Costera Meijer, I. (2005). Impact or content? Ratings vs quality in public broadcasting. *European Journal of Communication*, 20(1), pp.27～53.

Couldry, N., S. Livingstone, & T. Markham (2007). *Media consumption and public engagement*. London: Palgrave.

Creeber, G. (2004). "Hideously White" British television, glocalization, and national identity. *Television & New Media*, 5(1), pp.27～39.

Curran, J. (1991). Rethinking the media as a public sphere. In P. Dahlgren & C. Sparks (eds.), *Communication and citizenship*, pp.27～56. London: Routledge.

Curran, J. (1996a). Reform of public service broadcasting. *Javnost-the Public*, 3(3), pp.7～19.

Curran, J. (1996b). 매스커뮤니케이션의 재고찰. 백선기 옮김. 《대중 문화와 문화연구》. 2003. 서울: 한울.

Curran, J. (1998). Crisis of public communication: A reappraisal. In T. Liebes & J. Curran (eds.), *Media, Ritual and Identity*, pp.175～202. London: Routledge.

Curran, J. (2002). *Media and power*. London: Routledge.

Curran, J. (2007). Reinterpreting the democratic roles of media. *Brazilian Journalism Research*, 3(1), pp.31～54.

Curran, J. & C. Leys (2000). Media and the decline of liberal corporatism in Britain. In J. Curran & M-J. Park (eds.), *De-Westernizing media studies*, pp.221～236. London: Routledge.

Curran, J. & J. Seaton (2010). *Power without Responsibility* (7th ed.). London: Routledge.

Curran, J., S. Iyengar, A. Lund, & I. Salovaara-Moring (2009). Media system, public

knowledge and democracy. *European Journal of Communication*, 24(1), pp.5~26.
Cushion, S. & J. Lewis (2009). Towards a 'Foxification' of 24-hour news channels in Britain?: An analysis of market-driven and publicly funded news coverage. *Journalism*, 10(2), pp.131~153.
Cushion, S. (2012). *The democratic value of news: Why public service matter.* Basingstoke: Palgrave Macmillan.
Daalmeijer, J. (2004). Public service broadcasting in the Netherlands. *Trends in Communication*, 12(1), pp.33~45.
Dahlgren, P. (2000). Media, citizens and civic culture. In M. Gurevitch & J. Curran (eds.), *Mass media and society* (3rd ed.), pp.310~328. London: Edward Arnold.
Dahlgren, P. (2005). The internet, public spheres, and political communication: Dispersion and deliberation. *Political Communication*, 22(2), pp.147~162.
Dahlgren, P. (2009). *Media and political engagement: Citizens, communication, and democracy.* NY: Cambridge University Press.
D'Arma, A. (2009). Broadcasting policy in Italy's 'Second Republic': National politics and European influences. *Media, Culture & Society*, 31(5), pp.769~786.
D'Arma, A. (2010). Italian television in the multichannel age: Change and continuity in industry structure, programming and consumption. *Convergence*, 16(2), pp.201~215.
Davis, H. & R. Scase (2000). *Managing creativity: The dynamics of work and organization.* Buckingham, UK: Open University Press.
DCMS (2005). Review of the BBC's Royal Charter: A strong BBC, independent of government. Available: http:// www.bbccharterreview.org.uk/have_your_say/green_paper/gp_summary.pdf
DCMS (2006). Media willingness to pay for the BBC during the next charter period. Available:http://ebookbrowse.com/253-dcms-willingness-to-pay-pdf-d449308593
Deakin, S. & S. Pratten (2000). Quasi markets, transaction costs, and trust. *Television & New Media*, 1(3), pp.321~354.
De la Sierra, S. & M. Mantini (2011). Does media policy promote media freedom and independence? The case of Spain. Available: http://www.mediadem.eliamep.gr/wp-content/uploads/2012/01/Spain.pdf
Denk, H. (2010). Ways to collect the broadcasting licence fee - an international overview. Available: http://www.rundfunk-institut.uni-koeln.de/institut/tagungen/2010-Bonn/Denk-Collection-Licence-Fee.pdf
Deuze, M. (2005). What is journalism? Professional identity and ideology of journalists. *Journalism*, 6(4), pp.442~464.
Dimmick, J., S. Patterson, & A. Albarran (1992). Competition between cable and

broadcast industries: A niche analysis. *Journal of Media Economics*, 5(3), pp.13~30.

Donders, K., C. Pauwels, & J. Loisen (2012). Introduction: All or nothing? From public service broadcasting to public service media, to public service 'anything'. *International Journal of Media & Cultural Politics*, 8(1), pp.3~12.

Debrett, M. (2009). Riding the wave: public service television in the multi-platform era. *Media, Culture & Society*, 31(5), pp.807~827.

Eco. U. (1987). *Über Gott und die Welt*. 조형준 편역. 《철학의 위안》. 2005. 서울: 새물결.

Engblom, L. A. (2012). The Swedish licence-fee system: Once more under reconsideration. *Journal of Media Business Studies*, 9(1), pp.23~32.

Engelbert, J. & M. McCurdy (2011). A threat to impartiality: Reconstructing and situating the BBC's denial of the 2009 DEC appeal for Gaza. *Media, War & Conflict*, 5(2). pp.101~117.

Engesser, S. & A. Franzetti (2011). Media systems and political systems: Dimensions of comparison. *The International Communication Gazette*, 73(4), pp.273~301.

Enli, G. S. (2008). Redefining public service broadcasting: Multi-Platform Participation. *Convergence: The International Journal of Research into New Media Technologies*, 14(1), pp.105~120.

Etzioni-Halevy, E. (1987). *National broadcasting under siege*. Basingstoke: Macmillan Press.

Evans, T. & K. Donders (2013). Broadcast market structures and retransmission payments: A European perspective. *Media Culture & Society*, 35(4), pp.417~434.

Goode, L. (2005). *Jürgen Habermas: Democracy and the public sphere*. London: Pluto Press.

Fanthome, C. (2008). What do young people want from today's BBC? Initial observations from outreach work carried out by the BBC's regional audience council for London. *Young Consumers*, 9(4), pp.254~264.

Fan, C-J. (2011). Rethinking the role of public service broadcasting in Taiwan in the digital age. Unpublished Ph. D dissertation, University of Leicester, UK.

Fenton, N., D. Freedman, & T. Witschge (2011). Protecting the news: Civil society and the media. *Annals of Spiru Haret University, Journalism Studies*, 12(1), pp.27~46.

Fernández-Quijada, D. & L. Arboledas (2013). The clientelistic nature of television policies in democratic Spain. *Mass Communication & Society*, 16, pp.200~221.

Flew, T. (2006). The social contract and beyond in broadcast media policy. *Television & New Media*, 7(3), pp.282~305.

Flood, C., S. Hutchings, G. Miazhevich, & H. Nickels (2012). Between impartiality and ideology: The BBC's paradoxical remit and the case of Islamic-related television news. *Journalism Studies*, 12(2), pp.221~238.

Fraser, N. (1992). Rethinking the public sphere. In C. Calhoun(ed.), *Habermas and the public sphere*, pp.109～142. Cambridge, MA: MIT Press.

Freedman, D. (2001). What use is a public inquiry? Labour and the 1977 Annan Committee on the future of broadcasting. *Media, Culture & Society*, 23(2), pp.195～211.

Freedman, D. (2009). The public service publisher-An obituary. *Journal of British Cinema and Television*, 6(1), pp.103～121.

Freiberg, J. W. (1985). Toward a structuralist model of state intervention in the mass media: The case of France. In M. Zeitlin (ed.), *Political power and social theory: A research manual*, Vol. 5, pp.141～167. Greenwich: JAI Press.

Froud, J., S. Johal, A. Laver, R. Philips, & K. Williams (2009). Stressed by choice: A business model analysis of the BBC. *British Journal of Management*, 20, pp.252～264.

Galtung, J. (1999). State, capital and the civil society: A problem of communication. In R. C. Vincent, K. Nordenstreng, & M. Traber (eds.), *Towards equity in global communication*, pp.3～21. Cresskill, NJ: Hampton Press Inc..

García de Madariaga, JM., M. Lamuera, & F. Tucho (2013). Challenges to public service news programme in Spain: Professionals and viewers' discourses wavering between institutional reform and counter-reform. *Journalism*, 14(9), pp.1～18.

Garnham, N. (2000). *Emancipation, the media, and modernity: Argument about the media and social theory*. Oxford: Oxford University Press.

Geraghty, C. (1991). *Women and soap opera*. Cambridge: Polity.

Glasgow Media Group. (1976). *Bad news*. London: Routledge.

Glasgow Media Group. (1980). *More bad news*. London: Routledge.

Gledhill, C. (1997). Genre and gender: The case of soap opera. In S. Hall (ed.), *Representation: Cultural representations and signifying practices*, pp.337～386. London: Sage.

Glynn, K. (1997). Tabloid television. In H. Newcomb (eds.), *Encyclopedia of television*, pp.1611～1614. London: Routledge.

Goode, L. (2005). *Jürgen Habermas: Democracy and public sphere*. London: Pluto Press.

Goodwin, P. (1998). *Television under Tories: Broadcasting policy 1979－97*. London: BFI.

Goodwin, P. (2012). High noon: The BBC meets "the West's most daring government." In G. F. Lowe & J. Steemers (eds.), *Regaining the initiative for public service media*, pp.63～76. Goteborg: Nordicom.

Goddard, P., J. Corner, & K. Richardson (2007). *Public issue television: World In Action,*

1963–1998. Manchester: Manchester University Press.
Graham, A. & G. Davis (1992). The Public funding of broadcasting. In T. Congdon et al., *Paying for broadcasting: The handbook*, pp.167~221. London: Routledge.
Hackett, R. A. & W. K. Carroll (2006). *Remaking media: The struggle to democratize public communication*. London: Routledge.
Hall, S. (1973/2003). Marx's notes on method: A 'reading' of the '1857 introduction.' *Cultural Studies*, 17(2), pp.113~149.
Hallin, D. (2000). Media, political power, and democratization in Mexico. In J. Curran & M-J. Park (eds.), *De-Westernizing media studies*, pp.97~110. London: Routledge.
Hallin, D. & S. Papathanassopoulos (2001). Political clientelism and the media: Southern Europe and Latin America in comparative perspective. *Media, Culture & Society*, 24(2), pp.175~195.
Hallin, D. & P. Mancini (2004). *Comparing media systems*. Cambridge: Cambridge University Press.
Hallin, D. & P. Mancini (eds.) (2012). *Comparing media systems beyond the Western World*. Cambridge: Cambridge University Press.
Hamelink, C. & K. Nordenstreng (2007). Towards democratic media governance. *Changing Media, Changing Europe*, 4, pp.225~243.
Hampton, M. (2008). The "objectivity" ideal and its limitations in 20th-century British journalism. *Journalism Studies*, 9(4), pp.477~493.
Hanretty, C. (2007). Five ways to govern a public broadcaster. Available: http://www.chrishanretty.co.uk/publications/Han07b.pdf
Hanretty, C. (2009a). Explaining the de facto independence of public broadcasting. *British Journal of Political Science*, 40(1), pp.75~89.
Hanretty, C. (2009b). The political independence of public service broadcasters. Unpublished Ph. D's thesis, European University Institute, Fiesole, Italy.
Hanretty, C. (2013). ERT: only good compared to other Greek media. Available: http://chrishanretty.co.uk/blog/index.php/2013/06/12/ert-only-good-compared-to-other-greek-media.
Hardy, J. (2008). *Western media systems*. London: Routledge.
Harrington, S. (2008). Popular news in the 21st century Time for a new critical approach? *Journalism*, 9(3), pp.266~284.
Harris, M. & V. Wegg-Prosser (2007). Post bureaucracy and the politics of forgetting. *Journal of Organizational Change Management*, 20(3), pp.290~303.
Harvey, S. (1998). Doing it my way broadcasting regulation in capitalist cultures: The case of 'fairness' and 'impartiality.' *Media, Culture & Society*, 20(4), pp.535~556.
Hermes, J. (2005). *Re-reading popular culture*. Malden, MA: Blackwell.

Hesmondhalgh, D. (2002). *The cultural industries*. Sage: London.

Hibberd, M. (2007). Conflicts of interest and media pluralism in Italian broadcasting. *West European Politics*, 30(4), pp.881~902.

Hilmes, M. (2006). Front Line Family: 'Women's culture' comes to the BBC. *Media, Culture & Society*, 29(1), pp.5~29.

HMSO (1986). Report of the committee on financing the BBC.

Hobson, C. (2012). Liberal democracy and beyond: Extending the sequencing debate. *International Political Science Review*, 33(4), pp.441~454.

Hodges, L. W. (1986). 'Defining press responsibility': A functional approach. In D. Elliot (ed.), *Responsible journalism*, pp.13~31. Beverly Hills, CA: Sage.

Hoggett, P. & S. Thompson (2002). Toward a democracy of the emotions. *Constellations*, 9(1), pp.106~126.

Holly, W. (2008). Tablodisation of political communication in the public sphere. In R. Wodak & V. Koller (eds.), *Handbook of communication in the public sphere*, pp.317~341. Mouton de Gruyter: Berlin.

Holznagel, B. & C. Jungfleisch (2007). The protection of viewer rights in Europe. In P. Baldi & U. Hasebrink (eds.), *Broadcasters and citizens in Europe: Trends in media accountability and audience participation*, pp.53~74. Chicago, IL: Intellect Books.

Hopmann, D. N., P. Van Aelst, & G. Legnante (2011). Political balance in the news: A review of concepts, operationalizations and key findings. *Journalism*, 13(2), pp.240~257.

Hujanen, T. (2003). Public service strategy in digital television: From schedule to content. *Journal of Media Practice*, 4(3), pp.133~153.

Humphreys, P. (1996). *Mass media and media policy in Western Europe*. Manchester: Manchester University Press.

Humphreys, P. (2012). A political scientist's contribution to the comparative study of media systemsin Europe: A response to Hallin and Mancini. In N. Just & M. Puppis (eds.), *Trends in communication policy: New theories, methods and subjects*, pp.158~176. Bristol, UK: Intellect.

Iosifidis, P. (2007). Public television in small European countries: Challenges and strategies. *International Journal of Media and Cultural Politics*, 3(1), pp.65~87.

Iosifidis, P. (2008). Public television policies in Europe: The case of France and Greece. *International Journal of Media and Cultural Politics*, 4(3), pp.349~367.

Iosifidis, P. & J. Chalaby (2013). Public service broadcasting in the era of austerity. Available: http://blogs.city.ac.uk/policyandculture/files/2013/07/ERT-PETROS-2i6if86.pptx.

Jacka, E. (2003). "Democracy as Defeat": The Impotence of Arguments for Public

Service Broadcasting. *Television & New Media*, 4(2), pp.177~191.

Jakubowicz, K. (2003). Endgame? Contracts, audits, and the future of public service broadcasting. *Javnost-the Public*, 10(3), pp.45~62.

Jakubowicz, K. (2006). Keep the essence, change (almost) everything else: Redefining PSB for the 21th century. In I. Banerjee & K. Seneviratne (eds.), *Public broadcasting in the age of globalization*, pp.94~116. Singapore: AMIC.

Jakubowicz, K. (2007). Public service media funding on an ideological chessboard: Is there a future for the licence fee? Unpublished Paper.

Jakubowicz, K. (2010). A future for psm? Only a Copernican revolution can prevent its funeral. http://www.mediapolicy.org/wp-content/uploads/Karol-Jakubowicz2.pdf

Jakubowicz, K. & M. Sükösd (eds.) (2008). *Finding the right place on the map: Central and Eastern European mdia change in a global perspective*. Bristol: Intellect.

Jenkins, H. (2006). *Convergence Culture*. 김희원 · 김동신 옮김. 《컨버전스 컬처》. 2008. 서울: 비즈앤비즈.

Karppinen, K. (2013). *Rethinking media pluralism*. NY: Fordham University Press.

Katz, E. & G. Wedell (1977). *Broadcasting in the Third World*. Cambridge: Harvard University Press.

Keane, J. (1991). *The media and democracy*. 주동황 · 정용준 · 최영묵 옮김. 언론과 민주주의. 서울: 나남.

Kelly, M. (1983). Influences on broadcasting policies for election coverage. In J. Blumler (ed.), *Communication to voters: Television in the first European parliamentary elections*, pp.65~82. London: Sage.

Kelly, D. & R. Donway (1990). Liberalism and free speech. In J. Lichtenberg (ed.), *Democracy and the Mass Media*, pp.66~101. NY: Cambridge University Press.

Klein, B. (2011). Entertaining ideas: Social issues in entertainment television. *Media, Culture & Society*, 33(6), pp.905~921.

Kleinsteuber, H. (2010). Public service broadcasting councils in Germany. In G. F. Lowe (ed.), *The public in public service media*, pp.213~225. Goteborg: Nordicom.

Kostic, Z. (2008). The relationship between the Japanese state and public broadcaster NHK. Available: http://www.anzca.net/component/docman/cat_view/15-anzca-08/16-refereed-proceedings.html.

Krauss, E. S. (1998). Changing television news in Japan. *The Journal of Asian Studies*, 57(3), pp.663~692.

Krauss, E. S. (2000). *Broadcasting Politics in Japan: NHK and Television News*. Ithaca, NY: Cornell University Press.

Kuhn, R. (2010). France: Presidential assault on the public service. In P. Iosifidis (ed.), *Reinventing public service communication*, pp.158~170. Basingstoke, UK: Palgrave

Macmillan.

Lamuedra, M. & H. O'Donnell (2013). Community as context: EastEnders, public service and neoliberal ideology. *European Journal of Cultural Studies*, 16(1), pp.58~76.

Lee, C. C., Z. He & Y. Huang (2007). Party-market corporatism, clientelism, and media in Shanghai. *The International Journal of Press/Politics*, 12(3), pp.21~42.

León, B. (2010). Spanish public service media on the verge of a new era. In P. Iosifidis(ed.), *Reinventing public service communication*, pp.197~208. Basingstoke, UK: Palgrave Macmillan.

Levy, D. (2010). PSB policymaking in comparative perspective: The BBC charter review process and the French commission pour la nouvelle television publique. Available: http://ripeat.org/wp-content/uploads/tdomf/1792/Levy.pdf.

Lichtenberg, J. (1990). Introduction. In J. Lichtenberg (ed.), *Democracy and Mass Media*, pp.1~20. NY: Cambridge University Press.

Lijpart, A. (1999). *Patterns of democracy: Government forms and performance in thirty-six countries*. New Haven, CT: Yale University Press.

Livingstone, S., P. Lunt, & L. Miller (2007). Citizens and consumers: Discursive debates during and after the Communication Act 2003. *Media, Culture & Society*, 29(4), pp.613~638.

Llorens, C., V. Luzón, & H. P. Grau (2012). Mapping digital media: Spain. Available: http://www.opensocietyfoundations.org/sites/default/files/mapping-digital-media-spain-20131023.pdf

Lowe, G. F. & C. E. Berg (2013). The funding of public service media: A matter of value and values. *The International Journal on Media Management*, 15, pp.77~97.

Lund, A. B. & C. E. Berg (2009). Denmark, Sweden and Norway: Television diversity by duopolistic competition and co-regulation. *The International Communication Gazette*, 71(1-2), pp.19~37.

Luther, C. A. & D. A. Boyd (1997). American occupation control over broadcasting in Japan, 1945~1952. *Journal of Communication*, 47(2), pp.39~59.

Ma, E. (1995). The production of television ideologies: A comparative study of public and commercial tv dramas. *Gazette*, 55, pp.39~54.

MacDonald, S. (2004). The cost of control: Speculation on the impact of management consultants on creativity in the BBC. *Prometheus*, 22(1), pp.43~70.

Mahan, E. (1985). Mexican broadcasting: Reassessing the industry-state relationship. *Journal of Communication*, 35(1), pp.60~75.

Mancini, P. (2012). Instrumentalization of the media vs. political parallelism. *Chinese Journal of Communication*, 5(3), pp.262~280.

Maras, S. (2013). *Objectivity in journalism*. London: Policty.

Matos, C. (2012). Media democratization in Brazil: Achievements and future challenges. *Critical Sociology*, 38(6), pp.1~14.

Maxwell, R. (1997). Restructuring the Spanish television industry. In M. Bailie & D. Winseck (eds.), *Democratizing communication? Comparative perspectives on information and power*, pp.135~158. Cresskill, NJ: Hampton Press.

McCargo, D. (2012). Partisan polyvalence: Characterizing the political role. In D. Hallin & P. Mancini (eds.), *Comparing media systems beyond the Western World*, pp.201~223. Cambridge: Cambridge University Press.

McKee, A. (2013). The power of art, the power of entertainment. *Media, Culture & Society*, 35(6), pp.759~770.

McKinsey & Company (1999). Public service broadcasters around the world. Available: http://www.kbs.co.kr/technopark/down/international/McKinsey.pdf

McNicholas, A. (2004). Wrenching the machine around: EastEnders, the BBC and institutional change. *Media, Culture & Society*, 26(4), pp.491~512.

McQuail, D. (1998). Commercialization and beyond. In D. McQuail & K. Sinue (eds.), *Media Policy: Convergence, concentration and commerce*, pp.107~127. London: Sage.

McQuail. D. (2003). *Media accountability and freedom of publication*. Oxford: Oxford University Press.

Mcquail, D. (2005). Comparing media systems: Three models of media and politics. *European Journal of Communication*, 20(2), pp.266~268.

Medina, M. & T. Ojer (2010). The new Spanish public service broadcasting model. *Comunicación Y Sociedad*, 23(2), pp.329~359.

Meier, H. G. (2003). Beyond convergence: Understanding programming strategies of public broadcasters in competitive environments. *European Journal of Communication*, 18(3), pp.337~365.

Meier, H. E. (2008). Independent regulatory bodies and impossible jobs: The failure of German public service broadcasting. *Public Administration*, 86(1), pp.133~148.

Meng, B. & T. Rantanen (2013). Go 'East'! A new agenda for comparative research in communication. Paper presented at the ICA Conference, London, 18 June.

Milton, K. (2001). Bound not gagged: Media reform in democratic transitions. *Comparative Political Studies*, 34(5), pp.493~526.

Miragliotta, N. & W. Errington (2012). The rise and fall and rise again of public broadcasting? The case of the Australian Broadcasting Corporation. *Australian Journal of Public Administration*, 71(1), pp.55~64.

Moe, H. (2008). Dissemination and dalogue in the public sphere: A case for public service media online. *Media, Culture & Society*, 30(3), pp.319~336.

Moe, H. (2011). Defining public service broadcasting: The legitimacy of different approaches. *International Journal of Cultural Policy*, 17(1), pp.52~68.

Moe, H. & T. Syvertsen (2009). Researching public service broadcasting. In K. Wahl-Jorgensen & T. Hanitzsch (eds.), *The Handbook of Journalism Studies*, pp.398~412. London: Routledge.

Montgomery, M. (2006). Broadcast news, the live 'two-way' and the case of Andrew Gilligan. *Media, Culture & Society*, 28(2), pp.233~259.

Mosco, V. & C. McKercher (2006). Convergence bites back: Labour struggle in the Canadian communication industry. *Canadian Journal of Communication*, 33, pp.733~751.

Murdock, G. (1982). Large corporations and the control of the communications industry. In M. Gurevitch, T. Bennett, J. Curran, & J. Woolacott (eds.), *Culture, society and the media*, pp.118~150. London: Routledge.

Murdock, G. (2000). Money talks: Broadcasting finance and public culture. In E. Buscombe (ed.), *British television: A reader*, pp.118~141. Oxford: Oxford University Press.

Murdock, G. (2005a). Building the digital commons: Public broadcasting in the age of the internet. In G. F. Lowe & P. Jauert (eds.), *Cultural dilemmas in public service broadcasting*, pp.213~230. Goteborg: Nordicom.

Murdock, G. (2005b). Public broadcasting and democratic culture: Consumers, citizens, and communards. In J. Wasko (ed.), *A companion to television*, pp.174~198. Malden, MA: Blackwell.

Murdock, G. & P. Golding (1977). Capitalism, communication, and class relations. In J. Curran, M. Gurevtch, J. Woollacott (eds.), *Mass Communication and Society*, pp.12~43. London: Sage.

Murdock, G. & P. Golding (1999). Common markets: Corporate ambitions and communication trends in the UK and Europe. *Journal of Media Economics*, 12(2), pp.117~132.

Murdock, G. & P. Golding (2005). Culture, communications and political economy. In J. Curran & M. Gurevitch (eds.), *Mass media and society* (4th ed.), pp.60~83. London: Hodder Arnold.

Murray, A. M. (2013). Rationalizing creativity-Rationalizing public service: Is scheduling management fit for the digital era. *The International Journal on Media Management*, 15, pp.119~136.

Napoli, P. (2012). Audience evolution and the future of audience research. *The International Journal on Media Management*, 14, pp.79~97.

Newman, J. (2007). Rethinking 'the public' in troubled times. *Public Policy &*

Administration, 22(1), pp.27~47.

Nissen, C. (2011). Organizational culture and structures in public media management - In search of a model for the digital era Available: http://static.squarespace.com/static/508d6291e4b01df297a13497/t/50bb1aaae4b05ce48944e1ec/1354439338214/Cultures%20and%20structures%20in%20Media%20Management%20version%202.0.pdf

Norris, P. (2009). Comparative political communication: Common frameworks or babelion confusion? *Government and Opposition*, 44(3), pp.321~340.

O'Malley, T. (1994). *Close down? the BBC and broadcasting policy 1979–92*. London: Pluto Press.

Ofcom (2004). Measuring public service broadcasting. Available: http://stakeholders.ofcom.org.uk/broadcasting/reviews-investigations/public-service-broadcasting/reports/psb.pdf

Ofcom (2009). Public service broadcasting: Annual report 2009. Available: http://stakeholders.ofcom.org.uk/binaries/broadcast/reviews-investigations/psb-review/psbrpt.pdf

Ofcom (2012). The communications market 2012, Vol 2.: TV and audiovisual. http://stakeholders.ofcom.org.uk/binaries/research/cmr/cmr12/UK_2.pdf

Oliver, M. (2005). The UK's public service broadcasting ecology. In D. Helm et. al. (eds.), *Can the market deliver? Funding public service television in the digital age*, pp.39~59. Eastleigh: John Libbey.

Örnebring, H. (2003). Televising the public sphere: Forty years of current affairs debate programmes on Swedish television. *European Journal of Communication*, 18(4), pp.501~527.

Örnebring, H. & A. Jönsson (2004). Tabloid journalism and the public sphere: A historical perspective on tabloid journalism. *Journalism Studies*, 5(3), pp.283~295.

Örnebring, H. (2012). Clientelism, elites, and the media in Central and Eastern Europe. *The International Journal of Press/Politics*, 17(4), pp.497~515.

Owen, B. & S. Wildman (1992). *Video Economics*. Cambridge, MA: Harvard University Press.

Padovani, C. (2005). *A fatal attraction: Public television and politics in Italy*. Lanham, MA: Rowman & Littlefield Publishers Inc.

Padovani, C. (2010). Public service communication in Italy: Challenges and opportunities. In P. Iosifidis (ed.), *Reinventing public service communication*, pp.183~196. Basingstoke, UK: Palgrave Macmillan.

Padovani, C. & M. Tracey (2003). Report on the conditions of public service broadcasting. *Television & New Media*, 4(2), pp.131~153.

Palokangas, T. (2007). The public service entertainment mission: From historic periphery to contemporary core. In G. F. Lowe & J. Bardoel (eds.), *From public service broadcasting to public service media*, pp.119~132. Goteborg: Nordicom.

Papathanassopoulos, S. (2007). Financing public service broadcasters in the new era. *Changing Media, Changing Europe*, 4, pp.151~165.

Papathanassopoulos, S. (2010). The 'state' of 'public' broadcasting in Greece. In P. Iosifidis (ed.), *Reinventing public service communication*, pp.222~232. Basingstoke, UK: Palgrave Macmillan.

Papatheodorou, F. & D. Machin (2003). The umbilical cord that was never cut: The post-dictatorial intimacy between the political elite and the mass media in Greece and Spain. *European Journal of Communication*, 18(1), pp.31~54.

Park, S. (2005). Competition's effects on programming diversity of different Program types. *The International Journal on Media Management*, 7(1–2), pp.39~54.

Pauwels, C. & J. Bauwens (2007). 'Power to the people'? The myth of television consumer sovereignty. *International Journal of Media & Cultural Politics*, 3(2), pp.149~165.

Perryman, N. (2008). Doctor Who and the convergence of media: A case study in 'Transmedia Storytelling.' *Convergence*, 14(1), pp.21~39.

Philo, G. & M. Berry (2004). *Bad news from Israel.* London: Pluto Press.

Picard, J. (2003). Assessment of public service broadcasting: Economic and managerial performance criteria. *Javnost-the Public*, 10(3), pp.29~44.

Picard, J. (2005). Audience relations in the changing culture of media use. Why should I pay the licence fee? In G. F. Lowe & P. Jauert (eds.), *Cultural dilemmas in public service broadcasting*, pp.277~292. Goteborg: Nordicom.

Porter, V. & S. Hasselbach (1991). *Pluralism, politics, and the marketplace: The regulation of German broadcasting.* London: Routledge.

Porto, M. P. (2012). *Media power and democratization in Brazilo: TV Globo and the dilemmas of political accountability.* London: Routledge.

Potschka, C. (2012). *Towards a market in broadcasting: Communication policy in the UK and Germany.* Basingstoke: Macmillan.

Potschka, C. (2013). Broadcasting and market-driven politics in the UK and Germany: The Peacock committee in comparative perspective. *International Journal of Cultural Policy*, 19(5), pp.595~609.

Pratten, S. (1998). Needs and wants: The case of broadcasting policy. *Media, Culture & Society*, 20(3), pp.381~407.

Price, M. (1998). The market for loyalties in the electronic media. In R. Noll & M. Price (eds.), *A communication cornucopia: Markle foundation essays on information policy*, pp.138～171. Washington, D C: Brookings Institution Press.

Psychogiopoulou, E., D. Anagnostou, R. C. Smith, & Y. Stolte (2012). A comparative analysis of the freedom and independence of public service broadcasters in fourteen European countries. Available: http://www.mediadem.eliamep.gr/wp-content/uploads/2012/09/D3.1.pdf

Psychogiopoulou, E. & A. Kandyla (2013). Media policy-making in Greece: Lessons from digital terresterial television and the restructuring of public service broadcasting. *Journal of Media & Cultural Politics*, 9(2), pp.133～152.

Puppis, M. (2010). Media governance: A new concept for the analysis of media policy and regulation. *Communication, Culture & Critique*, 3, pp.134～149.

Puppis, M. & M. Kunzler (2011). Coping with change: The reorganization of the Swiss public service broadcaster SRG SSR. *Studies in Communication Sciences*, 11(2), pp.167～190.

Raboy, M. & D. Taras (2005). The trial by fire of the Canadian Broadcasting Corporation: Lessons for public broadcasting. In G. F. Lowe & P. Jauert (eds.), *Cultural dilemmas in public service broadcasting*, pp.251～276. Goteborg: Nordicom.

Ramsey, P. (2013). The search for a civic commons online: An assessment of existing BBC online policy. *Media, Culture & Society*, 35(7), pp.864～879.

Reese, S. (1991). Setting the media's agenda: A power balance perspective. *Communication Yearbook*, 14, pp.309～340.

Revoir, P. & J. Doyle (2012. 3. 19). TV licence cheats make up a tenth of all magistrate court case. Available: http://www.dailymail.co.uk/news/article-2117389/TV-licence-cheats-make-TENTH-magistrate-court-cases.html.

Rink, E. M. & H. Wessler (2011). Comparing the deliberativeness of television news in Germany, the U.S., and Russia. International Communication Association Conference Papers.

Roberts, J. P. (2010). Revisiting the creative/commercial clash: an analysis of decision-making during product development in the television industry. *Media, Culture & Society*, 32(5), pp.761～780.

Robinson, B., J. Raven, & L. P. Low (2005). Paying for public service television in the digital age. In D. Helm et al., *Can the market deliver? Funding public service television in the digital age*, pp.101～128. Eastleigh: John Libbey.

Rogers, S. (ed.) (2004). *The Hutton inquiry and its impact*. London: Politicos.

Rolland, A. (2008). Norwegian media policy objectives and the theory of a paradigm shift. *Journal of Communication*, 58, pp.126～148.

Roudakova, N. (2008). Media-political clientelism. Lessons from anthropology. *Media, Culture & Society*, 30(1), pp.41～59.

Ryan, M. (2001). Journalistic ethics, objectivity, existential journalism, standpoint epistemology, and public journalism. *Journal of Mass Media Ethics*, 16(1), pp.3~22.

Sanders, K. & M. J. Canel (2004). Spanish politicians and the media: Controlled visibility and soap opera politics. *Parliamentary Affairs*, 57, pp.196~208.

Scannell, P. (1989). Public service broadcasting and modern public life. *Media, Culture & Society*, 11(1), pp.135~166.

Scannell, P. & D. Cardiff (1991). *A social history of British broadcasting*. Oxford: Blackwell.

Schlesinger, P. (2010). 'The most creative organization in the world'? The BBC, 'creativity' and managerial style. *International Journal of Cultural Policy*, 16(3), pp.271~285.

Schudson, M. (2002). The objectivity norm in American journalism. *Journalism*, 2(2), pp.149~170.

Semova, D. J. (2010). Financing public media in Spain: New strategies. *International Journal on Media Management*, 12, pp.141~157.

Shunya, Y. (2003). Television and nationalism: Historical change in the national domestic TV formation of postwar Japan. *European Journal of Cultural Studies*, 6(4), pp.459~487.

Shuzo, Y. (2013). Discourse analysis on the NHK reform: Public service media and its audience in Japan. *Keio Communication Review*, 35, pp.25~34.

Siune, K. & O. Hultén (1998). Does public broadcasting have a future? In D. McQuail & K. Siune (eds.), *Media Policy: Convergence, concentration and commerce*, pp.23~37. London: Sage.

Skocpol, T. & M. Somers (1980). *The uses of comparative history in macrosocial inquiry*. 한국비교사회연구회 엮음. 거시사회 연구에 있어서 비교사의 유용성. 부산: 열음사.

Sørensen, I. E. (2014). Channels as content curators: Multiplatform strategies for documentary film and factual content in British public service broadcasting. *European Journal of Communication*, 29(1), pp.34~49.

Sparks, C. (1986). The media and the state. In J. Curran, J. Ecclestone, G. Oakley, & A. Richardson (eds.), *Bending reality: The state of media*, pp.76~88. London: Pluto Press.

Sparks, C. (1995). The future of public service broadcasting in Britain. *Critical Studies in Mass Communication*, 12(3), pp.325~341.

Sparks, C. (2008). Media systems in transition: Poland, Russia, China. *Chinese Journal of Communication*, 1(1), pp.7~24.

Spindler, S. & C. Van den Brul (2003). "Making it happen," creativity, and audiences: A BBC case study. *NHK Broadcasting Studies*, 5, pp.29~59.

Steemers, J. (2001). In search of a third way: Balancing public purpose and commerce in German and British public service broadcasting. *Canadian Journal of Communication*, 26, pp.69～87.

Street, J. (2000). Aesthetics, policy and the politics of popular culture. *European Journal of Cultural Studies*, 3(1), pp.27～43.

Swanson, D. & D. Nimmo (eds.) (1996). *New direction in political communication*. Newbury Park, NJ: Sage.

Syvertsen, T. (1991). Public television in crisis: Critiques compared in Norway and Britain. *European Journal of Communication*, 6(1), pp.95～114.

Syvertsen, T. (2003). Challenges to public television in the era of convergence and commercialization. *Television & New Media*, 4(2), pp.155～175.

Syvertsen, T. (2004). Citizens, audiences, customers and players: A conceptual discussion of the relationship between broadcasters and their publics. *European Journal of Cultural Studies*, 7(3), pp.363～380.

Terrington, S. & C. Dollar (2005). Measuring the value created by the BBC. In D. Helm et al. (eds.), *Can the market deliver? Funding public service television in the digital age*, pp.60～77. Eastleigh: John Libbey.

Toynbee, J. (2006). The media's view of the audience. In D. Hesmondhalgh (ed.), *Media production*, pp.91～132. Open University Press.

Tracey, M. (1998). *Decline and fall of public service broadcasting*. Oxford: Oxford University Press.

Van Cuilenberg, J. & D. McQuail (2003). Media policy paradigm shifts: Toward a new communications policy paradigm. *European Journal of Communication*, 18(2), pp.181～207.

Van den Bulck, H. (2009). The last yet also the first creative act in television? An historical analysis of PSB scheduling strategies and tactics: the case of Flemish television. *Media History*, 15(3), pp.321～344.

Van Zoonen, L. (2004). Popular qualities in public broadcasting. *European Journal of Cultural Studies*, 7(3), pp.275～282.

Van Zoonen, L. & D. Wring (2012). Trends in political television fiction: Themes, characters and narratives, 1965～2009. *Media, Culture & Society*, 34(3), pp.263～279.

Vasilopoulos, V. (2013). Notes on the shut-down of the Greek public service broadcasting system and digital communities. *International Journal of Media & Cultural Politics*, 9(3), pp.183～188.

Vipond, M. (1995). Financing Canadian public broadcasting: Licence fee and the "culture of caution." *Historical Journal of Film, Radio and Television*, 15(2), pp.285～300.

Voltmer, K. (2013). *The media in transitional democracies*. London: Polity.

Von Rimscha, MB. & G. Siegert (2011). Orientations of entertainment media workers: entertainment media workers–disrespect and neglect. *Media, Culture & Society*, 33(7), pp.1009~1026.

Waisbord, S. (2006). In journalism we trust? Credibility and fragmented journalism in Latin America. In K. Voltmer (ed.), *Mass media and political communication in new democracies*, pp.76~91. Abingdon: Loutledge.

Waisbord, S. (2013). *Reinventing professionalism: Journalism and news in global perspective*. London: Polity.

Wasko, J. (1983). Trade unions and broadcasting: A case study of the National Association of Broadcast Employees and Technicians. In V. Mosco & J. Wasko (eds.), *The critical communications review vol. I: Labor, the working class, and the media*, pp.85~113. Norwood, NJ: Albex.

Watanabe, K. (2006). Japan: Public broadcasting and the community. In I. Banerjee & K. Seneviratne (eds.), *Public broadcasting in the age of globalization*, pp.295~311. Singapore: AMIC.

Wegg-Prosser, V. (2001). Thirty years of managerial change at the BBC. *Public Money & Management*, 21(1), pp.9~14.

Wikipedia (2013a). BBC controversies. Available: http://en.wikipedia.org/wiki/BBC_controversies.

Wikipedia (2013b). Committee on Standards in Public Life. Available: http://en.wikipedia.org/wiki/Nolan_Principles_of_Public_Life.

Wikipedia (2013c). Director-General of the BBC. Available: http://en.wikipedia.org/wiki/BBC_Director-General.

Wikipedia (2014a). History of ITV. Available: http://en.wikipedia.org/wiki/History_of_ITV#1968_strike.

Wikipedia (2014b). Mark Thompson(media executive). Available: http://en.wikipedia.org/wiki/Mark_Thompson_(media_executive).

Williams, R. (1968). *Communication*(2nd ed.). London: Penguin.

Williams, R. (1989). The idea of a common culture. In R. Gable (ed.), *Resources of hope: Culture, democracy, socialism*, pp.32~38. London: Verso.

Woldt, R. (2010). Public service broadcasting in Germany: Stumbling blocks on the digital highway. In P. Iosifidis (ed.), *Reinventing public service communication*, pp.171~182. Basingstoke, UK: Palgrave Macmillan.

Wring, D. (2005). Politics and the media: The Hutton inquiry, the public relations state, and crisis at the BBC. *Parliamentary Affairs*, 58(2), pp.380~393.

Yoshiko, N. (2006/2007). Governance and accountability in public service broadcasting:

Lessons from the latest BBC charter review. *NHK Broadcasting Studies*, 5, pp.56～72.

Yoshiko, N. & Y. Ritsu (2008). Public broadcasting and changing audiences in the digital era: Services and social mission. *NHK Broadcasting Studies*, 6, pp.103～150.

Yoshiko, N. & Y. Ritsu (2010). How public service broadcasting is talked about: From a comparative web survey of Japan, the Republic of Korea, and the United Kingdom. *NHK Broadcasting Studies*, 5, pp.123～143.

찾아보기